Cat: de Lyon N.º 7328.

MEMOIRES
D'ARTILLERIE.

MEMOIRES D'ARTILLERIE,

CONTENANT

L'ARTILLERIE NOUVELLE,

ou les changemens faits dans l'Artillerie Françoise en 1765.

AVEC

L'EXPOSÉ ET L'ANALYSE DES OBJECTIONS
qui ont été faites à ces changemens.

Recueillis par M. DE SCHEEL, Capitaine au Corps de l'Artillerie en Dannemarc.

A COPENHAGUE
Chez CLAUDE PHILIBERT.
MDCCLXXVII.
De l'Imprimerie de AUGUST FREDERIC STEIN.

FAUTES A CORRIGER.

Page 23. 1re Col. lig. 17. *le léton* lisez *le téton*
58. lig. 10. *& D le* lisez *& C le*
78. lig. avant derniere. au tiers *lisez* au deux tiers
104. lig. 19. *k Traversées* lisez *k Traverses*
113. lig. 29. la fondure *lisez* la soudure
135. lig. dern. 4 - - - 1 lisez 4 - - - 1½
160. *Noms des parties*. Une Selle *lisez* Une Sellette
168. lig. 16. des musques *lisez* des musquets
181. lig. 23. est souveut *lisez* est souvent
214. lig. 11. le point *lisez* le moment
222. lig. 21. aucun-compte *lisez* aucun-cas
248. lig. 17. plus que *lisez* plus bas que
273. lig. 7. (- - - - fig. 20.) *lisez* (- - - - fig. 6.)
323. §. 11. L'élargissement *lisez* Le rétrecissement
343. lig. 4. avec Hausse *lisez* avec la Hausse
     lig. 30. qu'il concerne *lisez* qu'elles concernent
360. lig. 37. ou où *lisez* où on
ad 389. Tab. II. Tableau B. vid. XIII. - - - entre 14 & 18 *lisez* 14 & 16
  - - - - C. le nominateur *lisez* le numérateur
  - - - - D. Piece de 24 Angle | Portée | Vitesse
                 5^d moy. | 5520, | 1262,
              10^d
                       lisez
              5^d | 5520, |
            10. | 7392, | moy. 1262,
  - - - - Piece de 4 lég. angle d'élév. - - 48^d *lisez* 58'
                                        15.   15^d
  - - - - *Rem.* 2. Art. nouv. p. 264. *lisez* 214.
  Formule I. - - - - - - $\frac{2pk}{k^2}$ *lisez* $\frac{2px}{k^2}$

AU ROI.

SIRE,

Pendant que tous les différens Etats du Royaume de VOTRE MAJESTÉ travaillent à l'envi à prouver par des productions utiles & agréables quels sont les fruits de la douce paix & de la félicité dont ils jouïs-

fent fous l'heureux regne de VOTRE MAJESTÉ *& de fes Illuftres Prédéceffeurs; permettez,* SIRE, *que l'Etat Militaire concoure au même but, quoique par des voies différentes & moins directes; il eft peut-être parmi tous celui qui eft le plus à même de contribuer efficacément aux progrès de tout genre d'arts & de commerce, fi l'on confidére qu'un militaire redoutable eft la véritable Egide à l'ombre de laquelle ils peuvent fleurir en toute fureté.*

Si pour entretenir cette importante fécurité le militaire eft dans l'obligation d'employer les momens de paix à rivalifer avec le degré de perfection que fon art acquiert journellement chez les autres puiffances de l'Europe; l'Artillerie plus que toute autre de fes branches, fe trouve dans le cas d'acquerir de nouveaux accroiffemens, depuis que d'un mécanifme groffier elle s'eft érigée en art, en fcience digne de l'attention des phyficiens & de celle des géométres, & digne du choix de tout homme qui se voue aux armes dans le dessein d'y trouver également de l'exercice pour l'esprit & pour la valeur. Mais ce n'est pas seulement dans le sein des arts, des sciences & des métiers que les artilleurs pourront puiser les connoissances qui peuvent soutenir la supériorité d'effet que l'on reconnoît aux bouches à feu de l'artillerie sur toute autre espece d'armes ; c'est encore en étudiant les modèles de l'art, & en approfondissant la valeur des innovations que la Théorie réunie à la Pratique a dejà fait entreprendre pour l'amélioration de l'artillerie chez les militaires étrangers.

C'est dans ces vues, SIRE, que j'ose aujourd'hui présenter très-respectueusement à VOTRE MAJESTÉ un échantillon de l'état actuel de l'Artillerie d'une nation puissante & célébre. Elle même en a vu le bel ordre aux simulacres qui Lui ont été presentés en France lors de Son passage à Metz. Agréez, SIRE, ce foible essai de mon application, & pardonnez ma prévention trop zelée peut-être en faveur d'un état auquel je suis attaché par goût & par devoir, elle naît de l'obligation & du desir ardent de me rendre digne un jour des bontés dont VOTRE MAJESTÉ m'a comblé dès ma jeunesse, & dont la reconnoissance ne pourra jamais être égalée que par les sentimens du respect profond & de la soumission illimitée avec laquelle j'ose me dire,

SIRE,
De VOTRE MAJESTÉ

COPENHAGUE
le 15 Aout 1777.

Le très humble, très soumis & très obèissant Serviteur & Sujet,

SCHEEL.

PREFACE.

L'Artillerie Françoise s'est depuis long-temps attiré l'attention des différens Militaires de l'Europe; la plupart ont pendant un temps travaillé à former leur Artillerie sur celle d'une Puissance qui lui devoit les succès les plus brillans dans la guerre de campagne, & sur-tout dans celle des Sieges & de la défense des Places; succès qui étoient autant de garants que l'ordre & que le service qui regnoit dans cette Artillerie méritoient d'être imités. Il est donc bien naturel que le Public reçoive favorablement tous les écrits qui lui sont offerts sur une des principales branches de l'art militaire de ce pays. Les *Mémoires d'Artillerie par Surirey de St. Remy en 3 Volumes in 4°*; sont le recueil le plus complet que l'on aye en ce genre; ils ont même pendant long-temps servi de depôt où les auteurs qui écrivoient sur l'art militaire ont puisé les détails qui leur étoient nécessaires pour cette partie: Depuis l'édition de 1745 de cet ouvrage il sembloit que l'on n'apprendroit plus rien des changemens & améliorations auxquelles on pouvoit naturellement s'attendre de la part d'un Corps où la Théorie a toujours été confiderée comme un moyen fûr, pour indiquer & pour abréger la route qui conduit à la meilleure Pratique.

Du nombre des Officiers que la France avoit cédé à la Cour de Vienne pendant la derniere guerre étoit M. *de Gribeauval;* lorfque cet Officier fut chargé du commandement de l'Artillerie Autrichienne fous les ordres du Prince *de Lichtenftein*, il y établit cet efprit d'ordre & ce genre de Service fi avantageux qu'il avoit puifé dans le Corps d'où il fortoit; mais il n'y porta point de prévention excluſive pour les machines d'Artillerie de fon pays, il applaudit au contraire à l'allégement que les Autrichiens avoient entrepris dans leurs attirails, à l'imitation du ROI DE PRUSSE, parcequ'il fentit que ce changement convenoit au genre de tactique que ce Monarque avoit introduit dans fes troupes, & qui eft devenu un modele pour tous les militaires de l'Europe.

M. *de Gribeauval* à fon retour en France propofa donc de former l'Artillerie d'après ces principes d'allégement: Le Duc *de Choifeul* alors Miniftre de la Guerre goûta fort un changement qui avoit déjà jà paru nécessaire à quelques Officiers, & qui avoit même été sollicité par les Généraux d'Armée pendant le cours de la derniere guerre. C'est à cette époque que tient la nouvelle constitution de l'Artillerie Françoise, moyennant laquelle cette partie du militaire a tellement changé de face, que tous les écrits dans lesquels il est parlé de l'ancienne Artillerie ne sauroient suffire pour se former une idée de l'état de la nouvelle. Il est probable que le Public auroit ignoré cet état fort long-temps encore, si les nouveaux changemens n'avoient rencontrés une forte opposition de la part de M. M. *de Valiere*, Pere & Fils, & de celle d'un grand nombre d'Officiers formés sous les ordres de ces hommes illustres. Rien en effet de plus naturel que de voir un fils défendre avec la derniere vigueur des armes fabriquées par son pere, & que l'un & l'autre avoient employé avec succès pour la défense de leur patrie? que des Officiers qui en avoient été les témoins conservassent une prévention favorable pour l'ouvrage de leurs maîtres auxquels ils étoient attachés par estime & par reconnoissance? Les préjugés sont excusables lorsqu'ils tiennent à de pareils liens.

C'est à cette diversité d'opinions & aux discussions qu'ils ont occasionnés qu'on est redevable de

PREFACE.

ce grand nombre d'écrits* qui ont été publiés tant pour attaquer que pour défendre l'Artillerie nouvelle: ces écrits font en trop grand nombre, & ils ne font pas affez répandus pour pouvoir être entre les mains de tous les amateurs de l'art dans les pays étrangers, dont la curiofité ne doit cependant pas peu être réveillée par les evénemens** auxquels ce fchifme dans l'Artillerie a donné lieu. C'eft un des motifs qui m'ont engagé à publier ces Mémoires; de même qu'un autre dont j'efpere que le public militaire ne me faura pas moins bon gré, c'eft de recueillir & d'examiner dans le cours de cet ouvrage les principaux changemens qui ont été propofés en différens temps & dans divers ouvrages pour l'amélioration de l'artillerie, & qui jufqu'ici n'ont pu être confiderés que comme fpéculatifs, mais qui pour la

---

* Les principaux auteurs de ces écrits font morts: M. M. *de Valiere*, le pére & le fils; M. *du Mouy*; M. *du Puget*; & en dernier lieu M. *de St. Auban*.

** Le nouveau Syftême introduit en 1765 fous M. le Duc *de Choifeul*; le rétabliffement de l'ancien pendant le Miniftére de M. le Marquis *de Monteynard* en 1772: La décifion en faveur du N. S. par M. M. *de Richelieu*, *de Soubife*, *de Contades* & *de Broglie*, tous Maréchaux de France affemblés en Comité en 1774; le rétabliffement du nouv. Syft. qui s'en enfuivit dans la même année fous le Miniftére de M. *du Mouy*; & enfin la confirmation qu'il a reçu fous M. le Comte *de St. Germain* Miniftre de Guerre actuellement en place, par la Direction de l'Artillerie confiée à M. *de Gribeauval* après le deſces de M. le Marquis *de Valiere* arrivée le 6 Janv. 1776.

la plupart viennent d'être mis en pratique dans l'Artillerie Françoife. Il eft vrai que ces mêmes objets ont déja étés difcutés par les partifans des différens fyftèmes, mais qu'elle diverfité dans les réfultats? que de preuves combien *les préjugés & l'amour propre qui vient toujours au fecours des préjugés* peuvent défigurer les objets & ne les faire envifager que du côté qui fe rapporte à ces paffions. Sans doute *il n'appartient pas à l'autorité de diffiper de tels préjugés, & la conviction doit être le fruit du temps & de la raifon,* ainfi que le dit fort bien le défenfeur du nouveau fyftème, mais ce rôle de défenfeur rend toujours fufpect les raifonnemens qui font propres à produire cet effet: Peut-être gagneront-ils à être préfentés par un tiers qui eft entierement ifolé de tout ce qui peut donner l'efprit de parti. C'eft au lecteur à en juger.

Pour cet effet il convient de le mettre entierement au fait de ces objets, qui pendant quelques années ont fourni matiere à une difpute litteraire à laquelle le public n'a pu prendre qu'une part fort imparfaite, faute d'en bien connoître le fujet. Quoique poffeffeur depuis plufieurs années des matériaux néceffaires pour cet effet, je ne me ferois cependant point permis d'en faire un ufage public, fi les écrits fur la nouvelle artillerie ne contenoient

b déjà

déjà les principaux détails, & mêmes des deſſeins; mais ce qui ne peut me laiſſer aucun doute que l'on permet la publication des nouvelles conſtructions en France, ce ſont les tables & les planches qui ſe trouvent dans le *Supplément à l'Encyclopédie* imprimé à Paris en 1776 & 1777.

Les conſtructions, les dimenſions & les figures des nouveaux attirails tels qu'elles étoient ſuivies en 1768 compoſeront donc la premiere Partie de ces Mémoires; & pour inſtruire le lecteur des motifs qui ont fait entreprendre les changemens, & des avantages qui ont déterminé le choix des nouv. conſtructions, j'ai fait précéder chacun des différens objets ſur leſquels portent les innovations, de l'expoſé que l'auteur de l'*Artillerie Nouvelle* en donne au commencement de cet ouvrage; le plan de ce livre ſert donc en même temps à régler celui de ces Mémoires, à l'exception de quelques pieces dont il n'eſt point fait mention dans le premier. On a encore ſuivi le même plan pour la ſeconde Partie qui renferme l'Expoſé & l'Analyſe des Objections qui ont été faites contre le Nouveau Syſtême: Les citations qui expoſeront ces objections au lecteur ſont toutes tirées des Ecrits dont on trouve une Liſte à la tête de la ſeconde Partie.

Il eſt certain que ç'auroit été un moyen de diminuer

minuer considérablement le volume de ces Mémoires, si je m'étois permis d'extraire le sens de ces objections seulement; mais j'ai préféré de faire parler les auteurs eux-mêmes, autant pour ne pas m'exposer à affoiblir la force des raisonnemens, que pour donner au lecteur plusieurs morceaux dignes de lui être transmis en entier. Il arrive de là qu'une citation n'est souvent à peu de chose près que la répétition de celles qui la précédent, mais cette légere variation contiendra alors quelque nouvelle objection ou bien quelque anecdote, qui n'aura pas pu être détachée du reste. Sans ces considérations il m'auroit été aisé de faire un ensemble des citations en les joignant entre elles par quelques mots: C'est ainsi que M. *le Blond* est parvenu à grossir le *Supplément à l'Encyclopedie* de plusieurs Articles de controverse en fait d'Artillerie.

Dans l'Analyse des Objections je me suis principalement attaché à apprécier la valeur de l'avantage ou du désavantage de la machine qu'elles concernent, autant que l'un ou l'autre subsiste par lui-même, sans tenir à d'autres parties; ce n'est donc point du tout une décision sur la totalité du nouveau système que j'ai osé entreprendre, mais un examen par où chaque changement considéré séparément est utile, & combien il est digne d'être imité.

PREFACE.

Les défauts que l'on reproche aux nouveaux attirails ne leur conviennent souvent point du tout, d'autres fois ils sont tellement exagerés par des assertions vagues, que l'on peut fort aisément les envisager comme très nuisibles au service tant qu'on ne les réduira pas à leur juste valeur. M. *du Coudray*, auteur de l'*Artillerie Nouvelle* & de plusieurs autres écrits a répondu d'une maniere fort satisfaisante & qui ne laisse rien à desirer à l'égard d'une grande partie des Objections, c'est la raison pour laquelle je n'ai souvent rien voulu ajouter aux citations qui sont tirées de ses écrits, parce qu'elles contiennent alors un examen du point discuté qui m'a paru satisfaisant. Je puis protester solemnellement que dans les articles d'analyse je n'ai recherché que la vérité, autant pour ma propre instruction que pour la commodité de mes lecteurs; car il n'est pas aisé de porter son jugement sur un aussi grand nombre d'objets, sans se remettre les principes d'une Théorie qui a beaucoup varié jusqu'ici.

Cette circonstance doit en partie me servir d'excuse si dans mes spéculations il m'est arrivé de m'attacher à des résultats qui s'écartent de ceux que l'auteur de l'art. nouv. annonce comme ayant servi de base à la formation de la nouvelle artillerie: Si au contraire le lecteur compétent trouve que j'aie ren-

con-

PREFACE.

contré cette vérité qui fait le but de mes recherches, je dois confesser que j'en suis en partie redevable à une liaison d'amitié & de goût pour les Sciences Militaires avec M. *Geuss*, Professeur à l'Université de Copenhague, auquel on doit déjà un excellent *Traité sur la théorie des Mines*, lequel ne sauroit manquer d'être accueilli aussi favorablement en France qu'il l'a été en Allemagne, lorsque la *Traduction Françoise* sera achevée, dont un Officier Prussien s'occupe déjà actuellement.

Il me reste à me disculper avec le public de ce que cet ouvrage annoncé comme devant paroître avec la fin de l'année derniere n'a été fini que quelques mois plus tard; entre plusieurs raisons que je pourrois alléguer, je me contenterai de dire que le desir de recueillir tous les écrits qui concernent l'art. nouv. & dont mes correspondans me faisoient espérer une augmentation, a retardé l'impression de la seconde Partie; encore ce dessein ne m'a-t-il pas entierement réussi, nous autres septentrionaux sommes si éloignés de la source que le lecteur n'en sera nullement surpris.

J'aurois cependant desiré que ces Mémoires eussent pu paroître plutôt, quand ce n'auroit été que pour épargner au défenseur du nouveau Système l'embarras où l'a mis une Note de M. *de St. Auban* concernant l'Artillerie Danoife; embarras dont il n'eft point forti avec toute l'urbanité françoife.

Il eft certain que nos pieces de campagne font plus longues & un peu plus pefantes que les pieces légéres de la nouvelle Artillerie Françoife; mais il eft abfolument faux qu'elles foient conftruites d'aprés celles de l'Ordonnance de 1732, qui ellesmêmes, felon un auteur Anglois*, ne font qu'une copie très fidelle de ce qu'on trouve rapporté dans un ancien auteur Allemand nommé *Dilich***. Notre Artillerie de campagne tient une efpéce de milieu entre l'ancienne & la nouvelle Artillerie Françoife: les pieces ont toutes 22 calibres de longueur à compter de l'extrémité de la platebande de culaffe jufqu'à la bouche, & ⅝ du diamétre du boulet pour épaiffeur à la lumiere. La piece de 12 pefe 2400 liv. celle de 6. 1200 liv. & celle de 3. 600 liv. Leurs portées font comme il fuit, la charge pefant ⅓ du boulet: Le 12 fous $1^d 1'$ (élévation du but

en

---

* *Artillerie de J. Müller*, Londres, 1768. p. iv. Tous les auteurs qui ont écrit depuis *St. Remy*, même les Allemands, n'ont fait que des extraits imparfaits de fes Mémoires; bien qu'il foit évident que les François ont uniquement copié *Dilich:* Car leurs pieces de campagne font exactement conformes aux deffeins que cet auteur en donne, & les changemens légers qu'on y apperçoit font de nulle valeur & ne répondent point au but que l'on a eu en les faifant.

** *Wilhelm Dilichii* Kriegs-Schule, Francfort am Mayn 1689.

PREFACE.

en blanc primitif des pieces) à 1000 pas; & fous 3ᵈ à 1900 pas. Le 6 fous 1ᵈ 1′ à 800 pas; & fous 3ᵈ à 1600 pas. Le 3 fous 1ᵈ 1′ à 700 pas; & fous 3ᵈ à 1300 pas.

Je doute fort que les pieces de l'Ordonnance de 1732 furpaffent fenfiblement ces portées, quoique le 12 ait 24 calib., le 8. 25 & le 4. 26 calibres de longueur, ainfi 2, 3, & 4 calibres de plus que les nôtres, & bien que nos pieces foient de $\frac{1}{4}$ plus légéres à raifon du calibre. A l'égard des Obufiers, il fuffit de dire que ceux d'à-peu-près 7$\frac{1}{2}$ pouces de calibre deftinés pour les fieges font reftés tels qu'ils étoient, mais on a introduit le calibre de 6 pouces pour l'ufage de Campagne, lequel ne différe de celui que l'on trouve dans cet Ouvrage que par un peu plus de longueur dans l'ame, cette longueur eft de $\frac{1}{12}$ du calibre plus forte à nos Obufiers.

Il eft dit quelque part dans un des nouveaux écrits fur l'artillerie *qu'il faut être en régle avec l'ennemi:* Sans doute, voilà pourquoi à l'exemple du Roi de Prusse la plupart des Puiffances méridionales de l'Europe (au moins à nôtre égard) ont fucceffivement allégé & raccourci leur Artill. de campagne*; mais

---

* Le Roi de Pruffe à 14 calib. de longueur & aux $\frac{3}{4}$ du diamétre du boulet
L'Autriche à ----- 16 ------------ $1\frac{3}{4}$ pour épaiffeur
La France à ----- 18 ------------ $\frac{27}{36}$ à la lumiere.
Les Anglois à ----- 14 ------------ $\frac{2}{3}$
Les Saxons à ----- 16 ------------ $\frac{3}{4}$

mais c'est moins la force que la proximité de l'exemple qui doit faire loix en pareil cas, & nous devons porter nos vûes ailleurs pour être en régle avec la maxime précédente. Voilà ce que j'ai cru devoir rapporter sur la construction de nos pieces, vu la maniere dont il en est fait mention.

Si au reste j'ai mal appliqué les principes de Théorie dans le cours de ces Mémoires, & s'il en résulte quelque erreur grave, j'aurai autant d'obligation au critique qui voudra m'en instruire, que je serai mortifié si la critique ne portoit que sur quelque inadvertance légére, quelques fautes dans une langue qui n'est point celle de mon pays, & dont je n'ai fait choix que pour profiter des lumieres d'un plus grand nombre de lecteurs.

TABLE DES PLANCHES,
ou AVIS au Relieur pour placer les Figures.
PARTIE PREMIERE.

Pl. I. Deſſein des Pieces légéres de Campagne	Page	28
II. Deſſein de l'Affut de Campagne pour la Piece légére de 12		45
III. Deſſein de l'Affut de Campagne pour la Piece légére de 4		ibid.
IV & V. Deſſein du Caiſſon à Munition		57
VI. Diſtribution intérieure du Caiſſon à Munition		58
VII. Deſſein de l'Avant-train de Campagne pour Affut à canon de 12 & 8, & pour Affut à Obuſier de 6 pouc.		64
VIII. Deſſein de l'Avant-train de la Piece légére de 4		ibid.
IX. Deſſein de l'Obuſier de 6 pouc.		67
X. Deſſein de l'Affut pour Obuſier de 6 pouc.		72
XI. Deſſein de la Piece à la Roſtaing avec ſon Affut		74
XII. Deſſein du Canon de Siege. Calibre de 24 & de 16		79
XIII. Deſſein d'un Affut de Siege pour la piece de 24		89
XIV. Deſſein des Roues & Eſſieux de l'Affut de 24		ibid.
XV. Deſſein de l'Avant-train de Siege		ibid.
XVI. Deſſein d'un Affut de Place du calibre de 16		104
XVII. Chaſſis pour l'Affut de place		ibid.
XVIII. Deſſein de l'Affut & chaſſis pour la défenſe des Places marit.		106
XIX. Figures de ſix Mortiers dont trois de 12 pouces & trois autres de 10 pouc. de calibre		118
XX. Deſſein d'un Affut de fer coulé pour Mortier de 10 pouc.		ibid.
XXI. Figure de la Hauſſe		125
XXII. Figure d'un Inſtrument inventé par M. de Gribeauval pour viſiter les Pieces		146
XXIII. Figure des Nouvelles Bombes pour Mortiers de 12 & de 10 po.		149
XXIV. Figure de la Chévre de nouvelle conſtruction		159
XXV. Deſſein du Triqueballe de nouv. conſtr.		161

PARTIE SECONDE.

XXVI. Repréſentation de l'Affut inventé par C. Redlichkeit, pour élever les Pieces à la hauteur du parapet	304
XXVII. Plan pour l'intelligence de la Manœuvre d'une Piece lég. de 12	262
XXVIII. Polymétroſcope Dioptrique de G. F. Brander, & Figures ſervant à l'examen des inconvéniens de la hauſſe	342
XXIX. Figures appartenantes à l'article des Chambres à Mortiers, Cartouches, & Fontes	326

c TITRES

TITRES ET TABLES

DES CHAPITRES, SECTIONS ET PRINCIPAUX SUJETS
qui font contenus dans ces Mémoires.

PREMIERE PARTIE
contenant
L'ARTILLERIE NOUVELLE,
ou les changemens faits dans l'Artillerie Française depuis 1765.

CHAPITRE PREMIER.
Des changemens faits dans l'Artillerie de Campagne.

Sec. I.	Des Pieces de Bataille	Page 1
	Construction des Pieces de Bataille	18
	Mémoire sur le travail des pieces légéres de campagne	19
	Tracé du Bouton	27
	I Table des Dimensions des pieces légéres pour le service de campagne ad	28
	II Table des Dimens. des Plattebandes & Moulures des pieces légéres	ibid.
Sec. II.	Des Affuts pour les Pieces de bataille	29
	Changemens aux Affuts	30
	aux Ferrures	32
	Construction du Corps d'Affut	ibid.
	Tracé des Flasques	33
	Des Entretoises	35
	Du Délardement des Flasques	36
	Plan de l'Affut	ibid.
	De la Voye des Voitures	37
	Dimensions des Canons servans à la construction de leurs Affuts	38
	Table pour les Affuts de Campagne de 12, 8 & 4	39
	Table pour le Délardement des Flasques	40
	Dimensions des Semelles d'Affut à pointer	ibid.
	Table des Dimensions des Roues d'Affut, d'Avant-trains, Caissons & Chariots de campagne	41
	Table des Dimensions de la Ferrure des Roues, &c.	42
	Dimensions des Coffrets à Munition	43
	Dimensions de la Vis à pointer avec son Ecrou	ibid.
	Dimensions du Sçeau d'Eau	44
Sec. III.	Légéreté de la Manoeuvre des pieces de bataille	46
	Service d'une piece de 4.	47

Sec. IV.	Des Caissons	Page 50
	Distribution générale de l'intérieur des Caissons à Munition	51
	pour Cartouches à Canon	ibid.
	pour Obus de 6 pouces	ibid.
	pour Cartouches à Fusil	52
	Tables des dimensions du Caisson à Munition	53
Sec. V.	Changemens relatifs à la facilité du charroi. Essieux de fer: Avant-trains relevés: Encastrement de route: Attelage de front	58
	Table des dimensions des Essieux de fer pour les voitures de campagne	61
	Table des dimensions des Avant-trains des pieces légéres	62
Sec. VI.	Des Obusiers & des Pontons	64
	Table des dimensions de l'Obusier de 6 pouces	66
	Table des dimensions des Plattebandes & Moulures d'id.	67
	De l'Affut pour Obusier de 6 pouces	68
	Tracé du Flasque	ibid.
	Emplacement des Entretoises	69
	Table des dimensions de l'Affut d'Obusier de 6 pouc.	71
	Des Pieces légéres à la Rostaing	73

CHAPITRE SECOND.

Des changemens faits dans l'Artillerie destiné à l'Attaque & à la défense des Places.

Sec. I.	Des Pieces de Siege & de Défense	75
	Pieces de 24 & de 16 autrement dites Canon de Siege	78
	I Table des Dimensions des Pieces de Siege	ad 79
	II Table des Dimens. des Plattebandes & Moulures des pieces de siege	ibid.
	Tracé du Bouton	79
	Affuts pour les Pieces de Siege	80
	Tracé des Flasques	ibid.
	De l'Emplacement des Entretoises	82
	De la Semelle	84
	Dimensions des Canons servans à la Construction de leurs Affuts	ibid.
	Table pour les Affuts de Siege de 24 & de 16	85
	Table des dimensions des Roues des Affuts & Avant-trains de Siege pour calibre de 24 & de 16	86
	Dimensions des Essieux	88
	Table des dimensions de l'Avant-train pour les Affuts de Siege.	ibid.
Sec. II.	Affuts pour les Places	90
	Construction des Nouveaux Affuts de Place	92
	Service des Pieces montées en Affuts de Place	95
	Table des dimensions des Affuts de Place, Chassis &c.	96
	Affut & Chassis pour les Places maritimes	105

Sec. III. Des Mortiers   Page 107
    Construction des Mortiers   112
    Tables des dimensions des parties & moulures du Mortier de 12 pouces à chambre poire contenant 12 liv. de poudre   114
    Table des dimensions des parties & moulures de deux Mortiers de 12 pouc. à chambre cylindre du contenu de 8 & de 6 liv.   115
    Tables des dimensions des parties & moulures de trois Mortiers de 10 po. à chambre cylindre du contenu de 7, 5½ & de 4 liv.   116-117

CHAPITRE TROISIEME.

Changemens communs à l'Artillerie de Campagne & à celle de Siege & de Place.

Sec. I. De la nouvelle maniere de pointer le Canon ou de la Hausse   119
    Construction de la Hausse   124
Sec. II. Des Changemens relatifs à la charge du Canon, Gargousses, Boulets   125
Sec. III. Des Cartouches   128
    Cartouches à Balles où Boîtes de fer-blanc   132
    Construction de la Boîte   133
    Construction de la Cartouche   134
Sec. IV. Changemens relatifs aux Fontes   136
    Description d'un Instrument inventé par M. de Gribeauval pour la visite des pieces   143
Sec. V. Reception des fers coulés   146
    Des Boulets & des Bombes   148
Sec. VI. Des nouvelles constructions; leur uniformité; leur précision; leur prix; facilité des rechanges   150
    Description de la Nouvelle Chévre & de son effet   155
    Triqueballe de nouvelle construction   159
    Table des dimensions du Triqueballe   160

CHAPITRE QUATRIEME.

Changemens faits dans le personnel de l'Artillerie, ou dans le Corps destiné à son service.

NOUVELLE CONSTITUTION. Partie d'Infanterie distinguée de celle de l'Artillerie; service du Canon de Régiment en Campagne; Ecole de Pratique & de Théorie   162
    Du Corps Royal de l'Artillerie   168
    De l'Etat des Ecoles d'Artillerie en 1768   179
    Ecole de Théorie pour les Aspirans   ibid.
    Etablissement d'Aspirans à Bapaume   ibid.
    Ecole de Théorie pour les Officiers du Corps   180
    Ecole de Pratique   ibid.

MEMOIRE
Tiré d'un Traité d'Artifices, enseigné à Strasbourg en 1764.

Des Cartouches à Canon	Page 182
Construction des cartouches à canon	184
Construction des cartouches à grappes de raisin	ibid.
Construction des gargousses à canon	186
Des Cartouches à Fusil	187
De la construction des Artifices de guerre	190
Des Bombes, Obus & Grenades. Maniere de les charger	ibid.
Des Fusées à Bombes & Grenades. Maniere de les charger & coëffer	191 &c.
Des Etoupilles	194
Des Tourteaux & Fascines goudronnées	195
Des Balles à feu & Carcasses à jetter du Mortier	196
Des Balles à feu à jetter à la main, ou à tirer du canon	199
Des Incendiaires à mettre dans les Bombes & dans les Obus	ibid.
Des Torches	200
Des Sacs à poudre	ibid.
Des Barils à poudre & Barils ardents	ibid.
Des Fusées d'Amorce ou Etoupilles	201
Des Lances à feu	203

SECONDE PARTIE.
contenant
L'EXPOSE ET L'ANALYSE DES OBJECTIONS
qui ont été faites contre
L'ARTILLERIE NOUVELLE,
ou changemens faits dans l'Artillerie Françoise depuis 1765.

LISTE des Ecrits qui concernent les nouveaux Systèmes d'Artillerie	205

CHAPITRE PREMIER.
Des changemens faits dans l'Artillerie de Campagne.

Sec. I. Des Pieces de Bataille	212
Des Portées	ibid.
Lettre sur la différence des Portées & du Recul des pieces de l'ancien & du nouveau modele	217
Table estimative des Portées du but en blanc primitif des pieces anciennes & nouvelles, d'après M. du Puget	221
Extrait des Epreuves comparatives de Douai sur la Portée & sur le Recul des pieces de 4 de l'ancien & du nouveau modele	ibid.
De la Justesse du Tir	223
Des Erreurs à l'égard de la hauteur ou ligne verticale du tir	ibid.
Des Erreurs par rapport à la direction ou ligne horizont. du tir	226

	Page
Des Ricochets	227
De la Force des Coups	229
Du Recul	236
De la Solidité ou Durée	239
Reponſe ſur le Principe qui ſert à regler les épaiſſeurs de la matiere	243
De la Juſteſſe du Pointement	247
Des Erreurs à l'égard de la hauteur ou ligne verticale du pointem.	ibid.
Des Erreurs à l'égard de la direction ou ligne horiſontale du pointement	249
Du Raccourciſſement cauſé du dégradement des Embraſures	251
Sec. II. Des Affuts des nouvelles Pieces de Bataille	252
Table du Poids des Affuts & Avant-trains, d'après M. de Valiere	ibid.
Sec. III. Légéreté de la Manoeuvre des pieces de bataille	257
Manoeuvre à Bras	261
Manoeuvre avec la Prolonge	262
Service d'une Piece de 12	ibid.
Sec. IV. Des Caiſſons	267
Sec. V. Changemens relatifs à la facilité du charroi	269
Eſſieux de fer. Boîtes de fonte	ibid.
Roues d'Avant-trains relevées	273
Encaſtrement de route	276
De l'Attelage à Timon & à Limoniere	278
Sec. VI. Des Obuſiers	287

CHAPITRE SECOND.
Des changemens faits dans l'Artillerie deſtinée à l'Attaque & à la Défenſe des places.

Sec. I. Des Pieces de Siege & de défenſe	290
Sec. II. Des Affuts pour les places	295
EXTRAIT de la Deſcription d'un Affut ſervant à élever les pieces à la hauteur du parapet du chemin couvert, inventé par C. Redlichkeit à la Haye en 1775	304
Sec. III. Des Mortiers	306
MEMOIRE ſur la meilleure forme des Chambres à Mortier, par M. Marſſon à Strasbourg en 1766	312
OBSERVATIONS ſur le Mémoire de M. Marſſon	319

CHAPITRE TROISIEME.
Changemens communs à l'Artillerie de Campagne & à celle de Siege & de Place.

Sec. I. De la nouvelle maniere de pointer le canon ou de la Hauſſe	331
Si la Hauſſe ſert à jetter dans l'erreur quand le terrein eſt inégal	341

Si elle est un mauvais instrument, c'est-à-dire fragile Page 343
Si la Hausse ne sert à tirer que lorsqu'on ne devroit pas tirer ibid.
Si l'opération avec la Hausse est toujours tâtonneuse & souvent impossible 344
Examen des propositions que fait M. de Puget pour retirer encore plus d'utilité de la Hausse que l'on ne fait jusqu'ici ibid.
EXTRAIT de la description d'un Polymétroscope dioptrique pour l'estime des distances; publié par G. F. Brander à Augsb. en 1764 347

SEC. II. Des changemens relatifs à la charge. Gargousses 349
Boulets. Diminution du Vent 353
SEC. III. Des Cartouches 355
DISSERTATION sur le tir à cartouche 371
Art. I. Des Causes qui influent dans la formation de la vitesse initiale des cartouches 373
Art. II. Des Causes qui modifient la quantité de la résistance de l'air contre les balles pendant le tir 376
Art. III. Des Causes qui occasionnent l'écartement des cartouches 377
Art. IV. De la Portée & de l'effet des cartouches relativement à l'écart. qui peut se déduire des faits articulés dans les écrits sur l'Art 382
1° De l'écartement des Cartouches à balles de plomb 383
2° De l'Ecartement des nouv. Cartouches Françoises 384
Art. V. Calcul sur la Portée des 41 balles de la grosse cartouche du Calibre de 4. 388
TABLE I. contenant le Tableau du Calcul fait sur le Portée d'une Cartouche Françoise à 41 balles du Cal. de 4. sous 58' d'élévat. ad 389
TABLE II. Tableaux rélatifs à l'effet des nouvelles Cartouches Françoises ad ibid.

SEC. IV. Changemens relatifs aux Fontes 389
Nouvel Emplacement des Tourillons & Embases ibid.
De la méthode de couler les pieces massives 394
REPONSE de M. du Coudray aux Observations faites sur le livre intitulé: Artillerie Nouvelle, pour les Articles relatifs à l'exécution des Fontes; savoir; 403
I. Si l'alliage actuel est inférieur à l'ancien ibid.
II. Si le coulage à Noyau, anciennement pratiqué pour les Mortiers, est supérieur à celui qui est actuellement en usage 404
III. Si dans les épreuves de Strasb. on a eu tort de conclure par les Mortiers de 12 qu'on y a éprouvés, que notre alliage étoit incapable de fournir des Mort. de ce calibre pour les grandes portées 405
IV. Si l'opération du Tour à laquelle on a soumis l'extérieur de toutes les bouches à feu, est une opération désavantageuse 407
V. Si la nouvelle position des tourillons amène de nouveaux désa-

vantages dans cette partie de la piece, & s'il en est de même
pour les embases qu'on leur a ajoutées   Page 409
VI. S'il seroit avantageux de revenir aux anciennes Anses, dont
le nouveau système a changé la grandeur & la forme   413
Sec. V. Réception des fers coulés. Des Bombes   415
Des Boulets. Instrumens de vérification   ibid.
Diminution du Vent   417
Battage des nouv. boulets & diminution des anciens par le tour   419

CHAPITRE QUATRIEME.

Changemens fait dans le personnel de l'Artillerie, ou dans le Corps destiné à son service.

MEMOIRE sur le service des pieces de 4. attachées aux Bataillons en temps de Guerre; présenté à M. M. les Maréchaux de France, par M. le Marquis de Valiere   425

EXTRAIT d'un Ecrit de M. de St. Auban, contenant des Objections sur la nouvelle Constitution du Corps de l'Artill., quant au personnel: 427

Doit-on continuer à mettre en résidence les Capitaines en second, jusqu'à ce qu'ils parviennent à avoir une Troupe?   ibid.

La création des vingt Garçons-Majors par chaque Régiment d'Artillerie tirés du Corps des Sergens, & qui ne doivent point parvenir à d'autres grades, est-elle utile au service du Roi?   429

Pourra-t-on faire à la guerre le service par Compagnies, Divisions & Escouades, comme le suppose la constitution actuelle du Corps Royal?   431

La création des cinq Chefs de Brigade dans chaque Regiment, a-t-elle procuré les avantages que l'on s'en étoit promis?   ibid.

La manoeuvre à bras d'hommes pour les pieces de 4, de 8 & de 12 nouvelles, peut-elle être exécutée exclusivement & dans toute espéce de terrein, avec le succès qui est annoncé par le nouveau système?   ibid.

REPONSE de M. du Coudray aux Objections de M. de St. Auban, concernant la nouv. constitution de l'Artillerie, quant au personnel; savoir:
1° Service par Troupe formée au lieu de service par détachement   432
2° Déposlement ou Manoeuvre à bras du canon de bataille. Manoeuvre des pieces de bataillon par les Soldats de l'Artillerie   433
3° Institution des Chefs de Brigade   435
4° Institution des Garçons-Majors ou Adjudans d'Artillerie   437
5° Capitaines en second détachés dans les Places: instruction de cette portion des Officiers d'Artillerie   440

FIN DE LA TABLE.

ARTILLERIE NOUVELLE,

ou
Changemens faits dans
L'ARTILLERIE FRANÇAISE
depuis 1765.

CHAPITRE PREMIER.
Des changemens faits dans l'Artillerie de Campagne.

SECTION PREMIERE.
Des Pieces de Bataille.

"De tout tems les armées ont retenti des plaintes sur la "pesanteur de l'Artillerie. C'est le sort des machines "qui la composent d'avoir un poids considérable. Mais était-il "possible d'alléger ce poids qui nuisait si considérablement à "l'utilité de ces machines, qui les rendait d'un service si embarras- "sant, qui les faisait si souvent rester dans la boue, ou arriver "quand on n'en avait plus besoin, & souvent même pour être "prises par l'ennemi & pour faire prendre avec elles les troupes "fatiguées depuis plusieurs jours à leur escorte? était-il possi- "ble de les alléger assez pour suivre par-tout l'Infanterie, sans "cependant leur faire perdre la solidité nécessaire au service dont "elles sont l'objet & sans en diminuer les effets? C'est ce qu'on "n'examinait point autrefois.

A   "Avant

"Avant l'année 1732, rien de réglé, rien de conftant
"pour le nombre, l'efpece des différents calibres & leurs pro-
"portions. Jufques à cette époque, ces proportions avaient
"prefque toujours dépendu du caprice des Fondeurs. L'atten-
"tion qu'on avait donné à l'Artillerie s'étoit tournée principa-
"lement fur fon ufage dans les Sieges; & c'eft en conféquence
"du fervice qu'elle y rempliffait & du peu d'ufage dont elle
"était dans les batailles, au moins relativement au rôle qu'elle
"y remplit aujourd'hui, qu'on fixa les proportions des pieces
"de Canon en 1732.

"Dans ces proportions, qui, d'ailleurs, paraiffent n'avoir
"été déterminées par aucune expérience pofitive, par aucun
"motif annoncé, on s'attacha fur-tout à donner beaucoup de
"longueur aux pieces des différents calibres qu'on y admit; &
"il paraît, qu'en cela, on a pu être guidé par deux principes.
"L'un, que des pieces en embrafure ont befoin d'une certaine
"longueur pour ménager les joues de l'embrafure; l'autre, que
"plus une piéce a de longueur, plus elle a de portée.

"Le premier de ces principes eft vrai dans le fonds,
"puifqu'il porte fur une néceffité de pratique. Nous obfer-
"verons cependant que la plus grande charge des pieces n'était
"point alors déterminée par les expériences, & qu'elle ne l'a
"été qu'en 1739, ou 1740, par celles de M. de Belidor, qui
"ont réduit cette charge vers le tiers du poids du boulet pour
"les groffes pieces; ce qui laiffait encore matiere à recherches
"fur les longueurs néceffaires à ces pieces, puifque la quantité
"de poudre étant diminuée, le foufle de la piece l'était auffi.

"Au refte, ce premier principe ne pouvait évidemment
"regarder que les pieces deftinées à l'Attaque ou à la Défenfe
"des Places, & non celles deftinées à la bataille, qui cepen-
"dant furent celles de toutes qui reçurent le plus de longueur.

"Le fecond principe n'avoit d'autre preuve que l'opinion
"reçue. On croyait que plus une piece était longue, plus
"elle portait loin; comme on croyait que plus on mettait de
"poudre dans un Canon, plus on augmentait l'effet du bou-
"let. On faifait alors fort peu d'expériences; les opinions
"établies fervaient de principe, & on tâchait d'y ajufter com-
"me

"me on pouvait une Théorie naissante dont les fondements
"n'étaient pas encore bien assurés, & qui étant même erro-
"nés, pour la plûpart, se trouverent en contradiction avec
"les expériences, lorsqu'on s'avisa d'en faire; d'où il arriva
"qu'on nia long-tems ces expériences, & qu'il y a même des
"personnes qui les nient encore, soit parce qu'elles les igno-
"rent, soit parce qu'elles choquent leurs préjugés, ou l'amour
"propre qui vient toujours au secours des préjugés.

"Mais on ne songea point dans l'Ordonnance de 1732
"à distinguer une Artillerie de Campagne de celle de Siege;
"à examiner, si, dans la supposition même que les portées
"fussent proportionnelles à la longueur des pieces, il ne fallait
"pas s'en tenir, au moins pour les calibres qui devaient faire
"principalement le service de Campagne, à une certaine lon-
"gueur qui leur assurat seulement cette portée qui suffit à
"l'objet de leur service, & qui se concilie avec la justesse du tir.

"On n'examina rien à cet égard. On ne songea qu'à avoir
"des longues portées, sans s'assurer même du moyen d'y par-
"venir; ainsi qu'on ne songea qu'à trainer avec soi le plus
"de gros calibres qu'on put, sans bien examiner l'effet qu'on
"devait en attendre.

"Il en fut de même pour les Mortiers, dont la même
"Ordonnance de 1732 détermina les proportions, ainsi que
"je le ferai voir lorsqu'il sera question de l'Artillerie de Siege.

"Je ne prétends pas ici attaquer la gloire de M. de Valiere,
"à qui on doit cette Ordonnance. Cet illustre Officier a été
"le créateur de l'Artillerie. Celui qui crée ne perfectionne pas.
"Il n'a pu porter sa vue sur la multitude d'objets qu'embrassait
"cet art nouveau; & semblable d'ailleurs à tous les grands hom-
"mes qui ont ouvert une carriere nouvelle, il dépendait de
"son siecle, & de l'état où les sciences étaient alors. Il crut
"voir le mieux, & il le suivit. Ceux qui, depuis, y ont
"ajouté, n'oublient sûrement pas que c'est M. de Valiere qui a
"fait les premiers pas.

"Le fruit réel de l'Ordonnance de 1732, fut donc l'uni-
"formité & la fixation d'un certain nombre de calibres; objet
"important pour la facilité du service & des approvisionnemens,
"que

"que M. de Vauban avait en vain cherché à obtenir, & qui ne
"s'est établi que depuis chez les autres Puissances de l'Europe.

"L'excès de matiere, tant sur la longueur que sur l'épais-
"seur des pieces destinées à suivre les armées, n'aurait peut-
"être pas si-tôt fixé l'attention, sans la multiplication d'Artille-
"rie où se sont bientôt jettés quelques Puissances, & sans les
"changements arrivés à la Tactique chez ces mêmes Puissan-
"ces, qui ont bientôt entraîné le reste de l'Europe; révolu-
"tions immenses qui ont changé entiérement, non seulement ce
"qui appartient au service de l'Artillerie en campagne, mais
"qui ont même considérablement influé sur la méthode géné-
"rale de faire la guerre, quoique bien des gens soient encore
"à s'en appercevoir, à en juger au moins par presque tous ceux
"qui s'avisent d'écrire sur l'Art militaire en général, ou sur l'Ar-
"tillerie, & qui de la meilleure foi du monde, viennent nous
"répéter ce qu'on écrivait il y a un siecle, ou il y a même tren-
"te ou quarante ans, sans s'appercevoir que les armées ne se
"meuvent plus, ne se conduisent plus de même, & que l'Artil-
"lerie est entrée pour sa part dans ces grands changements.

"Lorsque dans la guerre de 1741, le Roi de Prusse eut
"donné l'exemple d'une légéreté plus grande dans les manœu-
"vres, & qu'il eut adopté l'usage déjà établi par les Suédois,
"de mêler dans la ligne du Canon léger, qu'il multiplia bien
"plus qu'eux, il fallut que ses ennemis en fissent autant sous
"peine d'être battus.

"Cette guerre ne dura pas assez long-tems, au moins de
"la part de ce Prince, pour que sa nouvelle méthode com-
"pletat alors la révolution qui devait avoir lieu dans la Tacti-
"que en général, ainsi que dans l'Artillerie. Les Autrichiens
"furent les seuls qui s'en apperçurent & qui songerent à l'imi-
"ter, ne trouvant pas d'autre moyen de s'y opposer.

"Mr. le Maréchal de SAXE eut quelques pieces Suédoi-
"ses, dont il fut redevable à M. du Brocard, Lieutenant Géné-
"ral d'Artillerie, qui ayant eu connaissance de l'Artillerie Sué-
"doise, les avait proposées en 1739 ou 1740, après en avoir
"fait des expériences particulieres. Mais ces pièces, qui n'étai-
"ent qu'en petit nombre, firent peu de sensation. Le senti-
"ment

"ment établi par l'usage prévalut toujours; & l'on continua
"de croire que les gros calibres valaient mieux à la guerre que
"les petits, quelque objet qu'on eût à remplir. Plus les pieces
"étaient longues & grosses, plus on y avait de confiance.
"L'espérance d'en tirer un meilleur parti, étouffait au moins
"dans les momens de service, les plaintes sur l'embarras que
"le poids énorme de ces pieces mettait dans les marches, sur
"l'impossibilité de les avoir à tems pour les momens les plus
"importans, sur celle de les manœuvrer & de les déplacer
"dans l'action & sur la nécessité de les abandonner à l'ennemi
"dans les retraites. Les Généraux, même les plus éclairés d'ail-
"leurs, raisonnant sur ce point comme la multitude, tenaient
"pour les gros calibres.

"Le Roi de Prusse convaincu du contraire par le raison-
"nement & par l'expérience qu'il en avait faite dans ses cam-
"pagnes, s'approvisionna & exerça pendant la paix ses troupes
"en conséquence. Nous regardant même alors comme ses
"alliés naturels, & n'imaginant pas que nous pussions devenir
"ceux de ses ennemis, il nous engagea à suivre sa nouvelle mé-
"thode, que les Autrichiens avaient entiérement adoptée, & en
"conséquence de laquelle ils avaient multiplié leur Artillerie
"de bataille encore plus que lui.

"C'est au conseil de ce Prince que nous fumes redeva-
"bles de cette piece Suédoise qu'on attacha à chacun de nos
"bataillons dans la paix qui suivit la guerre de 1741. Mais on
"ne changea rien aux proportions des pieces existantes qui
"resterent toujours conformes à l'Ordonnance de 1732.

"C'est sur ce pied-là que nous avons commencé la guerre
"de 1756. Le Canon attaché aux bataillons marchait légére-
"ment; mais l'armée n'en allait pas plus vîte, parce que ce
"Canon de petit calibre ne suffisant pas à toutes les espéces de
"service que l'Artillerie est obligée de remplir en campagne,
"il falloit toujours traîner avec soi les pieces du modele de
"1732 qui continuaient à former le Canon de Parc, qu'on
"regardait toujours comme celui qui devait jouer dans les
"batailles le rôle principal, tant à cause de la supériorité réelle
"de portée & d'effet en général qu'on reconnaissait avec raison

"aux calibres de 16, de 12 & de 8, mais dont on appréciait
"mal l'avantage fur des troupes, qu'à caufe de celle que, vu
"leur excès de longueur on attribuait auffi aux pieces de 4,
"d'ancien modele fur les piéces de bataillon qui fe trouvaient
"de même calibre.

"Ainfi, tout l'avantage de l'inftitution du Canon de Ré-
"giment s'était borné à avoir une certaine quantité de pieces
"répandues dans la ligne, lefquelles combattaient avec elle,
"gênaient moins fes mouvements que le Canon de Parc, mais
"ne décidaient rien pour leur célérité, puifqu'il fallait toujours
"les régler fur ceux de l'Artillerie de parc, qui ne s'était pas
"allégée, & dont les manœuvres de la ligne dépendaient d'au-
"tant plus, que le Canon de Régiment étant environ moitié
"moindre en nombre que celui des ennemis, c'était fur ce Ca-
"non de parc qu'on comptoit, & qu'on devait compter de
"toute façon.

"Le Roi de Pruffe & les Autrichiens n'avaient pas borné
"aux pieces de Régiment les changements qu'ils avaient faits
"dans leur Artillerie. Ils avaient fenti que rendre cette partie
"de l'Artillerie très-mobile, tandis que l'autre, par fa pefan-
"teur, enchaînerait les mouvements de l'armée; c'était ne rien
"faire, ou faire très-peu de chofe.

"Ils avaient donc allégé les calibres fupérieurs à ceux de
"Régiment dans la même proportion que ceux-ci.

"Ils avaient pris à la fois fur la longueur des pieces &
"leur épaiffeur. Ils avaient été jufqu'au point de ne donner,
"l'un que 14 calibres de longueur à toutes fes pieces, & les
"autres 16, tandis que nous avions des pieces qui en avai-
"ent jufqu'à 27.

"Quant à la quantité de matiere par piece, ils fe con-
"tenterent de leur en laiffer environ un quintal par livre de
"balle, c'eft-à-dire, plus de moitié moins que nous ne don-
"nions à nos pieces.

"Ces proportions de longueur & de quantité de matiere
"ne furent pas décidées par la routine; mais elles furent déter-
"minées d'après des expériences faites à Vienne & à Berlin; ex-
"périences d'après lefquelles on fe crut affuré d'une portée fuffi-
" fante

"sante pour le service que doit remplir l'Artillerie qu'une armée
"traîne à sa suite, & d'une solidité capable de fournir à ce service
"pendant une campagne au moins, qu'on supposerait la plus
"féconde en canonades.

"On estima même, qu'indépendamment de l'avantage de
"la mobilité qui devait passer sur toute autre considération, on
"gagneroit encore assez sur la diminution des attelages pour pa-
"yer la dépense des refontes qui, l'une portant l'autre, ne de-
"vaient avoir lieu que de deux campagnes l'une, & qui générale-
"ment n'eurent lieu que de trois l'une.

"Il faut qu'on ne se soit pas éloigné du point que l'on cher-
"choit, puisque l'expérience de la guerre, la seule vraiment dé-
"cisive sur les objets de cette nature, n'obligea aucune de ces
"deux Puissances à rien changer aux proportions de sa nouvelle
"Artillerie.

"Ainsi, le Roi de Prusse & les Autrichiens eurent chacun
"une Artillerie de campagne totalement distincte de l'Artillerie
"de Siege, & ces deux especes d'Artilleries furent aussi différen-
"tes entr'elles par leurs proportions, qu'elles l'étaient par leur
"destination.

"D'ailleurs ces deux Puissances multiplierent également à
"la suite de leurs armées, une Artillerie devenue à proportion
"aussi mobile que leurs troupes, & leur causant assurément
"beaucoup moins d'embarras que ne le font chez nous les
"équipages des Officiers.

"Ces deux Puissances ont donc fait sept campagnes avec
"cette nouvelle Artillerie, sans qu'aucune d'elles ait songé à re-
"venir sur ses pas à cet égard; leurs armées ont fait la guerre
"dans toute sorte de Pays; elles ont été tantôt victorieuses, tan-
"tôt battues; elles ont livré un nombre infini de combats; ces
"armées ont changé de Généraux: les systêmes d'opérations ont
"aussi changé selon les têtes qui les dirigeaient & selon les événe-
"ments; & cependant aucun de ces Généraux ne s'est plaint du
"peu de service qu'il tirait de cette nouvelle Artillerie, dont la
"légéreté d'ailleurs lui permettait des mouvemens que la pesan-
"teur de la nôtre aurait rendus impossibles, & l'on sait quels
"étaient ces Généraux.

"Mr. le

"Mr. le Maréchal de BROGLIE, leur digne émule, fut
"le premier Général François qui entreprit d'ôter à notre Artil-
"lerie de parc, cette pesanteur qui s'accordait d'autant moins
"avec ses projets qu'ils exigeaient plus de célérité dans les mou-
"vemens de l'armée, & que les ennemis ayant environ une
"fois plus de pieces de Régiment que nous, il falloit toujours
"que la pesante Artillerie de parc y suppléat. Mais les circon-
"stances ne permettant pas de faire tout le travail qui était né-
"cessaire pour déterminer les proportions convenables à la nou-
"velle Artillerie, dont le génie de ce Général lui faisait sentir la
"nécessité, on imagina, pour répondre à ses vues, de faire fo-
"rer pour le calibre de 16, des pieces coulées & proportion-
"nées pour celui de 12, & de faire passer de même au calibre
"de 12, des pieces proportionnées & coulées pour celui de 8.
"On ne toucha point aux anciennes pieces de 4, qu'on appellait
"*longues* par opposition aux pieces de Régiment qui étaient de
"même calibre, mais qui étaient beaucoup plus courtes & une
"fois plus légéres.

"Ces nouvelles pieces marcherent bien plus lestement que
"les anciennes; si elles n'allégerent pas beaucoup les mouve-
"mens de l'armée entiere, toujours appesantie, au moins dans
"ses mouvements généraux, par les pieces d'ancien calibre, dont
"quelques unes mêmes étaient de 16, c'est-à-dire du poids de
"4200 liv. elles donnerent la facilité de porter en avant les gros
"détachements avec plus de célérité, & d'assurer les arrieres-
"gardes par des canonades; ce à quoi ne pouvaient suffire les
"pieces attachées aux Régiments, & ce qu'on n'osait gueres ha-
"zarder avec les anciennes pieces, dans la crainte d'être forcé
"de les abandonner à l'ennemi.

"Mais ces corrections ne donnaient point encore dans l'acti-
"on la mobilité si nécessaire depuis que les affaires se décident
"par la célérité & la justesse des mouvements.

"D'ailleurs en diminuant l'épaisseur de ces pieces sans tou-
"cher à leur longueur; il s'ensuivait une repartition vicieuse
"de métal, qui ne leur laissait pas la solidité dont elles auraient
"pu être susceptibles rélativement au poids qui leur restait.

"L'Artil-

"L'Artillerie de bataille était dans cet état à la fin de la guer-
"re lorsque le Roi rappella d'Autriche, M. de GRIBEAUVAL,
"qui joignait à une connoiſſance parfaite de l'ancien état de l'Ar-
"tillerie l'expérience la plus complette des changemens que les
"Autrichiens & les Pruſſiens avaient jugé à propos de faire dans
"la leur, puiſqu'il venait de commander celle des premiers pen-
"dant pluſieurs campagnes, & qu'il avait toujours eu en tête
"celle des autres.

"Sur les différens changemens qu'il propoſa l'on ordonna
"des épreuves. Elles commencèrent à Strasbourg, en 1764.
"Elles ſe firent avec la plus grande publicité. Tous les Officiers
"d'Artillerie en garniſon dans cette Place, au nombre de plus
"de cent, étaient invités à les ſuivre; & un grand nombre les
"ſuivit en effet. Tous les Officiers de la garniſon y étaient ac-
"cueillis. On cherchait des témoins de ces expériences qu'on
"auroit voulu faire en préſence de toutes les troupes, pour leur
"inſpirer une confiance éclairée dans les changemens où les ré-
"ſultats conduiraient. Les Officiers nommés ſpécialement par
"la Cour pour les faire furent choiſis parmi ceux qui avaient le
"plus de connoiſſance tant dans la Théorie que dans la pratique
"de l'Artillerie, tous étaient prévenus, & la plûpart ſe déclaraient
"hautement contre les changemens propoſés, ainſi que les autres
"Officiers qui étant alors à Strasbourg leur furent adjoints
"par ordre de la Cour. Le ſeul Officier Général d'Artillerie,
"nommé pour y préſider, était un des partiſans des plus déclarés
"de l'ancienne Artillerie, & en même-tems un des plus inſtruits.
"C'était M. de MOUY.

"Chacun des Officiers qui ſuivaient ces expériences, ou de
"ſon gré, ou par ordre ſpécial, tenait ſon journal particulier à
"ſa fantaiſie, & l'on ne ſignait ſur les procès verbaux que ce dont
"on était bien d'accord.

"C'eſt ainſi que ces épreuves ſe ſont continuées pendant
"environ quatre mois.

"En mettant maintenant à part la confiance que doivent in-
"ſpirer des opérations, faites par des Officiers qui méritent autant
"de confiance, on demande ſi l'on croit poſſible que tant de té-
"moins, dont pluſieurs étaient intéreſſés, au moins par l'attache-

»ment qu'on a naturellement pour ſes anciennes opinions, à bien
»examiner des faits qu'on annonçait pour devoir y être contrai-
»res, faits, d'ailleurs très-ſimples par leur nature, & qu'ils ont
»eux-mêmes répétés un grand nombre de fois, on demande,
»dis-je, s'il eſt poſſible, que tant de témoins aient pu conſpirer
»à certifier ces faits, s'ils n'étaient pas de la plus exacte vérité?

»De plus, les réſultats de ces expériences ont été répétés
»en préſence de M. le Maréchal de CONTADES, de M. le M.
»de Vogue, de Vormſer, Beſenval, de Glaubits, de Rochambeau,
»tous Officiers Généraux employés en Alſace, de M. de Levi,
»& autres Colonels & Officiers attachés alors à la garniſon de
»Strasbourg, qui tous ont ſigné les procès-verbeaux de ce qu'ils
»ont vu. Ainſi dans l'examen que nous allons faire des change-
»mens que ces expériences ont produits, nous partirons des dif-
»férents journaux des épreuves de Strasbourg, comme du mo-
»nument le plus autentique; & ſi quelqu'un a beſoin là-deſſus
»d'éclairciſſemens, qu'il ne pourrait demander à M. le Maréchal
»& à M. M. les Officiers Généraux que nous venons de nommer,
»& qu'il ſoit plus à portée des Officiers d'Artillerie, qu'il s'adreſſe
»à M. de MOUY, ou à ceux qui peuvent certifier aujourd'hui ſa
»ſignature, & à M. M., *de Beauvoir, de Duc, de Bron,*
»*des Almons, de la Mortiere, de Chateaufer, de Manſon, de*
»*Bonnal, de Collonge, de Pillon, de Campagné,* & à tous ceux
»des Officiers du Régiment d'Artillerie de Strasbourg qui ont
»voulu ſuivre ce travail.

»Le premier objet de ces épreuves, & le plus intéreſſant,
»ſans doute, était de déterminer à quel point il était poſſible d'allé-
»ger les pieces qui ſont néceſſaires à la ſuite des armées pour ſe
»compoſer une Artillerie auſſi mobile qu'était devenue celle des
»Puiſſances avec leſquelles on venait de faire la guerre, en laiſſant
»d'ailleurs à cette Artillerie toute la ſolidité requiſe pour le ſer-
»vice & pour l'effet en général qu'on avait à en attendre.

»Comme ceux qui ſuivaient ce travail étaient des hommes
»judicieux, ils convinrent facilement,

»1°. Que la deſtination des pieces d'Artillerie qu'on mène
»en campagne, étant généralement de renverſer des troupes &
»rarement des murailles, la groſſeur du calibre n'était pas ce à
»quoi

"quoi on devait s'attacher principalement; qu'il suffirait d'en
"avoir de capable d'ouvrir des bicoques & des retranchemens;
"que le calibre de 12 étant suffisant pour cette opération, il ne
"falloit point employer de calibre plus fort à la suite des armées,
"pour n'en pas appesantir inutilement la marche.

"2°. Qu'en conséquence de ce principe, le Canon de 16,
"qu'on avait traîné précédemment à la suite de l'armée, devait
"être relégué dans le dépôt de l'armée de plus voisin, où ce canon
"serait toujours prêt à être attelé par les chevaux du pays pour
"marcher aux attaques des postes trop considérables pour être
"ouverts par le canon de 12; attaques qui étant de conséquence,
"ne pouvaient manquer d'être prévues.

"3°. Que ce serait aller directement contre le but qu'on se
"proposait que de vouloir employer les pieces de 16, à la fois
"dans les sieges & dans les batailles, puisque la moindre lon-
"gueur qu'on put leur donner, pour être mise en batterie, était
"neuf pieds, & que la plus grande réduction de matiere où
"l'on put les porter était 3600 liv. qu'alors elles soutiendraient
"à peine la fatigue des petits sieges pour lesquels elles étaient
"principalement destinées, sans cependant devenir d'une utilité
"réelle dans la ligne, puisque deux pieces de ce calibre entraî-
"naient autant d'attirails que trois pieces de 12; ou quatre pie-
"ces de 8, telles qu'on pouvait espérer de les alléger; que ce-
"pendant elles ne donneraient que deux boulets, tandis que les
"trois pieces de 12 en donneraient au moins quatre, & les qua-
"tre de 8, six ou sept.

"On observa encore que le désavantage de ces pieces serait
"encore bien plus grand, lorsque la proximité de l'ennemi per-
"mettrait de tirer à cartouche; & que dans tous les cas de dé-
"placement, qui sont fréquens dans les batailles, ce désavantage
"augmenterait encore bien plus considérablement, à cause de
"l'embarras que donneraient dans la ligne les attelages, sans
"lesquels on ne pourrait mouvoir ces pieces trop lourdes pour
"être dépostées à bras; & sur-tout à cause de la perte du tems,
"dont on manque toujours en bataille.

"En conséquence de ces raisonnemens, on borna donc
"aux calibres de 12, de 8 & de 4, les épreuves à faire sur les

„pieces qu'on se proposait d'alléger. 4°. Ceux qui devaient
„suivre ces épreuves, sentirent encore aisément que les coups
„tirés au de-là de la distance où il est possible d'assurer, au moins
„à peu près, la direction, font non seulement une consommation
„inutile de munitions toujours très-précieuses à la guerre, puis-
„qu'on ne peut en porter avec soi qu'une quantité déterminée,
„& que par ces coups perdus, on s'expose à en manquer pour
„le moment decisif, comme cela est arrivé tant de fois, en même-
„tems qu'on aguerrit l'ennemi, & qu'on lui apprend à braver
„les coups de canon ; qu'ainsi on ne devait pas s'attacher à con-
„server ou à donner aux piéces une portée excédente à celle où
„l'on peut tirer avec quelque justesse ; que dans les sieges, où l'on
„sert le canon avec bien plus de précision qu'en bataille, l'expé-
„rience ayant appris qu'on ne devait pas s'éloigner de plus 300
„toises des batteries qu'on voulait attaquer ; c'était s'étendre fort
„au de-là de tout ce que les partisans des longues portées pou-
„vaient sensément exiger, que de leur accorder environ 500 toi-
„ses, en tirant sur une ligne d'infanterie qui n'étoit que de cinq
„pieds & demi de haut, ou sur une de Cavalerie qui n'était que
„de huit pieds, qu'en fixant donc cette portée de 500 toises, com-
„me de beaucoup excédente à celle où toute piece de bataille
„pourrait être employée avec fruit, on pouvait hardiment s'y
„restraindre, en cas que par les diminutions qu'on se proposait
„de faire sur la longueur pour alléger ces pieces, on vint à per-
„dre quelque chose sur l'étendue des portées, comme le croy-
„aient la plûpart de ceux qui devaient suivre ces épreuves, mais
„ce que ne présumait pas l'Officier Général qui les avait deman-
„dées, & ce qui en effet s'est trouvé démenti pas l'expérience.
„Cette porte de 500 toises, devenant la base de toute l'opé-
„ration, il ne fut plus question que de l'assurer à toutes les pieces
„par lesquelles on prétendrait remplacer les anciennes.
„D'après l'expérience que M. de GRIBEAUVAL avoit des
„pieces de Campagne Autrichiennes, de 16 calibres, & des pieces
„Prussiennes de 14, il ne craignit pas de proposer de réduire
„les nôtres à 18 calibres. Il est probable même qu'à cause de
„cette expérience, il aurait proposé de les réduire à 16, pour
„gagner d'avantage encore sur la mobilité, qui doit être le grand
„objet

"objet dans l'Artillerie de bataille; mais peut-être crut-il obte-
"nir assez pour le moment sur le préjugé qu'il avait à subjuguer,
"sauf à se rapprocher plus de son but par la suite, lorsque l'expé-
"rience aurait dissipé l'entêtement pour les anciennes idées.

"Quant à la solidité, il demanda 150 liv. de matiere, au
"plus, par livre de balle que porterait chaque calibre. C'étoit
"réduire toutes les pieces à moitié de leur poids; mais ce Géné-
"ral s'étant assuré par l'expérience de la guerre qu'il venait de
"faire, que les pieces Autrichiennes résistaient à deux, & même
"trois campagnes, quoiqu'elles n'eussent par livre de balle qu'en-
"viron 120 liv. de matiere, & que les pieces Prussiennes suffisaient
"de même à leur service, quoique n'en ayant que 100, il ne
"craignit pas d'outrer un allégement qui pouvait paraître excessif
"au commun des Officiers.

"C'est d'après les idées que je viens d'exposer, & pour les
"vérifier, qu'on commença les épreuves sur le degré de mobilité
"qu'on pouvait donner aux calibres destinés à former l'Artillerie
"de bataille.

"Je ne puis entrer dans le détail de ces épreuves, qui est
"beaucoup trop considérable pour avoir place dans un ouvrage
"de la nature de celui-ci; il est connu, au moins de tout ce qui
"composait alors la garnison de Strasbourg, sur-tout en Officiers
"d'Artillerie & en Ingénieurs, que ceux qui dirigerent ces épreu-
"ves porterent leurs attentions sur les moindres objets avec le
"scrupule de gens éclairés qui ne cherchent que la vérité, & qui
"savent que dans les expériences, elle dépend souvent des soins
"qui ne paraissent à d'autres que des minuties. Ceux qui seront
"curieux de connaître ces détails doivent recourir aux journaux
"qui les constatent, lesquels se trouvent aujourd'hui entre les
"mains d'un très-grand nombre d'Officiers d'Artillerie.

"Mais en se bornant donc aux résultats essentiels, vérifiés &
"certifiés par les Officiers même qui avaient dirigé les épreuves,
"& dont la plûpart, ainsi que je l'ai dit, avaient eu jusques-là des
"opinions contraires à ces résultats, on trouve, 1°. Que les
"pieces anciennes dans tous les calibres n'ont aucun avantage sur
"les pieces nouvelles quant à la régularité des portées, ni quant
"à la justesse du tir, qui sont les objets essentiels, lorsqu'elles
"sont

"font tirées les unes & les autres avec leurs charges de poudre,
"avec les mêmes boulets, & lorfqu'elles font pointées à même
"élévation.

"2°. Qu'aucune des pieces nouvelles, même du calibre de
"4, n'avait une portée moindre de 500 toifes, quoique tirée
"fous trois degrés; portée de beaucoup excédente, comme on
"l'a vu, à celle où l'on peut tirer fur des troupes avec quelque
"juftesse.

"3°. Que fi les anciennes pieces avaient eu dans ces épreuves
"quelque fupériorité de portée fur les nouvelles, cette fupériorité,
"qui n'eft de nulle confidération lorfque par une diftance trop
"grande de l'objet elle ne peut plus s'accorder, au moins à un
"certain point, avec la juftesse du tir; cette fupériorité, dis-je,
"était principalement due à ce que, par une fuite de l'égalité en-
"tiere qu'on avait cherché à établir dans le fervice des différentes
"pieces dont on voulait comparer les portées, on s'était fervi
"généralement, pour les unes comme pour les autres, de boulets
"d'une ligne de vent, au lieu de deux lignes que l'Ordonnance de
"1732, donnait au vent du boulet; & fuivant laquelle les boulets
"étaient encore proportionnés quand on a fait ces épreuves.

"Mr. de GRIBEAUVAL, en propofant les pieces légéres,
"avoit propofé en même-tems de réduire le vent du boulet à
"une ligne.

"Ce changement devait produire trois chofes: la premiere,
"plus de juftesse dans le tir, le boulet étant d'autant plus expofé
"à s'écarter de la vraie direction qu'il peut frapper les bords de la
"bouche fous des angles plus ouverts en fortant de la piece.

"La feconde moins de fatigue pour les pieces. Car ce qui
"les met hors de fervice, bien avant qu'elles annoncent à l'exté-
"rieur aucun figne de dépérissement, provient prefque toujours
"des enfoncemens que le boulet produit en battant dans l'ame,
"lefquels font d'autant plus dangereux, que la piece eft plus
"échauffée. Or moins le boulet a de vent, moins il eft expofé
"à produire de ces enfoncemens & à les faire profonds.

"Le troifieme effet que devait produire cette réduction du
"vent du boulet, étoit d'augmenter les portées. En effet, le
"boulet ayant moins de jeu dans la piece, il refte moins d'efpace

fur

"sur son pourtour pour l'échappement du fluide élastique qui
"doit le porter en avant.

"D'ailleurs son centre de gravité étant plus rapproché de
"l'axe de la piece, l'impulsion se faisant plus directement, se fait
"avec plus de force. M. de GRIBEAUVAL, en proposant la
"réduction du vent du boulet à moitié, n'avoit eu pour objet
"que le plus de justesse dans le tir, & le ménagement des pieces,
"mais non une plus grande étendue de portée, à cause des rai-
"sons dont nous avons rendu compte plus haut, & qui resserrent
"la portée à demander aux pieces, dans l'étendue qui se peut con-
"cilier avec une certaine justesse de tir.

"Mais cependant cette plus grande portée qui n'avoit pas
"fait son objet dans la réduction du vent du boulet, se suivant
"nécessairement de cette réduction, il est résulté que les ancien-
"nes pieces étant éprouvées avec les boulets d'une ligne de vent
"ont eu les portées plus longues qu'elles ne les auroient eues
"avec leurs anciens boulets de l'Ordonnance de 1732. Fait, au
"reste, que l'expérience la plus soutenue a prouvé pour le calibre
"de 12, (voyez le Journal,) mais qu'on a négligé de répéter sur
"les autres calibres; plus ou moins de portée au delà de 500
"toises n'étant pas, encore une fois, l'objet qu'on se proposait,
"ni qu'on devoit se proposer dans ces épreuves.

"De ce fait bien constaté, il résulte une observation impor-
"tante pour ceux au moins qui, malgré les raisons précédemment
"établies sur la fixation de l'étendue des portées à desirer dans les
"pieces de campagne, regardent la supériorité de portée au delà
"de 500 toises comme un avantage précieux; *c'est qu'il est bien
"prouvé que les pieces longues & lourdes de l'Ordonnance de
"1732, tirées avec les boulets à deux lignes de vent de la même
"Ordonnance & tels qu'on s'en est servi jusqu'à la fin de la der-
"niere guerre, n'ont pas même l'inutile avantage de la portée
"sur les pieces courtes & légeres tirées avec leurs boulets à une
"ligne de vent; lesquels boulets doivent être regardés comme leur
"appartenant aussi en propre que les proportions qu'elles ont re-
"çues de la même main.*

"Les épreuves ayant bien constaté que les moindres cali-
"bres destinés à l'Artillerie de bataille avaient une portée, même
"excé-

„excédente à celle qu'on pouvoit leur demander, & au moins
„égale à celle de l'Artillerie dont on s'eſt ſervi dans les guerres
„précédentes, il fallut s'aſſurer d'une ſolidité capable de réſiſter
„au ſervice qu'on devait en exiger. Car quoique le poids des pie-
„ces annonçat qu'elles avoient environ moitié plus de matiere que
„le Roi de Pruſſe n'en donnait aux ſiennes, & plus du tiers que les
„Autrichiens n'en donnaient aux leurs, on ne voulut point ſe raſ-
„ſurer ſur des épreuves étrangeres, on voulut, avec raiſon, en avoir
„de particuliers, d'autant que donnant à nos pieces des longueurs
„différentes, elles devaient être différemment proportionnées.

„On pouſſa donc à bout deux pieces de chacun des calibres
„adoptés. On leur fit tirer à chacune 100 coups de ſuite à cha-
„que ſéance, avec la vivacité qu'elles auroient pu faire ſi elles
„euſſent été employées au plus chaud de l'action. Les deux pie-
„ces de 4, ont été environ à 900 coups; les deux de 8, environ
„à 1000; les deux pieces de 12, n'ont été l'une qu'à 780 coups;
„l'autre à 442. Mais il a été reconnu que le métal de ces deux pie-
„ces avoit éte brûlé dans la fonte & que les défauts de la pre-
„miere avoient été maſqués par des vis qui ſe ſont détachées dans
„l'épreuve. Cependant la plus mauvaiſe de ces deux pieces,
„quoique totalement manquée à la fonte, aurait encore fourni à
„deux batailles, & toutes les autres dont le métal était ſain, pou-
„vaient fournir à quatre ou cinq, puiſqu'on ne porte à la guerre
„que 200 coups par piece.

„On n'a pas fait la même épreuve ſur les pieces d'ancien
„modéle. Cette épreuve auroit, à la vérité, conſtaté le rapport
„de la ſolidité de ces pieces avec les nouvelles, mais cet objet
„n'étant pas compris parmi ceux qu'on s'étoit propoſé dans ſes
„recherches, on l'a négligé.

„Les Officiers les plus éclairés, qui ſavaient qu'une piece
„eſt preſque toujours hors de ſervice par la dégradation de ſon
„ame, & par l'égarement de direction qui en réſulte avant que
„d'annoncer à l'extérieur le moindre dépériſſement, penſaient que
„l'épaiſſeur de métal qu'on avoit donnée aux pieces nouvelles
„ſuffiroit pour les maintenir juſqu'au moment où l'ame délabrée
„mettait la piece hors de ſervice, & qu'à cet égard les nouvelles
„pieces étoient à peu près au niveau des anciennes.

„Mais

"Mais comme ce dépérissement de l'ame vient principale-
"ment des battements du boulet, que la réduction du vent
"à moitié rendait beaucoup moindres, ces Officiers étaient
"persuadés que si, contre l'idée qu'ils avaient, les anciennes
"pieces gagnaient quelque chose sur les nouvelles, relative-
"ment à la solidité à cause de la plus grande épaisseur du
"métal, celles-ci retrouveraient cet avantage par la grande
"différence du vent de leurs boulets, qui devaient bien plus
"ménager leurs ames.

"Au reste, quand ce raisonnement, qui ne sera peut-être
"pas sensible pour tout le monde, laisserait croire à quelques
"personnes, que les pieces anciennes sont dans le cas de sou-
"tenir plus long-tems leur service, il s'ensuivrait, dans l'idée
"de ces personnes, que l'on serait obligé de refondre les
"nouvelles pieces un peu plus souvent, ce qui serait un fort
"petit inconvénient, qui se trouve d'ailleurs fort abondam-
"ment compensé, même économiquement, par la diminution
"des attelages, comme on le verra bientôt; avantage qui ce-
"pendant n'est rien auprès de la mobilité, le vrai but, le but
"essentiel de ces importants changements.

"Il fut donc bien démontré par l'expérience qu'en ré-
"duisant à moitié de leurs poids environ, les pieces de 12,
"de 8 & de 4, cette réduction, qui leur donnerait la mo-
"bilité demandée par les Généraux, & que les changements
"survenus dans la Tactique & dans l'Artillerie des autres
"Puissances rendaient indispensable, leur laisserait encore une
"portée excédente à celle qu'on devait chercher, & une soli-
"dité au moins suffisante au service qu'elles auraient à remplir.

"Les Officiers instruits & sans préjugés, étaient bien
"préparés à ces résultats, qui en allégeant si considérablement
"notre Artillerie de bataille, la laissaient encore beaucoup plus
"pesante que celle des Autrichiens, & sur-tout que celle des
"Prussiens.

"D'autres en qui le raisonnement & les lumieres acqui-
"ses n'avaient pas encore subjugué l'habitude de croire que
"les choses anciennement établies ne sauraient être meilleures,
"ne croyaient ces résultats que parce qu'ils s'étaient passés
"sous

„fous leurs yeux ou fous ceux de gens qui, précédemment,
„étaient de la même opinion qu'eux, & qui n'en ayaient changé
„que par la force de la conviction.

„Il y en a eu d'autres qui se trouvant au même point
„de lumiere que ces derniers, y font restés, parce qu'ils n'ont
„pas pris la peine de s'informer de ce qui s'était passé dans
„ces épreuves, ou parce qu'ils n'en ont point tiré les consé-
„quences qu'elles ont préfentées à tous les bons esprits.

Construction des Pieces de Bataille.

Ces pieces ont été fondues en 1765; & consistent en Canons de 12, de 8 & de 4. C'est du dernier Calibre qu'on attache deux pieces par bataillon à la suite des Régimens d'Infanterie.

La construction & les Dimensions de ces pieces sont amplement expliquées dans le Mémoire & les Tables ci-joints.

Leur épreuve se fait en cinq coups; les deux premiers à la demi pefanteur de leurs boulets; & les trois derniers à un tiers de cette même pesanteur seulement: Pendant l'épreuve les pieces doivent être montées sur des Affuts de leur calibre.

Ver-

D'ARTILLERIE.

VERSAILLES
du 15 Fevrier 1765.

Observations.

Pour couler ces pieces il faut 65000 liv. de cuivre neuf & 7500 liv. d'étain; ces canons seront coulés en 25 Fontes dans le second & dans le troisieme fourneau: on donne au Sr. DARTIN *toutes les charges du fourneau dans le mémoire d'instruction.*

C'est à Mr. PILLON *à avoir attention à la mesure de ces pieces. Il faut d'après les tarifs signés & arrêtés, que l'on fasse les mesures justes sur une régle de fer, d'après le pied envoyé aux différens arsenaux; la piece doit être de juste dimension dans toutes ses parties.*

Lorsque le Sr. MARITZ *repassera à Strasbourg, il faut tracer ces Tables; en attendant le Sr.* DARTIN *peut travailler sur celles qu'il a des pieces qui ont été éprouvées, n'y ayant que les culasses à changer, pour lesquelles il a laissé des modeles en bois*

FONDERIE DE STRASBOURG.

Mémoire sur le travail des pieces légéres de Campagne conformément aux desseins arrêtés par la Cour le 12 Janv. 1765.

Suivant les intentions de Mgr. le Duc de CHOISEUL il est question de couler & de livrer encore 150 pieces de campagne, qui consistent en

25 can. de 12 pour chacun 1750 liv. fait 43750 liv.
50 can. de 8 pour chacun 1150 liv. fait 57500 liv.
75 can. de 4 pour chacun 580 liv. fait 43500 liv.

Les Desseins & proportions des pieces de 12, de 8, & de 4, étant arrêtés, les poids constatés, elle ne doivent différer au plus que de dix liv. les unes des autres.

Chaque dessein des pieces doit être tracé en grand, sur une Table, la position des Tourillons, celle de la lumiere, la profondeur de l'ame, l'emplacement des Dauphins, leur Diamétre & grandeur doit être observé avec la plus grande atten-

C 2

bois garnis de plaques de Visieres mouvantes en étain.

Comme le point de mire sur le bourlet, n'a au plus qu'une ligne & demi d'élévation, & qu'il doit être en arriere du plus haut du bourlet; en tournant la piece on laisse son élévation & sa figure tout autour, & lorsqu'elle est finie on coupe la matiere qui excéde en laissant seulement le point qui sert de mire. On en fait de même à l'égard de la culasse, mais ces deux parties doivent exactement couper le centre de l'ame du Canon, les Tourillons étant de niveau.

Pour s'assurer de la position des tourillons à l'égard de leur éloignement juste de la culasse, & qu'ils coupent précisément d'équerre le centre de l'ame, il est nécessaire de leur donner une ligne sur leur circonférence de plus de grosseur qu'ils n'en doivent avoir étant finis; & lorsque l'on tourne la piece on fait appuyer le couteau contre la partie du devant des tourillons; s'ils ont touché également, on part de ce point pour arrondir le tourillon & le rendre de son calibre. A l'égard de sa hauteur, qui doit être exactement observée, pour s'en assurer on se sert

attention, de même que la saillie des Plattebandes & du Bourlet.

Le point de mire sur la bouche en tulippe, doit être adhérent au canon; & point appliqué par une vis ou autrement, ainsi que sur la Plattebande de culasse aux pieces qui n'auront point de visieres mouvantes.

Les Tourillons de ces pieces sont placées à 3 septiemes & ¼ de septieme en avant de l'extrémité de la Plattebande de culasse, & le centre des tourillons doit être placé plus bas que celui de l'ame du Canon d'un douzieme de Diamétre du Boulet.

Les

D'ARTILLERIE.

sert d'une machine composée d'un rouleau qui entre d'environ six pouces dans l'ame du Canon, ayant une croix à l'extrémité qui joint perpendiculairement la bouche; sur cette croix est tracée une ligne verticale coupée à angles droits par une ligne horisontale, & toutes deux passant par le centre de l'ame. Il y a une autre croix de la même forme avec un Mandrin qui entre dans le trou de la culasse dans lequel a porté le pivot pour la forer. Les deux Machines étant mises de niveau suivant l'a-plomb, on trace un douzieme de Diamétre du boulet plus bas que la ligne horisontale, on tend un fil d'une croix à l'autre, qui passe sur les tourillons, & à la ligne de son centre, on y marque le point milieu pour tracer sa rondeur avec un compas.

Ce renflement doit avoir moins d'élévation du côté de la Culasse qu'en avant de la piece; ainsi pour lui donner la configuration conforme à ce qu'il exige, il faut après que la piece est tournée & le tourillon arrêté dans son centre par les précautions prescrites, commencer par donner la hauteur qu'il doit avoir en avant; on se sert d'une

Les Embases ou renflemens qui régnent autour des tourillons doivent être élevés du côté de la Volée de la piece, partant du devant du second renfort d'un douzieme & demi; la partie vers la Culasse en alignement avec la plattebande de la dite Culasse, la face de cette saillie doit regner tout autour du tourillon de la largeur de $\frac{4}{12}$ & se

d'une régle entaillée de toute la largeur du Tourillon, qui étant appuyé sur la Platebande de Culasse démontre jusqu'à quel point il faut baisser la matiere de l'embaze derriere, jusqu'à-ce quelle touche devant à l'indroit marqué. On arrondit le reste avec le ciseau & la lime, en usant d'une régle courbée pour reconnaitre les élévations.

Pour être assuré des proportions invariables des Dauphins, chacun suivant son calibre, il sera fait un dessein en grand des mesures justes, & l'on coulera des anses suivant ces Dimensions en étain que l'on conservera soigneusement pour Modéles.

On formera aussi en étain un modéle du second renfort de chaque calibre de grandeur naturelle pour y avoir la position des anses & des tourillons, & qui serviront de modéle pour la réception des Canons.

& se joindre en ligne droite contre le corps du Canon.

Les Dauphins où les anses des pieces feront faites à l'avenir, non en dauphins, mais en une barre en huit pans courbée de façon à y placer aisément un levier pour manœuvrer le canon.

A la piece de 12 le devant extérieur de cette anse sera posé sur la ligne du devant des tourillons; son épaisseur dans ces huit faces est de $\frac{4}{12}$ de sa largeur intérieure d'un calibre; & la hauteur de 2 po. 9 lig. A la piece de 8, l'anse a de hauteur intérieure 2 po. 6 lig. les autres proportions sont les mêmes à la piece de 4, elle est placée à deux douziemes en avant du tourillon, & a un calibre $\frac{1}{24}$ de largeur intérieure, & 2 po 3 lig. de hauteur, id. des proportions des autres pour son épaisseur.

Il faut observer que les mesures données ci-contre sont d'après le nud du corps des anses & non d'après l'embaze près du canon qui a $\frac{1}{12}$ de saillie.

Cette masse de cuivre doit être coulée dans un fourneau à reverbere de cuivre de hongrie, avec de fortes Masselottes, suivant le dessein donné à cet effet; on doit couper la partie qui s'est trouvée au fond du moule environ un pouce de matiere & voir à la casse si le cuivre est sain, & bien lié; on tourne ensuite le grain suivant sa grosseur, ainsi que le léton qui est au bout, & on fore la lumiere, s'il se trouve quelque chambre ou paille on la rebutera. Ensuite on la taraudera avec une filiere à coussinette, on l'applanit d'abord au fond, en la faisant remonter, & le coupant de la partie supérieure enléve les Buchilets jusqu'au bout. On resserre ensuite les coussinets & on la redescend en bas, on finit la Vis en montant & descendant la filliere jusqu'à ce que les filets soient bien formés & coupés francs sans refoulure.

L'ex-

La partie de ces anses du côté de la Culasse laisse un vuide entre la moulure du premier au second renfort de $\frac{2}{12}$ & demi; les Dauphins doivent être éloignés l'un de l'autre d'un calibre de la piece du côté de la Culasse, & d'un Diametre de boulet du côté de la Volée.

La lumiere des pieces des trois calibres sera forée dans une masse de cuivre rouge posée à froid; elles seront du Diametre de 2 lig. 6 pt. égales aux trois pieces, elles doivent être percées de façon que leur ouverture intérieure vienne tomber au point de l'angle de l'extrémité de l'ame tracé quarrée, à l'extérieur de la piece; & à l'entrée de la Lumiere elle doit être portée plus en arriere que la ligne perpendiculaire du fond de l'ame de $\frac{2}{12}$, & le dégorgeoir étant enfoncé jusqu'au fond de l'ame se trouve pointé en avant du fond de 6 lig. Les Masses des Lumieres du Diamet. de 2 po. aux calibres de 12 & de 8, & celle de 4 est de 16 lig. y compris les filets. Elles sont de cuivre rouge, fondues & non battues, tournées & taraudées par une filiere coupante.

L'exca-

L'excavation de la piece se fait d'abord avec un foret, qui en perçant au travers du métal, forme la grandeur de l'entrée du téton au bout intérieur de la lumiere, ensuite on agrandit le trou jusqu'à 18 lig. & on se sert de cinq différens tarauds pour couper & finir l'Ecrou au vif. On fait l'entrée du téton plus large derriere que devant, afin de le forcer dans son logement avec la vis, & empécher que la poudre n'y trouve de l'air pour passer & endommager la vis; on a remarqué que la pression que fait l'effort de la poudre, refoule le bout de la Lumiere: On pense qu'elle présente une face trop large, & qu'en diminuant un peu sa grosseur & en élargissant un peu en entonnoir l'intérieur de la Lumiere elle ne feroit pas cet effet. Il faut observer que le fond de l'ame n'est pas fait lorsqu'on pose le grain, & qu'on ne finit le Canon que lors qu'il est mis en place.

L'excavation pour recevoir le grain est forée par une Machine exprès, & les tarauds coupent également les filets dans le vif du Métal, de façon que la vis y entre sans aucun obstacle, & qu'il n'est question de la forcer qu'environ un tour par une Clef de 10 pieds de longueur, avec l'effort de quatre hommes.

La Visite des pieces pour les Dimensions extérieures doit se faire autentiquement avant l'Epreuve; ayant le dessein en grand tracé sur une table, on commence à mesurer la longueur totale de la piece de l'extrémité de la Plattebande de Culasse

On

laſſe à la tranche de la bouche; en appuyant deſſus une régle ſur laquelle eſt marqué la dite longueur; on prend enſuite la longueur du premier renfort, du ſecond, de la Volée, & du bourlet depuis l'Aſtragale, la longueur des Plattebandes, Doucines, & cordons, qui doivent tous ſe repartir au deſſein, tant pour leur poſition, que pour leur groſſeur de figure; la poſition des tourillons depuis l'extrémité de la Plattebande de Culaſſe en avant du côté de la Volée, leur hauteur, leurs Diamétres & les Dimenſions des Embazes.

On prend la profondeur de l'ame du Canon avec une régle, qui d'un bout touche au fond de l'ame, & ſur laquelle on en traverſe une autre ſur la tranche de la bouche, & où on marqué un trait à la rencontre des régles de la bouche; on apporte la même régle ſur la piece, & on traverſe l'autre deſſous au même point que cidevant ſur la bouche; on prend la diſtance qu'il y a de la grande régle à l'extrémité de la Plattebande de Culaſſe, qui doit ſe rencontrer avec le deſſein. L'entrée de la Lumiere étant marquée également ſur le deſſein elle doit ſe trouver de même ſur la piece; & pour s'assurer de son emplacement, on pousse au fond de l'ame un refouloir arrondi, qui est du calibre de son contour; on fait passer le dégorgeoir dans la Lumiere qui marque l'endroit de sa sortie sur le cilyndre qui doit être positivement au point marqué par le dessein.

Le Diamétre de l'ame doit être égal d'un bout à l'autre & juste sans aucune variation n'y reprise; on peut s'en assurer avec la machine inventée par Mr. de *Gribeauval*; les pieces ainsi mesurées & reçues sont présentables à l'épreuve de la poudre & du boulet.

On pense que le tiers de la pesanteur suffit, si toutefois le service ordinaire n'en exige pas davantage dans certains cas. C'est à M.M. les Inspecteurs à donner leur décision là dessus.

Ces pieces n'ayant que les épaisseurs de métal nécessaires pour résister au service pour lequel elles sont destinées, il ne faut point leur donner une charge trop forte à l'épreuve, & se contenter de leur faire tirer cinq coups de suite, à la plus forte charge de leur service.

L'Effort de la poudre, lorsque le métal du canon n'est pas assez ferme, fait ordinairement une impression devant la charge entre elle & le boulet, au point qu'en cet endroit l'ame est plus large; ce qui est un défaut qui occa-

Après l'épreuve de la poudre & du boulet, la piece étant bien lavée, on la visitera avec le miroir, pour connoître s'il ne s'y trouve point de battemens de boulets, ni d'enfoncements dans la partie entre la poudre

occasione le battement du boulet, & détruit la piece en peu
de tems; la Machine inventée
par M. de GRIBEAUVAL est
très propre pour le découvrir;
& s'il se trouvoit une demi
ligne d'enfoncement de matiere
sur toute la circonférence la
piece ne doit pas être reçue.

poudre & le boulet, on y passera le chat, & la piece sera re-
butée s'il se trouve une seule
chambre passée 1½ lig. de profondeur. L'épreuve de l'eau se
fera à l'ordinaire.

On ne peut trop avoir l'oeil & visiter avec trop d'exactitude l'extérieur des pieces pour connoître si la matiere
n'a point reçu d'étonnement dans aucune de ses parties. Enfin
le soin avec lequel on visitera les Canons & Mortiers à leur
réception, augmentera celui du fondeur, qui est entierement
dédommagé sur le prix de la façon de ces pieces, puis qu'elles
ui sont payées autant que celles une fois plus pesantes,
par conséquent plus longues, & qui demandent plus d'ouvrage pour les finir.

FIN DU MEMOIRE.

Tracé du Bouton.

On divisera AB en trois parties égales aux points C & D; du point A extrémité de la ligne AB prenez $AE = \frac{13}{24}$ du Calibre de la piece, le point E sera le centre de l'arc HAN; du point C faites CG parallele à BL égale à $\frac{6}{12}$; du point G on fera $GF \frac{4}{12}$, du point F pris pour centre & d'un rayon GF on décrira l'arc HGI, par les points E & F on tirera EF, qui prolongée rencontrera le point d'attouchement des deux arcs NAH & HGI; du point G on prendra la grandeur GH, qu'on portera de l'autre côté qui tombera en I, par le point D menez une parallele à BL sur laquelle vous porterez $\frac{4}{12}$ de D en K, vous aurez trois points déterminés IKL, par lesquels on fera passer géométriquement l'arc IKL, & la courbe sera déterminée.

PLANCHE I.

Deffein des Pieces légéres de Campagne.

Fig. 1. *Coupe du Canon de 12.*
— 2. *Plan du même.*
— 3. *Coupe du Canon de 8.*
— 4. *Plan du même.*
— 5. *Coupe du Canon de 4.*
— 6. *Plan du même.*
— 7. *Tracé du Bouton.*
— 8. *Coupe d'une Anfe; les lignes ponctuées marquent l'Empatement ou faillie fur la Piece.*

I. TABLE des Dimensions des pieces de Canons légers pour le service de Campagne.

Pieces de Canon des Calibres de	Epaisseur du métal par le Diametre du Boulet divisé en 12 parties.	Longueur & Epaisseur du métal. 12.	8.	4.	Dimensions Extérieures des pieces. 12.	8.	4.
		Pi. po. lig. pt.	Pi. po. lig. pt.	Pi. po. lig. pt.	Pi. po. lig. pt.	Pi. po. lig. pt.	Pi. po. lig. pt.
X. Calibre des Pieces	—	0. 4. 5. 9	0. 3. 11. 0	0. 3. 1. $3\frac{3}{4}$	- - -	- - -	- - -
Y. Diamétre des Boulets	—	0. 4. 4. 9	0. 3. 10. 0	0. 3. 0. $3\frac{3}{4}$	- - -	- - -	- - -
AB. Longueurs des pieces depuis l'extrémité de la Plattebande de Culasse jusqu'à la Bouche	18 Calib.	6. 6. 0. 0	5. 8. 0. 0	4. 6. 0. 0	- - -	- - -	- - -
CD. Longueur de l'ame des pieces, les angles du fond remplis d'un quart de Calibre	—	6. 1. 11. $7\frac{3}{4}$	5. 4. 5. 10	4. 3. 2. $8\frac{7}{12}$	- - -	- - -	- - -
a Longueur du premier Renfort, deux septiemes & un tiers de septieme	—	2. 2. 0. 0	1. 10. 8. 0	1. 6. 0. 0	- - -	- - -	- - -
b Longueur du second Renfort, un septieme & un sixieme de septieme	—	1. 1. 0. 0	0. 11. 4. 0	0. 9. 0. 0.	- - -	- - -	- - -
c Longueur de la Volée jusqu'au milieu de l'Astragale du Collet	—	2. 6. 2. 6	2. 2. 4. 0	1. 8. 11. $4\frac{1}{2}$	- - -	- - -	- - -
d Longueur de la Bouche en Tulippe	2 Diam. d. B.	0. 8. 9. 6	0. 7. 8. 0	0. 6. 0. $7\frac{1}{2}$	- - -	- - -	- - -
e Longueur du Bouton compris le Cul de Lampe	1 Diam. $\frac{6}{12}$	0. 6. 7. $1\frac{1}{2}$	0. 5. 9. 0	0. 4. 6 $5\frac{7}{12}$	- - -	- - -	- - -
Epaisseur à la Plattebande de la Culasse	- - -	- - -	- - -	- - -	1. 0. 5. $6\frac{5}{12}$	0. 10. 10. $6\frac{1}{2}$	0. 8. 7. $3\frac{3}{4}$
f Epaisseur de la Culasse	$\frac{11}{12}$	0. 4. 0. $4\frac{1}{4}$	0. 3. 6. 2	0. 2. 9. $3\frac{5}{12}$	- - -	- - -	- - -
g Epaisseur à la Lumiere	$\frac{9}{12}$ $\frac{5}{8}$	0. 3. 6. $3\frac{2}{3}$	0. 3. 0. $10\frac{3}{4}$	0. 2. 5. $1\frac{1}{2}$	0. 11. 6. $4\frac{5}{12}$	0. 10. 0. $9\frac{1}{2}$	0. 7. 11. $6\frac{3}{4}$
h Epaisseur à la fin du premier Renfort	$\frac{8}{12}$ $\frac{15}{16}$	0. 3. 3. $3\frac{5}{12}$	0. 2. 10. $3\frac{1}{2}$	0. 2. 3. $0\frac{1}{2}$	0. 11. 0. $3\frac{5}{6}$	0. 9. 7. $6\frac{1}{4}$	0. 7. 7. $4\frac{5}{6}$
i Epaisseur au commencement du second Renfort	$\frac{8}{12}$ $\frac{1}{4}$	0. 3. 0. $3\frac{1}{6}$	0. 2. 7. $7\frac{1}{2}$	0. 2. 0. $11\frac{1}{2}$	0. 10. 6. $3\frac{1}{3}$	0. 9. 2. 3	0. 7. 3. $2\frac{5}{6}$
k Epaisseur à la fin du second Renfort	$\frac{7}{12}$ $\frac{1}{3}$	0. 2. 8. $2\frac{5}{6}$	0. 2. 4. $1\frac{1}{3}$	0. 1. 10. $2\frac{1}{4}$	0. 9. 10. $2\frac{1}{3}$	0. 8. 7. $2\frac{2}{3}$	0. 6. 9. $8\frac{1}{3}$
l Epaisseur à la naissance de la Volée	$\frac{6}{12}$ $\frac{3}{16}$	0. 2. 3. $2\frac{1}{3}$	0. 1. 11. $8\frac{7}{12}$	0. 1. 6. $8\frac{2}{3}$	0. 9. 0. $1\frac{3}{4}$	0. 7. 10 $5\frac{1}{4}$	0. 6. 2. $9\frac{1}{12}$
m Epaisseur à l'Astragale du Collet	$\frac{4}{12}$ $\frac{5}{18}$	0. 1. 6. $9\frac{7}{12}$	0. 1. 4. $4\frac{3}{4}$	0. 1. 0. $11\frac{1}{3}$	0. 7. 7. $4\frac{1}{4}$	0. 6. 7. $9\frac{1}{2}$	0. 5. 3. $2\frac{5}{12}$
n Epaisseur au plus grand Renflement du Bourlet	$\frac{7}{12}$ $\frac{1}{3}$	0. 2. 8. $2\frac{5}{6}$	0. 2. 4. $1\frac{1}{3}$	0. 1. 10. $2\frac{1}{4}$	0. 9. 10. $2\frac{2}{3}$	0. 8. 7. $2\frac{2}{3}$	0. 6. 9. $8\frac{1}{3}$
o Epaisseur à la Bouche	$\frac{4}{12}$ $\frac{5}{18}$	0. 1. 6. $9\frac{7}{12}$	0. 1. 4. $4\frac{3}{4}$	0. 1. 0. $11\frac{1}{3}$	0. 7. 7. $4\frac{1}{4}$	0. 6. 7. $9\frac{1}{2}$	0. 5. 3. $2\frac{5}{12}$
p Diamétre du Bouton de la Culasse au plus fort	1 Diamet.	0. 4. 4. 9	0. 3. 10. 0	0. 3. 0. $3\frac{3}{4}$	- - -	- - -	- - -
q Diamétre au Collet du Bouton	$\frac{8}{12}$	0. 2. 11. 2	0. 2. 6. 8	0. 2. 0. $2\frac{1}{2}$	- - -	- - -	- - -
Diamétre & longueur des Tourillons	1 Diamet.	0. 4. 4. 9	0. 3. 10. 0	0. 3. 0. $3\frac{3}{4}$	- - -	- - -	- - -
Diamétre des Lumieres	- - -	0. 0. 2. 6	0. 0. 2. 6	0. 0. 2. 6	- - -	- - -	- - -
Epaisseur des Anses	$\frac{8}{24}$ du Calib.	0. 1. 5. 0	0. 1. 3. 0	0. 1. 0. 0	- - -	- - -	- - -
Hauteur intérieure des Anses	- - -	0. 2. 9 0	0. 2. 6. 0	0. 2. 3. 6	- - -	- - -	- - -
Largeur idem	{12. 8. 1 Cal.	- - -	- - -	- - -	- - -	- - -	- - -
	{4 - $1\frac{3}{24}$ Cal.	- - -	- - -	- - -	- - -	- - -	- - -
Ecartement des Anses { du côté de la Culasse	1 Calibre	- - -	- - -	- - -	- - -	- - -	- - -
Ecartement des Anses { du côté de la Volée	1 Diam. d. B.	- - -	- - -	- - -	- - -	- - -	- - -
Saillie ou Empattement des Anses sur la Piece	$\frac{1}{12}$	- - -	- - -	- - -	- - -	- - -	- - -
Saillie des Embazes sur les Tourillons	$\frac{4}{12}$	- - -	- - -	- - -	- - -	- - -	- - -
Saillie des Embazes sur la Piece	$\frac{1}{12}$ $\frac{1}{2}$	- - -	- - -	- - -	- - -	- - -	- - -
Poids des Canons	—	1800 liv.	1200 liv.	600 liv.			
Poids des Masselottes	—	1200 —	800 —	600 —			

IIde. TABLE des Dimenſions des Plattebandes & Moulures des pieces légéres.

Noms des Plattebandes & Moulures.	Largeur & ſaillie des dites Platteb. & Moulures par 24mes parties du Calibre des Pieces.		Largeur & Saillie des dites Platteb. & Moulur. en po. lig. & pt.							
			12.		8.				4.	
	Largeur	Saillie	Largeur	Saillie		Largeur	Saillie		Largeur	Saillie
			po. lig. pt.	po. lig. pt.		po. lig. pt.	po. lig. pt.		po. lig. pt.	po. lig. pt.
1. Plinthe ou Plattebande de la Culaſſe	8/24	2/24, 1/24	1. 5. 11.	0. 5. 7.		1. 3. 8.	0. 4. 10.		1. 0. 5.	0. 3. 10.
2. Tore de la Culaſſe	1/24	1/24, 1/24	0. 6. 8.	0. 5. 7.		0. 5. 10.	0. 4. 10.		0. 4. 7.	0. 3. 10.
3. Liſtel du Tore de la Culaſſe	1/24	1/24	0. 2. 2.	0. 2. 2.		0. 1. 11.	0. 1. 11.		0. 1. 6.	0. 1. 6.
4. Gorge de la Culaſſe	1/24	au plus haut au vif de la piece.	0. 2. 2.	La courbe finie au vif du renfort.		0. 1. 11.	La courbe finie au vif du renfort.		0. 1. 6.	La courbe finie au vif du renfort.
5. Plattebande du premier renfort	5/24	1/48 au plus faill.	0. 11. 2.	0. 1. 1. avec la Platt.		0. 9. 9.	0. 0. 11. avec la platt.		0. 7. 9.	0. 0. 9. avec la platt.
6. Doucine du ſecond Renfort	4/24	2/48 au moyen au plus bas	0. 8. 11.	0. 2. 2.		0. 7. 10.	0. 1. 11.		0. 6. 2.	0. 1. 6.
7. Plattebande de Volée	4/24	1/24 au plus faill.	0. 8. 11.	0. 1. 1. avec la platt.		0. 7. 10.	0. 0. 11. avec la platt.		0. 6. 2.	0. 0. 9. avec la platt.
8. Doucine de la Volée	4/24	2/48 au moyen au plus bas	0. 8. 11.	0. 3. 0.		0. 7. 10.	0. 2. 3.		0. 6. 2.	0. 2. 0.
9. Liſtel inférieur de l'Aſtragale du Collet	1/24	1/24	0. 2. 2.	0. 1. 1.		0. 1. 11.	0. 0. 11.		0. 1. 6.	0. 0. 9.
10. Aſtragale du Collet	4/24	4/48	0. 8. 11.	0. 4. 5.		0. 7. 10.	0. 3. 11.		0. 6. 2.	0. 3. 1.
11. Liſtel ſupérieur de l'Aſtragale du Collet	1/24	1/24	0. 2. 2.	0. 1. 1.		0. 1. 11.	0. 0. 11.		0. 1. 6.	0. 0. 9.
12. Le Collet & le Bourlet en tulippe, la courbe par un Septieme & 2/3 de Septieme de la piece.	Voyez les Pieces.									
13. Ceinture de la Couronne	1/24	1/24 vif à bouche du Boulet	0. 2. 2.	0. 6. 8. vif à bouche		0. 1. 11.	0. 5. 10. vif la bouche		0. 1. 6.	0. 4. 7. vif la bouche
14. Gorge de la Bouche	3/24		0. 6. 8.	0. 8. vif la culaſſe		0. 5. 10.	0. 5. 10. vif la culaſſe		0. 4. 7.	vif la culaſſe
15. Cul de Lampe	1½ d. Diam.		1. 1. 2.	0. 2. 2. En ligne avec l'ame.		0. 11. 6.	0. 3. 11. En ligne avec l'ame.		0. 9. 2.	0. 3. 1. En ligne avec l'ame.
16. Liſtel du Cul de Lampe	1/24	En ligne avec l'ame.	0. 2. 2.			0. 1. 11.			0. 1. 6.	

Rem. Les Chiffres du Roi ſont burinées ſur le premier Renfort, & le nom de la piece ſur la Volée.

Le point de Mire eſt placé en arriere du plus grand renflement du Bourlet.

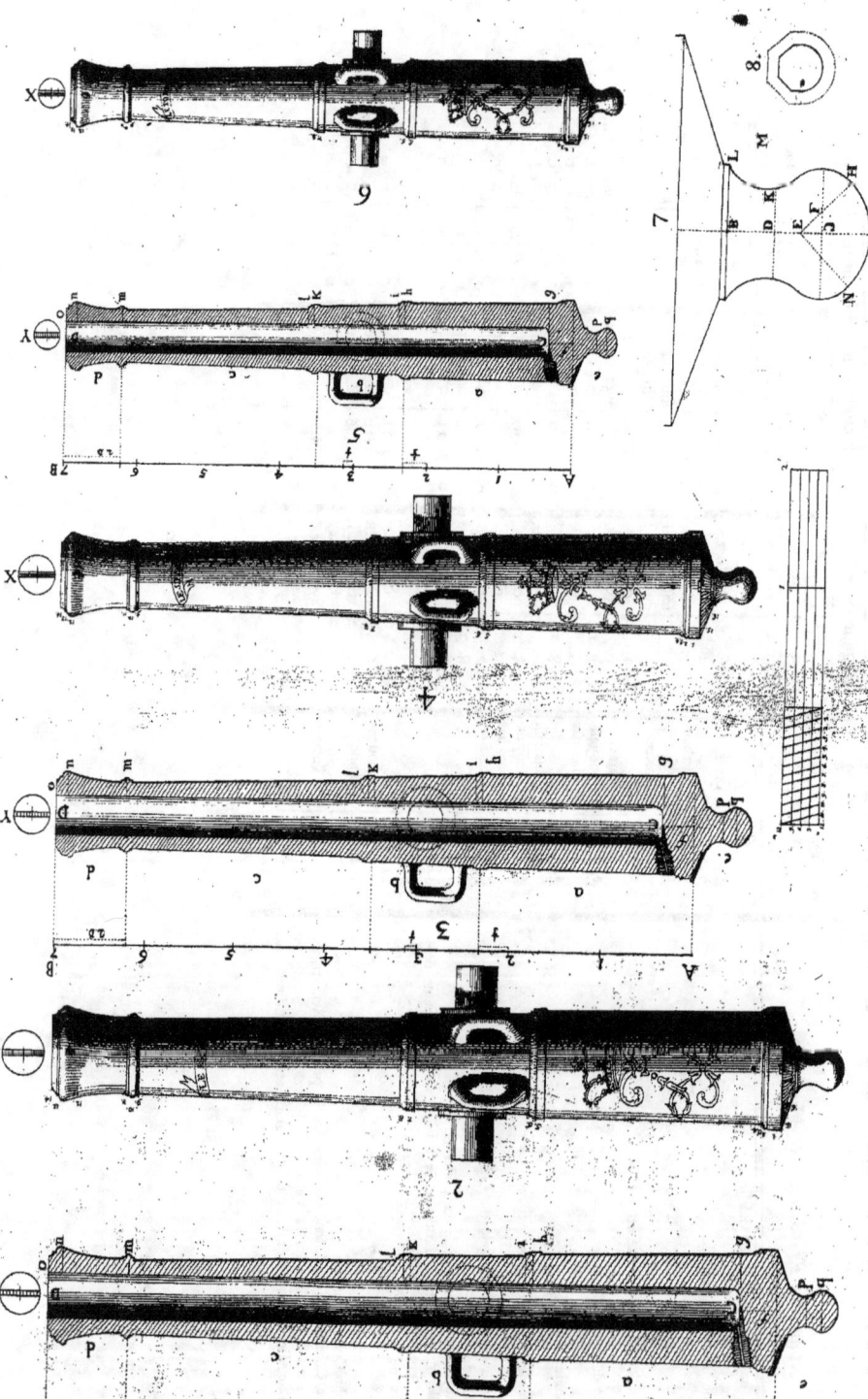

SECTION SECONDE.
Des Affuts.

„Quand on eut bien aſſuré aux pieces de campagne la mobilité qu'on crut pouvoir ſe concilier avec la ſolidité néceſſaire à leur ſervice, on ſongea à concilier dans leurs Affuts ces mêmes qualités.

„On les racourcit, ou les diminua d'échantillon & de poids, ainſi que leurs rouages & leurs Avant-trains, & malgré les eſſieux de fer qu'on donna aux Affuts & aux Avant-trains, comme nous le dirons, le tout ſe trouva ſi allégé que la piece de 4, & ſon Affut, ne peſerent enſemble qu'environ treize quintaux, tandis que l'ancienne, auſſi ſur ſon Affut, en peſait environ vingt-un.

„Cet Affut étant celui de la piece la plus employée, & par cette raiſon ayant beſoin de plus de mobilité, a été le plus allégé de tous à proportion. On peut cependant juger par lui du point où les autres l'ont été.

„La légéreté que ces Affuts acquirent avait un inconvénient dans le ſervice; c'était de laiſſer trop de recul à la piece. On a trouvé moyen de corriger cet inconvénient en faiſant faire à ces nouveaux Affuts un angle de deux à trois degrés plus ouvert avec le ſol que ne faiſaient les anciens. Moyennant cela ils ſe ſont trouvés au pair à cet égard. Mais auſſi ils devaient ſe fatiguer davantage.

„C'eſt à quoi l'on a encore pourvu, ainſi qu'à la moindre vigueur qui ſerait réſultée de la diminution d'épaiſſeur dans toutes leurs parties, ſi par des aſſemblages infiniment plus précis, des ſoubandes & d'autres ferrures diſtribuées avec intelligence on n'eut cherché à leur rendre au moins la ſolidité que ci-devant ils tiraient uniquement de la quantité de matiere qui les appeſantiſſait.

„Pour s'aſſurer du degré de cette ſolidité, on ne s'en eſt point rapporté à l'eſtimation trop incertaine des yeux, ou d'un tirage de quelques heures. On a fait choix d'un Affut qui avoit été conſtruit pour le calibre de 3, & con„ſéquem-

"féquemment dans des proportions plus légéres que ceux
"de 4; on a enterré la croffe de cet Affut, de maniere à ne
"lui laiffer aucun recul, & on a tiré à la piece quarante coups
"de fuite dans cette pofition, fans que les foubandes, qui les pre-
"mieres devaient annoncer la fatigue, aient paru avoir fouffert.

"Cette épreuve était fans doute au deffus de toutes cel-
"les que l'Affut pouvait effuyer, foit par les cahots de la
"route foit par le fervice de la piece, qu'on ne fait jamais
"tirer fans lui laiffer la liberté du recul. Et comme dans
"la table des proportions qu'on détermina pour les Affuts
"des différents calibres, ceux de 4 furent ceux qu'on allégea
"davantage dans toutes leurs parties, ainfi que je l'ai déja
"dit, la folidité qui fe trouva prouvée pour les Affuts des
"petits calibres le fut abondamment pour les Affuts des calibres
"fupérieurs.

"Au furplus les journaux d'épreuves donnent le détail
"des expériences faites fur les Affuts des différents calibres,
"& ne laiffent rien à defirer à ce fujet."

Changemens aux Affuts.

Ces Affuts fe diftinguent par beaucoup d'endroits des
anciens, ayant été conftruits exprès pour les pieces légéres
qu'on a vu dans la Section précédente. On a donné beaucoup de foin pour rendre la figure des flafques auffi avantageufe que poffible: les raifons de ces changemens & les
avantages que l'on s'en promet font contenus dans le Tracé
du Flafque; il ne refte qu'à rendre compte des inventions qu'on a fubftituées aux autres parties de ces Affuts.

1°. *Le pointement* de la piece fe faifait autrefois avec
des coins de mire; préfentement c'eft de la façon qui fuit.
La culaffe du canon repofe fur une femelle de bois, mobile,
dont le devant eft arrêté par une charniere à l'entretoife de
Volée: le bout arrondi de cette femelle qui répond à la
culaffe, s'eléve ou fe baiffe par une vis de fer à écrou de
fonte. Cet écrou eft placé entre les flafques a-peu-près à
l'endroit

l'endroit où l'étoit l'entretoise de couche ; ses bouts faits en tourillons portent dans deux Crapaudines de fer, fixées par des boulons sur le côté intérieur des flasques : l'écrou suspendu de cette maniere se prête à la direction de la vis & met cette derniere en état de toujours porter perpendiculairement sous la semelle ; pour cette même fin la tête dont la vis est surmontée entre dans une concavité menagée dessous le bout arrondi de la semelle, ce creux est garni d'une platine de cuivre. Au dessous de la tête de la vis on applique une clef qui sert de manivelle pour tourner la vis.

2°. *Encastrement de route* distant de 4 Diamétre du boulet en arriere du premier, est destiné à loger la piece pendant la route : la culasse repose alors sur l'entretoise de support. Par ce moyen le poids du canon est partagé sur l'essieu de l'Affut & sur celui de l'Avant-train, ce qui soulage beaucoup le premier.

3°. *Essieu de fer, & Boëtes de fonte* dans les moyeux des roues du charroi de campagne, le rendent plus roulant, parce qu'ils diminuent le frottement, & donnent outre cela plus de commodité pour les rechanges des essieux. Pour diminuer le peu de frottement qui a lieu entre le fer & la fonte, on se sert d'une composition faite de suif & d'huile, & l'on peut entierement se passer du goudron qui au bout de quelques heures augmente au lieu de dimunier le frottement, ce qui provient des parties résineuses du goudron, qui subsistent après l'écoulement de ses parties liquides.

4°. *Délardement sur le côté intérieur des flasques* se fait pour y loger un coffret à munition, afin d'avoir toujours quelques coups à la main. Le Coffret du 12 contient 9 ; le 8. 15 & le 4. 18 coups. Il y a des bras au Coffret tant pour le suspendre sur l'Affut ou l'Avant-train, que pour l'enlever & le porter commodément. Quand on veut manœuvrer le canon on pose le Coffret sur l'Avant-train entre la grande & la petite fassoire. De cette maniere le Coffret marche avec l'Avant-train à la suite du canon, sans qu'il soit nécessaire d'exposer de braves canoniers pour faire les porteurs à bras, ou de risquer de se trouver sans munition si on confiait la garde & le transport de ces Coffrets à des recrues. C'est la difficulté du transport qui a jusqui-ci rendu l'usage de ces Coffrets fort embarassant, bien qu'ils soient utiles, les grands Caissons ne pouvant ni ne devant être toujours trop voisins des pieces.

5°. *Deux Léviers à la crosse*, un homme à chacun pour diriger l'Affut. Autrefois on n'employoit qu'un levier & un homme à cet effet; la pratique a fait voir que ce poste est trop fatiguant pour qu'un homme seul put le bien remplir, ce qui est cependant de toute nécessité, puisque la direction des coups & la précision des manœuvres en dépendent également.

6°. Un Sceau d'eau pendu au côté droit de l'Affut.

Aux Ferrures.

7°. Des *Soushandes entaillées* pour recevoir la Mantoniére du second boulon; celui de devant est à Clavette, préférable en cet endroit à l'écrou, qui n'est bon que dans les endroits où on n'est pas obligé de dégager les boulons aussi souvent que ceux des encastremens: ce qui n'a pas seulement lieu quand il faut changer d'encastrement, mais peut aussi devenir nécessaire pour relever une piece versée en cage.

8°. Des *Boulons à Ecrou* aux autres endroits de l'Affut, contribuent à un bon assemblage des flasques & entretoises, dont résulte la solidité de l'Affut entier.

9°. Des *Anneaux de fer* pour porter les Leviers de la piece.

10°. *Deux Anneaux de manœuvre* placés vis à vis de l'entretoise de support; on y passe des petits leviers qui servent à pousser la piece en avant ou en arriere.

Construction du Corps d'Affut.

La meilleure méthode de tracer un Affut, est de donner la figure d'un flasque à une planche d'un pouce d'épaisseur, parce qu'en l'appliquant ensuite sur les platteaux que l'on veut employer à cette construction on peut profiter du fil du bois

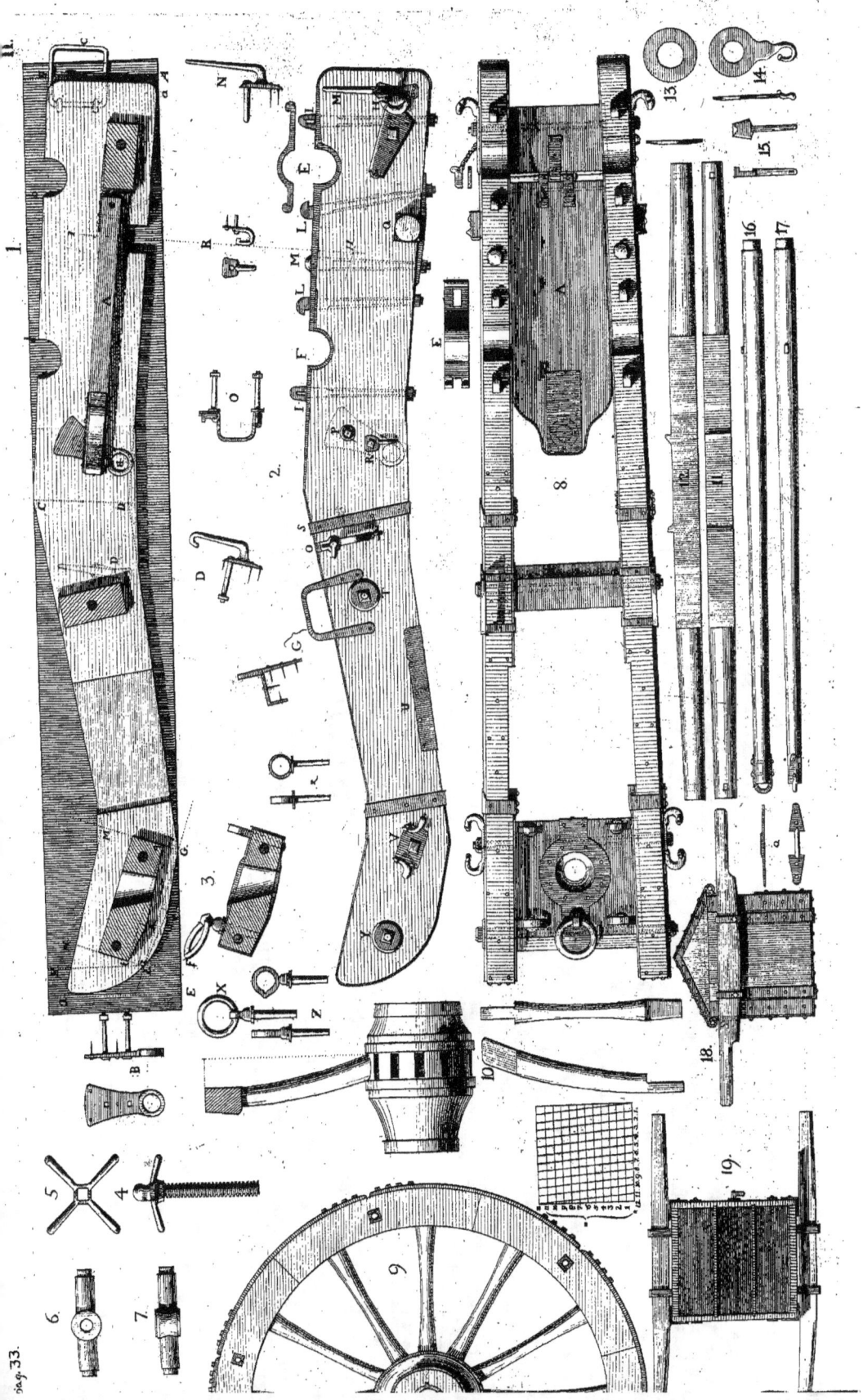

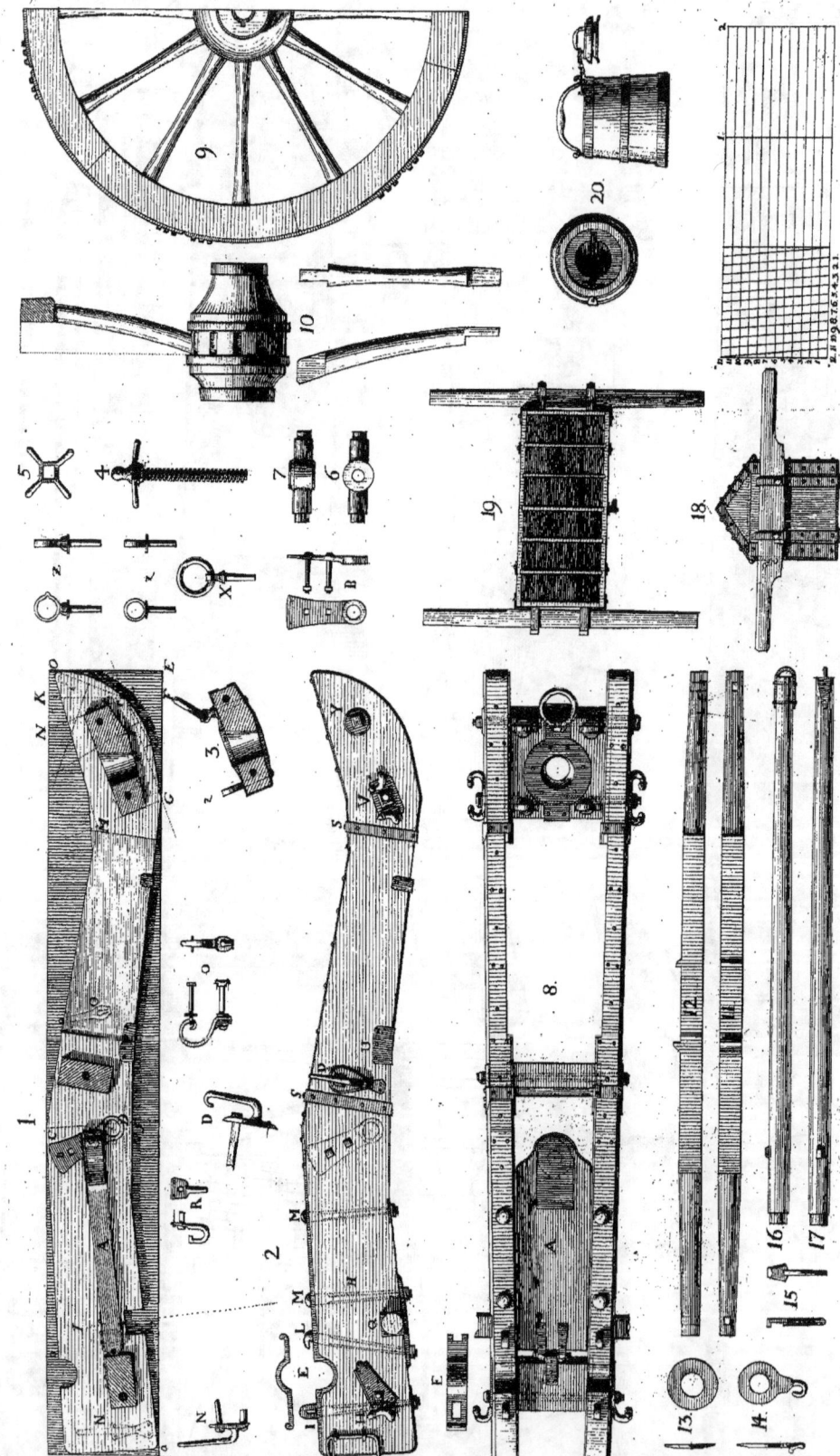

pag. 33.

bois pour former les ceintres néceſſaires, ce qui rend les Affuts plus ſolides, puiſque le bois eſt moins contretaillé.

La largeur de la planche doit être égale à la hauteur de la tête de l'Affut, plus à celle de ſon ceintre de mire, moins deux pouces ; c'eſt à dire que pour tracer un Affut de 12, la planche doit avoir 17 pouces de largeur, parceque la tête de l'Affut en a 14, que ſon ceintre de mire eſt de 5 po. & que ſi de ces 19 po. l'on en ſouſtrait 2 on aura 17 po. pour cette largeur. La ſouſtraction des deux pouces vient de ce que le flaſque a dans le tracé deux pouces de plus à la tête qu'au ceintre de mire. Ceci s'entendra mieux dans la ſuite.

Il faut donner à cette planche 4 à 5 po. de longueur de plus que celle de l'Affut & rendre ſes côtés paralleles & bien dreſſés.

Tracé des Flaſques.

On porte d'abord la longueur de l'Affut ſur un des côtés de la planche, en commençant à 2 ou 3 po. du bout, afin qu'avec l'équerre on puiſſe élever deux perpendiculaires, aux points qui déterminent cette longueur ſans être gêné par l'irrégularité des bouts de la planche.

On marque enſuite de A en B, la hauteur de la tête de l'Affut, que l'on trouvera dans la table ci-après pour les Affuts, on la porte ſur une régle de 5 ou 6 P. on ajoute à cette hauteur, la diſtance du derriere des Tourillons à l'extrémité du bouton de la piece, afin d'avoir une ligne compoſée de ces deux longueurs ; du point B on interſecte avec cette ligne le bord ſupérieur de la planche, pour avoir le point C, qui marque le ſommet du ceintre de mire, & l'on mene la ligne BC. On éleve ſur cette ligne deux perpendiculaires aux points B & C ; on donne à CD deux po. de moins qu'à la tête AB, & l'on mene la ligne aD.

On porte de B en b la hauteur de la tête de l'Affut, & l'on a le derriere des tourillons ; on compte quatre Diamétres de boulet de b en d, & l'on marque le bord de l'encaſtrement deſtiné à loger en route les Tourillons de la piece. Il n'y en a qu'aux Affuts de 12 & 8; ceux de 4 n'en ont point, parceque ce ſecond logement étant fait pour ſoulager les grandes roues, & pour partager le poids ſur les deux eſſieux, on n'a pas jugé à propos de donner cette nouvelle forme aux Affuts de 4, à cauſe de la légereté des pieces de ce calibre.

On porte enſuite la ligne *Bb*, de *F* en *G*, pour avoir la partie de la Croſſe où ſe place l'entretoiſe. Le point *F* n'eſt pas dans tous les Affuts à la même diſtance du point *E*; il en eſt à 3 po. 6 lig. dans ceux de 12 & de 8, & à 3 po. ſeulement dans ceux de 4.

On marque l'emplacement de l'eſſieu: ou trouve dans la Table des Affuts la diſtance du point *a* à ſon centre; cet eſſieu devant ſortir de 3 lig. en deſſous de l'Affut, ſon demi diamétre moins 3 lig. détermine ce centre au deſſus du bord des flaſques.

On éleve ſur *aD* une perpendiculaire *IH* paſſant par le centre de l'eſſieu; on ſe ſert dans la pratique d'une équerre dont on place une des branches dans la direction *aD*, on marque ſur une petite régle le rayon de la roue de l'Affut, on le met dans la direction de la ligne *IH*, en faiſant convenir ſur le centre de l'eſſieu une des extrémités du rayon de la roue, que l'on y a marqué; on poſe ſur l'autre extrémité du rayon le bord d'une grande régle, on préſente ſon autre bout à l'autre extrémité de l'Affut contre le point *G*, & l'on trace la ligne *GL* qui marque ſur la croſſe la direction de la ligne de terre quand l'Affut ſera ſur les roues.

On éléve deux perpendiculaires ſur *GL*, aux points *G* & *L*, ce dernier point eſt fixé à la rencontre de la ligne de terre avec la perpendiculaire *FK*; on donne à *GM* deux po. de moins qu'à *CD*, & un po. de moins à *LN* qu'à *GM*: On mene les lignes *DG*, *CM* & *MN* prolongée en *O* de 6 po.; on fait la croſſe de ces Affuts plus longue qu'à l'ordinaire, & on la réléve afin que quand on la laiſſera traîner en ſe retirant de devant l'ennemi, elle ne ſoit pas arrêtée par les obſtacles qui ſe rencontreront ſur le terrein.

On

On trouve le centre de l'arrondiſſement de la croſſe en prennant un point e à un pouce au deſſous du milieu de la ligne GL, & en élevant deux perpendiculaires fur le milieu des lignes eL, LO, c'eſt le point d'interſection des deux lignes qui eſt le centre de l'arc eLO; on le prolonge ſans compas juſqu'au point G.

On renforce le ceintre des flaſques afin que le bois n'y ſoit pas tant contretaillé; on prend à celui de mire un pouce de D en f, & on mene par ce point une ligne parallele au côté de la planche. On prend au ceintre de croſſe trois po. de chaque côté du point M, & la ligne qu'on tire d'un de ces points à l'autre marque le renfort. Les angles que forment ces renforts avec le premier tracé ne doivent pas être ſenſibles: Quand le flaſque eſt taillé il faut prendre cet adouciſſement en dehors des extrémités de ces renforts, afin que la milieu conſerve ſon épaiſſeur.

Des Entretoiſes.

Celle de Volée eſt placée à 5 po. de la tête de l'Affut, meſure priſe vis à vis le deſſus de l'entretoiſe, & ſon deſſous eſt mis parallelément à deux po. au deſſus du bas de l'Affut. Celle de ſupport eſt perpendiculaire ſur la ligne CM, & placée de façon que quand la piece eſt dans ſon ſecond logement le bord de la plattebande porte à 6 lig. de celui du côté extérieur de l'entretoiſe: Son deſſus eſt à 6 lig. de celui des flaſques. On trouve l'emplacement du derriere de cette entretoiſe, en ajoutant 6 lig. à la longueur de la piece du derriere des tourillons juſqu'à l'extrémité de la plattebande, & en la portant ſur le talus du flaſque depuis le derriere du ſecond encaſtrement. L'Entretoiſe de lunette ſe place parallélement à deux po. au deſſus de la ligne de terre GL, & l'on mene les perpendiculaires GM, LN; on laiſſe un renfort ſous cette entretoiſe; il commence à l'angle q & ſe dirige en r à 15 lig. au deſſous de l'angle t, on prend le tiers de la ligne qr que l'on porte de r en s, & les deux lignes qs & st marquent la forme que doit avoir le deſſous du renfort. Ce renfort doit finir par les côtés à 1 po. 6 lig.

des bouts de l'entretoife, afin que les quatres faces fe terminent perpendiculairement au plan de la coupe des extrémités, & qu'elles entrent d'équerre dans l'embrevement. Le centre de la Lunette est portée de 6 lig. en avant du milieu de l'entretoife fur son dessus; en dessous il se dirige de maniere que la Cheville ouvriere de l'Avant-train en traversant la Lunette soit perpendiculaire à l'horizon.

Du Délardement des flasques.

On fait un délardement fur le côté intérieur des flasques entre l'entretoife de Support & celle de Lunette pour loger le Coffret; on trouvera ci-après une table de ses dimensions. On fait un autre délardement avant de les assembler, on marque avec le *truquin* un trait fur toute la longueur du dessus des flasques à 4 lig. de leur côté extérieur; on coupe ce bois en finissant insensiblement jusqu'au dessous, où il ne faut rien ôter de leur épaisseur. En enlevant ce bois on arrafe d'avance la plus grande partie de l'épaisseur de l'Affut qui excéderait extérieurement la largeur des ferrures, dont on doit le garnir en dessus, & en le faisant avant qu'elles soient posées, on travaille plus aisément & plus proprement.

Plan de l'Affut.

Il y a deux différens diamétres qui réglent l'écartement des flasques; l'un est pris derriere les tourillons fur les Embazes à leur extrémité du côté de la culasse; on le porte de *T* en *V*. l'autre est le Diamétre de la Plattebande de Culasse, on le porte de *X* en *Y* à l'endroit où fera cette plattebande quand la piece fe trouvera fur l'Affut dans la position où elle doit tirer. On trouve ces mesures dans la table ci-jointe pour les Dimensions des Canons.

L'exactitude de l'assemblage d'un Affut dépend fur tout de la coupe des bouts des entretoifes, les angles qu'elles forment du même côté avec l'intérieur des flasques doivent être parfaitement égaux; il faut pour parvenir facilement à cette précision, dessiner le plan de l'Affut fur une planche & donner aux entretoitretoifes la forme de celles qui font marquées fur le plan; on en trace enfuite le plan fur le côté intérieur des Affuts, comme cela fe fait ordinairement.

Les entretoifes n'ont point de tenons, leurs bouts font feulement logés de 9 lig. dans le flafque où l'on fait un Embrévement pour cela, & elles n'y font pas chevillées. Il eft très effentiel que ces embrévemens foient creufés d'une égale profondeur dans toute leur furface, on fe fert pour cela après les avoir ébauchés au cizeau d'un rabot nommé *Guimbarde*, dont le fuft eft plat & le fer coudé de façon que fon tranchant foit horifontal.

Quand l'Affut eft affemblé, il faut couper la tête des flafques bien exactement fuivant le tracé, parceque c'eft de là que l'on compte pour marquer l'encaftrement de l'effieu dont le centre doit fe trouver à la diftance de la tête fixée dans la table ci-après pour les Affuts.

L'Emplacement de l'effieu doit être déterminé de façon que la croffe ne foit pas trop pefante à porter par les hommes chargés de la manœuvrer; il faut auffi qu'elle ne foit pas trop légère; ce ferait un inconvénient en tirant fur un terrein où les roues ne s'enfonceraient pas, parceque l'on aurait de la peine à la faire pofer où l'on voudroit, quand on changeroit la direction de la piece. L'on a fixé cet emplacement dans les Affuts d'après ces principes.

De la Voye des Voitures.

La mefure de la Voye des Voitures fe prend au point où les jantes touchent terre, d'un milieu de l'épaiffeur d'une jante, à celui de l'épaiffeur de l'autre; on prend cette mefure dans la pratique du déhors d'une jante au dedans de l'autre.

Cette Voye a été réglée fur l'épaiffeur des jantes de 4, & l'on a déterminé la longueur du corps des autres effieux de fer, de façon que le milieu des jantes des deux roues foit écarté de 4 Pi. 8 po. 6 lig.

MEMOIRES

Dimensions des Canons servans à la Construction de leurs Affuts.

Canon de	12.				8.				4.			
	Pi.	po.	lig.	pt.	Pi.	po.	lig.	pt.	Pi.	po.	lig.	pt.
Diamétre des boulets - -	0.	4.	4.	9.	0.	3.	10.	0.	0.	3.	0.	3¾
Longueur depuis l'extrémité de la platebande de culasse jusques derriere les Tourillons -	P. o. l. p. 2.6.6.0. } P. o. l. p. 3. 1. 1. 1.				P. o. l. p. 2.2.6.9. } P. o. l. p. 2. 8. 3. 9.				P. o. l. p. 1.9.1.0. } P. o. l. p. 2. 1. 7. 6.			
Longueur du bouton compris le Cul de Lampe -	0.6.7.1.				0.5.9.0.				0.4.6.6.			
Diamétre à la Platebande de culasse	1.	0.	5.	6.	0.	10.	10.	6.	0.	8.	7.	4.
Ecartement des flasques en cet endroit	1.	0.	7.	6.	0.	11.	0.	6.	0.	8.	9.	4.
Diamétre sur l'Embaze des Tourillons à leur extrémité du côté de la culasse - -	0.	11.	5.	6.	0.	9.	11.	0.	0.	7.	11.	3.
Ecartement des flasques en blanc et endroit - -	0.	11.	6.	0.	0.	10.	0.	0.	0.	8.	0.	3.

TABLE

D'ARTILLERIE.

TABLE pour les Affuts de Campagne de 12, 8 & 4.

			de 12.	de 8.	de 4.
Ouverture de la Lunette.	En deſſous.	lignes pouces	0. 3.	0. 3.	9. 2.
	En deſſus.	lignes pouces	0. 5.	0. 5.	0. 4.
Ouverture des Boîtes au gros bout		lignes pouces	3. 3.	0. 3.	6. 2.
Hauteur des Roues.		pouces Pieds	6. 4.	6. 4.	2. 4.
Diſtance du Centre de l'eſſieu à la tête		lignes pouces	0. 19.	0. 19.	9. 14.
Largeur des Entretoiſes.	De Lunette.	lignes pouces	8. 14.	9. 13.	10. 11.10.
	De Support.	lignes pouces	0. 8.	0. 7.	0. 6.
	De Volée.	lignes pouces	0. 8.	0. 7.	0. 6.
Epaiſſeur des Entretoiſes.		lignes pouces	0. 4.	6. 3.	0. 3.
Hauteur des flaſques dans le tracé.	derriere l'entretoiſe de Lunette	lignes pouces	0. 9.	0. 8.	0. 7.
	Au Ceintre de Croſſe	lignes pouces	0. 10.	0. 9.	0. 8.
	Au Ceintre de Mire	lignes pouces	0. 12.	0. 11.	0. 9.
	A la tête	lignes pouces	0. 14.	0. 13.	0. 11.
Ceintre des flaſques		lignes pouces	0. 5.	0. 5.	0. 4.
Epaiſſeur des flaſques		lignes pouces	0. 4.	6. 3.	0. 3.
Longueur des flaſques		lignes pouces Pieds	6. 3. 9.	6. 9. 8.	0. 3. 7.
Calibres			de 12.	de 8.	de 4.

TABLE

TABLE pur le Délardement des Flasques.

Calibre de	12.	8.	4.
	Pi. po. lig.	Pi. po. lig.	Pi. po. lig.
Distance de l'Entretoise de support jusqu'au délardement, mesure prise en dessus du flasque - - - - - -	0. 6. 8.	0. 4. 7.	0. 2. 9.
Longeur du Délardement - - -	1. 4. 3.	1. 10. 11.	1. 10. 5.
Profondeur du Délardement - - -	0. 0. 9.	0. 0. 9.	0. 0. 9.

Ce Délardement n'est pas perpendiculaire au talus des flasques, il l'est à une régle d'une largeur égale, que l'on place sur le flasque; cette régle doit dépasser la longueur du Délardement de 2 po. de chaque côté, pour marquer les points où doivent porter les bras du Coffret, autrement ils entreroient obliquement dans l'Affut.

Dimensions des Semelles d'Affut servant à pointer.

Calibre de		12.	8.	4.
		Pi. po. lig.	Pi. po. lig.	Pi. po. lig.
Longueur	totale - - - -	2. 9. 6.	2. 6. 6.	2. 0. 0.
	de la partie arrondie - -	0. 8. 0.	0. 7. 0.	0. 4. 0.
Largeur	à l'endroit où commence la partie arrondie - - -	1. 0. 2.	0. 10. 8.	0. 8. 6.
	au bout - - -	0. 11. 4.	0. 9. 9.	0. 7. 10.
Epaisseur	- - -	0. 2. 6.	0. 2. 6.	0. 2. 0.

Le centre de l'arrondissement de celle de 12 est à 3 po. de l'extrémité de la tête, le centre de celle de 8 & de 4, en est à 2 po. 6 lig.

D'ARTILLERIE.

TABLE des Dimensions des Roues d'Affuts, d'Avant-trains, Caissons & Chariots de Campagne.

Noms des parties.		Calibre de 12.			Calibre de 8.			Calibre de 4.			Grandes roues de Chariots & Caiss.			D'Avant-train de 12 & de Caiss. & Char.			D'Avant-train de 4.		
		Pi.	po.	lig.	Pi.	po.	lig.	Pi.	po.	lig.	Pi.	po.	lig.	Pi.	po.	lig.	Pi.	po.	lig.
Les Moyeux.	Hauteur des Roues	4	6	0	4	6	0	4	6	0	4	10	0	3	6	0	3	3	0
	Ecuanteur des Roues	0	6	0	0	6	0	0	6	0	0	6	0	0	6	0	0	3	0
	Longueur	1	10	0	1	6	0	1	3	0	1	3	0	1	3	0	1	3	0
	Diamétre au gros bout	0	8	0	0	7	0	0	6	0	0	6	0	0	6	0	0	7	0
	Diamétre au petit bout	0	4	0	0	4	0	0	3	0	0	4	0	0	4	0	0	5	0
	Diamétre au Bouge	0	3	0	0	3	0	0	3	0	0	3	0	0	3	0	0	3	0
	Longueur de la patte	0	0	0	0	0	0	0	0	0	0	7	0	0	4	0	0	3	0
	Largeur de la patte	0	0	0	0	0	0	0	0	0	0	1	0	0	0	0	0	1	0
	Epaisseur de la patte à l'Epaulement	0	0	0	0	0	0	0	0	0	0	1	2½	0	2½	0	0	1	0
	Epaisseur de la patte au bout	0	0	0	0	0	0	0	0	0	0	1	0	0	1	0	0	1	0
Les Rais.	Epaisseur du Corps des Rais à l'Epaulement	0	2	7	0	2	4	0	2	1	0	2	5	0	1	10	0	1	10½
	au milieu	0	2	10	0	2	4	0	2	1	0	2	11	0	0	10	0	1	10
	à l'Epaulement de la broche	0	0	0	0	0	0	0	0	0	0	2	11	0	2	6	0	0	9
Les Mortaises	Largeur au milieu	0	2	8	0	2	4	0	2	1	0	2	11	0	2	10	0	2	9
	Largeur de la Broche	0	2	1	0	2	1	0	2	1	0	2	1	0	2	1	0	2	0
	Epaisseur de la Broche	0	3	4	0	2	1	0	2	1	0	2	1	0	2	1	0	1	0
	Longueur de la Mortaise du Rais sur le Moyeu	0	3	4	0	2	9	0	2	10	0	3	6	0	3	10	0	1	9
	Largeur d'idem	0	0	0	0	2	0	0	1	9	0	1	11	0	1	8	0	0	5
	Hauteur	0	4	4	0	4	11	0	4	9	0	4	8	0	4	6	0	0	3
Les Jantes.	Epaisseur en dedans	0	3	0	0	0	10	0	0	9	0	0	6	0	0	6	0	0	0
	Epaisseur à la Bande	0	0	10	0	0	11	0	0	9	0	0	9	0	0	9	0	0	8
	Epaisseur de la partie de la broche qui surmonte la mortaise de la Broche																		

TABLE

MEMOIRES

TABLE des Dimensions de la Ferrure des Roues, &c.

Noms des parties.	Calibre de	12.			8.			4.			Grandes roues des Chariots & Caiss.			d'Avant-train de 12, de 8 & de Caiss. & Chari.			d'Avant-train de 4.		
		Pi.	po.	lig.	Pi.	po.	lig.	Pi.	po.	lig.	Pi.	po.	lig.	Pi.	po.	lig.	Pi.	po.	lig.
Les Cordons.	Largeur	0.	1.	2.	0.	1.	2.	0.	1.	0.	0.	1.	0.	0.	1.	0.	0.	1.	0.
	Epaisseur	0.	0.	4.	0.	0.	4.	0.	0.	3.	0.	0.	3.	0.	0.	3.	0.	0.	3.
Les Frêtes.	Largeur	0.	1.	6.	0.	1.	6.	0.	1.	3.	0.	1.	3.	0.	1.	3.	0.	1.	3.
	Epaisseur au bout du Moyeu	0.	0.	4.	0.	0.	4.	0.	0.	3½	0.	0.	3½	0.	0.	3½	0.	0.	3½
	Epaisseur sur le Moyeu	0.	0.	2.	0.	0.	2.	0.	0.	2.	0.	0.	2.	0.	0.	2.	0.	0.	2.
Les Bandes	Largeur	0.	2.	9.	0.	2.	6.	0.	2.	3.	0.	2.	3.	0.	2.	3.	0.	2.	0.
	Epaisseur	0.	0.	5½	0.	0.	5½	0.	0.	4½	0.	0.	4½	0.	0.	4½	0.	0.	4½

Observation sur le Moyeu d'Avant-train de 4.

On partage ordinairement la longueur du Moyeu en deux également; l'on trace ensuite la mortaise des rais contre cette ligne, & du côté du gros bout. Les Jantes des roues d'Avant-train de 4 ayant 3 lig. d'épaisseur de moins que celles de l'Affut de 4, & l'effieu de ce calibre devant servir à son Avant-train; la Voie de celui-ci aurait 6 lig. de plus que l'Affut si l'on marquait les Mortaises des rais contre la ligne qui partage le Moyeu; il faut, en leur conservant la même Ecuanteur, les rapprocher de 3 lig. vers le gros bout. Les dimensions des Essieux se trouvent dans la cinquième Section.

D'ARTILLERIE. 43

Dimensions des Coffrets à Munition de	12.			8.			4.		
	Pi.	po.	lig.	Pi.	po.	lig.	Pi.	po.	lig.
Longueur du Coffret - - - -	1.	4.	0.	1.	10.	6.	1.	10.	0.
Largeur - - - - - -	1.	2.	8.	1.	0.	6.	0.	10.	0.
Hauteur du dessous - - -	1.	1.	6.	0.	11.	0.	0.	10.	0.
Hauteur du Couvercle au sommet - -	0.	4.	0.	0.	4.	0.	0.	3.	9.
La partie du dessous entre de 6 lig. dans le Couvercle									
Epaisseur des Cloisons - - - -	0.	0.	5.	0.	0.	4.	0.	0.	4.
Largeur de chaque séparation - -	0.	4.	6.	0.	4.	0.	0.	3.	2.
Epaisseur des planches latérales ⎰ de la largeur	0.	0.	10.	0.	0.	9.	0.	0.	8.
⎱ de la longueur	0.	0.	8.	0.	0.	8.	0.	0.	7.
Longueur des bras - - - -	3.	0.	0.	2.	9.	6.	2.	7.	0.
Longueur des bouts qui dépassent le Coffret	0.	10.	6.	0.	10.	6.	0.	10.	6.
Epaisseur de bras ⎰ au milieu - -	0.	2.	2.	0.	2.	0.	0.	2.	0.
⎱ au bout - -	0.	1.	6.	0.	1.	6.	0.	1.	6.
Hauteur ⎰ au milieu - - -	0.	3.	0.	0.	3.	0.	0.	3.	0.
⎨ au bout avant la diminution -	0.	2.	6.	0.	2.	6.	0.	2.	6.
⎱ à l'extrémité du bout diminué -	0.	1.	6.	0.	1.	6.	0.	1.	6.
Les bras sont placés plus bas que le couvercle de	0.	1.	3.	0.	1.	3.	0.	1.	3.

Dimensions des leviers pour la Crosse.

	Pi.	po.	lig.	Pi.	po.	lig.	Pi.	po.	lig.
Longueur totale - - - - -	5.	6.	0.	5.	6.	0.	5.	0.	0.
Diamétre ⎰ au bout près de l'anneau - -	0.	2.	6.	0.	2.	6.	2.	2.	3.
⎨ au clou - - - -	0.	2.	8.	0.	2.	8.	0.	2.	5.
⎱ au bout ferré du crampon -	0.	2.	3.	0.	2.	3.	0.	2.	0.
Longueur du bout diminué qui entre dans l'anneau - - - - -	0.	1.	3.	0.	1.	3.	0.	1.	3.
Diamétre de ce bout - - - -	0.	2.	2.	0.	2.	2.	0.	1.	11.

Dimensions de la Vis à pointer avec son Ecrou.

	Pi.	po.	lig.	Pi.	po.	lig.	Pi.	po.	lig.
Longueur totale de la Vis (le pas est de 6 lig.)	1.	3.	10.	1.	3.	10.	1.	3.	6.
Longueur de la partie coupée en Vis - -	1.	0.	0.	1.	0.	0.	1.	0.	0.
Hauteur de la tête - - - -	0.	2.	2.	0.	2.	2.	0.	2.	2.
l'Espace de 1 po. 4 lig. qui reste entre la tête & la Vis est forgé en barre quarrée pour entrer dans la Clef.									
Diamétre de la tête au plus fort - -	0.	2.	0.	0.	2.	0.	0.	1.	8.
Diamétre de la Vis y compris les filets. -	0.	1.	9.	0.	1.	9.	0.	1.	4.
La Clef est faite séparément.									
Hauteur de la Clef - - - -	0.	1.	8.	0.	1.	8.	0.	1.	4.

F 2

Continuation des Dimensions de la Vis & Ecrou à pointer.

	Pi. po. lig.	Pi. po. lig.	Pi. po. lig.
Dont à chaque Calibre 8 lig. pour la hauteur de la Clef, 3 pour le Listel, & le reste pour la gorge inférieure.			
Diagonale du bout d'une branche au bout de l'autre opposée	0. 11. 0.	0. 9. 0.	0. 7. 6.
Equarissage intérieur de la Clef	0. 1. 6.	0. 1. 6.	0. 1. 6.
Epaisseur de la Clef	0. 0. 4.	0. 0. 4.	0. 0. 4.
Diamétres des branches { à la Clef	0. 0. 8.	0. 0. 8.	0. 0. 7.
{ au bout	0. 0. 11.	0. 0. 10.	0. 0. 8.
Longueur du Cylindre qui contient l'Ecrou	1. 0. 1.	0. 10. 4.	0. 8. 3.
Diamétre du même	0. 2. 4.	0. 2. 2.	0. 2. 0.
Longueur des Tourillons	0. 0. 10.	0. 0. 10.	0. 0. 10.
Diamétre des Tourillons	0. 1. 10.	0. 1. 8.	0. 1. 6.
Hauteur de l'Ecrou	0. 3. 2.	0. 3. 0.	0. 2. 10.
Les petites moulures au dessus de l'Ecrou ont 6 lig. & celles au dessous 4 lig. de hauteur par dessus celle de l'Ecrou.			
Diamétre extérieur de l'Ecrou	0. 3. 9.	0. 3. 9.	0. 3. 5.
Diamétre intérieur du même, non compris les filets	0. 1. 5.	0. 1. 5.	0. 1. 3.

Dimensions du Sceau d'Eau, d'égale grandeur pour les trois Calibres.

Hauteur	0. 9. 6.		
Diamétre { en bas	0. 9. 6.		
{ en haut	0. 8. 0.		
Ouverture en haut	0. 4. 6.		
Epaisseur des douves	0. 0. 6.		

PLAN.

D'ARTILLERIE.
PLANCHE II. & III.

La seconde planche représente l'Affut de 12, la Planche troisieme celui de 4 des pieces légéres de Campagne détaillé comme il suit.

Fig. 1. *Tracé du Flasque & vue du côté intérieur du flasque gauche de l'Affut.* A *Semelle à pointer,* B *Crapaudine de l'Ecrou,* C *Anneau, &* D *Crochet porte levier placés extérieurement.*

Fig. 2. *Vue extérieure du flasque droit de l'Affut avec toutes ses ferrures,* E *Encastrement ordinaire & Sousbande,* F *Encastrement de route,* G *Anneau de Manoeuvre,* H *Crochet de Retraite,* II *Boulons à Clavette,* LL *Boulons à Mantoniere,* M *Boulon ordinaire,* N *Crochet &* O *Etrier à l'oriquet portant les Armemens de la piece,* P *Rosettes des Boulons de la Crapaudine à Ecrou,* Q *Essieu de fer avec sa sousbande,* R *Crochet porte sceau.* SS *Liens.* T *Rosette & Ecrou du Boulon qui traverse l'Entretoise de support.* U *Plaque de frottement,* V *Crochet de retraite & Boulon de l'Entretoise de Lunette.* Y *Rosette & second Boulon de l'Entretoise de Lunette.*

Fig. 3. *Profil de l'Entretoise de Lunette,* X *Anneau d'Embrelage avec son Boulon,* Zz *Anneau de Manoeuvre.*

Fig. 4. *Vis à pointer.* Fig. 5. *Clef de la Vis.* Fig. 6. & 7. *Ecrou de la Vis vu par en haut & de côté.* B *Crapaudine vu de deux différentes manieres.*

Fig. 8. *Plan de l'Affut ferré.* On n'a indiqué que les ferrures du dessus. Les Lettres ont la même signification qu'à la Figure 1, 2, & 3.

Fig. 9 10. *Plan, Coupe & détail des Roues d'Affut.* A *Boite.*

Fig. 11 & 12. *Plan & Profil de l'Essieu de fer.*

Fig. 13. *Roulette servant d'Epaulement à l'Essieu.*

Fig. 14. *Flotte pour le bout de l'Essieu.*

Fig. 15. *Esse.*

Fig. 16 & 17. *Levier de Manoeuvre ferré.* a *crampon.*

Fig. 18 & 19. *Plan & Profil du Coffret.* Fig. 20. *Sceau d'eau.*

Remar. Dans la troisieme Planche la premiere Fig. représente le flasque droit & la seconde le flasque gauche; les lettres du Renvoi ont les mêmes significations. Les ferrures de l'Affut de 8 étant à un peu plus de légéreté près en tout les mêmes que celles du 12, on n'a pas sans besoin voulu augmenter le nombre des Planches.

SECTION TROISIEME.

Légéreté de la manœuvre des pieces de bataille.

"De cette légéreté des pieces & des Affuts si précieuse-
"ment & si sûrement combinée avec la solidité requise, il s'est
"suivi que la piece de 4 roule très-facilement en tout chemin
"avec quatre & même avec trois chevaux, & qu'avec huit
"hommes, au moyen de bretelles & des leviers placés au cein-
"tre & à la crosse, elle avance ou recule en bataille en tout
"terrein aussi vite qu'une troupe d'Infanterie peut marcher.

"La piece de 8, en beau terrein peut aussi avancer en
"bataille avec huit hommes, & dans les terreins difficiles avec
"onze, dont partie tire avec des bretelles, & les autres sont
"appliqués aux leviers de la crosse ou à ceux de traverse; &
"pour la route, elle marche légérement avec quatre chevaux.

"La piece de 12, attelée à six chevaux, a la même lé-
"géreté, & en bataille elle n'a besoin non plus que de onze
"hommes en beau terrein, & de quinze dans le plus difficile,
"soit en avançant, soit en reculant. La facilité de traîner
"en bataille ces nouvelles pieces avec le nombre d'hommes
"que nous venons de dire a été assez prouvée aux excerci-
"ces des garnisons de Metz & de Strasbourg, dans les diffé-
"rentes especes de terreins où l'on a manœuvré les troupes,
"même dans les labourés les plus profonds, ainsi que dans
"les sables de Compiegne, en présence du Roi.

"De cette facilité, il est résulté qu'on peut laisser loin
"des coups tous les chevaux attelés au canon de bataille;
"objet de la plus grande conséquence à la guerre à cause
"de l'embarras extrême que ces animaux occasionnent nécessai-
"rement dans la ligne, & sur-tout à cause du désordre qu'ils
"y jettent lorsqu'on les expose au feu.

"Mais une autre maniere de manœuvrer le canon de
"bataille que nous devons encore entiérement à M. de GRI-
"BEAUVAL, & dont la facilité a été prouvée de même à
"Metz & à Strasbourg, dans tous les exercices de ces garni-
"sons & qui serait impraticable avec nos anciennes pieces, à
"raison

"raison de leur plus grande pesanteur & de la construction
"de leurs Affuts, c'est la manœuvre à la prolonge.

"Cette manœuvre est fort simple, puisqu'elle consiste à
"attacher la queue de l'Affut à l'Avant-train par un cordage
"de 20 à 30 pieds de long ; la piece ainsi attelée franchit
"tous les rideaux, fossés, ravins que peut traverser le cava-
"lier le mieux monté. Elle peut de cette façon canoner en
"marchant aussi vite que de l'Infanterie qui se retirerait au
"pas redoublé.

"Il n'y a eu qu'une voix jusqu'ici sur cette façon d'at-
"teler & de servir l'Artillerie. Elle a été jugée, par tous
"ceux qui en ont été témoins, comme très-avantageuse pour
"couvrir en plaine le flanc des colonnes qui cotoyeraient
"l'ennemi & qui marcheraient à sa vue, & sur-tout pour faire
"les retraites, puisque de cette maniere le canon est toujours
"prêt à tirer, & peut tirer sans que la marche de la troupe
"qu'il accompagne en soit retardée d'un moment.

"On peut donc assurer que si c'est par ménagement
"pour le préjugé que M. GRIBEAUVAL s'est contenté de
"réduire nos pieces de Campagne à 18 calibres, au lieu de
"porter cette réduction à 16, comme l'exemple des Autri-
"chiens, & encore plus celui des Prussiens, justifiés tous deux
"par l'expérience de toute une guerre, l'y autorisaient, il a
"su regagner cette plus grande mobilité par la légéreté des
"Affuts & des Avant-trains par la bonne distribution établie
"dans la manœuvre à bras, & sur-tout par l'heureuse inven-
"tion de la manœuvre à la prolonge."

Service d'une piece de 4.

Voici la maniere de servir ces pieces ; elle sera suffisante
pour donner une idée générale de la manœuvre à bras, qui
sert également pour les pieces de campagne de 12 & de 8,
moyennant quelques hommes de plus employés au tirage.

Quand on veut se servir des pieces, les hommes attachés à leur service élévent la crosse de l'Affut pour retirer
l'Avant-train qui doit être mené à 25 pas en arriere des pieces ;

on enléve le coffret à munition d'entre les flasques & on le suspend sur l'Avant-train, avec lequel il doit constamment suivre le canon pour fournir les munitions nécessaires; celles qui se consument devant continuellement être remplacées par d'autres tirées du caisson à munition: ce dernier doit suivre les pieces à 100 pas en arriere de la ligne.

Le coffret contient 18 coups, & les deux gibernes des canoniers chacune 4, ce qui fait 25 à 26 coups, qu'on a toujours à la main.

Les Bretelles qui servent à traîner la piece, sont composées d'une bandouliere attachée à un trait d'environ cinq pieds de long, dont le bout est garni d'un crochet, ou anneau de fer pour être passé dans les crochets de retraite de la téte & de la crosse, aux flottes, & aux crampons des leviers de la crosse. Il faut six bretelles pour une piece de 4.

Le refouloir servant aussi d'écouvillon, est de la même espece dont on a fait usage pour les pieces à la suedoise, avec cette difference seulement qu'il est revêtu de peau de veau en place des soies de sanglier dont on le garnissoit autrefois.

Quand aux munitions dont on fait usage pour les pieces de campagne, nous renvoyons au Traité d'Artifice qui se trouve à la fin de ces Mémoires.

Revenons maintenat au service des pieces: quand l'Avant-train est retiré & le coffret enlevé, on place les leviers à la crosse & au ceintre, ensuite les canoniers s'approvisionnent rélativement aux postes qu'ils doivent occuper, d'après le détail suivant.

Pour distinguer les différentes fonctions, on prendra soin de numeroter les postes de la façon suivante.

No. 1. Au côté droit de la bouche pour refouler la cartouche, portant un refouloir.

— 2. Au côté gauche de la bouche pour mettre la charge au canon, portant une giberne à cartouches.

— 3. Au côté droit de la culasse pour mettre le feu au canon, portant un boute-feu & des lances-à-feu.

No. 4.

No. 4. Au côté gauche de la culasse pour percer la cartouche, amorcer, & pour pointer le piece, muni d'un dégorgeoir & de fusées d'amorce.
— 5. Au levier droit de la crosse.
— 6. Au levier gauche de la crosse.
Ces six premiers numeros sont pourvus de bretelles.
— 7. En arriere du côté gauche de la piece, portant une giberne à cartouches pour relever le No. 2.
— 8. A la garde du coffret & de l'Avant-train.

S'il faut avancer No. 1 & 2, s'attachent aux crochets de retraite appliqués à la tête, No. 3 & 4 s'acrochent aux flottes de l'essieu, No. 5 & 6 élévent la crosse à l'aide de leur leviers en poussant l'Affut devant eux, & No. 7 & 8 en font autant à l'egard des leviers de traverse.

Faut-il retirer No. 1 & 2 s'acrochent aux flottes, No. 3 & 4 aux crochets de retraite de la crosse, No. 5 & 6 au crampons des leviers, & No. 7 & 8. poussent en arriere à l'aide des leviers placés au ceintre.

Par cette distribution l'on voit bien qu'il n'est pas possible de faire feu & de marcher en même tems; on est revenu de cette manœuvre adoptée pour les pieces à la suedoise; en marchant & faisant alternativement feu on a le double avantage d'accélerer la marche & d'ajuster les coups en les tirant de pied ferme comme cela se pratique maintenant pour les canons attachés aux bataillons, dont il y en a toujours un en avant occupé à tirer pendant que l'autre est en ligne avec le bataillon, manœuvre qui se repéte de station en station, plus ou moins longues suivant le pas des bataillons, & se réitére d'après la proximité de l'ennemi.

Ce qui vient d'être dit de la manœuvre à bras doit s'entendre pour le front d'un ordre de bataille rangé, car pour les grands trajets il faut se servir de l'Avant-train.

G   SECTION

SECTION QUATRIEME.
Des Caiſſons.

„On imagine facilement que la mobilité établie pour „les pieces, ſe retrouve auſſi pour les caiſſons deſtinés à por- „ter leurs munitions. Mais on a eu à cet égard aſſez „peu de changements à faire. On avait inſenſiblement adopté „pendant la derniere guerre la forme de caiſſon que M. „de GRIBEAUVAL avait propoſée en 1754, de ſubſtituer „aux anciennes voitures du même genre, leſquelles au déſa- „vantage de mal fermer, joignaient encore celui de peſer „vuides 1800 livres.

„On n'a rien changé à cette forme dont l'expérience „de la guerre venait de faire ſentir l'avantage. On s'eſt con- „tenté de quelques corrections qui ont rendu ces voitures „encore plus ſolides, d'une diſtribution plus commode pour „leur intérieur, & ſur-tout d'une clôture plus exacte; ce qui „eſt l'objet important des caiſſons deſtinés au tranſport des „cartouches.

„Les caiſſons de 4, furent ceux qu'on allégea davan- „tage, comme ne devant jamais quitter des pieces qu'on „deſtinait à aller par tout. On voulut que ces caiſſons char- „gés euſſent ſeulement à peu près le même poids que la „piece qu'ils devaient accompagner. En conſéquence ils ne „furent deſtinés qu'à porter 150 cartouches, le coffre d'Affut „devant contenir le reſte. Cependant malgré l'extrême légé- „reté qu'ils reçurent, ils ſe trouverent encore plus ſolides „que les anciens.

„Quant aux grandes voitures du parc, pour leſquelles „on n'avait pu adopter les principes ſur leſquels on avait „travaillé les petites, elles ſont reſtées avec les proportions „que leur avait données M. de Manſon, dans les deux der- „nieres campagnes, parce qu'on n'a propoſé rien de meilleur."

Distribution générale de l'intérieur des Caissons à Munition.

Tous les caissons sont divisés en quatre séparations principales: On prend un pied sur la longueur de la premiere que l'on sépare du reste pour le jeu de la cheville ouvriere de l'Avant-train qui traverse le fond du caisson dans cet endroit; comme elle ne monte qu'à la demi hauteur du caisson on profite de ce vuide pour y placer une boîte remplie de fusées d'amorce ou de pierres à fusil, suivant l'espece des munitions. La moitié restante de la premiere séparation & les trois suivantes contiennent les munitions.

Pour assurer la clôture des caissons, on laisse déborder les planches des bouts du couvercle d'un pouce par dessus celles du bas: l'on place des cloisons dans le couvercle aux endroits qui répondent à celles du fond pour empécher toute communication entre les séparations; on prend cette précaution afin que les étoupes & autres choses molles dont on remplit le couvercle ne se dérangent.

La charge ordinaire d'un caisson ne passe point 1200 liv. si ce n'est dans des cas forcés.

Distribution pour cartouches à Canon.

Les séparations se partagent par de légéres cloisons en cases oblongues suivant le calibre des cartouches; pour celui de 12 ces cases sont prises dans la largeur, & pour le 8 & le 4 en longueur du caisson: on place plusieurs cartouches dans chaque case les uns à côté des autres.

Les Caissons peuvent contenir en coups faits:
Celui du calib. de 12. 72, du 8. 88, & du 4, 150.

Distribution du Caisson à Obus de 6 pouces.

Les Obus de la premiere couche sont séparés par une cloison d'un tiers de la hauteur du caisson, & chaque file de la couche fupérieure eft arrêtée par une régle de bois dont les bouts entrent dans des couliffes comme on voit dans le deffein ; de forte que les obus ne peuvent s'entre-choquer dans aucun fens par le cahotage. Il entre 44 Obus dans un caiffon.

Diftribution pour cartouches à Fufil.

On conftruit trois étages dans la hauteur de chaque féparation, les planchers en font faits en battans, les uns en long, les autres en large, & tiennent par de petites charnieres au côtés du Caiffon. Cet arrangement empéche les cartouches de s'écrafer, comme ils feroient néceffairement s'ils portaient les uns fur les autres.

TABLE

D'ARTILLERIE.

TABLE des Dimensions des Caissons à Munition.

Un train de devant.

			Pi. po. lig.
Deux Armons.	Longueur		5. 0. 0.
	Largeur {	à la tête	0. 1. 6.
		à celle du timon	0. 4. 0.
		devant la selette	0. 4. 0.
		au bout derriere la saffoire	0. 3. 0.
	Epaisseur		0. 3. 0.
	Ecartement intérieur {	à la tête des Armons	0. 3. 6.
		à celle du timon	0. 3. 0.
		à la selette	1. 2. 0.
		derriere la saffoire	2. 10. 0.
	Longueur de leur jonction avec le timon		1. 6. 0.
	Distance de la tête du timon à la selette, mesure prise sur les Armons		1. 3. 0.
	Rr. Ils sont logés d'un po. dans le dessus du corps d'essieu en bois.		
Une Selette.	Longueur {	totale	3. 5. 0.
		des bouts qui dépassent le Corps d'essieu	0. 2. 3.
	Hauteur {	au milieu	0. 5. 6.
		aux Epaulemens de l'essieu	0. 3. 6.
	Rr. La tête est formée par un arc de cercle de 2 Pi. 1 po. de rayon; considérée comme segment la corde à 1 Pi. 10 po. de longueur.		
	Epaisseur de la Selette		0. 6. 0.
L'Evidure que l'on fait pour donner du jeu au mufle de la fléche a de hauteur			0. 3. 0.
Dont 1 po. est entaillé dans le corps d'essieu en bois, & les 2 autres dans le dessous de la Selette			
	Largeur de l'Evidure {	devant	0. 8. 0.
		derriere	1. 0. 0.
Un Corps d'Essieu en bois.	Longueur		3. 0. 6.
	Hauteur		0. 4. 6.
	Epaisseur		0. 6. 0.
	Rr. On y encastre l'essieu de fer à un po. du devant, & on le laisse sortir de 3 lig. en dessous.		

Les Essieux de fer se trouvent dans la Cinquieme Section de ce Chapitre.

				Pi. po. lig.
Un Timon	Longueur	totale		11. 0. 0.
		de la tête		1. 6. 0.
	Largeur	à l'extrémité de la tête		0. 3. 0.
		à celle des Armons		0. 3. 6.
	Epaisseur à la tête			0. 3. 6.
	Diamétre au bout			0. 2. 0.
Une Sassoire.	Longueur			4. 2. 0.
	Hauteur	au milieu		0. 2. 6.
		sur les Armons		0. 2. 0.
	Epaisseur			0. 2. 9.

Rr. elle est entaillée de 8. lig. & se loge de 4 lig. sur les Armons, son Emplacement est à 1 Pi. 5 po. 9 lig. de la Selette.

Une Volée.	Longueur			4. 0. 0.
	Largeur	au milieu		0. 2. 9.
		aux bouts		0. 2. 0.
	Epaisseur	au milieu		0. 2. 3.
		aux bouts		0. 2. 0.
Deux Paloniers.	Longueur			2. 6. 0.
	Largeur	au milieu		0. 2. 6.
		au bout devant l'Epaulement		0. 1. 9.
	Epaisseur	au milieu		0. 1. 9.
		aux bouts		0. 1. 4.

Le train de devant & celui de derriere se joignent par

Une Fleche.	Longueur totale	8. 3. 0.
	Longueur depuis l'extrémité du Musle jusqu'au ceintre ou point d'appui sur la sassoire	2. 0. 0.
	Longueur depuis ce point jusqu'au bout de derriere	6. 4. 0.
	Largeur du Musle	0. 3. 6.
	Diamétre du bout de la fléche	0. 2. 4.
	Epaisseur du Musle	0. 2. 3.
	Epaisseur de la fléche au ceintre	0. 3. 3.

Le Musle est traversé par la Cheville ouvriere de l'Avant-train à 9 po. des bouts du caisson, & armé d'une bande de fer de 1 po. 9 lig. de largeur. 3 Pi. 2 po. du bout de la fléche sont arrondis, le reste conserve la figure d'une barre quarrée à chanfrin applatti. Le bout de derriere de la fléche qui est arrondi ne touche point l'essieu de fer, mais traverse l'essieu de bois ou Selette qui sert de base au derriere du Caisson. En cet endroit la fléche est arrêtée par une Esse de fer. A ce même essieu de bois il y a un

étrier

D'ARTILLERIE.

étrier de fer arrêté par des boulons qui sert à porter un bras d'essieu en bois. Cet Essieu sert de réserve si un de ceux de fer vient à casser; il sert aussi à porter une roue de rechange.

		Pi. po. lig.
Bras d'essieu en bois.	Longueur totale du bras	3. 7. 6.
	Longueur de la fusée	1. 5. 6.
	Largeur du Corps	0. 3. 0.
	Diamètre de la fusée au Corps	0. 2. 6.
	Diamètre au bout	0. 1. 9.
	Epaisseur du Corps à la fusée	0. 3. 6.
	Epaisseur du Corps au bout	0. 2. 0.

Un train de derriere.

Il est composé d'un essieu de fer encastré de toute son épaisseur à 3 lig. près dans l'Echantignole du Brancard; de deux roues, & du bras d'essieu dont on vient de voir l'usage & les dimensions; celles des roues & de l'essieu ont déjà été rapportées.

Le Caisson est placé sur deux brancards qui ont des renforts aux endroits où ils reposent sur les essieux; pour celui du train de derriere ce renfort est formé par une Echantignole, qui joint dans un épaulement coupé dans le bout du brancard.

Les Brancards sont assemblés par deux Entretoises, & six Epars. Le premier des Epars est d'abord placé à l'endroit du devant du Caisson, sçavoir à 12 po. des bouts du Brancard; ensuite vient la plus grande des entretoises placée de façon que la Cheville ouvriere de l'Avant-train la traverse; Les cinq autres Epars suivant à distance égales; & au bout des brancards se trouve la seconde Entretoise.

Les côtés des faces supérieures des brancards sont entaillés de un po. pour y loger les planches des Caissons, tant laterales que celles du fond. Comme l'essieu du train de derriere est encastré dans l'Echantignole des Brancards, & qu'il reste un vuide entre lui & le Caisson, l'on y place un corps d'essieu en bois, fait de justes dimensions pour remplir ce vuide, & pourvu de tenons pour entrer dans les brancards.

Dimen-

Dimensions du Caisson & des Brancards.

			Pi. po. lig.
Deux Brancards.	Longueur		11. 1. 0.
	Largeur		0. 3. 0.
	Epaisseur	au bout du devant	0. 3. 6.
		au renfort de devant	0. 5. 6.
		au bout de l'Epaulement derriere	0. 4. 0.
		ailleurs	0. 2. 6.
	Hauteur de l'Echantignole		0. 5. 3.
	Longueur de l'Echantignole	contre les Brancards	2. 4. 6.
		en bas	1. 0. 0.
	Rr. l'Essieu de fer est encastré de toute sa hauteur moins 3 lig. sur le milieu de cette longueur.		
	Du bout du Caisson jusqu'au centre de l'essieu		0. 9. 3.
	Du bout jusqu'à l'Epaulement contre l'Echantignole		0. 7. 8.
	Hauteur de cette jonction		0. 3. 0.
Une Entretoise de devant.	Longueur de l'entretoise		2. 6. 0.
	Largeur du Corps		0. 4. 0.
	Largeur des bouts délardés		0. 2. 6.
	Rr. Les bouts sont délardés aux côtés & par en bas.		
	Epaisseur	au milieu	0. 4. 0.
		dessous les côtés du Caisson	0. 3. 6.
		des bouts délardés	0. 2. 9.
	Rr. Cette entretoise est encastrée de la moitié de son épaisseur dans le dessous des Brancards, qui sont entaillés de l'autre moitié de cette même épaisseur.		
Six Epars.	Largeur		0. 2. 6.
	Epaisseur		0. 1. 6.
	Rr. Les tenons de ces Epars sont logés dans la largeur des Brancards, & ont d'épaisseur		0. 1. 0.
Une Entretoise au bout.	Largeur		0. 3. 1.
	Epaisseur		0. 3. 0.
	Rr. Elle est embrevée de 9 lig. dans les bouts des Branc.		
Le Cais-	Longueur		9. 1. 0.
	Largeur		1. 8. 0.
	Hauteur	du Caisson de 4 & de 8	1. 0. 6.
		12, & pour Cartouches à fusil	1. 2. 0.
		pour Obus de 6 po.	1. 2. 6.
	Rr. il entre un po. de cette hauteur dans le couvercle.		
	Hauteur du couvercle au sommet		0. 8. 0.
	Les bouts du couvercle débordent le Caisson à chaque côté de		0. 2. 0.

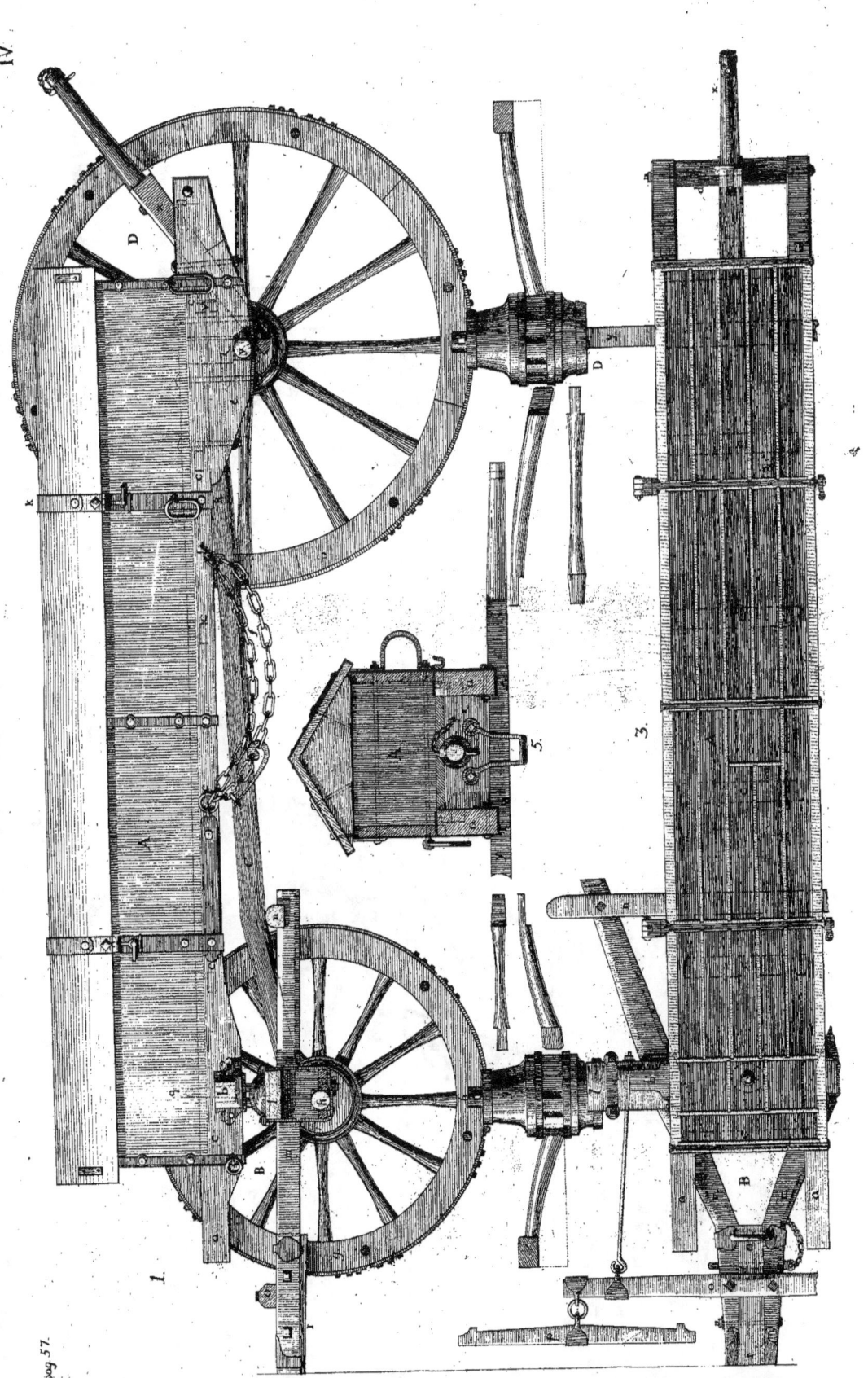

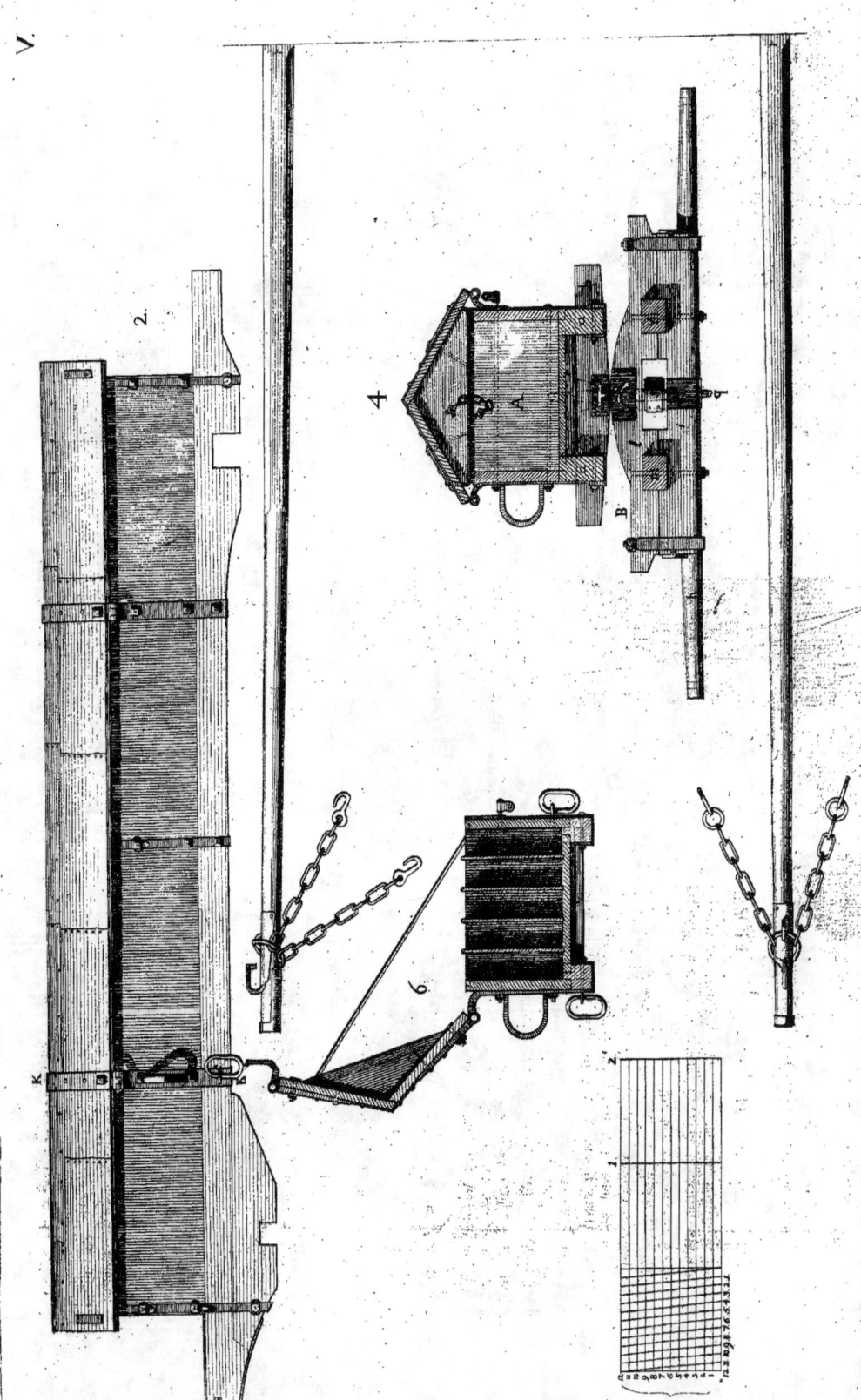

D'ARTILLERIE. 57

			Pi. po. lig.
fon.	Epaisseur des Planches.	du Couvercle & du fond - - -	0. 1. 0.
		des bouts & séparations principales -	0. 1. 3.
		des autres séparations - - -	0. 0. 5.
	Largeur de la premiere séparation - - -		0. 3. 2.
	Largeur de la seconde séparation - - -		0. 6. 1.
	5 po. du milieu sont séparés pour le jeu de la chev. ouvr.		
	Longueur de la premiere & moindre séparation destinée pour les munitions - - - - - -		1. 3. 6.
	Longueur de chacune des autres séparations - -		2. 1. 9.
	Largeur des Cases pour cartouches de { 12 - - -		0. 4. 9.
	{ 8 - - -		0. 4. 0.
	{ 4 - - -		0. 3. 2.

PLANCHE IV. & V.

Dessein du Caisson à Munition.

Fig. 1. *Profil du Caisson vu du côté gauche.*
— 2. *Profil du même vu du côté droit.*
— 3. *Plan & distribution intérieure d'un Caisson pour le Calibre de 4.*
— 4. *Profil du Caisson vu par devant.*
— 5. *Profil du même vu par derriere.*
— 6. *Coupe du Caisson prise sur* kk

A. *Caisson,* a *Brancards,* b *Entretoise de devant,* c *Epars,* d *Entretoise du bout,* e *Echantignole,* f *Chaine pour enrayer.*

B. *Avant-train,* g *Petite roue,* h *Essieu de fer,* i *Corps d'essieu en bois,* l *Selette,* m *Armons,* n *Sassoire,* o *Volée,* p *Paloniers,* q *Cheville ouvriere,* r *Timon.*

C. *Fléche,* s *Musle de la fléche,* v *bout de la fléche qui est arrêté par un esse.*

D. *Arriere-train,* u *Grande roue,* x *Bras d'essieu en bois,* y *Essieu de fer,* z *Corps d'essieu en bois.*

H PLAN-

PLANCHE VI.

Deſſein de la diſtribution intérieure des Caiſſons à Munition.

Fig. 1. *Diſtribution d'un Caiſſon pour cartouches à canon du calibre de* 12.
— 2. *Coupe du même.*
— 3. *Diſtribution pour cartouches à canon du calib. de* 8.
— 4. *Coupe du même.*
— 5. *Diſtribution d'un Caiſſon pour cartouches à Fuſil.*
— 6. *Coupe du même.*

Dans les 5.ᵉ 6.ᵉ & 7.ᵐᵉ figures les lettres indiquent,
A *le premier*, B *le ſecond, & D le troiſieme Etage,*
D *Boîte pour fuſées d'amorce, ou pierres à fuſil.*

— 7. *Coupe d'un Caiſſon priſe ſur la longueur, dont on a repréſenté une moitié diviſée pour cartouches à canon, & l'autre moitié pour Obus de 6 pouces.*
— 8. *Plan & diſtribution pour Obus de 6 pouces.*
— 9. *Coupe du même.*

E *Séparation pour les charges des Obuſiers.*

SECTION CINQUIEME.

Changemens relatifs à la facilité du charoi. Eſſieux de fer: Avant-trains relevés: Encaſtrement de route: Attelage de front.

"L'Allégement conſidérable des pieces & de leurs Affuts, "qui ſont néceſſairement la partie la plus lourde des voitures de "l'Artillerie, devait faciliter extrêmement ſon charoi. Mais on "a porté encore l'attention ſur d'autres objets, qui réunis, ont "facilité bien plus ce charoi que l'allégement des pieces & des "Affuts.

"Ce

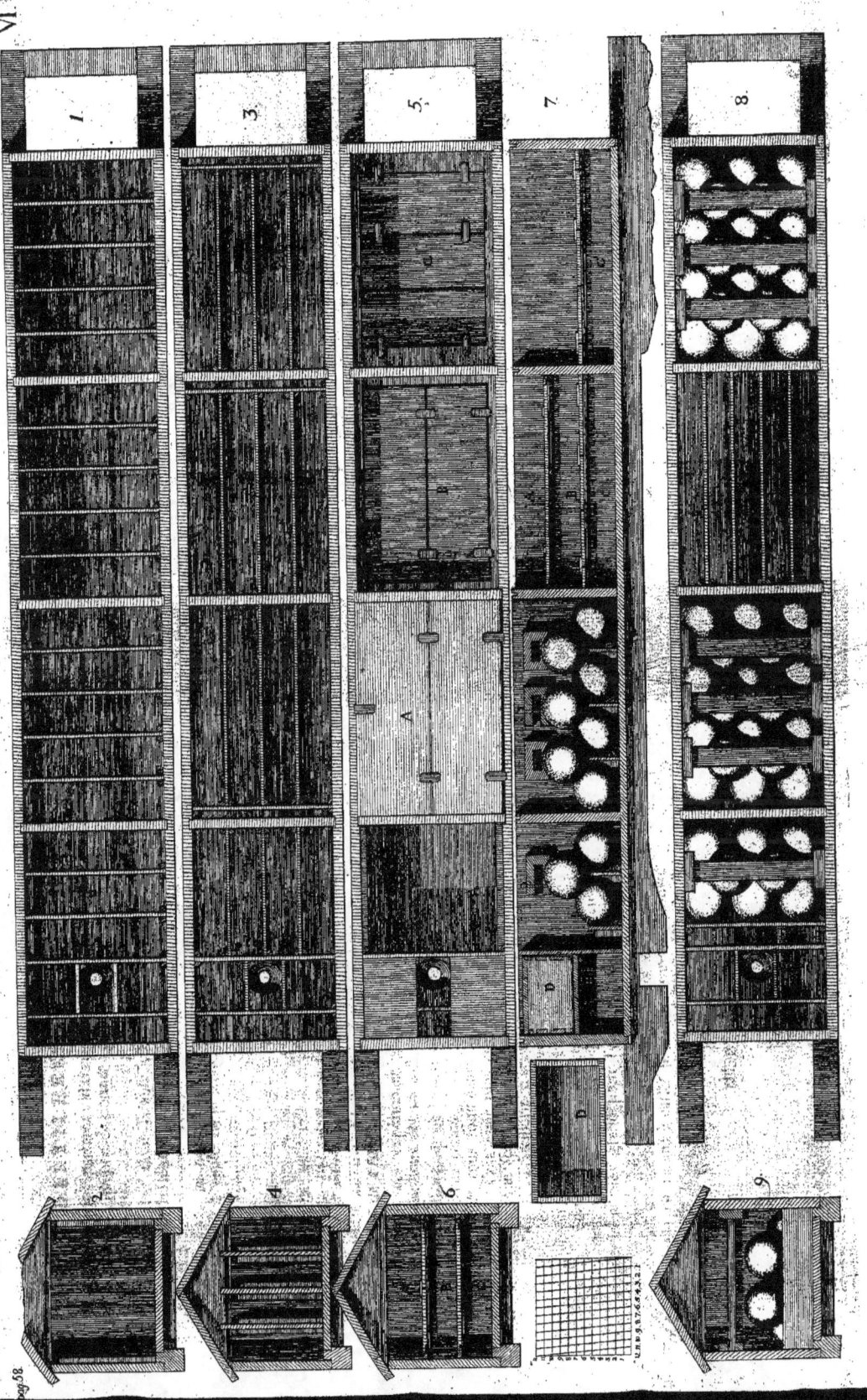

"Celui dont nous parlerons d'abord, sont les essieux de
"fer qu'on a jugé à propos de donner à toutes les voitures de
"l'Artillerie en général.

"Ce changement dont l'utilité est reconnue depuis si
"long-temps pour la légéreté du roulage, & pour la con-
"servation des roues, dans l'usage civil, ne pouvait souffrir
"de difficulté pour les voitures de l'Artillerie, que relative-
"ment aux Affuts, à cause de la secousse violente & de l'éton-
"nement subit que l'explosion produit dans toutes les parties
"de l'Affut, & dont l'essieu reçoit la plus grande partie, efforts
"auxquels on pouvait croire que le fer qui a infiniment
"moins de flexibilité que le bois, ne pourrait résister. Mais,
"au moins, c'était ce qu'il falloit essayer; & c'est ce qu'on
"a fait à Strasbourg, par un grand nombre d'épreuves qui,
"en constatant de la maniere la plus forte la résistance des
"essieux, a constaté en même-tems celle des sousbandes & de
"toutes les parties de l'Affut.

"C'est d'après ces expériences qu'on a déterminé au
"plus fort les échantillons des essieux pour chaque calibre.

"Le second changement rélatif à la facilité du charoi,
"c'est celui des Avant-trains. On avait voulu jusqu'alors
"qu'ils pussent passer tous sous leurs voitures, comme font
"ceux des carosses. Cela était plus commode pour les tour-
"nants étroits, tels que sont ceux de quelques roues de Ville.
"Mais les attirails de l'Artillerie n'étant pas faits pour rouler
"dans des rues étroites, on s'était jetté en pure perte dans
"deux inconvéniens, tous deux extrêmement considérables.
"Le premier, que le tirage étant extrêmement oblique, fa-
"tiguait beaucoup plus les chevaux. Le second inconvénient
"était encore bien plus grand pour l'attelage; c'était de faire
"poser l'essieu du devant toutes les fois que les roues se trou-
"vaient dans des ornieres un peu profondes & de l'exposer
"à se briser, ou au moins à casser sa cheville ouvriere contre
"les pierres qui se trouvent souvent en travers de la voie, &
"par dessus lesquelles il fallait le soulever.

"Tout

„Tout arrêtait un pareil train dans les chemins fangeux.

„Il était bien étonnant que ce défaut, que le bon fens „des fimples rouliers a corrigé dans un grand nombre de „Provinces, n'eut pas encore été entiérement corrigé dans „l'Artillerie. Il le faut compter pour beaucoup dans la len-„teur qu'on lui reprochait.

„On a donc entiérement renoncé à faire paffer aucun „Avant-train fous fa voiture. Les roues de devant relevées „ont mis les voitures de l'Artillerie dans le cas de s'embour-„ber rarement, même dans les plus mauvais chemins; & le „tirage fe faifant dans une direction beaucoup moins oblique, „eft devenu beaucoup moins fatiguant.

„Un changement encore fort important pour la facili-„té générale du charoi, quoiqu'il n'ait regardé que les Affuts, „'eft l'encaftrement de route.

„Jufques là on n'en avait eu qu'un, qui fervant pour „le tir comme pour le tranfport de la piece, faifait que tout „le poids portait en arriere des deux grandes roues; ce qui „rendait le tirage plus difficile, l'Affut plus verfant, & gâtoit „d'autant plus les chemins.

„En faifant faire un fecond encaftrement plus ou moins „rapproché de l'Avant-train, felon les différens calibres, & „dans lequel on place la piece pour la route, on a reparti „fur les quatre roues le poids qui ne portait que fur deux, „& l'Affut s'eft trouvé à la fois plus ménagé & plus rou-„lant.

„Par la maniere d'ailleurs dont on a difpofé les fou-„bandes de ces deux encaftremens, on fait paffer la piece de „l'un dans l'autre avec la plus grande facilité, & en auffi „peu de tems qu'on en employe à la mettre en bas de fon „Avant-train; facilité cependant qui n'aurait pas exifté fans „l'allégement confidérable qui avait réduit les pieces à moitié „de leur poids.

„Un dernier changement qui a encore fort contribué „à la légéreté du charoi, c'eft la fuppreffion abfolue de l'atte-„lage de file & par conféquent des limons & des limonni-
„eres

"eres qui chargeant un seul cheval de la principale fatigue,
"ruinaient eu peu de tems ce cheval essentiel à cette maniere
"d'atteler, & conséquemment bientôt le reste de l'attelage
"qui était obligé de tirer avec sa charge le limonier toujours
"baloté dans son limon, accablé sous cette charge, sur-tout
"dans les descentes, & écrasé sous la dossiere par le tirage
"des autres chevaux chaque fois que la voiture arrivait au
"haut de quelque éminence."

TABLE des dimensions des Essieux de fer pour les voitures de campagne.

Pour	Affuts de 12 & 8.	Affuts de 4 & Avant-train des 3 Calib.	Caissons & Chariots.
	Pi. po. lig.	Pi. po. lig.	Pi. po. lig.
Longueur { totale des Essieux	6. 5. 2.	6. 0. 11.	5. 11. 6.
Longueur { du Corps	2. 11. 6.	3. 1. 3.	3. 0. 6.
Longueur { des fusées	1. 8. 10.	1. 5. 10.	1. 5. 6.
Du bout jusqu'au trou de l'Esse	0. 1. 2.	0. 1. 2.	0. 1. 2.
Longueur du trou de l'Esse	0. 0. 10.	0. 0. 10.	0. 0. 10.
Equarissage du Corps	0. 3. 3.	0. 2. 6.	0. 2. 6.
Diamétre des Fusées à un pouce du trou de l'esse vers le corps	0. 2. 9.	0. 2. 0.	0. 2. 0.
Rr. Le dessous du corps & des fusées forment une ligne droite; la ligne de dessus des fusées se tire de la hauteur du corps par la hauteur du diamétre des fusées mentionné ci-dessus, jusqu'au bout. L'éloignement des épaulemens sur le corps se regle d'après l'ecartement des flasques.			
Hauteur des Epaulemens	0. 0. 9.	0. 0. 9.	0. 0. 9.
Largeur du trou de l'esse	0. 0. 6.	0. 0. 6.	0. 0. 6.

TABLE des dimensions de Avant-train des pieces légeres de — 12 & 8 & Obusier de 6 pouc. | 4.

			Pi. po. lig.	Pi. po. lig.
Deux Armons.	Longueur		5. 3. 6.	4. 9. 6.
	Largeur	à la tête	0. 2. 0.	0. 1. 9.
		à celle du timon	0. 4. 3.	0. 4. 0.
		devant la Selette	0. 3. 9.	0. 3. 3.
		au bout derriere la grande sassoire	0. 3. 0.	0. 2. 6.
	Epaisseur		0. 3. 6.	0. 3. 0.
	Ecartemens intérieurs	à la tête des Armons	0. 3. 9.	0. 3. 3.
		à celle du timon	0. 3. 0.	0. 2. 9.
		à la Selette	0. 11. 0.	1. 2. 8.
		derriere la grande Sassoire	2. 2. 0.	2. 8. 9.
	Longueur de leur jonction avec le timon		1. 6. 0.	1. 6. 0.
	Distance de la tête du timon à la Selette, mesure prise sur les Armons		1. 3. 0.	1. 3. 0.
	Rr. Ils sont logés de 1 po. 6 lig. dessus le corps de l'essieu en bois, de 12 & 8; & de 15 lig. dans le 4.			
Une Selette.	Longueur	totale	3. 5. 3.	3. 5. 3.
		des bouts qui dépassent le corps de l'essieu	0. 2. 0.	0. 2. 0.
	Hauteur	au milieu	0. 9. 0.	0. 9. 0.
		aux épaulemens de l'essieu	0. 4. 6.	0. 4. 0.
	Rr. La tête est formée par un arc de cercle de 5 po. de rayon; on joint cet arc au dessus de l'entretoise insensiblement: celle de 4 est formée par un arc de 4 po. de rayon.			
	Epaisseur de la Selette		0. 6. 0.	0. 5. 6.
Un Corps d'Essieu en bois.	Longueur		3. 1. 3.	3. 1. 3.
	Hauteur		0. 5. 0.	0. 5. 0.
	Epaisseur		0. 6. 0.	0. 5. 6.
	Rr. On y encastre l'essieu de fer à un po. du devant, & on le laisse sortir de 3 lig. en dessous.			
Un Timon.	Longueur	totale	11. 0. 0.	10. 6. 0.
		de la tête	1. 6. 0.	1. 6. 0.
	Largeur	à l'extrémité de la tête	0. 3. 0.	0. 2. 9.
		à celle des Armons	0. 3. 9.	0. 3. 3.
	Epaisseur à la tête		0. 3. 6.	0. 3. 0.
	Diamétre au petit bout		0. 2. 6.	0. 2. 3.

Conti-

D'ARTILLERIE.

Continuation des Dimensions d'Avant-trains

			Affut de 12 & 8 & Obusier de 6 po.	Affut de 4.
			Pi. po. lig.	Pi. po. lig.
Une petite Saffoire.	Longueur	- - - - - - -	2. 2. 0.	n'en a point.
	Hauteur { au milieu	- - -	0. 2. 9.	
	{ sur les Armons	- -	0. 4. 0.	
	Epaisseur	- - - - - -	0. 2. 0.	
	Rr. Elle est entaillée de 8 lig. & se loge de 1 lig. sur les Armons. Son Emplacement est à 18 lig. de la Selette mesure prise sur les Armons.			
Une grande Saffoire.	Longueur	- - - - - -	2. 8. 6.	4. 6. 0.
	Hauteur { au milieu { derriere	- -	0. 3. 3.	0. 3. 0.
	{ { devant	- -	0. 3. 0.	0. 3. 0.
	{ aux armons	- - -	0. 5. 6.	0. 5. 6.
	Epaisseur	- - - - -	0. 2. 6.	0. 2. 0.
	Rr. Celle de 12 & 8 est entaillée de 9 lig. & se loge sur les Armons; celle de 4 est entaillée de 6 lig. & se loge de 3 lig. sur les Armons.			

Emplacement.

Celle de 12 & de 8 est à 1 Pi. 2. po. 9 lig. de la petite Saffoire, & celle de 4 est à Pi. 2 po. 9 lig. de la Selette mesure prise sur les armons.

Une Volée.	Longueur	- - - - - -	4. 0. 0.	4. 0. 0.
	Largeur { au milieu	- - -	0. 3. 0.	0. 2. 9.
	{ aux bouts	- -	0. 2. 6.	0. 2. 3.
	Epaisseur { au milieu	- -	0. 2. 6.	0. 2. 6.
	{ aux bouts	- -	0. 2. 3.	0. 2. 0.

Emplacement.

elle est à 10 po. de la tête des Armons.

Deux Paloniers.	Longueur	- - - - -	2. 6. 0.	2. 6. 0.
	Largeur { au milieu	- - -	0. 2. 8.	0. 2. 3.
	{ aux bouts devant l'epaulement	-	0. 2. 0.	0. 1. 8.
	Epaisseur { au milieu	- - -	0. 1. 9.	0. 1. 9.
	{ aux bouts	- - -	0. 1. 6.	0. 1. 4.

Rr. On menage un petit coffre entre les armons devant la selette aux Avant-trains de 4, pour serrer des ustenciles.

PLAN-

PLANCHE VII.

Deſſeins de l'Avant-train ſervant au Calibre de 12, de 8 & pour l'Obuſier de 6 pouc.

PLANCHE VIII.

Deſſeins de l'Avant-train de 4.

Les chiffres des 6e & 7e Planches ont les mêmes ſignifications.

Fig. 1. *Profil de l'Avant-train vu de côté.*
— 2. *Plan du même.*
— 4. *Profil vu par derriere.*

A *Armons*, B *Selette*, C *Corps d'eſſieu en bois*, D *Timon*, E *Petite Saſſoire*, F *Grande Saſſoire*, H *Volée*, I *Paloniers*, L *Cheville ouvriere*, M *Chaine à Embrelets*, N *Brabant à fourches*, O *Heurtequin à pattes*, P *Coeffe de la Selette*. Q *Roue*, R *Eſſieu de fer*, S *Réſervoir pour les Uſtenſiles à l'Avant-train de 4.*

SECTION SIXIEME.

Des Obuſiers & des Pontons.

"Pour terminer ce qui appartient à l'Artillerie de cam-
"pagne, proprement dite, je dois dire un mot des changemens
"que les Obuſiers & les Pontons ont eſſuyé.

"On a fait juſqu'ici peu d'uſage des Obuſiers dans nos ar-
"mées. Cette arme a cependant ſes avantages particuliers.
"Mais

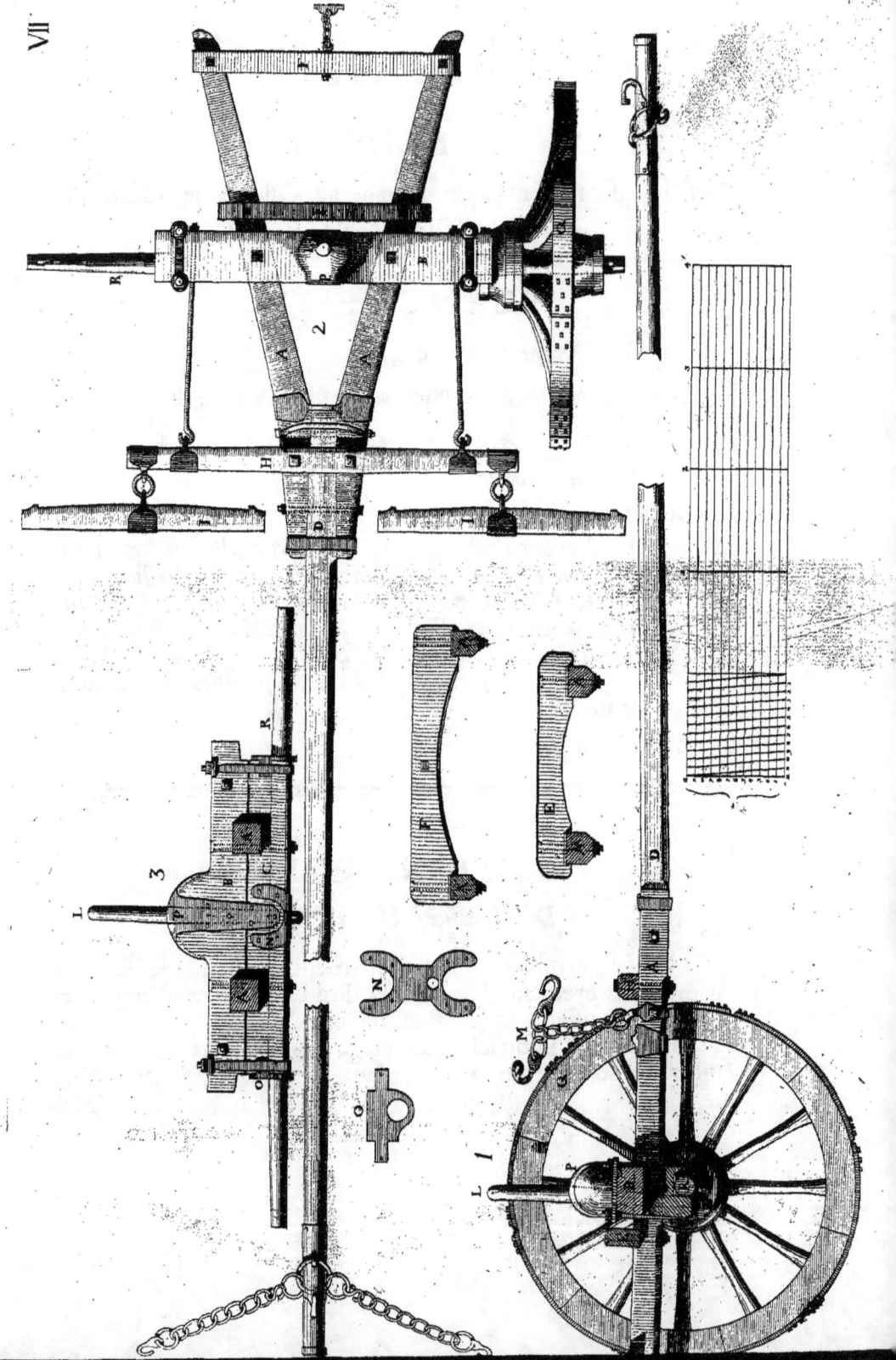

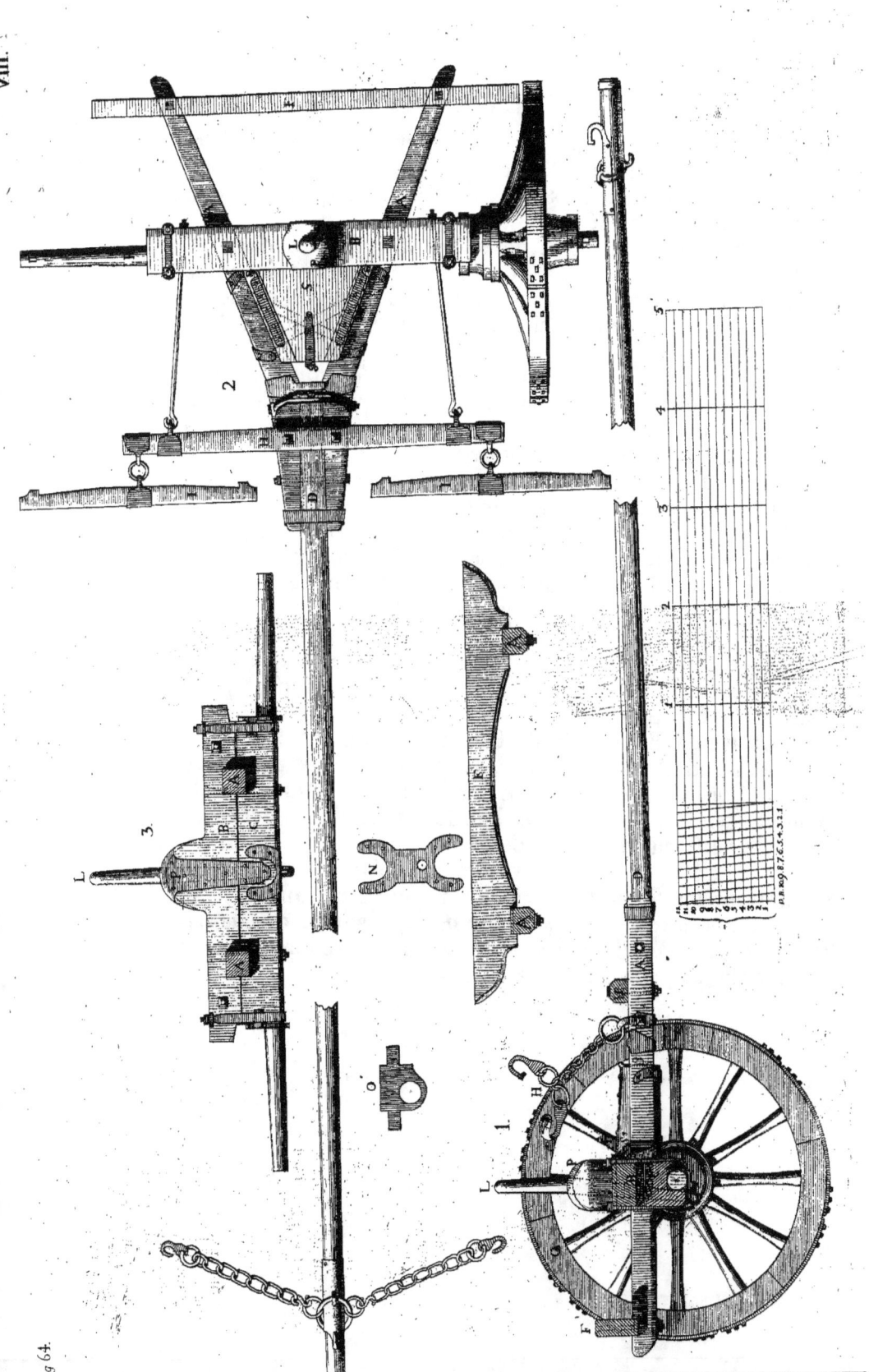

"Mais il semble qu'on ne les avait pas bien connus en traînant à la suite des armées des Obusiers de 8 pouces qui devoient "être nécessairement lourds à la manœuvre à quelque point "qu'on cherchat à les alléger.

"L'objet de l'obus étant de brûler des maisons dans les- "quelles l'ennemi se retranche, de l'inquiéter derriere des abris, "où le canon ne peut découvrir, on a cru que l'Obus de six "pouces remplirait cette tâche aussi bien que l'Obus de huit "pouces.

"En conséquence on a supprimé, à l'exemple de nos "voisins, l'Obusier de huit pouces de nos équipages de Cam- "pagne, & l'on s'est attaché à donner à celui de six pouces "un Affut très mobile, pour pouvoir le manœuvrer à bras, "& éviter pour cette arme comme pour le canon, l'embarras "extrême que les attelages causent dans la ligne.

"Les Pontons ont été aussi allégés sans rien perdre de "leur ancienne solidité. L'expérience a fait voir qu'ils soute- "naient de même des fardeaux au moins aussi considérables que "les précédens. Mais ce à quoi on s'est sur-tout attaché, "c'est à en rendre le transport plus facile en relevant beaucoup "les petites roues, & en abaissant le corps des haquets; ce "qui les rend à la fois moins versants & plus commodes pour "charger & décharger.

"On avait aussi proposé de faire porter sur un chariot de "suite, les poutrelles, les madriers, & tout l'équipage de chaque "ponton, qui se trouvent réunis sur le même haquet avec le "ponton, rend la voiture plus lourde sans faciliter le service "plus que ne ferait le chariot de suite.

"Mais c'était trop de nouveauté à la fois; & cette propo- "sition ayant souffert quelque contradiction a été mise dans le "nombre des autres idées que le tems, qui autant que la rai- "son, contribue à dissiper les préjugés, devait rendre un jour "d'une vérité palpable à tous les esprits.

I   TABLE

TABLE des Dimensions de l'Obusier de 6 pouces.

Noms & Longueurs des parties, & Epaisseurs du métal.	Longueurs & Epaisseurs.	
	En 48me. part. du Diamêtre de l'Obus.	En Pi. po. lig.
A. Calibre de l'Obusier	1. $\frac{1}{48}$.	0. 6. 1½
B. Diamétre de l'Obus	1.	0. 6. 0.
CD. Longueur totale de l'Obusier	5. $\frac{28}{48}$.	2. 9. 6.
CE. Profondeur de l'Ame y compris le demi rond	3. $\frac{4}{48}$.	1. 6. 6.
CF = FE. Longueur du Renfort, égal à celle de la Volée	1. $\frac{25}{48}$.	0. 9. 3.
EI. Profondeur de la Chambre, les angles du fond remplis d'un quart de son Diamétre	1. $\frac{8}{48}$.	0. 7. 0.
IK. Epaisseur du métal à la Culasse	0. $\frac{24}{48}$.	0. 3. 0.
DK. Longueur du Bouton	0. $\frac{40}{48}$.	0. 5. 0.
L. Diamétre de la Chambre	0. $\frac{24}{48}$.	0. 3. 0.
M. Epaisseur du Métal autour de la Chambre	0. $\frac{26}{48}$.	0. 3. 3.
N. Epaisseur du Métal du Renfort	0. $\frac{18}{48}$.	0. 2. 3.
O. Epaisseur du Métal de la Volée	0. $\frac{14}{48}$.	0. 1. 9.
P. Epaisseur du Métal au plus haut. de la Plattebande de la Volée	0. $\frac{20}{48}$.	0. 2. 6.
Diamétre extérieur à la Plattebande de Culasse égal à celui de la Plattebande de Volée	1. $\frac{41}{48}$.	0. 11. 1½
Diamétre & Longueur des Tourillons	0. $\frac{30}{48}$.	0. 3. 9.
Saillie des Embazes sur les Tourillons	0. $\frac{8}{48}$.	0. 1. 0.
Saillie des Embazes sur la Piece	0. $\frac{2}{48}$.	0. 0. 3.
Le Centre des Tourillons est placé d'$\frac{1}{12}$ du Diamét. de l'Obus plus bas que l'axe de la Piece, & leur ligne de devant est à 1 po 10 lig. du devant du renfort		
Q. Diamétre du Bouton au plus fort	0. $\frac{22}{48}$. $\frac{2}{3}$	0. 2. 10.
R. Diamétre au Collet du Bouton	0. $\frac{14}{48}$. $\frac{4}{3}$	0. 1. 10.
Epaisseur des Anses	0. $\frac{10}{48}$.	0. 1. 3.
Hauteur intérieure	0. $\frac{18}{48}$.	0. 2. 3.
Largeur d'idem	0. $\frac{25}{48}$.	0. 3. 3.
Saillie de l'Embaze des Anses	0. $\frac{2}{48}$.	0. 0. 3.
Le devant des Anses est placé dans l'alignement du devant des Tourillons ; elles sont espacées d'un demi diamétre de l'Obus, & leur figure est conforme à ceux des Canons de campagne.		
Diamétre de la Lumiere	0. $\frac{1}{48}$. $\frac{2}{3}$	0. 0. 2½
L'entrée de la Lumiere est de 8 lig. en arriere du fond de la Chambre, son ouverture intérieure est dirigée au Centre de l'arrondissement de la chambre.		

TABLE

pag. 67.

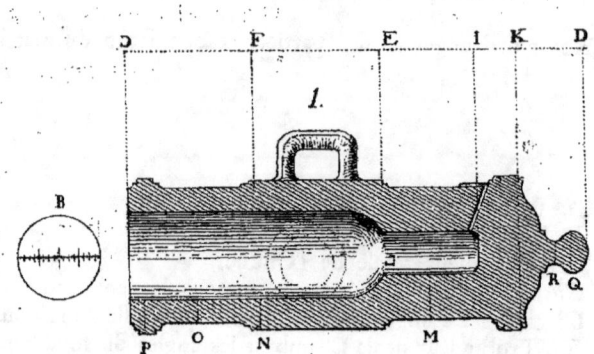

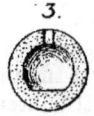

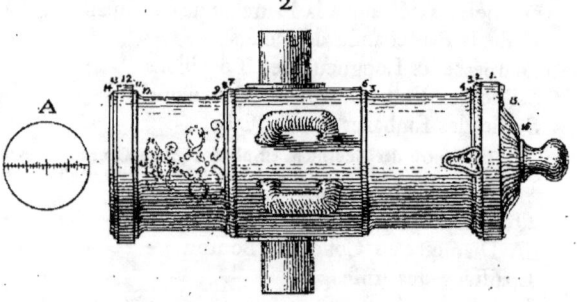

De l'Affut pour Obufier de 6 pouces.

Cet Affut eft en tout femblable aux Affuts des canons pour les pieces de campagne, même principe pour la coupe des flafques, même genre de ferrures: mais la méchanique du pointement eft entierement différente. L'Obufier fe pointe par un coin de mire marchant dans une couliffe établie fur la femelle de l'Affut. Le principe qui fait mouvoir le coin eft une vis de fer à écrou de fonte. L'écrou eft logé dans l'épaiffeur de l'entretoife de fupport; la vis traverfe horizontalement l'écrou, & entre dans le coin où le bout de la vis eft fixé, de forte que le coin eft entraîné par la vis & fe meut dans le même fens avec elle. Pour fixer la pofition du coin il faut empécher la vis de tourner, cela fe fait par un verrou placé fous les ferrures du coin, & dont le bout eft creux; en pouffant ce verrou on empêche la vis de tourner librement.

Pour le tranfport de l'Affut d'Obufier on fe fert des Avant-trains de Campagne.

Tracé du Flafque.

Les flafques ont 16 po. de hauteur. De A en B on porte la hauteur de la tête de l'Affut.

Du point B on porte la longueur de 3 Pi. 5 po. 9 lig. fur le bord fupérieur de la planche, le point d'interfection C marque le fommet du ceintre de mire; l'on tire la ligne BC.

On baiffe deux perpendiculaires au point B & C, & l'on fait CD, égale à la tête BA, fçavoir de 15 po. puis on tire la ligne aD.

On prend fur Ba 18 lig. de B en b, & l'on porte 17 po. de B en d, en tirant la ligne bd, qui marque le deffus de la tête du flafque; l'objet de cette diminution eft d'enlever un bois inutile, d'enfoncer davantage le logement des tourillons, & enfin de rendre la hauteur des flafques moins en prife au feu ennemi.

L'on

D'ARTILLERIE.

L'on porte 11 po. 9 lig. de b en f, pour avoir le derriere du logement des tourillons : ce logement a pour profondeur les deux tiers de son diamétre.

De E en F on porte 2 po. 6 lig. & de F en G, 13 po. pour avoir la partie de la croffe où fe place l'entretoife.

L'encaftrement de l'effieu fe trace d'après les dimenfions des tables.

On baiffe une perpendiculaire fur aD paffant par le centre de l'effieu, & on porte le rayon de la roue de ce centre au point H. Le centre de l'effieu eft placé de 6 lig. plus bas que le deffous des flafques.

Par les points H & G l'on tire une ligne qui étant prolongée en L marque fur la croffe la direction de la ligne de terre.

On éléve deux perpendiculaires fur GL aux points G & L; ce dernier point eft fixé par la rencontre de la ligne de terre avec la perpendiculaire FK. L'on donne à GM 3 po. de moins qu'à CD, fçavoir 12 po. & à LN 2 po. 6 lig. moins qu'à GM, fçavoir 9 po. 6 lig. enfuite on tire les lignes DG, CM, & MN prolongée de 6 po. en O.

Le Centre de l'arrondiffement de la croffe fe trouve, en prenant un point e à 1 po. au deffous du milieu de la ligne GL, & en élevant deux perpendiculaires fur le milieu des lignes Ge & eL; le point d'interfection de ces deux lignes donne le centre de l'arc GeL, on le prolonge avec un moindre rayon jufqu'à 18 lig. au deffous du point O fur la ligne OE, de maniere que cet arc fe réuniffe infenfiblement avec l'arrondiffement du bout en O. Ce bout & les angles en a & b s'arrondiffent également par un rayon de 18 lig.

A ces Affuts on ne renforce que le ceintre de croffe en tirant une ligne entre deux points éloignés chacun de 3 po. du ceintre M. Le ceintre de mire n'eft pas affez confidérable pour avoir befoin de renfort.

Emplacement des Entretoifes.

Le deffus de celle de Volée eft placée à 5 po. de la tête d'Affut; celle de mire en eft éloignée de 1 Pi. 6 po.

Le deſſous de ces deux entretoiſes eſt parallele à 2 po. 6 lig. au deſſus du bas de l'Affut. Le devant de l'entretoiſe de ſupport eſt à 3 po. 6 lig de celle de mire, & ſon deſſous eſt à 3 po. au deſſus du bas de l'Affut, & à 18 lig. du haut.

L'entretoiſe de lunette eſt placé parallélement à 2 po. au deſſus de la ligne de terre GL, & ſa longueur eſt compriſe entre les deux perpendiculaires GM, & LN; le renfort de cette entretoiſe ſe trace de même qu'aux Affuts de Campagne, il commence à l'angle q & ſe dirige en r à 15 lig. au deſſous de l'angle t, le tiers de la ligne qr eſt porté de t en s, & les deux lignes qs & st marquent la figure du renfort qui eſt diminué au bout, & s'embreve dans les flaſques.

Le centre de la Lunette eſt porté en avant du milieu de l'entretoiſe de 6 lig.

L'embrevement des entretoiſes a 9 lig. de profondeur.

TABLE

D'ARTILLERIE.

TABLE des Dimensions de l'Affut d'Obusier de 6 pouces.

	Pi. po. lig.
Longueur des flasques	8. 3. 0.
Epaisseur des flasques	0. 3. 6.
Ceintre des flasques en *D*	0 1. 0.
Hauteur des flasques dans le tracé — à la tête	1. 3. 0.
— au ceintre de mire	1. 3. 0.
— au ceintre de crosse	1. 0. 0.
— aux bouts de l'entretoise de Lunette	0. 9. 6.
Epaisseur des Entretoises — de Volée & de mire	0. 4. 6.
— de Support & de Lunette	0. 3. 6.
Largeur des Entretoises — de Volée	0. 6. 0.
— de Support	0. 10. 6.
— de Lunette	1. 2. 0.
Semelle — Largeur	0. 8. 0.
— Epaisseur	0. 2. 6.
— Longueur en dessus	1. 9. 0.
— Longueur en dessous	1. 6. 0.
Du devant de l'essieu à la tête de l'Affut	1. 2. 0.
Encastrement de l'essieu — Hauteur	0. 4. 0.
— Largeur	0. 6. 0.
Ouverture de la Lunette — en haut	0. 5. 0.
— en bas	0. 3. 0.
Ecartement des flasques — derriere l'encastrement des tourillons	0. 11. 4.
— au bout de l'entretoise de Lunette	1. 3. 0.
Hauteur des Roues	4. 6. 0.
Diamétre des Moyeux — au bouge	1. 2. 0.
— au gros bout	0. 11. 0.
— au petit bout	0. 9. 0.

Dimensions des Essieux.

	Pi. po. lig.
Longueur totale	6. 7. 4.
Longueur du corps	3. 0. 10.
Longueur des fusées	1. 9. 3.
Epaisseur du Corps & Diamétre des fusées au corps	0. 6. 0.
Hauteur du corps	0. 7. 6.
Diamétre des fusées au trou de l'esse	0. 4. 0.
Les bouts de l'essieu dépassent le moyeu	0. 3. 3.

Rr. Les autres dimensions des roues sont égales à celles du calibre de 12.

PLAN-

MEMOIRES

PLANCHE X.

Deſſein de l'Affut pour Obuſier de 6 pouces.

Fig. 1. *Tracé du flaſque, vu du côté intérieur du flaſque droit.*

    Rr Les ferrures comme aux Affuts des pieces de campagne.

— 2. *Vue exterieure du flaſque gauche ferré.*
— 3. *Plan de l'Affut ferré.* A *Entretoiſe de Volée*, B *Entretoiſe de Mire,* C *Entretoiſe de Support,* D *Entretoiſe de Lunette,* E *Couliſſe pour le coin de mire.*
— 4. *Profil de l'Eſſieu ferré.*
— 5. *Plan du même.*
— 6. *Coupe de l'Entretoiſe de Lunette*
— 7. *Anneau d'Embrelage.*
— 8 & 9. *Anneaux de Manoeuvre.*
— 10. *Profil, & 11 Plan du Coin de Mire.*

    A *Coin de mire,* a *dévelopement de la coeffe du coin,* b *Verrou logé dans le coin & rivé à la face intérieure de la coeffe,* c *Etrier ſervant de renfort à l'endroit où la vis entre dans le coin,* d *Boulon arrêtant l'étrier.* E *Vis à pointer, avec ſa Clef* e *ſervant de manivelle,* f *Petit Ecrou retenant la clef à la Vis.* F *Ecrou logé dans l'entretoiſe de ſupport.*

Avant de terminer ce Chapitre on fera encore connoître au lecteur une piece appartenante à l'artillerie de campagne, dont la deſtination eſt de ſuivre les opérations des troupes légéres; quoique ce canon & ſon Affut ne ſoient point du nombre des nouvelles conſtructions propoſées par Mr. de *Gribeauval,* on ne laiſſe pas de le donner à leur ſuite, puiſqu'on n'a rien ſubſtitué à ces pieces légéres qu'on doit à Mr. de *Roſtaing,* Officier de diſtinction dans le Corps Royal.

MEMO-

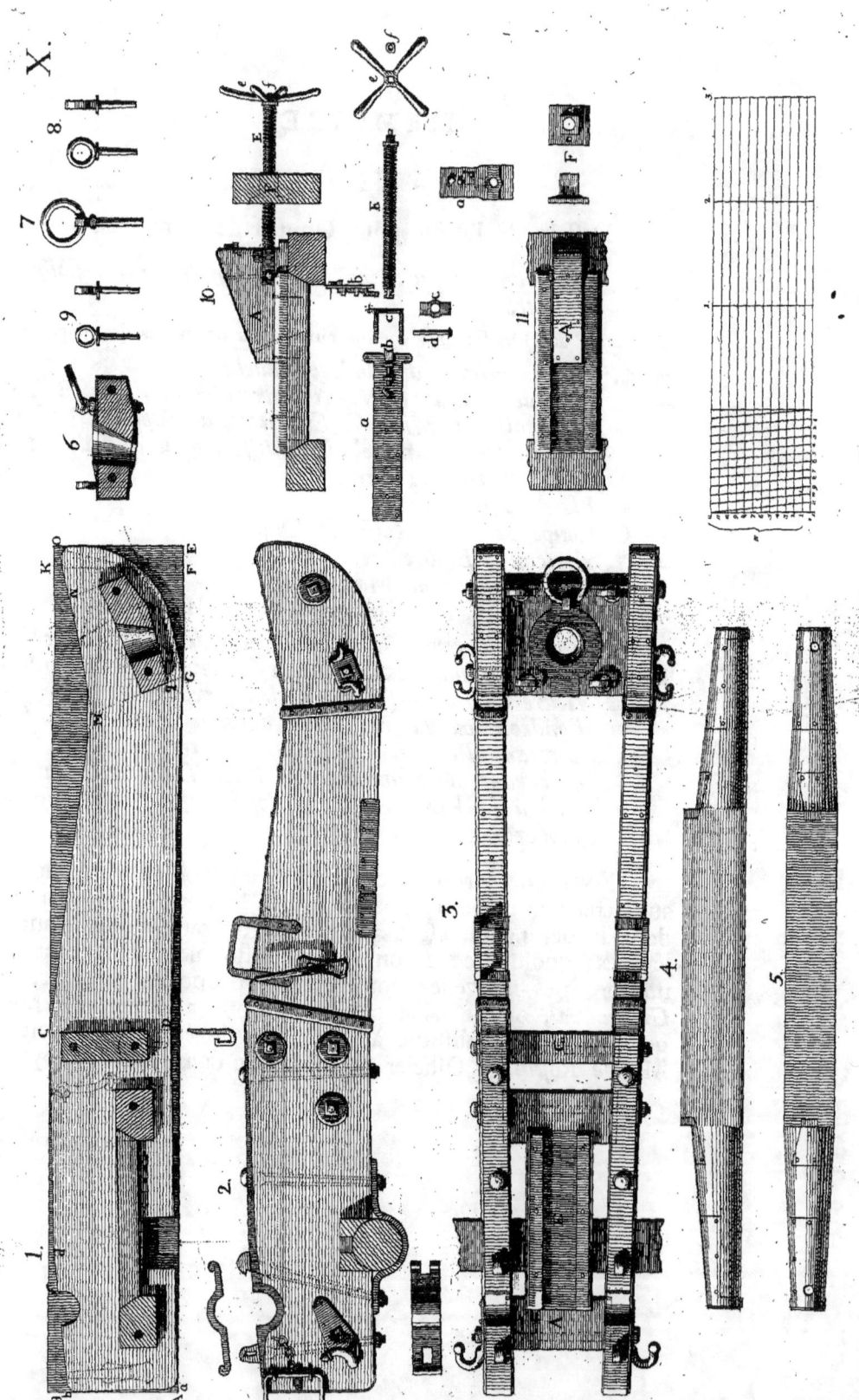

DES PIECES LÉGÉRES À LA ROSTAING.

Ce font des petits canons de fonte tirant une liv. de fer; elles ont à peu près 20 calib. de longueur. On donne beaucoup de ceintre aux flafques de leurs Affuts, afin de relever les roues, fans quoi le fervice de ces pieces deviendroit incommode. Aux côtés extérieurs des flafques on applique deux bras de limonieres par un boulon. A la croffe il y a deux anneaux pour y paffer un levier en travers de l'Affut. Ce levier fert pour la retraite; il offre auffi des points d'appui aux limonieres pour élever la croffe lorfqu'on y attele le cheval. Le pointement fe fait avec un coin de mire qui coule dans une couliffe entaillée fur l'entretoife de couche; le coin eft mû par une vis dont l'écrou eft arrêté au devant de la couliffe. La Susbande des tourillons eft fixée au heurtoir par une charniere; vers la tête d'Affut elle s'arrête par une clavette fixe au boulon, & tournante avec lui.

Vu leur grande légéreté ces pieces attelées d'un feul cheval peuvent fuivre toutes les opérations des troupes légeres, car s'il falloit les transporter fur quelque roc ou éminence impraticable au charroi, on peut démonter les canons & les y porter à force de bras fans aucune difficulté.

PLANCHE XI.

Explication des deſſeins qui repreſentent la piece légére
à la *Roſtaing* avec ſon Affut.

Fig. 1. *Profil du Canon d'une liv. de balle.* X *Diamétre du boulet.*
— 2. *Plan du même.* Y *Calibre de la piece.*
— 3. *Vue intérieure d'un flaſque d'Affut.*
— 4. *Plan de l'Affut.*
    A. *Encaſtrement des tourillons,* a *Boulon à Clavette tournante,* b *Clavette,* c *Heurtoir,* d *Charniere qui arrête la Susbande au heurtoir,* e *Ecrou du heurtoir.*
    C. *Entretoiſe de Volée.* f *Crochet porte Sceau.*
    D. *Entretoiſe de Couche,* g *Logement du Coin de Mire,* h *Couliſſe pour le jeu de la Vis,* l *Piton ſervant à tenir la Vis au coin de mire.*
    E. *Entretoiſe de Lunette,* m *Anneaux de manœuvre,* n *Crochet de retraite.*
    F. *Bras de Limonieres appliqués aux flaſques par le boulon* o.
— 5. *Sceau d'eau.*

    L'Echelle eſt de 2 pouc. pour Pied.

CHA-

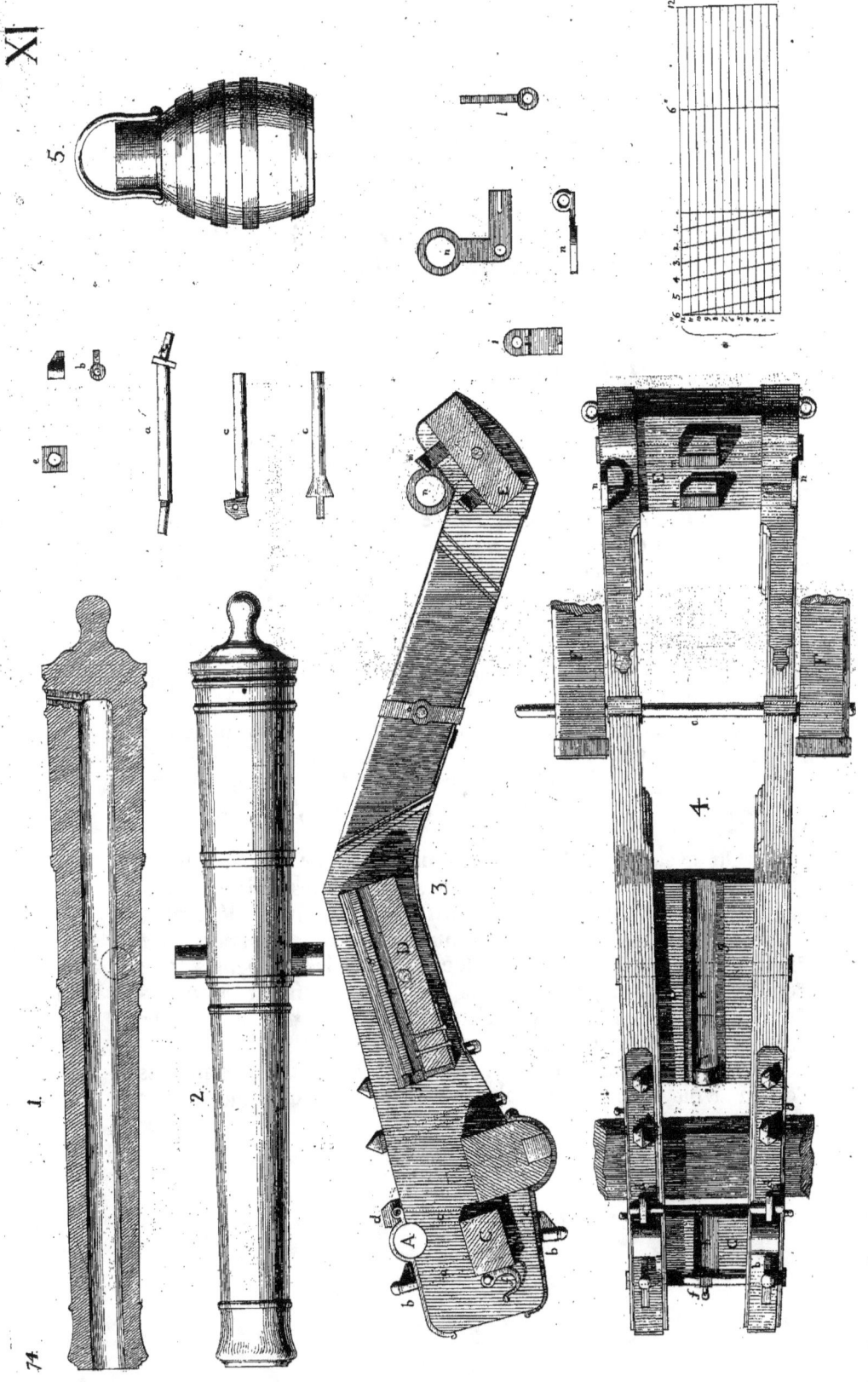

D'ARTILLERIE.

CHAPITRE SECOND.
Des changements faits dans l'Artillerie destinée à l'Attaque & à la Défense des Places.

Section Premiere.
Des pieces de Siege & de Défense.

"Les changements qui ont eu lieu dans l'Artillerie destinée "à l'Attaque & à la Défense des places ne sont pas à "beaucoup près aussi considérables que ceux qui appartien-"nent à l'Artillerie de campagne. On avoit tout à créer dans "cette derniere partie ; & si l'on en excepte les gros Mor-"tiers, qu'on peut regarder aussi comme un objet nouvelle-"ment créé, ainsi que l'affut de place, l'on n'a gueres eu que "quelques corrections à faire daus la partie de l'Artillerie qui "concerne l'attaque & la défense des places. Nous croyons "cependant devoir parler de ces corrections, afin qu'il ne "manque aucun trait au tableau que nous traçons de la nou-"velle Artillerie.

"Les pieces de 24, aidées d'un nombre proportionné "de pieces de 16, doivent faire le fonds principal des équi-"pages de siege. Car c'est d'elles qu'on doit attendre le plus "d'effet, soit pour la destruction des défenses, soit pour for-"mer les breches.

"On avait proposé de diminuer quelque chose sur la "longueur & l'épaisseur de ces pieces ; mais les officiers char-"gés de diriger les épreuves n'ont pas cru que l'allégement "qui resulterait du peu de diminution qu'on pourrait faire "sur la longueur & sur l'épaisseur, valut les dépenses que "coûteroient les expériences par lesquelles il faudroit déter-"miner cet allégement. On s'en est donc tenu à leur laisser "toutes leurs dimensions extérieures.

"On s'est contenté de supprimer les petites chambres "qu'on avoit imaginé de faire au fond de leur ame, dans "l'idée

”l'idée de ménager les lumieres & d'accélérer l'inflammation
”de la poudre.

”Il étoit probable, en effet, que ces petites chambres
”menageaient les lumieres en augmentant l'épaiſſeur du mé-
”tal dans cette partie de la piece. Mais les épreuves dont
”nous parlerons à l'article des fontes ſur les grains viſſés à
”froid, ayant prouvé l'efficacité de ce moyen pour la con-
”ſervation des lumieres, il était inutile en gardant ces peti-
”tes chambres, de ſe jetter dans deux inconvénients. Le
”premier, d'expoſer les pieces à conſerver le feu puiſqu'il
”n'eſt pas poſſible d'écouvillonner ces petites chambres.
”Le ſecond, de mettre de l'incertitude dans l'emplacement
”des petites charges dont on uſe pour le ricochet.

”Quant à la propriété d'accélérer l'inflammation de la
”poudre & de procurer par là une impulſion plus grande dans
”le même inſtant, cet avantage était très fauſſement attribué
”aux petites chambres. Loin d'accélérer l'inflammation elles
”la retardaient. Car il aurait fallu pouvoir ne regarder la pe-
”tite chambre que comme un prolongement de lumiere ou
”comme un porte feu. Mais la poudre qu'elle contient étant
”plus que ſuffiſante pour déplacer le boulet, il n'eſt pas dou-
”teux qu'elle devient plus nuiſible qu'utile à la promptitude
”de l'inflammation, en éloignant le boulet avant que la charge
”s'enflamme, & en diminuant ainſi l'effort du fluide élaſtique
”qui eſt d'autant moindre qu'il eſt moins comprimé.

”D'ailleurs les progrès de l'inflammation de la poudre
”ſe faiſant néceſſairement par des accroiſſements ſphériques
”ſucceſſifs, & les lumieres ordinaires portant le feu à une
”très-grande maſſe de poudre, rélativement à celle qui était
”contenue dans les petites chambres, il ſuivait néceſſairement
”que, quoique les petites chambres communiquaſſent l'in-
”flammation à la grande par un orifice plus conſidérable, cette in-
”flammation ſe faiſant par une progreſſion faible dans la lon-
”gueur de ces petites chambres, perdait plus par elles, qu'elle
”ne gagnait pour la rapidité des accroiſſements.

”Outre

"Outre la suppression des petites chambres, on a fait
"encore aux pieces de 16 & de 24, des changements assez
"importants, mais qui n'étant point particuliers à ces calibres,
"seront renvoyés à l'article où je parlerai des changements
"faits dans ce qui appartient généralement aux fontes.

"Les anciens Affuts de ces pieces ont paru exiger assez
"peu de changement pour bien remplir le service dans l'at-
"taque des places. On s'est contenté d'augmenter la solidité
"que jusqu'alors ils devaient uniquement à l'épaisseur des par-
"ties qui les composaient, en donnant plus d'exactitude à
"l'assemblage de ces parties.

"On a aussi supprimé les heurtoirs & contreheurtoirs:
"ces ferrures affaiblissant considérablement le flasque dans
"l'endroit le plus essentiel entraînent ordinairement sa destruc-
"tion. On les a remplacées par des demi-soubandes qui
"n'ont pas les mêmes inconvénients, en attendant que par
"les corrections faites sur les tourillons, tous placés jusqu'a-
"lors très-irréguliérement, comme nous le dirons à l'article
"des fontes, on put garnir de soubandes entieres les enca-
"stremens de ces Affuts, comme le sont ceux des Affuts des
"pieces de bataille.

"L'objet de l'Artillerie dans la défense des places, n'étant
"pas le même que dans l'attaque, on a suivi, pour les pie-
"ces destinées à la défense, un système différent.

"On n'y a d'abord admis les pieces de 24, que com-
"me par accident & seulement comme devant servir à re-
"nouveller les équipages de siege. C'est à la piece de 16,
"qu'on a destiné le principal rôle; & cela; 1°. Parce qu'on
"économise d'un tiers sur les approvisionnements. 2°. Parce
"qu'une piece de 16, mise en batterie derriere des parapets
"de terre qu'on peut regarder comme terre vierge, doit, à
"cet égard, l'emporter sur des pieces de 24, placées derriere
"des épaulements qui sont nécessairement de terre remuée.
"3°. Parce que les pieces de 16, pouvant tirer dans la dé-
"fense au moyen d'embrasures de 18 pouces de haut, com-
"me on va voir, seront par là supérieures aux pieces de 24,

"qui

„qui dans l'attaque, tirent par des embrafures ordinaires.
„4°. Enfin parce qu'on ne fe défend point fans déplacer
„fouvent fon canon & que celui de 16, eft plus mobile
„que celui de 24.

„On n'a pas exclu de la défenfe les calibres inférieurs
„à celui de 16. On a cru que les pieces de 12 & de 8,
„fervies fur-tout avec les nouvelles cartouches dont nous par-
„lerons, feraient de la plus grande utilité pour protéger des
„ouvrages, ou trop avancés, ou trop menacés pour pouvoir
„y tenir de groffes pieces, ou pour foutenir des poftes nou-
„vellement repris, qu'on ne pourrait pourvoir de gros ca-
„non dans le premier moment.

„Et comme ces pieces doivent fervir en embrafure, on
„a cru devoir leur laiffer toute la longueur que leur avait
„donnée l'Ordonnance de 1732, & par conféquent la même
„épaiffeur qui leur eft néceffaire pour foutenir cette longueur.

„Les pieces de 4, ne pouvant évidemment fervir dans
„la défenfe que pour des forties, des efcortes, des fourages
„& autres expéditions qui demandent de la légéreté, on eft
„convenu de fupprimer les anciennes pieces de ce calibre
„qu'on appellait de 4 longues, puifque ces pieces ne pré-
„fentaient que du défavantage fur les pieces de Régiment
„dans ces opérations pour lefquelles, feulement, on pouvait
„les préferer aux pieces de 8.

Pieces de 24 & 16, autrement dites Canon de Siege.

Ces pieces ont été fondues en 1765 ; & n'ont, comme l'on a deja vu, hormis la fuppreffion de la petite chambre & de quelques moulures, rien d'effentiellement différent de celles de l'ordonnance de 1732. On leur a rendu de même qu'aux pieces de Campagne le bouton & la vifiere, qui font adhérens aux pieces. Les maffes des Lumieres doivent auffi être placées à froid.

L'epreuve de ces canons fe fait en cinq coups, les deux premiers chargés au tiers, & les trois derniers à la demi pefanteur de leur boulet.

Quoi-

I^e TABLE des Dimensions des pieces de Siege.

Pieces de Canon du Calibre de	Epaisseur du métal par le Diamétre du Boulet divisé en 12 parties.	Longueur & Epaisseur du métal. 24. Pi. po. lig. pt.	Longueur & Epaisseur du métal. 16. Pi. po. lig. pt.	Dimensions Extérieures des pieces. 24. Pi. po. lig. pt.	Dimensions Extérieures des pieces. 16. Pi. po. lig. pt.
A. Calibre des Pieces	—	0. 5. 7. 7 1/2	0. 4. 11. 2 1/2	- - - -	- - - -
B. Diamétre du Boulet	12	0. 5. 5. 4	0. 4. 9. 2	- - - -	- - - -
OP. Longueur des Pieces depuis l'extrémité de la Plattebande de Culasse jusqu'à la Bouche	—	9. 11. 5. 4	9. 6. 9. 2	- - - -	- - - -
CD. Longueur de l'ame des pieces, les angles du fond rempli d'un quart de Calibre	—	9. 6. 0. 0	9. 2. 0. 0	- - - -	- - - -
OG. Longueur du premier Renfort, deux septiemes de *OP*	—	2. 10. 1. 6 2/7	2. 8. 9. 5 5/7	- - - -	- - - -
GH. Longueur du second Renfort, un septieme	—	1. 5. 0. 9 1/7	1. 4. 4. 8 6/7	- - - -	- - - -
HK. Longueur de la Volée jusqu'au milieu de l'Astragale du Collet } 4/7	—	4. 8. 0. 0 4/7	4. 6. 10. 3 13/14	- - - -	- - - -
KP. Longueur de la Bouche en Tulippe	2 Diamét. 3/12	1. 0. 3. 0	0. 10. 8. 7 1/2	- - - -	- - - -
RQ. Longueur du Bouton y compris le Cul-de Lampe	1 — 7/12	0. 8. 7. 5 1/3	0. 7. 6. 6 1/6	- - - -	- - - -
QC-e. Epaisseur de la Culasse & du Métal à la Lumiere	12/12	0. 5. 5. 4	0. 4. 9. 2	1. 4. 6. 3 1/2	1. 2. 5. 6 5/6
f. Epaisseur du Métal à la fin du Premier Renfort	11/12	0. 4. 11. 10 2/3	0. 4. 4. 4 5/6	1. 3. 7. 4 5/6	1. 1. 8. 0
i. Epaisseur du Métal au commencement du Second Renfort	10/12	0. 4. 6. 5 1/3	0. 3. 11. 7 2/3	1. 2. 8. 6 1/6	1. 0. 10. 5 1/4
k. Epaisseur du Métal à la fin du Second Renfort	9/12 1/2	0. 4. 3. 8 2/3	0. 3. 9. 3 1/12	1. 2. 3. 0 5/6	1. 0. 5. 8 7/12
l. Epaisseur du Métal au commencement de la Volée	8/12 1/2	0. 3. 10. 3 1/2	0. 3. 4. 5 11/12	1. 1. 4. 2 1/4	0. 11. 8. 2 1/4
m. Epaisseur du Métal à l'Astragale du Collet	5/12 1/2	0. 2. 5. 11 1/3	0. 3. 2. 2 5/12	0. 10. 7. 6 1/6	0. 9. 3. 7 1/4
n. Epaisseur du Métal au plus grand Renflement du Bourlet	8/12 1/3	0. 3. 9. 4 5/12	0. 3. 3. 8 5/12	1. 1. 2. 4 1/3	0. 11. 6. 7 1/4
s. Diamétre du Bouton de la Culasse au plus fort	12/12	0. 5. 5. 4	0. 4. 9. 2	- - - -	- - - -
r. Diamétre au Collet du Bouton	8/12	0. 3. 9. 3	0. 3. 3. 6	- - - -	- - - -
Longueur & Diamétre des Tourillons leur devant en ligne avec le Renfort	12/12	0. 5. 5. 4	0. 4. 9. 2	- - - -	- - - -
Longueur des Anses ou Dauphins	2 Diamét. 5/12	0. 11. 4. 1 1/3	0. 9. 11. 1 1/6	- - - -	- - - -
Epaisseur des Anses	5/12	0. 0. 5. 5 1/3	0. 0. 4. 9 1/6	- - - -	- - - -
Hauteur intérieure des Anses	6/12	0. 2. 8. 8	0. 2. 4. 7	- - - -	- - - -
Ecartement des Anses { du côté de la Volée	12/12	0. 5. 5. 4	0. 4. 9. 2	- - - -	- - - -
Ecartement des Anses { du côté de la Culasse	1 Calib. de la Piece	0. 5. 7. 7 1/2	0. 4. 11. 2 1/2	- - - -	- - - -

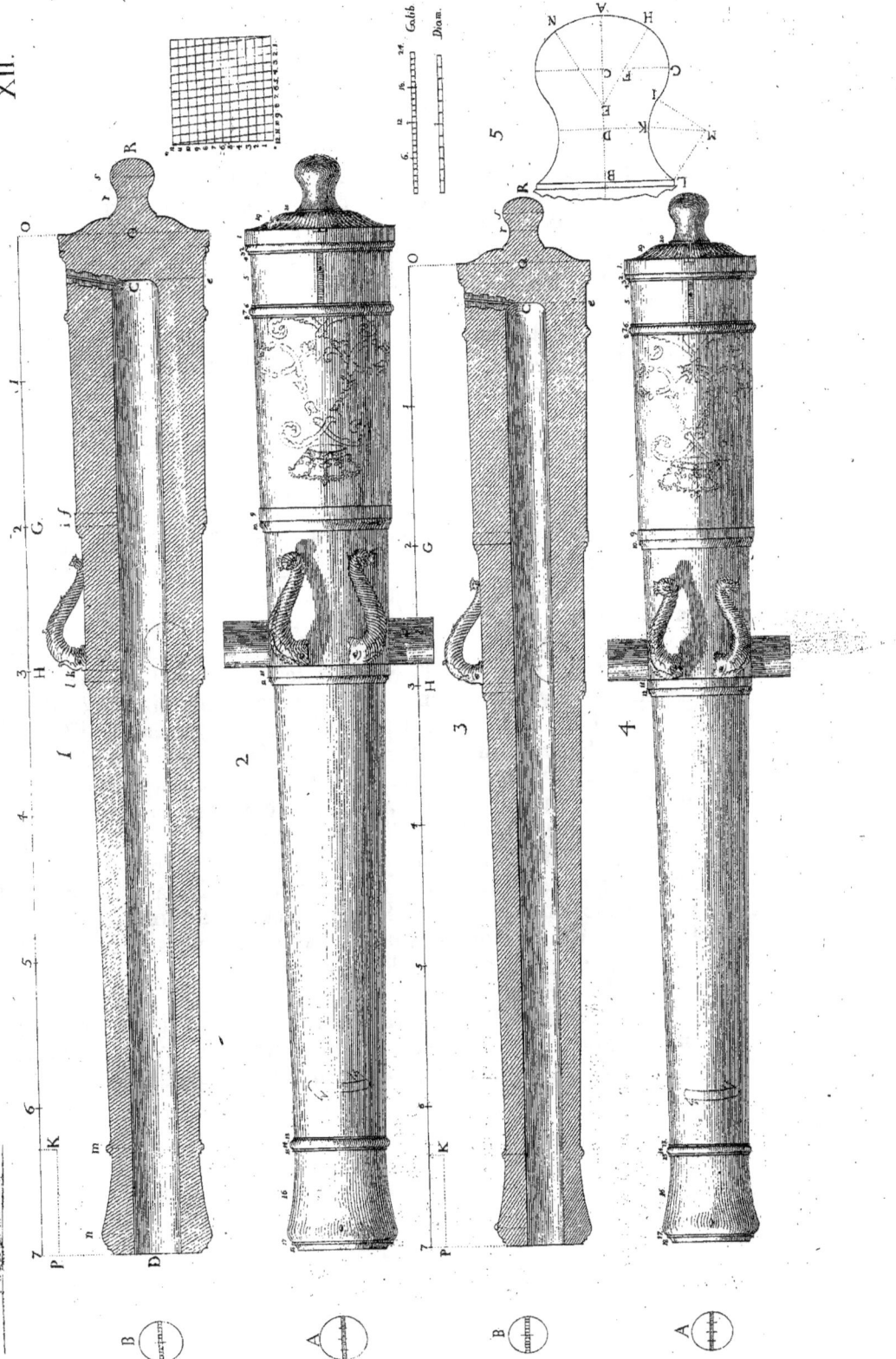

MEMOIRES

Affuts des Pieces de Siege.

Il a dejà été parlé des changemens faits au ferrures de ces Affuts, qui font en tout autant que le permettait leur deftination uniformes avec celles des Affuts de Campagne; quant à la figure des flafques, le fuivant tracé rend compte des changemens qu'on y a fait, & des raifons qu'on a eu pour cela.

Le pointement fe fait avec un Coin de mire qui coule dans une Couliffe qu'on établit fur la Semelle par deux tringles cloués deffus.

Les Moyeux des Roues ont des boîtes de fonte, & les fufées des Effieux font couvertes de plaques de fer.

Tracé des Flafques.

Il faut pour tracer le patron des Affuts de 24 & 16 avoir une planche de 4 po. de largeur de plus que la hauteur des flafques, parce qu'ils ont 6 po. de ceintre, & par la raifon qui a été dite dans le tracé des Affuts de Campagne; la planche doit auffi avoir quatre à cinq pouces de longueur de plus que l'Affut, & fes côtés doivent être bien dreffés & paralleles, on détermine par deux lignes qu'il le foient. On marque fur la planche la longueur de l'Affut, plus fix lignes pour la perte qui fe fait aux arrondiffemens des bouts, & l'on joint fes côtés par deux perpendiculaires abaiffées à chacun des points qui fixent cette longueur.

On porte de *A* en *B*. la hauteur de la tête de l'Affut, on la porte auffi fur une petite regle d'environ 6 pieds, l'on y ajoute la diftance de l'extrémité de la Plattebande de Culaffe du Canon au derriere des Tourillons, plus la longueur du bouton le Cul-de Lampe compris. *Not*. Ces Mefures fe trouvent dans les Tables ci-jointes pour le Canon & les Affuts.

Ces trois mefures forment enfemble fur la petite régle une longueur avec laquelle on interfecte du point *B* le bord fupérieur de la planche, ou la ligne qui en tient lieu; le
point

point C que donne l'interfection, eſt le ceintre de Mire, on mene la ligne BC; de B en D on porte la hauteur de la tête de l'Affut pour déterminer le derriere des Tourillons, on abaiſſe une perpendiculaire à chacun des points B, D, C, on donne à CE deux pouces de moins qu'a BA, pour la hauteur du flaſque au ceintre de Mire, & l'on tire la ligne aE.

On prend ſur Ba, deux pouces de B en G, & l'on mene la ligne GD qui marque le deſſus de la tête de l'Affut: l'objet de cette diminution eſt d'enlever un bois inutile, d'enfoncer d'avantage le logement des tourillons, parce qu'on le trace au deſſous de la ligne DG; & afin de rendre la hauteur des flaſques moins en priſe au feu de l'ennemi.

On trace le logement des tourillons en portant leur diamétre de D en e, en abaiſſant du milieu de cette ligne une perpendiculaire que l'on fait égale aux deux tiers de leur diamétre, & en portant du point g leur rayon ſur cette perpendiculaire pour en avoir le centre.

On fixe le devant de l'encaſtrement de l'eſſieu en portant du point a ſur la ligne aE la hauteur de la tête de l'Affut, on la porte auſſi du point F au point H pour marquer la longueur de la croſſe: On revient à l'encaſtrement de l'eſſieu & on lui donne la longueur & la hauteur extérieure marquée dans la table. On diviſe ſa longueur en deux également, & l'on éléve au point b une perpendiculaire ſur la ligne aE dans l'Affut de 24; & à 18 lig. dans celui de 16. On porte le rayon de la roue ſur une petite régle, & on la place contre la ligne db, en faiſant convenir l'extrémité ſupérieure du rayon avec le centre de l'eſſieu; on porte à l'autre extrémité du rayon f le bord d'une grande regle, ou un cordeau, que l'on fait paſſer par le point H, & qui détermine le point I. L'on trace la ligne HI, qui eſt la prolongation de celle du ſol, & qui marque le deſſous de la croſſe; on éléve ſur cette ligne & au point H & I deux perpendiculaires HK & IL; on donne à HM deux pouces de moins qu'a *CE*, & à *IN* trois pouces de moins qu'à *HM*. On coupe fur le deffus de la croffe de ces Affûts deux pouces de bois de plus, que fur celle des anciens, parceque ce bois y était inutile; on mene les lignes *CM*, *EH*, *MN*, & *NI*.

On abaiffe une perpendiculaire de la longueur d'un pouce au deffous du milieu de la croffe, qui eft la fléche de l'arrondiffement de fon deffous, & l'on mene les lignes *HO*, *OI*; on éléve une perpendiculaire fur le milieu de chacune de ces lignes, & leur rencontre détermine le centre de l'arrondiffement *HOI* du deffous de la croffe.

On renforce le ceintre de mire en prenant un pouce au deffus du point *E*, & en menant par ce point la parallele *nn* à la ligne *AF*; on renforce auffi le ceintre de croffe en portant trois pouces de chaque côté du point *M*, & en tirant la ligne *hh*; les angles que ces deux renforts forment à leur réunion avec le premier tracé ne doivent pas être fenfibles quand les flafques font taillés.

On arrondit les trois angles *a*, *G*, *N*, de la jonction des côtés du flafque en prenant 18 lignes fur chaque côté, & un pouce feulement à l'angle que forme l'arrondiffement de la croffe avec le côté *IN*.

De l'Emplacement des Entretoifes.

Les deffus des entretoifes de Mire, de Couche & de Volée font dans la même direction; les deux points qui la déterminent font pris l'un fur la perpendiculaire *DP*, à huit pouces au deffous du point *D* pour l'Affut de 24; & l'autre fur la perpendiculaire *CE* à fept pouces au deffous du point *C*.

Ces perpendiculaires ont 6 lig. de moins dans l'Affut de 16; le devant du deffus de l'Entretoife de Volée eft à cinq pouces de la tête de l'Affut; le derriere de celle de Mire eft contre la perpendiculaire *CE*; celle de Couche eft en avant de celle de Mire, leur diftance eft égale au double

de

de leur largeur, les quatres faces de ces entretoises sont perpendiculaires l'une sur l'autre. On trouvera leurs dimensions dans les Tables suivantes.

Le dessous de l'entretoise de Lunette est placé parallelement à la ligne du sol, & à 1 po. 6 lig. au dessus de cette ligne; elle a la même épaisseur que les autres, non compris son renfort.

On laisse un renfort sous cette entretoise: Pour avoir le sommet de l'angle qu'il forme, on marque le centre de la Lunette sur le dessus de l'entretoise; il est dans le milieu de sa longueur à un pouce plus près du devant que du derriere; on abaisse une perpendiculaire de ce centre au dessous de l'entretoise, on en abaisse encore une en dessous de l'Entretoise à quinze lig. en arriere du point où aboutit la premiere; on donne quinze lig. à cette perpendiculaire & l'on tire des angles du dessous de l'entretoise deux lignes à ce point.

Comme il seroit difficile d'astreindre l'ouvrier à tailler exactement ce renfort, il faut lui donner une planchette qui ait la forme de la coupe du milieu de l'entretoise, & qui lui serve à le tracér.

Le devant de la Lunette est perpendiculaire au dessus de l'entretoise; son ouverture est de cinq pouces en dessus & de trois pouces en dessous, mesure prise sur le taluds du renfort. On ne fait pas de tenons aux entretoises, elles se logent seulement dans un Embrevement de neuf lig. de profondeur; il est essentiel que le bout de l'entretoise porte bien dans toute sa surface; on se sert pour faire l'embrevement d'un rabot nommé *Guimbarde* qui coupe horisontalement.

Les embrevemens de l'entretoise de lunette ont la même hauteur que ceux des trois autres, quoique son renfort lui donne en dessous une forme triangulaire; on réduit les bouts à l'épaisseur des autres sur la longueur de 18 lignes afin que le renfort finisse à neuf lignes du côté interieur des flasques, quand ils sont assemblés.

De la Semelle.

La Semelle s'encaſtre de toute ſon épaiſſeur ſur le deſ-ſus du côté intérieur des deux entretoiſes de Mire & de Couche; ſes bouts ſont coupés à queue d'aronde; l'obliqui-té de leur coupe eſt de ſix lignes, & ils ont deux pouces de longueur : Cet aſſemblage vaut mieux que ſi la Semelle ſe logeoit à tenons dans les entretoiſes, comme autrefois, parceque l'on pourra la remplacer quand cela ſera néceſſaire, ſans démonter l'Affut.

On coupe les bouts des flaſques d'équerre ſur leur longueur, pour faciliter l'appliquage du fer qui les couvre.

Quand l'Affut eſt aſſemblé on diminue extérieurement l'épaiſſeur des flaſques de quatre lig. On prend ces 4 lig. en deſſus, & on enléve le bois en talus juſqu'au deſſous où le flaſque doit conſerver ſon épaiſſeur.

Dimenſions des Canons ſervant à la Conſtruction de leurs Affuts.

Canons de	24.				16.			
	Pi.	po.	lig.	pt.	Pi.	po.	lig.	pt.
Diamétre des boulets	0.	5.	5.	4.	0.	4.	9.	2.
Longueur depuis l'extrémité de la Plattebande de culaſſe juſque derriere les Tourillons	3.	9.	9. ⎫		3.	8.	5. ⎫	
Longueur du bouton y compris le Cul de Lampe	0.	8.	5½ ⎭ 4.6.2.6.		0.	7.	4¼ ⎭ 4.3.9.9.	
Diamétre à la Plattebande de culaſſe	1.	6.	0.	6.	1.	3.	9.	4.
Ecartement des flaſques en blanc dans cet endroit	1.	6.	1.	6.	1.	3.	10.	4.
Diamétre derriere les Tourillons	1.	2.	5.	0.	1.	0.	7.	0.
Ecartement des flaſques en blanc dans cet endroit	1.	2.	6.	0.	1.	0.	8.	0.

TABLE

D'ARTILLERIE.

TABLE pour les Affuts de Siege de 24 & de 16.

			de 24	de 16
Longueur des flasques.		Pieds pouces	12. 0	11. 6
Epaisseur des flasques.		pouces lignes	5. 6	5. 0
Hauteur des flasques dans le tracé.	À la tête.	Pieds pouces	1. 5	1. 4
	Au Ceintre de Mire.	Pieds pouces	1. 3	1. 2
	Au Ceintre de Crosse.	Pieds pouces	1. 1	1. 0
	Au bout de Crosse.	pouces	10	9
Ceintre des flasques.		pouces	6	6
Largeur des Entretoises de Couche de Mire & de Volée.		pouces lignes	7. 0	6. 6
Epaisseur des Entretoises 4 Entretoises de Couche de Mire & de Volée.		pouces lignes	5. 6	5. 6
Longueur de l'encastrement de l'essieu.		pouces	8.	7.
Hauteur de l'encastrement de l'essieu.	Extérieure.	pouces lignes	3. 6	3. 6
	Intérieure.	pouces	2.	2.
Dimensions de la Semelle.	Largeur.	Pieds pouces	1. 0	0. 10
	Epaisseur.	pouces lignes	2. 9	2. 6

TABLE

TABLE des Dimensions des Roues des Affuts & Avant-trains de Siege pour le Calibre de 24 & 16.

Noms des Parties.	Calibres de		24. Pi. po. lig.	16. Pi. po. lig.	Avant-train. Pi. po. lig.
	Hauteur des Roues		4. 10. 0.	4. 10. 0.	2. 10. 0.
	Ecuanteur des Roues		0. 4. 0.	0. 4. 0.	0. 3. 0.
Les Moyeux.	Longueur		1. 10. 0.	1. 8. 0.	1. 3. 0.
	Diamétre	au Bouge	1. 5. 0.	1. 4. 0.	0. 11. 0.
		au gros bout	1. 2. 0.	1. 1. 0.	0. 9. 0.
		au petit bout	1. 0. 0.	0. 11. 0.	0. 7. 0.
Les Rais.	Longueur de la patte		0. 4. 7.	0. 4. 7.	0. 3. 0.
	Largeur de la patte		0. 3. 10.	0. 3. 7.	0. 2. 7.
	Epaisseur de la patte	à l'épaulement	0. 1. 7.	0. 1. 6.	0. 1. 1.
		au bout	0. 1. 9.	0. 1. 8.	0. 1. 2½
	Epaisseur du Corps des Rais	à l'épaulement	0. 3. 3.	0. 3. 0.	0. 2. 0.
		au milieu	0. 2. 7.	0. 2. 3.	0. 1. 5.
		à l'épaulement de la broche	0. 3. 2.	0. 2. 11.	0. 1. 11.
	Largeur au milieu		0. 3. 3.	0. 3. 0.	0. 2. 2.
	Largeur de la broche du côté du petit bout du moyeu		0. 2. 9.	0. 2. 6.	0. 1. 7.
	Epaisseur de la broche		0. 1. 5.	0. 1. 4.	0. 0. 11.
Les Mortaises.	Largeur de la Mortaise du Rais sur la Moyeu		0. 1. 5.	0. 1. 4.	0. 0. 11.
	Longueur d'Idem		0. 3. 9.	0. 3. 6.	0. 2. 6.
Les Jantes.	Hauteur		0. 5. 6.	0. 5. 0.	0. 4. 0.
	Epaisseur	en dedans	0. 3. 11.	0. 3. 8.	0. 2. 8.
		à la bande	0. 3. 9.	0. 3. 6.	0. 2. 6.
	Epaisseur de la partie de la jante qui surmonte la Mortaise de la broche		0. 1. 0.	0. 1. 0.	0. 0. 9.

Dimensions des Ferrures.

			po. lig.	po. lig.	po. lig.
Les Cordons	Largeur		1. 3.	1. 3.	1. 0.
	Epaisseur		0. 5.	0. 5.	0. 3.
Les Frettes	Largeur		1. 9.	1. 9.	1. 3.
	Epaisseur	au bout du Moyeu	0. 5.	0. 5.	0. 3½
		sur le Moyeu	0. 3.	0. 3.	0. 2.

Suite

Suite des Dimensions des Ferrures.

			24. Po. lig.	16. Po. lig.	Av. tr. Po. lig.
Les Bandes	Largeur		3. 6.	3. 3.	2. 3.
	Epaisseur		0. 6.	0. 6.	0. 4½
Les Boîtes.	grande	Diamétre	8. 0.	7. 0.	5. 0.
		Largeur	3. 6.	3. 3.	2. 3.
		Epaisseur	0. 6.	0. 6.	0. 5.
	petite	Diamétre	6. 0.	5. 0.	3. 6.
		Largeur	3. 6.	3. 3.	2. 3.
		Epaisseur { au grand Diamétre	0. 4.	0. 4.	0. 3.
		{ au petit Diamétre	0. 6.	0. 6.	0. 5.
	Epaisseur des tenons au diamétre extérieur de la boite		0. 10.	0. 10.	0. 8.
	Hauteur extérieure de l'Epaulement pour le Crampon à 6 lig. de la boîte		0. 9.	0. 9.	0. 9.
	Les tenons sont prolongés de 6 lig. au dessous de la boite, & terminés en tranchant.				
Les Clous rivés	Diamétre { de la tête		1. 6.	1. 6.	1. 0.
	{ de la tige		0. 6.	0. 6.	0. 4.
	Hauteur de la tête { contre la tige		0. 4.	0. 4.	0. 2.
	{ aux bords		0. 1.	0. 1.	0. ½
	Longueur de la tige		4. 0.	3. 9.	2. 9.
	Equarissage de la contrerivure		1. 6.	1. 6.	1. 2.
	Epaisseur d'idem		0. 4.	0. 4.	0. 3.
Les Clous de Bande à Ecrou.	Equarissage { de la tête rejoignant la tige		0. 10.	0. 10.	
	{ de la tige à 10 lig. au dessous de la tête		0. 7.	0. 7.	
	Diamétre au bout pour être taraudé		0. 6.	0. 6.	
	Equarissage de l'Ecrou		1. 0.	1. 0.	
	Epaisseur d'idem		0. 6.	0. 6.	
	Longueur totale des Clous		6. 9.	6. 3.	
	Rr. On met une petite Rosette sous l'ecrou.				
	Diamétre de la Rosette		1. 2.	1. 2.	
	Epaisseur d'idem		0. 1.	0. 1.	

Dimen-

Dimensions des Essieux de	24.	16.	Av. tr.
	Pi. po. lig.	Pi. po. lig.	Pi. po. lig.
Longueur du Corps en dedans - -	2. 9. 6.	2. 11. 6.	3. 4. 3.
Longueur des Fusées dont 3 po. 6 lig. pour le trou de l'esse & le bout qui dépasse le Moyeu aux Affuts, & deux po. 6 lig. à l'avant-train	2. 1. 6.	1. 11. 6.	1. 5. 3.
Hauteur du Corps - - -	0. 9. 6.	0. 8. 6.	0. 6. 6.
Diamétre des fusées { au gros bout, & épaisseur du corps - -	0. 8. 0.	0. 7. 0.	0. 5. 0.
du petit bout au rond de l'esse - -	0. 6. 0.	0. 5. 0.	0. 3. 6.

TABLE des Dimensions de l'Avant-train pour les Affuts de Siege.

		Pi. po. lig.
2 Bras de Limoniere.	Longueur totale - - - - -	8. 7. 0.
	Longueur de la tête - - - -	2. 1. 0.
	Longueur du bout de devant retroussé - -	0. 6. 0.
	Longueur du bout de la tête qui dépasse la Selette -	0. 4. 0.
	Largeur { au bout qui dépasse l'Essieu -	0. 4. 6.
	à l'emplacement de l'Epars - -	0. 5. 0.
	au bout devant - - -	0. 3. 6.
	Epaisseur - - - - - -	0. 4. 0.
	Ceintre des Limoniers au milieu - -	0. 2. 0.
	Rr. Ils sont encastrés de 18 lig. de leur Epaisseur dans l'Essieu; & le reste dans la Selette; & ils sont écartés l'un de l'autre à l'entrée de la Limoniere de 2 Pi. 3 pouc.	
Un Epars.	Longueur sans les tenons - - -	2. 0. 0.
	Largeur - - - - - -	0. 4. 6.
	Epaisseur - - - - -	0. 4. 0.
Une Selette.	Longueur totale - - - - -	3. 9. 8.
	Longueur au milieu - - - -	0. 7. 0.
	Longueur des bouts qui dépassent l'essieu -	0. 2. 6.
	Hauteur de ce bout - - - -	0. 4. 6.
	Hauteur { au milieu - - -	1. 2. 0.
	aux Epaulemens de l'Essieu - -	0. 6. 6.
	Epaisseur - - - - -	0. 5. 0.
	Fléche de l'arc qui forme le dessus des côtes de la Selette	0. 1. 3.
	Les Dimensions des Roues & Essieux sont contenues dans les Tables précédentes.	

PLAN-

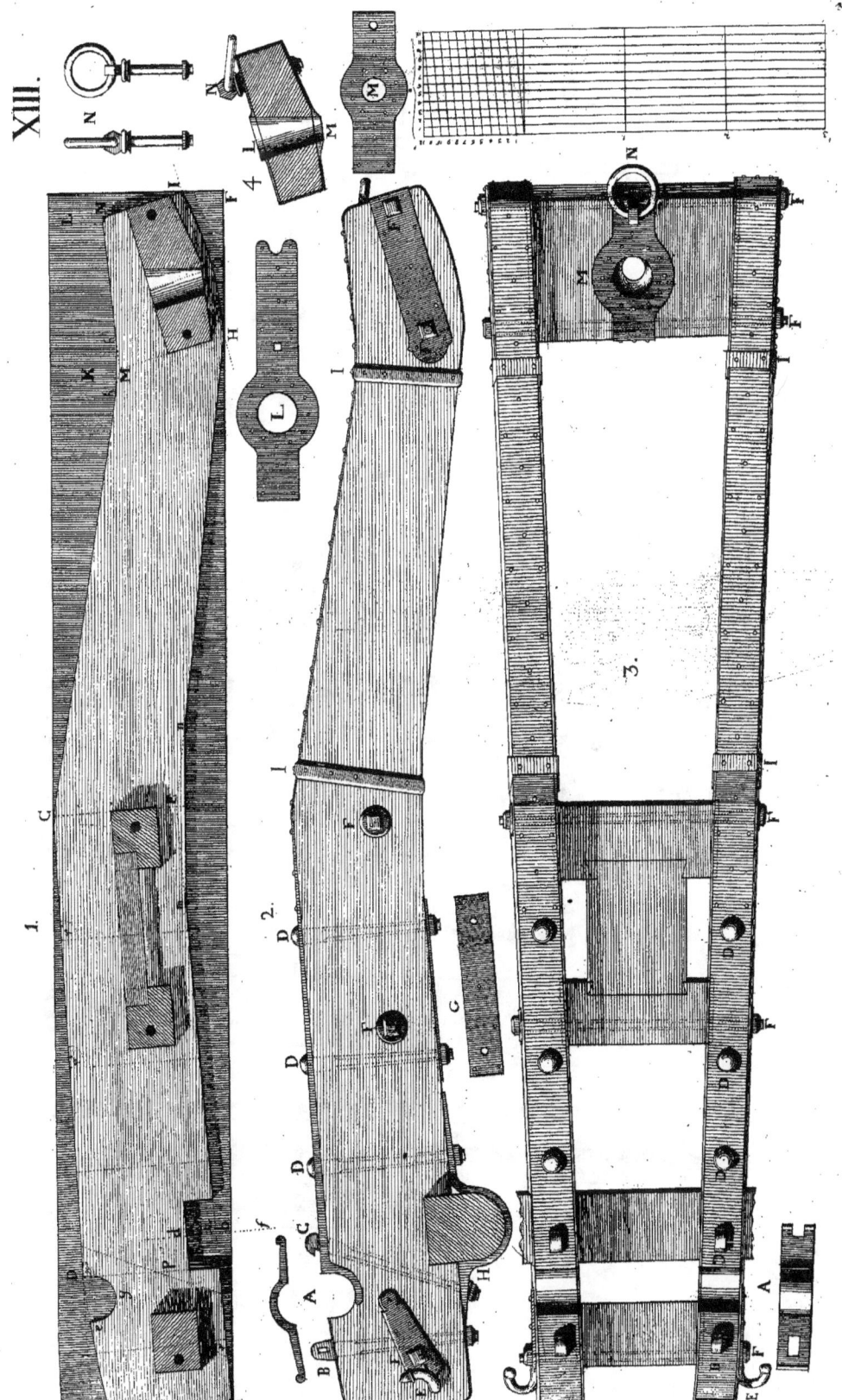

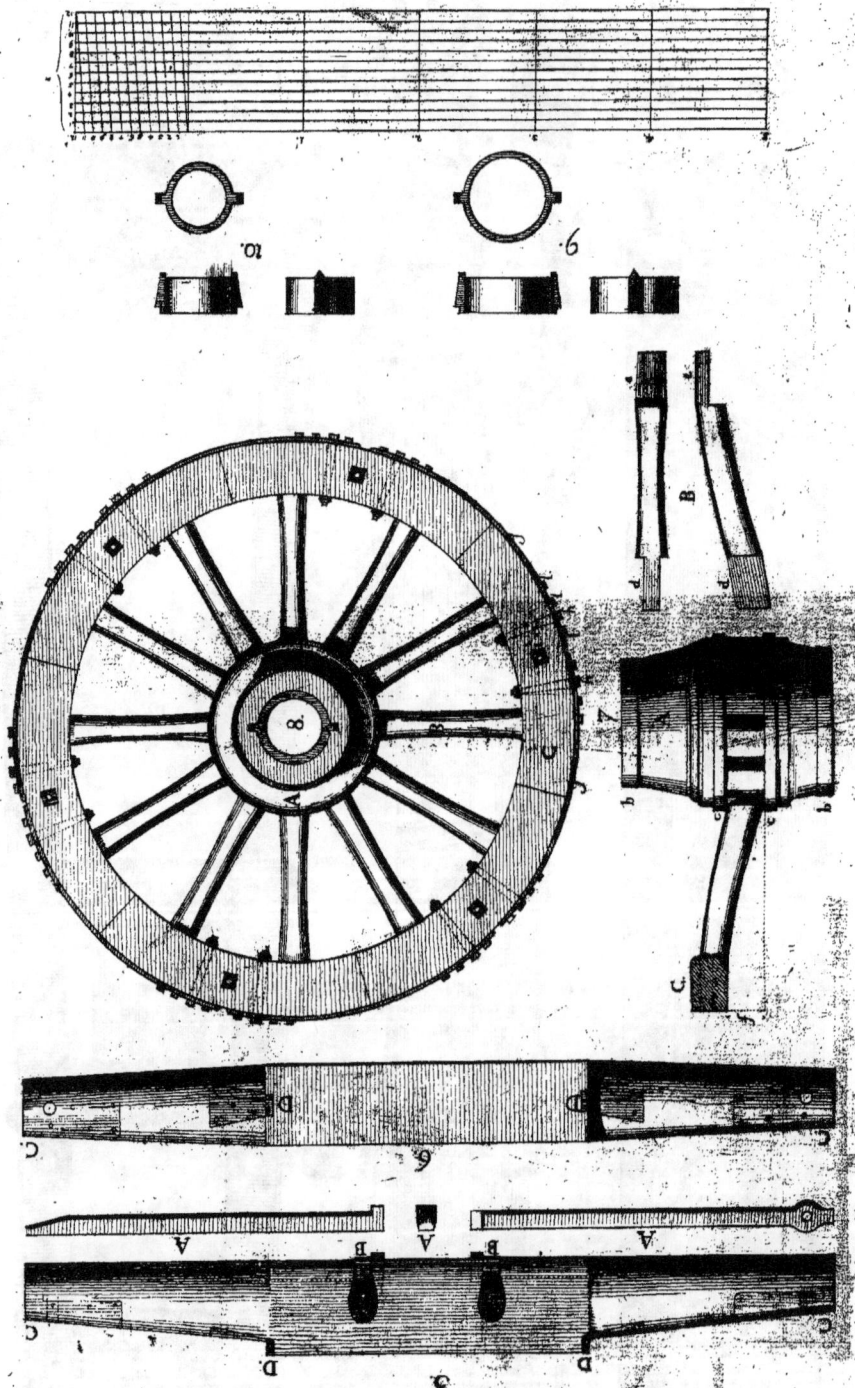

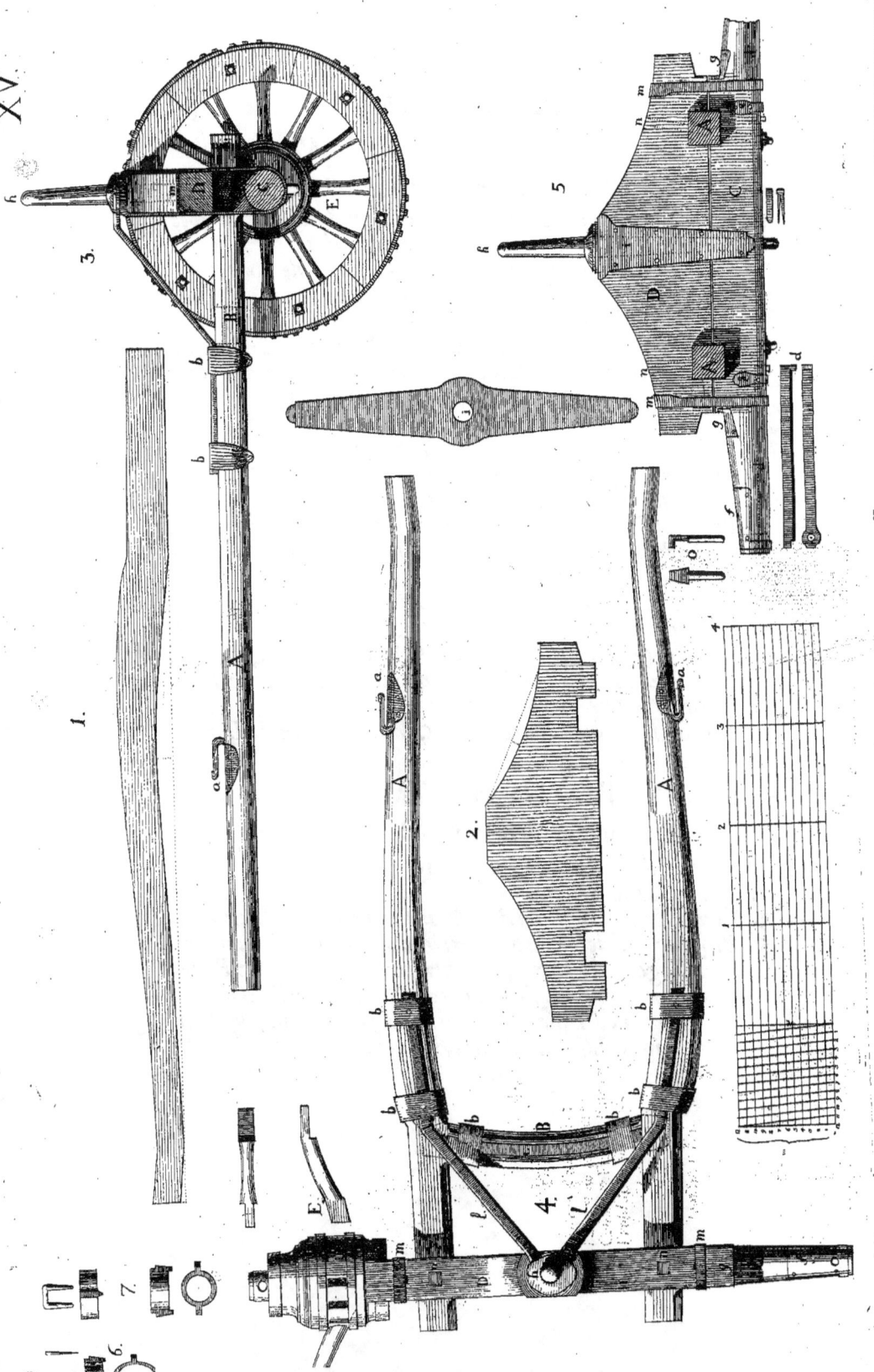

PLANCHE XIII. & XIV.

Deſſeins d'un Affut de Siege pour une Piece de 24.

Fig. 1. *Tracé du Flaſque & Vue intérieure du flaſque droit avec le profil & emplacement des entretoiſes.*
— 2. *Vue extérieure du flaſque gauche garni de toutes ſes ferrures.* A *Encaſtrement des tourillons & Susbande*, B *Boulon à Clavette*, C *Boulon à Mantoniere*, D *Boulons ordinaires à Ecroux*, E *Crochet de retraite*, F *Boulons à écroux de traverſe avec leurs Roſettes ou Contrerivures*, G *Plaque de renfort*, H *Eſtrier*, I *Liens d'Affut*, L *Plaque de la Lunette*, N *Anneau d'embrelage.*
— 3. *Plan de l'Affut garni de toutes ſes ferrures.*
— 4. *Profil de l'Entretoiſe de Lunette.*
— 5. *Profil & Fig. 6. Plan de l'Eſſieu ferré.* A *Equignons*, B *Brebans*, C *Anneau d'Eſſieu & Plaques de frottement*, D *Heurtequin.*
— 7. *Profil, & 8 Plan d'une Roue d'Affut.*
A *Moyeu*, a *Mortaiſe*, b *Frettes*, c *Cordons*; B *Rais*, d *Patte*, e *Broche*; C *Jante*, f *Ecuanteur*, g *Bandes*, h *Boulons des bandes*, i *Chevilles rivées avec leurs contrerivures*, l *Clouds des bandes.*
— 9. *Vue de la grande Boîte*, & 10 *Vue de la petite Boîte.*

PLANCHE XV.

Deſſein de l'Avant-train de Siege.

Fig. 1. *Patron d'un Bras de Limoniere.*
— 2. *Patron de la Selette.*
— 3. *Coupe, & Fig. 4. Plan de l'Avant-train avec ſes Ferrures.*
— 5. *Profil de la Selette vu par derriere*; A *Bras de Limoniere*, a *Ragots*, b *Liens*; B *Entretoiſe*, b *Liens*, c *Bande de renfort*; C *Eſſieu en bois*, d *Equignons*, e *Brebans*, f *Anneau d'Eſſieu & Plaques de frottement*, g *Heurtequin*, o *Eſſe*; D *Selette*, h *Cheville ouvriere*, i *Coeffe*

de la Selette, l *Appuis*, m *Eſtries*, n *Sayes ou Boulons à écrou*, E *Roue*. Les ferrures comme aux roues d'Affut.

— 6. *Vue de la grande Boîte*, 7. *Vue de la petite Boîte*.

SECTION SECONDE.

Affut pour les Places.

″Dans l'Attaque on a conſervé, comme nous venons ″de le dire, les anciens Affuts auxquels on s'eſt contenté ″de faire quelques corrections, mais dans la défenſe on a ″cru devoir adopter, de préférence, l'affut que M. DE GRI-″BEAUVAL avoit propoſé en 1749 à M. d'Argenſon qui l'avait ″agréé par l'avis de feu M. de Valiere.*

″Les flaſques de cet Affut ſont aſſez ſemblables à ceux ″des Affuts marins. Ils ſont ſeulement plus hauts, & à l'aide ″d'un rouage d'environ quatre pieds de diamétre, ils élévent ″le deſſous de la piece de cinq pieds.

″Au lieu de deux roues à l'arriere, comme l'Affut ma-″rin, cet Affut en a une ſeule, afin que ne portant que ſur
″trois

---

* M. de Valiere avoit ſenti dans les défenſes d'Aire & de Landau, combien il importoit d'élever les pieces à peu-près à la hauteur du Parapet, & pour ſe procurer cet avantage il avoit quelquefois élevé des pieces ſur de faux flaſques, qui ne pouvant, ainſi montées, ſoutenir la fatigue, avoient été bientôt remiſes ſur leurs flaſques ordinaires

Il avoit de même ſenti combien encore dans les défenſes de place, il importoit de conſerver pendant la nuit la direction de tir qu'on avoit eue pendant le jour. Mais il avoit lui-même reconnu l'imperfection des moyens qu'il avoit imaginé pour remplir ces objets.

Auſſi diſoit-il dans ſa lettre à M. d'Argenſon, qu'il lui ſembloit que le moyen qu'il avoit toujours cherché de tenir les pieces élevées & de conſerver les directions, avait été parfaitement rencontré par l'Officier, Auteur de cet Affut.

"trois points, il ne soit pas sujet à boiter, & pour que le
"pointage par-là soit plus net.

"Ces trois roues roulent avec aisance dans de fortes
"coulisses assemblées par un cadre vigoureux qu'on maintient
"en place par une cheville ouvriere, sur laquelle on le fait
"tourner quand on veut faire faire un mouvement latéral à
"l'Affut, dont les roues reposant sur ce cadre participent à
"tous ses mouvements.

"Ainsi le recul se trouvant fixé par les coulisses, il se
"fait dans les coulisses, tant qu'on ne fait pas changer de
"position au cadre.

"Telle est en général la description de cet Affut. Ses
"propriétés sont 1°. de donner le moyen de tirer de nuit
"avec le même fruit que de jour sur les travaux des Assié-
"geants, qui ne peuvent plus rétablir impunément à la fa-
"veur de l'obscurité les travaux qu'on leur avait détruits
"pendant le jour.

"2°. De n'avoir besoin ordinairement que d'embrasures
"de 18 pouces de haut, seulement pour couvrir le métal,
"& par-là de conserver les parapets que les embrasures or-
"dinaires ruinent : de donner ainsi la facilité de préparer une
"batterie en très peu de tems, & d'éviter l'entretien frayeux
"des joues qui se dégradent à la fois par le feu & par la
"poussée des terres.

"3°. Les rouages de cet Affut étant plus bas que ceux
"des Affuts ordinaires sont moins exposés, & ils ont cepen-
"dant la hauteur nécessaire pour que les déplacements & les
"grosses manœuvres du canon, sans lesquelles on ne peut bien
"défendre une place, s'éxécutent facilement.

"4°. Le recul s'anéantit par le seul poids de la piece,
"& ainsi ne fatigue ni l'Affut ni le cadre qui régle ce recul.

"5°. Une piece montée sur cet Affut n'exige qu'environ
"moitié d'hommes de ce qu'il en faut pour manœuvrer cel-
"les qui sont montées sur un Affut ordinaire.

"6°. La même hauteur de traverse qui suffit pour cou-
"vrir, même fort imparfaitement, les Canoniers qui sont de

"l'autre côté de la piece, couvre complettement & la piece
"& l'Affut.

"7°. Cet Affut ne laiffe rien à craindre aux Canoniers
"des coups qui viennent par l'embrafure, que pour le haut
"de leur bras; ce qui même ne regarde que ceux d'entr'eux
"qui écouvillonnent & refoulent, tandis qu'avec les Affuts or-
"dinaires qui exigent de profondes embrafures, ces mêmes
"Canoniers expofent tout le corps, depuis le genou, aux
"coups directs, & que les autres font entiérement expofés
"aux coups de biais, ainfi que l'Affut & la piece même.

"8°. N'exigeant d'autres ferrures que quelques boulons,
"& des longueurs de bois à-peu-près moitié de celles qui
"font néceffaires pour les flafques ordinaires, ne demandant
"enfin, qu'une platte forme de quelques madriers pour fou-
"tenir fon cadre, cet Affut, joint à tous les avantages pré-
"cédents celui de l'économie & fur-tout de la facilité des
"réparations.

"Depuis l'approbation qui lui avait été donnée par feu
"M. de VALIERE, cet Affut avait eu l'avantage de l'expé-
"rience de la guerre. M. de GRIBEAUVAL, en avait fait,
"dans la défenfe de Schweidnitz, un ufage extrémement
"utile. Ainfi les Officiers chargés des épreuves de Stras-
"bourg n'ont pas balancé à l'adopter après l'avoir fait exé-
"cuter pour s'affurer du détail de fes propriétés d'une ma-
"niere plus pofitive.

Conftruction des Nouveaux Affuts de Place.

Les flafques de ces Affuts font faits de bois de chêne;
on peut joindre deux & même trois madriers enfemble fans
que la folidité des flafques en fouffre, parcequ'ils font fuf-
fifament affemblés par les boulons qui les traverfent en hauteur; pourvu qu'on coupe ces pieces d'après un patron tracé
fuivant les tables ci-jointes. Par ce moyen on mettra des
bouts de madriers à profit; d'ailleurs on ne peut pas toujours

jours avoir des planches assez larges pour faire ces flasques d'une seule piece. Le Chassis pourra être de sapin.

Ces Affuts ont, comme il a deja été raporté, beaucoup de ressemblance avec les Affuts batards ou marins: Les deux grandes roues jointes au Chassis servent à élever la piece à une hauteur de presque 6 pieds; & la roulette de derriere entre les flasques, donne l'élévation nécessaire à cette partie de l'Affut, & facilite son recul & pointage.

Dans la construction du Chassis il entre deux Semelles, & deux Tringles placés dessus les premieres. Ces pieces sont jointes au devant par le Heurtoir, au milieu par une Entretoise de Chassis, & derriere par le Contreheurtoir: Dans l'intervalle du Heurtoir & de l'Entretoise on place encore deux Traverses en croix de St. André entre les Semelles & les Tringles, pour donner plus de solidité à ce quadre. Sur le milieu de l'Entretoise & du Contre-Heurtoir se loge l'Auget, composé d'une Semelle & de deux Tringles; il est arrêté sur l'entretoise par des Mantonets à Patte, & sur le Contre-Heurtoir par des Chevilles.

Quand l'Affut est placé sur le Chassis, ses deux grandes roues roulent sur les Semelles du Chassis, & la Roulette dans l'Auget. Les Tringles tant du Chassis que de l'Auget empéchent les roues & la Roulette d'aller de côté, & le Contre-Heurtoir que le recul ne se fasse au-delà des bornes du Chassis; & afin que les roues ne choquent trop violemment le Contre-Heurtoir, ce qui ébranleroit la cheville ouvriere qui arrête le Chassis sur la Platteforme, on place des Coins sur les Semelles contre le Contre-Heurtoir pour amortir le choc: D'ailleurs le talus de la Platteforme qui est de 7 pouc. suffit pour détruire la force du recul, qui peut avoir lieu quand les pieces sont chargées au tiers du poids de leur boulet. Le Chassis tient à la Platteforme par un seul point, ce point est au milieu du Heurtoir, où il est traversé par une Cheville Ouvriere, qui sert d'axe sur laquelle toute la machine tourne; de sorte que lors qu'on veut pointer latéralemenent, on peut à l'aide d'un levier appliqué

sous

sous l'Aujet, ou dessous les bouts du Contre-Heurtoir, faire mouvoir de quelque côté on voudra, le Chassis, l'Affut & le Canon à la fois. Il est sûr que le poids du Canon empéche de faire ces mouvemens latéraux aussi promptement qu'avec les Affuts ordinaires, si on vouloit beaucoup changer la direction : Mais dans une place assiegée où chaque Batterie a quelque objet déterminé à battre, il suffit que l'on puisse promptement changer la direction du Chassis de 6 pouces d'un côté ou d'autre, cela donne encore sur une distance de 100 toises plus de 8 toises, & à 200 toises le double de largeur à battre ; or à ces distances des objets, tels que l'emplacement d'une batterie, ou bien la tête d'une tranchée ou sape qu'on veut détruire sont bien déterminés: A une plus grande distance où les objets sont ambulans on pourra employer telle espéce d'Affuts qu'on voudra, parceque l'on n'a encore rien à craindre du feu de l'assiegeant. La ligne du tir une fois prise il n'est pas à craindre qu'elle s'altere en tirant, & c'est alors que la difficulté de mouvoir le Chassis à cause du poids de la piece devient même un avantage parce qu'il empéche le chassis de changer de position par des accidens etrangers aux mouvemens que fait la piece pendant le tir; & comme le recul à été facilité & limité plus que jamais par la construction du Chassis & de l'Affut, sa direction ne pourra être dérangée en aucune maniere.

Il reste à parler du Coin de Mire qui sert à maintenir l'élévation du tir, comme le Chassis sert à conserver sa ligne. Il est composé de deux pieces qui coulent l'une sur l'autre, & offrent, moyennant l'obliquité réciproque de leur surfaces, un Plan presque horizontal sur lequel repose la Culasse. Ce plan est la surface supérieure de la piece de dessus du coin ; à son bout de devant est arrêté à l'aide d'une Charniere la Cremaillere, qui est une piece ou lingot de fer, percée de 24 Ouvertures en deux rangs dans sa surface applatie. La piece inférieure est arrêtée sur l'Entretoise par des goujons de fer. Les pieces du Coin sont creusées de sorte que la cremaillere puisse les traverser, &
for-

sortir au bout de derriere de celle de deſſous; en tirant la Cremaillere en avant ou en arriere on fait couler la piece ſupérieure du Coin ſur l'inférieure, & lorsqu'on a obtenu une poſition convenable, on la fixe par le moyen d'une Clavette dentée qu'on fait convenir à l'ouverture de la Cremaillere la plus voiſine du Coin.

Les avantages de ces Affuts étant, ſans être exagerés, raportés amplement dans notre texte, il ne reſte que d'expliquer comment l'on doit diſpoſer les Canoniers, pour que 5 hommes puiſſent ſervir des pieces montées ſur ces Affuts.

Service des Pieces montées ſur des Affuts de Place.

Il faut deux Canoniers & trois Servans qu'on diſtribue de la maniere qui ſuit.

Un Canonier & un Servant à la bouche; le Canonier met la charge, & il réfoule & écouvillonne à l'aide du Servant.

Deux Servans à la Culaſſe; l'un pour dégorger & amorcer, & l'autre pour mettre le feu à la piece.

Le Second Canonier pointe, & a ſoin des munitions.

Les quatre premiers ſont pourvus de leviers: La manœuvre des leviers, ſoit pour pointer ou pour faire avancer ou reculer la piece, tombe toujours entre les autres occupations de ces quatre hommes, ainſi elle ne les empéche aucunement de vaquer à leurs fonctions.

On facilite les mouvemens de l'Affut, & particulierement ceux que l'on veut lui faire faire en arriere, en paſſant les leviers entre les roues, apuyant deſſus les rais, & contre le deſſous des flaſques.

TABLE

MEMOIRES

TABLE des Dimensions des Affuts de Place du Calibre de

Corps d'Affuts.	16.	12.	8.
	Pi. po. lig.	Pi. po. lig.	Pi. po. lig.
Longueur des flasques - - -	6. 6. 0.	6. 0. 0.	5. 8. 0.
Hauteur des flasques - - -	2. 10. 0.	2. 10. 0.	2. 10. 0.
Talus à la tête du flasque - -	0. 3. 0.	0. 3. 0.	0. 3. 0.
De l'extrémité de la tête au derriere de l'encastrement des Tourillons - - -	1. 2. 0.	1. 1. 0.	1. 0. 0.
De l'encastrement jusqu'au premier degré -	2. 9. 0.	2. 6. 0.	2. 3. 0.
Longueur de chaque degré - - -	0. 7. 0.	0. 6. 6.	0. 6. 6.
Hauteur de chaque degré - - -	0. 3. 9.	0. 3. 9.	0. 3. 9.
De l'extrémité inférieure de la tête d'Affut jusqu'à l'essieu - - -	0. 8. 0.	0. 8. 0.	0. 8. 0.
Longueur de l'encastrement de l'essieu -	0. 8. 0.	0. 7. 0.	0. 6. 0.
Les Essieux sont encastrés de quatre pouces.			
Depuis l'essieu jusqu'au commencement de l'axe de dégagement - - -	0. 8. 0.	0. 8. 0.	0. 8. 0.
Longueur de la corde de l'arc décrit dans le flasque - - -	2. 1. 0.	1. 10. 0.	1. 8. 0.
Hauteur de la fléche du dit arc - -	0. 5. 0.	0. 5. 0.	0. 5. 0.
Longueur de l'Echantignole en haut contre le flasque - - -	2. 5. 0.	2. 3. 0.	2. 2. 0.
Longueur de l'Echantignole en bas -	1. 2. 0.	1. 2. 0.	1. 2. 0.
Hauteur de l'Echantignole - -	0. 7. 6.	0. 7. 0.	0. 6. 6.
Hauteur de l'Entretoise de Volée -	2. 0. 0.	2. 0. 0.	2. 0. 0.
Largeur de l'Entretoise de Mire -	1. 4. 0.	1. 4. 0.	1. 4. 0.
Le dedans de l'Entretoise de Mire rase en bas le derriere de l'Essieu; & en haut son prolongement est dirigé au derriere de l'encastrement des Tourillons. L'entretoise de Mire est parallele au dessus du flasque; les deux entretoises sont à embrevement.			
Distance du derriere du flasque à l'entretoise de Mire - - -	0. 9. 6.	0. 8. 0.	0. 9. 0.
Du dessus de l'Affut à cette même Entretoise	1. 5. 0.	1. 4. 6.	1. 4. 6.
Epaisseur des flasques & des Entretoises -	0. 5. 0.	0. 4. 6.	0. 4. 0.

D'ARTILLERIE.

Corps d'Affuts.	16.			12.			8.		
	Pi.	po.	lig.	Pi.	po.	lig.	Pi.	po.	lig.
Chaque flasque est délardé de six lignes pour le logement de la piece, ils sont ecartés par le bas de 2 pouces plus qu'en dessus.									
De l'extrémité de la tête du flasque au centre du premier Boulon - - -	0.	5.	0.	0.	5.	0.	0.	5.	0.
De l'encastrement des Tourillons au centre du second Boulon - - -	0.	6.	0.	0.	6.	0.	0.	6.	0.
Du premier degré au centre du 3me Boulon	0.	9.	0.	0.	8.	0.	0.	6.	0.
Du devant de l'essieu au centre du prem. Boulon près l'écrou - - -	0.	3.	0.	0.	3.	0.	0.	3.	0.
Du derriere de l'essieu au centre du second Boulon	0.	4.	0.	0.	4.	0.	0.	4.	0.
Le 3me Boulon se dirige au centre de l'arc décrit dans le Flasque, ou se mene parallélement aux deux premiers.									
De l'angle rentrant du 2e degré au centre du 4e Boulon - - -	0.	1.	6.	0.	1.	6.	0.	1.	6.
De l'angle rentrant du 3e degré au centre du 5e Boulon - - -	0.	4.	6.	0.	4.	3.	0.	4.	0.
Du centre de la fusée de la roulette à chacun des deux boulons voisins - - -	0.	5.	0.	0.	5.	0.	0.	5.	0.

Boulons d'Entretoise.

Du dessus de l'entretoise de Volée au centre du premier Boulon - - -	0.	2.	6.	0.	2.	6.	0.	2.	6.
Du bas de la dite entretoise au centre du second Boulon - - -	0.	6.	0.	0.	6.	0.	0.	6.	0.
Des extrémités de l'entretoise de Mire au centre de chacun des Boulons - - -	0.	1.	6.	0.	1.	6.	0.	1.	6.
Equarissage de la tige réduite à huit pans à 2 pouces au dessous de la tête - - -	0.	1.	0.	0.	1.	0.	0.	1.	0.
Diamétre de la tige au bout - - -	0.	0.	10.	0.	0.	10.	0.	0.	10.
Equarissage de la tête - - -	0.	1.	6.	0.	1.	6.	0.	1.	6.
Epaisseur de la tête - - -	0.	0.	6.	0.	0.	6.	0.	0.	6.

Crochets de Retraite.

Equarissage de la patte - - -	0.	4.	0.	0.	4.	0.	0.	4.	0.

Corps d'Affuts.

	16.	12.	8.
	Pi. po. lig.	Pi. po. lig.	Pi. po. lig.
Epaisseur de la patte	0. 0. 3.	0. 0. 3.	0. 0. 3.

Elle est prolongée d'un pouce & rejoint insensiblement le crochet.

Diamétre du Crochet { près de la patte	0. 0. 10.	0. 0. 10.	0. 0. 10.
{ au bout	0. 0. 7.	0. 0. 7.	0. 0. 7.

Ils sont placés aux deux bouts du Boulon qui traverse le derriere de l'entretoise de Mire, & les autres à celui du bas de l'entretoise de Volée.

Rosette pour les Boulons.

Diamétre	0. 3. 9.	0. 3. 9.	0. 3. 9.
Epaisseur	0. 0. 3.	0. 0. 3.	0. 0. 3.

Estriers.

Epaisseur { à l'angle de devant	0. 1. 6.	0. 1. 6.	0. 1. 4.
{ ailleurs	0. 0. 6.	0. 0. 6.	0. 0. 6.
Le bout dépasse le trou des boulons de	0. 2. 6.	0. 2. 6.	0. 2. 6.

Ecrous.

Equarissage	0. 1. 7.	0. 1. 7.	0. 1. 7.
Epaisseur	0. 0. 9.	0. 0. 9.	0. 0. 9.

le Chaufrin abattu de la moitié de l'épaisseur.

Essieu & grandes Roues.

Longueur du Corps de l'essieu	2. 2. 9.	2. 4. 0.	2. 5. 0.
Longueur du moyeu	1. 10. 0.	1. 8. 0.	1. 6. 0.
Hauteur de l'essieu	0. 9. 6.	0. 8. 6.	0. 7. 6.
Epaisseur de l'essieu	0. 8. 0.	0. 7. 0.	0. 6. 0.
Ouverture du moyeu { au gros bout	0. 8. 0.	0. 7. 0.	0. 6. 0.
sans boîtes. { au petit bout	0. 6. 0.	0. 5. 0.	0. 4. 0.
Hauteur des Roues	4. 4. 0.	4. 4. 0.	4. 4. 0.
{ au bouge	1. 5. 0.	1. 4. 0.	1. 3. 0.
Diamétre du Moyeu { au gros bout	1. 2. 0.	1. 1. 0.	1. 0. 0.
{ au petit bout	1. 0. 0.	0. 11. 0.	0. 10. 0.
Longueur de la patte des rais	0. 4. 9.	0. 4. 6.	0. 4. 3.

Essieu

D'ARTILLERIE.

Essieu & grandes Roues.	16.	12.	8.
	Pi. po. lig.	Pi. po. lig.	Pi. po. lig.
Largeur de la patte des rais	0. 3. 7.	0. 3. 1.	0. 2. 10.
Epaisseur de la patte { au bout	0. 1. 7.	0. 1. 6.	0. 1. 5.
à l'epaulement	0. 1. 5.	0. 1. 4.	0. 1. 3.
Epaisseur du corps de rais { à l'epaulement	0. 3. 0.	0. 2. 7.	0. 2. 3.
au milieu	0. 2. 0.	0. 1. 10.	0. 1. 8.
à l'epaulement de la Broche	0. 2. 10.	0. 2. 6.	0. 2. 2.
Hauteur des Jantes	0. 5. 0.	0. 4. 6.	0. 4. 3.
Epaisseur des Jantes { en dedans	0. 3. 8.	0. 3. 2.	0. 2. 11.
à la Bande	0. 3. 6.	0. 3. 6.	0. 2. 9.
Ecuanteur des Roues	0. 3. 6.	0. 3. 6.	0. 3. 6.
Voie des Roues mesurée de dedans en dedans	3. 10. 0.	3. 10. 0.	3. 10. 0.

Les Clouds des Bandes sont à la tête perdue.
Les Essieux n'ont point d'Equignons.
Les Bandes des roues ont trois lignes d'épaisseur.

Roulette.

	16.	12.	8.
Diamétre de la Roulette	2. 8. 0.	2. 8. 0.	2. 8. 0.
Longueur du Moyeu	1. 5. 6.	1. 4. 0.	1. 2. 0.
Diamétre du Moyeu { au bouge	1. 0. 0.	1. 0. 0.	1. 0. 0.
au petit bout	0. 7. 0.	0. 7. 0.	0. 7. 0.
Diamétre des Fusées	0. 3. 6.	0. 3. 6.	0. 3. 6.

La Roulette est formée de 18 coins, dont 9 à tenons, & les 9 autres sont placés dans l'intervalle de ceux-ci, & sont echevillés avec eux.

On forme sur le milieu du Moyeu un Embrevement de 9 lig. de profondeur pour loger les coins.

	16.	12.	8.
Largeur de l'embrévement	0. 3. 6.	0. 3. 0.	0. 2. 8.
Epaisseur des Coins { sur le Moyeu	0. 5. 0.	0. 4. 6.	0. 4. 0.
à la circonférence	0. 3. 6.	0. 3. 0.	0. 2. 8.
Longueur des pattes	0. 3. 6.	0. 3. 0.	0. 2. 8.
Largeur des pattes	0. 4. 0.	0. 4. 0.	0. 4. 0.
Epaisseur des pattes	0. 3. 6.	0. 3. 0.	0. 2. 8.
Distance du bout des flasques au centre de la roulette	0. 0. 11.	0. 0. 11.	0. 0. 11.
	1. 2. 6.	1. 1. 6.	1. 1. 0.

MEMOIRES

Roulette, & Châssis.	16.	12.	8.
	Pi. po. lig.	Pi. po. lig.	Pi. po. lig.
Du centre de la roulette au haut de l'échantignole	0. 4. 6.	0. 4. 4.	0. 4. 0.
Largeur des Cercles	0. 1. 6.	0. 1. 6.	0. 1. 6.
Epaisseur des Cercles	0. 0. 4.	0. 0. 4.	0. 0. 4.
Ils sont placés à 3 pouc. en dedans de la circonférence; & attachés chacun par 9 clouds sur les coins.			
Largeur des Cordons	0. 1. 0.	0. 1. 0.	0. 1. 0.
Epaisseur des Cordons	0. 0. 4.	0. 0. 4.	0. 0. 4.
Les Frettes { Largeur	0. 1. 3.	0. 1. 3.	0. 1. 3.
Les Frettes { Epaisseur	0. 0. 4.	0. 0. 4.	0. 0. 4.
Ferrures des grandes roues { Bandes { Largeur	0. 3. 3.	0. 2. 9.	0. 2. 6.
Ferrures des grandes roues { Bandes { Epaisseur	0. 0. 3.	0. 0. 3.	0. 0. 3.
Ferrures des grandes roues { Cordons { Largeur	0. 1. 3.	0. 1. 3.	0. 1. 3.
Ferrures des grandes roues { Cordons { Epaisseur	0. 0. 4.	0. 0. 4.	0. 0. 4.
Ferrures des grandes roues { Frettes { Largeur	0. 1. 10.	0. 1. 10.	0. 1. 10.
Ferrures des grandes roues { Frettes { Epaisseur	0. 0. 2.	0. 0. 2.	0. 0. 2.

Châssis & Platteforme.

Longueur du Châssis de dehors en dehors	11. 8. 0.	11. 4. 0.	11. 0. 0.
Longueur du Heurtoir	4. 6. 6.	4. 6. 6.	4. 6. 6.
Largeur { au milieu sur la longueur de 2 Pieds	0. 6. 0.	0. 5. 6.	0. 5. 6.
Largeur { aux bouts	0. 4. 6.	0. 4. 0.	0. 4. 0.
Epaisseur	0. 6. 0.	0. 6. 0.	0. 6. 0.
Il est entaillé en dessous d'un pouce pour les Semelles.			

Entretoise.

Longueur entre les tenons	3. 3. 6.	3. 3. 6.	3. 3. 6.
Longueur des tenons	0. 2. 6.	0. 2. 6.	0. 2. 6.
Largeur de l'entretoise	0. 5. 6.	0. 5. 0.	0. 5. 0.
Epaisseur de l'entretoise	0. 6. 0.	0. 6. 0.	0. 6. 0.
Epaisseur des tenons	0. 2. 0.	0. 2. 0.	0. 2. 0.
Distance du Heurtoir au milieu de l'entretoise	5. 7. 8.	5. 1. 6.	4. 11. 6.

Contreheurtoir.

Longueur	5. 9. 0.	5. 8. 0.	5. 8. 0.
Largeur	0. 5. 6.	0. 5. 0.	0. 5. 0.
Epaisseur	0. 6. 0.	0. 6. 0.	0. 6. 0.
Il est entaillé en dessous d'un pouce pour les Semelles.			

D'ARTILLERIE.

Chassis & Platteformes.	16. Pi. po. lig.	12. Pi. po. lig.	8. Pi. po. lig.
Semelles.			
Longueur	11. 6. 6.	11. 2. 6.	10. 10. 6.
Largeur	0. 7. 6.	0. 7. 0.	0. 7. 0.
Epaisseur	0. 2. 0.	0. 2. 0.	0. 2. 0.
Tringles.			
Longueur y compris l'embrevement	10. 10. 0.	10. 7. 0.	10. 3. 0.
Largeur	0. 3. 0.	0. 3. 0.	0. 3. 0.
Hauteur	0. 4. 0.	0. 4. 0.	0. 4. 0.
Ecartement des Tringles de dehors en dehors	3. 9. 6.	3. 9. 6.	3. 9. 6.
Ses bouts sont réduits sur la longueur de 8 po. 9 lig. à la hauteur de 3 po. ils s'embrévent de 9 lig. dans le Heurtoir & Contreheurtoir.			
Traverses.			
Longueur compris les tenons	5. 1. 0.	5. 1. 0.	5. 1. 0
Longueur des tenons	0. 1. 6.	0. 1. 6.	0. 1. 6.
Equarissage des traverses	0. 3. 0.	0. 3. 0.	0. 3. 0.
Elles sont assemblées entre le Heurtoir & l'Entretoise ; leurs tenons sont logés entre les Tringles & les Semelles d'un pouce dans chacun ; il doit rester un peu de jour entre la platteforme & les traverses.			
Distance du Heurtoir & de l'Entretoise aux Traverses, mesure prises sur les Tringles	0. 6. 0.	0. 6. 0.	0. 6. 0.
Auget.			
Longueur de la Semelle & des Tringles	9. 7. 1.	9. 6. 6.	10. 1. 6.
Epaisseur de la Semelle	0. 2. 0.	0. 2. 0.	0. 2. 0.
Largeur de la Semelle	0. 7. 6.	0. 7. 0.	0. 6. 9.
Epaisseur des Tringles	0. 1. 9.	0. 1. 9.	0. 1. 9.
Hauteur des Tringles	0. 2. 6.	0. 2. 6.	0. 2. 6.
Ecartement intérieur des Tringles	0. 4. 0.	0. 3. 6.	0. 3. 3.
L'Auget se loge dans deux Entailles que l'on fait sur le milieu de l'Entretoise & du Contreheurtoir ; celle de l'Entretoise a 1 po. & celle du Contreheurtoir 2 po. de profondeur.			

Chassis & Platteformes.	16.			12.			8.		
	Pi.	po.	lig.	Pi.	po.	lig.	Pi.	po.	lig.
Le bout de l'Auget dépasse l'Entretoise de	0.	4.	0.	0.	4.	0.	0.	4.	0.
L'autre bout dépasse le Contreheurtoir de	3.	6.	0.	3.	3.	0.	3.	0.	0.

Boulons Rivés.

Il y en a cinq qui contiennent chaque tringle avec la Semelle, toutes les contrerivures de ces Boulons sont mises en dessous du Chassis.

Diamétre { du boulon	0. 0. 6.			
{ de la tête	0. 1. 2.	Id.		Id.

Boulons à Pattes.

Longueur de la partie { du Heurtoir	0. 6. 0.		
arrondie { du Contreheurtoir	0. 7. 0.		
Diamétre	0. 1. 0.	Id.	Id.
Epaisseur de la patte { au Boulon	0. 0. 7.		
{ au bout	0. 0. 4.		

Estriers dont les bouts sont formés en Boulons.

Longueur depuis le coude	0. 8. 6.		
Diamétre du Boulon	0. 0. 10.		
Longueur de la partie aplatie	0. 7. 0.		
Largeur de la partie aplatie	0. 1. 6.	Id.	Id.
Epaisseur { devant	0. 0. 4.		
{ derriere	0. 0. 3.		

Boulons à deux Oreilles.

Longueur non compris la tête	0. 9. 6.		
Equarissage près de la tête	0. 0. 8.		
Diamétre au bout	0. 0. 7.		
Longueur de la tête	0. 3. 0.	Id.	Id.
Largeur de la tête { au milieu	0. 1. 0.		
{ aux bouts	0. 1. 3.		

D'ARTILLERIE.

Châssis & Coin de Mire.	16.	12.	8.
	Pi. po. lig.	Pi. po. lig.	Pi. po. lig.
Mantonet à patte.			
Longueur de la patte	0. 8. 6.		
Largeur de la patte { au Mantonet	0. 1. 3.		
{ au trou du boulon	0. 1. 9.		
Epaisseur	0. 0. 6.		
Longueur du Mantonet	0. 1. 4.	Id.	Id.
Distance du Mantonet au trou du boulon	0. 5. 6.		
Largeur du Mantonet { au derriere	0. 0. 8.		
{ au bout	0. 1. 3.		
Epaisseur	0. 0. 7.		
Cheville ouvriere.			
Longueur	0. 10. 0.		
Diamétre de la Cheville	0. 1. 4.	Id.	Id.
Diamétre de la tête	0. 2. 0.		
Coin de Mire.			
Il est formé de deux pieces qui coulent l'une sur l'autre; la piece de dessous est arrêtée sur l'Entretoise par un gougeon de fer.			
La piece de { Longueur	2. 0. 0.		
dessous a de { Hauteur finissant à 3 lig. au bout	0. 8. 0.		
{ Epaisseur	0. 4. 0.		
Largeur de l'ouverture de la Cremaillere	0. 2. 2.		
La piece de dessus de même que celle de dessous; excepté que son bout a 3 po. de hauteur.			
Longueur de la Cremaillere	3. 0. 0.		
Largeur	0. 1. 8.	Id.	Id.
Epaisseur	0. 0. 5.		
Elle est percée de 24 ouvertures en deux rangées.			
Distance de la charniere à la premiere ouverture	0. 10. 0.		
Longueur de chaque ouverture	0. 1. 6.		
Largeur	0. 0. 4.		
Il y a une Clavette pour arrêter la Cremaillere au point où on la veut.			

PLAN-

PLANCHE XVI. & XVII.
Desseins d'un Affut de Place du Calibre de 16 avec son Chassis.

Fig. 1. *Profils de l'Affut, des Roues & du Chassis.*
— 2. *Plans de l'Affut & du Coin de Mire.*
— 3. *Profil de l'Affut vu par devant.*
— 4. *Profil de l'Affut & de la Roulette vu par derriere.*
— 8. *Plan du Chassis.* Not. Planche XVII.

A *Flasque d'Affut;* B *Echantignole;* C *Entretoise de Volée;* D *Entretoise de Mire;* E *Essieu,* a *Boulons d'Entretoise,* b *Crochets de Retraite,* c *Rosettes des Boulons,* d *Estriers;* F *Grande Roue.*

G *Roulette,* e *Moyeu,* f *Coins dont la Roulette est composée,* g *Fusée,* h *Cordons,* i *Frettes,* k *Cercles.*

H *Coins de Mire,* l *Coin inférieur,* m *Coin supérieur,* n *Cremaillere,* o *Clavette,* p *Gougons qui arrêtent la piece inférieure du Coin sur l'Entretoise.*

Renvoi des Pieces du Chassis.

I *Heurtoir;* q *Cheville ouvriere,* r *Boulons à Patte;* K *Traversées.*
L *Entretoise de Chassis,* s *Mantonets à Patte.*
M *Contre-Heurtoir,* t *Estriers,* u *Boulons à deux Oreilles.*
N *Semelles;* O *Tringles,* x *Boulons Rivés.*
P *Auget,* y *Semelles,* z *Tringles.*
Q *Coins pour amortir le choc du Recul.*
R *Platteforme.*

AUTRE

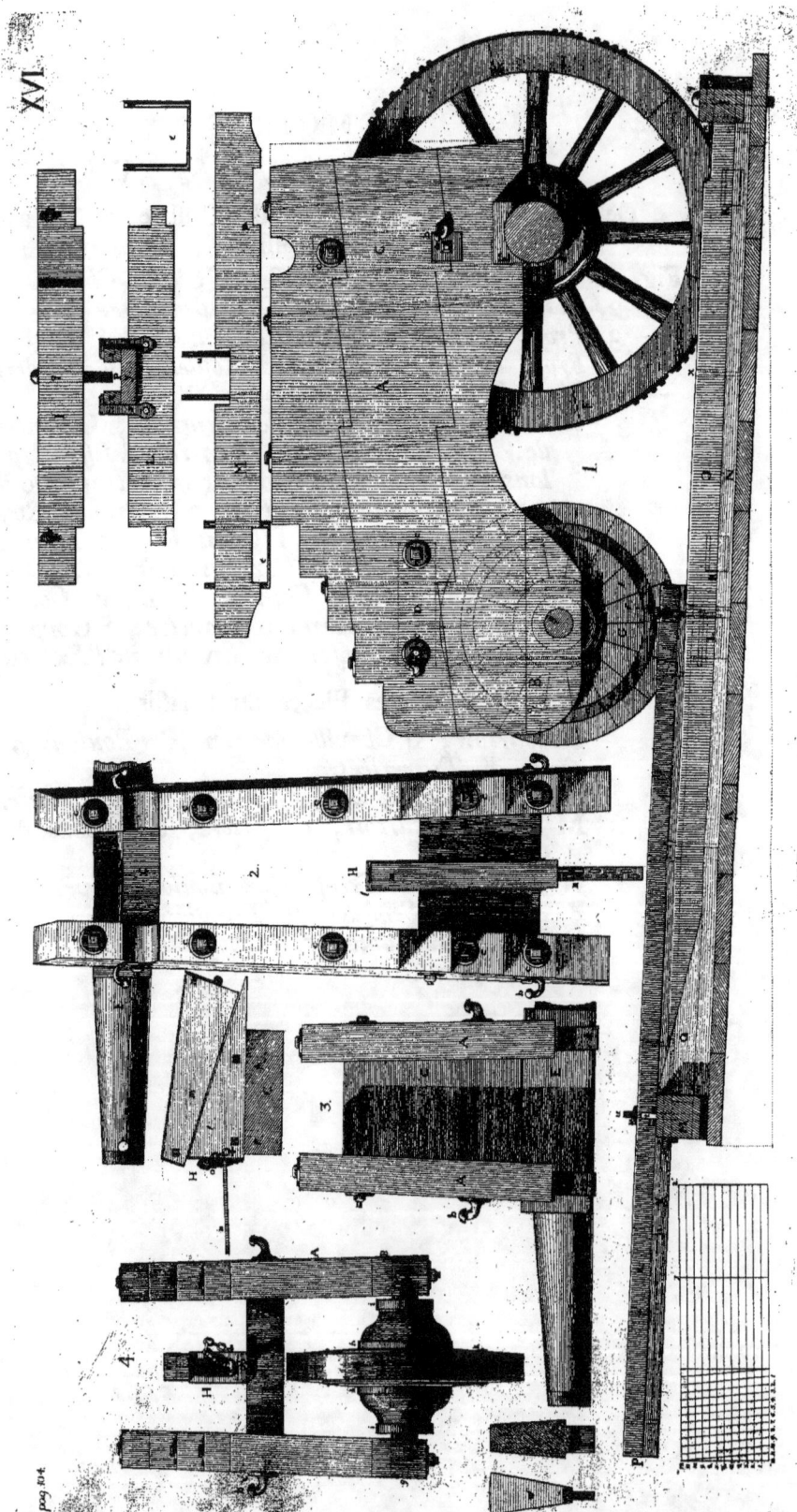

XVI

pag 84

AFFUT ET CHASSIS
Pour les Places Maritimes.

On a depuis long-tems inventé des Affuts particuliers pour les batteries maritimes, leur but étant de nuire aux vaisseaux, qui sont le plus souvent à la voile; on sent bien que ce cas demande beaucoup de célérité pour le pointement des pieces, puisque l'objet change continuellement de place. Les Affuts batards à quatre roulettes que l'on employe communément sur les côtes, à cause de l'œconomie qu'on y trouve, répondent mal à cet effet, parcequ'ils sont fort incommodes pour être pointés lateralement. Les autres Affuts à deux roues ou roulettes ne sont gueres plus promtes à manœuvrer par rapport au peu de longueur de leurs flasques & au poids des pieces. On a donc imaginé de placer les Affuts batards sur un Chaffis semblable à celui qui vient d'être détaillé pour les Affuts de place, en facilitant beaucoup les mouvemens lateraux de ce quadre.

Ce Chaffis tient au devant par une cheville ouvriere dans un fort madrier placé sur le niveau de la batterie; le bout de derriere est élevé de 16 pouc. au dessus de ce niveau, par une Roulette dont l'axe ou essieu est arrêté moyennant des Sousbandes au dessous des Entretoises du Chaffis.

A l'aide de cette Roulette on fait tourner la piece commodément & avec célérité en appliquant un levier dessous les côtés du Chaffis.

L'explication & les desseins de la Planche suivante suffiront pour l'intelligence des parties & proportions de cet Affut.

PLANCHE XVIII.

Desseins de l'Affut & Chassis pour la défense des Places maritimes.

Fig. 1. *Profil de l'Affut monté sur le Chassis, vu par le côté.*
— 2. *Profil de l'Affut vu par le devant.*
— 3. *Profil de l'Affut vu par derriere.*
— 4. *Chassis vu par devant.*
— 5. *Chassis & Roulette vus par derriere.*

A *Semelles;* B *Tringles;* C *Entretoise de devant.*

D *Piece de bois qui surmonte les tringles & l'Entretoise de devant en guise de Heurtoir,* a *Cheville Ouvriere,* b *Boulons à têtes rivées & à clavettes.*

E *Entretoises de derriere,* c *Boulon à Clavette qui traverse les Entretoises & les Semelles,* d *Sous-bandes portans l'Essieu de la Roulette,* e *Boulons à Clavettes.*

F *Coins pour amortir le Choc du recul.*

G *Roulette,* f *Coins qui la composent,* g *Cercles.*

H & I *Madriers de Platteforme.* Not. Le Madrier I est coupé en portion de Cercle.

SECTION

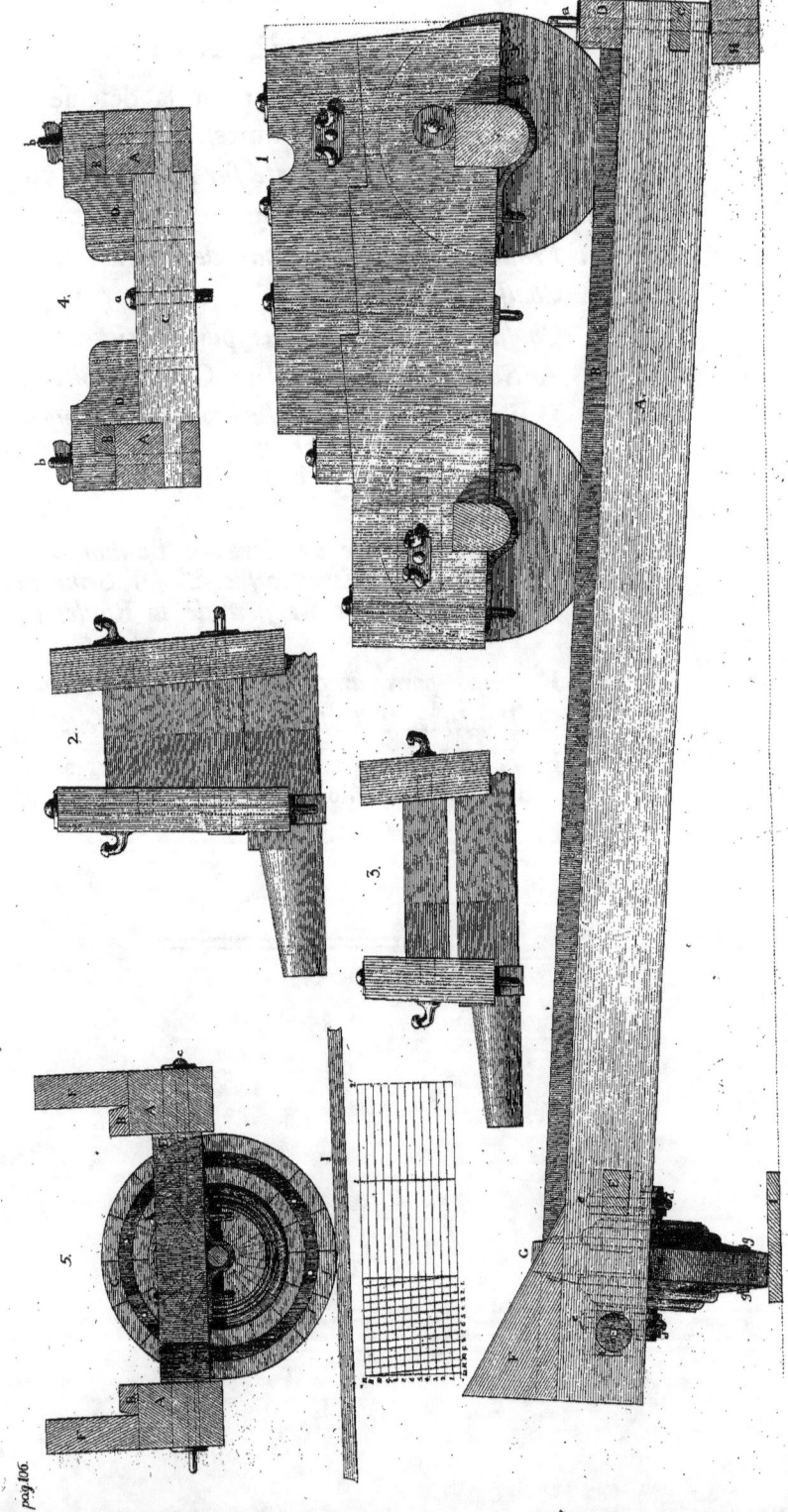

D'ARTILLERIE.

SECTION TROISIEME.

Des Mortiers.

„De toutes les parties de l'Artillerie la plus informe,
„peut-être, celle dont on tirait le moins de service, & qu'on
„s'était le moins occupé de perfectionner, c'était le service
„des Mortiers.

„Dans la guerre de 1741, où l'on a fait beaucoup de
„sieges, on avait remarqué, sur-tout aux bombardemens de
„la Citadelle de Tournai & des Châteaux de Fribourg & de
„Namur, que les Mortiers fixés par l'Ordonnance de 1732,
„sur-tout ceux de 12 pouces, devenaient en très-peu de tems
„d'un mauvais service, qu'ils égaraient leurs bombes, qu'ils
„les cassaient, & qu'ils ne tardaient pas eux-mêmes à être ab-
„solument ruinés; de sorte, qu'indépendamment même de
„l'imperfection des bombes, on ne pouvait faire aucun fonds
„sur les opérations de cette arme.

„Le peu d'occasions qu'on a eu de se servir de Mor-
„tiers dans la derniere guerre avoit contribué à laisser cette
„partie de l'Artillerie dans la langueur, & l'on ne paraissait
„pas même songer qu'elle méritat une reforme considérable,
„lorsque par la suite de l'examen qu'on faisoit à Strasbourg
„de tout ce qui appartenait à l'Artillerie, on voulut appré-
„cier aussi ce qui concernait les Mortiers.

„L'Ordonnance de 1732 en avait déterminé de quatre
„especes. L'une était de 8 pouces 3 lignes à Chambre cy-
„lindrique, tenant 1 livre & demi de poudre, & était des-
„tinée pour les petites portées.

„Les trois autres especes étaient de 12 pouces; l'une
„à chambre cylindrique tenant 5 livres & demi de poudre,
„deux à chambre poire, dont l'une tenait aussi 5 livres &
„demi, & l'autre en tenait 12.

„Cette derniere espece était destinée à fournir les gran-
„des portées de 1200 toises nécessaires dans les bombarde-
„mens; les deux autres l'étaient aux portées moyennes de
„sept à huit cent toises. Les proportions de ces Mortiers

„pa-

„paraiffent, ainfi que celles des canons, n'avoir été détermi-
„nées, ni par aucun principe pofitif, ni par aucune expé-
„rience particuliere; il faut convenir, au moins pour les
„Mortiers de 12 pouces, ainfi qu'on va le voir, que ce
„principe avait été mal examiné, ou les expériences mal
„faites.

„Les Mortiers de 8 pouces ayant toujours foutenu af-
„fez bien la fatigue peu confidérable qu'ils reçoivent de leur
„charge, rélativement à l'emploi qu'on en fait dans les fie-
„ges, c'eft fur les gros Mortiers qu'on a particulierement
„fixé l'attention.

„On a trouvé, 1°. que les Mortiers de 12 pouces à
„chambre cylindrique tirés à pleine chambre, c'eft-à-dire à
„5 livres & demi de charge, étaient abfolument hors de
„fervice après environ 60 à 70 coups, foit par l'évafement
„exceffif de l'ame & celui de la chambre, foit par des ger-
„fures, des crevaffes, qui fillonnaient le dehors ou l'intérieur,
„à la profondeur d'un demi pouce, d'un pouce même, foit
„par l'égueulement de la volée ou le dérangement de la lu-
„miere refoulée fur le dehors ou crevaffée, & profondément
„fillonnée, foit par des égrainements à l'orifice de la cham-
„bre, foit enfin par le ployement des tourillons. Et il eft
„important d'obferver qu'après le nombre de coups dont
„nous venons de parler, chacun des Mortiers éprouvés pé-
„chait par prefque tous ces défauts réunis.

„On a trouvé, 2°. que les Mortiers poires de 12 liv.
„de poudre, caffaient au moins le tiers & fort fouvent moi-
„tié de leurs bombes.

„Des deux Mortiers de cette efpece, le premier s'eft
„trouvé, après 19 coups, avoir dans l'ame un trou de deux
„pouces quatre lignes de profondeur, & l'autre après 13
„coups, un trou de 14 lignes de profondeur dans fa cham-
„bre, & fa lumiere tellement refoulée, qu'il n'était plus pof-
„fible d'y paffer aucun dégorgeoir.

„On peut imaginer d'après cela, les évafements de l'ame
„& de la chambre, l'égueulement de la volée, les crevaffes,

les

"les gerſures & tous les autres défauts dans les parties moins
"eſſentielles de ces deux Mortiers.

"Il a donc été bien démontré que les Mortiers cilyn-
"driques de 12 pouces, de l'Ordonnance de 1732, ne pou-
"vaient ſoutenir le ſervice que les Mortiers poires à grande
"chambre de la même Ordonnance en étaient encore bien
"plus incapables, & qu'ils avaient en outre l'inconvénient
"extrême de caſſer leurs Bombes.

"De nouvelles épreuves confirmant ces premieres, il a
"fallu même abſolument renoncer aux Mortiers poires à gran-
"de chambre.

"Ceux de même figure & de même calibre à petite
"chambre, n'ayant point d'avantage pour les portées ſur les
"Mortiers cilyndriques de 12 pouces, & fatiguant néceſſai-
"rement beaucoup plus que ceux-ci, n'ont pas paru mériter
"l'examen.

"Il a donc fallu ſonger à remplacer les Mortiers poires
"à grandes charges par des Mortiers cilyndriques, dont les
"chambres puſſent contenir une quantité de poudre aſſez
"conſidérable pour porter les bombes à cette diſtance de-
"mandée de 1200 toiſes, & qui fuſſent en même-temps
"capables de ſoutenir l'effort d'une pareille charge pendant
"un aſſez grand nombre de coups pour fournir au moins à
"un bombardement d'une certaine durée.

"Je n'entrerai point ici dans le détail de toutes les
"épreuves qu'on a tentées pour arriver à ce but avec des
"Mortiers de 12 pouces. On a eſſayé différentes profon-
"deurs de chambre pour ſe procurer des charges qui puſſent
"lancer des bombes de 12 pouces, à 1200 toiſes ; on a
"augmenté la quantité de matiere, d'abord à proportion de
"la capacité des chambres & conſéquemment à la charge
"qu'on donnait au Mortier ; on a enſuite augmenté la ma-
"tiere fort au delà de cette proportion. On eſt parvenu à
"obtenir les portées qu'on deſirait. Mais les Mortiers ſe ſont
"conſtamment délabrés après un petit nombre de coups.

"Il

„Il a donc fallu conclure que notre alliage n'était pas
„capable de foutenir, au moins avec une durée raifonnable,
„l'effort de 12 livres de poudre néceffaire pour porter à
„1200 toifes, des bombes de 12 pouces, pefant 150 livres.

„Cela a conduit à faire des effais fur l'alliage & à cou-
„ler des Mortiers de ce même calibre de 12, avec des al-
„liages différents. Mais ces alliages n'ayant pas montré à
„l'expérience une réfiftance fort différente de celle de l'al-
„liage ordinaire, on a été forcé de renoncer à la prétention
„de lancer à 1200 toifes, des bombes de 150 liv.

„En rabattant fur le poids des bombes, il en fallait
„diminuer le diamétre, pour leur laiffer, toujours relative-
„ment à leur volume, la quantité de matiere néceffaire pour
„les empêcher de caffer par l'impulfion de la charge ou par
„le choc du Mortier.

„Il n'a donc plus été queftion que de choifir un cali-
„bre de bombe moindre que celui de 12 pouces, fufceptible
„de donner les portées demandées de 1200 toifes, & de
„produire en même-tems de la maniere la plus défirable les
„autres effets qu'on attend de la bombe.

„On a éprouvé le calibre de 10 pouces, avec des
„Mortiers de même poids que fes Mortiers cilyndriques de
„12 pouces, qui n'avaient pu refifter à 100 coups l'un por-
„tant l'autre.

„D'après les différents tâtonnements faits fur la capa-
„cité des chambres, leurs proportions, la longueur de l'ame,
„on a enfin trouvé que les Mortiers de 10 pouces, à 7
„livres de poudre, jettant-leurs bombes au delà de la di-
„ftance de 1200 toifes, duraient environ trois fois plus que
„les gros Mortiers cilyndriques de 12 pouces à dimenfions
„renforcées par lefquels on avait effayé de fuppléer à ceux
„de l'Ordonnance de 1732, également infuffifants aux por-
„tées de 1200 toifes, & à une durée raifonnable de fervice.

„Il ne reftait plus qu'à favoir fi les bombes de 10 pou-
„ces, qui ont plus d'épaiffeur & moins de furface que celles
„de 12, éclateraient avec autant d'avantage que ces derniers.

„C'eft

D'ARTILLERIE.

C'est ce que des expériences réitérées ont prouvé, ainsi que l'égalité d'enfoncement sur la surface où elles tombent.

"Il est resté aux bombes de 10 pouces une infériorité nécessaire sur celles qu'elles remplaçaient, c'est d'être moins propres, à cause de leur moindre poids, à écraser par la commotion les édifices sur lesquels elles tombent.

"Mais c'est un désavantage auquel on pourra remédier presque toujours en donnant impunément aux Mortiers de 10 pouces une élévation qu'on n'osait donner à ceux de 12 pouces à cause de leur peu de résistance; désavantage qui se trouve d'ailleurs fort abondamment compensé par la foule d'avantages que ces nouveaux Mortiers ont sur les autres, & sur-tout sur ceux de l'Ordonnance de 1732; avantages dont la réunion fait que nous avons des Mortiers pour les longues portées, tandis que réellement nous n'en avions pas.

"La plus grande facilité du service, & l'économie même se sont encore trouvées à ce changement, comme elles se sont rencontrées à presque tous ceux qui s'étoient faits jusques là dans les différentes parties. On a eu de l'économie sur les charges, un tiers de profit sur les achats & le transport des nouvelles bombes; & beaucoup plus de facilité dans la manœuvre.

"Les anciens Mortiers de 12 pouces sont donc restés pour consommer les bombes de ce calibre & fournir aux portées moyennes de 800 toises. Mais pour leur donner au moins quelque solidité, on a décidé que ceux qu'on serait obligé de couler dorénavant de ce calibre pour la consommation des bombes, recevraient trois quintaux de matière de plus.

"Quant aux anciens Mortiers de 8 pouces, les épreuves qu'on en a faites n'ont conduit à y faire aucun changement. Leur portée a paru suffisante pour l'usage qu'on peut s'en proposer, & leur solidité l'ayant toujours aussi paru à la guerre, on a laissé cette arme dans l'état où elle était.

"Quant

"Quant à ce qui regarde les Affuts des Mortiers, on
"en a confolidé l'affemblage par des entretoifes maffives, &
"l'on en a un peu hauffé les flafques à caufe de la nouvelle
"difpofition des tourillons des Mortiers qu'on a relevés &
"renforcés d'embazes pour en prévenir le ployement; vice
"auquel les anciens étaient fujets.

"Tels font les principaux changements qui ont été faits
"dans la partie des Mortiers. Il en eft d'autres qui fans
"être auffi confidérables font cependant importans, mais
"nous en parlerons à l'Article des Fontes. Paffons mainte-
"nant aux changements qui appartiennent, à la fois, à l'Ar-
"tillerie de Siege, de Place & de Campagne.

Conftruction des Mortiers.

Quoique l'on trouve les Deffeins de fix Mortiers dans
la 19ᵉ. Planche, dont les trois font de 12, & les trois
autres de 10 pouces de Calibre, il n'y a cependant que le
feul No. 4 à 7 livres de poudre qui aye été reçu, comme
on l'a vu dans le texte précédent; les autres ont tous étés
exécutés & éprouvés, aux Epreuves de Strasburg, autant
pour déterminer le Calibre des Mortiers, que la figure,
capacité & longueur des Chambres qu'il fallait leur donner.

On remarque à ces Mortiers en général deux changemens. Le premier confifte dans le rétreciffement de l'ame
dans le demi rond & un peu au deffus. On auroit voulu
pouvoir diminuer le vent des Mortiers à 1 lig. comme ceux
des Canons; mais la même raifon fubfiftant pour les bombes qui a empêché de diminuer le vent des pieces de Siege
au delà d'une demi ligne; de plus n'ayant pas eu la même
comodité pour rendre les bombes auffi parfaitement rondes
que les boulets, on s'eft contenté de laiffer à la partie ci-
lyndrique de l'ame 2 lig. de vent, & de la reduire à la
moitié, fçavoir à une ligne dans le demi rond ou logement
de la bombe; ce rétreciffement commence à un pouce au
deffus, & fe forme infenfiblement.

Le

Le rétréciſſement du demi rond procure les mêmes avantages aux Mortiers, que la diminution du vent aux Canons, par les raiſons qui ont été alléguées à la diminution du vent des pieces de bataille, quoique dans un moindre degré; ſçavoir plus d'amplitude & de juſteſſe dans les portées, joint à un troiſieme avantage qui ne ſe trouve qu'aux Mortiers, c'eſt qu'au moyen de ce ſerrement de la bombe dans ſon logement qui provient de la conſtruction du Mortiers même, on n'a plus beſoin de ſecours étranger, tel qu'étoient les coins de bois, pour fixer la bombe dans le milieu du Mortier, manœuvre auſſi lente que difficile.

Le ſecond changement ſe trouve à l'emplacement des tourillons, leur axe eſt à-peu-près ſur le milieu de la profondeur des chambres; en les raprochant du Renfort, cela fait que le Mortier ſe trouve plus enfoncé entre les flaſques de ſon Affut, ce qui facilite ſon ſervice; car l'orifice étant plus bas on n'a pas beſoin d'élever les bombes auſſi haut pour les placer dans le Mortier, que dans le cas où les tourillons étoient placés à l'extrémité du Ventre. De plus, on a donné des Embazes aux tourillons, ce qui joint à leur emplacement, fait qu'il joignent avec plus de juſteſſe dans l'encaſtrement & contre les flaſques; d'où il reſulte plus de juſteſſe pour la direction du jet, & moins de riſque pour le ployement.

Il reſte à dire ſur la figure de ces Mortiers, qu'au No. 1. à chambre poire à 12 liv. le fond de cette même chambre eſt parabolique; & que le double bourlet du No. 6. a été fait pour éprouver s'il ſeroit avantageux & practicable de donner au delà de la longueur ordinaire d'un calibre & demi, à l'ame du Mortier; de quoi l'on s'eſt inſtruit en tirant pluſieurs coups avec la longueur de deux calibres, qui eſt celle de ce Mortier à double bourlet; & enſuite d'autres coups après en avoir ſcié le premier bourlet.

P   TABLE

TABLE des Dimensions du Mortier de 12 pouces à chambre poire de 12 liv.

	Pi.	po.	lig.
Diamétre de l'ame au retrécissement du demi rond	0.	11.	11.
Profondeur de l'ame compris le demi rond jusqu'à la bouche	1.	6.	0.
Profondeur totale de la Chambre	1.	1.	0.
Profondeur de la partie parabolique de la Chambre	0.	3.	3.
Diamétre de la base du cone tronqué de la Chambre	0.	6.	6½.
Diamétre du Cone de la Chambre au demi rond	0.	5.	1½.
Epaisseur du Métal derriere la Chambre	0.	6.	6.
Epaisseur du Métal autour du grand diamétre de la Chambre	0.	6.	0.
Epaisseur du Métal autour du petit diamétre de la Chambre	0.	5.	9.
Epaisseur du Métal au Renfort	0.	3.	6.
Longueur du Renfort	0.	9.	0.
Epaisseur du Métal à la Volée	0.	2.	9.
Longueur de la Volée	0.	9.	0.
Longueur des Tourillons	0.	6.	0.
Diamétre des Tourillons	0.	8.	0.
Saillie des Embazes sur le Mortier vis à vis le grand diamétre de la Chambre	0.	0.	9.
Saillie des Embazes sur les tourillons	0.	1.	3.
Hauteur totale du Mortier	3.	1.	6.

TABLE des Moulures du Mortier de 12 pouces à Chambre poire.

Noms des Moulures.	Largeur des Moulures en po. lig.		Saillie des Moulures en po. lig.	
1. Gorge du Ventre	0.	5.	vif le ventre	
2. Listel id.	0.	3.	0.	6.
3. Oeuf id.	0.	8.	1.	0.
4. Gorge du Renfort	0.	9.	vif la Volée	
5. Gorge de la Volée	0.	6.	vif la Volée	
6. Listel du Bourlet	0.	3.	0.	6.
7. Plattebande id.	1.	2.	0.	9.
8. Listel ou Ceinture id.	0.	3.	0.	6.
9. Gorge de la Bouche	0.	7.	vif la bouche	

D'ARTILLERIE.

TABLE des Dimensions de deux Mortiers de 12 pouces à Chambre cylindre du contenu de	8 Liv. Pi. po. lig.	6 Liv. Pi. po. lig.
Diamétre de l'ame au retrécissement du demi rond	0. 11. 11.	0. 11. 11.
Profondeur de l'ame compris le demi rond jusqu'à la bouche	1. 6. 0.	1. 6. 0.
Profondeur de la Chambre	0. 10. 6.	0. 9. 6.
Diamétre de la Chambre les angles du fond remplis d'un quart du Diamétre	0. 5. 0.	0. 4. 6.
Epaisseur du Métal au fond de la Chambre	0. 6. 9.	0. 6. 6.
Epaisseur du Métal autour de la Chambre	0. 5. 9.	0. 5. 2.
Epaisseur du Métal au Renfort	0. 3. 6.	0. 3. 0.
Longueur du Renfort	0. 10. 8.	0. 10. 8.
Epaisseur du Métal à la Volée	0. 2. 9.	0. 2. 6.
Longueur de la Volée	0. 7. 4.	0. 7. 4.
Longueur des Tourillons	0. 6. 0.	0. 5. 6.
Diamétre des Tourillons	0. 8. 0.	0. 7. 6.
Saillie des Embazes sur le Mortier	0. 0. 9.	0. 0. 9.
Saillie des Embazes sur les Tourillons	0. 1. 3.	0. 1. 3.
Hauteur totale du Mortier	2. 11. 3.	2. 10. 0.

TABLE des Moulures des Mortiers de 12 pouces à Chambre cylin. du contenu de	8 Liv.		6 Liv.	
	Largeur des Moulures en po. lig.	Saillie des Moulures en po. lig.	Largeur des Moulures en po. lig.	Saillie des Moulures en po. lig.
Noms des Moulures				
Gorge du Ventre	0. 7.	vif le ventre	0. 9.	vif le ventre
Listel du Renfort	0. 4.	{sur le ventre 7.	0. 4.	{sur le ventre 7.
Gorge id.	0. 9.	vif la Volée	0. 6.	vif la Volée
Gorge de la Volée	0. 6.	vif la Volée	0. 6.	vif la Volée
Listel du Bourlet	0. 3.	0. 6.	0. 3.	0. 6.
Tore id.	1. 6.	1. 0.	1. 6.	1. 0.
Listel id.	0. 3.	0. 6.	0. 3.	0. 6.
Gorge de la bouche	0. 8.	vif la bouche	0. 8.	vif la bouche

TABLE des Dimensions de trois Mortiers de 10 pouces 1 lig. 6 points de Calibre, à chambres cylindres du contenu de

	7 Liv.	5¼ Liv.	4 Liv.
	Pi. po. lig. pt.	Pi. po. lig. pr.	Pi. po. lig. pr.
Diamétre de l'ame au rétrécissement du demi rond	0. 10. 0.	0. 10. 0.	0. 10. 0.
Profondeur de l'ame compris le demi rond jusqu'à la bouche	1. 5. 2.	1. 3. 2.	1. 8. 3. 0. 1.
Profondeur de la Chambre	0. 8. 1.	0. 9. 0.	0. 6. 9. 1.
Diamétre de la Chambre	0. 5. 5.	0. 7. 6. 2¼	0. 6. 2⅖
Epaisseur du Métal au fond de la Chambre	0. 5. 6.	0. 5. 0.	0. 4. 6.
Epaisseur du Métal autour de la Chambre	0. 5. 11.	0. 5. 6.	0. 5. 0.
Epaisseur du Métal au Renfort	0. 3. 8.	0. 3. 4.	0. 3. 1.
Longueur du Renfort	0. 8. 5.	0. 8. 5.	0. 3. 5.
Epaisseur du Métal de la Volée ou à la bouche	0. 3. 2.	0. 2. 11. 3.	0. 2. 8.
Longueur de la Volée	0. 6. 9.	0. 6. 9.	0. 11. 9.
Longueur des Tourillons	0. 6. 6.	0. 6. 6.	0. 6. 0.
Diamétre des Tourillons	0. 8. 0.	0. 7. 6.	0. 7. 0.
Saillie des Embazes sur le Mortier	0. 1. 2.	0. 4. 5½	0. 10. 8¾
Du côté du Renfort la Saillie de l'Embaze est prolongée dans l'épaisseur de ce même Renfort.			
Saillie des Embazes sur les Tourillons	0. 1. 8.	0. 1. 6.	0. 1. 6. 0.
Hauteur totale du Mortier	2. 5. 10.	0. 2. 4. 8. 5¾	2. 8. 6. 0.
L'arondissement du Ventre se trace en anse de pannier.			

TABLE

D'ARTILLERIE. 117

TABLE des Dimensions des Moulures & Plattebandes des Mortiers de 10 pouc. à chambres cylindres du contenu de

	7 Liv.			5½ Liv.			4 Liv.	
Noms des Moulures.	Largeur des Moulures en po. li. pt.	Saillie des Moulures en po. li. pt.	Noms des Moulures.	Largeur des Moulures en po. li. pt.	Saillie des Moulures en po. li. pt.	Noms des Moulures.	Largeur des Moulures en po. li. pt.	Saillie des Moulures en po. li. pt.
1. Gorge du Ventre		vif le ventre	1. Gorge du Ventre	0. 4. 5 1/2	vif la ventre	1. Doucine du Ventre		p. bas. 3. p. Sail. 7. 8 1/2
2. Listel inférieur de l'Astragale	0. 1. 2.	0. 0. 0.	2. Gorge du Renfort	0. 5. 3.	vif la Volée	2. Gorge du Renfort	1. 0. 0.	vif la Volée
3. Astragale	0. 3. 0.	1. 0.	3. Gorge de la Volée	0. 5. 3.	vif la Volée	3. Gorge inférieure	0. 5. 0.	vif la Volée
4. Listel supérieur de l'Astragale	0. 8. 0.	5. 0.	4. Listel du Bourlet	0. 3. 0.	3.	4. Listel inférieur	0. 6. 0.	6. 0.
5. Gorge de la Volée	0. 3. 0.	1. 0.	5. Tore id.	1. 6. 0.	1.	5. Tore	0. 3. 0.	6. 0.
6. Listel du Bourlet	0. 6. 0.	vif la Volée	6. Ceinture de la bouche	0. 4. 0.	vif la bouche	6. Listel supérieur	1. 6. 0.	2. 0.
7. Tore id.	6. 3. 0.	6. 0.				7. Gorge supérieure	0. 4. 0.	6. 0.
8. Ceinture de la Bouche	1. 8. 0.	1. 0.				8. Gorge de la Volée	0. 6. 0.	vif la Volée
	0. 4. 0.	vif la bouche				9. Listel du bourlet	0. 6. 0.	vif la Volée
						10. Tore id.	0. 3. 0.	6. 0.
						11. Ceinture de la bouche	1. 6. 0.	2. 0.
							0. 4. 0.	vif la bouche

PLANCHE

PLANCHE XIX.

Deſſeins des Mortiers du calibre de 12 pouc. & de 10 pouc. à differentes capacités de chambre.

Fig. 1. 2. & 3. *Coupe de trois Mortiers du calibre de 12 pouc. Le premier eſt à chambre Poire du contenu de 12 liv. de poudre, le fond en Paraboloïde & la partie ſupérieure en cone tronqué.*
Le ſecond & le troiſieme Mortier ſont à chambre cylindre, l'un contenant 8 & l'autre 6 liv. de poudre.

— 4. 5. & 6. *Coupe de trois Mortiers du calibre de 10 pouc. à chambre cylindre, le 1^r contenant 7, le 2^d 5½, & le 3me 4 liv. de poudre.*

PLANCHE XX.

Deſſein d'un Affut à Mortier de fer coulé de nouvelle conſtruction à l'uſage du Mortier de 10 pouc. à 7 liv. de poudre.

Fig. 1. *Profil intérieur d'un Flaſque.* A *Enfoncemens pour l'Embrevement des Entretoiſes.*
— 2. *Profil extérieur du même.*
— 3. *Vue extérieure du Flaſque garni de ſes ferrures.*
— 4. *Plan de l'Affut dont les Flaſques ſont aſſemblés par les Entretoiſes de bois* B.
— 5. *Plan d'un Flaſque pour indiquer ſes Epaiſſeurs.*
— 6. 7. & 8. *Coupes du Flaſque priſes ſuivant les lignes ponctuées de la 2e Figure.*
C *Logement des Tourillons*, a *Suſbande*, b *Eſtriers*, c *Boulons à Clavettes.*
D *Mantoniere où ſe place le Coin de Mire.*
E *Entailles pour la manoeuvre laterale*, d *Boulons d'Entretoiſe à Ecroux & à Roſettes*, e *Boulons pour avancer ou reculer le Mortier.*

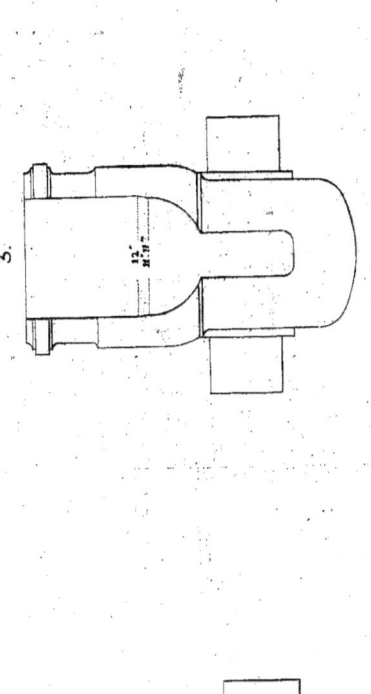
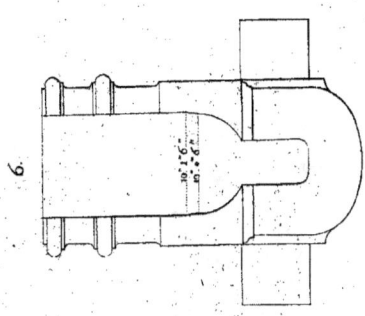
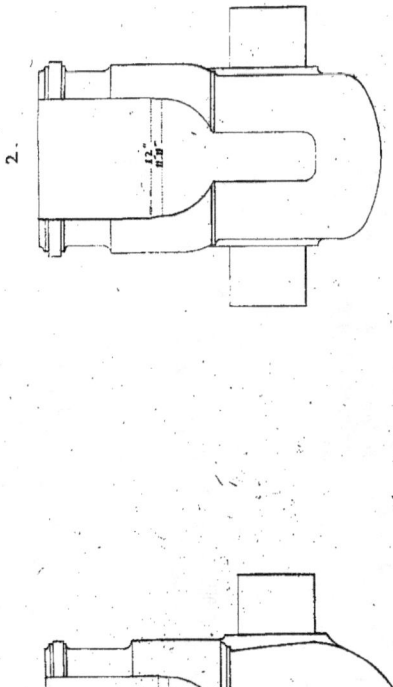
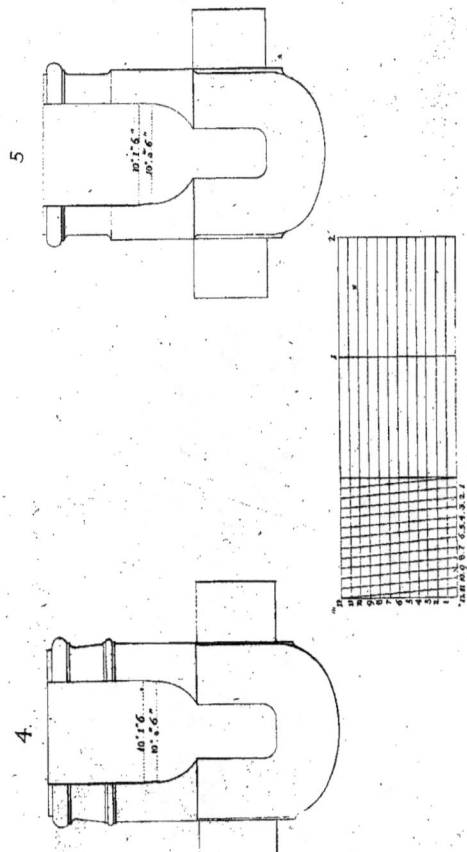

XX.

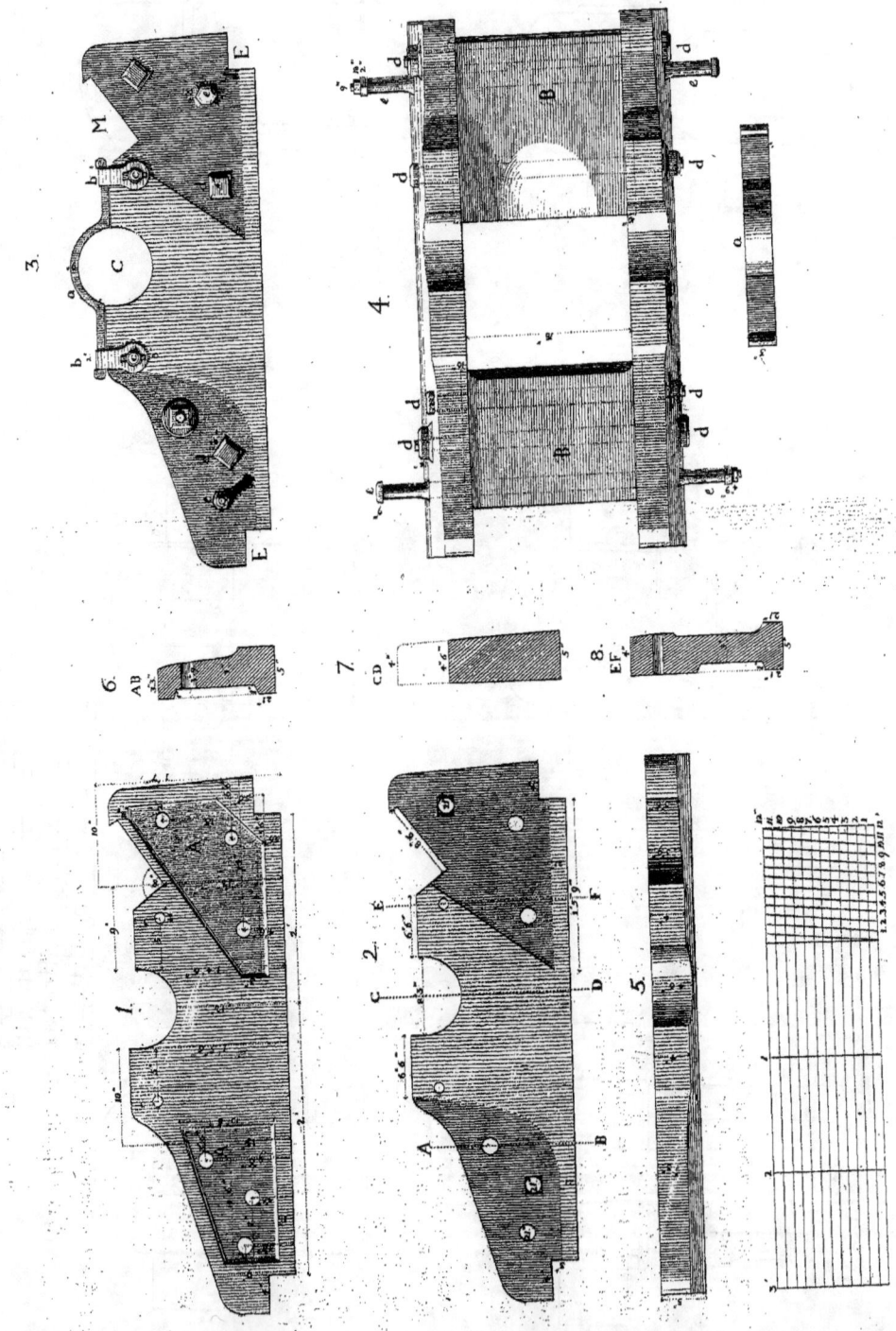

CHAPITRE TROISIEME.

Changemens communs à l'Artillerie de Campagne & à celle de Siege & de Place.

SECTION PREMIERE.
De la nouvelle maniere de pointer le Canon, ou de la hausse.

"Parmi les changements qui appartiennent également à l'Ar-
"tillerie de Siege & de Place, & à celle de Campagne,
"la nouvelle maniere de pointer le canon me semble tenir
"le premier rang à cause des avantages qui s'ensuivent.

"On élevait anciennement un bouton de Mire sur la
"volée & une visiere sur la culasse pour guider l'œil du
"Canonier quand il pointait sa piece. On avait supprimé
"ces boutons & ces visieres par l'Ordonnance de 1732.

"Le Canonier, au défaut de ce secours, était donc
"obligé de saisir les parties les plus élevées de la culasse &
"de la tulipe de la piece pour guider son œil vers l'objet.

"Mais en supposant qu'un Canonier peut déterminer
"d'un coup d'œil deux points correspondants sur deux grands
"cercles distants de 8 à 10 pieds l'un de l'autre & les con-
"server jusqu'à ce qu'il les ait rassemblés sur l'objet, on sup-
"posait qu'un Canonier devait faire d'un coup d'œil ce qu'un
"ouvrier auroit eu peine à bien faire dans son attelier avec
"le niveau & la regle.

"Il arrivait de là qu'après plusieurs coups d'épreuve, ce-
"lui qui avoit pointé ne pouvait décider si les erreurs dans
"la direction provenaient de l'égarement de son œil sur les
"cercles de la piece, ou des défauts extérieurs de cette pie-
"ce, ou si les véritables points saillants n'avaient point été
"dérangés par quelque choc dans les manœuvres ou le trans-
"port, la moindre impression jettant le point saillant à deux
"ou trois lignes à droite ou à gauche.

"Enfin,

”Enfin, le Canonier n'avait pas de point bien apparent,
”d'où il put partir, au lieu qu'avec la vifiere, fi la piece
”avait porté trois pieds à gauche, il était fûr de la rectifier
”en pointant trois pieds à droite; & il avait toujours un
”point fixe & bien apparent, d'où il partait pour fe recti-
”fier, en fuppofant même le bouton mal placé.

”En conféquence de ces raifonnements qui ne laiffoient
”point de replique, on avait demandé que les vifieres & les
”boutons fuffent rétablis.

”Mais le rétabliffement des boutons & des vifieres n'-
”affurait la direction du coup que lorfqu'on tirait de but en
”blanc. Et quand y tire-t-on? puifque le but en blanc eft
”un point unique dans tous ceux qu'une piece peut frapper
”d'une pofition donnée. Dès qu'on eft dehors de cette di-
”ftance précife, il faut élever la piece. Alors la volée dé-
”robant l'objet à l'œil du pointeur colé fur la platte-bande
”de la culaffe, la vifiere & le bouton ne lui fervent plus
”de rien. Il vife à l'aventure comme il éleve fa piece à l'a-
”venture.

”On difait qu'il fallait connaître la diftance où l'on était.
”Mais quel moyen de la connaître? car on ne pouvait pas
”fonger férieufement à placer un Géometre & un quart de
”cercle à chaque piece: encore moins pouvait-on imaginer
”que l'ennemi le laifferait opérer.

”Prétendre s'affurer de cette diftance à l'œil, même d'une
”maniere imparfaite, c'était peu connaître l'effet que produi-
”fent les vapeurs, l'élévation ou l'abaiffement du Soleil au
”deffus de l'horifon, les nuages, des difpofitions locales par-
”ticulieres; & mille illufions d'optique qui concourent à trom-
”per les yeux les plus attentifs & les plus exercés, fur-tout
”quand ils veulent juger des diftances éloignées, comme font
”ordinairement celles d'où l'on tire le canon.

”Et quand on aurait connu la diftance précife d'où l'on
”tirait, de quoi cette connoiffance aurait-elle fervi, puifqu'on
”ignorait toujours de quelle quantité de degrés on devait
”élever la piece, de combien on l'élevait en effet, & que
pour

"pour l'élever il fallait perdre l'objet de vue, & conféquem-
"ment sa vraie direction?

"De ces difficultés auxquelles la restitution des visieres
"& des boutons ne remédiait pas, il suivait nécessairement,
"1°. qu'on tirait très-souvent hors de portée, 2°. que lors-
"qu'on était à portée, on élevait la piece ou trop ou pas
"assez. 3°. Que si par hasard on l'avait élevée comme il
"falloit pour tirer un coup, la juste élévation qu'on lui avait
"donnée ne servait plus de rien pour le coup suivant, par-
"ce que rien ne pouvait guider le pointeur pour remettre
"sa piece à cette élévation; qu'enfin on tirait toujours au
"hazard.

"Tous ces défauts, si considérables dans le pointage
"des pieces qui restent en place, le devenaient encore bien
"plus pour des pieces de bataille qui sont dans le cas de
"changer à tout moment de position, & qui, de plus, étant
"toujours à platte-terre, ont leurs roues, leur crosse, tantôt
"inégalement élevées, tantôt plus ou moins enfoncées. D'a-
"près ces réflexions & la connaissance que chacun a de qu'elle
"petite quantité il suffit qu'une arme à feu soit dérangée de
"la direction de l'objet pour que le coup passe fort au-des-
"sus, ou arrive fort au-dessous de cet objet, sur-tout quand
"il est à des distances telles que les portées ordinaires du ca-
"non, on ne doit pas s'étonner si malgré l'adresse des Ca-
"noniers, il y avait tant de coups perdus dans les Ecoles,
"& sur-tout à la guerre où la précipitation, le trouble, qui
"existent, au moins dans tout ce qui nous environne, con-
"courent à rendre le pointage plus incertain.

"C'est à M. de GRIBEAUVAL, particulierement, qu'on a
"dû le moyen d'assurer en même-tems, & la direction, ce
"que faisaient les visieres & les boutons, & l'élévation à
"donner à la piece, ce que ne faisaient pas ces visieres &
"ces boutons.

"Ce moyen consiste à encastrer derriere la culasse de
"chaque piece un verrou de cuivre d'un pouce & demi de
"haut. Ce verrou porte la visiere sur sa tête; il est divisé
"de

„de deux lignes; il fort de fon encaftrement, & s'arrête à
„la hauteur qu'on veut.

„Quand l'objet eft à la diftance du but en blanc, fon
„fommet qui rafe la culaffe, tient lieu de vifiere ordinaire
„& s'alligne avec le bouton de la volée fur l'objet.

„Lorfque l'objet eft hors du but en blanc, ce qui ar-
„rive toujours à la guerre, ou prefque toujours, & ce qui
„eft toujours annoncé quand la piece pointée fur le métal
„envoye fon boulet entre l'objet & elle ; il faut néceffaire-
„ment hauffer la volée, & pour cela abaiffer la culaffe.
„Alors ce verrou, que l'on appelle *hauffe*, devant toujours
„avoir fon sommet alligné fur l'objet & fur le bouton, fe
„trouve relevé néceffairement de la même quantité dont on
„a abaiffé la culaffe.

„Ainfi le Canonier ne perd jamais l'objet de vue, &
„il fait toujours de quelle quantité précife il éleve fa piece;
„& fi le coup a encore donné trop bas il fe corrige pour
„le coup fuivant; & en fe corrigeant il fait encore de quelle
„quantité il fe corrige. Ainfi le coup qu'il vient de tirer
„lui fert toujours de regle pour le coup fuivant, ou pour
„conferver la même élévation, ou pour y revenir en cas
„qu'il l'ait perdue.

„Il eft bien fûr, enfin, s'il eft bon porteur, de tirer
„précifément à l'objet, au fecond ou au troifieme coup.

„On voit combien cette méthode eft fûre & convena-
„ble à toutes les pofitions où une piece peut fe trouver,
„combien fur-tout elle eft utile pour des pieces vagabondes
„par effence, comme font des pieces de bataille, avec lef-
„quelles le Canonier change à tout moment d'objet & de
„diftances. Il a dans cette hauffe un guide toujours certain
„qui lui annonce non-feulement combien il faut élever fa
„piece en cas que le coup puiffe arriver, mais même s'il
„doit employer ou le boulet, ou la groffe ou la petite car-
„touche. Toutes les pieces ayant le même guide, quatre
„fuffifent pour inftruire la ligne entiere de quelle maniere
„elle doit regler fon feu.

„Il

"Il faut obſerver ſur-tout que cette méthode de poin-
"ter ne ſuppoſe aucune eſpece de ſcience, nulle connaiſſan-
"ce, nulle inquiétude même de la diſtance où l'on ſe trou-
"ve de l'objet, ni de la quantité dont on abaiſſe où éleve
"la piece, & encore moins le talent de ſe trouver au mi-
"lieu des calculs de ces tables ſavantes qui font plus d'hon-
"neur à la patience qu'à la ſagacité de ceux qui perdent
"leur tems à les conſtruire, dans l'idée qu'on va à la guer-
"re avec un livre à ſa poche pour en faire la lecture en
"batterie. *

"La hauſſe ſuppoſe un ignorant qui ne ſait ce que c'eſt
"que *projection*, *amplitude*, qui ne ſait même ce que c'eſt
"qu'un *degré*, enfin un ſimple Canonier qui n'a d'autre ta-
"lent que de tirer un coup de canon droit à l'objet qu'il
"a devant lui, & d'élever ou d'abaiſſer plus ou moins une
"petite piece de cuivre mobile, dont il alligne toujours le
"ſommet ſur le bouton de la volée & ſur l'objet qu'il ne
"perd jamais de vue.

"De toutes les nouvelles perfections que l'Artillerie a
"reçues dans cette nouvelle formation, celle-ci eſt peut-être
"une des plus importantes par ſes conſéquences. Car en
"aſſurant le pointage du canon, elle épargne à la guerre
"les munitions qu'on conſommait par les coups perdus qu'on "ti-

* On ſait bien qu'en ſuppoſant connue la portée de la piece de but
en blanc ou à telle hauteur de hauſſe, on pourra déduire, au moins d'u-
ne maniere approchante, la diſtance où l'on ſe trouve de l'objet frappé
par le boulet.

On ſait encore qu'en conſidérant comme ſinus total, ou comme rayon,
la diſtance du centre du tourrillon à l'extrémité de la culaſſe où eſt la
hauſſe, on aurait pu conſidérer auſſi cette hauſſe comme le limbe d'une
portion de cercle, dont les diviſions auraient pu annoncer la quantité
préciſe de degrés, minutes & ſecondes dont on élevait la piece; ce qui
aurait donné matiere à de très belles tables.

Mais l'inventeur de la hauſſe, voulant ſe faire entendre de ſimples
Canoniers, a trouvé ſans doute ſes diviſions trop ſavantes. Il a mieux
aimé diviſer tout ſimplement ſa hauſſe avec des *lignes* & donner à ces
diviſions le nom vulgaire de *cran*.

"tiroit. Objet immense, si l'on songe à ce que coûte au
"Roi un coup de canon tiré sur l'ennemi. Mais ce qui est
"bien plus important encore, elle assure des munitions pour
"les moments décisifs en empêchant qu'elles ne se consom-
"ment inutilement. Enfin elle rend l'Artillerie plus redou-
"table à l'ennemi, en en rendant les coups bien plus certains.

Construction de la Hausse.

La piece que l'on appelle proprement Hausse est le Verrou de cuivre A construit en figure de cric; ce verrou est surmonté d'une Visiere B, l'un éleve l'autre au moyen d'un Pignon C dont l'axe porte d'un bout dans un trou forré dans le métal de la culasse; l'autre bout traverse la Plaque D, & on y applique une petite Manivelle pour faire tourner le Pignon. La face du verrou qui repond à l'œil du pointeur est divisée en pouc. & lig. pour lui indiquer la hauteur à laquelle il doit élever la Hausse toute les fois qu'il connoît la distance des objets & la portée de sa piece sous une élevation quelconque de la Hausse; mais quand même le canonier seroit depourvu de ces connoissances les divisions du cric lui donnent toujours une mesure pour juger la quantité dont il doit corriger son coup d'épreuve; elles peuvent aussi lui rappeller la hauteur du pointement si l'élevation de la piece venoit à être troublée entre les coups destinés contre un même objet.

Pour appliquer cette machine on fait une excavation sur le Cul de lampe de la culasse de largeur & profondeur convenable pour y loger le verrou & le pignon, par dessus lesquels on fixe la Plaque D par quatre vis à la culasse, de sorte que la Hausse est enfermée comme dans un étui & n'a de libre essor que du côté de la visiere.

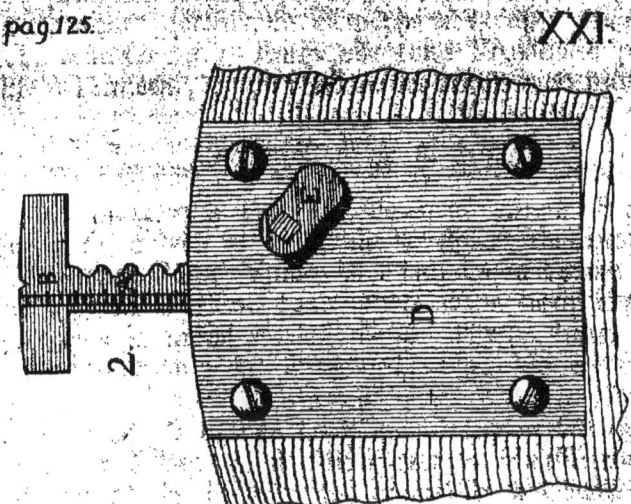
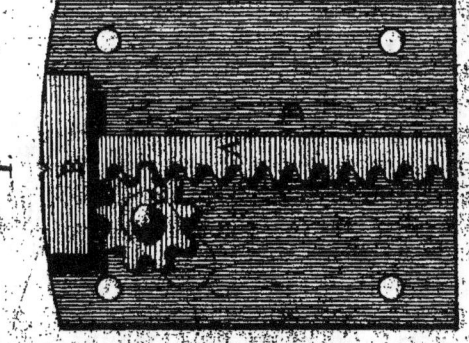

PLANCHE XXI.

Figure 1. *Hausse appliquée à la Plaque, vu de face.*
A *Verrou ou Cric surmonté par la Visiere* B,
C *Pignon,* D *Plaque.*
— 2. *Hausse encastrée & vissée à la culasse.* E *Manivelle du Pignon.*

SECTION SECONDE.
Des changemens relatifs à la charge du Canon.
Gargousses, Boulets.

"Les Gargousses avaient commencé à avoir lieu dans la
"guerre de 1740; on les avait dues à M. du Brocard, le
"même Lieutenant Général d'Artillerie à qui on fut rede-
"vable des premieres pieces suédoises. Jusques-là on avait
"apporté auprès des pieces les boulets dont on croyait avoir
"besoin, on y apportait aussi les tonneaux de poudre, &
"avec la lanterne on puisait à même. On croira aisément
"que ces boulets & cette poudre restaient souvent sur le
"champ de bataille. Qu'on juge maintenant de la lenteur
"& des accidents inséparables de cette maniere de servir le
"canon.
"La querelle qui venait d'avoir lieu entre M. de Va-
"liere & M. de Belidor, sur la charge du canon & les ex-
"périences auxquelles cette querelle avoit donné lieu ayant
"dissipé, au moins dans les têtes sensées, le préjugé que les
"portées étaient proportionnelles aux charges, l'usage des
"gargousses s'en établit avec plus de facilité.
"Celles qu'on employa d'abord étaient de toile qu'on
"enduisait d'une couche de peinture épaisse pour empêcher
"la poudre de tamiser. Mais cette espece de gargousse ex-
"posait les pieces à conserver le feu. La peinture dont elle
"était enduite, produisait dans l'ame un enduit tenace com-
"me

"me de la corne bouillie qui bouchait les lumieres. On
"avait quitté cette efpece de gargouffe dans cette derniere
"guerre, & on l'avait faite de ferge qu'on enduifait d'une
"legere couche de colle de poiffon.

"Mais cette ferge avait encore le défaut de laiffer per-
"dre fi confidérablement aux gargouffes leur calibre, qu'il
"était fouvent arrivé qu'elles n'avaient pu entrer dans la piece
"pour laquelle elles avaient été deftinées. Le remede était
"de les éventer. Mais cette opération devient dangereufe
"par les accidents qu'elle peut caufer, fait perdre de la pou-
"dre & demande du tems dans un moment où on n'en a
"jamais affez.

"On a trouvé qu'en employant, au lieu de ferge, de
"gros camelot à bon marché, les gargouffes gardaient beau-
"coup mieux leur forme parce que le camelot prête beau-
"coup moins que la ferge.

"Voilà tout ce qu'on a changé aux gargouffes, quant
"à l'enveloppe.

"Pour ce qui regarde la charge ou le contenu de la
"gargouffe, l'expérience, qui fut toujours le guide confulté
"dans les épreuves de Strafbourg, a fait voir que les pie-
"ces nouvelles exigeaient toutes une moindre charge que
"les anciennes. Elle a prouvé que fur la piece de 12 on
"gagnait un neuvieme: fur celle de 8, un fixieme, fur celle
"de 4, un quart.

"Cet avantage qu'on ne compte point parmi ceux qui
"avaient fait l'objet principal de ces épreuves, mérite ce-
"pendant attention, & d'autant plus que la principale di-
"minution tombe fur les pieces qui font du plus fréquent
"ufage.

"Mais ce qui importe beaucoup plus, c'eft le vent du
"boulet qu'on a diminué tout d'un coup de moitié pour
"les pieces de Campagne. On a vu les avantages immen-
"fes de ce changement lorfqu'il a été queftion de la com-
"paraifon de ces pieces avec les anciennes de même calibre.
"On aurait défiré par les mêmes raifons étendre cette ré-
"duction

D'ARTILLERIE. 127

„duction fur les boulets deftinés aux pieces de fiege. Mais
„on a fenti que les boulets deftinés aux pieces de bataille
„devant être maniés plufieurs fois l'un après l'autre pour
„être attaché au fabot de la gargouffe, devant enfuite être
„encaiffé dans des cazes étroites, où le mouvement du cha-
„roi les entretient toujours nets, on a fenti, dis-je, que ces
„boulets ne feraient point expofés à augmenter de diametre
„par la rouille ou la boue qui s'y attacheraient; mais qu'il
„n'en était pas de même des boulets deftinés aux pieces de
„fiege, lefquels fortent des arfénaux fans examen, pour être
„tranfportés au parc de fiege ou fur le rempart d'une pla-
„ce, où on les dépofe fur la terre: plufieurs s'enveloppant
„alors néceffairement de crotte, de rouille, qu'on ne peut pas
„efpérer que le Canonier fervant aura l'attention de nettoyer
„exactement avant de mettre le boulet dans la piece.

„Ces confidérations ont donc engagé à laiffer aux bou-
„lets des pieces de fiege une ligne & demi de vent, mal-
„gré les défavantages qui en réfultaient.

„1°. Pour la confervation de la piece.
„2°. Pour la jufteffe du tir qui eft toujours l'objet im-
„portant dans le fervice du canon.

„On ne tint point de compte de la diminution de lon-
„gueur des portées qui réfultait auffi du jeu trop grand que
„le boulet avait dans la piece. Car tous ceux qui faifaient
„les épreuves de Strafbourg ou qui les fuivaient, étaient bien
„convaincus qu'on avait toujours trop de portée vu l'éten-
„due de la jufteffe du tir.

Pour ne pas interrompre le fil des matieres qui concernent proprement la nouvelle artillerie, on renvoit le Lecteur pour la conftruction des Gargouffes dont l'origine
eft plus ancienne que cette époque, au Traité fur la Conftruction des Artifices de Guerre contenu dans ces Memoi-
res. Quant aux Boulets il en fera parlé à la fuite de la Cinquieme Section qui traite de la réception des fers coulés.

SECTION

MEMOIRES

Section Troisieme.
Des Cartouches.

„Il n'y avait eu rien de bien fixé jufques là fur les „cartouches à canon. On en employait principalement de „deux fortes.

„La premiere était compofée de 36 balles de fer de „fonte, affemblées fur un culot de bois autour d'un pivot „de même matiere & enveloppées d'un fac de toile retenu „par un rezeau de corde ou de fil de fer, le tout gou- „dronné.

„La feconde efpece de cartouche était compofée de „balles de fufil de foldat renfermées fans ordre & fans nom- „bre dans des boëtes de fer blanc; montées fur un culot „de bois, & dont la hauteur & le diamétre fe réglaient fur „le calibre des pieces auxquelles elles étaient deftinées.

„De ces deux efpeces de cartouches, la premiere por- „tait le nom de *Grappe de raifin*, à caufe de la configura- „tion qu'elle recevait de la difpofition des balles en pyra- „mide. Elle était deftinée pour le 12 & le 16.

„La Seconde l'était finguliérement pour le 8 & le 4; „mais on s'en fervait auffi dans l'occafion pour les calibres „fupérieurs. C'était fur elle qu'on comptait principalement „comme foifonnant beaucoup fur la ligne ennemie.

„On avait adopté ces deux efpeces de cartouches fans „trop en examiner les effets, & on les avait confervées fur „la foi établie.

„Cependant on avait cru quelquefois s'appercevoir dans „la derniere guerre que les ennemis nous faifaient plus de „mal avec leurs cartouches qu'ils n'en recevaient des nô- „tres.

„Cet objet était trop important pour ne pas s'en oc- „cuper dans les épreuves qu'on faifait à Strafbourg relative- „ment à la fixation de l'état à venir de l'artillerie.

„On fit donc élever en plancher, un but de 18 toifes „de long fur 8 pieds de haut, figurant un efcadron de Ca-
„vale-

"valerie; & on trouva, avec le plus grand étonnement, que
"les Grappes de raisin dans les grosses pieces, s'éparpillaient
"presque en sortant de la piece: partie de leurs balles se
"brisait, soit contre l'ame de la piece, soit en se choquant
"mutuellement; & qu'un grand nombre fêlées par les chocs,
"se mettaient en morceaux dès quelles touchaient terre.

"On imagine aisément d'après cela qu'il arrivait peu de
"ces balles au but. –

"Pour ce qui regarde les cartouches à balles de plomb,
"destinées pour les grandes exécutions & pour les calibres
"du plus fréquent usage, on leur trouva encore beaucoup
"moins de portée. On observa qu'une grande partie de ces
"balles se pelotait les unes contre les autres. Quelquefois
"elles restaient ainsi colées sous les formes les plus bizarres,
"& elles faisaient l'effet d'un seul lingot. Plus souvent elles
"se séparaient après avoir été ainsi défigurées & allaient tom-
"ber à peu de distance. Mais dans aucun cas on n'avoit
"de ricochet à espérer de ces balles. Si elles frappaient le
"but elles y étaient toutes applatties, & au lieu de percer,
"elles ne faisaient que des contusions ordinairement assez
"faibles.

"Ces deux espéces de cartouches anciennes ont été rem-
"placées par deux autres espéces à balles de fer battu qui
"ne différent entre-elles que par la grosseur des balles qui
"les composent.

"Les épreuves les plus multipliées ont prouvé que ces
"nouvelles cartouches avaient, à tous égards, la supériorité
"sur les anciennes; que leurs balles n'avaient ni l'inconvé-
"nient de se mettre en éclats comme celles des Grappes de
"raisin, ni de s'applatir comme les autres, & que si elles
"touchaient terre avant d'arriver au but elles avaient la res-
"source du ricochet.

"Ces expériences, enfin, ont prouvé, 1°. que la grosse
"cartouche avec la piece de 12 donnait dans le front d'un
"escadron à 400 toises de distance, sept à huit balles par
"coup; qu'à 350 toises elle en donnait dix à onze; & qu'à
"300

„300 toises cette même piece, servie avec la petite cartou-
„che, donnait vingt-cinq balles dans le but; à 250 toises,
„trente cinq; à 200 toises, quarante.

„2°. Que la piece de 8, donnait dans le même front,
„à 350 toises de distance, huit à neuf grosses balles par
„coup; qu'à 300 toises elle en donnait dix à onze, & qu'à
„la même distance elle donnait, avec la petite cartouche,
„vingt cinq balles; & à 250 toises, jusqu'à quarante par
„coup.

„3°. Que la grosse cartouche, dans les pieces de 4,
„donnait dans le même but à 300 toises, huit à neuf bal-
„les par coup; & à 250 toises qu'elle en donnait seize à
„dix huit; qu'enfin la même piece servie avec la petite car-
„touche, donnait dans le même but, à 200 toises, vingt-
„une balles par coup.

„Le résultat des mêmes épreuves prouve encore qu'on
„peut élever ou abaisser la culasse des pieces d'un quart de
„pouce, & même d'un demi pouce, sans diminuer sensible-
„ment le produit du coup sur le but; avantage que l'on
„doit au peu d'écart que prend la cartouche à cause de la
„maniere dont les balles sont disposées & à la faculté qu'ont
„ces balles de former des ricochets.

„On sent combien cet avantage est considérable en ba-
„taille où l'on ne peut pas espérer que tout les Canoniers
„pointent avec la même précision que dans les Ecoles.

„D'après ce que nous venons de rapporter sur la por-
„tée des cartouches à grosses balles, on ne sera pas étonné
„que l'on soit tombé d'accord de préférer cette cartouche
„au boulet vers 400 toises pour la piece de 12; vers 350
„toises pour celle de 8; & vers 300 toises pour celle de
„4. Car sept ou huit grosses balles font immanquablement
„deux fois plus d'effet qu'un boulet, quand même on sup-
„poserait que ce boulet renverserait trois hommes de la file
„qu'il rencontrerait.

„Ainsi graces à ces nouvelles cartouches, on peut main-
„tenant tirer à cartouches à la distance où, de l'aveu même
„des

"des partiſans de l'ancienne Artillerie, le tir à boulet était
"encore fort incertain ; dans les diſtances où l'on peut em-
"ployer la petite cartouche, on a au moins trois fois plus
"de balles que les anciennes n'en fourniſſaient.

"Quelques perſonnes pourront peut-être demander pour-
"quoi on n'a pas porté les épreuves des nouvelles cartou-
"ches à des diſtances plus courtes que celles dont nous ve-
"nons de parler.

"Il eſt aiſé de ſentir que la piece de 12 & celle de 8,
"donnant à 200 toiſes, trente cinq & quarante balles par
"coup, & celle de 4 en fourniſſant au delà de vingt, il
"aurait fallu renouveller les buts à chaque inſtant, ce qui
"ſerait devenu trop cher, & l'on a ſenti par la progreſſion
"du nombre des balles portantes, à meſure qu'on diminuait
"les diſtances, qu'elles donneraient par centaines à des di-
"ſtances plus courtes.

"Dailleurs, nous obſerverons que le fuſil commençant
"à faire quelque effet vers 200 toiſes, ce n'eſt pas la peine
"d'avoir une piece qui tient en bataille la place de 24 hom-
"mes, & qui cauſe beaucoup plus d'ambarras & de dépenſe
"qu'eux, ſi cette piece ne produit que le même effet que
"ces 24 hommes.

"Quant à la ſupériorité qu'on pourrait penſer que les
"anciennes cartouches reprendraient ſur les nouvelles à cette
"diſtance, il eſt très-évident qu'elle n'aura pas lieu, qu'il n'y
"aura pas même égalité, ſuppoſa-t-on encore qu'il n'y eu
"pas à chaque coup ce nombre de balles briſées ou peloto-
"nées qui ſont autant de coups perdus pour l'effet général.
"Car puiſque les anciennes cartouches écartent incomparable-
"ment plus que les nouvelles, les gerbes que ces premieres
"formeront, feront moins garnies à proportion que les ger-
"bes des nouvelles; & comme d'ailleurs, dans ces gerbes,
"il ne ſe trouve qu'une portion qui donne ſur les troupes,
"cette portion, qui ſera un ſegment de la baſe de cette gerbe
"ou de ce cone, ne ſera pas plus riche que la baſe à pro-
"portion. Au contraire, plus la gerbe ſera petite, plus ſon
"grand

”grand cercle, le cercle percuffeur, fe rapprochera de la
”hauteur du bataillon ou de l'efcadron, plus il fera d'effet;
”pourvu qu'on ne fuppofe pas, comme en effet on ne peut
”pas le faire, que le bataillon foit plus près que 50 à 60
”toifes, diftance où les affaires fe décident par d'autres moyens
”dont il ne s'agit pas ici.

”Un des plus confidérables avantages qu'on ait encore
”trouvé à ces nouvelles cartouches, c'eft de produire de
”grand effets à la diftance où la Moufqueterie ne peut en-
”core déranger ni retarder le fervice de l'Artillerie, de forte
”que non-feulement elles triplent l'effet des anciennes cartou-
”ches, mais encore elles doublent, au moins, le temps où
”l'on peut fe fervir de ce tir deftructeur.

”L'effet des nouvelles cartouches, relativement aux an-
”ciennes, avait excité, ainfi que je l'ai dit, l'étonnement,
”d'abord de ceux qui devaient y être le plus préparés, c'eft-
”à-dire des Officiers d'Artillerie chargés des épreuves. Mais
”la grandeur de cet effet paraiffant incroyable, chacun a
”voulu s'en affurer. Ce qu'il y a eu de plus diftingué dans
”les militaires, à portée des Garnifons de Metz ou de Straf-
”bourg, c'eft empreffé à en être temoin & à en figner les
”procès verbaux; de forte que de tous les changemens faits
”dans l'Artillerie, c'eft peut-être celui dont l'avantage eft le
”plus généralement reconnu.

Cartouches à Balles ou Boîtes de fer-blanc.

Les cartouches à balles, telles qu'on les fait prefente-
ment, font des boîtes de fer-blanc du calibre du boulet au
fond defquelles eft fixé un culot de fer battu des dimenfions ci-après; dans cette boîte font arrangées les balles
de fer battu que l'on veut y mettre: la boîte eft fermée
avec un couvercle de *tole* de même diamétre que les culots,
par deffus lequel on replie le fer-blanc.

Dimen-

D'ARTILLERIE.

Dimensions des culots pour cartouches à balles. po. lig. pt.

de 12. { Diamètre - - - - - - - 4. 3. 0.
{ Epaisseur - - - - - - - 0. 3. 6.
de 8. { Diamètre - - - - - - - 3. 8. 3.
{ Epaisseur - - - - - - - 0. 3. 0.
de 4. { Diamètre - - - - - - - 2. 11. 6.
{ Epaisseur - - - - - - - 0. 2. 6.

Construction des Boîtes de fer-blanc.

Les feuilles de fer-blanc pour faire les boîtes doivent avoir les dimensions suivantes. Pour le calibre po. lig. pt.

de 12. { Longueur - - - - - - 13. 11. 3.
{ Largeur qui soutient la hauteur de la boîte - 9. 6. 0.
de 8. { Longueur - - - - - - - 12. 2. 6.
{ Largeur - - - - - - - 8. 7. 0.
de 4. { Longueur - - - - - - - 9. 9. 3.
{ Largeur - - - - - - - 6. 11. 0.

Le fer blanc destiné pour les boîtes étant coupé de grandeur convenable, l'ouvrier l'arrondit sur la Bigorne pour lui donner la forme seulement, puis il le place par un bout dans un passe boulet du calibre dont on veut faire la boîte: pour donner à la boîte toute l'extension qu'elle doit avoir, l'on force le fer-blanc à joindre le passe boulet par le moyen d'un cone tronqué que l'on enfonce jusqu'à-ce-que le fer-blanc le remplisse exactement; alors l'ouvrier y met un grain de soudure, ensuite ayant fait glisser le passe boulet à l'autre extrémité de la boîte, il y enfonce de même le cone tronqué & y met un second grain de soudure; par ces moyens la boîte se trouve arrêtée par ces deux bouts, & pour l'achever il ne reste qu'à la soudre tout le long.

Le cone tronqué dont on se sert pour forcer le fer-blanc contre l'intérieur du passe-boulet, a de diamètre au gros bout (auquel on fait un manche pour pouvoir le manier facilement) 1½ lig. de plus que celui du boulet, & le petit bout 1½ lig. de moins que le même diamétre du boulet.

L'on voit par la précaution que l'on prend de fondre la boîte dans le paffe boulet même qu'elle n'aura jamais extérieurement que le diamétre du boulet & qu'elle fera toujours de calibre; de plus en forçant par le moyen du cone tronqué le fer-blanc à remplir exactement le paffe boulet, l'on donne à la boîte toute la capacité poffible pour contenir les boulets que l'on veut y mettre.

La boîte étant foudée tout le long, l'on y met le culot, lequel fe place à un des bouts de maniere qu'il refte trois lignes de fer-blanc en dehors, lesquelles étant repliées fur le culot l'affujettiffent & l'empêchent de fortir; & pour qu'il ne puiffe monter l'on fait avec un poinçon trois ou quatre petits trous dans le fer-blanc, immédiatement au deffus du culot. Comme il pourroit arriver en repliant le fer-blanc fur le culot que la boîte devienne oblique au culot, ce qui feroit un défaut, on obvie à cet inconvénient en enfonçant dans la boîte jufqu'au culot un cylindre de $\frac{1}{2}$ lig. de diamétre de moins que l'intérieur de la boîte, lequel fert de bloc fur lequel on replie le fer-blanc.

Conftruction des Cartouches à Balles.

Les cartouches à balles defquelles M. M. les Infpecteurs ont décidé qu'on feroit ufage, font celles ci-après.

		po.	lig.	pt.
Pour calibre de 12. { à 41 Balles du diamétre de		1.	5.	0.
à 112		1.	0.	0.
Pour calibre de 8. { à 41		1.	2.	9.
à 112		0.	10.	6.
Pour calibre de 4. { à 41		0.	11.	10.
à 63		0.	10.	9.

Pour faire une cartouche à 41 Balles, l'on en met 7 au fond de la boîte, dont 6 touchent la circonférence intérieure de la boîte, & le feptieme remplit le vuide que laiffent au milieu les 6 autres; ces fept balles forment la premiere couche; la feconde couche fe fait auffi de 7 balles, dont les 6 autour fe placent dans les interftices des 6 premieres, & la feptieme fur celle du centre. La 3e, 4e, &

D'ARTILLERIE.

& 5me, couche gagnant toujours de la hauteur sur ses voisines, on ne peut pas en mettre au centre de la sixieme couche, qui par cette raison n'est composée que de six balles, moyennant quoi il n'entre que 41 dans toute la cartouche.

La seconde espece de cartouches du calibre de 12 & de 8, se fait avec 112 balles, à raison de huit couches de 14 balles chacune, la couche a dix balles autour & 4 au centre.

Quant aux cartouches de 63 balles pour le calibre de 4, elles ne peuvent s'arranger, on les y met sans ordre.

Aux calibres de 12 & de 8 les charges de poudre sont séparées des cartouches à balles, tant par rapport à la longueur qu'aurait la cartouche jointe à sa charge, qu'à cause du grand poids de la dite cartouche qui pourrait faire déchirer le sachet entre les mains de celui qui voudrait l'enlever; l'on attache le sachet de poudre aux cartouches à balles du calibre de 4 par le moyen d'un sabot de bois dur, dans lequel on pratique pour cet effet une rainure, & sur lequel est clouée la boîte de fer-blanc; l'on mettra sur ce sabot le culot de fer avant d'y clouer la boîte.

Les cartouches à balles ainsi faites portent très loin & font le plus grand effet.

La distance la plus convenable pour cesser à tirer à boulet est à 400 Toises pour le calibre de 12, 350 Toif. pour celui de 8, & 300 Toif. pour le 4.

Les cartouches à Balles sans leur charge pésent
celui de 12 - - - 20 Liv. 14 Onc.
- - 8 - - - 14 - 6 -
- - 4 - - - 7 - 8 -

Charges pour les cartouches à Balles
de 12 - - - 4 Liv. 4 Onc.
- 8 - - - 2 - 12 -
- 4 - - - 1 - 12 -

Charges des gargousses à Boulets
de 12 - - - 4 Liv.
- 8 - - - 2$\frac{1}{2}$ -
- 4 - - - 1 -

SECTION

Section Quatrieme.
Changemens relatifs aux fontes.

„Jusqu'à l'époque des mutations dont nous parlons, la
„partie des fontes avait été totalement abandonnée aux Fon-
„deurs. L'œil de l'Officier d'Artillerie, qui doit préfider à
„cette partie comme à toutes les autres, n'avait été compté
„que pour les réceptions. Et il eft aifé de fe former une
„idée de la maniere dont ces réceptions fe faifaient.

„D'abord on n'avait point de mefure plus fixe que les
„Pieds-de-roi ordinaires, qui différent quelquefois entre-
„eux de plufieurs lignes. Ce défaut de mefure fixe était
„commun à toutes les parties de l'Artillerie; mais il était
„bien plus de conféquence pour la partie des fontes, où
„l'on doit exiger les dimenfions les plus précifes.

„Il y avait fi peu d'exactitude dans la réception des
„pieces, à cet égard, qu'on trouve dans nos places, des
„pieces de même calibre dont les bouches ou les ames dif-
„férent entre-elles de deux lignes; d'autres où le métal eft
„diftribué avec une inégalité fenfible.

„La même inexactitude fe trouve dans les dimenfions
„extérieures; mais c'eft fur-tout relativement aux tourillons
„que cette inexactitude eft de conféquence.

„Il eft des pieces dont les deux tourillons font très-
„fenfiblement inégaux; dans d'autres ces tourillons font in-
„également placés fur l'axe de la piece; d'où il réfulte,

„1°. L'impoffibilité de placer la piece fur le milieu de
„l'Affut, ce qui oblige à laiffer plus d'ouverture aux flafques
„qu'il ne ferait néceffaire, & fouvent même à *délarder* un
„flafque pour en *rengraiffer* un autre, fans pouvoir cepen-
„dant empêcher la piece de fe jetter dans le tir fur un des
„côtés de l'Affut & de le disloquer en peu de tems.

„2°. L'impoffibilité de fubftituer des foubandes entieres
„aux heurtoirs & contre-heurtoirs, dont nous avons fait fen-
„tir plus haut les défauts & l'obligation de n'employer que
„des demi-foubandes qui permettent de recouper du bois à
„chaque

"chaque flasque relativement à la position & à la forme de
"chacun des tourillons.
 "3°. La nécessité d'affecter à un très-grand nombre de
"pieces des affuts particuliers.
 "On sent assez l'embarras où jettent ces inconvénients
"pour les approvisionnements d'Affuts & pour les rechan-
"ges.
 "Le manque d'exactitude dans la grosseur & dans l'em-
"placement des tourillons des Mortiers était le même; mais
"il avait moins de suite; ce vice étant d'une conséquence plus
"grande à mesure que la piece a plus de longueur.
 "Les tourillons des canons & des Mortiers avaient en-
"core le défaut commun d'être placés trop bas.
 "L'Ordonnance de 1732, avait placé l'axe des touril-
"lons des canons à un demi calibre au-dessous de l'axe de
"la piece pour pouvoir élever d'autant la genouillere, &
"couvrir par-là, d'environ trois pouces de plus, l'Affut &
"les rouages.
 "Cet avantage peut être de quelque considération en
"batterie. Mais cette position de l'axe contribuant au ploye-
"ment de la volée, puisque la piece fouette d'autant plus
"que son point d'appui est plus éloigné de son axe, il re-
"sterait au moins à examiner si l'accélération de la destruc-
"tion de la piece, qui résulte évidemment de cette posi-
"tion des tourillons, est assez balancée par l'avantage de
"couvrir en batterie l'Affut & les rouages de trois pouces
"de plus.
 "Mais cette question ne pouvant évidemment avoir lieu
"que pour des pieces qu'on met en batterie, elle ne pou-
"vait regarder l'Artillerie de Campagne. Ainsi, en attendant
"qu'on fut d'acord sur ce point relativement aux pieces de
"Siege, on a pris le parti de placer l'axe des tourillons des
"pieces de bataille seulement entre deux & trois lignes au-
"dessous de l'axe. On a donné ces deux lignes pour les er-
"reurs qui pouvaient se rencontrer dans la construction des
"pieces, afin que si, par mal-façon, l'axe des tourillons ve-
"nait

"naît à se rencontrer dans la construction de la piece, tant
"soit peu au-dessus de celui de la piece, la culasse ne fu
"pas dans le cas de lever à chaque coup.

"On a observé encore relativement aux tourillons, tant
"des pieces que des Mortiers, que le métal, dans la coulée,
"ne faisant pas ses affaissemens librement dans cette partie
"comme dans tout le reste, & que s'y refroidissant d'ailleurs
"plutôt, il y est nécessairement moins dense & moins uni :
"On a donc cru devoir suppléer par la quantité de matiere
"à l'altération que la fonte recevait nécessairement dans cette
"partie qui souffre tout l'effort.

"C'est en conséquence de ces réfléxions qu'on a donné
"aux tourillons des canons & des Mortiers, des embazes,
"qui, outre l'avantage de les renforcer, ont encore celui de
"les mieux contenir dans l'encastrement & en déterminant
"mieux leur position, de ménager davantage les Affuts.

"On avait aussi proposé de supprimer ces ressauts de
"métal qu'on appelle *Renforts;* & cela par la raison que
"l'effort de la poudre n'augmentant ni ne diminuant point par
"ressaut, mais par une progression successive sur la longueur
"de la piece, il paraissait plus raisonnable de distribuer le
"métal uniformément de la plus grande épaisseur à la plus
"petite.

"Mais cette vérité trouvant dans l'éxécution quelques
"difficultés relatives à la commodité des Fondeurs, on s'est
"contenté de s'en rapprocher autant qu'on a pu.

"Pour remédier aux inconvénients bien plus grands qui
"résultaient généralement de l'inexactitude des proportions
"tant extérieures qu'intérieures, il a fallu changer absolu-
"ment la forme établie jusques-là pour les réceptions, &
"resserrer dans les bornes les plus étroites les variations qu'-
"on accordait aux Fondeurs.

"Je ne puis ici entrer dans le détail de toutes les pré-
"cautions qu'on a prises à cet égard; il me suffit de dire
"qu'on ne laisse plus aux Fondeurs que trois points de va-
"riation sur les diamétres de tous les cercles tant intérieurs
"qu'ex-

"qu'extérieurs, deux points sur l'emplacement des tourillons,
"& une demi ligne sur les longueurs.

"On a porté même la perfection dans ce genre jusqu'à
"les rendre responsables de cette légere variation même après
"l'effet des coups d'épreuves..

"Pour cela il a fallu établir des instruments de vérifi-
"cation qui fussent d'une extrême sensibilité, & point sujets
"aux variations, & sur-tout partir d'une mesure fixe & ex-
"acte. Aussi a-t-on établi dans toutes les fonderies, ainsi que
"dans tous les Arsenaux, relativement aux autres construc-
"tions, une mesure en cuivre étalonnée avec le plus grand
"soin, & qui est devenue, dans tous les genres, le principe
"de l'uniformité & de la précision également ignorées jus-
"qu'alors & aujourd'hui si rigoureusement établies.

"Mais on ne s'est pas contenté de s'assurer des moin-
"dres défauts d'exactitude dans les proportions intérieures &
"extérieures, & des vices de la fonte que les coups d'é-
"preuve & l'examen des réceptions peuvent faire découvrir.
"On a voulu même que les fontes fussent suivies de leur
"principe, & on y a attaché particulierement des Officiers
"qui puissent se former dans cette partie; ce qui n'avait ja-
"mais été fait.

"C'est sur-tout pour mettre ces Officiers dans le cas
"de mieux surveiller les fontes, qu'on a décidé qu'elles se-
"raient toutes tournées extérieurement. Car le tour décou-
"vre tous les défauts du métal que la tranche, le marteau
"& la lime qu'on employait ci-devant sur l'extérieur des pie-
"ces ne servent qu'à cacher.

"Cette opération a encore l'avantage de vérifier d'abord
"si les tourillons ont été coulés l'un bien vis-à-vis de l'autre,
"& même de les y ramener rigoureusement s'ils ont été
"manqués à la fonte.

"On a objecté que l'enveloppe extérieure de la piece
"étant la partie du métal la plus dure, il fallait la conser-
"ver pour mieux conserver la piece.

”Mais ceux qui ont fait cette objection n'ont pas fait
”attention qu'à moins d'un vice capital dans la fonte qui
”met d'abord une piece hors de service, elle ne périt ja-
”mais que par les battements des boulets qui refoulent le
”métal successivement sur lui-même, & que ces refoulements
”ne parviennent jamais à l'extérieur que long-temps après
”que la piece a perdu sa direction, & par conséquent lors-
”qu'elle est totalement hors de service.

”On a vu que les pieces de bataille, qui ont beaucoup
”moins d'épaisseur de métal que celles de Place & de Siege,
”perdaient de même leur direction bien avant que les batte-
”ments eussent fait aucune impression sur l'extérieur.

”Ainsi une piece à laquelle on ajouterait l'enveloppe la
”plus dure, n'en durerait pas un moment de plus, puisque
”sa destruction ne provient que du refoulement intérieur du
”métal sur lui-même.

”Un des changemens des plus importants qu'on ait fait
”dans les fontes, mais qui ne regarde que les Mortiers, c'est
”de les couler à noyau.

”On sait qu'autrefois on les y coulait aussi de même
”que les canons. On avait quitté cet usage parceque la di-
”rection de l'ame étant déterminée par celle du noyau, ne
”pouvait jamais être droite, le noyau ne pouvant, lors de la
”coulée, soutenir la chaleur du métal fondu, sans se déjet-
”ter considérablement.

”Ce principe d'autant plus vrai que les pieces sont
”plus longues, était, comme on voit, de peu d'importance
”pour les Mortiers qui ont l'ame courte. On l'avait cepen-
”dant adopté pour eux comme pour les canons, sans exa-
”miner si le petit avantage qu'il présentait pour les Mortiers
”n'entraînait pas pour eux un inconvénient bien plus consi-
”dérable que dans la coulée des canons.

”Cet inconvénient plus considérable ayant été démon-
”tré dans les épreuves qu'on avait faites sur les gros Mor-
”tiers, on a changé de méthode.

”En

„En effet, l'examen attentif qu'on fit toujours dans ces
„épreuves de l'état des différents Mortiers après avoir tiré,
„a fait voir constamment que l'étain qui entrait dans l'alliage
„se rassemblait au centre du Mortier, & sur-tout dans la
„chambre, où ne tardant pas à se fondre, il occasionnait,
„après des coups de sifflets, des crevasses considérables.

„On a pensé avec raison que l'étain restant nécessaire-
„ment plus long-temps en fusion que le cuivre, devait être
„pressé par ce métal & ramené du pourtour de la piece,
„par où le refroidissement commence, au centre où il finit.

„Et comme ce phénomene devait d'autant plus avoir
„lieu que la masse de fonte était plus considérable, on en
„conclut que les canons devaient moins souffrir à cet égard
„que les Mortiers & que ceux-ci seraient moins sujets aux
„accidents causés par la réunion de l'étain en les coulant à
„noyau comme on faisoit autrefois; & c'est en effet ce que
„l'expérience a démontré.

„Les mêmes expériences ont encore conduit à établir
„entre la fonte des canons & celle des Mortiers une autre
„différence.

„On donnait indistinctement à ces deux especes d'ar-
„mes, des *masses de lumiere*, c'est à dire des masses de cui-
„vre forgées qu'on introduisait dans le moule à l'emplace-
„ment de la lumiere, & qui se trouvant ensuite fixées après
„la coulée dans le corps de la piece, donnaient la facilité
„de pratiquer la lumiere dans une matiere plus résistante à
„ce genre d'effort que la fonte ordinaire.

„Mais on avait observé, par l'usage, que ces masses de
„lumiere se courbaient & souvent même se fondaient en tout
„ou en partie, de façon que, dans la plûpart des pieces,
„la lumiere n'était percée dans la masse de cuivre forgée que
„sur une épaisseur assez petite; le reste de cette lumiere se trou-
„vant traverser le métal ordinaire qui s'égraine fort vîte à cet
„endroit & qui ne peut être que d'une faible résistance.

„On avait donc proposé de remplacer ces masses de lu-
„miere par des grains de même matiere mis à froid; cette
„pro-

„propofition, faite depuis long-temps, ayant été vérifiée
„par les épreuves faites fur les canons, avait été adoptée
„pour eux.

„Il était à préfumer que par les mêmes raifons elle
„conviendrait aux Mortiers. C'eft cependant ce qui s'eft
„trouvé démenti par l'expérience toujours confultée dans les
„épreuves de Strafbourg lors même que ce raifonnement
„femblait préfenter les inductions les plus certaines.

„D'après cette expérience on a donc décidé que les
„Mortiers auraient des Maffes de lumiere; & les canons des
„grains viffés à froid.

„Cette diverfité dans les lumieres des bouches à feu,
„femble préfenter une contradiction révoltante malgré l'au-
„torité de l'expérience. Le raifonnement cependant juftifie
„cette autorité.

„Car cette diverfité vient de ce que les Mortiers étant
„coulés à noyeau, la maffe de métal en eft moins confidé-
„rable que dans les canons qui continuent à être coulés
„pleins; d'où il fuit que les maffes de lumiere effuyant un
„moindre degré de chaleur, & l'effuyant moins long-temps,
„font moins expofés à fe fondre.

„Au refte, le raifonnement doit fe taire auprès de l'ex-
„périence; & dans tous les objets de Phyfique, il faut tou-
„jours adopter les réfultats de cette derniere quand ils font
„conftants, quelques difficiles qu'ils paraiffent à concilier avec
„d'autres faits, ou avec des idées de Théorie.

„C'eft à ce principe, toujours fuivi dans les épreuves
„qui ont décidé les mutations de l'Artillerie & à l'attention
„continuelle de n'admettre rien & de ne conferver rien dont
„on n'appréciat la valeur par l'expérience, qu'on doit la cer-
„titude des opérations qui ont décidé de ces mutations.

„En terminant l'Article des fontes, je crois devoir dire
„un mot fur la fuppreffion des ces armoiries, de ces orne-
„ments difpendieux que quelques perfonnes ont paru regret-
„ter. Il fuffit de dire que cette fuppreffion fut encore la
„fuite de l'efprit qui préfida à la formation de la nouvelle
„Ar-

"Artillerie, & qui ramenant toutes les vues, toutes les dé-
"penses sur les objets essentiels, ne permit de songer au su-
"perflu que pour le reformer.

On renvoie le lecteur par rapport à quelques détails sur la fabrique des pieces au Memoire sur la fonte des pieces de campagne; & on donné ici l'instrument inventé par M. de *Gribeauval* pour la visite des pieces dont il est fait mention dans ce memoire.

DESCRIPTION D'UN INSTRUMENT
inventé par M. de Gribeauval *pour servir en place du Chat dont on a fait usage à la réception des pieces.*
Planche XXII.

Cet instrument a deux avantages importans sur l'ancien chat; le premier est, d'indiquer avec la derniere précision la profondeur des chambres ou porosités de l'ame; la seconde de faire connoître avec non moins d'exactitude la profondeur des enfoncemens que l'effort du fluide imprime à la matiere, c'est à dire contre les parois de l'ame à l'endroit où la charge touche au boulet, inconvénient dont il est parlé dans le mémoire d'instruction, & sur lequel l'ancien chat ne donnoit aucun éclaircissement.

L'instrument est composé du Plateau ou culot de cuivre *A* garni de quatre Pointes d'acier, dont *a*, *b* & une troisieme placée vis à vis de *b* sont vissées au plateau; la quatrieme *d* est mobile & adhérante à une Languette de cuivre de l'épaisseur du plateau, la languette se termine en *e* & se loge dans une entaille coupée d'après sa largeur dans le plateau. Deux plaques *c*, *c* ferment le dessus & le dessous de l'entaille; de sorte que la languette s'y trouve emboîtée, & n'a d'issue que du côté de sa pointe destinée à sonder les enfoncemens de la matiere. Si on découvre quelque chambre par une des pointes fixes, il est aisé d'y faire convenir la pointe mobile en tournant l'instrument.
La

La Languette est percée obliquement à raison de l'équarissage & de l'inclinaison d'une Branche f qui doit traverser la languette & les plaques c, c qui sont aussi percées pour cet effet. La branche f se monte sur une espece de Piston g diminué en h, & la branche de même que le piston traversent le plateau, au dessus duquel elles sont assemblées par une autre languette ou rivure i & l'écrou k, pour que la branche puisse conserver son inclinaison avec le piston. Cette inclinaison se prend de la maniere suivante. On ajoute 4 lig. à la distance du centre du plateau jusqu'à l'entaille de la languette en n, pour avoir l'éloignement lm, de la branche f du piston h. Le bras o est adhérant à la branche & lui sert d'écrou pour pouvoir la visser sur le piston en l.

B est un cylindre creux ouvert par en-bas, & fermé par le haut à l'exception d'une ouverture y pour le passage du piston. Les bras p, q, r servent de supports au plateau, & y sont vissés de même qu'au cylindre, à l'aide duquel & de la vis s on monte & fixe l'instrument sur une hampe de bois, qui doit dépasser la longueur de l'ame de 5 à 6 pouc.; elle doit aussi avoir une coulisse ou rainure pour loger la verge de fer D que l'on visse dans le piston g. Cette verge doit à son tour dépasser la hampe de 5 à 6 pouc. & ce bout sert de manche.

L'instrument étant monté, on l'introduit jusqu'au fond de l'ame de la piece, & on trace un trait v sur la hampe & sur la verge rasant le bouche; on part de ce trait pour porter sur la verge de fer de v en w la longueur du piston h comprise entre le point l & le plateau, qui est ici de 2 pouc. Cette longueur se divise en quatre parties principales de 6 lig. chacune, & en moindres si l'on veut.

Considérant maintenant que la pointe mobile a 4 lig. de longueur, & que l'inclinaison de la branche f vers le piston h est pareillement de 4 lig.; il suit que si l'on pousse le piston gh en avant à l'aide de la verge D jusqu'à ce que le bras o joigne le plateau, c'est à dire de deux pouces;

ces; qu'alors la languette armée de la pointe mobile *d* avancera de 4 lig. parceque la branche *f* traverfant la languette doit néceffairement l'entraîner en avant autant qu'eft grande fon inclinaifon vers le pifton; or cette inclinaifon eft de 4 lig. Au dehors de l'ame on obfervera auffi pour lors que le point *w*, extrémité des 2 po. tracés fur la verge, répond au trait *v* de la hampe; ainfi leur rencontre ou éloignement détermine de combien la pointe mobile eft fortie de fon étui, & par conféquent qu'elle profondeur a la chambre trouvée, car on en induit qu'elle n'aura que deux lig. fi le point *v* n'eft atteint que par la moitié de l'échelle, & ainfi du refte. Les fubdivifions donnent avec plus de précifion cette profondeur des chambres, de même que les élargiffemens de l'ame.

On effaye de pouffer la verge en avant; fi on peut le faire au-de-là des trois lig. d'après l'échelle c'eft marqué que l'effort de la pointe excede les 6 pt. du vent que l'on a donné au jeu de l'inftrument.

On peut fe tracer une échelle en pieds & pouc. fur la hampe en partant du plateau; alors on aura le double avantage de déterminer par un coup d'œil la profondeur des chambres & leur diftance de la bouche, condition qui les rend plus ou moins pernicieufes.

L'inftrument repréfenté dans la XXII Planche ne peut fervir que pour un feul calibre; pour le rendre plus univerfel il n'y a qu'à fe pourvoir d'une pointe mobile pour chaque calibre différent; quant aux pointes fixes on peut les conftruire de maniere qu'elles coulent dans une couliffe fur le plateau, où on les fixera fuivant le calibre des pieces.

Pour vérifier fi l'inftrument a le calibre jufte, on fe fert de la *Double Equerre A* avec fa régle mobile *a*. Sur les deux côtés des branches fixes *c c* eft tracé une échelle d'un demi pied, divifée en parties duodecimales d'un côté, & en décimales fur le revers.

T   L'in-

L'intérieur de ce quadre fert à mefurer le diamétre des corps, & les pointes *d d* dont l'une eft mobile à faifir le calibre des creux.

On voit par là combien l'ufage de cette double équerre eft commode: on en fait ufage non feulement pour déterminer le diamétre du chat, mais encore pour fixer & vérifier celui des boulets, paffe boulets, lunettes & mandrins de toute efpece.

Cette équerre eft de cuivre, & l'échelle en eft étalonnée avec le plus grand foin.

PLANCHE XXII.

Repréfentation de l'inftrument inventé par M. de *Gribeauval* pour la vifite des pieces.

Fig. 1. *Inftrument monté fur la hampe, vu de côté.*
—— 2. *Plateau avec l'emplacement des pointes & bras de fupport, moitié vu en deffus, moitié en deffous.*
—— 3. *Bras de fupports viffés au cylindre.*
—— 4. *Plaques* c, *moitié de la piece fupérieure, moitié de l'inférieure.*
—— 5. *Double Equerre.*

Rr. La fignification des autres lettres fe trouve dans la defcription précédente. Les figures de l'inftrument fervant de chat font de grandeur naturelle.

Section Cinquieme.
Réception des fers coulés.

"L'exactitude qu'on a mife dans la réception des Ca-
"nons & des Mortiers, fe retrouve avec la même rigueur
"dans celle des boulets & des bombes.

"On ne s'était mis jufqu'alors en garde, ainfi que nous
"venons de le dire en parlant des fontes, que contre les
"boulets & les bombes qui ne pouvaient entrer dans les
"pie-

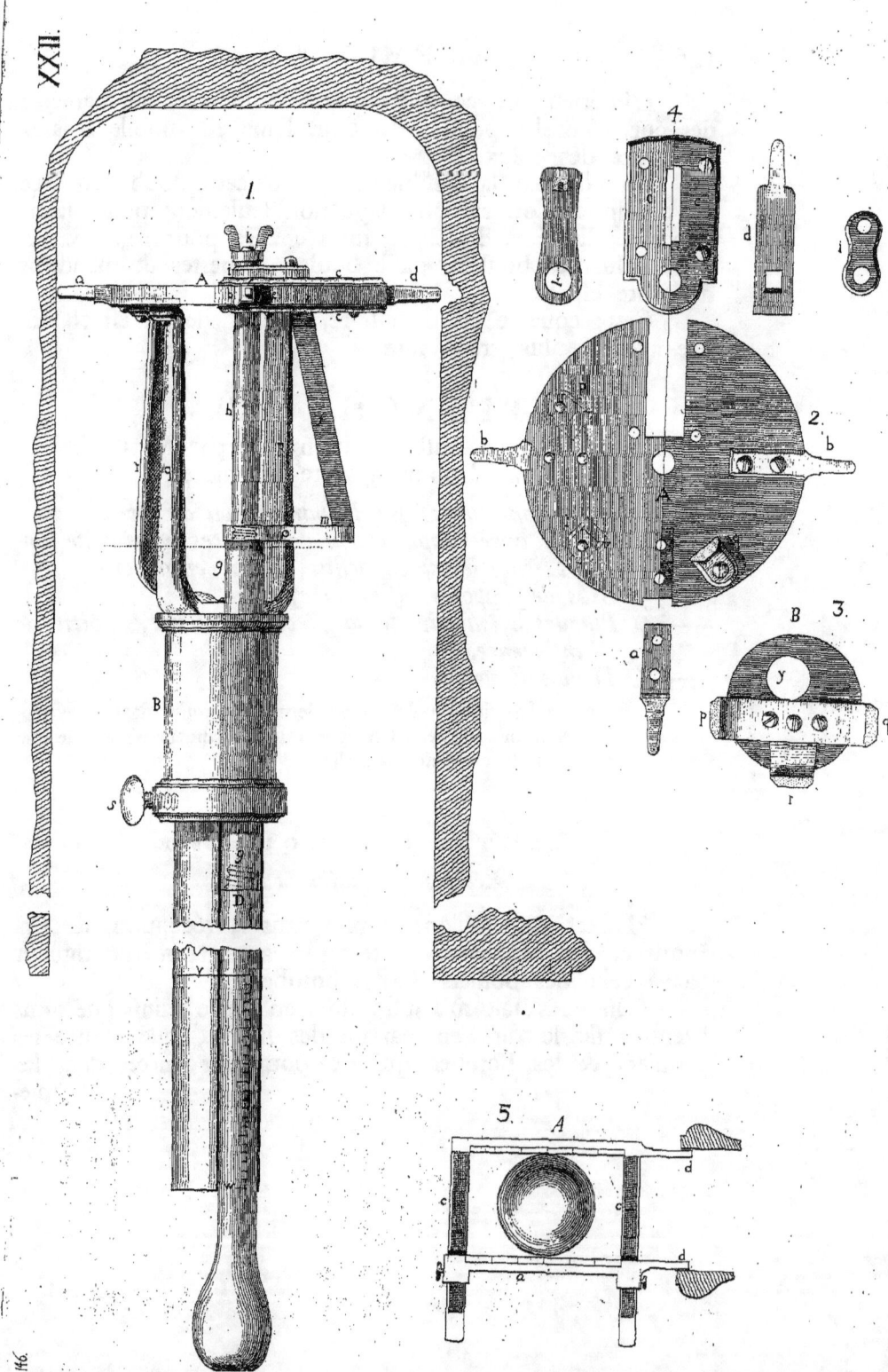

”pieces. Les inconvénients extrêmes qui réfultent de l'ex-
”cès du vent, tant pour la conservation des pieces que pour
”la justesse des coups, étant apparemment mal sentis, on
”n'avait point cherché à y parer. Il n'y avait rien de dé-
”terminé à cet égard. Le trop gros était rebuté par la lu-
”nette de réception : le trop petit dépendait du caprice de
”celui qui recevait. Eut-il envie même d'être févere, il
”n'avait pas de terme pour fixer sa séverité. Aussi recevait-
”on tout. L'intérêt seul des fournisseurs qui les engage à
”fournir les calibres forts de préférence à les fournir fai-
”bles, était le principe qui arrêtait le trop petit à de cer-
”taines bornes.

”Il est aujourd'hui fixé dans tous les calibres pour les
”bombes & boulets par des lunettes particulieres ; & l'en-
”trepreneur n'a plus que neuf points, ou trois quarts de
”ligne au-dessous du diamétre, fixés à partir de la mesure
”uniforme des Arsenaux dont nous venons de parler.*

”Mais comme on ne peut mesurer à la fois qu'un grand
”cercle de boulet avec la lunette, il aurait pu se faire que
”malgré l'attention de présenter le boulet à cette lunette sur
”plusieurs sens, on eut manqué un diamétre plus grand que
”les autres, ou une excroissance qui aurait arrêté le boulet
”en roulant dans la piece, on a décidé que les boulets, après
”avoir passés par la lunette, passeraient ensuite dans un cy-
”lindre qui aurait une ligne de diamétre moins que la piece,
”& que tous ceux qui s'y arrêtaient seraient rebutés.

”Le trop petit est décidé par une lunette qui a 9
”points d'ouverture de moins que la grande ; & il suffit
”qu'un boulet puisse y passer en tel sens que ce soit pour
”être rebuté.

”Mais comme par l'usage, les dimensions de ces lunet-
”tes & de ces cylindres, qui font la base de cette opération,
”font

* On avait proposé de fixer cette variation à six points. Les entrepreneurs, peu accoutumés à la précision, en ont demandé neuf, & on
les leur a accordés. Mais on a vu, depuis, par l'usage, qu'on pourra,
dès qu'on le voudra, les restreindre aisément à six points.

”font dans le cas de s'altérer, on a grand foin de les véri-
”fier de temps-en-temps, & d'en refaire d'autres lorfque la
”diminution paffe deux points.

Des Boulets.

Il a été fait mention dans plufieurs endroits de ces Mémoires, des raifons qui ont fait diminuer le vent des boulets & des avantages qui en réfultent. Mais il n'a pas été dit quels moyens on met en ufage pour obtenir ces diamétres précis & cette figure exactement fphérique fans lesquels la réduction du vent à une feule lig. deviendroit une fource d'inconvéniens dans le fervice par la difficulté que les boulets auroient à rouler fans obftacle dans l'ame des pieces; il en feroit de même de ceux qui feroient mal ébarbés. Il a donc été néceffaire d'employer des moyens plus capable de procurer cette fphéricité parfaite & ces diamétres exacts aux boulets que ne le leur peut donner la fonte feule.

D'abord en fondant les boulets dans les forges on leur a donné exprès plus de diamétre qu'ils n'en doivent avoir; enfuite on les rougit dans des fours conftruits pour cet effet, d'où on les retire pour les expofer fous un martinet par lequel ils font battus j'ufqu'à-ce qu'ils ayent le diamétre prefcrit.

Pour tirer parti des boulets exiftans avant cette réduction du vent, on a choifi le petit nombre qui fe rapportoient aux nouveaux diamétres; les trop petits ont été réduits aux calibres inférieurs, de forte que les boulets de 24 ont paffé au calibre de 16, ceux de 12 au 8, & le 8 au 4: Mais comme il falloit beaucoup baiffer la matiére pour cet effet, on les rougit premierement dans les fours pour les ratiffer plus aifément fur un tour.

Des Bombes.

On a remarqué que les Anfes ordinaires que l'on a jufqu'ici coulé aux bombes, font fort fujettes à être brifées,
&

pag.149.   XXIII.

& qu'après cet accident les bombes ne donnant ni de portée juſte, ni ne pouvant être placés avec facilité dans le mortier, n'étoient gueres plus propres à ſon ſervice. On a taché d'y remédier par une autre conſtruction d'anſes moins ſaillantes & par conſéquent moins fragiles.

Ces nouvelles Anſes ont 13 lig. de ſaillie, & ſont maſſives & coulées avec le corps de la bombe; elles ſont ſeulement percées d'un petit trou de 5 lig. de largeur deſtiné à contenir un anneau de fer-battu de 2 pouc. 6 lig. de diamétre, & de 4 lig. d'épaiſſeur. Si l'anneau rompt il eſt facile & peu coûteux d'en remettre un autre: Par ce moyen on conſerve beaucoup de bombes qu'il falloit autrefois rebuter ou conſumer ſans ſuccès.

On a encore changé la maniere de renforcer le culot: Il eſt formé par une ligne droite perpendiculaire ſur l'axe de la bombe; l'épaiſſeur de la matiere eſt de 18 lig. aux bombes de 12 & de 10 pouc., à l'exception du culot, dont l'épaiſſeur au plus fort eſt de 27 lig. à celles de 12 & de 24 lig. à celles de 10 pouc. Cette méthode eſt plus commode pour les fondeurs pour couler les bombes d'une égale épaiſſeur. On objecte que ce culot n'éclatant point au crévement de la bombe, reſte ſans effet; mais tout l'hémiſphere inférieur des anciennes bombes étoit pour le moins autant ſujet à ce défaut, parcequ'ayant partout plus d'épaiſſeur que l'hémiſphere ſupérieur, l'effort de la poudre ſe tournoit entierement du côté de ce dernier, & laiſſoit preſque toute la partie inférieure entiere.

Pour ébarber & ratiſſer les bombes on les fait auſſi rougir, mais à un feu moins vif que les boulets; ce qui ſeroit ſuperflu, puiſqu'on n'oſeroit expoſer les bombes dans cet état au martinet.

PLANCHE XXIII.

Deſſeins des nouvelles Bombes pour Mortiers de 12 & 10 pouc.

 Fig. 1. *Profil d'une Bombe de 12 pouc.*
 —— 2. *La même vu par en haut.*

Fig. 3. *Coupe d'une Bombe de* 10 *pouc.*
—— 4. *Profil de la même, mais vue dans un autre sens que la bombe de* 12 *pouc.*
L'échelle eft de 3 pouc. pour pied.

SECTION SIXIEME.
Des nouvelles conftructions; leur uniformité; leur précifion; leur prix; facilité des rechanges.

"Ce qui diftingue fingulierement les nouvelles conftruc-
"tion en général de toutes les anciennes, c'eft une précifion
"extrême dans les proportions de toutes les parties qui les
"compofent, un affemblage exact & une uniformité rigou-
"reufe qui en eft la fuite.

"On fait quel a été, à cet égard, l'état des conftructions
"de l'Artillerie jufqu'aux mutations dont nous parlons. On
"fait que chaque Arfenal avait fes proportions particulieres,
"que les Officiers qui y étaient employés fe tranfmettaient
"héréditairement.

"La voie même du charoi d'un département d'Artille-
"rie, était différente de la voie d'un autre département, de
"forte que lorfqu'un équipage conftruit à Douai venait à
"fe réunir à un équipage conftruit à Metz ou à Strafbourg
"ou à Auxone, les voitures des uns & des autres mêlées
"enfemble, roulaient fucceffivement dans des voies diffé-
"rentes.

"Mais cet inconvénient de la voie, était peu de chofe
"auprès de l'embarras des rechanges. Roues, Effieux, Ti-
"mons, Avant-trains, Arriere-trains, tout était different. Cha-
"que équipage avait fes rechanges particuliers, qui n'étant
"point même afservis entre-eux à des dimenfions précifes,
"à beaucoup près, allaient mal à la premiere préfentation &
"avaient toujours befoin d'être retouchés.

"Il falloit mettre des reperts aux pieces deftinées à for-
"mer un même affemblage, & pour touver les reperts, il
"fallait

„fallait souvent manier toutes les pieces des autres affembla-
„ges; souvent même elles ne fe trouvaient pas.

„On fent facilement quelles conféquences une pareille
„conftitution devait entraîner pour toutes les réparations;
„les radoubs à faire au parc, & fur-tout dans les marches,
„& bien plus encore dans les retraites où les rechanges de-
„viennent très preffés, & faute de pouvoir s'éxécuter avec
„célérité, obligent d'abandonner des effets à l'ennemi.

„Cet horrible abus, qu'on ne pouvait regarder que com-
„me une fuite de l'ancienne barbarie de nos peres, a été en-
„tiérement corrigé. Non feulement on a établi une même
„voie pour tout le charoi de l'Artillerie; non feulement il
„a été décidé que toutes les conftructions feraient uniformes
„dans tous les Arfenaux, mais on a porté la précifion de
„l'uniformité au point, qu'une jante, un moyeu, une entre-
„toife, un boulon, une foubande, une partie quelconque d'un
„Affut, d'un caiffon, d'un chariot, d'un Avant-train, con-
„ftruit à Auxone, par exemple, s'affemble à la premiere pré-
„fentation avec les parties correfpondantes de l'attirail de
„même efpece conftruit à Strafbourg, à Douai ou à Metz;
„& cela avec plus de facilité qu'on n'affemblait autre fois
„une roue, & un Effieu conftruits dans un même Arfenal
„& pour les voitures de même efpece; mais dans des temps
„ou par des ouvriers différents.

„Pour cela il a fallu porter l'exactitude de l'exécution
„jufqu'au fcrupule; c'eft auffi ce qu'on a fait. On a adreffé
„à chaque Arfenal de conftruction une table exacte de tou-
„tes les dimenfions déterminées jufqu'à moins d'un quart
„de ligne, à partir de la mefure uniforme dont nous avons
„parlé & qui doit fervir de terme fixe à toutes les mefures
„pour le préfent & pour l'avenir.

„Des patrons dreffés en conféquence ont affuré la ré-
„gularité des principales formes dans le charonage; des man-
„drins, celle des concavités; & des lunettes, celle des con-
„vexités. Les différents efpacements ont été de même dé-
„terminés par des regles de fer pour les pieces les plus in-
„té-

„téreſſantes de chaque attirail. Il en a coûté d'abord aux
„ouvriers de l'Artillerie pour s'aſſervir à cette préciſion igno-
„rée ordinairement même dans les ouvrages de ce genre
„qu'on travaille à grand prix pour les particuliers.

„Mais par l'attention des Directeurs des Arſenaux &
„leur inflexibilité à rebuter les ouvrages qui ne ſont pas
„exactement conformes aux dimenſions preſcrites, & par
„la forme qu'on a fixée pour la réception des ouvrages &
„pour leur reviſion, & ſur-tout par les ſecours qu'on a don-
„nés aux ouvriers pour juger eux-mêmes leur ouvrage, &
„par-là leur éviter les rebuts, & même pour les faire arri-
„ver facilement à l'exactitude qu'on leur demandait, on s'eſt
„élevé en très-peu de temps à une préciſion dans tous les
„genres de conſtruction à laquelle il ſemblait qu'il n'étoit pas
„poſſible de prétendre pour des travaux de cette eſpece.

„Cette préciſion portée à un degré incroyable à qui-
„conque n'a pas vu les nouveaux attirails, a produit dans
„tous les aſſemblages une vigueur, non-ſeulement égale, mais
„même ſupérieure à celle que les anciens attirails recevaient
„de cette épaiſſeur qui les appéſantiſſait dans toutes leurs
„parties.

„De cette préciſion, il eſt encore réſulté une propreté
„à peine connue dans les ouvrages que des ouvriers chére-
„ment payés exécutent pour les particuliers. Cette propreté
„qu'on pourrait regarder comme ſuperflue dans les attirails
„d'Artillerie, n'eſt pas l'objet qu'on s'eſt propoſé; mais elle
„eſt la conſéquence & la preuve de la préciſion inutilement
„déſirée juſques là & ſi rigoureuſement obtenue.

„Il eſt aſſez naturel de croire que ces nouvelles conſ-
„tructions, exécutées avec une exactitude ſi recherchée, exi-
„gent beaucoup plus de temps & ſont par conséquent beau-
„coup plus cheres que les anciennes dont elles différent à
„tant d'égards. C'eſt cependant ce qui n'eſt pas, ſi l'on en
„excepte les ſeuls Caiſſons.

„Cette vérité paraît incroyable. Mais on ſe le perſua-
„dera plus facilement lorſqu'on ſaura que les forgerons ont
„pour

"pour chaque piece, des matrices & des mandrins, au moyen
"desquels ils lui donnent, sans tâtonner, la courbure & les
"dimensions prescrites, & qu'ils ont la même facilité pour
"y percer tous les trous qu'elle doit avoir & pour le faire
"avec la plus grande exactitude, soit pour leur emplacement,
"soit pour la grandeur de leur ouverture.

"Les ouvriers en bois ont de même des patrons & des
"calibres pour vérifier toutes leurs pieces.

"Ainsi dans les nouvelles constructions, tout aidant &
"dirigeant l'ouvrier à chaque pas qu'il fait, tout s'exécute
"avec facilité & sûreté. Dans les anciennes, rien n'assurait
"sa main, il fallait qu'il allat toujours en tâtonnant; & quoi
"qu'on n'exigeat pas de lui une grande précision, il lui fal-
"loit toujours celle qui est nécessaire pour les assemblages,
"même imparfaits, dont on se contentait; & cette précision
"grossiere, par le défaut de moyens pour y arriver, lui coû-
"tait beaucoup plus que la précision rigoureuse qu'on lui de-
"mande aujourd'hui & que tout lui facilite.

"Ainsi un Affut quelconque, un chariot, un Avant-train
"du nouveau modele, quoique ne pouvant entrer dans au-
"cune comparaison avec les anciens attirails du même genre,
"ni pour la précision & la propreté de forme & d'exécution,
"ni pour la solidité qui en résulte, coûtent moins de temps
"à construire que ces derniers ne coûtaient.

"Les caissons qui, de tous les attirails que nous avions
"dans la derniere guerre, sont ceux qui se sont le moins
"éloignés de l'ancienne forme, sont cependant les seuls qui
"exigent plus de temps & de dépense pour leur construc-
"tion. Cette augmentation résulte des ferrures nouvelles
"plus exactes & plus renforcées que les anciennes qui étaient
"sujettes à manquer, & par lesquelles on leur a assuré plus
"de solidité & sur-tout cette clôture exacte qui décide de la
"conservation des munitions qu'on leur confie. Ces avan-
"tages ont paru trop précieux pour balancer sur une mé-
"diocre augmentation de dépense.

U "Mais

″Mais l'objet principal qu'on s'eſt propoſé dans cette
″rigoureuſe exactitude des conſtructions nouvelles, c'eſt la fa-
″cilité des rechanges qui n'exiſtait dans l'ancienne Artillerie
″que de la maniere le plus imparfaite, ainſi qu'on l'a vu.

″C'eſt pour étendre encore cette importante facilité qu'
″on s'eſt attaché à réunir ſous les mêmes proportions, le
″plus de conſtructions différentes qu'on a pu ; c'eſt dans cet
″eſprit qu'on a déterminé.

″1°. Que toutes les roues d'Avant-train auraient la mê-
″me hauteur, les mêmes boëtes & la même longueur de
″moyeux, & que celles des Affuts & des caiſſons, de 4,
″ne différeraient des autres roues d'Avant-trains, que par
″plus de légéreté.

″2°. Que les grandes roues de chariot & de caiſſon
″auraient toutes auſſi la même hauteur entre-elles & des
″boëtes pareilles, qui ſont les mêmes que celles de l'Affut
″de 4.

″3°. Qu'il en ſerait pour les grandes roues des caiſſons
″de 4, comme il en était des petites de ce même caiſſon
″relativement aux roues de même eſpece des autres caiſſons,
″dont elles ne différaient que par plus de légéreté.

″Il n'était pas poſſible de mettre les roues des Affuts
″des différents calibres à la même hauteur entre-elles & en-
″core moins à la hauteur des grandes roues de chariot ſans
″donner aux Affuts plus de longueur que leur ſervice n'exi-
″geait, & conſéquemment ſans les rendre plus lourds à la
″manœuvre ; ce qui eut été ſacrifier l'avantage principal. Il
″a donc fallu reſtreindre la facilité des rechanges, à cet
″égard, & ſe réduire à donner aux Affuts de 12 & de 8,
″ſeulement, des roues de même hauteur qui peuvent par
″conſéquent ſervir au beſoin l'une pour l'autre ; & à l'Af-
″fut de 4, des roues aſſez approchantes des grandes roues
″de chariot pour pouvoir marcher avec, quoiqu'en boîtant
″un peu.

″C'eſt par le même principe de la facilité des rechan-
″ges qu'on a encore voulu que tous les Eſſieux des Arriere-
trains

"trains de tous les caissons, chariots & autres voitures que
"les Affuts de 12 & de 8, ainsi que ceux de tous les Avant-
"trains sans exception, eussent les mêmes dimensions; de
"sorte que tous les Essieux peuvent se rechanger les uns
"pour les autres, excepté ceux des Affuts de 12 & de 8,
"qui diffèrent entre-eux de trois lignes.

"D'après ce que nous avons dit de l'état de l'ancienne
"Artillerie sur l'usage barbare & ridicule d'avoir autant de
"différentes manieres de proportionner les constructions qu'il
"y avait d'Arsenaux; d'après le peu d'exactitude avec la-
"quelle toutes ces constructions grossiérement semblables,
"s'exécutaient dans chaque Arsenal; d'après ce que nous
"avons exposé sur la difficulté des rechanges & sur le peu
"de soin qu'on avait eu de réunir sous les mêmes propor-
"tions le plus d'objets possibles; je ne crois pas qu'il vien-
"ne en tête à qui que ce soit de vouloir comparer l'ancienne
"Artillerie à la nouvelle, au moins sur ce qui concerne les
"constructions."

Avant de terminer ce qui concerne les machines d'artillerie, on croit trouver ici une place propre pour donner
la description & les desseins de deux machines dont il n'est
point parlé dans la nouv. artill. sçavoir la *Chevre* & le *Triqueballe* appartenans également à l'artillerie de Campagne,
& à celle de Siege & de Place.

DESCRIPTION DE LA NOUVELLE CHEVRE
& de son effet.

Cette chévre est composée comme l'ancienne de deux
jambes d'environ 15 pieds de longueur assemblées par trois
épars & d'un pied, & elle en diffère par le treuil & les
poulies. Le treuil est divisé en deux parties cylindriques
d'égale longueur, mais de grosseur différente; les diamétres
de ces deux cylindres sont dans le rapport de 9 à 7. La
plus grande partie du treuil construit à l'arsenal d'Auxone
a 10 pouc. 4 lig. de diamétre, & la moindre 8 pouc. ¼ lig.

Ce treuil qui a 62 pouces de longueur eſt terminé par deux tourillons de 4 pouces de diamétre & de 6 à 7 pouc. de longueur. Il eſt appliqué à la chevre par le moyen de deux joues ou Echantignoles que les tourillons traverſent, & qui ſont fixées ſur les jambes avec quatre chevilles. Le treuil eſt percé à chacune de ces extrémités de deux trous qui ſe croiſent à angle doit, pour recevoir les leviers qui ſervent à manœuvrer la chévre.

Au haut de la chévre entre les deux jambes ſont deux poulies fixes; traverſées par un même boulon, qui leur ſert d'eſſieu encaſtré dans une entaille faite ſur le côté extérieur des jambes, & arrêté par une ſusbande chevillée ſur ces jambes.

Pour équiper cette chévre, on attache l'extrémité du cable au milieu du treuil ſur le petit cylindre, & on l'y moule en paſſant en deſſous du dehors en dedans, juſqu'à-ce-qu'il couvre entierement ce cylindre; on fait paſſer enſuite ce cable ſur la poulie correſpondante d'enhaut, & après lui avoir fait embraſſer une poulie mobile à la chape de laquelle eſt ſuſpendu le poids à enlever, on le fait paſſer ſur l'autre poulie d'enhaut & l'on en fixe l'autre bout auſſi au milieu du treuil ſur le gros cylindre, où il s'enveloppe dans un ſens contraire quand on manœuvre la chévre.

Il eſt eſſentiel pour le ſuccès de la manœuvre lorſqu'on équipe la chevre, de donner au cable toute l'extenſion poſſible, & de déterminer la longueur des deux brins qui embraſſent la poulie mobile, de maniere que le poids ſoit prêt à être enlevé au premier coup de levier; ce qui s'exécute, le poids étant attaché au crochet de la chape de la poulie mobile, en tirant le dernier brin du cable avec toute la force dont pluſieurs hommes ſont capables avant que de la fixer ſur le gros cylindre; ſans cette précaution les premiers tours du treuil ſeroient employés à produire cet effet, & ſeroient par conſéquent en pure perte pour l'objet qu'on ſe propoſe, ſçavoir d'enlever le poids, avec cette précaution même il y a toujours un ou deux tours de perdus.

Le

D'ARTILLERIE.

Le treuil ayant 62 pouces de long, ou chacune de ses moitiés 31 pouces; si l'on en ôte 4 pouc. pour la place où sont placés les trous des leviers, il restera dans chaque cylindre 27 pouc. qui pourront être enveloppés par le cable, & si le cable a 15 lig. de diamétre on pourra y en mouler 21 tours. L'axe du cable forme une circonférence dont le diamétre est de 11 pouc. 7 lig. sur le gros cylindre, & de 9 pouc. 3½ lig. sur le petit, ensorte que les rayons des deux cylindres augmentés de celui du cable, sont entre-eux comme 278 est à 223, & chaque tour du treuil le poids monte d'une quantité égale à la moitié de la différence des deux circonférences formées par l'axe du cable, c'est à dire de 3 pouc. 7¼ lig. dont à chaque coup de levier il doit s'élever d'environ 11 lig. parcequ'un coup de levier ne fait faire au treuil qu'un quart de révolution; ainsi pour mettre une piece de 24 sur son Affut, & l'élever par conséquent à 4 pieds 9 pouc. de hauteur, il faut près de seize tours de treuil ou soixante quatre coup de levier.

L'épreuve de cette chévre a été faite à Auxone le 24 Octobre 1763, sur une piece de 24 du poids de 5307 liv. On employa des leviers de fer de 17 lig. de grosseur & dont la longueur jusqu'au centre du treuil était de 5 pieds; ces leviers pesaient ensemble 70 liv.; deux hommes, un à chaque levier, enlevérent facilement la piece, & en 19 minutes elle fut placée sur son Affut: une minute ¼ furent employés d'abord à tendre le cable; cela se fit en deux tours de treuil; 13 minutes à élever la piece ou le poids à la hauteur de 4 pieds 9 pouc., & le reste pour avancer l'Affut & y loger la piece. Lorsqu'on cessa de faire tourner le treuil la piece resta suspendue sans s'abaisser, elle étoit comme en équilibre avec elle-même. C'est là le principal avantage de cette chévre, par lequel on prévient les accidens qui peuvent arriver par l'inadvertance de ceux qui manœuvrent cette machine.

L'effet qu'on peut attendre de cette chévre n'étant point déterminé avec assez de précision par la force qu'on employé

ployé les deux hommes qui l'ont manœuvrée, nous l'avons affujettie au calcul, cherché l'effet des frottemens & de la roideur du cable, & verifié les réfultats du calcul par l'expérience.

Nous avons trouvé que, abftraction faite des frottemens & roideur du cable, la puiffance qui fait équilibre avec le poids de 5307 liv., étant appliqué au bout du levier de 5 pieds était de 50¾ liv. environ, & que les frottemens équivalaient une puiffance de 98¾ liv. appliquée auffi au bout de ce levier; enforte qu'il faut une puiffance de 149¼ liv. pour faire équilibre avec les frottemens & le poids.

Pour vérifier ces réfultats par l'expérience, & connoître la réfiftance qui réfulte de la roideur du cable, on a placé les leviers horizontalement & on a fufpendu des poids à leur extrémité jufqu'à-ce que l'équilibre fut troublé, ce qui eft arrivé avec un poids de 130 liv., & comme les deux leviers pefaient enfemble 70 liv. produifant par conféquent l'effet d'un poids de 35 liv. placé au bout, il s'enfuit qu'il a fallu environ 165 liv. pour troubler l'équilibre; mais le calcul ne donne que 149¼ liv., l'on voit donc que dans notre exemple la roideur du cable équivaut une puiffance d'environ 15¾ liv. appliquée à l'extrémité du levier de 5 pieds, s'il eft vrai comme nous l'avons fuppofé dans notre calcul que le frottement du cuivre contre le fer foit égal au quart de la preffion du poids, & celui du bois contre le bois égal au tiers de la même preffion.

Voici les formules qui indiquent les principales proprietés de cette chévre.

Soit le poids à enlever $= p$

La force qui fait équilibre au bout du levier $= f$

le rayon du gros cylindre du treuil $= a$

le rapport de ce rayon à celui du petit cylindre $= \frac{p}{q}$

On aura $\quad f = \frac{pa - qa}{2p}.$

Soit

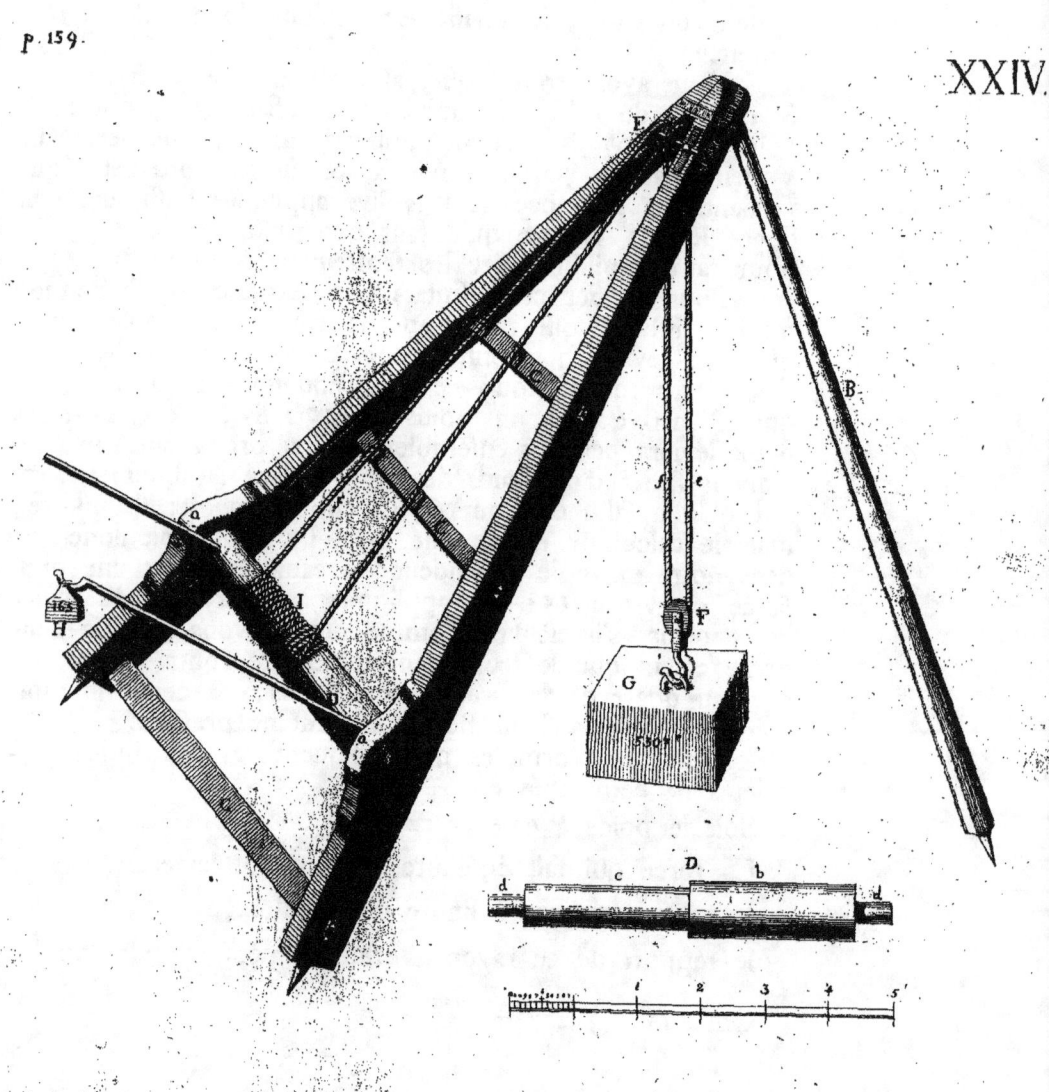

D'ARTILLERIE.

Soit de plus le nombre qui multiplie le diamétre pour produire la circonference $= m$.

Le diamétre du cable $= g$.

La longueur de la partie d'un des cylindres qui peut être enveloppée par le cable $= k$

& la hauteur à laquelle on peut élever le poids $= h$.

On aura $h = \dfrac{mpa - mqa}{p} \times \dfrac{k}{q}$

Auxone le 26 Octobre 1767. signé *Lombard*.

PLANCHE XXIV.

Explication du deſſein de la Chévre.

A *Jambes*, a *Echantignoles*; B *Pied*; C *Epars*; D *Treuil*, b *gros cylindre*, c *petit cylindre*, d *Tourillons*; E *Poulies fixées*; F *Poulie mobile*; K *Leviers de fer*; G *Poids à enlever*; H *Puiſſance qui fait équilibre avec le poids*; I *Cable*, e *Brin moulé en dehors*, f *Brin moulé en ſens contraire*.

Rr. L'échelle eſt de 6 lig. pour pied.

TRIQUEBALLE
de nouvelle conſtruction.

Cette nouvelle conſtruction ne différe de l'ancienne que par les anneaux de manœuvre diſpoſés le long de la fléche, & par le bout de la fléche percé en lunette, au lieu qu'il y avoit autrefois un crochet dans cet endroit.

TABLE

TABLE des dimensions du Triqueballe de nouvelle construction.

Noms des parties.				Pi. po. lig.
	Hauteur des Roues			7. 0. 0.
	Ecuanteur des Roues			0. 4. 6.
Les Moyeux.	Longueur			1. 6. 0.
	diamétre	au bouge		1. 3. 6.
		au gros bout		1. 0. 0.
		au petit bout		0. 10. 4.
Les Raïs.	Longueur de la patte			0. 4. 6.
	Largeur de la patte			0. 3. 6.
	Epaisseur de la patte	à l'épaulement		0. 1. 4.
		au bout		0. 1. 6.
	Epaisseur du corps des raïs	à l'épaulement		0. 3. 0.
		au milieu		0. 2. 0.
		à l'épaulement de la broche		0. 2. 10.
	Largeur au milieu			0. 3. 2.
	Largeur de la broche			0. 2. 6.
	Epaisseur de la broche			0. 1. 4.
Les Mortaires.	Longueur de la Mortaise des raïs sur le moyeu			0. 3. 8.
	Largeur d'idem			0. 1. 4.
Les Jantes.	Hauteur			0. 5. 0.
	Epaisseur	en dedans		0. 4. 4.
		à la bande		0. 4. 0.
	Epaisseur de la partie de la broche qui surmonte la mortaise de la broche			0. 1. 6.
Un Essieu de bois.	Longueur du corps en dedans			3. 1. 6.
	Longueur des fusées			1. 8. 7.
	Hauteur du corps			0. 7. 8.
	diamétre des fusées	du gros bout & épaisseur du corps		0. 6. 6.
		du petit bout		0. 4. 0.
Une Selle.	Longueur	totale		3. 7. 6.
		des bouts qui dépassent l'essieux		0. 3. 0.
	Hauteur	au milieu		0. 10. 0.
		aux épaulemens de l'essieu		0. 9. 0.
	Epaisseur			0. 6. 6.
Un Timon ou Fléche.	Longueur totale			14. 4. 0.
	Longueur de la tête			4. 0. 0.
	Largeur à la tête			0. 4. 6.

Lar-

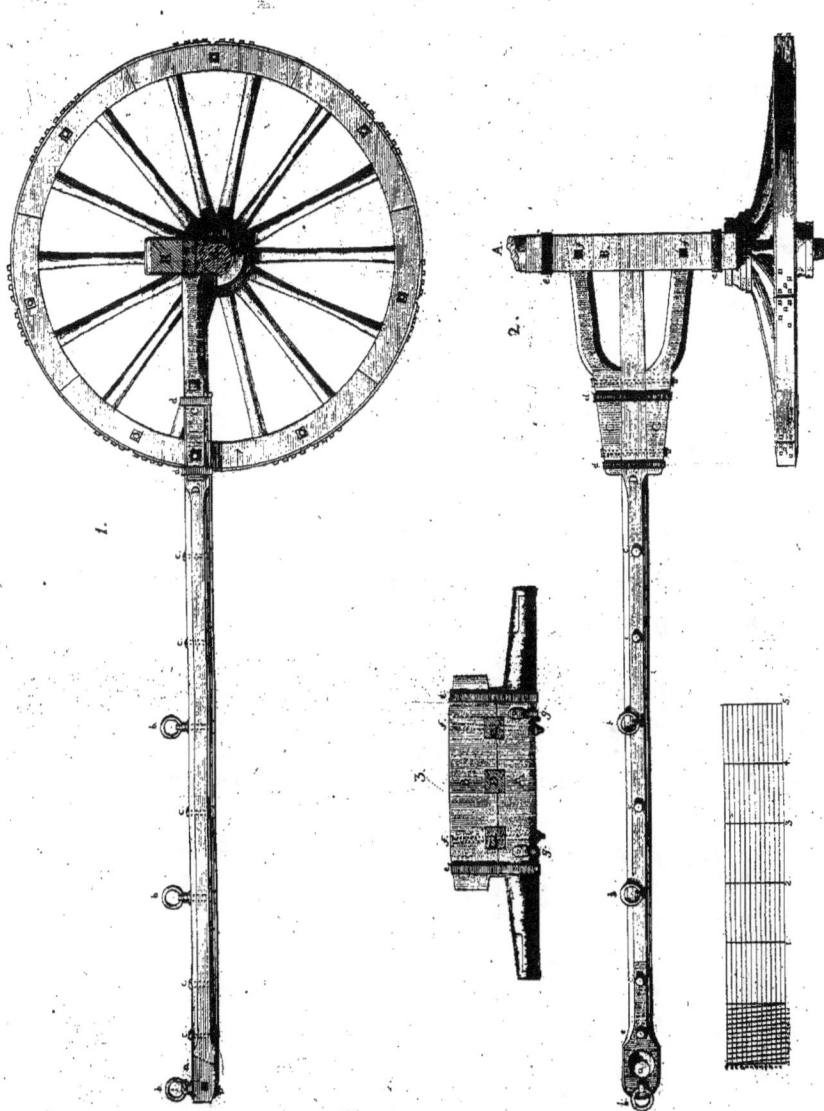

D'ARTILLERIE.

Dimensions du Triqueballe.

Noms des parties.			Pi.	po.	lig.
Un Timon ou Fléche.	Largeur	à celle des armons	0.	5.	0.
		au bout de la Lunette longue de 10 pouc.	0.	7.	0.
	Epaisseur	à la tête	0.	4.	2.
		à celle des armons	0.	5.	0.
		du bout de la Lunette	0.	4.	8.
Deux Armons ou Empanons.	Longueur		4.	0.	0.
	Largeur	à la tête	0.	3.	3.
		à la fin de leur jonction avec le timon	0.	5.	6.
		des bouts qui entrent dans la Selette	0.	4.	6.
	Epaisseur	à la tête	0.	3.	8.
		des bouts qui entrent dans la Selette	0.	4.	2.
	Longueur de leur jonction avec le timon		1.	8.	6.
	Ils sont logés de 1 pouc. 6 lig. de leur épaisseur dans le corps-d'essieu, le reste dans la Selette.				
	Ecartement derriere la Selette		1.	6.	0.

PLANCHE XXV.

Explication des dessein du Triqueballe.

Fig. 1. *Profil du Triqueballe.*
— 2. *Plan du même.*
— 3. *Profil de la Selette & de l'Essieu vu par derriere.*
A *Essieu*; B *Selette*; C *Armons*; D *Fléche*; a *Lunette*, b *Anneaux de manoeuvre*, c *Rivets*, d *Liens*, e *Estriers*, f *Boulons à Ecroux & à tête perdue*, g *Brebants*.

Rr. L'échelle est de 6 lig. pour pied.

X   CHA-

CHAPITRE QUATRIEME.

Changemens faits dans le perfonnel de l'Artillerie, ou dans le Corps deftiné à fon fervice.

NOUVELLE CONSTITUTION.

Partie d'Infanterie diftingée de celle de l'Artillerie; fervice du Canon de Régiment en campagne; Ecole de Pratique & de Théorie.

"C'eft dans les premieres guerres de Louis XIV, qu'on a
"affecté le Régiment des Fufiliers à la garde & au fer-
"vice de l'Artillerie.

"On était loin alors d'imaginer qu'un Corps confacré
"au fervice de l'Artillerie, dut avoir une formation totale-
"ment différente de celle des autres Corps & fondée fur la
"nature particuliere du fervice qu'il avait à remplir.

"Le Régiment des Fufiliers en devenant le Régiment
"Royal-Artillerie, ne fit donc que changer de nom. Sa for-
"mation refta la même, & faite pour les opérations de l'In-
"fanterie, elle s'accommoda comme elle put à celles de l'Ar-
"tillerie. On fentit feulement que la nature du fervice qui
"partage à la guerre les troupes de l'Artillerie en une infi-
"nité de détachements, exigeait qu'on y multiplia les Offi-
"ciers; mais on n'y créa que des Subalternes, & on les avait
"multipliés en fi grand nombre qu'il y en avait quatre fois
"autant que de Capitaines, tandis que dans l'Infanterie, le
"nombre des Lieutenants était devenu égal à celui des Ca-
"pitaines.

"Pour peu qu'on ait d'idée du fervice de l'Artillerie,
"il eft aifé de fentir combien une pareille conftitution y était
"peu convenable, & combien elle devait jetter de dégoût
"parmi les Officiers qui ne pouvaient que regretter d'avoir
"embraffé une branche de fervice, qui avec plus de dan-
"gers, plus de peines, les conduifait à des jouiffances beau-
"coup plus tardives, & à un avenir beaucoup plus borné
"que

"que dans l'Infanterie avec laquelle ils étaient sans cesse for-
"cés de se comparer, puisqu'ils roulaient avec elle pour le
"service, & à laquelle même le droit d'appartenir, qu'ils ti-
"raient de leur ancienne existence, était devenu le plus pré-
"cieux de leurs avantages.

"Cette surcharge de Subalternes ne fut pas diminuée
"par la réunion de ce Corps d'Officiers, qui, sur la déno-
"mination de *Corps d'Artillerie*, avait présidé seul jusques
"là aux opérations de l'Artillerie pour lesquelles il recevait
"du Régiment *Royal-Artillerie* les bras qui lui était néces-
"saires.

"Quant on réunit ces deux Corps, on n'imagina rien
"de mieux que de disperser les Officiers du premier dans
"les bataillons & les compagnies du second, qui se trou-
"va ainsi conserver toujours son ancienne formation d'In-
"fanterie.

"On suivit le même plan dans la réunion du génie
"avec ce nouveau Corps *de l'Artillerie*. Mais l'expérience
"n'ayant pas tardé à faire voir que la volonté seule ne suf-
"fit pas pour métamorphoser en un moment un Artilleur
"en Ingénieur, & un Ingénieur en Artilleur, de maniere à
"faire à l'instant aux Armées ces deux services indifférem-
"ment, la confusion augmentée par cette nouvelle surcharge
"d'Officiers ne fut qu'un mal passager; il ne resta que celui
"qui provenait de la multiplicité excessive des Subalternes
"relativement aux Capitaines, & de la répartition de l'ancien
"Corps *de l'Artillerie* sur les bataillons & les Compagnies
"de l'ancien Régiment des Fusiliers.

"Ainsi, après toutes les réunions, désunions, augmen-
"tations, mutations, révolutions de toute espece arrivées
"dans le Personnel de l'Artillerie, & multipliées même dans
"le temps de la derniere guerre: époque assurément peu
"convenable pour de pareils changements, mais propre au
"moins à mieux faire connaître le principe d'où elles de-
"vaient partir, après toutes ces révolutions, dis-je, le Per-
"sonnel de l'Artillerie, à la fin de la derniere guerre, ne
"diffé-

"différait du Perſonnel des autres Corps, que parceque ceux-
"ci avoient tous ſucceſſivement changé leur conſtitution pour
"l'accomoder aux circonſtances, tandis que le Corps de l'Ar-
"tillerie avait toujours gardé la ſienne quoique les circon-
"ſtances euſſent plus changé pour lui que pour aucun autre
"Corps. C'était toujours, ou à peu près, l'ancienne conſti-
"tution du Régiment des Fuſiliers.

"Enfin il s'eſt trouvé une tête capable de ſaiſir le prin-
"cipe ſur lequel devait être fondé la conſtitution du Corps
"de l'Artillerie, & d'embraſſer toute l'étendue d'un ſervice
"devenu auſſi vaſte & auſſi compliqué.

"Ce principe était cependant fort ſimple. Mais il fal-
"lait le démêler; c'était de voir combien d'hommes il fallait
"pour ſervir une piece de canon, en temps de paix, &
"combien il en fallait en temps de guerre, & d'examiner
"enſuite ſi ce nombre d'hommes ſe retrouvait le même pour
"le ſervice du Mortier & de l'Obuſier.

"Ce nombre ſe rencontrant le même pour toutes les
"bouches à feu, a déſigné la compoſition des eſcouades de
"Canoniers & de Bombardiers, & ſe trouvant encore con-
"venir à la maniere de ſervir établie parmi les Sappeurs &
"les Mineurs devant l'ennemi, il eſt devenu la baſe de la
"compoſition actuelle de toutes les troupes de l'Artillerie.

"La nature du ſervice à la guerre a encore indiqué
"combien d'eſcouades il fallait réunir pour former les divi-
"ſions, & combien de diviſions pour former les Com-
"pagnies.

"Le nombre des bas-Officiers, celui des Officiers par
"Compagnie a été encore déduit du même principe, & la
"compoſition des Régiments & de leur Etat-Major s'en eſt
"encore ſuivie.

"Les grandes opérations de guerre ont fourni celle de
"l'Etat-Major-Général de l'Artillerie; & le nombre des bouches
"à feu que le Roi eſt dans le cas d'employer à la fois, tant en
"campagne que dans les Sieges ou dans les Places, a déterminé
"le nombre des ſoldats & des Officiers de tout grade.

"De

„De forte qu'on peut dire que toute la composition
„du Corps de l'Artillerie qui avait jusques là absolument
„manqué de principe, en a aujourd'hui un qui n'est autre
„que la nature de son service. Ce principe étant unique,
„ne peut-être balancé par aucun autre & n'a pu fournir
„par ses conséquences, qu'une constitution dont l'ensemble
„est tellement lié qu'on n'en peut déranger aucune partie
„sans renverser le tout, & sans se jetter de nouveau dans
„la confusion dont on vient de sortir.

„La formation générale du Corps de l'Artillerie ayant
„été calculée sans autre vue que de suivre la file des consé-
„quences qu'offrait le principe vrai dont on est parti pour
„la calculer, on s'est tenu au nombre d'Officiers & de Sol-
„dats que le résultat de ce calcul a présenté.

„Le nombre des Soldats qui se trouvait exister lors de
„cette nouvelle formation, s'est trouvé, en conséquence, di-
„minué de 560 hommes en temps de paix, & de 400 hom-
„mes en temps de guerre, quoique par ce même arrange-
„ment, le nombre des bouches à feu soit environ double.

„Le nombre des Officiers a été, au contraire, un peu
„augmenté parce qu'il était ci-devant insuffisant pour rem-
„plir toutes les parties du service, sur-tout dans les grades
„au-dessus de celui de Capitaine.

„Le sort des Officiers de ce grade a été seulement as-
„similé à celui des Officiers de même grade dans l'Infante-
„rie; & les inferieurs, quoique mieux traités à proportion,
„ont encore eu à se plaindre parceque leur avancement s'est
„trouvé beaucoup plus lent.

„La partie d'Infanterie commune à toute troupe qui
„marche & qui combat à pied, jusques-là confondue avec
„la partie de service dont toute troupe d'Artillerie tient son
„existence particuliere, a été distinguée d'elle par des limites
„précises; & en s'assurant le moyen de la remplir mieux
„que par le passé où elle fixait l'attention principale, on a
„trouvé celui d'offrir aux bas Officiers, des motifs d'émula-
„tion dont ils avaient entierement manqués jusque là.

„Mais

”Mais ce moyen n'a pu encore être porté affez loin ”pour en tirer tous les avantages qu'on doit en attendre, ”même pour la partie d'Artillerie proprement dite, fur la- ”quelle on a cherché à ramener la principale attention des ”Officiers qui y font fpécialement dévoués.

”Ainfi, l'émulation, cette ame unique d'un Corps mi- ”litaire, & fur-tout d'un Corps militaire à talent, s'eft trou- ”vée répandue de grade en grade, & perfonne n'a pu dé- ”formais regarder celui où il était parvenu, comme le grade ”du repos ou d'une indolence qu'on rendait néceffaire par ”l'impoffibilité de s'élever.

”On ne s'eft pas même contenté des effets de l'émula- ”tion, on s'eft attaché fur-tout à lier l'interêt du fervice avec ”l'interêt particulier de chaque Officier, & l'honneur du Corps ”avec celui de chacun de fes membres. On n'a plus laiffé ”rien en commun; chaque Officier inférieur ou fupérieur ”doit fervir déformais avec la troupe qu'il eft chargé d'in- ”ftruire: les munitions, les attirails qu'on lui confie, font ”les inftruments avec lefquels il doit combattre; & ce n'eft ”plus que fur lui-même qu'il doit compter pour les moyens ”qui décideront de fa gloire.

”Un Miniftre plein de génie, vient de prouver affez ”l'excellence de ce principe en l'employant pour la nouvelle ”formation de la Marine.

”Malgré la diminution confidérable faite dans le nom- ”bre des Soldats, on a cependant trouvé par la nouvelle ”conftitution du Corps de l'Artillerie, le moyen de fournir ”au fervice de tout le canon de Régiment, quoiqu'on ait ”doublé ce canon, en nombre, pour fe trouver au moins ”de pair, à cet égard, avec les Puiffances contre lefquelles ”nous pourrions avoir la guerre.

”Ce fervice devenu trés-confidérable par ce double- ”ment de canon fe trouve rempli au moyen de 1400 hom- ”mes d'Artillerie de plus qu'il ne ferait néceffaire en temps ”de guerre pour le fervice des bouches à feu de Parc & ”de Siege.

”Le

"Le Roi s'eſt trouvé, par cette augmentation, diſpen-
"ſé d'entretenir dans l'Infanterie 2000 hommes en temps de
"paix, & en temps de guerre 3200, avec au moins 200
"Sergents & 100 Officiers de plus ; en laiſſant toutes fois
"ce canon de Régiment ſervi par des mains ou maladroites
"ou peu exercées, & dirigées par des têtes qui ne peuvent
"gueres être que courageuſes.

"On imagine aiſément que les exercices de Pratique &
"de Théorie ſe ſont reſſentis de la reconnaiſſance mieux ap-
"préciée des vrais principes de l'Artillerie. Les Ecoles de
"Pratique ne ſe ſont plus bornées à tirer du canon à poſte
"fixe vers un but déterminé. On a appris à tirer à toutes
"les diſtances qui peuvent ſe concilier avec la juſteſſe du tir,
"à manœuvrer les pieces en avançant ſur l'ennemi & en ſe
"retirant, à les mêler dans les lignes d'Infanterie ſans en
"troubler les mouvemens, & à les ſoutenir par des manœu-
"vres d'Artillerie correſpondantes.

"Je ne reviens pas à ce que j'ai déja dit ſur la *hauſſe*
"& ſur les manœuvres à bras & à la prolonge : il me ſuffit
"d'ajouter que les Ecoles d'Artillerie, qui ne repréſentaient
"tout au plus que des manœuvres fort imparfaites de canon
"de Siege, ſont devenues des Ecoles réelles de guerre, en
"mettant les Officiers & les Soldats à portée d'y manœuvrer
"dans tous les cas que la guerre peut offrir.

"La Théorie ne s'eſt plus bornée, non plus, à l'étude
"imparfaite d'un Cours de Mathématique élémentaire, la ma-
"tiere perpétuelle d'examens auſſi multipliés qu'inutiles & dé-
"goutans. Ces préliminaires de la ſcience de l'Artillerie ont
"été parfaitement poſſédés par les Eleves avant d'être admis
"aux places d'Officiers.

"L'étude des parties de Phyſique & de Mathématique
"relative à l'Artillerie, & l'application de ces connoiſſances à
"cette ſcience, ont entretenu en eux l'émulation & le goût
"du travail : Et les Ecoles de l'Artillerie ſont devenues un
"Noviciat où ceux mêmes que des vues particulieres enga-
"geaient dans une autre carriere, ont déſiré de venir puiſer
"les

"les principes fondamentaux de toutes les sciences qui ap-
"partiennent à la guerre."

Corps Royal de l'Artillerie.

L'artillerie a composé, dans tous les temps, un corps très-considérable en France, même avant l'invention de la poudre : celui qui la commandoit avoit aussi le commandement sur tous les gens de pied, & l'autorité sur tous les travaux militaires, tant pour les sieges que pour les marches & campemens.

Henri IV érigea le commandement de l'artillerie en charge de la couronne, sous le titre de *grand-maître de l'artillerie*, en faveur de Maximilien de Béthune, duc de Sully.

En 1690, Louis XIV voulant que l'artillerie eut une troupe pour sa garde, & pour la servir dans le besoin, créa un régiment de six bataillons, sous la dénomination de *régiment des fusiliers du roi*, avec une compagnie de grenadiers, à chaque bataillon : ce corps fut ainsi nommé, parce qu'il fut le premier armé de fusils avec la bayonnette, à la place des musques dont on faisoit alors usage : ce qui fait époque dans l'histoire de la milice Françoise.

Dans le premier bataillon, il y avoit deux compagnies d'ouvriers de 110 hommes, trois compagnies de canonniers, & huit de fusiliers de 55 hommes.

Dans le second & troisieme bataillons, une compagnie d'ouvriers, trois de canonniers & dix de fusiliers. Dans les trois derniers bataillons, trois compagnies de canonniers & douze de fusiliers.

Après la réforme qui fut faire à la fin de l'année 1668, de tous les canonniers qui étoient appointés dans les places ; on leva six compagnies de canonniers pour exécuter & servir le canon, qu'on exerça en conséquence ; on en leva dans la suite encore six autres. Quoique ces douze compagnies fissent partie du régiment des fusiliers, elles ne faisoient point corps avec les bataillons, & étoient regardées comme des compagnies détachées.

Le régiment Royal Bombardier fut créé en 1684, & composé de quinze compagnies de bombardiers, dont la prémiere de 105 hommes, la seconde de 70, & les treize autres de 50. Il fut réuni au corps de l'artillerie en 1693.

Par Ordonnance du 15 Avril 1693, le régiment des fusiliers fut appellé le régiment *Royal Artillerie*, uniquement attaché au service de l'artillerie, & dispensé de tout autre service, hors celui de la garde des places.

Par Ordonnance du 25 Novembre 1695, les douze compagnies détachées de canonniers furent incorporées dans le régiment *Royal Artillerie*,

&

& les six compagnies de grenadiers, furent converties en compagnie de canonniers.

Par Ordonnance du 5 Février 1720, le régiment Royal Bombardier, toutes les compagnies de canonniers, d'ouvriers, & de mineurs, furent incorporés dans le régiment *Royal Artillerie*, lequel fut composé de cinq bataillons, & chaque bataillon de huit compagnies de 100 hommes chacune, chaque compagnie composée d'un capitaine en premier, un capitaine en second, un lieutenant en premier, un lieutenant en second, 2 cadets, 4 sergens, 4 caporaux, 4 anspessades, 2 tambours & 84 soldats, divisés en trois escouades, dont la première de 24 canonniers ou bombardiers, commandée par 2 sergens, 2 caporaux & 2 anspessades; la seconde de 12 mineurs ou sapeurs, & 12 apprentifs, avec un sergent, un caporal & un anspessade; & la troisieme de 12 ouvriers en fer & en bois, 12 apprentifs, avec un sergent, un caporal & un anspessade.

Par Ordonnance du premier Juillet 1729, les cinq bataillons du régiment *Royal Artillerie* furent composés chacun de huit compagnies, dont une de sapeurs, cinq de canonniers, & deux de bombardiers de 70 hommes chacune, dont 4 sergents, 4 caporaux, 4 anspessades, 2 cadets, 18 sapeurs, canonniers ou bombardiers, 36 apprentifs & 2 tambours: chaque compagnie commandée par un capitaine en premier, un capitaine en second, deux lieutenans & deux sous-lieutenans.

On sépara des bataillons les cinq compagnies d'ouvriers & les cinq compagnies de mineurs: chaque compagnie d'ouvriers fut composée de 40 hommes, & commandée par un capitaine & un lieutenant: chaque compagnie de mineurs fut composée de 50 hommes, y compris deux cadets, & commandée par un capitaine, deux lieutenans & deux sous-lieutenans.

Par Ordonnance du 30 Septembre 1743, les compagnies des cinq bataillons du régiment *Royal Artillerie*, furent augmentées de 30 hommes & portées à 100.

En 1747, chacun des bataillons fut augmenté de deux compagnies & porté à dix de 100 hommes chacune.

Indépendamment des officiers attachés au régiment *Royal Artillerie*, aux compagnies détachées d'ouvriers & de mineurs, il existoit un corps d'officiers sous la dénomination d'*officiers d'artillerie*; ce corps étoit composé de lieutenans généraux, du grand-maître, de commissaires provinciaux, commissaires ordinaires, commissaires extraordinaires, & officiers pointeurs.

Par Ordonnance du 8 Décembre 1755, la charge du grand-maître de l'*artillerie* ayant été supprimée, les cinq bataillons du régiment *Royal Artillerie*, les cinq compagnies d'ouvriers, les cinq compagnies de mineurs, les officiers du corps de l'*artillerie*, & les ingénieurs, ne firent plus

plus qu'un feul corps, fous la dénomination du *Corps royal de l'artillerie & du génie*.

Par Ordonnance du premier Décembre 1756, ce corps fut augmenté d'un bataillon, d'une compagnie d'ouvriers & d'une compagnie de mineurs.

Par Ordonnance du 5 Mai 1758, MM. les ingénieurs furent retirés du Corps royal pour former un corps féparé, fous la dénomination de *Corps du génie*.

Par Ordonnance du 5 Novembre 1758, les fix bataillons du *Corps royal de l'artillerie*, furent convertis en dix brigades, compofées chacune de huit compagnies de 100 hommes, favoir: une compagnie d'ouvriers, cinq de canonniers, & deux de bombardiers. Les compagnies de fapeurs & de mineurs furent détachées du Corps royal, & données au Corps du génie, par Ordonnance du 10 Mai 1759.

Par Ordonnance du 27 Février 1760, les compagnies de fapeurs rentrerent dans le Corps royal, pour être chacune la premiere compagnie de chaque brigade; & les compagnies d'ouvriers, réduites à 60 hommes chacune, furent détachées à la fuite de chaque brigade.

Par Ordonnance du 5 Novembre 1761, le Corps royal fut augmenté de trois brigades pour le fervice de la marine.

Par Ordonnance du 21 Décembre 1761, les fix brigades, pour le fervice de terre, furent augmentées de deux compagnies de canonniers: les compagnies de mineurs furent retirées du corps du génie & réunies au Corps royal pour fervir, une à la fuite de chaque brigade.

A la fin de l'année 1762, le Corps royal fut augmenté d'une brigade de huit compagnies de 100 hommes, formée à la Rochelle, le premier Janvier 1763, & deftinée au fervice des colonies, enfuite affectée au fervice de terre conjointement avec les fix anciennes.

Par Ordonnance du 5 Mars 1764, qui a fupprimé une des trois brigades attachées au fervice de la marine, le Corps royal de *l'artillerie* fut compofé de fept brigades pour le fervice de terre, de fix compagnies d'ouvriers, de fix compagnies de mineurs & de deux brigades pour le fervice de la marine. Les dix premieres brigades étoient compofées chacune d'une compagnie de fapeurs, & de neuf compagnies de canonniers-bombardiers: chaque compagnie étoit de 100 hommes, dont un fourrier, 6 fergens, 6 caporaux, 6 appointés, 6 artificiers, 12 premiers canonniers-bombardiers, 10 feconds, 42 troifiemes & 3 tambours; commandée par un capitaine en premier, 2 capitaines en fecond, 2 lieutenans en premier, & deux lieutenans en fecond. La compofition de la compagnie de fapeurs étoit la même, à l'exception qu'elle formoit deux claffes de 18 premiers fapeurs & 60 feconds.

Le

D'ARTILLERIE.

La feptieme brigade n'étoit que de huit compagnies de canonniers-bombardiers, compofées comme celles des fix autres brigades.

Chacune des deux brigades pour le fervice de la marine, eft compofée d'une compagnie de bombardiers, & de fept compagnies de canonniers de 82 hommes chacune.

Chacune compagnie d'ouvriers a été attachée à une des fix premieres brigades, fans cependant en faire partie; & les fix compagnies de mineurs furent détachées du Corps royal au mois de Mai 1764, pour être réunies à Verdun où elles forment un corps.

Par Ordonnance du 15 Août 1765, les fept brigades du Corps royal de *l'artillerie*, affectées au fervice de terre, ont été converties en pareil nombre de régimens fous la dénomination de *régimens du Corps de l'artillerie*, de la Fere, de Metz, de Strasbourg, de Bezançon, d'Auxonne, de Grenoble & de Toul. Chaque régiment a été compofé de vingt compagnies, dont quatorze de canonniers, quatre de bombardiers & deux de fapeurs, divifé en cinq brigades de quatre compagnies chacune. Les quatre premieres brigades forment deux bataillons de deux brigades chacun; la premiere brigade fut compofée, dans chaque bataillon, d'une compagnie de fapeurs, & de trois compagnies de canonniers; la feconde brigade fut compofée de quatre compagnies de canonniers: les quatre compagnies de bombardiers formerent la cinquieme brigade, indépendante des deux bataillons.

Chaque compagnie de canonniers, bombardiers & fapeurs, étoit commandée par un capitaine en premier, un capitaine en fecond, 2 lientenans en premier & 2 lieutenans en fecond, dont un, tiré du corps des fergens, faifoit fonction de garçon-major de la compagnie. Elle étoit de 46 hommes; favoir: celles de canonniers & de fapeurs, 1 fourrier, 4 fergens, 4 caporaux, 4 appointés, 8 canonniers ou fapeurs de la premiere claffe, 16 de la feconde, 8 apprentifs & 1 tambour. Celles de bombardiers étoient également de 46 hommes; favoir: 1 fourrier, 4 fergens, 4 caporaux, 4 appointés, 4 artificiers, 4 bombardiers de la premiere claffe, 16 de la feconde, 8 apprentifs & 1 tambour.

L'état major de chaque régiment étoit formé d'un colonel, 1 lientenant-colonel, 1 major, 5 chefs de brigade ayant même rang & mêmes appointemens que le major, 1 aide-major, 2 fous aides-major, 1 quartier-maître, 1 tréforier, 1 aumônier, 1 chirurgien & 1 tambour major.

Les compagnies d'ouvriers, portés au nombre de neuf, étoient de 61 hommes chacune; favoir: 1 fourrier, 4 fergens, 5 caporaux, 5 appointés, 18 ouvriers de la premiere claffe, 16 de la feconde, 11 apprentifs & 1 tambour. Elles étoient commandées par 1 capitaine en premier, 1 capitaine en fecond, 1 lieutenant en premier & 2 lieutenans en fecond, tirés du corps des fergens, dont l'un faifoit les fonctions de garçon-major de la compagnie.

Les fix compagnies de mineurs étoient chacune de 70 hommes; favoir: 1 fourrier, 4 fergens, 8 caporaux, 8 appointés, 16 mineurs, 32 apprentifs & 1 tambour, commandées par 1 capitaine en premier, 1 capitaine en fecond, 2 lieutenans en premier & 2 lieutenans en fecond, dont un tiré du corps des fergens, faifant les fonctions de garçon-major de la compagnie.

Par Ordonnance du 15 Décembre 1758, il a été établi quatre compagnies de canonniers invalides, de 100 hommes chacune, lefquelles font encore partie du corps royal de *l'artillerie*.

	liv.	f.	d.
Un lieutenant est payé par mois	75	-	-
Un fous lieutenant	60	-	-
Un fergent par jour	20	10	-
Un caporal	14	6	-
Un appointé	11	6	-
Le tambour	11	-	-
La 1re Claffe de 8 premiers canonniers, dont chacun a par jour	9	6	-
La 2de Claffe de 16 feconds canonniers	7	-	-
La 3me Claffe de 8 apprentifs	6	-	-

Les compagnies de bombardiers font payées de même, excepté qu'il y a quatre artificiers dans chacune, qui ont 10 f. 6 d. par jour; le refte est payé comme les canonniers.

On ne fçauroit donner avec précifion le payement des compagnies d'ouvriers; parcequ'cet article est très varié, les plus habiles ayant des augmentations proportionées au degré de leur capacité.

Le Roi entretient les fergens caporaux &, en vefte, habit & culotte; mais ils font obligés de fe fournir le petit uniforme; on le retient fur leur paye, & tous les trois mois on leur en fait le décompte.

Les huit plus anciens lieutenans par régiment ont la commiffion de capitaine, & en portent l'épaulette; mais ils font le fervice de lieutenans au corps.

L'uniforme du corps royal, déterminé par l'Ordonnance du 15 Août 1765, étoit habit, vefte & culotte de drap bleu de roi; doublure de l'habit, collet & paremens rouges; doublure blanche à la vefte; poches en travers à l'habit & à la vefte, garnies de quatre boutons; quatre fur le parement; l'habit garni d'une bande pour les boutonnieres & croifé derriere; boutons d'un côté jufqu'à la taille, ainfi qu'à la vefte; ces boutons jaunes & plats, numérotés 47, & chapeau bordé de fil blanc. Les diftinctions des fourriers & fergens fur les manches en or, & celles des caporaux, appointés & premieres

canon-

canonniers en laine aurore; l'épaulette des fergens & foldats en drap bleu, doublée de rouge.

L'uniforme des ouvriers & mineurs de même, à l'exception que les ouvriers avoient des revers rouges à l'habit garni de neuf petits boutons, numérotés 47.

L'ordonnance du 15 Août 1765 n'a jamais été imprimée; & quoique revêtue de l'approbation & de la fignature du roi & de celle du miniftre qui avoit alors le département de la guerre, la publicité de l'impreffion ne lui avoit pas encore donné la fanction confacrée par l'ufage. Elle parut le 23 Août 1772, imprimée, mais avec des changemens & des modifications très-confidérables. Nous allons rapporter les principaux articles de cette Ordonnance, qui établit la compofition du corps royal de l'*artillerie*, & nous ferons remarquer les changemens effentiels qui furent faits à celle de 1765.

Les fept régimens conferverent leur dénomination de *La Fere*, *Metz*, *Strasbourg*, *Befançon*, *Auxonne*, *Grenoble* & *Toul*. On fubftitua à la vefte & culotte bleues, la vefte & culotte rouges, fans changer le bouton de l'uniforme, numéroté 47, pour indiquer le rang que tient le corps dans l'infanterie.

Chaque régiment fut compofé de deux bataillons de dix compagnies, dont fept de canonniers, deux de bombardiers, & une de fapeurs: chaque bataillon divifé en deux brigades de cinq compagnies; la premiere de la compagnie de fapeurs, trois de canonniers & une de bombardiers; la feconde de quatre compagnies de canonniers & une de bombardiers. Ces brigades commandées par les quatre plus anciens capitaines.

Les compagnies de mineurs furent retirées de Verdun & portées au nombre de fept; on en attacha une à chacun des régimens pour fervir à fa fuite. L'objet de cette difpofition étoit, en réuniffant en quelque forte les officiers des régimens & ceux des mineurs, de les mettre à portée de participer aux mêmes inftructions, puifque, roulant enfemble, les officiers des mineurs peuvent fe trouver, dans quelques occafions, chargés des détails & des opérations de l'*artillerie*, & ceux des régimens peuvent fe trouver dans des circonftances où ils regreteroient de ne s'être pas appliqués à la partie des mines.

Les compagnies d'ouvriers continuerent d'être attachées aux régimens, feulement pour l'avancement des officiers, mais refterent dans les arfenaux de conftruction, lefquels étant établis dans les places où les régimens du Corps Royal font en garnifon, les officiers d'ouvriers pouvoient participer aux inftructions générales, & ceux des régimens, aux détails particuliers des conftructions.

Chacune des compagnies de canonniers & de fapeurs, réduite de 46 hommes à 35, fut compofée d'un fourrier, 3 fergens, 3 caporaux, 3 appoinpointés, 6 canonniers ou sapeurs de la premiere classe, 12 de la seconde, 6 apprentifs & 1 tambour.

Chacune des compagnies de bombardiers, réduite de 46 hommes à 35, fut composée de 1 fourrier, 3 sergens, 3 caporaux, 3 appointés, 3 artificiers, 3 bombardiers de la premiere classe, 12 de la seconde, 6 apprentifs & 1 tambour.

Ces compagnies devoient être commandées en tout temps, par 1 capitaine en premier, 1 capitaine en second, 1 lieutenant en premier & 1 lieutenant en second. Par-là les capitaines en second qui, par l'Ordonnance de 1765, n'étoient qu'au nombre de 11 par régiment, & qui tous étoient détachés dans les places, furent portés au nombre de 20 & rentrerent sous leurs drapeaux. Les 9 premiers lieutenans furent pourvus de commissions de capitaine pour en completter le nombre. Les officiers existans au-delà du nombre qui se trouvoit placé dans chaque régiment, resterent à leurs drapeaux où ils devoient continuer de servir & de s'instruire, en jouissant de leurs appointemens, jusqu'à ce qu'il y eût des places vacantes dans les compagnies.

Les cinq chefs de brigade établis dans chaque régiment, par l'Ordonnance de 1765, furent supprimés par celle de 1772, ainsi que les vingt officiers de fortune tirés du corps des sergens, dont il n'en fut conservé que 2 porte-drapeaux & 1 quartier-maître.

Chacune des compagnies de mineurs fut réduite de 70 hommes à 50, & composée d'un fourrier, 3 sergens, 6 caporaux, 6 appointés, 11 mineurs, 22 apprentifs & 1 tambour: elles étoient commandées par 1 capitaine en premier, 1 capitaine en second, 2 lieutenans en premier & 1 lieutenant en second.

Chacune des compagnies d'ouvriers, réduite de 70 hommes à 40, fut composée de 1 fourrier, de 3 sergens, 3 caporaux, 3 appointés, 29 ouvriers, dont 12 de la premiere classe, 10 de la seconde, & 7 apprentifs, avec 1 tambour. Elles étoient commandées par 1 capitaine en premier, 1 capitaine en second, 1 lieutenant en premier & 1 lieutenant en second.

L'état-major de chacun des régimens du corps royal de l'artillerie fut composé d'un colonel, d'un lieutenant-colonel, 1 major, 2 aides-major, 2 sous aides-major, 1 quartier-maître, 2 porte-drapeaux, 1 trésorier, 1 aumônier, 1 chirurgien, 1 tambour-major & 6 fifres ou clarinets.

Suivant les dispositions de cette Ordonnance, chaque compagnie de sapeurs, canonniers & bombardiers fut diminuée de 11 hommes; chaque compagnie de mineurs de 20, & chaque compagnie d'ouvriers de 21; ce qui fit une diminution sur la totalité du corps royal de 1799 hommes. Plusieurs personnes pensoient que cette diminution étoit une économie mal-entendue;

mais

mais on leur objecta que le corps royal, indépendamment des mineurs & des ouvriers, étant encore de 4900 hommes, il suffiroit en paix & même en guerre, en associant, comme autrefois, si les circonstances l'exigeoient, des régimens d'infanterie ou de milice à l'*artillerie*, parce qu'il suffit d'un homme ou deux instruits à chaque piece pour diriger les autres.

Indépendamment du nombre d'officiers attachés aux sept régimens du corps royal, aux compagnies de mineurs & d'ouvriers, Sa Majesté en entretenoit d'autres dans les places, les écoles, forges, fonderies & manufactures d'armes: ces officiers continuoient de faire partie du corps royal, & Sa Majesté se réservoit de les faire rentrer dans les régimens & d'en faire passer d'autres desdits régimens à leur place, lorsque les circonstances l'exigeroient pour le bien de son service & l'avancement des officiers.

Les officiers existans au-delà du complet, joints aux surnuméraires sortis de l'école de Bapaume, étant en nombre suffisant pour remplir pendant long-temps les places vacantes dans les régimens, Sa Majesté jugea à propos de supprimer l'école des éleves établie à Bapaume. Les promotions d'officiers qu'on avoit faites depuis quelques années, étoient considérables; ensorte que les places vacantes ayant été remplies dans les régimens, il y avoit à leur suite un grand nombre de surnuméraires avec leurs appointemens d'éléves, & par conséquent le même nombre d'éléves à Bapaume, sans appointemens: chaque année auroit augmenté le nombre des surnuméraires, ou les jeunes gens auroient vainement langui à Bapaume, en attendant qu'il vaquât des places dans les Régimens: sur des espérances éloignées & frivoles, ils auroient vieilli au lieu de chercher les moyens de se placer dans d'autres corps. Tels furent les motifs qui déterminerent sans doute la suppression de l'école des éléves.

Sa Majesté avoit créé par son Ordonnance du 6 Avril 1757, des commissaires des guerres & du corps royal, pour tenir lieu des commis contrôleurs qui étoient alors attachés à tous les grands départemens de son *artillerie*; & jugeant que les onze commissaires établis par cette Ordonnance, suffisoient pour le travail dont ils sont chargés, elle les réduisoit, par son Ordonnance de 1772, au même nombre de onze.

Composition du Corps royal de l'artillerie, suivant l'Ordonnance du 23 Août 1772.

Sept régimens de 20 compagnies chacun: chaque compagnie de 35 hommes: par régiment 700 hommes; & pour les sept 4900.

Sept compagnies de mineurs de 50 hommes chacune, en tout 350. Neuf compagnies d'ouvriers de 40 hommes chacune, en tout 360.

Le corps des Officiers composé comme il suit; savoir:

Un directeur général. Sept chefs de départemens généraux, tels qu'ils étoient précédemment au nombre de neuf, sous la dénomination d'inspecteurs généraux. Sept commandans d'école. Sept colonels de régimens. Vingt-trois colonels-directeurs. Sept lieutenans-colonels de régimens. Vingt trois lieutenans-colonels sous-directeurs. Quatre inspecteurs aux manufactures d'armes. Sept majors. Quatorze aides-major. Trente-cinq capitaines en premier attachés aux résidences des places. Vingt capitaines en premier par régiment; 140 pour les sept. Sept capitaines en premier de mineurs. Neuf capitaines en premier d'ouvriers. Vingt capitaines en second par régiment; 140 pour les sept. Sept capitaines en second de mineurs. Neuf capitaines en second d'ouvriers. Vingt lieutenans en premier par régiment; 140 pour les sept. Quatorze lieutenans en premier de mineurs. Neuf lieutenans en premier d'ouvriers. Vingt lieutenans en second par régiment; 140 pour les sept. Sept lieutenans en second de mineurs. Neuf lieutenans en second d'ouvriers. Quatorze porte-drapeaux. Sept quartiers-maîtres.

Le tout faisant, indépendamment du directeur-général, le nombre de 800 officiers.

Composition du Corps royal de l'Artill., suivant l'Ordon. du 3 Oct. 1774.

Suivant cette Ordonnance le corps royal de l'artillerie est composé de neuf inspecteurs généraux, dont le premier a le titre de *Directeur général*, sans néanmoins avoir d'autre autorité & d'autres fonctions que les huit autres; de sept écoles d'artillerie, de sept régimens désignés sous les noms ci-après, d'un corps de mineurs formant sept compagnies; de neuf compagnies d'ouvriers, de vingt deux directions, & de quinze commissaires des guerres.

Chaque régiment est composé de 2 bataillons de canonniers & de sapeurs, & de 4 compagnies de bombardiers. Ces régimens roulent entre-eux suivant l'ancienneté & le grade de leurs colonels titulaires.

Le bataillon est formé de 2 brigades, dont l'une est composée de 4 compagnies de canonniers, & l'autre de 3 compagnies de canonniers, & d'une compagnie de sapeurs. Les 4 compagnies de bombardiers forment une cinquieme brigade.

Chaque compagnie de canonniers & de bombardiers est commandée par un capitaine en premier, un lieutenant en premier & 2 lieutenans en second. Chaque compagnie de sapeurs est commandée supérieurement par le chef de la brigade dans laquelle elle se trouve; il est le capitaine titulaire: on y a attaché de plus un capitaine en second pour la commander dans tous les cas du service.

Chaque compagnie de canonniers & de sapeurs est composée d'un fourrier, 4 sergens, 4 caporaux, 4 appointés, 8 canonniers ou sapeurs de la première miere claffe, 8 de la deuxieme; 5 apprentifs & un tambour, formant 35 hommes. Sa Majefté fe réferve d'augmenter lefd. comp. de 8 canonniers de la deuxieme claffe, & de 3 apprentifs; entend même S. M. qu'elles foient portées en temps de guerre au nombre de 70 hommes, au moyen de 14 apprentifs dont elles feront augmentées.

Chaque compagnie de bombardiers eft compofée d'un fourier, 4 fergents, 4 caporaux, 4 appointés, 4 artificiers, 4 bombardiers de la premiere claffe, 8 de la deuxieme, 5 apprentifs & un tambour: elles feront auffi augmentées, lorfque S. M. l'ordonnera, de 8 bombardiers de la deuxieme claffe & de 3 apprentifs, & portées pour la guerre au nombre de 70 hommes chacune, au moyen de 24 apprentifs d'augmentation.

Les caporaux, appointés, canonniers, artificiers, bombardiers ou fappeurs, & les apprentifs de chacune defd. comp. font diftribués en 4 efcouades, commandées chacune par un ferg. un capor. & un appointé.

Chaque brigade des régimens du corps royal eft commandée par un chef de brigade, dont le grade équivaut à celui de major. Ils roulent enfemble pour le commandement du Rég. fuivant leur ancienneté.

La même ordonnance accorde le grade de lieuten. col. aux fept plus anciens chefs de brigades ou majors du corps royal, la commiffion de major aux deux premiers capitaines de chaque régiment, lorfqu'ils auront rempli l'emploi de premier ou fecond capitaine pendant fix ans en temps de paix, & celle de lieut. col. lorfqu'ils l'auront occupé pendant dix ans. Les 56 prem-lieut. des 7 régimens font pourvus de la commiffion de capitaine.

S. M. étendant fes bontés jufqu'au foldat, leur accorde, après 16 ans de fervice, lorfqu'ils feront jugés hors d'état de les continuer, favoir, au fourier, 180 livres par an, au fergent 135 liv. au caporal, 108 liv. à l'appointé ou artificier, 90 liv. & à chaque foldat de la premiere claffe 72 liv. avec un habit uniforme qu'ils recevront tous les 8 ans, & le double du traitement ci-deffus, après 24 ans de fervice. Les mineurs & les ouvriers font traités avec la même diftinction.

Le corps des mineurs, compofé, comme on l'a dit plus haut, de 7 compagnies, doit être raffemblé dans l'école établie pour leur inftruction. Il eft commandé en chef par celui des officiers généraux du corps royal que Sa Majefté juge à propos de choifir pour lui donner l'infpection de ce corps & la direction de l'école qui lui eft deftinée. Il y a en outre un commandant particulier choifi parmi les capitaines, un chef de brigade chargé de diriger les études des officiers, de fuivre leurs progrès, les claffer; un aide-major, lequel, fans tenir à aucune compagnie, eft attaché à ce corps, pour y faire,

faire, sons l'autorité du commandant, les fonctions de Maj. dans tout ce qui concerne la police, la discipline, & le service de l'infanterie.

Chaque compagnie de mineurs, commandée en tout temps par un capitaine en premier, un capitaine en second, un lieutenant en premier, & deux lieutenans en second, l'un desquels, tiré du Corps des fouriers ou sergens, fait les fonctions d'adjudant, est composée d'un fourier, 4 sergens, 8 caporaux, 8 appointés, 16 mineurs, 8 apprentifs & un tambour, S. M. se réservant d'augmenter lesd. compagn. de 24 apprentifs; entend également qu'en temps de guerre elles reçoivent une augmentation de 12 apprentifs.

Chaque compagnie d'ouvriers, commandée en tout temps par un capitaine en premier, un capitaine en second, un lieutenant en premier & deux lieutenants en second, l'un desquels est adjudant, est composée d'un fourier, 4 sergents, 5 caporaux, 5 appointés, 8 ouvriers de la premiere classe, 9 de la seconde, 7 apprentifs & un tambour; S. M. se réserve d'augmenter lesd. comp. de 10 ouvriers de la premiere classe, 8 de la seconde & 3 apprentifs, pour les porter chacune à 61 hommes: Elle entend aussi qu'en temps de guerre elles soient augmentées de 9 appointés. Ces compagn. doivent être distribuées pendant la paix dans les arsenaux de construction.

Etat-Major de chaque Régiment.

Colonel, lieutenant-colonel, 5 chefs de brigade, 1 major, 1 aide-major, 2 sous-aides major, 1 quartier maître, 1 trésorier, 1 tambour major, 6 musiciens, 1 aumônier & 1 chirurgien.

Uniforme.

Habit, épaulette & veste de drap bleu de Roi; parement, collet & doublure rouges; patte de poche ordinaire garnie de 4 boutons, 4 au parement, 1 sur chaque hanche, 1 dans les plis, dans lesquels est placée une poche de toile; la veste garnie de 12 petits boutons, les poches ouvertes avec 4 boutons chacune, culotte de tricot bleu; boutons jaunes forme platte, No. 53; Les Mineurs ont l'épaulette d'un galon de laine aurore sur l'habit & la veste; les Compagnies d'Ouvriers ont des revers rouges & une patelette rouge à la veste; les Gardes Magasins & Artificiers ont parement & collet de velours bleu céleste; & les conducteurs de charrois les ont en drap au lieu de velours.

Chaque régiment du corps royal a deux drapeaux, dont un blanc colonel & un d'ordonnance aurore & verd; taffetas changeant & aurore & rouge

rouge de même par opposition; les drapeaux blancs, les croix blanches de ceux d'ordonnance, & leurs hampes peintes en bleu, font semés de fleurs-de-lys d'or. Cette marque de distinction fut accordée à ce corps du tems qu'il étoit le régiment des fusiliers du Roi, pour s'être signalé à un assaut où il monta au siege de Cambray.

Indépendamment du nombre d'officiers attachés aux sept régimens du corps royal, aux compagnies de mineurs & d'ouvriers, Sa Majesté entretiendra en outre, pour le service de l'*artillerie* dans les places, 205 officiers, savoir: 9 inspecteurs-généraux, 7 commandans en chef des écoles, 22 colonels directeurs, 27 lieutenans-colonels, dont 23 sous-directeurs & 4 inspecteurs des manufactures d'armes; 63 capitaines en premier, 77 capitaines en second, dont onze sont attachés à chaque régiment pour leur avancement.

De l'Etat des Ecoles d'Artillerie en 1768.

Ecole de Theorie pour les Aspirans.

Dans toutes les grandes villes, comme Strasbourg, Metz & d'autres où il y a Garnison du Corps Royal, & Ecole; on reçoit des jeunes gens comme Aspirans: Ils n'ont point d'apointemens, mais ils reçoivent des leçons de Mathematiques & de dessein gratis par les Maitres & Professeurs de l'Ecole. Leur Maitre de Mathematique est différent de celui qui enseigne aux Officiers du Corps. De tems en tems le Professeur examine les Aspirans: dans cet examen on ne demande qu'une étude parfaite du Cours de Mathematique de Mr. Camus * ci-devant examinateur à Bapaume. On remarque alors les plus habiles pour remplir les vacances qui surviennent à Bapaume. Leur uniforme diffère de celle du Corps par la veste & la culotte qui sont rouges, & le bouton sans numero.

Etablissement d'Aspirans à Bapaume.

A Bapaume on reçoit quatre vingt Aspirans, choisis parmi les plus instruits des différentes garnisons du Corps Royal. Ils doivent tous être Gentilhommes ou fils d'un Officier d'Artillerie, & sont obligés de produire un certificat signé de quatre Gentilhommes de leur province, comme quoi ils sont reconnus pour tels. Chacun des quatre vingt Ecoliers a 45 Liv. d'apointemens par mois; ils sont logés dans un hôtel, & sujets aux Appels qui se font quatre fois par jour. Ils ont un Traiteur qui leur donne à manger

---

* On ne suit plus cet Auteur depuis que M. *Bezout* a publié un Cours de Mathematique pour l'usage de l'Artillerie.

manger deux fois par jour pour dix écus par mois: Et ils font commandés par quatre Commandans tirés des Officiers du Corps Royal.

Ils ont un Profeſſeur & deux Repétiteurs pour les Mathematiques, & un Profeſſeur & un Repétiteur pour le deſſein.

Tous les matins il y a Salle de Mathematique pour la moitié des Aspirans, & l'après midi de deſſein pour l'autre moitié: Le lendemain ceux qui ont été au deſſein vont aux Mathematiques, & les autres au deſſein. Il y a toujours un des quatre commandans préſent pour maintenir l'ordre.

Chaque année, une ou deux fois, ſuivant le beſoin qu'on a d'officiers dans les Régimens du Corps Royal, Mr. *Bezout* Academicien vient à Bapaume examiner les aſpirans, & choiſit conjoinétement avec les quatre commandans ceux qui ſont en état d'être faits Officiers; leſquels ſont enſuite repartis dans les différens Régimens où il manque des Officiers. On date la lettre du plus ſavant du prémier jour de l'examen, celle du ſuivant du ſecond jour, & ainſi de ſuite, pour leur donner de l'émulation, & l'ancienneté l'un ſur l'autre. Tous ceux qui ont reſté trois ans à l'Ecole ſans s'être apliqué à leur métier, ſont renvoyés de l'école, & ne peuvent jamais ſervir dans l'artillerie.

Ecole de Theorie pour les Officiers du Corps.

Dans chacune des ſept garniſons d'artillerie mentionées le Roi paye un Profeſſeur de Mathematique, & un Maitre de Deſſein, pour l'inſtruction des Officiers du Régiment. Tous les Lieutenans ſont obligés de ſe rendre trois fois la ſemaine à la Salle: Le matin eſt employé aux Mathematiques, & l'après midi au deſſein. Les Inſpecteurs examinent une fois l'année ordinairement vers le temps des Semeſtres, s'il n'oublient pas leur métier, & ceux qui y font le plus de progrès obtiennent des Gratifications. Autrefois les Capitaines étoient auſſi ſujets aux écoles & examens; mais depuis quelque tems, ils en ont été diſpenſés: En revange on les a obligé de faire de tems en tems de petits traités ſur différens ſujets du métier, leſquels ſont examinés par l'Inſpecteur & Profeſſeur de l'école, & envoyés & recommandés à la Cour, qui accorde en conſéquence des Gratifications à leurs Auteurs.

Ecole de Pratique.

Dès le Printems les exercices commencent, & continuent pendant les ſix mois de la belle ſaiſon. Avant de ſortir à la place où elles ſe font, l'on commence par enſeigner au quartier la manoeuvre du petit canon & de la Chévre aux nouvelles recrues, qui eſt la claſſe des Apprentifs; Enſuite il y a toujours deux Brigades de Canonniers, & un détachement de Bombardiers

bardiers qui sortent les jours d'exercice, ce qui est trois fois la semaine, dès cinq heures du matin jusques vers les neuf. L'Inspecteur est ordinairement présent, & il y a toujours un Brigadier qui commande. La place où se font les exercices est appellée le Polygone d'un ouvrage de fortification élevé dans la plaine, laquelle contient, outre cela, une grande batterie pour le tir au blanc, un magazin pour mettre les poudres & autres pieces à couvert, & un petit parc d'artillerie.

Le commencement des exercices se fait à la grande batterie, qui est à l'ordinaire composée de 6 grosses pieces, de 4 canons de 8 montés sur des Affuts de place, & de 4 mortiers & de 2 Obusiers. La butte est éloignée de 200 Toises: on y place un blanc d'environ trois pieds de diamétre, le canonnier qui l'abat reçoit une recompense pécuniaire. On fait tirer six coups de chaque bouche à feu à commandement; & deux à volonté, où les Soldats de chaque piece chargent & tirent aussi vite qu'ils peuvent: à chaque salve on jette des Bombes, & on tire des Obus à ricochet. Pendant qu'une Brigade de Canoniers & le détachement des bombardiers exercent à la batterie, il y a une autre Brigade de Canonniers occupée à la manoeuvre des pieces de campagne, & les Compagnies de Sapeurs ouvrent la tranchée contre le Polygone: Quand elle est assez avancée on charge des Officiers du Corps de l'établissement des différentes especes de batteries qui entrent dans une attaque; les branches du Polygone sont garnies de vieux affuts, afin de voir les effets du ricochet. Cette attaque contre le Polygone est souvent terminée par la construction & par le saut d'une mine construite sous un ouvrage du front attaqué, dont la démolition termine l'école de pratique.

No. Ces détails sur la composition du Corps Royal sont, en grande partie, tirés du Suplem. au Dictionnaire Encyclopedique Tom. II. *in fol.* Paris qui vient de parroître tout recemment.

MEMOIRE

tiré d'un Traité d'Artifices, enseigné à Strasb. le 15 Juill. 1764.

DES CARTOUCHES A CANON.

Les cartouches à canon tels qu'on les fait aujourd'hui sont composés d'un sachet de serge, & d'un sabot dans lequel le boulet est fixé par le moyen d'une croix de fer-blanc clouée au bas du sabot. Le sachet doit avoir la grosseur du sabot, & assez de longueur pour contenir la quantité de poudre que l'on veut y mettre. Le sabot a quelques lignes de moins que le diamétre du boulet, afinque le fer-blanc & le sachet mis par dessus ne lui donnent pas plus de grosseur que n'a le boulet; le sabot est plat d'un côté & creux de l'autre: le creux doit être en concavité sphérique presque du tiers du diamétre du boulet: à quelques lignes du bas du sabot on fait une rainure assez profonde pour contenir la ficelle qui lie le sachet au sabot.

Dimensions du développement des sachets.

Pour cartouches à boulet.			Pour cartouches à balles.		
Ceux du calibre			Ceux du calibre		
de 16 { Largeur	-	14 po. 6⅞ lig.	de 12 { Largeur	-	13 po. 6 lig.
{ Hauteur	-	13 - 6 -	{ Hauteur	-	12 - 0 -
12 { Largeur	-	13 - 3 -	8 { Largeur	-	12 - 0 -
{ Hauteur	-	13 - 0 -	{ Hauteur	-	11 - 0 -
8 { Largeur	-	11 - 3 -	4 { Largeur	-	9 - 4 -
{ Hauteur	-	12 - 6 -	{ Hauteur	-	10 - 0 -
4 ord. { Largeur	-	9 - 3 -	4 { Largeur	-	9 - 4 -
{ Hauteur	-	11 - 6 -	{ Hauteur	-	9 - 0 -
4 inf. { Largeur	-	9 - 3 -	3 { Largeur	-	8 - 5 -
{ Hauteur	-	9 - 6 -	{ Hauteur	-	8 - 0 -
3 { Largeur	-	8 - 0 -			
{ Hauteur	-	8 - 6 -			

* L'étoffe dont on s'est servi cette derniere guerre pour faire les sachets des cartouches à canon, a été de la double serge croisée tirée des manufactures d'Eisenach en Saxe, elle avoit 27 pouces de largeur & la piece contenoit 17½ jusqu'à dix huit aunes de France; on tire d'une pareille piece, sçavoir;

    Sachets pour calibre de 16 - - 90.
    Sachets pour celui de 12 - - 98.
    Sachets pour celui de 8 - - 110.
    Sachets pour calibre de 4 { ordinaire 180.
                                       { infanterie 230.

* On les fait maintenant de gros camelot.

D'ARTILLERIE.

Les sachets doivent être cousus avec de bon fil dans toute leur longueur, de même que le culot avec lequel le sachet est fermé à un des bouts.

Diamétre des Culots.

Celui des sachets du calibre de 16 est de		4 pouc. 6 lig.
Celui des sachets de 12		4 - 0
Celui des sachets de 8		3 - 6
Celui des sachets de 4		3 - 0

Les sabots des cartouches à boulets doivent être faits de bois bien sec, comme tilleul, aune, ou fresne, ils ont les dimensions ci-après.

Dimensions des Sabots de cartouches à boulets.

Du calibre de 16.	diamétre		4 pouc. 6 lig.
	hauteur		2 - 3
	profondeur du creux		1 - 6
du calibre de 12.	diamétre		4 - 0
	hauteur		2 - 0
	profondeur du creux		1 - 4
du calibre de 8.	diamétre		3 - 6
	hauteur		1 - 9
	profondeur du creux		1 - 1
du calibre de 4.	diamétre		2 - 10
	hauteur		1 - 6
	profondeur du creux		0 - 10

La rainure aux sabots des calibres de 16 & de 12 est à 4 lignes du bas du sabot, elle a 4 lignes de largeur sur autant de profondeur; au calibre de 8 & de 4, elle est à 3 lignes du bas du sabot & n'a que 3 lig. de largeur sur autant de profondeur.

Chargement des Sachets de cartouches à canon.

Dans ceux de 16 on met	5 liv. de poudre
dans ceux de 12	4 Id.
dans ceux de 8	2½ Id.
dans ceux de 4 ordinaire	1½ Id.
dans ceux de 4 infanterie	1¼ Id.

La poudre doit être fortement entassée dans le sachet, & battue avec la main sans pourtant être écrasée; l'on peut aussi se servir d'une vis à écrou pour serrer la poudre, mais il faut prendre garde de ne point déchirer le sachet, ce qui arrive communément pour peu que l'on presse.

Con-

Construction des cartouches à canon.

Il faut enfabotter les boulets avant que de commencer la construction des cartouches, c'est à dire les attacher eu fabot par le moyen de deux bandes de fer-blanc passées en croix, & clouées chacune avec deux petits clous en bas ou aux côtés du fabot; les bandes pour calibres de 16 & de 12 ont au moins 5 lignes de largeur & 14 pouc. de longueur, celles pour les calibres de 8 & de 4, ont 4 lignes de largeur fur 11 de longueur.

Le boulet étant enfabotté, on le fait entrer dans le fachet rempli de poudre; on commence par lier le fac en haut du fabot, puis on prend une bande de parchemin trempée dans l'eau de 2 pouc. 3 lig. de largeur & de longueur fuffifante pour entourer la cartouche que vous placez autour du fachet moitié fur le fabot & moitié fur la poudre, vous la liez avec de la bonne ficelle dans la rainure & à 3 lignes au deffous du fabot, de cette façon la cartouche fe trouve liée en trois endroits différens; les deux premiers liens en haut & dans la rainure du fabot fervent pour attacher fermement le fachet & le parchemin, & le troifieme en deffous eft pour empêcher la poudre de monter & gliffer entre le fachet & le fabot; la bande de parchemin eft mife à l'endroit où il y a le plus grand frottement pour empêcher le fachet de fe déchirer.

La cartouche ainfi faite vous la calibrez en la préfentant dans une piece de calibre, dans laquelle elle doit entrer avec facilité; on ne peut trop recommander cet article, il eft des plus effentiels, & feul capable d'affurer la bonté des munitions.

Un attelier de 12 travailleurs fe partage en 4 claffes; la premiere eft de deux hommes qui enfabottent, la feconde de deux autres qui rempliffent les fachets de poudre, la troifieme de deux qui entaffent & ferrent la poudre dans les fachets, & les fix autres forment trois atteliers pour lier les fachets aux fabots: ces 12 travailleurs peuvent faire dans une journée de 10 heures de travail, environ 240 cartouches des calibres de 16 ou de 12, & jufqu'à 320 de celles de 8 & de 4; on a payé pendant la guerre en Allemagne le cent de fabot pour cartouches à boulets,

Le cent pour ceux de cartouche de 16 - - 11 liv. 5 f.
- - - - - - - 12 - - 9 -
- - - - - - - 8 - - 6 - 10 -
- - - - - - - 4 - - 5 -

Des cartouches à grappes de raifin.

Pour conftruire une grappe de raifin il faut avoir un fachet de coutil dans lequel on arrange les petits boulets, de plus un fabot auquel eft attaché

non

non seulement le sachet qui contient les petits boulets, mais aussi le sachet de serge rempli de poudre.

Le sabot est fait de même bois que ceux des cartouches à boulets & a les dimensions suivantes.

  Celui de 16 doit avoir - - 4 pouc. 8 lig. de diamétre.
  Celui de 12 - - - 4 - 1 Id.
  Celui de 8 - - - 3 - 7 Id.
  Celui de 4 - - - 2 - 11 Id.

Ceux des calibres de 16 & de 12 ont 18 lignes d'épaisseur avec une rainure au milieu de 5 lignes de profondeur sur autant de largeur; ceux des calibres de 8 & 4 n'ont que 12 lignes d'épaisseur avec une rainure au milieu de 4 lignes de profondeur & quatre lignes de largeur.

Chaque sabot doit porter dans son milieu une cheville dont la grosseur est proportionnée au vide que laissent les petits boulets de fer qui sont rangés autour; sa hauteur est & de même proportionnée à la hauteur que donnent les différentes rangées de boulets; ordinairement on met trente six petits boulets dans une grappe de raisin d'un calibre quelconque; c'est à dire six de base sur six de hauteur; les boulets doivent être proportionnés au calibre, afin que les six de base remplissent exactement la circonférence du sabot; alors la cheville du milieu du sabot a exactement la grosseur d'un boulet, & pour hauteur sept fois son diamétre; en haut de la cheville on fait une rainure pour lier les ficelles dont la largeur est le tiers & la profondeur le quart de son diamétre.

Le sachet dans lequel les petits boulets son rangés lit par lit doit être de bon coutil bien serré & fort, il a la grosseur du sabot & deux pouces de longueur de plus que la hauteur de la cheville, il est attaché fortement au bas de la rainure du sabot avec de la grosse ficelle, il faut trois brassées & demi de grosses ficelle à trois brins pour ficeler un raisin des calibres de 16 ou de 12, & trois brasses seulement pour un de 8 ou de 4; on peut ficeler une grappe de raisin de la même maniere qu'on cordelle une carcasse, avec la différence qu'au lieu de 8 montans on n'en prend que six; la meilleure façon & la plus solide est d'entrelacer la ficelle sur le raisin comme à un filet; il faut être à deux pour lier un raisin, l'un pour tenir & l'autre pour ficeler.

Dans un attelier de 10 travailleurs, huit sont occupés à ficeler & deux autres à attacher les sachets aux sabots, ou à arranger les petits boulets dans les sabots; un pareil attelier peut faire dans une journée moyenne de 10 heures de travail 120 raisins de gros calibre & jusqu'à 140 des calibres de 8 & de 4.

Les grappes de raisin composées de 36 petits boulets de fer pésent, sans leurs charges de poudre,

  Celles du calibre de 16 - - - 20½ liv.
  Celles de - - 12 - - - 15

MEMOIRES

Celles du calibre de 8 - - - 10 liv.
Celles de - - 4 - - - 5¼ -

Diamétre des petits boulets pour grappes de raisin, dont six remplissent exactement la circonférence du sabot.

Celui de ceux de 16 est de - - 1 po. 6 lig. 8 pt.
Celui de - - 12 - - - 1 - 5 - 0 -
Celui de - - 8 - - - 1 - 2 - 9 -
Celui de - - 4 - - - 0 - 1 - 10 -

Des Gargousses à canon.

Les gargousses servent dans les sieges, dans les écoles de canon & dans les salves de réjouissance; ce sont des sachets de papier du calibre des pieces assez longues pour pouvoir contenir la charge de poudre que l'on veut y mettre.

Le papier pour gargousses doit être grand, fort & bien collé: la rame de ce papier se paye depuis 12 jusqu'à 18 liv. il faut une feuille pour une gargousse des calibres de 39, 16 & 12, & une demi feuille seulement pour les calibres inférieurs.

Dimensions du développement des gargousses.

Du calibre de 24. { hauteur - - - - - 16 pouc.
                  { largeur - - - - - 18 -
de - - 16. { hauteur - - - - - 13 -
           { largeur - - - - - 15 -
de - - 12. { hauteur - - - - - 12 -
           { largeur - - - - - '14 -
de - - 8. { hauteur - - - - - 12 -
          { largeur - - - - - 12 -
de - - 4 { hauteur - - - - - 10 -
         { largeur - - - - - 10 -

Dimensions des mandrins pour gargousses à canon.

Du calibre de 24. { longueur sans le manche - - 18 pouc. 0 lig.
                  { diamétre - - - - 5 - 2 -
de - - 16. { longueur sans id. - - - 15 - 0 -
           { diamétre - - - - 4 - 6 -
de - - 12. { longueur sans id. - - - 14 - 0 -
           { diamétre - - - - 4 - 0 -
de - - 8. { longueur sans id. - - - 13 - 0 -
          { diamétre - - - 3 - 6 -

Du calibre de 4. $\begin{cases}\text{longueur fans le manche} & - - 12 \text{ pouc. } 0 \text{ lig.} \\ \text{diamétre} & - - - 2 - 10 -\end{cases}$

Le manche de chacun des mandrins doit avoir la longueur & la grosseur convenable à être tenu dans la main. L'on a foin de percer un petit trou au milieu dans toute la longueur du mandrin, lequel par l'air qu'il donne à la gargouffe, donne la facilité de la retirer de deffus le mandrin après qu'elle eft collée.

Maniere de faire les gargouffes à canon.

Le papier coupé fuivant les dimenfions ci-deffus, vous le roulez fur le mandrin, lorfqu'il y aura les cinq fixiemes de roulés vous collerez le reftant du côté qui refte à rouler avec de la farine & de la colle forte cuites enfembles. Le côté de votre gargouffe étant ainfi collé vous appliquez le culot coupé fuivant le calibre du mandrin que vous arrêtez avec le papier replié & collé par deffus, alors vous retirez la gargouffe de deffus le mandrin & vous la mettez fécher au foleil ou auprès d'un poële.

Les gargouffes fe lient ordinairement en paquets de 25 chacun.

DES CARTOUCHES A FUSILS.

Le papier le plus propre à la conftruction des cartouches à fufils eft du bon papier de Basle bien collé; il doit avoir du corps fans cependant être trop épais; il a 12¼ pouces de hauteur fur 16 de largeur; la rame de ce papier fe payoit en Allemagne pendant la guerre 3 liv. 8 f., mais ordinairement il ne coûte que 55 jufqu'à 60 fols. On tire d'une feuille de ce papier 12 cartouches à fufils; mais à caufe du déchet & des feuilles qui fe trouvent fouvent déchirées au bout on ne peut compter que fur 10 cartouches par feuille; il faut une feuille pour empaqueter 15 cartouches, donc il faut deux feuilles & demi pour 15 cartouches, cela fait fept mains de papier pour milles cartouches, & 35 rames environ pour cent milles.

Il faut 5 onces de ficelle pour lier les paquets de 1000 cartouches à fufils & 31 livres 4 onces pour les paquets de cent mille.

La livre de ficelle coûte 12 fols en Alface; on paye ordinairement aux ouvriers ou autres travailleurs 15 jufqu'à 20 f. pour la façon du millier de cartouches.

Recapitulation de ce que coûte au Roi la conftruction de cent mille cartouches à fufils fans y comprendre ni le plomb ni la poudre.

Le papier revient à - -	105 liv.	- fols.
La ficelle - - - -	18 -	15 -
La façon - - - -	100 -	

Total 223 liv. 15 f.

Les atteliers les plus profitables pour les travailleurs font compofés de 10 hommes, defquels on prend fix pour rouler les cartouches, deux pour les remplir, & les deux autres empaquetent les cartouches pleines de poudre : Un pareil attelier fera dans une journée moyenne de 10 heures de travail huit milles cartouches & chaque travailleur gagnera par conféquent 16 f. par jour.

Conftruction des cartouches à fufils fans les coller, telles qu'on les fait actuellement.

Avant de conftruire des cartouches à fufils il faut fe pourvoir de mandrins à rouler, & de mefures pour charger. Les mandrins font faits de bois fec & dur; ils doivent avoir 7 po. de longueur & 6 lig. & 9 pt. de diamétre; un des bouts eft arrondi pour ne pas faire mal à la main & l'autre eft creufé pour recevoir le tiers de la balle; la mefure à poudre a la figure d'un cone tronqué ouvert par en haut; elle doit contenir ras la quarantieme partie d'une livre de poudre, ou comblée la trente fixieme partie.

Pour couper le papier pour cartouches à fufils on commence par plier la feuille ouverte en trois dans fa largeur; puis chaque tiers en deux, & chaque moitié du tiers en deux encore par une diagonale qui prend depuis 2 pouces 2 lig. de l'angle fupérieur de la gauche jufqu'à 2 po. 2 lig. de l'angle inférieur oppofé de la droite; de cette façon chaque feuille de papier fe trouve coupée fans perte en 12 parties & chaque partie avec laquelle on fait la cartouche a 5 po. 4 lig. de hauteur, 4 po. 3 lig. de largeur à un bout & 2 po. 2 lig. de largeur à l'autre; le papier eft coupé avec un couteau par un travailleur entendu lequel ne doit faire autre chofe que d'en fournir à l'attelier.

Celui qui roule la cartouche ayant couché le papier coupé fur la table, prend d'une main le mandrin & de l'autre la balle qu'il met dans le creux du mandrin, après quoi il roule le papier autour de la balle & du mandrin, de façon qu'il en refte affez au delà de la balle pour le replier à petits plis; alors il reléve le mandrin enveloppé avec la cartouche, & ayant arrondi les plis fur la balle dans un petit trou pratiqué dans l'épaiffeur de la table, il le retire & paffe la cartouche à celui qui la doit remplir; lequel y met la charge de poudre avec la petite mefure de fer-blanc, plie le papier auffi près de la poudre qu'il eft poffible, & la paffe à celui qui doit former les paquets: celui-ci en prend quinze dans la main, les arrange fur la feuille de papier pliée en deux, les balles moitié d'un côté moitié de l'autre, & les ayant enveloppées avec la feuille de papier & replié les deux bouts; il lie le paquet avec de la ficelle paffée en croix fur le milieu de la hauteur.

Les cartouches à fufils ne fçauroient être trop fortement roulées & ferrées contre le mandrin, même pour être affuré de leur juftesse; il faut les

cali-

calibrer avant de les charger; c'est à dire les poser dans un bout de canon à fusil; celui qui charge doit mettre exactement la charge complette dans chaque cartouche à fusils, & ne point charger une plus que l'autre, mais verser toujours la mesure toute pleine dans chacune; l'empaqueteur doit serrer ces paquets & les arrondir le plus qu'il est possible sans déchirer le papier; de plus il doit avoir attention de donner à tous les paquets la même hauteur, afin de les pouvoir placer dans les caissons, ou cases de caissons, lesquelles ayant une hauteur déterminée ne contiendroient point les paquets trop haut.

Hauteur & Pesanteur des cartouches à canon & cartouches à fusils toutes chargées.

	Poids.	Hauteur.
Une du calibre de 16 à boulet pèse	23¼ liv. & a	14 po. 3 lig.
une de 12	18	13 - 6
une de 8	12	12 - 6
une de 4 ordinaire	6½	11 - 0
une de 4 infanterie	5¾	9 - 6
un paquet de 15 cartouch. à fusils pèse	1¼	3 - 10

Les cartouches à canon pour pouvoir être bien menées sans risques en campagne, doivent être arrangées dans des caissons & bien étoupées; l'étoupe est enfoncée jusques en bas par petits morceaux avec une spatule & mise tout autour de la cartouche; on ne sauroit trop serrer les étoupes; & mieux les caissons sont étoupés, & mieux les munitions qu'ils renferment se conservent.

Les cartouches à fusils sont arrangées dans les caissons, dans différentes cases, dont la hauteur est proportionnée à celle des cartouches, il y a trois cases de hauteur dans chaque caisson de cartouche à fusils, & entre chacune une petite séparation de planches pour empêcher les cartouches de s'écraser si elles portoient les unes sur les autres.

Le nombre des cartouches à canon que l'on met dans chaque caisson est proportionné non seulement à celui des caissons que l'on a, mais aussi à la quantité de cartouches que l'on a destiné pour chaque piece de canon. La charge commune des caissons ne passe point la pesanteur de 1200 liv. Si l'on en met d'avantage c'est dans des cas forcés. Dans chaque caisson de cartouches à canon il y a des cartouches à boulets, des cartouches à grappes de raisin ou à balles, des étoupilles, des lances à feu, des porte lances, des dégorgeoirs, & de la méche; de sorte que chacun contient toutes les especes de munitions & les approvisionnemens relatifs à leur calibre; dans les caissons remplis de cartouches à fusils on trouve un certain nombre de pierres à fusils afin de pouvoir diftribuer aux troupes d'un même caiffon tout ce dont elles pourront avoir befoin pour tirer.

Ce feroit ici la place de parler du chargement de chaque caiffon en particulier, mais cela appartient plutôt à un état de formation d'équipage d'artillerie qu'à un traité d'artifice.

DE LA CONSTRUCTION DES ARTIFICES DE GUERRE.

Des Bombes, Obus & Grenades.

* La Bombe pour mortier de 12 pouces a 11 po. 10 lig. de diamétre, 1 po. 4 lig. d'épaiffeur par tout, hors au culot où elle a 2 po.; fa lumiere a 16 lig. d'ouverture, elle pefe fans la charge 135 jufqu'à 140 liv. La bombe pour mortier de 8 po. 4 lig. a 8 po. de diamétre, 10 lig. d'épaiffeur par tout, hors au culot qui a 13 lig. fa lumiere a 1 po. d'ouverture, elle pefe 35 liv. fans la charge.

Les Obus pour Obufier de 8 po. ont les mêmes proportions que les bombes & péfent autant à peu de chofes près. Les obus pour obufier de 6 po. ont 6 po. de diamétre, 8 lig. d'épaiffeur par tout, hors au culot qui a 11 lig. la lumiere a 10 lig. d'ouverture, ils péfent 20 liv. environ.

Il y a deux efpeces de Grenades, les unes que l'on roule du haut du rempart dans les foffés font nommées grenades de rempart, elles font du calibre des boulets de 33, 24 ou de 16, & péfent 16, 12 ou 8 liv.; les autres du calibre des boulets de 4 péfent environ deux livres, & font nommées grenades à main, elle fe jettent dans le chemin couvert ou dans les tranchées d'une place affiegée, ou bien au milieu d'une troupe; la lumiere de celles-ci a 6 lig. d'ouverture, leur épaiffeur eft de 4 lig. par tout.

Maniere de charger les bombes & les grenades.

Avant de charger les bombes & grenades, il faut les vifiter exactement pour voir fi elles font bien vidées, c'eft à dire s'il n'y eft point refté de terre de leur conftruction, ou s'il n'y a point d'eau; ces deux cas empêchent la bombe de crever. 2°. Si le culot eft affez profond pour que la fufée ne touche point au fond, ce défaut feroit fendre la fufée, & la bombe créveroit au fortir du mortier. 3°. Examiner fi la lumiere eft bien ébarbée, & s'il n'y a point de fentes, chambres ou foufflures dans la fonte de la bombe: Ces précautions prifes l'on fait entrer la poudre par le moyen d'un entonnoir, l'on en met environ 6 liv. dans une bombe de 12 po., 2 liv. dans une de 8 po., $1\frac{1}{4}$ dans un obus de 6 po., puis l'on y chaffe la fufée en frappant avec force fur le chaffoir qui repofe fur la fufée, prenant garde qu'elle ne fe fende; la fufée doit être enfoncée le plus qu'il eft poffible dans l'oeil de la bombe; aux bombes

* Ces dimenfions doivent s'entendre des anciennes bombes.

de 12 po. elle ne doit pas fortir plus de 12 lig. à celles de 8 po. de 10 lig. & aux obus de 6 jufqu'à 8 lig., feulement avant de chaffer la fufée il faut la couper en fifflet pour faciliter la communication du feu à la poudre: La fufée étant chaffée dans la bombe, on la garnira extérieurement autour de la lumiere de la bombe avec de la cire à coëffer.

 Les bombes chargées fe rangent la fufée contre terre dans un endroit à portée de la batterie où elles doivent fervir; en mettant la bombe dans le mortier on aura foin de placer bien au milieu fur la chambre du mortier & de l'affujettir quand il en eft befoin par le moyen de 5 ou de 6 petits coins menus, égaux, efpacés, & enfoncés également.

 Les obus fe chargent différemment, on les place tout uniment dans l'obufier après avoir fait entrer & refouler dans la chambre la charge de poudre enfermée dans un fachet, puis après avoir dégorgé la lumiere & y avoir fait entrer une étoupille, l'on y met le feu.

 On vifite les grenades comme les bombes & après les avoir remplies à moitié de poudre on y chaffe la fufée, & on la coëffe comme celles des bombes. Pour conferver les grenades toutes chargées, il faut envelopper la tête de la fufée d'un linge & la goudronner en la trempant dans de la poix fondue.

Des Fufées à bombes & grenades.

 Les fufées à bombes, à obus & à grenades doivent être faites avec de bon bois fort & fec, fain & fans noeuds; les plus propres pour cet effet font le tilleul, le frefne & l'aune bien fec; au défaut de ceux-ci l'on peut prendre du hêtre; mais il n'eft pas fi bon en ce qu'il ne fe prête point affez & ne remplit pas avec la même précifion la lumiere de la bombe; les fufées font tournées autour fuivant les dimenfions ci après, celles des bombes de 12 po. doivent avoir 8 po. de longueur, 20 lig. de diamétre au gros bout que l'on fait en calice pour recevoir la compofition, à un pouce de la tête le diamétre de la fufée eft diminué de 2 lig. celui du petit bout fera de 14 lig. la lumiere aura par tout 5 lig. de diamétre.

 Les fufées à bombes de 8 po. & les fufées à obus du même calibre ont 6 po. de longueur, 15 lig. de diamétre au gros bout réduit à 13 lig. à un pouce plus bas, & 11 lig. au petit bout; le diamétre de la lumiere eft de 4 lig. les fufées d'obus de 6 po. en ont 5 de longueur 13 lig. de diamétre au gros bout & 10 lig. au petit, la lumiere a 3½ lig. de diamétre.

 No. Les fufées d'obus, tant celles de 8 po. que celles de 6 po. n'ont point de tête, mais vont en diminuant depuis le gros jufqu'au petit bout afin d'entrer plus avant dans l'obus, elles font auffi évafées d'avantage pour contenir les brins de méches que l'on attache ordinairement au haut de la fufée. Voyez l'article des étoupilles ci-après.

Les

Les fusées à grenades sont proportionnées à leur grosseur & à l'ouverture de leur lumiere; celles pour grenades des calibres de 33, 24 & 16 ont 5½, 5 & 4 po. de longueur 12, 11 & 10 lig. de diamétre au gros bout & 9, 8½ & 8 lig. de diamétre au petit bout; la lumiere est de 4 à 3 lig. celles des grenades à main ont 2½ po. de longueur 8 lig. de diamétre au gros bout & 6 lig. au petit, la lumiere est de deux lignes.

Maniere de charger les fusées à bombes & à grenades.

Avant de charger les fusées il faut examiner si elles sont bien percées, nettes, & la lumiere bien au milieu, s'il n'y a point de fentes ou noeuds, ou si elles ne sont point vermoulues, ce que l'on connoîtra en passant la grande baguette dans la lumiere, puis après l'avoir retirée en bouchant le petit trou & en soufflant par l'autre.

Pour charger les fusées à bombes il faut des baguettes de fer ou de cuivre bien limées & bien justes à la lumiere des fusées; pour celles des bombes de 12 po. & de 8 po. il en faut 2 à la premiere, d'un pouce plus longue que la fusée, & la seconde de la moitié seulement; pour les fusées des calibres inférieurs & celles des grenades il ne faut qu'une seule baguette de la longueur de la fusée; toutes les baguettes doivent avoir une tête pour recevoir les coups de maillet.

Les maillets pour battre les fusées sont ordinairement ronds, leur masse a 4 po. de longueur sur 3 po. de diamétre, le manche aura 5 po. de longueur sur environ 15 à 18 lig. de diamétre.

La composition ci-après étant bien mêlée sur une table, premierement avec les mains, puis avec l'égrugeoire, ensuite passée au tamis de crin, vous la distribuerez dans de petites gamelles dont le nombre est proportionné à celui des travailleurs, de façon que deux hommes en ayent une entre-eux; de plus il faut autant de petites lanternes qu'il y a de travailleurs, ces lanternes doivent avoir un manche & doivent contenir environ un déz plein de composition.

Le travailleur s'étant mis à cheval sur le banc, dont le dessus doit être un madrier, il prend la fusée, trempe le petit bout dans la composition pour en faire entrer un peu dans la lumiere, puis tenant cette fusée bien droite, le petit bout appuyé sur le madrier, il met dedans avec sa lanterne pleine un déz de composition, il se sert du bout de la grande baguette avec laquelle il frappe quelques coups contre la fusée pour faire descendre la composition, puis il l'introduit dans la fusée; il frappe 8 à 10 coups de moyenne force avec son maillet & après avoir retiré sa baguette il met encore une pareille quantité de composition qu'il bat avec quelques coups de plus que la premiere charge, puis une troisieme charge & ainsi de suite jusqu'à-ce-que la fusée soit à moitié pleine;

pleine; observant d'augmenter le nombre des coups & de frapper un peu plus fort à mesure que la fusée se remplit: il se sert ensuite de la seconde baguette, & continue à charger, jusqu'à-ce-que la fusée soit pleine, augmentant toujours & le nombre & la force des coups, de façon qu'à la fin il frappe jusqu'à 20 coups sur chaque charge.

Comme toutes les fusées à bombes ou à grenades sont garnies actuellement avec des étoupilles il faut avoir soin de laisser en haut un vide d'environ 3 lig. pour pourvoir assujettir les méches.

Les fusées à grenades se chargent avec les mêmes précautions que les fusées à bombes; seulement les coups doivent être moindres de peur que la fusée ne se fende.

Pour conserver les fusées il faut les coëffer aux deux bouts avec la composition ci-après, mais il faut avoir soin de garnir le petit bout de la fusée avant de l'enfoncer dans la bombe ou obus; de plus le couper en sifflet sans quoi la communication du feu de la fusée à la poudre peut devenir incertaine, car il peut arriver que la fusée touchant au culot de la bombe se trouveroit entierement bouchée & empêcheroit la bombe de crever.

Les fusées pour être bonnes doivent être bien & également battues d'un bout à l'autre, ce qu'on connoît si en brûlant elles jettent un feu égal, ou si en les fendant on ne trouve aucun intervalle entre les couches de composition; de plus on les éprouve en les jettant dans l'eau attachées à une pierre, ou en les enfonçant dans la terre à grands coups de maillet; elles ne doivent s'éteindre ni dans l'une ni dans l'autre de ces épreuves; les fusées à bombes de 12 po. doivent durer 80 à 85 comptes ou 70 secondes, celles de 8 po. 60 comptes ou 55 secondes, & celles à grenades 25 à 30 comptes; pour tirer les bombes à une petite distance il faut couper le sifflet des fusées plus long afin que la bombe fasse plutôt son effet & ne reste pas trop long-tems dans l'endroit où elle est tombée sans crever.

Composition des fusées à bombes de 12 pouc.	*Composition des fusées à bombes de 8 po. des fusées à obus & grenades.*	*Composition pour coëffer les fusées.*
Pulverin - - 5 liv.	Pulverin - - 4 liv.	Cire jaune - - 1 liv.
Souffre - - 2 -	Souffre - - 2 -	Suif de mouton - 4 -
Salpêtre - - 3 -	Salpêtre - - 3 -	

On fait d'abord fondre la cire, puis on y met le suif; le tout étant bien fondu on le remue continuellement avec une spatule jusqu'à-ce-que la matiere soit presque froide.

Maniere de coëffer les fusées lorsqu'elles sont chassées dans les obus pour pouvoir les conserver & les emmener toutes chargées en campagne.

Les fusées bien chassées & enfoncées dans l'oeil de l'obus, vous arrangez proprement dans le calice de la fusée les 4 brins de méche, puis vous coëffés la fusée d'un morceau de parchemin trempé dans l'eau-de-vie; après quoi vous garnissez le tour de la fusée à l'oeil de l'obus avec de la cire à coëffer un peu tiede. Alors vous trempez toute la partie extérieure de la fusée jusqu'à l'obus dans du goudron fondu & vous laissez refroidir le tout à l'ombre; de cette maniere les obus ne craignent ni l'humidité ni les accidens du feu.

Composition du goudron.
Poix noire 4 liv.   Poix blanche 2 liv.

Ce goudron sert non seulement pour goudronner les fusées à bombes & à grenades, mais aussi pour goudronner l'extérieur des carcasses, balles à feu & autres artifices que l'on veut conserver.

Autre Composition de goudron pour le même usage.
Poix noire 6 liv.   Huile de lin 12 onc.

Des Etoupilles.

On se sert d'Etoupilles pour tirer les bombes & les obus sans mettre le feu à la fusée; on en prend deux bouts longs chacun de 13 po. que l'on attache en croix au haut de la fusée, en les faisant entrer dans les 3 lig. du vide que l'on y a laissé & en battant de la composition par dessus.

Pour faire des étoupilles l'on prend du bon & fin fil; on le coupe par morceaux longs de trois pieds, puis pour former les méches on met 5 ou 6 fils ensemble suivant la grosseur du coton; après avoir fait tremper ces méches pendant 24 heures dans le vinaigre on les passe dans la composition suivante mise en pâte liquide, on les pêtrit avec la main jusqu'à-ce-qu'elles soient bien imbibées; alors on les retire en les passant au travers des doigts pour en exprimer & ôter le trop de composition; puis les ayant passées dans du pulverin sec on les met sécher sur un cordeau au soleil ou auprès d'un poële: cette sorte d'étoupille est très vive.

Autrement mettez tremper vos méches pendant un heure ou deux dans de l'eau-de-vie; puis pétrissez-les bien avec du pulverin jusqu'à-ce-que vous les voyez bien imbibées, alors passez-les dans du pulverin & mettez-les sécher; les étoupilles faites de cette derniere façon se séchent facilement & sont presque aussi vives que les premieres; pour les éprouver, on en prend un bout de la longueur d'un pied; il faut pour qu'elles soient bonnes qu'en mettant le feu à un bout il se porte au même instant à l'autre.

Composition des étoupilles vives de la premiere espece.

Vinaigre dans lequel on met tremper les méches	2 pintes
Eau-de-vie	$\frac{1}{2}$
Salpêtre	$\frac{1}{2}$ liv.
Pulverin	1
du coton filé autant qu'il en faut pour consommer les matieres ci-dessus, c'est à dire environ	1

Maniere de faire une sorte d'étoupilles lente à porter le feu.

Prenez de Mastic	1 liv.
Salpêtre	1
Colophane	$\frac{1}{2}$
Cire jaune	$\frac{1}{2}$
Charbon	2 onces.

Mettez le tout ensemble, & après avoir bien broyé toutes ces matieres faites les fondre sur un petit feu; lors qu'elles sont liquides passez & repassez vos méches de coton jusqu'à-ce qu'elles soient de la grosseur d'une petite chandelle, puis mettez-les sécher: Quand on veut se servir de ces méches on les allume, puis on soufle la flamme; lorsque le charbon de la méche est bien formé il continue de brûler & dure très long-tems. Cette sorte d'étoupilles est bonne pour mettre le feu dans un endroit où il ne doit paroître qu'après qu'on est retiré; elle sert aussi pour communiquer lentement le feu d'une piece d'artifice à une autre.

Des Tourteaux & fascines goudronnées.

Les tourteaux se font avec de vielles cordes ou méches que l'on fait battre pour en ôter la poussiere & les préparer à bien s'imbiber de composition: Pour former le tourteau l'on coupe la méche ou corde en morceaux longs de 5 pieds environ, puis on fait quatre ou cinq cercles entrelacés de 5 à 6 po. de diamétre, ayant soin de laisser un petit trou au milieu pour pouvoir les enfiler après qu'ils seront cuits dans la composition. Les tourteaux se mettent dans des réchauds de remparts, pour éclairer pendant la nuit aux passages des rivieres ou defilés; on en jette aussi pour mettre le feu au passages du fossé d'une place assiegée.

Les fascines se font avec des brins de bois sec ou sarment, de la longueur de 14 à 16 po., avec lesquels on fait des fagots liés avec de la méche de 4 à 5 po. de diamétre, on les fait cuire dans la composition suivante; comme les tourteaux ils servent principalement dans une place assiegée à éclairer les travaux des ennemis & à mettre le feu au passage du fossé.

Compofition des tourteaux & des fafcines goudronnées.

Poix noire	18 liv.
Poix blanche	9
Suif de mouton	4
Huile de lin	1
Huile de thérebentine	1

Vous faites d'abord fondre dans une chaudiere de fer les poix noire & blanche, puis vous y mettez le fuif & le reftant de la compofition; tout étant bien mêlé & commençant à bouillir vous y gettez vos tourteaux & fafcines que vous laiffez bouillir pendant 8 à 10 minutes, alors vous les retirez pour les laiffer refroidir, & vous les trempez une feconde fois dans la même compofition à demi froide.

Pour faire refroidir vos tourteaux & fafcines plus vite, vous les jettez au fortir de la chaudiere dans un baquet rempli d'eau, dans laquelle vous leur donnez la figure convenable; puis vous les mettez fécher fur une planche mouillée dans un endroit à l'ombre.

No. Ceux qui commencent par faire bouillir dans la compofition les méches ou les brins de bois, puis feulement en forment les tourteaux & fafcines, font une ouvrage long & pénible, & tout-a-fait inutile, en ce que les tourteaux & fafcines n'en font point de meilleur ufage; elles ne brûlent ni mieux ni plus long-temps que celles qui ont été faites de la maniere ci-deffus.

Si l'on a une grande quantité de tourteaux à faire, ou pour une illumination, ou pour éclairer une ville, alors on peut fe difpenfer de mettre de l'huile dans la compofition; les tourteaux en coûteront beaucoup moins & feront également l'ufage qu'on en exigera.

Des Balles à feu & Carcaffes à jetter du mortier.

Les Balles à feu & Carcaffes à jetter du mortier fe font avec la même compofition, & prefque de la même maniere, toute leur différence confifte en ce que l'une eft apellée carcaffe à caufe de deux ou trois cercles de fer qui la compofent; les cercles en font paffés en croix l'un fur l'autre en forme ovale, & arrêtés d'un culot de fer, au lieu que la balle à feu eft faite avec un fac de treillis en forme ovale & cordellée avec du bon cordage pour lui donner du corps; l'un & l'autre fe conftruifent de cette maniere.

La carcaffe pour mortier de 12 po. eft faite avec trois cercles de fer paffés en croix en forme ovale, & arrêtés d'un bon culot de fer; elle doit avoir dans fon milieu 11 po. de diamétre, & 18 po. de hauteur; elle péfe en fer environ 20 livres: celle pour mortier de 8 po. eft faite de deux cercles feulement paffés en croix en forme ovale & arrêtés d'un culot de fer; elle a 7 po. de diamétre fur 11 po. de hauteur, elle péfe en fer environ 6 à 7 liv.

D'ARTILLERIE. 197

Il faut que chaque carcasse ait un sac de treillis qui l'enveloppe exactement, afin d'assujettir la composition & l'empêcher de sortir par les intervalles des cercles; on donne 3 cercles à la carcasse de 12 po. & 2 seulement à celle de 8 po. parceque deux cercles ne seroient pas suffisans pour faire prendre à la carcasse de 12 pouces la rondeur nécessaire.

Il faut pour une balle à feu à tirer du mortier de 12 po., un sac de bon treillis croisé de 10 po. de diamétre sur 16 po. de hauteur fait en ovale, lequel doit être rempli comme il va être dit ci-après & cordellé de cette maniere : Prenez 5 bouts de cordage de 4 pieds 5 pouces de longueur, & 4 à 5 lig. de grosseur, nouez-les dans le milieu, puis posez le sac bien à plomb sur le noeud ; rassemblez & liez en haut du sac vos dix montans que vous espacez également autour du sac, puis le sac étant bien droit sur son culot, vous commencez par cordeller la balle à feu formant le culot comme celui d'un panier ; vous continuez à entrelacer une autre corde un peu plus mince que les montans jusqu'à la moitié de la hauteur de la balle à feu, observant de tirer les montans à mesure que vous montez les travers, afin de les faire tenir droits & les espacer également le long de votre balle à feu ; continuez à entrelacer jusqu'en haut la balle à feu de la forme d'un oeuf, laquelle étant faite vous formez un anneau avec le restant des montans afin de pouvoir y passer le levier & la tremper dans la composition comme il va être dit.

Composition des carcasses & balles à feu, & maniere de les charger.

Poix noire	12 liv.
Poix blanche	6
Suif de mouton	2
Poudre grenée jusqu'à	30
Camphre	$\frac{1}{2}$

Etoupes fines autant qu'il en peut entrer.

Faites fondre dans une chaudiere de fer la poix, puis mettez-y le suif ; le tout étant bien mêlé & incorporé ensemble vous retirez la chaudiere du feu pour la porter la plus chaude qui se pourra dans un trou fait exprès à quelque distance du feu & proportionné à la grandeur de votre chaudiere, de façon quelle y entre jusqu'au tiers de sa hauteur ; alors vous versez doucement la poudre en faisant remuer avec deux spatules de fer ou deux pelles rondes ; la poudre étant mêlée avec la composition, vous remettez la chaudiere sur le feu si vous voyez que la composition est trop froide pour pouvoir y mettre les étoupes, ayant soin d'ôter du feu tout ce qui peut donner de la flamme & de n'y laisser que de la braise. La composition un peu rechauffée vous retirez la chaudiere du feu & vous la remettez dans son trou : alors vous y mettez l'étoupe par petits morceaux, faisant toujours remuer à forces de bras, pour qu'elle s'imbibe parfaitement. Dans le temps que l'on met l'étoupe vous verfez petit à petit le camphre pilé afin qu'il se mêle dans toutes les parties de la composition. Le tout bien travaillé & incorporé vous commencez à former votre carcasse ou balle à feu ; prenez votre carcasse revêtue de son sac de treillis ; ou bien votre sac pour balles à feu posé sur le nœud des 8 montans qui lui sert de culot, & après vous être frotté les mains avec de l'huile vous y mettez de la composition à 4 po. de hauteur dans celles de 12 po. & à 3 po. seulement dans celles de 8 po. sur laquelle vous posez une ou deux grenades chargées la lumiere en bas, ou bien une petite bombe de 5 à 6 po. de diamétre la fusée en bas.

Les grenades servent à disperser le feu de la carcasse dans différens endroits & la bombe ne fait qu'éclater lorsque la carcasse à brûlé assez long-tems ; puis continuez à remplir votre carcasse ou balle à feu jusqu'en haut ; après quoi vous liez votre sac avec de la ficelle ; l'on fourre aussi dans la carcasse ou balle à feu pour écarter ceux qui la voudront éteindre des bouts de canon à fusils, ou de pistolets chargés à balles rangés tout autour en spirale jusques vers les deux tiers de leur hauteur. Si l'on en mettoit plus haut ils pourroient tuer celui qui y met le feu : le sac étant lié en haut vous percez deux trous auprès de l'anneau avec des chevilles de bois d'un pouce de diamétre & de 5 po. de profondeur, observant que ces deux chevilles puissent se joindre dans un point ; on aura soin de les graisser pour les pouvoir retirer lorsqu'on voudra amorcer la balle à feu ou carcasse.

Lorsqu'on veut garder long-tems la carcasse ou balle à feu avant de l'exécuter, alors il faut laisser les chevilles jusqu'au tems de l'exécution ; si au contraire elle doit se tirer dans peu l'on peut la retirer aussi-tôt que la composition est froide & dure ; alors vous chargez les trous quelles laissent avec la composition des fusées & bombes ; ayant soin de ne vous servir pour la battre que de baguettes de cuivre ou de bois, crainte d'accident ; l'on met quatre mèches d'étoupilles longues chacune de 6 pouces à chaque trou pour y porter le feu.

La carcasse ou balle à feu ainsi faite & achevée, vous la trempez dans la composition des tourteaux à demi froide & vous la conservez dans un endroit sec. La carcasse ou balle à feu s'exécute dans le mortier comme la bombe ; quand la carcasse n'est destinée qu'à éclairer les traveaux des ennemis, alors il faut mettre une petite charge dans la chambre du mortier & lui donner peu d'élévation de peur quelle ne s'enterre ; si au contraire elle doit mettre le feu aux maisons ou à des magasins, alors donnez plus d'élévation au mortier pour quelle enfonce les toîts des bâtimens sur lesquels elle doit tomber.

No. Il faut remarquer que pour piler le camphre & le reduire en poussiere, il faut le mêler avec du souffre, sans cela il se fendroit plutôt que de se laisser piler.

Des

D'ARTILLERIE. 199

Des balles à feu à jetter à la main ou à tirer du canon.

Les balles à feu à jetter à la main ou à tirer du canon se font de différentes grosseurs; on leur donne le diamétre des boulets de 24, 16, 12, 8 ou de 4, toutes se construisent de cette maniere :

   Prenez 4 livres de Pulverin.
     4 - de Salpêtre.
     $3\frac{1}{2}$ - de Souffre.
     $\frac{1}{4}$ - de Colophane.

Mettez le tout ensemble & reduisez-le en pâte, en humectant avec de l'esprit de vin dans lequel on aura fait dissoudre du camphre & de la gomme Arabique; & avec de l'huile de lin le tout bien mêlé & mis en pâte à force de bras vous en faites des plottes de la grosseur que vous voulez; ensuite vous les percez avec une cheville de bois de plusieurs petits trous, dans chacun desquels vous mettrez un peu de vif-argent; puis vous les reserrez : cela fait vous les enveloppez d'une grosse toile ou d'un bon treillis que vous goudronnez extérieurement; on amorce les plottes en y perçant deux trous en croix qui se traversent & on remplit les trous avec la composition des fusées à bombes, mais seulement quelque tems avant de s'en servir; on les garnit aussi avec des étoupilles comme les fusées à bombes.

Autrement. Faites fondre dans un pot de terre vernissé sur un petit feu de charbon $1\frac{1}{2}$ liv. de souphre & $\frac{1}{4}$ liv. de suif de mouton, étant fondus jettez-y 8 onc. de salpêtre, 2 onc. d'alun & un peu d'antimoine bien pilés; cela bien mêlé versez-y 8 onc. de poudre grenée, & remuez avec une petite spatule jusqu'à-ce-que tout soit bien incorporé ensemble; alors versez votre composition dans les moules de bois de la grosseur dont vous voulez avoir vos pelottes & laissez-la refroidir; étant froide vous la retirez du moule & l'enveloppez avec des étoupes que vous goudronnez en la trempant dans la composition des tourteaux. Lorsque vous voulez vous servir de ces pelottes vous les percez avec une méche en deux endroits différens, vous remplissez les trous avec la composition des fusées à bombes & vous y attachez des étoupilles.

Ces deux especes de pelottes peuvent se jetter à la main ou se tirer du canon, seulement pour empêcher qu'elles ne se brisent par l'effort de la poudre il les faudra envelopper avec du fil de fer entrelacé comme un filet; pour les tirer du canon il ne faudra le charger qu'avec une petite charge de poudre & ne point mettre de bouchon dessus, mais placer simplement la pelotte sur la poudre sans la refouler.

Des Incendiaires à mettre dans les bombes & dans les obus.

On met souvent des Incendiaires dans les bombes ou obus pour mettre le feu dans une ville; ce sont des rouleaux en forme de saucissons que l'on
                             fait

fait entrer par la lumiere de la bombe, lesquels brûlant après que la bombe a crevé mettent le feu immanquablement dans l'endroit où ils se trouvent; on leur donne 10 lig. jusqu'à 1 po. de grosseur & 3 à 4 po. de longueur; on les fait avec la composition des carcasses, ou bien avec celles de pelottes; l'une & l'autre est bonne; pour les amorcer on les perce dans le milieu avec une méche, & l'on remplit le trou avec la composition des fusées à bombes; l'on y met aussi des étoupilles.

Des Torches.

Les Torches servent à éclairer pendant les marches de la nuit; elles doivent brûler quelque tems qu'il fasse, quoiqu'elles ne soient plus en usage, & qu'en leur place l'on se sert de flambeaux; cependant pour contenter les curieux voici la maniere dont elles se font.

Prenez 4 grosses méches de coton de 3 à 4 pieds de longueur, faites les bouillir dans du salpêtre & arrangez-les autour d'un grand bâton de sapin, après quoi vous les enduisez avec du pulverin & du souffre mis en pâte claire avec de l'eau-de-vie; quand elles sont séches vous couvrirez les méches avec la composition suivante & vous en formerez un flambeau.

Prenez 2 liv. de cire jaune, autant de poix blanche, 12 onc. de souffre, 6 onc. de camphre, & 4 onc. de thérébentine; faites fondre le tout ensemble & formez-en vos torches.

Des Sacs à poudre.

Les Sacs à poudre sont d'une grande utilité dans une place assiegée, on les jette à la main, ils mettent le feu par tout, & intimident beaucoup les troupes, qui doivent monter à l'assaut d'un ouvrage.

Les sacs à poudre se font avec de la bonne grosse toile; leur largeur & grosseur n'est point déterminée, il suffit qu'on puisse les jetter facilement, on les coud aux côtés seulement; pour les charger on commence par lier un des bouts des sacs avec de la ficelle, puis après l'avoir retourné de façon que la ligature soit en dedans vous y faites entrer de la poudre que vous refoulés à chaque lit avec un mandrin proportionné au sac, jusqu'à-ce-qu'il soit plein, alors vous y mettez une fusée, le gros bout en dedans que vous liez avec le sac aussi fortement qu'il est possible, après quoi vous goudronnez le sac extérieurement avec la composition des goudrons dont il est parlé dans l'article des fusées à bombes.

Des Barils à poudre & Barils ardents.

Les Barils à poudre ne sont autre chose que des barils de 200 liv. de poudre avec leurs chappes, à chaque fond desquels on fait entrer une fusée à bombe, coupée en sifflet, que l'on a soin de bien goudronner, puis on les roule sur la bréche.

D'ARTILLERIE.

Le Baril ardent est un baril à poudre que l'on remplit avec des coupeaux cuits dans la composition des tourteaux; on les arrange lit par lit lorsqu'ils sont à moitié froids; & à chaque lit de coupeaux on sème du pulverin, & ainsi jusqu'à-ce-que le baril soit plein; alors on le refonce & à chaque fond on fait entrer une fusée à bombe que l'on a soin de goudronner: Lorsqu'on veut exécuter le baril on perce plusieurs trous de distance en distance sur les côtés, afin de donner de l'air au feu & que la composition brûle aisément.

Le baril foudroyant se fait comme le baril ardent, seulement on met à chaque lit de copeaux deux ou trois grenades chargées, pour défendre l'approche à ceux qui voudroient l'eteindre.

Not. Les barils doivent être sans chappes & percés de plusieurs trous aux côtés.

Des Fusées d'Amorce ou Etoupilles.

Les fusées d'amorce sont devenues une partie très essentielle de l'artifice de guerre, tant à cause de la grande consommation que l'on en fait, que par le service que l'on en retire; elles servent d'amorce à toutes les bouches à feu, & portent le feu avec la plus grande promptitude à la poudre dans l'ame de la piece; on ne sauroit être trop attentif à leur construction, ni prendre trop de précautions à les bien faire.

On les faisoit autrefois en fer-blanc, mais on a reconnu que le fer-blanc n'étoit point propre pour cet usage, à cause de la rouille qui s'y mettoit facilement & gâtoit en peu de tems la composition que l'on y faisoit entrer; actuellement l'on se sert de roseaux bien secs, lesquels ayant assez de corps pour résister au transport & ne portant aucun préjudice à la composition, donnent la facilité de les conserver des années entières, même plusieurs années, avec la précaution de ne leur point laisser prendre de l'humidité.

Le roseau pour être bon à faire des fusées d'amorce doit être coupé dans les mois de Décembre & Janvier; tems où il est déja à moitié sec sur pied; on le trouve communément dans les marais aux environs des villes; le meilleur, c'est à dire celui qui a le plus de corps, se tire des fonds, il n'a pas été exposé à tous vents; on peut faire un approvisionnement de roseaux pour plusieurs années en les conservant dans un endroit sec.

Pour faire des fusées d'amorce, vous commencez par couper avec un canif vos roseaux droits d'un côté, & en sifflet de l'autre, vous leur donnez $2\frac{1}{2}$ jusqu'à 3 pouces de longueur & la grosseur convenable aux lumieres de vos pieces; pour être sûr que vos roseaux ont la grosseur demandée, vous les passez dans un calibre de la plus petite lumiere de vos pieces; le roseau coupé & calibré vous le nettoyez en passant à plusieurs reprises une petite baguette qui gratte l'intérieur & en ôte la pellicule, qui, si elle y restoit, empêcheroit la composition d'entrer & de s'attacher au roseau.

Composition des étoupilles ou fusées d'amorce.

Pulverin	12 onces.
Salpêtre	8
Souffre	2
Charbon	3

Mêlez le tout ensemble sur une table, premierement avec les mains, puis avec l'égrugoir, & passez-le deux fois dans un tamis de crin; après quoi vous en faites une pâte épaisse, en y mettant de la bonne eau-de-vie de France, & vous la distribuez dans autant de petites gamelles que vous avez de travailleurs; pour remplir vos roseaux vous en prenez quelques uns dans la main, & vous trempez le bout qui est coupé droit tant & si long-tems dans la composition, jusqu'à-ce que vous la voyez sortir par le bout opposé; alors vous la percez avec une grosse éguille, le plus au milieu du roseau que faire se pourra, & vous la mettez sécher sur une planche au soleil, ou auprès d'un poële; au bout de quelques jours la composition étant bien séche, vous repassez votre éguille; même vous élargissez le trou s'il est possible afin de donner plus de jour au feu & le faire porter avec plus de promptitude dans l'ame de la piece; après quoi vous attachez avec du fil au bout qui est coupé en sifflet, aussi fortement que vous pouvez, sans écraser le roseau, quatre brins de méches, cela s'appelle mettre la cravatte au roseau; les fusées d'amorces ainsi achevées, vous les mettez en paquet de 10 que vous distribuez dans les endroits où vous les jugerez nécessaires.

Comme la façon ci-dessus est longue, & demande beaucoup de monde pour peu qu'on en veuille avoir une quantité; on a imaginé une façon plus courte, au moyen de laquelle un homme en peut remplir 4 ou 5 à la fois, presqu'aussi vite qu'on en rempliroit une de la façon précédente. Faites faire de petites caisses de chaîne de 4 po. de quarre sur 4 po. 6 lig. de hauteur en dedans; arrangez-y vos roseaux coupés d'égale longueur, le côté du sifflet en bas, & autant qu'elle en peut contenir, puis remplissez tout le haut de vôtre boëte avec la composition mise en pâte, comme ci-dessus, & battez la boëte sur un mandrin pour faire descendre & entrer la composition dans les roseaux, jusqu'à-ce-que vous les voyez remplis, alors retirez-les & faites les percer avec une éguille comme il a été dit.

Le côté du roseau où l'on attache les méches est coupé en sifflet pour faciliter la communication du feu, & l'autre doit être coupé droit, tant pour pouvoir le remplir facilement que pour faire cracher la composition comprimée par tout également droit dans l'ame de la piece.

Pour tirer avec étoupilles il faut bien dégorger, puis mettre le roseau dans la lumiere, & après avoir ouvert le papier qui enveloppe la cravatte, porter le feu avec une méche ou une lance à feu.

Des

Des Lances à feu.

On peut faire des Lances à feu de deux manieres; la premiere se fait & se bat dans un moule, & l'autre se roule simplement sur une baguette & se remplit étant couchée sur une table; je vais donner la maniere de faire l'une & l'autre de ces especes.

Pour construire des lances à feu de la premiere espece, il faut avoir un moule de bois bien sec, comme de poirier, noyer, ou buis, qui ait les dimensions suivantes:

hauteur du moule	13 po.
diamétre au bas du moule	3 -
diamétre au haut du moule	2 -
diamétre du trou ou calibre	7 lig.
hauteur du culot	2 -
diamétre de id.	3 -

Le culot porte dans son milieu une baguette que le tourneur y aura laissé, dont le diamétre est égal à celui du trou du moule, & dont la hauteur est d'un pouce, y compris le cercle qui doit être arrondi en demi sphére; il faut 3 baguettes, dont une de bois dur pour rouler la cartouche, & les deux autres de fer pour la charger; celle pour rouler a la longueur du moule sans y comprendre le manche lequel a 3 pouc. de longueur. Le diamétre de cette baguette est de 5½ lig. la premiere ou la plus grande pour charger a la même longueur que celle pour rouler, & la seconde la moitié seulement; toutes deux ont cinq lignes de diamétre.

Pour faire la cartouche il faut avoir du bon papier bien collé, le couper selon la longueur de la baguette à rouler; en rouler bien ferme autour de la baguette autant qu'il en faut pour remplir le vide qui se trouve entre la baguette & le dedans du moule; puis le retirer après l'avoir étranglé à un bout, & lié l'étranglure avec de la ficelle.

Pour la charger il faut le remettre dans le moule, y introduire une lanterne pleine de composition, & la battre de 5 à 6 coups sur la grande baguette; puis vous retirez la baguette & vous y mettez une nouvelle charge que vous battez comme la premiere, & ainsi de suite, jusqu'à-ce-que la cartouche soit pleine à la hauteur du moule, alors on la retire & on l'amorce avec du pulverin.

L'on charge la lance à feu avec facilité en se servant d'un entonnoir placé au bout de la cartouche, au travers duquel vous passez la baguette avec laquelle vous battez la composition à mesure quelle tombe de l'entonnoir au fond de la cartouche.

Composition de lances à feu de la premiere espece.

Salpêtre - - - 4 liv.
Souffre - - - 1 - 12 onc.
Pulverin - - - 12 -

Après avoir mêlé les trois matieres avec la main, puis avec l'égrugeoir, vous les passez au tamis de crin, & vous remplissez vos gamelles.

La seconde espece de lances à feu se fait en roulant une bande de papier de 3 po. de largeur & 12 po. de longueur sur un mandrin de bois dur qui ait 13 po. de longueur & 4 lig. de diamétre, quand il y en aura les deux tiers de roulés vous collerez le restant du papier du côté qui est à coller avec de la colle forte & de la farine cuites ensemble; puis vous achevez la cartouche en passant la main légèrement sur l'extrémité du papier collé; le nombre des cartouches demandées étant achevé, vous les mettez sécher au soleil, ou dans un poële, observant de les séparer les unes des autres, & de les retourner de tems en tems pour empêcher qu'ils ne se collent ensemble, ou ne se courbent.

Les cartouches bien séches vous les remplissez avec la composition ci-après. Pliez le papier en un des bouts, puis par l'autre faites-y entrer de la matiere, en pressant votre cartouche contre la composition, & l'ayant mis perpendiculairement sur la table vous frappez quelques coups contre pour faire descendre la composition que vous venez d'y introduire, alors vous prenez la baguette de fer qui doit avoir 6 lig. de longueur de plus que celle à rouler & un peu moins de grosseur; de plus, elle doit avoir en haut un anneau à y porter le doigt pour la mouvoir facilement; ayant couché votre cartouche sur la table vous y introduirez la baguette avec laquelle vous affermissez la composition; l'ayant retirée vous remettez de nouveau & ainsi de suite jusqu'à-ce-qu'elle soit entierement pleine; vous aurez soin de presser la derniere couche de composition plus fort que les autres pour empêcher que la composition ne sorte de la cartouche en la remuant. Les lances finies vous les distribuez dans les endroits nécessaires, ou bien vous les conservez dans un endroit sec; on les assemble en paquets de 10 ordinairement.

Composition des lances à feu de la seconde espece.

Salpêtre - - - 6 onc.
Souffre - - - 2 -
Pulverin - - - 3 -

Les trois matieres bien mêlées vous les mettez dans une gamelle dans laquelle vous les humectez avec de l'huile de lin jusqu'à-ce-que vous trouviez que votre composition étant pressée, ait du corps.

EXPOSÉ ET ANALYSE
DES OBJECTIONS
QUI ONT ÉTÉ FAITES CONTRE
L'ARTILLERIE NOUVELLE,
OU
Changemens faits dans
L'ARTILLERIE FRANÇAISE
depuis 1765.

DES OUVRAGES QUI CONCERNENT LES NOUVEAUX SYSTEMES D'ARTILLERIE.

Il paroît nécessaire de donner la liste suivante de ces écrits, tant pour la commodité des lecteurs qui voudront consulter les originaux d'où les citations qui composent la Seconde Partie de ces Mémoires sont tirées, que pour faire connoître ce grand nombre d'écrits relatifs à l'Artillerie, dans un ordre qui indique le rapport qu'ils ont entre-eux, tant à titre de réponse que de suite: c'est pour cet effet qu'on les a classés; & on les a désignés par des chiffres pour abréger les citations.

1ᵉ *Collection.*

(I) *Traité de la Défenſe des Places par les Contre-Mines, avec des Réflextions ſur les principes de l'Artillerie.* à Paris 1768. 171 pag. in 8°.

La maniere dont cet ouvrage s'annonce induit à l'attribuer à M *de Valiere Pere;* c'eſt dans l'Appendice que l'auteur cherche de mettre en doute ſi les changemens entrepris dans l'artillerie françaiſe depuis la guerre ſont avantageux.

(II) *Obſervations ſur un ouvrage attribué à feu* M. de Valiere, *intitulé Traité,* &c. à la Haye 1770. 127 pag. in 8°.

Le critique prétend eu égard aux erreurs qu'il découvre dans l'ouvrage précédent, qu'il n'eſt pas entierement de M. *de Valiere,* mais fait ſur les Mémoires de cet homme illuſtre, & que les incorrections frappantes que l'on y découvre décélent une main ſubalterne qui avoit ramaſſé la plume dans les endroits où M. *de Valiere* l'avoit quittée, & qui n'a pas toujours réuſſi à remplir les lacunes. Quoiqu'il en ſoit, le critique s'attache principalement à l'apendice, & à prévenir les inductions défavorables qu'on en pourroit tirer contre le nouveau ſyſtême d'artillerie, qu'il fait connoître de la maniere la plus avantageuſe.

(III) *Lettre en Réponſe aux Obſervations ſur un ouvrage attribué à feu* M. de Valiere &c. à Amſterdam 1772. 75 pag. in 8°.

(IV) *Suite de la Lettre d'un des plus anciens Lieutenans à l'auteur des Obſerv. ſur un ouvrage attribué à feu* M. de Valiere: *Ou Procès Verbal des épreuves faites aux écoles d'Artillerie de Douai, ſur les portées des pieces de quatre longues & de celles de quatre courtes du nouveau modelle.* à Amſterdam 1772. 48 pag. in 8°.

Ces deux écrits contiennent preſque tous les reproches faits au nouveau ſyſtême, & il y a apparence qu'ils ſont du même auteur que le mémoire ſuivant.

(V) *Eloge de* M. *le Marquis* de Valiere, *prononcé à l'Academie Royale des Sciences le 17 Avril* 1776 *par* M. de Fouchi, *Secrétaire perpétuel de la même Academie.* 1776. 22 pag. in 8°. *Mémoire touchant la ſupériorité des Pieces d'Artillerie longues & ſolides, ſur les pieces courtes & légeres; & où l'on fait voir l'importance de cette ſupériorité à la guerre. Par* M. *le Marquis* de Valiere, *Lieut. Général &c.* 1775. 65 pag. in 8°. lu à la ſeance de l'Academie des Sciences du 19 Août 1775.

2ᵉ Collection.

(VI) *Essai sur l'usage de l'Artillerie dans la guerre de campagne & dans celle des sieges par un Officier du Corps.* à Amsterdam 1771. XXXVIII + 275 + 64 pag. in 8°.

Cet ouvrage a depuis été reconnu par son auteur M. *du Puget*, ancien chef de Brigade & Lieut. Colon. dans le Corps Royal de l'Artillerie.

Le premier livre de la premiere Partie de cet ouvrage est destiné à refuter le sentiment du *Chev. Folard* & des nouveaux sectateurs de l'ordre profond, qui tâchent de rabaisser les effets de l'artillerie. Le reste de cet ouvrage si connu est parsemé de maximes & de principes sur l'usage de l'artillerie qui tendent plus directement à dépriser le nouv. système que ne fait l'ouvrage attribué à M. *de Valiere*.

(VII) *L'Artillerie Nouvelle, ou Examen des Changemens faits dans l'Artillerie Française depuis 1765 par M. ci-devant Lieut. au Corps Royal d'Artillerie.* à Amsterdam 1773. 232 pag. in 8°. 2ᵉ Edition.

Pour mettre le lecteur au fait des nouveautés qu'il entreprend de défendre, l'auteur en donne premierement l'exposé qui a été inséré dans la premiere partie de ces Mémoires; le reste de l'ouvrage contient la critique de l'essai de M. *du Puget*, & en même tems la defense du nouveau système: On fait esperer une nouvelle édition de cet ouvrage.

(VIII) *Réponse de l'auteur de l'Essai sur l'usage &c. à l'auteur d'un livre intitulé: Artill. Nouvelle.* 35 pag. in 8°.

Ces feuilles signées du nom de M. *du Puget* contiennent des explications sur quelques passages de l'Essai, mal interprétés au gré de M. *du Puget* par le critique.

(IX) *Lettres d'un Officier d'Artillerie, à un Officier Général, sur les questions qui agitent l'Artillerie, relativement aux changemens qui y ont été faits depuis* 1764.

C'est une replique à la réponse précédente & aux autres écrits publiés contre le nouv. système.

(X) *L'Etat actuel de la Querelle sur l'Artillerie, ou exposition des Discussions qui ont encore lieu sur les changemens faits dans l'artill. par le nouv. système.* à Amsterdam 1774. 75 + 37 pag. in 8°.

Cet écrit contient 1° l'exposition des avantages de la nouv. artillerie, & des repliques à une partie des objections qui lui ont été faites. 2° On y trouve des *Réponses aux observations faites sur un livre intitulé: Artill. nouv. pour les Articles rélatifs aux fontes.* On ignore si ces observations ont

été

été imprimées. 3° Les Lettres écrites à l'occasion d'un passage de M. *de Buffon*. Voyez No. XV.

3ᵉ *Collection*.

(XI) *Collection des Mémoires autentiques qui ont été présentés à M. M. les Maréchaux de France assemblés en comité pour donner leur avis sur les opinions différentes de M. M.* de Gribeauval & de St. Auban, *au sujet de l'artillerie*. à Alethopolis 1774. XXIV + 152 pag.

La préface contient trois pieces fugitives, dont la 1ᵉ avance que l'on n'a point observé aux épreuves de Strasbourg les loix de la plus scrupuleuse égalité sur tous les points: la 2ᵉ d'accord sur ce point avec la premiere piece fait un paralléle des épreuves de Strasbourg & de Douai, & se déclare pour les dernieres. La 3ᵉ piece contient *les Remarques d'un Ingenieur sur la brochure qui a pour titre: Lettres d'un Officier* &c. (designée sous le No. IX.). On trouve dans le Corps de l'ouvrage.

1° *Premier Mémoire de M.* de Gribeauval *communiqué à M. le Marquis* de Valiere *pour avoir son avis*. Ce mémoire propose les changemens pour le canon de bataille.

2° *Remarques de M. le Marquis* de Valiere *au premiere Mémoire de M.* de Gribeauval. L'auteur y annonce les *Lettres* designées sous le No. III & IV, comme contenans les vrais principes & les plus avantageux pour l'Artillerie.

3° *Repliques de M.* de Gribeauval *aux remarques précédendes*, où cet auteur avoue que les No. VII & IX contienent les vrais principes de l'Artillerie nouvelle.

4° *Observations sur les Repliques précédentes*.

5° *Second Mémoire de M.* de Gribeauval *communiqué à M. le Marquis* de Valiere, sur les changemens à faire dans la construction & pour le choix des pieces de campagne, de siege & de défense, de même que pour les Affuts & Attelages.

6° *Remarques de M. le Marquis* de Valiere *au mémoire précédent*.

7° *Repliques de M.* de Gribeauval *aux remarq. précédentes*.

8° *Observations sur les Repliq. précédentes*.

9° *Mémoire sur le service des pieces de* 4 *attachées aux Bataillons en tems de guerre; présenté à M. M. les Maréch. de France par M. le Marquis* de Valiere. On trouve à la suite de ce mémoire une discussion en forme de paralléle s'il convient de conserver le canon de 4 long. pour former le quart de la réserve du parc.

10° *Précis d'un Mémoire* &c. *de M.* de St. Auban. Ce Mémoire est contenu dans le No. XII.

11° *Mé-*

11° *Mémoire ou Précis pour se décider entre les opinions différentes de M. de Gribeauval & de St. Auban.* L'auteur fait plus pour la commodité du lecteur qu'il ne promet, puis qu'il décide souverainement en faveur de l'ancien système.

(XII) *Mémoires sur les nouv. systêmes d'Artillerie.* 231 pages in 8°.

La préface annonce qu'ils sont d'un Officier Général, que le cours de l'ouvrage fait connoître pour être M. *de St. Auban.* Ces mémoires contiennent,

1° *Précis d'un Mémoire successivement présenté au Ministre en Avril* 1768 *& en Mai* 1771, *par un Inspecteur Général du Corps Royal de l'Artillerie; qui, dans l'intervalle du tems, écoulé entre ces deux époques, ayant eu connoissance d'un Ouvrage de feu M. de Valiere, alors publié avec Approbation & Privilege du Roi, s'est appuyé des autorités qu'il y a trouvées contre les efforts de quelques Novateurs, qui, sous le prétexte de changemens utiles & même nécessaires ne tendent qu'à l'anéantissement de l'Artillerie, & de la supériorité réelle, qui ne lui a jamais été contestée.*

2° *Résumé des objets principaux, contenus dans le Mémoire que l'on a rédigé en Questions, sur lesquelles on desire depuis long-tems que le Ministre veuille bien interroger M^{rs} les Inspecteurs-Généraux de l'Artillerie, &c.*

3° *Post-scriptum, Des expériences que l'on a faites sur les fusils dont sont armés les Troupes Françoises, appliqués contre les nouveaux changemens.*

4° *Mémoire sur l'Artillerie & sur le projet d'une Artillerie nouvelle, lu dans la séance du 23 Août 1775, de l'Academie des Sciences, par M. le Comte de Tressan, Lieut. Général des Armées du Roi & Membre de cette Compagnie.* M. le Comte *de Tressan* defend l'Artillerie ancienne dans ce Mémoire, à la suite duquel on trouve la critique de plusieurs passages du No. VII. & IX.

5° *Expériences comparatives proposées sur les portées, la justesse du tir, le recul & la durée des pieces longues de l'Ordonnance de* 1732 *sur les pieces courtes & légeres du nouveau systême d'Artillerie.*

6° *Extraits du Journal de Physique & d'Histoire Naturelle de M. l'Abbé* Rozier; *sur un passage de l'introduction à l'Histoire des Minéraux de M. de Buffon relatif à une réduction des boulets qui a eu lieu dans quelques Arsenaux.* Voyez No. XV.

7° *Lettre de M. de Meseroi à M. de St. Auban.* M. *de Meseroi* s'y déclare contre la multiplication de l'Artillerie.

(XIII) *Lettres d'un Officier du Corps Royal de l'Artillerie au Lieut. Colonel du Régiment D. sur les changemens introduits dans l'Artillerie françaife depuis* 1765, *jusqu'en* 1770; *& sur les derniers arrangemens pris par le Ministre, relativement à ce service,* 1774. 91 pages in 8°.

Ces Lettres sont au nombre de six; elles contiennent une critique complette

plette du nouv. fyftême, & font connoître une partie des reformes qu'il fubit en 1772 ou l'ancien reprit le deffus.

(XIV) *Obfervations & Expériences fur l'Artillerie.* à Alethopolis. 171 + XVIII pages in 8°.

1° *Obfervations & Expériences fur la Theorie & la Pratique de l'Artillerie*, par M. le Chev. d'Arcy, *Maréchal de Camp des Armées du Roi, Membre de l'Academie Royale des Sciences de Paris; auxquelles on a joint les Réponfes qu'a faites* M. de Saint-Auban, *Maréchal de Camp & Infpect. Gén. de l'Artillerie.* Ces Ouvrages ont été publiés dans les Mercures de France, des mois de Décembre 1751, mois d'Avril, de Juin & d'Octobre 1752.

Les fujets de ce recueil font antérieurs à la querelle fur la nouv. Artillerie; Ils ont apparemment étés publiés pour mieux développer des principes qui font favorables à l'ancien fyftême.

2° *Expofition des Procédés, des Moyens & des Opérations qu'ont exécutées en France les Sieur* Moor *& Stark, pour faire accepter leur fecret, qui confiftoit à propofer des pieces de canon de tout calibre, tant pour la guerre de Siege que pour celle de Campagne, qui devoient avoir fur celles dont on fait ufage en France, & chez les autres Nations l'avantage d'être plus courtes des deux tiers, plus légeres aufji de deux tiers, à même chambre intérieure; & qui devoient porter aufji loin, aufji jufte, & durer autant que celles dont on fe fert tant en France qu'ailleurs.*

Le fujet ne tient pareillement pas à la nouv. Artillerie, mais il renferme des principes par rapport à la fonte des pieces qu'on fera connoître au lecteur.

3° *Poft-Scriptum de l'Editeur;* Il traite d'une partie des nouveaux changemens & des écrits publiés à leur fujet.

(XV) *Nouvelles Expériences & Obfervations fur le fer, rélativement à ce que* M. de Buffon *a dit de ce Métal dans l'Introduction à l'Hiftoire des Minéraux, qu'il vient de publier: Par M.* du Coudrai, *Capitaine d'Ouvriers au Corps de l'Artillerie, Correfpondant de l'Academie des Sciences.* 1775. 148 pages in 8°.

Les réfultats de ces expériences différent fur quelques points de celles de M. *de Buffon*, & particulierement à l'égard de l'opération faite dans les Arfenaux en 1766, 67, & 68, de rougir les boulets; on trouve aufji à la fin de cet ouvrage les Lettres qui ont été écrites fur le même fujet.

4ᵉ *Collection.*

Sur l'ordre profond & fur l'ordre mince confidérés par rapport aux effets de l'Artillerie.

(XVI)

(XVI) *Observations sur le Canon par rapport à l'Infanterie en général & à la Colonne en particulier, suivies de quelques Extraits de l'Essai sur l'usage de l'Artillerie avec les réponses.* à Amsterdam 1772. 120 pag. in 4°.

Ces observ. sont annoncées comme une suite au Projet d'un ordre François en tactique.

(XVII) *L'Ordre profond & l'Ordre mince, considérés par rapport aux effets de l'Artillerie; Réponse de l'auteur de l'Artillerie nouvelle,* à M. M. de Menil-Durand & de Mezeroi. à Metz 1776. 101 pag. in 8°.

(XVIII) *Lettre de M***, à un Officier-Général.* à Paris & à Metz 1776. 16 pag. in 8°.

Ces feuilles contiennent la critique du No. précédent.

(XIX) *Réponse de l'auteur de l'ouvrage intitulé: L'ordre profond & l'ordre mince, considérés par rapport aux effets de l'artillerie; à la critique de cet ouvrage, inserée dans le cahier de Février dernier du Journal des Sciences & des Beaux Arts.* à Amsterdam 1776. 71 pag. in 8°.

La critique en question fait le sujet du No. XVIII; & le No. XIX est une suite du No. XVII, l'un & l'autre sont de M. *du Coudrai,* Capitaine au Corps d'Artillerie.

(XX) *Réponse à la Brochure intitulée: L'ordre profond & l'ordre mince, considérés par rapport aux effets de l'artillerie.* à Amsterdam 1776. 163 pages in 8°.

Cet écrit est de M. *de Menil-Durand,* auteur des *Plesions:* on y trouve encore deux Lettres anonimes écrites à l'appui de ce système; dont la derniere est remarquable à cause d'un calcul sur l'effet des boulets de canon contre des troupes; l'auteur y expose des connoissances Mécaniques fort triviales, & des suppositions physiques qui paroîtront un peu neuves au lecteur.

(XXI) *Observations sur un Ouvrage intitulé: L'ordre profond & l'ordre mince &c.* 1776. 23 pag. in 8°.

Ces feuilles sont ce qui a été écrit de plus impartial sur la dispute par rapport au choix d'ordre en tactique rélativement aux effets de l'artillerie.

Supplement au Dictionnaire Encyclopedique 2 Vol. in fol. 1776 à Paris.

On y trouve les Articles *Artillerie, Canon de Bataille & Affuts,* rélatifs à la Nouv. Artill. Ce ne sont pour la plupart que des Extraits des Ecrits qu'on vient de faire connoître, lesquels sont présentés avec beaucoup d'impartialité apparente, mais il n'est pas difficile de démêler que M. *le Blond* auteur de ces articles veut faire pencher la balance en faveur de l'ancien systême.

MÉMOIRES

CHAPITRE PREMIER.
Des changemens faits dans l'Artillerie de Campagne.

SECTION PREMIERE.
Des Pieces de Bataille.

On a vu dans la premiere partie de ces Mémoires que l'allégement des pieces de Bataille porte sur la longueur & sur l'épaisseur du métal ; que la longueur a été reduite à 18 calibres, & que la matiere a été fixée & diminuée à 150 liv. par livre de balle que portent les pieces.

Selon les défenseurs de l'Artillerie ancienne il résulte plusieurs défauts de ce double allégement. On en examinera séparément les principaux qui peuvent se réduire au nombre de huit ; sçavoir : 1° Moins de Portée, 2° Moins de justesse du tir, 3° Moins de Ricochets, 4° Moins de Force des Coups, 5° Plus de Recul, 6° Moins de Durée ou de Solidité, 7° Moins de justesse pour le Pointement, 8° le Dégradement des Embrasures causé par le raccourcissement des pieces.

1° *Des Portées.*

(V. p. 7. Quand on voit que constamment le fusil porte plus loin que le pistolet ; quand on apprend, par une tradition uniforme, que les couleuvrines porroient plus loin que les autres pieces ; comment peut-on douter que les pieces plus longues portent plus loin ? Pour éluder la force de la comparaison du fusil au pistolet, on abuse de la maxime, qu'il ne faut pas conclure du petit au grand.

On conviendra bien que les effets ne paroissent pas toujours croître ou diminuer exactement dans la même proportion que croît ou diminue la cause qui les produit ; mais il n'est pas moins incontestable que toutes les fois que la cause augmentera, l'effet augmentera dans quelque proportion que ce puisse être, & diminuera réciproquement, plus ou moins, suivant les circonstances incidentes, lorsque la cause diminuera, comme il s'annullera par la cessation absolue de la cause.

En effet, les Auteurs les plus célébres qui ont travaillé à établir les principes de l'artillerie, *Robins*, *Euler*, *d'Arcy* & *d'Antoni*, sont d'acord qu'on peut ici conclure, du petit au grand, puisqu'ils ont fait la plupart de leurs expériences avec de petits canons semblables à ceux de fusils & de pistolets.)

Et voici comment M. *de St. Auban* s'explique à cet sujet.

(XII.

(XII. p. 18. Il est indubitable qu'une piece longue & riche en métal, porte son boulet beaucoup plus loin & beaucoup plus juste qu'une piece plus courte de même calibre, leurs ames étant forées également. Les boulets forcés & assujettis plus long-tems, & pendant un plus long espace, à suivre la direction donnée, arriveront à leur but avec infiniment plus de force & de justesse: quand les loix du mouvement & la connoissance des effets de la poudre ne convaincroient pas de cette vérité, elle est démontrée par l'expérience journaliere des armes à feu de toute espece.)

Ce raisonnement est apuyé de l'autorité du Chev. *d'Arcy* & de celle de M. *Euler*; il est d'ailleurs le seul qui contienne des raisons pour cette infériorité de portée que tous les défenseurs de l'ancien système reprochent si souvent aux nouvelles pieces, & qu'ils se dispensent de prouver par des principes de théorie*; ils alleguent en revange plusieurs exemples de guerre, & les résultats des épreuves de Strasbourg en 1764, & de Douai en 1772; on trouvera à la fin de cet article un extrait des épreuves de Douai, & la table rapportée par M. *du Puget* dans l'essai, laquelle paroit être composée d'après les épreuves de Strasbourg; mais on se dispense de rapporter ce grand nombre de passages relatifs à la portée, puisqu'ils ne contiennent que des assertions vagues, ou des observations faites à la guerre, que les partisans de la nouvelle artillerie refusent d'admettre comme étant trop sujettes à erreur; & de fait on ne croit pas que ces expériences comparatives faites au milieu du trouble & de la fumée du combat, soient propres à décider un point qui demande l'examen le plus attentif. Quand aux expériences de Strasbourg & de Douai, les novateurs conviennent d'après les premieres que les pieces longues de 1732 surpassent celles du nouveau modele de 50 à 60 toises en portée; mais ils rejettent les épreuves de Douai; 1° parceque l'élévation de la piece au-dessus du sol de la batterie a été de 10 pouc. 4 lig. moindre avec la piece courte, ce qui peut en effet influer sur les portées horizontales & approchantes. 2° Parcequ'on a fait usage des boulets d'une ligne de vent pour les deux pieces indifféremment, soutenant qu'ils n'appartiennent de droit qu'aux pieces nouv. Mais cette demande est précisément le point pourquoi les défenseurs des anciennes pieces ne se sont point contentés des premieres épreuves où on avoit presque toujours fait usage des boulets d'une ligne de vent pour les pieces nouvelles, ce qui devoit évidemment augmenter leur portée. Ainsi aucune des épreuves n'est entierement conforme au gré des deux partis; & c'est apparemment pourquoi M. *de St. Auban* en a proposé de nouvelles dont les conditions sont expliquées dans son Mémoire.

* Il en faut cependant excepter le Mémoire de M. *de Valiere*, qui s'appuye de l'autorité des *Robins*, *d'Arcy*, *Euler* & *Antoni*, ce qui vaut une démonstration théorique.

Cependant l'expérience a de tout tems confirmé la fupériorité de portée des pieces longues & riches en métal; & la Théorie conftate ce point; cette derniere laiffe même préfumer que la longueur de l'arme pouffée bien au de là de ce que permet la pratique puiffe encore augmenter la vîteffe des projectiles; mais on eft en même tems perfuadé à croire que cette augmentation devient bientôt infenfible, puifque l'effort du fluide élaftique de la poudre ne croît que jufqu'au moment de l'explofion totale de la charge, après lequel le fluide doit néceffairement perdre une grande partie de fon élafticité due à la chaleur du feu qui ceffe avec l'explofion. *

Voici cependant qui fait croire que le point de l'explofion totale ne fe rencontre point dans les canons d'une longueur admiffible en pratique: Car les expériences que l'on a faites en grand & en petit prouvent que la charge ne fe confume pas entierement, ce que l'on eft déjà porté à croire par la quantité de feu que l'on apperçoit à chaque coup devant la bouche du canon, & qui ne peut provenir que de l'explofion d'une partie de la poudre: cette apparition a également lieu avec les pieces longues comme avec les courtes. En effet confidérant que le fluide élaftique chaffe le boulet & la partie non confumée de la charge en avant dès qu'il a acquis la force néceffaire pour vaincre leur réfiftance, & que leur vîteffe croit à mefure qu'il s'échappe une plus grande partie du fluide, quoique dans une progreffion retardée, parceque l'explofion eft en même-tems fenfiblement rallentie par le dilatement de la flamme dans un plus grand efpace, ce qui diminue fa denfité: il fuit que les grains attenans au boulet ne peuvent être confumés que près du boulet même: L'exemple du tir à ricochet & celui du Mortier pour l'épreuve de la poudre, prouvent que de petites charges fuffifent pour imprimer une vîteffe confidérable au boulet, d'où il eft facile de conclure qu'une fort petite portion du fluide eft capable de déplacer le boulet, ou de vaincre fa force d'inertie & de chaffer la colonne d'air qui remplit le vide de l'ame, ce qui font les obftacles principaux qui empêchent le dilatement du fluide dans le tir à ricochet,

---

* On diftingue foigneufement l'*explofion* de l'*inflammation* de *la poudre*, car quoique l'une & l'autre font fucceffives, on eft fort porté à croire que la derniere foit infiniment plus accélerée: en communiquant le feu à un feul grain on diftingue facilement le moment où le grain prend feu d'avec celui où il eft confumé, ce qui ne peut arriver avant que le feu ait acquis la force néceffaire pour pénétrer dans le grain; au lieu qu'il s'enflamme par le fimple contact du feu. Mais dans les pieces la flamme trouve toujours place pour fe répandre par les interftices des grains, & d'autant plus aifément plus ces interftices deviennent grands par le déplacement du boulet; au lieu que le feu ne peut accélerer l'explofion que de grain à grain, ce qui devient d'autant plus difficile moins les grains font avoifinés.

ricochet, & généralement dans le tir des pieces de campagne où on ne fait point usage des bouchons. Il est facile de concevoir qu'après le départ du boulet la flamme se dilate trop librement pour pouvoir accélérer l'explosion des grains, c'est la cause de la poudre non consumée que l'on a receulli aux expériences faites à ce sujet.

Puisque l'instant de l'explosion des grains est celui de la naissance du fluide il suit que le degré de vîtesse que le boulet en reçoit dépend de la quantité du fluide qui se développe dans l'ame, c'est à dire de la rapidité de l'explosion. Car de même que la flamme se dilate trop librement pour pouvoir accélerer l'explosion au dehors de l'ame, ainsi le fluide s'en échappe aussi avec trop de facilité pour pouvoir ajouter à l'impulsion du boulet après qu'il en est sorti; d'autant moins que ce dernier a pour lors déja acquis une vîtesse égale à celle avec laquelle le fluide est en état de le suivre; de maniere que le boulet se déroberoit même à l'action du fluide dans l'ame si la piece étoit fort longue. Cette derniere observation peut servir à modérer l'endroit suivant où M. *de St. Auban* prouve d'ailleurs très bien l'avantage des pieces longues.

(XIV. p. 66. La vîtesse du boulet croît à mesure qu'il s'enflamme une plus grande quantité de poudre. Il arrive à l'extrémité de la bouche, & en sort avec l'impulsion que lui a communiquée la poudre enflammée, sans se ressentir de celle qui s'enflamme après qu'il est sorti; plus il y a de poudre superflue, moins le boulet va loin, n'ayant pas assez d'espace à parcourir dans l'ame de la piece, pour recevoir l'impulsion que lui auroit donnée une plus grande étendue, par le tems de plus que la poudre auroit eu à s'enflammer. Ce méchanisme fort sensible de l'inflammation de la poudre, prouve que des pieces de même calibre, à chambre cylindrique, portent moins loin que de plus longues, où toute la poudre auroit eu le tems de s'enflammer; ce qu'elle n'aura pu faire dans des pieces trop courtes, comme nous l'avons déja dit dans nos observations.)

Si l'on pouvoit retarder le déplacement du boulet en augmentant la résistance qu'il oppose au fluide, celui-ci en acquereroit nécessairement plus de force, & le feu plus de densité pour accélerer l'explosion totale, dont dépend la vîtesse du projectile. Les bouchons de fourage dont on fait usage dans certains cas, quoique bien refoulés, ne conservent pas moins la proprieté des corps mous, qui est de ne pas transmettre le mouvement qui leur est imprimé dans toute sa force; ils prennent d'ailleurs trop sur la longueur de l'ame, de sorte que le boulet y est moins long-tems exposé à l'effort du fluide : Ce sont les raisons pourquoi ces bouchons, comme l'a trouvé M *Belidor*, n'ajoutent point à la vîtesse du boulet quoiqu'ils le devroient, vu les raisons déduites ci-dessus d'augmenter

ter la difficulté de son déplacement. Si le service permettoit de faire usage d'une matiere moins comprimable que les bouchons de fourage, telle que la terre glaise, qui contient plus de masse sous un moindre volume, ce seroit le moyen d'accélerer l'explosion de la charge. Mais cet expédient n'est point admissible en pratique; d'ailleurs on a généralement abandonné l'usage de la lanterne & des bouchons pour y substituer les coups faits pour le service des pieces de bataille, de sorte que l'explosion de la charge se fait moins promptement que dans les pieces de siege & de défense.

On voit que la vîtesse des projectiles dépend absolument de la maniere dont la charge est consumée dans l'ame des pieces; le raisonnement peut indiquer les causes qui y entrent, mais il appartient à l'expérience seule d'apprécier leur effet total. Il suit cependant des considérations précédentes que les pieces courtes doivent avoir moins de portée que de plus longues, au moins entre les bornes des longueurs reçues; parceque le boulet y reçoit moins long-tems l'impulsion croissante de la poudre; à quoi on peut encore ajouter une cause accessoire qui suit de la destination des pieces courtes; car puisqu'elles sont destinées pour le service de campagne il convient de les charger en coups faits, ce qui, comme on a fait voir, retarde la naissance du fluide, & l'empêche de contribuer autant qu'il pourroit à accroître la vîtesse du boulet.

Une autre raison qui semble devoir raccourcir la portée des nouvelles pieces, suit de leur allégement.

M. *Belidor* dit, pag. 388. du *Nouv. Cours de Mathematique*, "Car "comme le canon ne recule qu'avec peine à cause de la pesanteur de la ma-"chine, & du frottement de l'Affut contre la platteforme, il se fait une ré-"action d'une grande partie de la poudre, qui agit contre la culasse, & qui "vient augmenter l'impulsion de celle qui pousse le boulet."

Un exemple d'ont j'ai été témoin contribua à me confirmer dans ce soupçon. Une Eprouvette ou Mortier pour l'épreuve des poudres du poids de 250 liv. parfaitement semblable à celui dont on fait usage en France pour le même effet, étant fixé sur un madrier de bois assez léger, porta son boulet de métal pesant 59 liv. à 115 toises; le même mortier ayant depuis été vissé sur un bloc de métal pesant 2000 liv. afin de corriger l'inégalité des portées causée par le trop grand recul, porta toutes choses égales d'ailleurs à 133 toises. Il étoit probable qu'une différence si sensible dans les portées ne pouvoit être due qu'à la difficulté du recul dans le dernier cas, & qu'il s'étoit en attendant fait une réaction du fluide sur le boulet, ainsi que le suppose M. *Belidor*.

Ayant communiqué mes doutes sur ce point & sur quelques autres rélatifs à la nouvelle artillerie, à un ami, j'en reçus la réponse suivante; elle ne confirmé que foiblement l'altération des portées causée par la légereté des pieces, mais elle prouve d'autant mieux l'influence de la longueur à cet égard.

Lettre

LETTRE

sur la différence des portées & du recul des pieces de l'ancien & du nouveau modele.

Quoique j'ignore précisément ce que l'on reproche à la nouvelle artillerie par rapport au recul & aux portées; je crois cependant que l'on peut faire à ces égards la comparaison suivante entre l'artillerie ancienne & la nouvelle.

PREMIEREMENT, quand à ce qui concerne le recul, il est sûr que la théorie en est fort compliquée jusqu'ici, quoiqu'il soit décidé qu'il dépend, 1° de l'effort de la charge agissante en tout sens, en vertu du fluide à ressort qui s'en échappe & qui chasse le boulet en avant pendant qu'il pousse la piece en arriere; 2° de la résistance que la poudre enflammée éprouve de la part, tant de l'air qui remplit le vide de l'ame, que de celui qu'elle rencontre au dehors; 3° de l'inertie de la poudre & du fluide qui en naît, & dont le déplacement consume une partie de l'effort. Les deux dernieres causes sont les seules qui produisent le recul quand on tire sans boulet, & doivent par cette raison être considérables par elles-mêmes, quoiqu'on ignore jusqu'à-présent combien chacune contribue à produire cet effet.

On peut cependant faire abstraction des deux dernieres causes, s'il ne sagit que d'une comparaison entre les pieces de campagne de l'ancien & du nouveau modéle, sur-tout si l'on compare séparément les pieces de chaque calibre. Car comme on a considérablement diminué les charges des nouvelles pieces, de même que la longueur de leurs ames, il suit: 1° Que la masse de poudre à déplacer est moindre; 2° qu'il y a moins d'air contenu dans l'ame raccourcie qui puisse lui résister; & 3° que cette résistance même est moins forte parceque la vîtesse du boulet étant devenue moindre par la diminution de la charge, cela fait que la résistance qu'il éprouve diminue pareillement. Il suit de tout ceci, que le recul provenant des deux dernieres causes doit être moins fort aux pieces nouvelles qu'aux anciennes. Mais nous le considérerons pour le moment comme égal à ces égards, & nous examinerons de combien sera la différence du recul, en faisant uniquement attention à la premiere des trois causes susdites.

Pour le déterminer on s'est servi de l'expression que M. *Bezout* donne (*Cours de Mathem. T. IV. p.* 84.) pour la vîtesse initiale du recul dans l'instant que le boulet sort de la bouche, elle est d'autant plus propre pour cet effet, puisqu'on y considére toutes les causes auxquelles on attribue le détérioration des pieces nouv. comme Allégement, Raccourcissement de l'ame, & diminution de charge.

Ayant exprimé rigoureusement en nombres la valeur des grandeurs qui composent l'expression, il se trouve qu'après avoir continué le calcul pour les différentes pieces de canon que,

La vîteſſe initiale du Recul, après le départ du boulet, eſt, pendant le premiere Seconde, aux

Pieces de	12 Liv.	8 Liv.	4 Liv.
Anciennes	3′, 726.	3′, 381.	2′, 219.
Nouvelles	4′, 238.	3′, 395.	3′, 674.

Ce qui démontre clairement que le recul initial des nouv. pieces ne diffère que fort peu de celui des anciennes, ſavoir de 4 à 5 pouces décimals, dont le recul des premieres l'emporte eu égard à la force impulſive de la poudre.

Cette légére différence vient de ce qu'en changeant le poids des pieces on a en même tems varié les longueurs & les charges; ſi on avoit ſimplement allégé les pieces ſans toucher aux autres points, la vîteſſe initiale du recul de la premiere ſeconde auroit été pour les

Pieces nouv. de   12 Liv.   8 Liv.   4 Liv.
                   5′, 121.   4′, 506.   4′, 174.

ce qui ſuit de la même expreſſion, en admettant que les pieces nouvelles ne diffèrent des anciennes uniquement que par le poids.

Il faut donc conſidérer, que dans ce cas, comme dans pluſieurs autres cas de pratique, un changement compenſe ſouvent l'autre, de ſorte que le réſultat final revient au même, & c'eſt ce qui mérite attention quand on veut juger d'un changement.

On peut donc ſoutenir avec raiſon que le recul des nouvelles pieces, eu égard à la force qui le produit, ne diffère que très peu de celui des anciennes; ſi cependant on le trouve être en effet plus grand aux dernieres, il n'en faut point chercher la cauſe dans ſa force productrice, mais dans la facilité du roulage, qui eſt infiniment plus grand dans les nouveaux affuts, à cauſe du moindre frottement.

En SECOND lieu concernant les portées, qu'il ſoit permis de les eſtimer pour un moment d'après les vîteſſes initiales du boulet, quoiqu'on ne le puiſſe pas à la rigueur. Nous ferons uſage de l'expreſſion que l'auteur mentionné en donne auſſi pag. 84.: elle eſt ſuffiſante pour faire la comparaiſon, quoiqu'on y ait négligé quelques points.

Cette expreſſion donne pour les vîteſſes du boulet pendant la premiere ſeconde des

Pieces de	12 Liv.	8 Liv.	4 Liv.
Anciennes	1366 Pieds.	1353 Pieds.	1461 Pieds.
Nouvelles	1156 -	1198 -	1268 -
Différence	210 -	155 -	175 -

On

On voit que ces différences ne font pas si *légéres*, & on ne peut disconvenir que les portées varieront en quelque façon dans un rapport rélatif à celui de ces vîtesses; mais pas à beaucoup près si fort, puisqu'il est assez connu que la résistance de l'air est plus forte aux grandes qu'aux petites vîtesses, de sorte qu'il pourra très bien se faire que les portées des pieces anc. & nouv. se rapprocheront, ou se toucheront de plus près, que ne le font ici leurs vîtesses.

Si on se récrie donc contre le changement en général, il est certain que ces vîtesses donnent matiere à faire des reproches aux nouvelles pieces, de même que le trop de facilité de leurs Affuts à suivre le mouvement du recul. Mais si l'on se plaint en particulier de l'allégement il faut bien se garder d'imputer simplement la cause de cette diminution de vîtesse à la légéreté; c'est ce qui mérite encore un examen.

Quoiqu'on ne puisse nier absolument que le poids des pieces influe sur les portées, il est cependant probable que le raccourcissement de l'ame, & la diminution de la charge y contribuent beaucoup plus que leur moindre poids. Le calcul vérifie ce soupçon au-de-là de ce-qu'on pouvoit présumer: Car en supposant que les nouv. pieces ne différent des anciennes uniquement que par le poids, on trouve que la vîtesse seroit pendant la premiere seconde pour le

Calibre de   12 Liv.   8 Liv.   4 Liv.
                 1365 P.   1352 P.   1460 P.

qui ne différent toutes que d'un pied des vîtesses trouvées ci-dessus pour les pieces anciennes.

Il suit de ceci que s'il eut été possible de faire les pieces aussi longues que les anciennes, & d'user d'aussi fortes charges pour leur service, que ces pieces auroient alors donné des portées égales à celles des anciennes, quoique leur poids eut été moindre de $\frac{1}{3}$; on voit donc que ce n'est nullement la légéreté des nouv. pieces qui diminue si fort la vîtesse de leurs boulets.

Ces calculs font voir que la conséquence que M. *Bezout* tire des expressions dont on vient de faire usage n'est pas d'un aussi grand poids qu'il l'a voulu faire entendre; c'est pourquoi il s'est bien gardé de calculer un exemple comparatif. On voit, dit-il, *que si la masse de la piece est comparable à celle du projettile, la vîtesse de projettion dépend aussi de la masse de la piece*; voulant dire apparemment que le poids des nouv. pieces est comparable à celui du boulet, mais que celui des anciennes ne l'est pas. Si cependant on se permet de les considérer comme comparables aux unes & aux autres, le calcul donne ce qui vient d'être rapporté, ce qui à la verité ne détruit point la conséquence de M. *Bezout*, car *la vîtesse du projettile dépend toujours de la masse de la piece*, mais de si peu que $\frac{1}{3}$ d'allégement ne donne qu'un pied de différence.

Quand à la TROISIEME queſtion, non moins importante, ſi le tir des pieces légéres eſt moins ſûr & juſte qu'avec les anciennes, la déciſion de cette queſtion dépend d'une autre; ſavoir d'apprécier de combien la piece recule avant que le boulet s'échappe de l'ame. Si les deux pieces ſont à peu près égales ſur ce point, la juſteſſe de leur tir le ſera de même, & l'une n'aura aucun avantage ſur l'autre à cet égard.

Il ſuffit pour cet effet de connoître exactement la longueur que le boulet parcourt dans l'ame; on pourra alors induire, d'après la régle de M. *Euler*, que le poids de la piece eſt à celui du boulet, comme la diſtance que le boulet parcourt dans l'ame eſt au recul pendant ce tems: de cette maniere on aura la quantité abſolue du recul pendant la ſortie du boulet de l'ame, aux

Pieces de	12 Liv.	8 Liv.	4 Liv.
Anciennes	0,02383.	0,02383.	0,01076.
Nouvelles	0,02145.	0,01678.	0,01109.

d'où il ſuit que les pieces de 12 & de 8 du nouveau modele reculent moins que les anciennes, & que la piece légere de 4 recule un peu plus que l'ancienne piece du même calibre; mais que les différences ne l'emportent dans les deux cas que de quelques points: Ce calcul comparatif montre encore que les nouv. pieces l'emportent plutôt ſur les anciennes que de le leur céder dans ce point: Ce réſultat eſt juſte ſi l'on ne conſidére que le poids des pieces & des boulets; mais on a fait obſerver ci-deſſus que la mobilité des nouv. affuts eſt ſupérieure à celle des anciens, de ſorte qu'eu égard au moindre recul des premieres pendant le tir il ſe fait encore ici une compenſation qui égaliſe auſſi les choſes ſur ce point. *Ici finit cette Lettre.*

On vient de voir quelles ſont les vîteſſes initiales que les pieces anc. & nouv. impriment aux boulets ſuivant la théorie; voyons encore ce que l'expérience a donné pour l'amplitude de leurs portées, afin de juger avec d'autant plus de fondement des inconvéniens qui en réſultent.

L'auteur de la Nouv. Artill. dit pag. 13. de nos Mém. *que les pieces anciennes avoient eu quelque ſupériorité de portée, qui étoit diſparue en tirant les pieces nouv. avec les boulets à une lig. de vent, & les anciens avec ceux qui en avoient deux;* & on lit dans la Note d'un Officier inſerée dans l'Eſſai &, pag. 24. du Recueil de M. *du Puget*, *que les épreuves faites en dernier lieu à Strasbourg, n'ayant donné que 60 toiſes pour la plus grande différence des portées des pieces de même calibre à degrés égaux;* Il eſt probable que c'eſt d'après ces épreuves que M. *du Puget* a fixé les portées contenues dans la Table qu'il donne à la ſuite de l'eſſai, & que nous rapporterons ici.

TABLE

D'ARTILLERIE.

TABLE
estimative des Portées du but-en-blanc primitif de nos Pieces de canon avec la charge reglée à Strasbourg en 1764.

Pieces		Angles	Charges	Portées	Hauteurs du jet.		tems	
		°	L.	T.	pi.	po.	''	'''
De 24		1. 11.	8	260.	8.	0.	1	27
- 16		1. 5.	5¼.	240.	6.	9.	1	20
- 12	Ordonnance 1732.	1. 2.	4½.	220.	6.	0.	1	16
- 8		1. 0.	3¼.	200.	6.	9.	1	10⅔
- 4		0. 58.	2.	180.	4.	6.	1	5⅔
De 12		0. 58.	4.	200.	4.	9.	1	7½
- 8	Nouveau modele	0. 58.	2½.	180.	4.	6.	1	5⅔
- 4		0. 58.	1½.	160.	4.	0.	1	1⅘
De 4 à la Suedoise	-	1. 16.	1½.	210.	7.	0.	1	21⅔

EXTRAIT

Des Epreuves comparatives de Douai en 1771, entre une Piece de 4 longue dite la Levrette, *coulée en 1764 suivant l'Ordonnance du 7 Octobre 1732 forée & tournée le 31 Juillet 1771, du poids de 1150 Liv. montée sur un ancien Affut de son calibre pesant 944 Liv.; & une Piece de campagne du nouveau modele dite la* Sarsfield, *coulée, forée & tournée en 1767, du poids de 585 Liv., montée sur un Affut de son calibre suivant le nouveau modele, pesant 732 Liv.*

Rr. Les Reculs & Portées suivantes sont les moyennes des cinq qui ont été observées à l'épreuve.

	Angles											
	58''				3°				6°			
Charges	Recul en P. po.		Portée en T.		Recul en P. po.		Portée en T.		Recul en P. po.		Portée en T.	
	A.	N.	A.	N.	A.	N.	A.	N.	A.	N.	A.	N.
1½ L.	3 6	8 3	224	197	3 8	7 0	622	635	3 11	8 7	940	845
2 -	4 8	8 11	235	215	5 0	9 1	593	554	4 4	9 11	941	818
2½ -	5 4	12 4	258	179	6 3	11 6	597	583	6 6	13 9	949	843

	Angles							
	10°				15°			
Charges	Recul en P. po.		Portée en T.		Recul en P. po.		Portée en T.	
	A.	N.	A.	N.	A.	N.	A.	N.
1½ L.	3 6	7 8	1058	1094	4 0	8 2	1406	1320
2 -	4 9	9 1	1129	1034	3 11	9 0	1330	1380
2½ -	5 8	13 5	1139	1142	4 11	10 7	1334	1400

A cette épreuve les pieces ont été chargées avec des gargousses de papier & avec des boulets battus suivant les nouvelles dimensions, que l'on a fait couler dans l'ame, sans refouler ni y mettre de bouchon, excepté lorsque l'on a tiré horizontalement, que l'on en a mis sur le boulet.

A 15 & 10° on n'a point obtenu de ricochet, les boulets s'étant tous enterrés : à 6° il y en a eu quelques-uns qui n'ont pas passé 15 a 26 toises : à 3° ils ont été plus considérables en nombre & en longueur ; parmi ceux de la piece longue il y en a eu où le boulet n'a été ramassé qu'à trois cent toises de sa premiere chute, ceux de la piece courte ont été moindres. La même différence des ricochets a été observée à l'horizontale.

L'épreuve finie on a trouvé les deux étriers de l'essieu de la piece longue cassés : le fer a paru aigre. La piece courte a cassé trois susbandes au tourillon droit ; & la quatrieme mise le sept au matin, après les dix coups, s'est trouvée refoulée, de façon à avoir deux lignes de jeu : le fer examiné s'est trouvé être de très-bonne espece.

Après cette épreuve les pieces ont été exactement visitées avec le chat, le miroir & l'étoile, & il n'y a été reconnu aucunes défectuosités, ni battement de boulet. Signé *Bouchard, Dorbai, Pilon de la Tillaye, Lincey & Bréande.*

Disons un mot des moyens que les défenseurs des nouv. pieces proposent pour regagner la supériorité de portée qu'ils accordent aux anciennes, mais dont ils ne font aucun compte.

Le premier consiste dans la diminution du vent des nouveaux boulets, ainsi qu'on a pu voir dans le texte de la Nouv. Artill. rapporté dans la 1e Partie de ces Mémoires ; & le second à donner un demi degré d'élévation en sus aux nouvelles pieces pour les faire porter à distances égales avec les anciennes. Comme notre dessein n'est point de juger entre la totalité des changemens de la nouv. artill. par rapport à l'état de l'ancienne, ainsi de ne point décider *si les anciennes pieces avec de nouveaux boulets porteront plus loin que les nouvelles,*

velles, ou *fi par l'enfemble des changemens qui forment la nouvelle Artillerie de campagne, on a perdu fur les portées que fournissoit autrefois l'Artillerie dans les batailles;* quoique cela feroit alors *la maniere de préfenter la queftion dans fon vrai jour:* Notre but étant, comme on en a prévenu le lecteur, d'apprécier le mérite de chaque changement confidéré féparément, on fe réferve à parler de l'utilité de la diminution du vent à l'occafion des nouveaux boulets, dont les avantages quelconques font toujours indépendans des proprietés des pieces, courtes ou longues.

Quand au fecond moyen d'augmenter l'élévation, il eft certain, tant qu'il ne s'agit que de la portée abfolue, que les nouvelles pieces auront que les anciennes en ont beaucoup plus que celle qui s'accorde avec la juftefle du tir & du pointement: Mais fi l'élévation du tir en général eft un vice par effence, croiffant avec les portées, & devenu néceffaire pour corriger l'effet de la pefanteur du boulet, pour lors il fera clair que la piece qui en demande le plus, péche davantage à l'égard des inconvéniens qui en naiffent.

2° *De la juftefle du Tir.*

(V. p. 18. La comparaifon du fufil au piftolet de même calibre, tirés à même charge l'un & l'autre, & avec les mêmes attentions, a déjà prouvé que la longueur du canon donnoit au fufil, toutes chofes étant égales d'ailleurs, une fupériorité de portée très-confidérable fur celle du piftolet. La même expérience démontre auffi complettement la fupériorité de la juftefle du tir des pieces longues, & fi fenfiblement, que l'on regarde comme un prodige d'adreffe peu commun, d'atteindre, avec un piftolet, un objet médiocrement éloigné, que la perfonne la moins expérimentée au maniement des armes atteindra fans peine du premier coup, avec un fufil. Cette expérience journaliere & connue de tout le monde, paroîtroit feule devoir convaincre toute perfonne dépouillée de prévention.)

Mais comme ce reproche tombe fur la Hauteur & fur la Direction du tir, il convient de confidérer féparément l'écart du boulet de la ligne verticale & horizontale du tir.

Des erreurs à l'égard de la hauteur ou ligne verticale du tir.

(V. p. 20. Elles ne l'ont pas moins du côté du tir; car les pieces ont d'autant plus de juftefle du côté du tir, que leurs coups font plus rafans, & que leurs boulets s'écartent moins de la direction du but. Or, les pieces longues ayant plus de portée, toujours à égalité de charge, ont encore, à raifon de l'impreffion du mouvement qui a perféveré plus long-tems dans l'excédent de la longueur, plus de vîteffe; leurs boulets arrivent plus promptement au but,

but, & les effets de la pesanteur étant comme les quarrés des tems, il s'ensuit que moins de tems mettra un boulet à parcourir un espace donné, moins sa pesanteur l'aura fait décliner de sa ligne de mire: les coups seront plus rasans, & on n'aura plus besoin que d'un angle moindre pour compenser l'effet de la pesanteur. On ne sera plus dans le cas de chercher au hasard, & par l'estimation seulement, l'angle nécessaire pour faire arriver le boulet qui, avec les pieces courtes, ne peut atteindre le même but qu'à la faveur d'un plus grand angle à la fin de sa chute, en plongeant, après avoir perdu presque toute sa force, & n'ayant guere plus que celle de la pesanteur, qui lui ôte même celle de faire ricochet.)

(XI. p. 136. Nos pieces longues portant plus loin que les autres, sous les mêmes élévations, porteront à la même distance & avec plus de force sous un degré plus bas; ainsi leurs coups seront plus assurés, & il y aura moins de situations entre la premiere chute du boulet, & la batterie où les coups passeroient au-dessus de l'ennemi.)

(III. p. 66. Leur portée (les pieces anc.) est plus étendue, & le boulet qui en est chassé parcourt un plus grand espace, & peut arriver à une distance plus considérable que celui qui est chassé par des pieces courtes avant que la pesanteur le fasse décliner sensiblement du parallélisme de la ligne de mire. Elles sont susceptibles d'une charge plus forte qui, en augmentant la rapidité du départ du boulet, peut soutenir plus long-tems & conserver plus loin le parallélisme apparent du boulet: ce qui suffit dans la pratique, & est de la plus grande importance.)

(IV. p. 23. On insistera particuliérement sur les portées horisontales & celles qui en approchent le plus, parceque les coups tirés sous des angles trop élevés, n'agissent que par leur chute & par plongées, à la maniere des bombes, dont ils n'ont pas les éclats; par conséquent, les coups tirés de cette maniere ne peuvent frapper une ligne de trois hommes de profondeur, que par le plus grand hasard.)

(VIII. p. 14. Moins la hauteur du jet est considérable, ou, ce qui est la même chose, plus la courbe que décrit le boulet est r'applatie au-dessus d'un terrein sensiblement horisontal, plus les hommes qui se trouvent sur ce terrein, entre le point précis du but en blanc & la batterie, sont exposés à recevoir le coup; de sorte que si cette hauteur n'étoit que de quatre pieds, par exemple, un homme placé sur quelque point que ce fut de la ligne entre les deux intersections de la trajectoire & du rayon de mire seroit frappé du boulet. Au contraire, plus la hauteur du jet sera grande, sur le même terrein, plus il y aura de positions entre le but en blanc & la batterie où l'ennemi ne seroit point frappé, le canonnier visant toujours à lui le long de sa piece.

Si donc de deux pieces de même calibre, l'une a le diamétre de sa culasse beaucoup plus grand rélativement à sa longueur & au diamétre de son boulet, que l'autre, la premiere aura son but en blanc plus éloigné que la seconde; mais aussi la hauteur du jet sera plus grande, & par conséquent ses coups seront plus incertains, quand l'ennemi s'approchera de la batterie, dans la supposition que le canonnier visera toujours à lui, ou, ce qui revient au même, ne baissera pas sa piece, faute très-ordinaire. Présentement, si les deux pieces ont leurs dimensions proportionnelles (point de chicane, cela doit s'entendre); mais que la plus longue porte son boulet soixante toises plus loin que l'autre, elle aura un but en blanc plus éloigné que la plus courte: & pour que la plus courte frappe au même but en blanc, il faudra lui donner plus d'élévation, au moyen de la hausse, si vous voulez. C'est rentrer dans le cas précédent.)

(*Supplem. au Dict. Encyc. T. II. p.* 616. La piece courte ayant une moindre portée que la piece plus longue, le boulet qu'elle projettera ayant reçu une moindre force d'impulsion, décrira une courbe moins alongée, & frappera l'objet qu'elle atteindra, sous un angle plus ouvert, en tendant à s'approcher plus promptement de la terre, après l'avoir frappé. Il est aisé de se représenter le peu d'effet du boulet, dans ce cas, si l'on réfléchit à ce qui arriveroit s'il tomboit verticalement; il est évident qu'il ne frapperoit qu'un point; or plus sa ligne de chute approchera de la verticale, moins il emportera d'hommes à la fois dans une bataille, moins il fera de désordre dans les pieces & les affuts d'une batterie ennemie, & moins il sera susceptible de faire des ricochets, maniere de tirer le canon, si destructive.)

Ce défaut dont la nature vient d'être suffisamment expliqué est une suite de l'infériorité de portée que l'on a fait connoître précédemment & d'après laquelle il convient de juger le manque de justesse eu égard à la hauteur du tir: Mais si l'on considére que la différence entiere n'est que de 60 toise. pour les portées moyennes, on ne sera point tenté je pense d'en faire un vice capital quand il ne s'agit que de ces portées moyennes; car tant qu'il est indifférent si le boulet rase le terrein ou s'il passe de 4 à 5 pieds au-dessus du sol de l'endroit où l'objet est placé, les nouv. pieces y porteront aussi sûrement que les anciennes. Tant que la trajectoire est rasante & que les portées ne différent que de 60 toise. ce défaut ne sera donc guere sensible, mais il peut le devenir davantage pour les grandes portées; quoiqu'en général le tir y est fort incertain, & dépend alors beaucoup plus de l'habileté du canonnier de connoître les portées de sa piece & à bien apprécier les distances, que d'un peu plus ou moins d'ouverture de l'angle d'incidence du boulet, parceque l'avantage du feu rasant est ordinairement détruit à de si grandes distances par les inégalités du terrein, dont aucun n'est entierement exempt.

F f

On peut encore remarquer que la table de M. *du Puget* donne 1 pi. 3 pouc. moins de hauteur du jet aux nouv. pieces de 12 qu'aux anciennes; ainsi la trajectoire de leurs boulets sera aussi généralement moins élevée que celles des dernieres.

Quelque léger que soit le défaut en question dans le cas présent, on ne peut disconvenir que toute piece qui a moins de portée n'aye aussi moins de justesse pour la hauteur du tir, puisque pour empêcher le boulet de trop tôt toucher terre il faudra augmenter l'élévation, ce qui rend l'angle de chute du boulet plus ouvert & le fait plus facilement passer par-dessus l'objet.

Le défenseur des nouv. pieces ne fait aucune réponse directe à ce reproche, si ce n'est par les boulets à une ligne de vent, car en les appropriant exclusivement aux nouv. pieces, celles-ci seroient au pair des anciennes vu la justesse de la hauteur du Tir, puisqu'elles le seroient à l'égard des portées.

Des erreurs par rapport à la Direction ou ligne horisontale du tir.

(IV. p. 26. Le tir de ces mêmes pieces doit aussi avoir plus de justesse: car, suivant les épreuves, leurs portées sont plus grandes. Or entre les boulets de même poids, les uns ne peuvent avoir plus de portée, que parcequ'ils ont plus de vîtesse; mais ils ne peuvent avoir plus de vîtesse, sans arriver plutôt au but, ni arriver plutôt au but sans s'écarter moins de leur direction.)

Ce reproche touchant la divergence du boulet de sa direction ne peut être entendu que de l'altération causée par la pression inégale de l'air sur la superficie du boulet, soit que ce dernier lui résiste inégalement, ou que le fluide de l'air le presse plus fort d'un côté que de l'autre; car pour lors la quantité dont le boulet s'écarte de la direction qu'il reçoit dans l'ame & avec laquelle il part, dépend en effet du tems auquel il est exposé à la pression inégale de l'air; or ce tems n'est autre que la vîtesse respective des boulets.

Le premier cas trouve lieu quand le centre de gravité du boulet ne répond pas exactement à son centre de figure; & le second quand le ressort de l'air est plus fort d'un côté de la trajectoire que de l'autre. La fausse direction que prennent les coups, soit que l'on se serve de boulets oblongs & remplis de soufflures, ou que l'on tire les pieces pendant un grand vent, font preuve de la justesse de cette remarque, & l'altération plus forte que ces causes occasionnent dans la direction des bombes ou boulets tirés à ricochet démontre combien cette divergence dépend du tems que les projectiles mettent à finir leur carriere. On sent facilement qu'elle devient plus sensible pour les grandes portées puisque la divergence augmente alors, non seulement vu la vîtesse décroissante du projectile, mais encore à raison des distances. C'étoit en partie pour obvier à l'irrégularité de figure des boulets que *Robins* proposa

les

les canons rayés, le mouvement de rotation que ces armes communiquent aux boulets devant égaliser la resistance de l'air sur leurs superficies inégales, dont l'effort les fait diverger si la direction de cet effort est perpendiculaire ou oblique à celle du tir.

Quant à ce défaut, qui selon les cas où l'on se trouve peut devenir supérieur au précédent, on ne peut y répondre que de la même maniere, savoir par les nouveaux boulets que nous ne considérons pas ici.

3° *Moins de Ricochets.*

(IV. p. 23. De plus, dans la considération des portées, on fera entrer les ricochets; 1° parceque les boulets ne partant point sous l'angle donné à la piece, à cause des battemens, les portées de volées sont une indication peu exacte de la force communiquée aux boulets, & que les ricochets sont un complément à cette indication, puisqu'ils se font en vertu de la force qui n'a pas été employée avant la premiere chute; 2° parceque, sous l'horisontale, & aux environs qui doivent être les directions d'usage à la guerre, les ricochets s'élevant peu, feront autant de mal à l'ennemi que les coups de volée, & lui causeront plus de frayeur & de désordre.)

(XI. p. 135. Il est également prouvé par les expériences de Douai, que les boulets sortis des pieces longues, vont beaucoup plus loin en ricochant, que les boulets sortis des pieces courtes; on ne sait pourquoi il n'en est pas fait mention dans le Procès-verbal des épreuves de Strasbourg. Quoiqu'il en soit, personne ne peut douter que l'étendue des ricochets ne doive être ajoutée à l'étendue du plein fouet pour constater la véritable portée d'une piece de canon, puisque les ricochets peuvent être aussi meurtriers dans les Batailles que sur des remparts.)

(V. p. 41. Quand les colonnes de l'armée ennemie arrivent sur le champ de bataille, si le Général projette de les attaquer avant qu'elles aient fait leurs dispositions, il ordonnera de les canonner pour les troubler & les retarder. Comme elles ne se sont point encore étendues en une ligne mince, à trois hommes de profondeur, elles offrent un but suffisant pour les canonner avec succès, si elles sont à moins de mille toises de distance: car les pieces de 4 longues à quatre degrés, & les calibres supérieurs à trois degrés, portent à cette distance, y compris les ricochets qui sont plus propres que les coups de plein fouet, pour troubler les manoeuvres; les pieces courtes, à même distance, ne pourroient porter que sous un trop grand degré d'élévation qui les priveroit du ricochet, & ne feroit tomber le boulet que sur un point, & par conséquent sur un seul homme, si par hasard il s'y rencontroit.)

Il n'eſt pas néceſſaire, je penſe, d'expliquer la théorie du ricochet, pour prouver que des pieces qui ont plus de portée doivent plus faire ricocheter leurs boulets; l'élévation du tir que l'on eſt obligé d'augmenter, ainſi que le plus de force des coups, qui, comme on verra ci-après, eſt attaché à l'avantage de portée, ſuffiſent pour s'en convaincre.

Nous avouons donc que le plus de hauteur à laquelle s'élévent les ricochets de la nouv. art. pourra être déſavantageuſe; quoique toujours à raiſon de l'infériorité des portées : Mais nous ne faiſons généralement aucun cas de la quantité des ricochets, parceque ſous l'horiſontale le premier ricochet eſt trop étendu, & que les ſuivans ont trop d'élévation pour frapper l'objet que par le plus grand haſard. Sous 3 degrés les ricochets s'élévent auſſi trop, vu le peu de hauteur des objets, pour pouvoir les atteindre que peu avant ou après le moment de chute, ce qui n'eſt encore qu'un effet du haſard.

Quand on a dit ci-deſſus, *généralement*, c'eſt que l'on ne croit pas que la différence des portées ſoit aſſez grande pour priver entierement les nouv. pieces du ricochet ſous 3 degrés, pendant que les anciennes en donneroient encore de conſidérables ſous cette élévation; car pour cet effet il faudroit que la portée des nouv. pieces ſous 6 degrés (où les ricochets ceſſent premierement) fut égale à celle de la piece anc. ſous 3 degrés & c'eſt ce que démentent les Epreuves de Douai. Mais il faut paſſer à M. *de Valiere* d'avoir parlé en ſtile hyperbolique dans le panegyrique des pieces anciennes, que l'on peut conſidérer comme un éloge funébre.

Puiſqu'il eſt queſtion de l'effet des ricochets dans les batailles, voyons ce qui a été répondu à la propoſition ſuivante qui en a été faite.

(VI. p. 46. On ne doit pas toujours tirer à pleine charge, dans les affaires de campagne, le ricochet peut y être auſſi meurtrier que dans les Sieges.)

(VII. p. 127. *Cette idée*, ajoute l'Auteur, *pourra paroître neuve & peut-être ridicule*. En effet, cela ne pourrait ne paraître que cela aux yeux des gens qui ignorent qu'on ne peut parvenir à tirer à ricochet que par des tâtonnemens multipliés ſur les charges & les élévations de la piece; tâtonnemens que le moment d'une action, & ſur-tout les mouvemens qu'il faut faire en avant ou en arriere ne permettent jamais. Mais notre antagoniſte ſuppoſe toujours qu'on ſe bat ſans bouger de la place. Dans les Sieges, d'où il a pris cette idée qu'il ſoupçonne lui-même *d'être ridicule; parceque*, ajoute-t-il, *on ne s'en eſt jamais aviſé*, & qu'il ſoumet cependant aux perſonnes *connoiſſant à fond le ſervice de l'Artillerie*, dans les Sieges, dis-je, on multiplie l'action du canon en tirant les boulets à ricochet, parceque d'abord, ainſi que je viens de dire, la ſtabilité des batteries permet des tâtonnemens indiſpenſables à cette maniere de ſervir le canon, & parcequ'en outre, voulant détruire par ces batteries, des affuts, qui ſont des corps d'une certaine réſiſtance, il eſt néceſſaire de les frapper par des masses considérables, telles que sont les boulets. Mais dans les batailles où l'on ne veut renverser que des hommes, on n'a jamais songé à tirer des boulets à ricochet. On y multiplie l'action du canon par le tir à cartouches, qui est bien autrement destructeur que le tir à ricochet, surtout depuis qu'on a si bien perfectionné les cartouches. Proposer de leur préférer le ricochet, c'est proposer, comme le dit fort bien l'Auteur, *une idée à la fois neuve & ridicule*.)

4° *Moins de Force des coups.*

(IV. p. 27. Ce surplus de solidité & de longueur dans les pieces longues, les rend capables d'une plus grande force, puisque leur solidité pourra supporter une plus grande charge, & que leur longueur donnera lieu à une plus grande inflammation. Elles pourront donc, au moins jusqu'à un certain point, suppléer dans le besoin à des pieces d'un plus fort calibre, qualité très-avantageuse au bien du service.)

(XI. p. 14. J'insiste sur l'usage d'une Artillerie qui porte plus loin que la courte, non pas précisément à dessein de la faire tirer à la distance où peuvent aller les boulets, mais parceque portant plus loin, elle imprime plus de force au mobile.) *Valiere.*

(Id. p. 22. M. *de Valiere* dit que la piece portant plus loin, elle imprime plus de force au mobile. Mais un boulet a toujours plus de force qu'il ne lui en faut pour remplir les objets de la bataille. M. *du Puget*, Auteur des vrais principes avoués par M. *de Valiere*, en convient lui-même, puisqu'il propose de tirer à ricochet en bataille.) *Gribeauval.*

(Id. p. 32. Il n'est pas douteux que les ricochets ne puissent être très-meurtriers dans une Bataille; cela empêche-t-il que dans les occasions où il y a de forts obstacles à détruire, il ne faille avoir égard à la plus grande force du boulet?)

(V. p. 34. Combien de fois la supériorité de force que donnent les pieces longues, ne sera-t-elle pas avantageuse pour rompre, percer, renverser les obstacles qu'oppose l'ennemi, comme colonnes de troupes, retranchemens, abattis, &c. effets qu'elles produiront d'autant plus promptement, qu'elles y joindront la justesse du tir; & combien de fois le succès à la guerre dépend-il de la promptitude de l'exécution! Toutes les fois qu'on combattra, artillerie contre artillerie, quel avantage n'aura pas sur l'autre, celle qui aura en sa faveur la supériorité de force, de portée & de justesse, dirigée avec intelligence?)

(VI. p. 12. *du Rec.* Il est bon d'observer encore ici qu'une piece qui sous le même degré, porte son boulet cinquante toises plus loin qu'une autre, lui imprime une plus grande vîteſſe, & conſéquemment le rend capable d'un plus grand effort. Or cet effort plus grand eſt ſouvent à deſirer pour rompre plus promptement des abbatis, des paliſſades & d'autres obſtacles qu'il n'eſt pas rare de rencontrer dans les affaires de campagne; cette remarque tombe particulierement ſur les pieces de 12 &c.)

(VII. p. 156. des Obſerv. Quant à la ſeconde réponſe de l'Auteur ſur le plus grand effort produit par les pieces longues ſur le boulet, & par le boulet ſur l'objet qu'il bat, nous lui repliquerons : 1° Qu'il faut qu'il convienne d'un terme fixe relativement à ce plus grand effort qu'on peut demander à un boulet, comme il eſt convenu d'un terme fixe pour l'étendue des portées : car, en tout, il faut une baſe. 2° Qu'il ne peut pas nier que ce terme dépende néceſſairement de l'objet qu'on ſe propoſe de remplir. Car ſi l'on veut produire ſeulement un effort de cent livres, il eſt inutile d'employer une machine capable d'en produire un de mille. 3° Que les Corps qu'on eſt dans le cas d'attaquer avec des pieces de bataille, étant des hommes & des chevaux, c'eſt ſur-tout pour produire cet effet qu'il faut que ces pieces ſoient proportionnées. 4° Que les plus petites pieces de la Nouvelle Artillerie ſont ſuffiſantes à cet objet; que non ſeulement, à cet égard, la Nouvelle Artillerie eſt au point de l'Ancienne, mais même qu'elle lui eſt de beaucoup ſupérieure puiſqu'elle tire à cartouches, où l'autre, de l'aveu même de ſon défenſeur, ne pourrait tirer à boulet qu'avec beaucoup d'incertitude; & que dans les diſtances où toutes deux employent leurs cartouches, la premiere produit un effet au moins triple de celui de l'autre. 5° Que ſi l'on veut retirer cette Artillerie de ſon objet eſſentiel, qui eſt la deſtruction des troupes pour l'appliquer à celle d'objets, qui, étant d'une grande réſiſtance, demandent que l'on employe plus de force; il faut alors conſidérer la nature de ces objets pour ne pas avoir une force excédente qu'on ne pourrait fournir qu'en traînant avec ſoi des pieces qui appeſantiraient inutilement la marche de l'armée, & qui pourraient même l'arrêter quelquefois. 6° Que les Places & les Forts conſidérables, qui exigent au moins du canon de 16, pour être ouverts, étant mis à part, les objets dont la deſtruction exige le plus de force de la part du boulet dans le cours d'une Campagne, ſont des retranchements, des paliſſades, & des murailles de maiſon; que pour cela, l'effort d'un boulet de 12, eſt plus que ſuffiſant, en ſuppoſant même, ce qui n'eſt pas, que ce boulet lancé par les pieces de 12 du nouveau modéle eut une impulſion moins forte que s'il l'était pas les anciennes.)

(Id. p. 184. Mais nous parlerons de la ſupériorité de maſſe d'un boulet de 12 ſur un boulet de 8, laquelle va à moitié en ſus. Car cette ſupériorité de maſſe décide de l'effet que le boulet doit produire, ſur-tout lorſqu'il s'agit d'attaquer des corps ſolides, tels que des murailles, des paliſſades, des
retran-

retranchemens, dont la destruction est le principal objet des pieces de 12 en campagne. Nous ne ferons pas non plus une grande différence d'un boulet de 12, ou de 8, ou de 4, qui arrive sur une troupe, &c.)

(XIII. pag. 38. Tout le monde sait que les vitesses étant égales, les quantités de mouvement sont en raison des masses; mais tout Militaire instruit sait aussi que cette plus grande force relative des boulets de 12 & de 8, est en pure perte pour les cas ordinaires contre des hommes; ces hommes fussent-ils rangés dans un ordre plus profond que l'ordre admis présentement par toute l'Europe, & que nous avons toujours eu assez de ces pieces pour les cas où elles conviennent.) *Rr. C'est un antagoniste du nouveau système qui parle.*

Pour juger de l'effet de la force des coups, il suffira de comparer, 1° les différentes profondeurs auxquelles les boulets des pieces anc. & nouv. pénétrent dans des obstacles de résistance homogene; 2° Les forces ou quantités de mouvement avec lesquels ils frappent, les obstacles dont la cohérence des parties est assez forte pour entraîner la destruction d'une plus grande surface que celle qui est enlevée par le grand cercle du boulet.

Pour cet effet on considérera, d'après la table de M. *du Puget*, les portées du but en blanc primitif des pieces, comme l'expression du rapport de leurs vitesses au bout de la premiere seconde; ce que l'on pourra faire sans erreur sensible, puisque la piece de 12 anc. porte son boulet dans $1'' 16'''$ à 220 toises, & la piece nouv. en $1'' 7\frac{1}{2}'''$ à 200 toises; de sorte que l'avantage de cette supposition est du côté de la premiere. On aura donc le rapport des vitesses au bout de la premiere seconde comme 220 à 200 ou comme 11 à 10. On sait par les méchaniques que si des boulets de diamètre égal & de la même matiere sont lancés avec des vitesses différentes contre un corps pénétrable de résistance homogene, que les profondeurs auxquelles ils pénétrent sont comme les quarrés de leurs vitesses, ainsi la percussion des boulets sera dans le cas présent comme 6 à 5. Ce rapport peut donc servir à comparer les profondeurs diverses auxquelles les pieces respectives pousseront leurs boulets. Quant à la force avec laquelle ils sont capables d'ébranler des charpentes ou maçonneries, on sent que la force ou quantité du mouvement des boulets étant un produit de la masse dans la vitesse, doit être dans le cas présent comme les vitesses mêmes, savoir comme $11:10$, puisque les boulets sont parfaitement égaux.

Pour comparer la percussion & la force choquante des pieces de 8 anc. & de 12 nouv. considérons que puisque la table de M. *du Puget* leur attribue des portées égales en tems presque égaux, on pourra encore considérer les portées comme l'expression du rapport de leurs vitesses au bout de la premiere seconde. Mais la percussion des boulets de calibres différens animés d'une vitesse

grande vitesse, & conséquemment le rend capable d'un plus cet effort plus grand est souvent à desirer pour rompre plus abbatis, des palissades & d'autres obstacles qu'il n'est pas rare s les affaires de campagne; cette remarque tombe particuliecces de 12 &c.)

6. *des Observ.* Quant à la seconde réponse de l'Auteur sur rt produit par les pieces longues sur le boulet, & par le boul bar, nous lui repliquerons : 1° Qu'il faut qu'il convienne elativement à ce plus grand effort qu'on peut demander à un est convenu d'un terme fixe pour l'étendue des portées : car, une base. 2° Qu'il ne peut pas nier que ce terme dépende l'objet qu'on se propose de remplir. Car si l'on veut pron effort de cent livres, il est inutile d'employer une machine luire un de mille. 3° Que les Corps qu'on est dans le cas es pieces de bataille, étant des hommes & des chevaux, c'est oduire cet effet qu'il faut que ces pieces soient proportiones plus petites pieces de la Nouvelle Artillerie sont suffisantes non seulement, à cet égard, la Nouvelle Artillerie est au ne, mais même qu'elle lui est de beaucoup supérieure puistouches, où l'autre, de l'aveu même de son défenseur; ne oulet qu'avec beaucoup d'incertitude; & que dans les distanix employent leurs cartouches, la premiere produit un effet e celui de l'autre. 5° Que si l'on veut retirer cette Artillerie ntiel, qui est la destruction des troupes pour l'appliquer à ai, étant d'une grande résistance, demandent que l'on emrce; il faut alors considérer la nature de ces objets pour ne ce excédente qu'on ne pourroit fournir qu'en traînant avec al appesantiroient inutilement la marche de l'armée, & qui l'arrêter quelquefois. 6° Que les Places & les Forts consignent au moins du canon de 16, pour être ouverts, étant mis e dont la destruction exige le plus de force de la part du boud'une Campagne, sont des retranchemens, des palissades, de maison; que pour cela, l'effort d'un boulet de 12, est i, en supposant même, ce qui n'est pas, que ce boulet lancé 12 du nouveau modéle eût une impulsion moins forte que unciennes.)

f Mais nous parlerons de la supériorité de masse d'un bouboulet de 8, laquelle va à moitié en sus. Car cette supériode l'effet que le boulet doit produire, sur-tout lorsqu'il des corps solides, tels que des murailles, des palissades, des retran-

retranchemens, dont la destruction est le principal objet des pieces de 12 en campagne. Nous ne ferons pas non plus une grande différence d'un boulet de 12, ou de 8, ou de 4, qui arrive sur une troupe, &c.)

(XIII. pag. 38. Tout le monde sait que les vitesses étant égales, les quantités de mouvement sont en raison des masses; mais tout Militaire instruit sait aussi que cette plus grande force relative des boulets de 12 & de 8, est en pure perte pour les cas ordinaires contre des hommes; ces hommes fussentils rangés dans un ordre plus profond que l'ordre admis présentement par toute l'Europe, & que nous avons toujours eu assez de ces pieces pour les cas où elles conviennent.) *Rr. C'est un antagoniste du nouveau système qui parle.*

Pour juger de l'effet de la force des coups, il suffira de comparer, 1° les différentes profondeurs auxquelles les boulets des pieces anc. & nouv. pénétrent dans des obstacles de résistance homogene; 2° Les forces ou quantités de mouvement avec lesquels ils frappent, les obstacles dont la cohérence des parties est assez forte pour entraîner la destruction d'une plus grande surface que celle qui est enlevée par le grand cercle du boulet.

Pour cet effet on considérera, d'après la table de M. *du Puget*, les portées du but en blanc primitif des pieces, comme l'expression du rapport de leurs vitesses au bout de la premiere seconde; ce que l'on pourra faire sans erreur sensible, puisque la piece de 12 anc. porte son boulet dans 1" 16‴ à 220 toises, & la piece nouv. en 1" 73‴ à 200 toises; de sorte que l'avantage de cette supposition est du côté de la premiere. On aura donc le rapport des vitesses au bout de la premiere seconde comme 220 à 200 ou comme 11 à 10. On sait par les méchaniques que si des boulets de diametre égal & de la même matiere sont lancés avec des vitesses différentes contre un corps pénétrable de résistance homogene, que les profondeurs auxquelles ils pénetrent sont comme les quarrés de leurs vitesses, ainsi la percussion des boulets sera dans le cas présent, comme 6 à 5. Ce rapport peut donc servir à comparer les profondeurs diverses auxquelles les pieces respectives pousseront leurs boulets. Quant à la force avec laquelle ils sont capables d'ébranler des charpentes ou maçonneries, on sent que la force ou quantité du mouvement des boulets étant un produit de la masse dans la vitesse, doit être dans le cas présent comme les vitesses mêmes, savoir comme 11:10, puisque les boulets sont parfaitement égaux.

Pour comparer la percussion & la force choquante des pieces de 8 anc. & de 12 nouv. considérons que puisque la table de M. *du Puget* leur attribue des portées égales en tems presque égaux, on pourra encore considérer les portées comme l'expression du rapport de leurs vitesses au bout de la premiere seconde. Mais la percussion des boulets de calibres différens, animés d'une vitesse

tesse égale dans le moment du choc étants comme leurs diamétres, on sent assez qu'elle différence il y aura à cet égard entre les boulets lancés par l'anc. pieces de 8 & la nouv. de 12. Les forces choquantes différent encore davantage puisqu'elles seront comme les masses des boulets respectifs; d'où il suit que les partisans de l'ancienne artillerie ont beaucoup plus tort, de dire que les pieces anc. de 8 pourront remplacer celles de 12 nouv. pour la destruction des obstacles d'une certaine résistance, que quand les défenseurs du nouv. sys- tême soutiennent que les nouv. sont suffisantes pour cet effet quand la moindre vitesse leur eut même fait perdre en force dans le rapport sus dit.

  Les comparaisons précédentes sont plus que suffisantes pour juger par analogie de l'effet des coups contre des troupes, & pour se convaincre que les nouv. pieces communiqueront une force suffisante à leurs boulets pour atterrer tous les êtres vivans qu'ils rencontreront. On nous permettra de faire ici une petite digression, parceque cette vérité, dont personne n'a douté jusqu'ici, a été attaquée par les partisans de l'ordre profond: M. M. *de Meseroi* & *de Menil-Durant* qui ont proposé un ordre de tactique Françoise sont véritablement intéressés à diminuer l'effet du canon contre les troupes, puisque cet effet une fois reconnu, doit nécessairement détruire une grande partie des avantages de leur systême. Ce fut à peu près vers le tems qu'il fut proposé que parurent les premiers écrits publics contre le nouveau systême d'artillerie; leurs auteurs étoient alors fort éloignés d'applaudir au nouv. systême de tactique, puisque M. *du Puget* qui est un des principaux, employe toute la premiere partie de son Essai à prouver les désavantages de ce systême par rapport à l'artillerie, & il ne s'attendoit peut-être pas que sa seconde maxime serviroit d'arme pour combattre l'effet du canon: Cette maxime assez inutile étoit destinée, de même que quelques expressions un peu exagerées de M. *de Valiere*, pour abaisser l'effet des nouv. pieces de bataille, mais ces auteurs n'ont assurément point prétendu reduire l'effet du canon au point où les partisans de l'ordre profond le desirent, puisque M. *de Valiere* dit (V. p. 43.): *Il est même tel degré d'obliquité, celui de 10, auquel la piece longue peut d'un seul coup mettre 15 à 18 hommes hors de combat:* M. *du Puget* admet aussi qu'un boulet puisse emporter 12 hommes. Depuis que les défenseurs de l'anc. systême d'artillerie, & les auteurs du nouv. systême de tactique se sont rapprochés, & paroissent avoir fait cause commune pour dépriser les effets de la nouvelle artillerie, les premiers permettent, au moins par un aveu tacite, aux derniers de s'apuyer de leurs écrits pour diminuer l'effet du canon contre les plésions, colonnes &c.

  M. *du Coudrai* défenseur de la nouv. artill. s'est aussi chargé d'apprécier l'effet de l'artillerie contre le nouvel ordre de tactique; nous rapporterons d'autant plus volontiers un passage de cet auteur, parcequ'il suffit pour

évaluer

évaluer l'effet du canon contre les troupes, à moins que l'on ne veuille adopter les principes sur lesquels un auteur inconnu a établi, le calcul tiré du No. XX. que l'on y joindra pour la singularité du fait.

(XVII. p. 51-53. Si maintenant mettant de côté toute cette citation, & en attendant des expériences dont, en tems de paix, on ne peut proposer aux partisans, même les plus zélés, de l'ordre profond, de fournir le sujet, M. *de Menil-Durand* veut se former une idée de la force d'un boulet chassé par la poudre, il saura qu'un boulet de seize, à trois cents toises, traverse dix à douze pieds de terre; un de douze, sept à huit; un de huit, quatre à cinq; un de quatre, environ deux pieds & demi. S'il considére après cela le peu de résistance qu'opposent aux moindres chocs les parties les plus solides de l'homme, celles qui sont les plus enveloppées par des chairs ou par des habits, je crois qu'il n'évaluera pas cette résistance au-dessus de celle que peuvent opposer trois pouces de terre moyenne, faisant partie d'une masse contigue & bien appuyée; & il en conclura que l'effort d'un boulet de 4, même à quatre cent toises, ne se bornera pas, comme il le croit, *à tuer trois ou quatre hommes au plus;* mais qu'il en tuera douze, qu'il traversera même sa Colonne entiere; parcequ'au lieu de rencontrer les parties les plus résistantes de chaque individu, telles que le ventre, les hanches, les cuisses, il n'aura affaire, pour la plûpart, qu'à des bras, des jambes, des poitrines, des têtes, dont la résistance sera à peine appréciable. Au reste, sans s'arrêter à ces considérations anatomiques pour lesquelles je serais peut-être obligé de demander grace à mes Lecteurs, s'ils étoient autres que des Militaires, qu'on interroge ceux qui ont observé les boulets dans les batailles, le seul lieu où se fassent ces sortes d'expériences; qu'ils disent s'ils ont jamais remarqué que les boulets qui traversaient de plein fouet des files d'hommes, & même de chevaux, en parussent rallenti le moins du monde. C'est peut-être l'occasion de revenir avec M. *Menil-Durand* à ce vers de Comédie cité plusieurs fois par lui dans ses Mémoires: *Oh! l'effet du canon ne sauroit se comprendre.*)

(XX. p. 153-57. Comme l'Auteur n'appuye ses assertions pour l'effet du boulet de 4 contre la colonne, que sur des évaluations vagues, nous essayerons d'établir les nôtres sur des principes démontrés; & dont le résultat, d'accord avec le témoignage de ceux qui ont fait la guerre, en prouve le solidité. Nous prendrons d'après l'Auteur, page 52, &c. le boulet de 4 pour terme de comparaison; nous sauverons toute formule au Lecteur, & ne présenterons que les idées les plus simples. On sait que la force du boulet ou sa quantité de mouvement au sortir de la piece, n'est autre chose que la masse multipliée par sa vitesse initiale; vitesse qui varie à raison des espaces parcourus. Or la piece de 4, tirée horisontalement avec une livre & demi de poudre, à 250 toises de but en blanc, donne 1300 pieds par secondes, de vîtesse initiale;

lesquels multipliés par le boulet de 4, donneroient 5200 liv. de force au départ de la piece; force comme on voit très-considérable; ainsi on auroit à 200 toises, avec la même charge & sous le même angle, 4400 liv. pour la force ou la quantité de mouvement du boulet de 4. La théorie du choc des coups durs démontre, que la vitesse restante à un corps, qui animé d'une vitesse quelconque en choque un autre en repos, est égale à la quantité de mouvement du choquant, divisé par la somme des masses: l'homme bien constitué est évalué, d'après l'Académie des Sciences, à 160 liv. pesant, son centre de gravité équivaut donc à 160 liv. de résistance: réduisant & supposant la moyenne des soldats à 130 livres, quoique sujets pris pour la plupart à la campagne & dans le peuple, & par conséquent assez fournis; le boulet de 4, qui avec la force ou quantité de mouvement ci-dessus choqueroit l'homme du premier rang de la colonne en repos, n'auroit donc affaire qu'à 130 liv. de résistance. Mais si la colonne parcourt 120 pas de 2 pieds par minute, l'homme du premier rang sera donc animé d'une vitesse de 4 pieds par seconde; ainsi la force ou la résistance de l'homme du premier rang, & de chaque homme de la colonne, contre la direction du choc du boulet de 4, seroit égale à 520 liv. de force. Supposons pour un moment à l'homme dans le cas du choc, toutes les propriétés des corps durs, il s'ensuit d'après la théorie du choc de ces mêmes corps, que la vitesse restante au boulet de 4, après avoir choqué l'homme du premier rang, seroit égale à la différence des quantités de mouvement avant le choc, divisée par la somme des masses; ainsi, f traduisant en style mathématique, on appelle v, la vitesse initiale du boulet m, sa masse, V, la vitesse de chaque homme de la colonne, M, sa masse, & u la vitesse restante au boulet après le choc, on aura $u = \frac{vm - VM}{m + M} = \frac{4400 l. - 520 l.}{4 + 130} = 28$ à 29 pieds par seconde. Mais, d'après la supposition l'homme du premier rang sera emporté par le boulet sur celui du second avec une vitesse rétrograde de 28 à 29 pieds par secondes. Donc l'homme du second rang sera choqué avec une force de $130 + 4 \times 29 = 3943$ l. $- 520$ l. & la vitesse restante après ce choc, sera de $\frac{3843 - 520}{134} = 24$ pieds $\frac{107}{134}$. En supposant donc à chaque homme de la colonne les propriétés des corps durs, la théorie du choc de ces corps démontre que la vitesse du boulet s'arrêteroit au septieme homme; c'est-à-dire, que le septieme homme seroit fortement contusionné. Mais pour transmettre toute cette quantité de mouvement il faudroit qu'il y eut cette contiguité de parties semblable à celle qui exist dans les corps durs; il faudroit de plus que le boulet, traversant le centre d gravité de chacun des hommes des six premiers rangs de la colonne, put leu imprimer une vitesse capable de faire masse avec lui, pour choquer l'homm qui fuit: or la rapidité du choc, & la structure de l'homme s'opposent à une pareille répétition; & comme le boulet, vu cette structure, coupera, dans la violence de son premier choc, tout ce qui se trouvera sur son chemin, il sera réduit à sa seule masse, & s'arrêtera par conséquent suivant la théorie au troisieme homme; ou contusionnera tout au plus le quatrieme. En effet si à l'exemple de l'Auteur nous nous arrêtons à des détails anatomiques, le corps de l'homme ne présente, suivant la gradation du choc du boulet, qu'un assemblage de parties élastiques, molles & dures. Telles sont pour les premieres les couches de nerfs qui couvrent presque toute la partie antérieure, & se distribuent ailleurs; parties très-élastiques, qui produisent ces traits de force qui étonnent; & capables de réfléchir un choc moins violent que celui du boulet de 4. Le boulet qui les aura coupées, rencontrera des parties molles, & qui laissent du vuide entr'elles; son mouvement sera donc ralenti. Ainsi dans un corps d'arbre entamé, le choc s'arrête & ne se fait point sentir à l'autre extrémité. C'est aussi pour cette raison, qu'on garnit le jour du combat, le pont des vaisseaux de guerre de matelas, & autres matieres molles; pour former un bastingage & couvrir l'équipage contre les balles & les boulets. Quant aux parties dures telles que les os, parties qui forment, pour ainsi dire, la charpente du corps humain, elles seront fracassées, & leur dispersion tournera toute en perte au transport du corps choqué, au point qu'il restera tout au plus à l'homme du troisieme rang déplacé par le boulet, une vitesse suffisante pour contusionner le quatrieme. On a supposé dans ce développement le boulet cheminant sur la ligne du centre de gravité des hommes de la colonne, mais s'il ne rencontroit que la poitrine, ou d'autres parties également distantes du centre de gravité, la résistance de l'homme étant moindre, la vitesse restante au boulet après le choc seroit plus grande; mais il y auroit diminution de masse choquante de la part de l'homme emporté par le boulet; ainsi la compensation seroit à peu près la même, & les produits différeroient peu. A l'égard des boulets qui recontreront les têtes du premier rang, ils s'éleveront. Ceux qui donneroient dans les intervalles pourroient faire plus de ravage, si la direction du vide n'étoit pas croisée par beaucoup de plein. Quant aux chevaux, on assure d'après les faits vérifiés sur plusieurs champs de bataille, qu'un boulet qui enfile le poitrail d'un cheval, dont le coffre à 3 pieds & demi de longueur dans les moindres chevaux de dragons, on assure, dis-je, que le boulet de 4 y restera. Il résulte donc de l'exposition des vérités ci-dessus, vérités fondées sur des principes incontestables, & sur l'organisation des sujets; il résulte, dis-je, que le boulet de 4, tiré avec sa pleine charge, ne pourra à 200 toises mettre que quatre hommes au plus de profondeur hors de combat; & c'est ce que l'expérience a prouvé *à tous les Officiers qui ont fait la guerre, & qui en ont vu les effets sur les champs de bataille.*)

Voilà

Voilà l'effet du canon réduit bien bas; & en ce cas l'auteur de l'artill. nouv. auroit eu tort de repliquer à M. *du Puget: qu'il n'y a point de canon en usage qui ne produise cet effet & à plus de distance*, savoir d'emporter 3 à 4 hommes à 200 toises de distance. Il suffit de remarquer que l'auteur de ce calcul, en supposant gratuitement aux hommes la proprieté des corps durs dans le moment du choc, leur attribue au moins la résistance du fer, moyennant quoi il trouve que le boulet s'arrêteroit au septieme de ces hommes de fer; mais que pour venir au résultat qu'il s'est proposé, il trouve le moyen d'en conserver quatre en leur rendant leur organisation naturelle. Il faut avouer que l'auteur fournit une preuve admirable à M. *de Menil-Durant*, sur-tout, en y joignant le *témoignage des Officiers qui en ont vu les effets sur le champ de bataille*. En voici un; M. *Tielcke*, auteur d'un excellent *Traité sur la Fortification passagere ou de campagne*, dit §. 62. Qu'à la bataille de Zorndorf un boulet emporta 42 grenadiers Russes. Le même fait est rapporté pag. 98. du 1^r *Recueil des Mémoires sur l'Histoire de la guerre* du même auteur, & dont il se fait a présent une traduction Françoise.

5° *Plus de Recul.*

(IV. p. 25. C'est en vain qu'on voudroit pallier les reculs excessifs de la piece courte, on en a senti les inconvéniens. On a prévu l'embarras de regagner continuellement un terrein perdu, & ceux qui en doivent résulter à cause de l'association des pieces courtes avec l'infanterie. On a prévu enfin que la piece longue dont le recul est plus que du double, moindre, pourroit tirer sans risque sur des rideaux & autres terreins étroits, où la piece courte se culbuteroit elle-même par son recul.)

(XI. p. 23. Nous allons répondre une fois pour toutes à l'objection du plus grand recul dont on voudroit faire un monstre. Le plus grand recul ne pourroit être un désavantage qu'autant qu'il nuiroit à servir la piece. Les Officiers nommés pour les épreuves ne l'ont pas trouvé excessif. Il en est de même dans les Ecoles, où l'on a tiré pendant cinq ans ces pieces à boulets, avec infiniment plus de vivacité qu'on ne peut servir les anciennes; la seule attention que le recul exige, c'est que les canonniers reculent de deux pas pendant le tir de la piece, au lieu de n'en reculer qu'un. L'Artillerie Autrichienne & la Prussienne, qui reculent davantage à raison de leur moindre poids, n'en sont pas moins servies avec vivacité que les nôtres.) *Grib.*

(XII. p. 21. Voici un exemple d'Ecole qui pourra faire juger de ce que l'on peut s'en promettre devant l'ennemi, quant au recul seulement. En 1767, je fis tirer de la batterie du Polygone de Grenoble deux pieces de douze, l'une ancienne & l'autre nouvelle; je les fis aligner sur un terrein également

ment

ment de niveau; on les tira à même charge, avec des boulets exactement calibrés, & au même degré d'élévation; le recul de la piece ancienne fut de quatre pieds & demi, & celui de la nouvelle de quinze pieds huit pouces. Cette expérience répétée trois fois avec les mêmes précautions, en y ajoutant encore celle de changer les pieces de place respectivement, donna les mêmes résultats pour le recul, à quelques pouces près; de façon qu'en prenant une moyenne, il demeure pour constant que la différence du recul de l'une & l'autre piece, est dans le rapport d'un à quatre, ou à-peu-près. J'ai encore plus de témoins de ce fait que de celui de Meppen, puisqu'il s'est passé à la vue de plus de quatre-vingts officiers, & d'un bataillon entier de canonniers.)

(Id. p. 79. Le recul de ces nouvelles pieces étant à celui des anciennes, à peu-près dans le rapport d'un à quatre, on doit s'attendre, dans une opération telle que je la viens de suppofer, aux mêmes inconvéniens que ceux qui me font arrivés à Meppen, de la part des pieces de 8, forées pour 12, & de plus à la destruction prompte & certaine des batteries, caufée par le peu de longueur de ces pieces, qui ne permet pas de faire entrer fuffifamment leur volée dans les embrasures, pour les garantir du souffle. Mais à s'en tenir strictement à la destination de ces pieces pour la guerre de campagne, je fuppofe que dans le cas d'une bataille à recevoir, il foit question de les placer dans des redoutes, & je demande si l'on a bien réfléchi & bien prévu à l'étendue qu'il faudra donner à ces redoutes, si l'on a bien pensé à la quantité de terres à rassembler pour donner aux terre-pleins & aux épaulemens la hauteur & l'épaisseur qu'exige un recul de plus de 15 pieds, aux difficultés que la différence des terreins peut préfenter, au tems qu'il faut pour les lever; car il est nécessaire de pourvoir à tout cela, & seulement à caufe du recul, ou s'expofer à voir arriver mille accidens fâcheux aux pieces, & plus encore aux troupes renfermées dans ces redoutes. Comment dans un revers pourra-t-on, comme à Minden, placer du canon fur les remparts d'une place pour protéger la retraite de l'armée? Les terre-pleins des remparts feront-ils d'épaisseur à le recevoir? Est-on toujours le maître de la pofition des batteries dans une affaire générale & particuliere? Ne fe trouve-t-il pas des pofitions plus favorables les unes que les autres; quelques unes même ne peuvent-elles pas être abfolument décifives pour l'effet du canon qui y feroit placé, & qui deviennent impraticables, quant à l'exécution, & cela feulement à caufe du trop grand recul? Dira-t-on qu'on manoeuvrera une piece qui a plus de 15 pieds de recul, où l'on en manoeuvreroit une qui n'en auroit que quatre ou quatre & demi? Quiconque l'essayera, & s'y obstinera dans des lieux ferrés, parmi des arbres, des fouches & autres obstacles, ne manquera pas de fe voir plus d'affuts brifés, & plus de canonniers hors de fervice, par le recul de fes propres pieces, que par le feu de l'ennemi.)

(Id.

(Id. p. 175. L'expérience a publiquement montré que ce recul est pour les pieces de douze nouvelles comparées aux anciennes, dans le rapport d'un à quatre ; c'est-à-dire, que la piece de douze nouvelle (toutes choses égales d'ailleurs) recule seize à dix-sept pieds, tandis qu'à même charge, au même degré, sur le même terrein sans platte-forme à rase terre, l'ancienne ne recule que de quatre pieds environ.)

(X. p. 18. Il est incontestable que les nouvelles pieces étant plus légères, doivent plus reculer que les anciennes, toutes choses égales d'ailleurs. On conviendra même que ce plus grand recul pourroit paroître incommode, si l'on éprouvoit sur une platte-forme de madriers, ces pieces qui ne sont faites pour tirer en aucun cas sur des platte-formes ; sur-tout si, contre l'ordinaire de toutes les platte-formes, cette platte-forme d'épreuve étoit bien horisontale, & que pour faciliter encore plus le recul, on eut arrangé les madriers, de façon que ce recul se fit selon le fil du bois ; attentions tout-à-fait particulieres à ceux qui ont été chargés de la conduite des épreuves qu'ordonna à Douai en 1771, M. le Marquis *de Monteynard*, dans la vue d'examiner les inconvéniens du recul des nouvelles pieces de 4 dans les batailles, qui ne se donnent jamais sur des platte-formes de madriers de droit fil, mais en plein champ, comme chacun sait. Ce plus grand recul est une grande affaire pour les partisans de vieille artillerie. Ils ne spécifient pas trop bien les conséquences qu'ils prétendent qu'il doit avoir en bataille, mais ils annoncent en général qu'elles ne peuvent qu'être extrêmement funestes. L'auteur du nouveau système n'y en a vu vrai-semblablement d'autre, que celle de reculer de deux pas, au lieu d'un, en servant ces pieces, ou de les ramener de deux pas, au lieu d'un, si l'on veut rester précisément sur le même terrein ; inconvénient qui n'a encore fait perdre, à ce qu'il prétend, aucune bataille ni aux Autrichiens, ni aux Prussiens, qui ont une artillerie de bataille d'un tiers au moins plus légère que la nôtre, & par conséquent bien plus reculante.)

(V. p. 25. La théorie seule nous apprendroit que les pieces courtes & légères ont plus de recul que les pieces longues de même calibre & à même charge, pour trois raisons ; la premiere, parceque la poudre enflammée leur imprime plus de vîtesse en arriere à proportion de leur plus de légèreté. On sait que l'explosion de la poudre enflammée agit dans tous les sens ; tandis qu'elle chasse le boulet en avant du côté de la bouche, elle repousse la culasse en arriere avec la même impétuosité. La piece courte étant plus légère que la piece longue de même calibre, il est tout naturel qu'à même charge de poudre, elle recule plus loin que la piece longue, dont le poids oppose plus de résistance ; la deuxieme, parceque la piece courte essuie moins de frottement sur le terrein, dans le rapport de cette même légèreté ; la troisieme, parceque l'essieu de fer souffre moins de frottement dans le moyeu, dont le de-

dans

D'ARTILLERIE. 239

dans eft garni de boîtes de cuivre, fuivant le nouveau fyftême. L'expérience confirme pleinement la théorie, puifque dans des épreuves faites à Grenoble, on a trouvé que le recul des pieces du nouveau modele étoit plus que triple de celui des pieces de l'ancien.)

Le défenfeur des nouv. pieces parle apparemment du recul des pieces de 4, puifqu'il ne le met qu'au double de celui des anciennes; il évite donc de parler du recul des nouv. pieces de 12, que M. *de St. Auban* affure être quadruple. Cette différence ne peut provenir que de ce que les Affuts de 12 font à proportion beaucoup plus légers que ceux de 4.

Il eft affez parlé ci-deffus des inconvéniens du recul par rapport à la commodité du fervice, & à la confervation des Affuts; quoiqu'à l'égard des derniers l'épreuve faite avec une piece de 4 montée fur un Affut de 3, puiffe conftater que leur folidité ne fouffre point de la violence du recul. Mais on ne peut nier que la facilité du roulage que les effieux de fer procurent aux nouveaux affuts ne devienne nuifible dans plufieurs cas du fervice, ainfi que le détaille M. *de St. Auban*; car pour fe convaincre que l'allégement des pieces n'y contribue que légérement, il n'y a qu'à revoir les calculs pag. 218. de ces Mémoires à l'égard des vîteffes du recul.

On peut encore voir à pag. 220. que le recul confidéré comme pouvant déranger la jufteffe du tir, n'a pas plus d'influence à cet égard aux pieces nouv. qu'aux anciennes, ce qui devroit être, vu l'allégement; mais le raccourciffement compenfe les chofes, car le boulet s'échappant plutôt de l'ame, il y eft auffi moins long-tems expofé à contracter l'irrégularité de la direction du recul.

6° *Moins de Solidité ou Durée.*

(V. pag. 45. Incapables (les pieces nouv.), par leur peu d'épaiffeur, d'augmenter fans rifque la charge modique de poudre à laquelle leurs partifans les ont reftreintes pour ménager leur foibleffe, plutôt que pour faire une frivole économie de poudre, elles n'euffent fait que du bruit & point d'effet.)

(XI. p. 13. On a vu par les épreuves faites à Strasbourg en 1766, que la durée des nouvelles pieces, particuliérement des pieces de 12, n'approche pas de celle dont l'ufage a prouvé que nos pieces de 1732 font capables. Suffit-il de dire, *quand elles feront hors de fervice on en fera venir d'autres?* Cette affertion ne reparera pas le mal loin des frontieres, après une longue guerre, au milieu d'une bataille ou d'une autre opération importante, & ne fournira pas les fonds néceffaires pour tant de refontes, qui abforbent d'ailleurs la matiere.) *Valiere.*

(Id.

(Id. p. 26. M. *de Valiere* cite ici les deux pieces de 12, sans rappeller que dans la premiere qui a tiré 780 coups, il est sorti une vis de la volée, & que de la seconde qui n'en a tiré que 442, il en est sorti cinq, chacune de 4 à cinq lignes de longueur qui en cachoient les défauts; qu'ayant cassé l'anse de cette piece, on a reconnu que le métal avoit été en partie brûlé dans la fonte; qu'ainsi on ne peut argumenter d'après une fonte manquée contre la durée de ce canon.) *Grib.*

(Id. p. 30. Les Commissaires aux épreuves de Strasbourg, étoient si convaincus (indépendamment des accidens arrivés aux pieces de 12), du peu de durée des pieces nouvelles, en comparaison de celle des anciennes, qu'ils demanderent pour elles un meilleur alliage. Il ne suffit pas de dire combien ces pieces ont tiré jusqu'à leur dépérissement total, il faut spécifier après combien de coups elles ont commencé à perdre leur direction, ce qui dès ce moment les mit hors de service. Les expériences sur leur durée ont été faites avec beaucoup de ménagement; elles ne tiroient au plus que 100 coups avant midi & 100 coups le soir, & après environ 30 coups, on les remplissoit d'eau pour les rafraîchir. Feu M. *de Valiere* a fait pousser à bout des pieces de 12, & d'autres coulées suivant les dimensions de l'Ordonnance de 1732; elles ont tiré quinze à seize cent coups sans être entiérement hors de service. Le doute de l'Auteur est donc mal fondé. On sait tout ce qu'il ajoute sur l'examen des pieces de canon avant d'entrer en campagne; mais on sait aussi qu'une des nouvelles pieces de 12, toute neuve, après avoir tiré 42 coups en six jours dans une de nos Ecoles, a péri totalement: cet événement en fait craindre de pareils dans des conjonctures plus importantes. Une économie prétendue qui nuit à l'effet, n'indemnise point d'une grande dépense qui auroit été prévenue en faisant des pieces plus durables. L'auteur, d'ailleurs, a-t-il bien calculé?)

(XII. p. 66. *Copie de la Lettre d'un Officier Supérieur de l'Artillerie, en date du 22 Juin 1772.*

J'ai l'honneur de vous informer que Mercredi dernier, nous avons été obligés de mettre hors de service une piece neuve, du calibre de douze, du dernier modele, qui, n'ayant tiré que quarante-deux coups, s'est totalement évasée par son embouchure, & toute fondue en dedans & en dehors. Les quarante-deux coups qu'elle a tirés, n'ont été que six par Ecole, & à la septieme Ecole, chargée au quart du poids du boulet. &c.)

(Id. p. 77. Les plus zélés partisans des nouvelles pieces, disent, mais sans oser l'affirmer, *qu'elles pourront aller à 7 à 800 coups, & suffire à deux Campagnes.* C'est trop promettre, sans doute, puisque leur construction ne permet pas d'attendre la moitié de cette résistance; mais de leur aveu, c'est toujours de plus de moitié en durée & en résistance que ces pieces sont inférieure rieures aux anciennes, puisque dans des épreuves publiquement faites & non suspectées, plusieurs Officiers supérieurs de l'Artillerie, & notamment M. *de Valiere*, ont poussé l'ancienne piece de 12, à 15 & 1600 coups, sans qu'elle fut hors de service. On peut citer particuliérement une épreuve faite à Perpignan, en 1735, par ordre de la Cour, dans laquelle une piece de douze & une de seize furent tirées avec tant de vivacité, depuis le point du jour jusqu'à la nuit, dans les plus grands jours d'été, & sans interruption, que les Soldats qui exécutoient ces pieces, ne pouvoient en approcher la main, tant étoit forte la chaleur qu'elles avoient acquise. Malgré la continuité d'un feu aussi vif, ces pieces ne furent en aucune façon endommagées, leurs lumieres se trouverent seulement évasées d'une ligne; & quoiqu'il fut ordonné par la Cour de les pousser à bout, on jugea l'épreuve plus que suffisante pour constater la solidité de ces pieces. Que résulte-t-il de cette infériorité? C'est qu'en campagne, éloignés de vos frontieres & dans des circonstances urgentes, qui ne permettront pas d'attendre du canon plus solide; (cas qui peuvent arriver du moins quelquefois,) & qu'il seroit important de battre une Place de quelque résistance avec une certaine vivacité, comme en 1761, à Meppen, où l'on n'employa que du canon de Campagne, les instrumens vous manqueront au besoin, ou avant la fin de votre opération, ou au moment encore plus critique que l'ennemi vous tomberoit sur les bras immédiatement après. Quelle situation pour un Général d'Armée, & pour un Commandant d'Artillerie! Mais quels événemens encore plus fâcheux ne doit-il pas en résulter pour l'Armée & pour l'Etat?)

(Id. p. 203. Toutes les loix du mouvement, de la balistique & les expériences sur les effets de la poudre dans les armes à feu, montrent que les pieces courtes doivent résister plus long-tems que des plus longues, lorsque les épaisseurs ne different pas autant que different celles du nouveau systême avec celles de l'ancien. La piece courte doit durer plus qu'une longue, parceque dans la piece qui est plus courte il ne s'y enflamme qu'une certaine quantité de poudre, au lieu que dans la piece plus longue il s'y enflamme une plus grande quantité; donc la plus longue oppose plus de résistance aux efforts de cette plus grande quantité de poudre enflammée. Le boulet dans la piece courte ayant un espace beaucoup moins étendu à parcourir, n'a pas autant de balottemens ni autant de chocs vifs & répétés contre les parois que dans une piece plus longue; donc cette derniere souffre beaucoup plus. Il est bien plus facile dans la fonte d'une piece courte, de distribuer à la culasse & autres parties de la piece le métal, de maniere qu'à une moindre longueur, cette piece résiste plus que ne résisteroit une plus longue. Un pistolet résiste plus qu'un fusil; mais comme il y a trop de disproportion entre les épaisseurs des pieces nouvelles & les épaisseurs des anciennes, on est très-assuré que les nouvelles

velles ne dureront pas autant que celles du même calibre de l'Ordonnance de 1732, & il est nécessaire pour s'en convaincre de les pousser à bout les unes & les autres jusqu'à destruction.)

(X. p. 28. Au défaut d'épreuves on ne peut employer que le raisonnement pour leur répondre sur cette prétention. 1° Qu'en regardant cette infériorité de solidité comme prouvée, ainsi que la nécessité de refontes plus fréquentes où elle conduiroit, & en n'ayant égard qu'aux considérations d'économie, la dépense de ces refontes seroit bien plus que compensée par la seule diminution des charges dans les différens calibres. Que sera-ce ensuite, si l'on tient compte des différences immenses dans les attelages, &c. 2° Que cette infériorité de durée n'étant établie sur aucune épreuve de comparaison, ne peut être fondé que sur la présomption, que plus une piece a de matiere, plus, toutes choses égales d'ailleurs, elle est capable de résistance : mais que cette présomption fera peu d'impression, & n'en fera même aucune sur ceux qui ont quelque connoissance de la maniere dont les pieces périssent ordinairement; ce qui arrive, non par la fatigue seule de la charge, mais principalement par les battemens du boulet qui vont toujours en s'approfondissant, & qui finissent par déranger tellement l'ame & la volée, que la piece a perdu souvent toute direction, lorsque rien encore n'annonce au dehors qu'elle soit hors de service.)

Le premier passage de M. *de Valiere* suppose que les nouv. pieces ne pourroient supporter de plus fortes charges. Voici ce que me répondit sur ce sujet le même ami qui s'est donné la peine de comparer les portées & reculs.

(*Réponse sur le Principe qui sert à regler les épaisseurs de la matiere.*

Il est sans doute inconcevable comment la diminution des épaisseurs du métal que l'on vient d'entreprendre a pu paroître étrange aux gens d'esprit, & comment elle a pu attirer leur opposition & critique. Plus d'une raison l'exigeoit depuis long-tems, & il est bien plus étonnant que l'on s'y soit pris aussi tard; car la grandeur des charges & les épaisseurs du métal dépendent évidemment les unes des autres, & l'on ne peut toucher aux unes sans changer les autres. Autrefois on chargeoit au poids du boulet, alors l'épaisseur du métal à la lumiere excédoit le calibre de l'ame ; ensuite on ne chargea qu'aux $\frac{2}{3}$, & on crut que l'épaisseur égale au calibre seroit suffisante: La reduction de la charge à la demi pesanteur du boulet ammena encore une légére diminution à l'épaisseur du métal; comment peut-on donc s'opposer à le diminuer maintenant que la charge est reduite à $\frac{1}{3}$: croiroit-on déja avoir trouvé le *minimum* de cette épaisseur? on le diroit; mais avant l'année 1740 on crut aussi connoitre le *maximum* des charges, quoiqu'on n'en sut rien, puisque ce fut à cette époque qu'on décida la charge au tiers du poids du boulet comme donnant les plus grandes portées. Cette charge a été généralement

ment adoptée; cependant les épaiffeurs des pieces font reftées les mêmes que l'on fuivait en 1732, quoique la réduction des charges permettoit de diminuer les épaiffeurs du métal, quand même elle ne l'exigeoit pas.

Mais ceci a peut-être été dit trop fouvent pour faire encore fenfation. Je me flatte de pouvoir donner une raifon en faveur de la diminution des épaiffeurs, qui n'eft point encore connue, que je fache, & qui mérite pourtant quelque confidération. Je m'expliquerai par quelques exemples, me réfervant à une autre occafion de traiter plus amplement ce fujet.

Pofé que l'on eut fait choix pour un fyftême d'artillerie de canons du calibre de 4. 8. 12. 16. 24. 32, & qu'on eut fait à tous l'épaiffeur à la lumiere égale au calibre; dans ce cas les épaiffeurs du métal feront comme les cubes des calibres refpectifs, fuivant la table que l'on touve fréquemment dans les livres d'artillerie, comme les chiffres de la colonne B de ce Tableau

A	B	C
1.	1,000	1,000
4.	1,587	2,000
8.	2,000	2,828
12.	2,289	3,464
16.	2,519	4,000
24.	2,884	4,898
32.	3,175	5,657

Perfonne ne s'eft douté jufqu'ici que les épaiffeurs fuivant la ferie B ne donnent une réfiftance également forte aux canons des différens calibres, ce qui ne fe rapporte pourtant nullement aux loix connues de la cohéfion. Suivant elles les réfiftances du métal des différentes pieces font comme les racines quarrées des boulets refpectifs, c'eft-à-dire comme les grandeurs contenues dans la colonne C.

La différence de ces deux colonnes eft pourtant fort vifible; car pour que la piece de 8 eut d'après B une réfiftance égale à celle de 1 liv. la premiere n'auroit que le calibre double de la derniere pour épaiffeur, c'eft-à-dire fon propre calibre: Mais fuivant les vrais principes de l'adhéfion, favoir d'après C, la piéce de 4 auroit déjà le calibre double de celle de 1 liv. égal au calibre de 8 pour épaiffeur du métal, afin d'avoir une réfiftance égale à celle de la piece de 1 liv. Remarquons encore que l'on fuppofe ici l'effet de la poudre proportionnel à fa quantité, ce qui n'eft pas entierement fondé, au moins en confidération de l'échauffement, le principe deftructeur des pieces; de forte que l'on devroit à cet égard renforcer l'épaiffeur du métal des canons du gros calibre, ainfi que l'a très-bien fenti M. *de Gribeauval* en le propofant pour les pieces de Siege & de défenfe.

Si l'on retourne ces résultats que l'on vient d'appliquer en partant du calibre de 1 liv., de maniere que l'on pose comme principe fondamental prouvé par l'expérience, que la piece de 32 doit avoir l'épaisseur du métal à la lumiere égal au calibre de l'ame; & si l'on cherche en remontant qu'elles seront les épaisseurs des calibres inférieurs d'après les loix de la colonne C, pour lors on trouvera sans doute que ces pieces pourront être coulées moins fortes que ne l'indique la colonne B. On voit par un calcul fondé sur les principes précédens que si l'on met le calibre de la piece de 32 égal à 100, que les épaisseurs des autres pieces seront en $\frac{1}{100}$ parties de leur calibre

32.	1,00 = 1 Calibre
24.	0,95
16.	0,89
12.	0,84
8.	0,79
4.	0,70
1.	0,56

On voit que les épaisseurs trouvées ne sont qu'une suite de la supposition gratuite, que la piece de 32 doit avoir l'épaisseur du métal égal à son calibre; l'expérience prouve que cette épaisseur est encore suffisante pour la piece de 48; ce qui fait croire qu'on peut partir de cette derniere comme d'un principe fondamental pour determiner l'épaisseur des calibres inférieurs, de sorte que le calibre de 9 liv. de balle ne recevroit que les trois quarts de son calibre pour épaisseur du métal à la lumiere.)

Cette réponse prouve donc qu'on a pu diminuer les épaisseurs du métal des calibres inférieurs eu égard à la résistance des pieces contre l'effort qui tend à les faire crever, quand on auroit même conservé la charge égale au tiers du boulet pour le 8 & 4 comme pour le 12: la seule raison qu'on a pu avoir pour réduire la charge du 8 à $2\frac{1}{2}$ liv. & celle du 4 à $1\frac{1}{2}$ liv., est apparemment que ces pieces s'échaufferont plus, puisqu'elles peuvent être servies avec plus de vivacité, & parcequ'on en fera plus fréquemment usage que du calibre de 12. Or ce raisonnement ne peut être fondé, comme dit l'aut. du No. X, *que sur la présomption que plus une piece a de matiere, plus, toutes choses égales d'ailleurs, elle est capable de résistance.* Car si on charge les pieces de 8 & de 4 moins fort à raison de l'épaisseur du métal à la lumiere qu'on ne fait à l'égard du calibre de 12, il est clair que ce dernier aura moins d'épaisseur en égard à l'effort expansif & échauffatoire de la charge que les deux autres calibres. Cette présomption est fondée à l'égard de l'effort qui tend à faire crever la piece, parceque les métaux en fonte résistent moins étant échauffés, à cause du dilatement des molécules dont ils sont composés, ce qui est un fait assez connu: On a donc eu quelque raison de donner par préférence aux calibres

infé-

D'ARTILLERIE.

inférieurs un peu plus que l'épaisseur qui est absolument nécessaire pour empêcher les pieces de s'ouvrir, si elles sont plus sujettes à être violemment échauffées vu leur destination, quoique l'on ne les devroit point servir avec plus de vivacité que les grosses pieces, à cause de l'incertitude des coups. Mais il est évident qu'eu égard au risque du crévement on auroit pu leur donner des charges aussi fortes qu'au calibre de 12, car l'épaisseur du métal des pieces étant réglée d'après un même principe, il suit de la Réponse précédente que le calibre de 4 & 8 opposent déja plus de résistance à l'effort expansif de la charge que le 12, si l'épaisseur du 12 est suffisante à cet égard, ce qui a été prouvé par l'expérience.

Voyons maintenant si l'épaisseur de la matiere est aussi propre pour prévenir son échauffement, dont le dilatement & la liquéfaction des métaux qui la composent sont une suite; ce que l'on peut regarder comme le second fondement du préjugé dont nous avons parlé.

Les défenseurs de l'anc. artill. alléguent l'expérience que fit faire M. de *Valiere*, pour prouver la solidité des pieces anc. & ils fondent l'infériorité des nouvelles à cet égard sur les résultats des épreuves de Strasbourg, & sur ce qu'une piece nouv. de 12 a été hors de service après 42 coups d'école. Mais puisque la même construction a soutenu 400 coups aux épreuves de Strasbourg, & parceque les résultats de ces épreuves disent qu'on découvroit des vis masquées, & que l'on jugea le métal de ces pieces brûlé; il est clair que les adversaires confondent ici le vice de la fonte avec un défaut de construction; quoique l'on ne soit point du sentiment que les gros calibres résistent plus que les petits de la maniere dont on a jusqu'ici réglé leurs épaisseurs[*], ce que semble insinuer le défenseur du nouveau systême, quand il dit ce qui suit,

(X. p. 27. On doit même présumer que ces deux pieces de 12, sans les accidens de la fonte, auroient, à raison de la différence du calibre, montré plus de vigueur que les pieces de 8, qui en avoient montré plus que les pieces de 12. Mais au moins pouvoit-on regarder comme certain qu'elles auroient soutenu le même effort.)

Hh 3 On

---

[*] Il a déja été prouvé que la méthode de régler l'épaisseur du métal d'après le calibre ou diamétre du boulet, est vicieuse; mais la maniere dont on s'énonce pour régler celles de la nouv. artillerie l'est beaucoup plus, en demandant un certain poids de matiere pour chaque livre de balle que les pieces portent, sans faire attention si une piece est courte ou longue; ce qui ne contribue pas moins considérablement à alléger les poids que la diminution de leurs épaisseurs. Cette méthode ne peut donc point servir pour comparer la solidité ou résistance de l'épaisseur de deux pieces l'une longue & l'autre courte, quoique d'un même calibre: 1° parcequ'elle est fondée sur le rapport des masses des boulets, ce qui est faux; 2° parcequ'elle ne considére point la longueur des pieces, ce qui l'est beaucoup davantage.

On trouve une partie des raisons que l'on a eu pour ne point être de ce sentiment dans la réponse sur le principe qui sert à régler les épaisseurs de la matiere; on en trouvera d'autres dans ce qui suit.

Le raisonnement de M. *de St. Auban* (XII. p. 203.) rapporté ci-dessus prouve absolument que les nouvelles pieces devroient s'échauffer moins, vu le raccourcissement de leur ame; mais il prétend que la facilité que la chaleur trouve à les pénétrer, à cause de leur moindre épaisseur, est préponderante sur l'avantage précédent. Quoiqu'il soit vrai qu'entre pieces de même longueur, toute chose égale d'ailleurs, que la moins riche en métal s'échauffe plutôt, il n'est pas moins sûr qu'elle se refroidit aussi plus vite, parceque le refroidissement se fait à raison de la superficie, au lieu que les pieces s'échauffent à raison des masses; or les superficies des pieces à épaisseurs inégales de matiere, sont dans un rapport inférieur à celui des masses, il en est de même entre les pieces de différens calibres d'un même système. Ainsi la matiere une fois duement échauffée conserve non seulement plus long-tems la chaleur plus la masse est grande à raison de la superficie; mais la quantité de la masse contribue encore à porter l'échauffement total à un plus haut degré; d'où il paroit que les pieces des gros calibres doivent le plus souffrir de l'échauffement, & c'est ce qu'on ne manqueroit pas d'appercevoir si on en faisoit un feu aussi vif & aussi soutenu que des petites pieces*. Quoique ce raisonnement offre beaucoup de probabilité & laisse soupçonner que joint à la moindre longueur des nouvelles pieces il puisse compenser la facilité de l'échauffement initial; on avoue cependant que ce ne sont que des probabilités, & que l'expérience seule peut décider sur ce point; mais elles doivent être comparatives, & l'on doute que celles qui ont été faites sur les nouvelles pieces à Strasbourg soient dans ce cas à l'égard des épreuves qu'a fait faire M. *de Valiere.* Celle de Perpignan est citée

---

* J'ai depuis eu connoissance du passage suivant d'un auteur Anglois qui prouve que je ne suis pas le seul de ce sentiment. Artill. de *J. Muller* Ed. 1768. pag. 87. "On a observé tant à l'égard des canons que des Mortiers que la trop grande épaisseur "du métal au lieu d'être avantageuse, contribue à les mettre plutôt hors de service. "A la bataille de Lowfeld plusieurs pieces de 6 du poids de 1900 liv. ne purent plus "servir, au lieu que des pieces légères du même calibre du poids de 522 liv. continue-"rent à servir sans être endommagées. Nos Mortiers à l'usage de la Marine dépérissent "toujours quand on les tire avec de grandes charges, comme il arriva au bombarde-"ment du Havre de Grace; pendant que les Mortiers de terre qui n'ont que $\frac{1}{4}$ de leur "poids durent fort long-tems. La raison en est évidemment que le métal mince ne "s'échauffe pas beaucoup plus vite que celui qui a plus d'épaisseur, mais que le "premier se refroidit beaucoup plutôt; au lieu que le métal épais se refroidit fort "lentement quand il est une fois échauffé; par conséquent la chaleur s'y accroit à tel "point pendant un service suivi, qu'il ne peut résister à l'effort de la poudre, c'est ce "que prouve l'expérience."

citée comme le plus chaude, mais le nombre des coups n'est pas déterminé; la chaleur des pieces qui empêchoit d'en approcher la main n'est pas une preuve bien forte, c'est ce qui ne manque point d'arriver après une trentaine de coups bien suivis.

Voici une expérience qui fut faite pour établir l'avantage des lumieres percées dans des masses de cuivre; elle peut être citée comme une preuve de la bonté du métal. On choisit quatre pieces dites à la Suedoise du calibre de 3 longues de 16 calibres & épaisses à la lumiere des $\frac{3}{4}$ du calibre. Deux de ces pieces, dont l'une étoit d'ancienne fonte à noyau, & l'autre nouvelle forée à plein, avoient des grains de lumiere vissés à froid, la lumiere des deux autres aussi de nouvelle fonte étoit percée dans le métal. On commença à tirer ces pieces avec des gargousses à boulets, la charge à 1 liv. & l'on continua sans autre interruption que de bien écouvillonner les pieces à chaque coup; après que l'on eut tiré 240 coups on remarqua seulement que la lumiere se trouva évasée à l'une des pieces dont elle étoit percée dans le métal; l'autre de la même espece suivit à 270 coups, après lesquels on discontinua le tir de ces pieces; mais on poursuivit avec les deux à masses de lumiere, & ces pieces soutinrent 370 coups en trois heures de tems, sans donner le moindre signe de dépérissement ni à la lumiere ni dans l'ame: l'on ne mit fin à cette canonnade que manque de munitions. Cette épreuve est au moins beaucoup plus forte que ce qui peut avoir lieu dans l'action la plus vive.

Nous finirons cette longue digression sur la durée des pieces, en nous joignant à ce que dit l'auteur du No. X. sur les causes du dépérissement des pieces, & nous croyons que la piece qui conserve le plus de chaleur est aussi la plus exposée à souffrir des battemens du boulet.

7° *Moins de justesse pour le Pointement.*

Des erreurs à l'égard de la hauteur ou ligne verticale du pointement.

(IV. p. 25. De la part du pointement: car, dans les pieces du nouveau modele, le bourlet rapproché de la plattebande de culasse & le renfoncement de cette culasse, augmentent si fort l'angle de la ligne de mire avec celle du tir, le pointé apparent devient très-différent du pointé réel; au lieu que par les raisons contraires, ils different très-peu dans les pieces longues, ce qui rend le pointement beaucoup plus facile au canonnier.)

(VI. pag. 30. C'est qu'avec des pieces construites comme celles qu'ils [*] avoient à manoeuvrer, il faut à une certaine distance, pointer beaucoup plus bas que l'objet, & que tout soldat dirige naturellement son coup d'oeil le long du métal de sa piece, vers le point qu'il veut frapper.)

(Id.

---

[*] Les canonniers Allemands dans la forêt de Brompt.

(Id. Toutes les pieces courtes feront plus au moins fujettes à cet inconvénient, fuivant que le diamétre de la culaffe fera plus grand que celui du bourlet, & les coups varieront en conféquence relativement à la hauteur.)

(VIII. p. 14. Si donc de deux pieces de même calibre, l'une a le diamétre de fa culaffe beaucoup plus grand relativement à fa longueur & au diamétre de fon bourlet, que l'autre, la premiere aura fon but en blanc plus éloigné que la feconde; mais auffi la hauteur du jet fera plus grande, & par conféquent fes coups feront plus incertains, quand l'ennemi s'approchera de la batterie, dans la fuppofition que le canonnier vifera toujours à lui, ou, ce qui revient au même, ne baiffera pas fa piece, faute très-ordinaire.)

Il eft certain que fi la conftruction d'une piece tend à augmenter la convergence de la ligne de mire & du prolongement de l'axe, qu'alors l'angle d'élévation du but en blanc primitif doit augmenter, de même que la portée de ce tir; il y aura par conféquent plus de pofitions entre la piece & fon but en blanc pour lefquelles il faudra élever la culaffe de la piece qui a le défaut reproché & qui en eft un en effet, puifque l'eftimation de la quantité dont il faut baiffer la volée ou pointer plus que l'objet, eft la principale difficulté du pointement pour les diftances intermédaires entre la piece & fon but en blanc, parcequ'on n'y a aucune marque qui puiffe rappeller d'un coup à l'autre la quantité dont on a élevé la culaffe. Depuis que l'ufage de la Hauffe eft introduit on peut fe procurer autant de but en blanc pour les portées fupérieures qu'il y a de diftance auxquelles l'effet du canon peut être afluré.

Il refte à examiner fi les nouv. pieces contribuent par le défaut de conftruction fufdit à rendre la hauteur du pointement incertaine. Soit que l'on confulte la Table de M. *du Puget*, ou qu'on calcule l'élévation du but en blanc d'après les dimenfions des pieces, on trouve également que l'angle à l'interfection de la ligne de mire & du prolongement de l'axe eft de 1° & plus, aux pieces anc. pendant qu'il n'eft que de 58 minutes aux nouvelles; la hauteur du tir des dernieres eft auffi inférieure à celle des premieres.

Il eft inconcevable comment on a pu reprocher ce défaut aux nouv. pieces; M. *du Puget* le prefcrit en général dans fa feconde Maxime, mais il ne le leur attribue point, pendant que le mémoire imprimé à la fuite des épreuv. de Douai l'applique en termes clairs aux nouv. pieces.

Cependant la moindre portée de ces pieces diminue les diftances inférieures à leur but en blanc primitif, diftances où la hauteur du pointement eft la plus difficile à déterminer, & la hauffe offre des rayons de mire au pointeur pour toutes les diftances fupérieures où cette opération lui étoit abfolument impoffible avant l'ufage de la Hauffe faute de voir l'objet. Mais ce dernier avantage eft dû à l'introduction de la Hauffe, qui ne tient pas à la conftruction des pieces. Il réfulte cependant de cette conftruction que fi on veut

tirer

D'ARTILLERIE.

tirer à un même objet avec les pieces anc. & nouv. placées en deça de leur but en blanc que la quantité dont il faut pointer au dessous de l'objet est plus considérable à la premiere; ce qui est évident puisque leur élévation pour ce tir est au moins égale, & que la portée de la piece nouv. est moindre, d'où il résulte que le pointement eu égard à la hauteur est plus juste avec les pieces du nouveau modele.

Des erreurs à l'égard de la direction ou ligne horifontale du pointement.

(IV. p. 26. De plus, il est généralement avoué qu'entre les instrumens de même espece, ceux du plus long rayon sont les plus justes; par conséquent, à tous égards, le pointement de la piece longue doit être plus facile & plus juste.)

(VI. p. 30. Quant à la direction, elles ont un défaut constant qui est attaché à leur peu de longueur: car personne ne disconviendra que si le rayon visuel passant par le milieu de la culasse s'écarte d'une quantité égale de celui du bourlet, en pointant une piece courte & une longue, le coup de la premiere ne s'éloigne davantage de la vraie direction que le coup de la seconde: c'est comme bornoyer avec deux alidades, l'une courte & l'autre longue, dont les pinulles feroient également ouvertes.)

(VII. p. 98-100. Il conviendra que la plus courte piece de canon, je ne parle pas seulement de nos pieces de Régiment actuelles, qui sont les plus courtes pieces que nous ayons dans la Nouvelle Artillerie, mais de la plus courte piece qu'on puisse imaginer, il conviendra, dis-je, que cette piece sera toujours beaucoup moins courte que les plus longues alidades dont on se soit jamais servi pour bornoyer ou pour tirer des allignemens; que cependant avec les alidades on détermine des rayons visuels à des distances, non-seulement de 200 toises où l'Auteur borne la portée du canon, mais même à des distances de 600 & de 800 toises, où nous convenons nous-même que la portée du canon ne peut plus se concilier avec la justesse du tir. D'où il suit que ce qu'il dit, ou plutôt ce qu'il veut dire, sur l'inconvénient des pieces courtes en général relativement à la justesse du pointage, est on ne peut pas plus mal fondé, ainsi que ce qu'il ajoute comme la conséquence de sa prétendue démonstration, savoir; que *les coups seront plus variables avec les pieces courtes qu'avec les pieces longues, soit par rapport à la hauteur soit par rapport à la direction.* Cette *variabilité*, comme on voit, est on ne peut pas moins démontrée. Après l'exemple des alidades je pourrais encore m'appuyer de l'exemple des fusils, & sur-tout des fusils de chasse, & démontrer à mon tour, mais évidemment & en langage clair & intelligible, que pour bien viser en général, pour assurer la justesse du rayon visuel, il suffit que les points qui servent à guider l'oeil soient distans l'un de l'autre d'environ trois pieds, qu'ils font même encore bons à une distance plus courte, telle qu'elle se trouve dans une infinité d'instrumens faits pour déterminer des allignemens; lesquels instrumens ont rarement plus d'un pied à un pied & demi de diamétre. Je prouverais que l'objet essentiel est, que les deux points qui servent à déterminer l'allignement ou le pointement du canon, soient bien marqués, & qu'à cet égard les pieces de la Nouvelle Artillerie, qui ont des hausses & des boutons de mire, font bien préférables aux pieces de l'Ordonnance de 1732, où l'oeil du pointeur n'étant guidé par quoi que ce fût, errait sur le grand cercle de la culasse & sur celui de la volée, & étoit obligé de s'y chercher à l'avanture des points d'allignement, d'autant plus difficiles à saisir, que les pieces étant plus longues, ces grands cercles sont plus éloignés l'un de l'autre, ainsi que je l'ai fait sentir en parlant de la *hausse* ou de la nouvelle maniere de pointer le canon.)

(VIII. p. 16. Supposons que les deux pieces aient un guidon de même largeur, placé comme il l'est aux pieces du nouveau modele, pour la guerre de campagne, & une marque au point le plus élevé de la culasse. Si les canonniers qui pointent, au lieu de prendre le milieu du guidon, s'en écartent de sa demi-largeur, cette demi-largeur, regardée comme tangente de l'angle d'écartement, sera plus grande relativement à la piece courte, que relativement à la longue; l'angle d'écartement sera donc plus ouvert & par conséquent le coup plus éloigné du but. Les chasseurs & les officiers d'artillerie attentifs à leurs services, savent bien qu'une pareille erreur n'est pas rare, qu'elle arrivera plus souvent encore, le canonnier étant obligé de se pancher assez considérablement de côté pour mirer, suivant la méthode de l'artillerie nouvelle, & que son effet, très-calculable, mérite qu'on y ait égard.)

(V. p. 20. Elles ont plus de justesse du côté du pointement, car il est démontré qu'entre des instrumens semblables, celui qui a le plus long rayon, sans sortir des bornes de la vision distincte, est le plus juste; le canon a d'autant plus besoin de longueur pour obtenir la justesse, qu'il n'a pas, ni ne peut avoir, comme les instrumens de mathématiques, le secours des pinnules. Il est donc sensible que la même déviation du rayon visuel vers la bouche de la piece courte, donneroit, à 4 ou 500 toises, une erreur qui seroit très considérable; il faut donc convenir que les pieces plus longues ont plus de justesse du côté du pointement.)

Les deux derniers raisonnemens prouvent irrévocablement que l'erreur dans le prolongement des lignes est moindre, plus les points de l'instrument qui sert à prendre ce prolongement sont distans l'un de l'autre; c'est d'ailleurs une vérité assez généralement reconnue, contre laquelle l'exemple des alidades ne sauroit être appliqué comme le remarque M. *de Valiere*.

Mais

D'ARTILLERIE.

Mais l'opération étoit bien différente avec les pieces qui n'avoient ni boutons ni vifieres, telles que les pieces de 1732. Dans les affaires de campagne la direction du tir peut le plus souvent varier impunément d'une couple de toifes, à caufe de la largeur des objets; dans ces cas, la pratique du pointeur ordinairement placé à la lunette, étoit de jetter un coup d'oeil rapide le long de fa piece, & la confidérant alors comme une feule ligne il ne s'embaraffoit point de chercher pour le moment des points milieux auffi difficiles à faifir & à conferver que par la même raifon propres à induire en erreur. On fent bien que la longueur des pieces étoit d'un grand fecours pour la juftefle de cette méthode, & que les erreurs de la direction deviennent beaucoup plus fenfibles avec des pieces courtes. Quant aux pieces pourvues de boutons & de vifieres, on obfervera que ce font précifément ces points milieu qui rapprochent les pieces des propriétés d'une alidade & en faveur defquelles elles pourront encore fervir, quoique raccourcies avec affez de précifion pour le prolongement des lignes, au moins beaucoup mieux que la plus longue piece avec laquelle il faudroit opérer felon l'ancienne méthode, qui étoit pourtant la feule qui fut praticable; car de chercher des points milieu avec un quart de cercle & de les marquer & conferver dans la chaleur de l'action c'eft une idée peu recevable.

8° *Raccourciffement caufe du dégradement des embrafures.*

(V. p. 34. On conftruit quelque ouvrage, foit pour défendre une tête de pont, foit pour s'affurer d'un paffage important, foit pour fortifier un camp, ou même un champ de bataille; mais le canon de campagne de la nouvelle artillerie eft trop court, il ne peut fervir dans des embrafures; on fera, fans doute, encore venir de l'artillerie de fiege de ces places de dépôt!)

(IV. p. 42. La longueur des pieces les rendra propres à être employées dans des embrafures; ce qui fera fouvent utile, foit pour défendre des redoutes & autres retranchemens, foit pour certaines attaques qui exigeroient des batteries à embrafures.)

(XI. p. 23. L'artillerie de campagne ne va point en embrafure.) *Grib.*

(VI. p. 88. Il faut dans toutes les efpeces de retranchement, que les batteries foient fans embrafures, mais en revanche l'on doit les couvrir par de forts épaulemens contre les enfilades.) *du Puget.*

Il eft indubitable que les embrafures ont plus à fouffrir du fouffle d'une piece plus courte de deux pieds, qui eft à peu-près la différence de la longueur des pieces anc. & nouv. Mais perfonne ne fauroit difconvenir que la deftination des pieces de campagne n'eft point du tout d'aller en embrafure. On vient de voir que M. *du Puget* antagonifte déclaré du nouv. fyftême eft d'acord fur ce point avec M. *de Gribeauval*: Mais pofé que les cas rapportés ci-dessus par M. *de Valiere* aient lieu, la conservation des embrasures ne sera pas alors une affaire capitale, parceque ces cas n'admettent qu'une attaque ou défense passagere qui laisse le relâche nécessaire pour les réparer, ou rend ce soin superflu par son peu de durée, ce qui est très-différent dans les sieges. On avoue donc que le dégradement des embrasures est celui de tous les reproches naissans du raccourcissement des nouv. pieces qui mérite le moins d'attention.

SECTION SECONDE.
Des Affuts des nouvelles Pieces de bataille.

On reproche en général à ces Affuts d'être *plus pesants*, *plus coûteux* & *moins solides* que les anciens; voici les passages qui y ont rapport.

(V. p. 62.   *T A B L E*
du Poids des Affuts & Avant-trains.

	Poids du métal.	Poids de l'affut seul avec son avant-train.	Poids de la piece sur son affut complet.
Pieces de 4.			
Anciennes -	1150 - - -	1288 - - -	2438
Nouvelles -	600 - - -	1219 - - -	1819
Différence -	550 moins	69 moins	619 moins
Pieces de 8.			
Anciennes -	2100 - - -	1479 - - -	3579
Nouvelles -	1200 - - -	1727 - - -	2927
Différence -	900 moins	248 plus -	652 moins
Pieces de 12.			
Anciennes -	3200 - - -	1766 - - -	4966
Nouvelles -	1800 - - -	1954 - - -	3754
Différence -	1400 moins	188 plus -	1212 moins

Rr. C'est à la piece nouvelle qu'il faut appliquer la diminution ou l'augmentation des poids, désignées par ces mots *moins, plus,* sauf quelques différences inévitables de poids dans la construction des affuts & la fonte des pieces, tant de l'ancienne que de la nouvelle artillerie.)

(III. p. 48. Les nouveaux affuts pésent plus que les anciens. Il n'est pas vrai non plus que les constructions mieux dirigées, & les assemblages plus vigoureux, compensent avantageusement ce que la diminution d'épaisseur des bois peut ôter à leur solidité. Plus les flasques sont minces, toutes choses étant

étant égales d'ailleurs, plus les alternatives de fécherefle & d'humidité, de grand foleil & de pluie les altéreront. Vos affuts, qui coûtent finguliérement plus que les anciens, dureront donc moins, & leurs ferrures fi précifes dans la premiere conftruction, ne ferviront pas à une feconde fans être remaniées avec foin.)

(IV. pag. 27. Si on confidére l'enfemble de la piece avec fon affut, les épreuves de Douai prouvent encore la fupériorité de la piece longue: car, fuivant le Procès-verbal, la piece du nouveau modele a caffé trois fufbandes au tourillon droit; & la quatrieme, après dix coups, s'eft trouvée refoulée de façon à avoir deux lignes de jeu, quoique le fer de ces fufbandes fut de très-bonne efpece; au lieu qu'à la piece longue il n'a manqué qu'un étrier, qui tient l'effieu à l'affut, qui s'eft trouvé de fer aigre, & dont par conféquent on ne doit point tenir compte.)

(XVII. p. 39. Plus initié dans le fervice de l'artillerie, ou du moins inftruit par des mémoires plus fidèles que ceux qu'il paraît avoir confultés, M. *de Menil-Durand* aurait encore fu que la mobilité d'une piece ne dépend pas feulement de fon poids, mais beaucoup de la maniere dont elle eft montée: il aurait été informé que cette différence dans la monture influe tellement fur la mobilité, que l'ancienne piece de 4 n'eft pas manoeuvrable à bras, même en beau terrein, tandis que la nouvelle de 8, quoiqu'à-peu-près de même poids, eft de toute mobilité.)

(XII. p. 35. L'augmentation inutilement faire aux affuts en boulons, écrous, fous-bandes, &c. tous ouvrages de ferrurerie recherchée, occafionne un furcroit de dépenfe auffi confidérable qu'inutile, tant en premieres conftructions, que pour l'entretien d'un nombre prodigieux d'habiles ouvriers que ces innovations néceffitent à la fuite des armées; auffi y a-t-on pourvu en partie, en portant le nombre des Compagnies d'ouvriers de cinq à neuf; mais il s'en faudra de beaucoup que cette augmentation, quelque à charge qu'elle puiffe être au Roi, foit fuffifante, fi le nouveau fyftême eft adopté en entier; il eft évident qu'à peine douze ou quinze de ces compagnies pourront fuffire à tant de travaux, en doublant au moins encore le nombre exiftant actuellement des ouvriers d'état.)

(XI. p. 149. Les pieces courtes du nouveau modele, par leur légèreté même, fe tourmentent plus dans leurs affuts que les pieces longues, d'où s'enfuit de plus fréquentes réparations, & fouvent au moment le plus critique. Lorfqu'il y aura quelques ferrures rompues aux nouveaux affuts, c'eft autant de pieces hors de fervice, les ouvriers, qui fuivent l'Artillerie à l'Armée, n'ayant pas toujours les outils, le tems même, ni les commodités que requierent les ferrures du nouveau goût. Les anciennes ferrures, moins belles, moins recherchées, étoient plus groffieres à la vérité, mais plus folides, &

d'un entretien plus aifé. Tout ouvrier en fer, dans un bourg, comme dan[s] une ville, étoit capable de réparer ce qui pouvoit s'être brifé dans une route & à peu de frais.)

(VI. p. 27. J'avoue que nous aurons un bien plus grand nombre d[e] pieces; plus de facilité à tirer précipitamment, des Affuts conftruits avec plu[s] de foin, plus roulans, mieux garnis de ferrures; —— que les Affuts pour avoi[r] coûté beaucoup plus, ne feront ni plus durables ni plus avantageux.)

Poids. Il réfulte du tableau ci-deffus que le nouvel Affut de 4 eft le feu[l] qui aye été allégé. L'augmentation du poids des Affuts de 12 & de 8 ne peu[t] être due qu'aux Avant-trains à timons & aux Coffrets à munition: Les changemens faits aux premiers feront difcutés ailleurs; quant aux coffrets leur utilité n'eft pas même conteftée des partifans de l'ancienne artillerie, & on a vu que ces coffrets ne fauroient devenir embarraffans puifque on a trouvé moyen de les voiturer pendant la marche & pendant l'action. D'ailleurs le poids des Affuts ne peut être nuifible qu'à l'égard de la facilité du roulage; on verra dans la fuite qu'elle eft la fupériorité des nouv. conftructions fur les anc. à cet égard.

Solidité. On a déjà obfervé à l'occafion du recul que l'épreuve faite à Strasbourg avec un Affut de 3, fuffit pour conftater la folidité des Affuts de nouvelle conftruction, fi toutes les parties font travaillées & jointes avec foin & precifion: L'exemple de la piece de 4 qui a caffé quatre fufbandes à Douai ne prouve rien, finon que l'encaftrement n'a pas été jufte, ou que le fer a eu quelque vice caché dont on ne s'eft point apperçu. Mais dire (III.) que les flafques réfifteront moins aux injures de l'air, parcequ'ils font moins épais, c'eft à peu près demander une épaiffeur de flafque égale pour tous les calibres; or l'expérience ne prouve point que les Affuts des petits calibres ont moins de durée parceque leurs flafques font moins épais; un flafque a toujours affez d'épaiffeur pour ne pas être fauffé ni par la féchereffe ni par l'humidité, d'ailleurs le tole qui couvre toute la fuperficie fupérieure des flafques les garantit beaucoup mieux que les anciens Affuts à l'égard de la pourriture, fuite des intemperies de l'air.

Prix. Il y a encore différence d'opinions fur le prix des nouveaux Affuts comparé à celui des anciens; l'auteur du No. X. affure que le prix des nouvelles conftructions n'eft que d'environ $\frac{17}{175}$ en fus: quoiqu'il en foit il me femble que l'on ne doit point regretter la dépenfe fi elle provient des effieux de fer & des nouvelles ferrures: On blame beaucoup la propreté du travail des dernieres, & c'eft en quoi il paroît que l'on a tort, car dût-on même remanier ces ferrures pour les faire fervir une feconde fois on y trouveroit encore de l'économie; mais le principal avantage refulte de la précifion de leurs parties & de l'intelligence avec laquelle elles font diftribueés, ce qui contribue à la folidité des

Affuts

Affuts & à la facilité des rechanges. Les critiques semblent insinuer que les ferrures pour être travaillées avec trop de soin, ne pourront être reparées que par des ouvriers choisis, de sorte que ces réparations deviennent trop coûteuses par l'entretien des ouvriers habiles qu'il faudroit mener à la suite des armées, ou inexécutables si on vouloit y employer des mains moins habiles. Il est assez difficile de voir pourquoi des pieces faites à la hâte par un ouvrier médiocre ne serviront pas aussi bien au besoin qu'elles le faisoient autrefois, sauf à les remplacer en tems & lieu. D'ailleurs on ne sauroit se persuader que l'augmentation considérable d'ouvriers qui a eu lieu, ait été occasionnée par la seule différence des constructions, ni que leur entretien soit nécessaire à l'avenir si le nombre d'ouvriers existans avant l'époque de 1765 suffisoit à la fabrique des anciens attirails: Mais il est facile de concevoir que le grand nombre de constructions qu'il falloit faire à neuf pour remplacer les anciennes, demandoit un surcroit considérable d'ouvriers pour le moment.

(XII. p. 34. *Vis à pointer en fer, tournant dans un écrou de cuivre placé au milieu d'un gros bouton du même métal, entre les deux flasques.*

Le moindre coup de canon dérange cette machine, difficile d'ailleurs à remplacer; elle se dérange d'elle-même par le propre tir de la piece, par la rouille qui s'attache à la vis de fer, par la boue qui s'insinue entre la vis & l'écrou. Les Inventeurs eux-mêmes, peu satisfaits de cette prétendue nouveauté, avoient paru vouloir la supprimer; mais les ordres étant donnés pour aller en avant sur tout ce qu'ils avoient proposé, il n'eut pas été décent de paroître avoir eu tort sur un seul point; au moyen de quoi la machine a été exécutée, & elle subsiste. Le coin de mire, infiniment plus simple, & d'un usage aussi commode qu'assuré, si facile d'ailleurs à remplacer en toutes circonstances, paroît cependant préférable pour les gros calibres, à tous les Officiers d'Artillerie qui ont le plus d'expérience.)

(XIII. p. 67. Les défauts de la vis à pointer la font supprimer aussi. Voici les plus remarquables. Elle seroit souvent cassée, & faussée plus souvent encore par la mal-adresse des Charretiers ou par d'autres accidens; ces logemens dans lesquels tourne la longue piece de cuivre où est l'écrou, ne seroient pas long-tems en bon état, & cette piece même est trop fragile; une petite pierre, de la terre durcie, empêcheroit tout le jeu de la machine: si la charniere de la semelle, ou quelqu'autre partie venoit à manquer devant l'ennemi, événement très-possible, la piece de canon ne pourroit plus être manoeuvrée, &c. Un coin de mire simple & facile, dont par des moyens, comme des chaînes, on assurera la conservation, vaut donc mieux que cette machine d'ailleurs très-coûteuse. On dira que le coin de mire n'est pas non plus sans défauts. Nous en convenons; où ni en a-t'il pas? Mais les défauts du coin de mire font moindres que ceux de la vis à pointer, & le remède est plus facile; cela suffit pour lui faire donner la préférence.)

Il est certain que la position de la vis peut être dérangée par le propre tir du canon; c'est une suite de la pression que la culasse exerce sur le plan où elle repose & qui se fait en vertu de l'appui que l'air oppose au choc violent du fluide qui s'échappe par la lumiere, de sorte que la culasse est chassée du côté opposé, c'est-à-dire contre la semelle; de même que le soulévement de la culasse que l'on apperçoit après le coup n'est que la réaction de la force qui la pousse par embas. On conçoit aisément que si cette réaction commence avant la sortie du boulet de la bouche, que le coup partira alors sous un angle différent de celui de son pointement. La cause de cette pression de la culasse contre la semelle prouve qu'elle commence dès que le feu prend à la charge ainsi le soulévement de la culasse doit suivre quand la réaction est assez forte pour cet effet : ce qui arrive effectivement plutôt avec des pieces fort légeres à la culasse ou avec d'autres dont par un emplacement vicieux des tourillons le poids de la culasse ne l'emporte pas suffisamment sur celui de la volée. L'emplacement des tourillons à l'égard de l'axe de la piece contribue aussi beaucoup à la facilité de ce soulévement, qui est d'autant plus grand, plus l'axe sera élevé au-dessus du centre des tourillons: Ce centre a beaucoup été rapproché de l'axe des nouvelles pieces, afin de prévenir l'effet du ployement dont la cause est la même que celle du soulévement de la culasse. Le nouvel emplacement de leurs tourillons peut donc compenser le trop de facilité qu'ils obtiennent à cet égard de l'allégement. Le degré d'élasticité du plan sur lequel la culasse repose contribue aussi à la force de la pression & de la réaction. Ce seroit peut-être un moyen d'en prévenir l'effet nuisible à la justesse du tir & à la durée de la vis; 1° de revêtir la semelle d'une matiere moins élastique que le fer telle que le plomb ou du feutre; 2° d'arrondir les moulures de la culasse à cet endroit pour conserver cette doublure.

La vis à pointer a déja été en usage dans l'artillerie Hanovrienne & Hessoise pendant la derniere guerre; celle que l'on vient d'adopter a cependant quelques avantages particuliers. 1° C'est que la semelle amortit la pression de la rechute & rend le soulévement de la culasse moins sensible que si elle portoit sur la vis même. 2° Que la vis reste toujours au moyen de l'écrou tournant dans la direction du choc. 3° Que le frottement est moindre en faisant la vis de fer & l'écrou de fonte.

Personne ne sauroit disconvenir que le simple coin de mire est plus sujet à se déranger que la vis à pointer, à cause de la trop grande obliquité du premier, & que par conséquent le pointement ne soit plus prompt avec la vis. La rouille & la boue peuvent empêcher son jeu, cela est vrai; mais on en peut
dir

dire autant du coin de mire marchant dans une coulisse de bois & sujet à s'enfler à l'eau & à s'embarasser par la poussiere & les ordures, ce qui est la machine que l'on a voulu substituer à la vis.

J'ai vu exécuter plusieurs machines pour le pointement des pieces, parmi lesquelles il y en avoit de très composées ; ces dernieres avoient l'avantage de retrograder moins par la pression de la culasse, mais elles étoient aussi plus coûteuses : Il semble cependant que l'on ne doit point considérer la dépense à cet égard, si l'on fait attention que la justesse des coups en dépend, non seulement à cause du moindre mouvement des pieces pendant le tir, mais aussi par la commodité que ces machines offrent au pointeur pour la célérité de l'opération, ce qui est de la plus grande importance pour l'usage des pieces de campagne.

SECTION TROISIEME.
Légéreté de la Manoeuvre des pieces de bataille.

(XII. p. 44-48. L'établissement de la manoeuvre à bras d'hommes, pour le canon de tous calibres, n'est pas un des moindres inconvéniens, ni d'une moins dangereuse conséquence, que ceux dont j'ai déja parlé. Cette manoeuvre, qu'on a toujours pratiquée, & qui peut être très-utile, quand le terrein, la position, les circonstances & la proximité de l'ennemi la permettent, dès-lors qu'elle deviendra générale, & qu'on l'employera exclusivement en toute occasion, deviendra en même tems la source d'une destruction aussi considérable qu'inutile de canonniers, hommes de l'espece la plus précieuse & la plus difficile à remplacer, & causera une perte immense de canons au moindre revers. Mais je suppose ces inconvéniens comptés pour rien, comptera-t-on aussi pour rien les difficultés de toute espece que peuvent présenter les différens terreins ? Prétendra-t-on qu'après plusieurs mouvemens de l'ennemi en présence, que nous aurons forcés d'en faire de pareils, ou même de plus grands, des malheureux canonniers, qui, souvent auront traîné leurs pieces de canon pendant plusieurs heures avec des efforts incroyables, à travers des terreins mous, des terres fraîchement labourées, des bruyeres, des lieux pierreux, pleins de souches & d'embarras, rendus, n'en pouvant plus, & tombant de lassitude, soient bien en état d'entrer en action, & de tirer avec la précision & la vivacité nécessaires, & souvent décisive ; qu'ils puissent soutenir long-tems cette manoeuvre, & finir par en faire d'aussi fatiguantes que les premieres, soit pour avancer sur l'ennemi, soit pour se retirer ? Je rends à nos canonniers toute la justice qui leur est dûe : j'ai trop éprouvé leur bravoure & leur bonne volonté, pour n'être pas perfuadé qu'ils feront les derniers efforts pour exécuter ce qu'on leur ordonnera, qu'ils y mourront même à la peine; (& c'eft un reproche de plus à faire au nouveau fyftême): mais ils font hommes, & on ne doit en exiger, ni en attendre ce qui eft au-deffus de l'humanité. On peut confulter les état-majors des régimens d'artillerie, qui ont le plus opéré, fuivant la nouvelle méthode, foit aux camps de paix, foit aux grandes manoeuvres, avec les garnifons de Metz & de Strasbourg, fur la perte des hommes morts aux Hôpitaux, tant d'excès de travail, que des fuites funeftes de la preffion des bricoles fur leur eftomac & fur leur poitrine. Cette objection tombe, dira-t-on, au moyen du fecours des chevaux qu'on leur procure. Je fai qu'on leur en a donné dans ces dernieres années; mais il s'en faut bien que le nombre en foit fuffifant, pour leur épargner la majeure partie de la peine & de la fatigue, ou il faut leur en donner fuffifamment à cet effet; & dans ce cas, mon objection tombera comme je le defire, ou elle fubfifte en fon entier, puifque ce prétendu fecours, tel qu'il eft fixé, eft moins deftiné à foulager les canonniers, qu'à faire voir une manoeuvre qui tient du merveilleux, & qui, de fait, eft très-plaifante à voir fur les belles peloufes où fe font les exercices de paix: il ne s'agit pas moins que de faire tirer le canon en marchant. Au moyen d'un cordage d'une longueur fuffifante, qui, prenant à l'affut, va atteler les chevaux à huit ou dix toifes de diftance, pour laiffer toute liberté de recul à la piece, (précaution certainement très-placée), on tourne, on court, on préfente la piece en tous fens; on charge, on tire, on repart; & tout cela, dans un clin d'oeil, fans que les chevaux manquent un feul tems de l'exercice, & que le cordage, qui paroît le mobile de tout, s'embarraffe dans les brins d'herbe du tapis verd. C'eft ainfi que rien ne paroîtra difficile, quand on fera cette manoeuvre avec l'infanterie, foit aux exercices dans nos places de guerre du premier rang, foit à des camps de paix. Le terrein aura été ou bien choifi, ou bien préparé; les chevaux, fi l'on s'en fert, auront été exercés d'avance, crainte qu'en s'effarouchant, ils ne dérangent le merveilleux de la manoeuvre: on aura fait choix, fur-tout fi c'eft pour paroître devant le Roi, des canonniers les plus forts, les plus vigoureux & les plus ingambes, au moyen de quoi, on en impofera facilement par la légéreté de la manoeuvre; mais on ne dira pas que tous les obftacles auront été levés auparavant, & que le feu n'ayant ni but, ni objet, on peut manoeuvrer auffi légérement, & tirer avec telle viteffe qu'on veut: on aura caché foigneufement le prodigieux recul des nouvelles pieces, qui, d'ailleurs peut fort bien n'être remarqué de perfonne, à moins que ce ne foit de quelqu'un du métier; & comme on ne tirera qu'à poudre, il ne fera feulement pas queftion de juftelle de tir, ni de longueur de portée. Le nouveau fyftême facrifie donc tout à la légéreté, comme fi le poids de nos ancien-

anciennes pieces ne permettoit pas de les faire mouvoir. Il reste cependant encore des milliers de témoins de la célérité avec laquelle ces pieces ont été portées en batterie à Fontenoy, à Raucoux, à Hastembeck, à Crevelt, au Joanesberg, à Groningue, &c. au point qu'elles précédoient les troupes, & que les canonniers étoient obligés de monter sur les chevaux, affuts & voitures de munitions, pour pouvoir arriver avec leur canon. Cela se faisoit sans miracle; tout le secret consistant à renforcer les attelages de quelques chevaux de plus, pris, soit parmi ceux que l'on nomme vulgairement haut-le-pieds, soit des attelages des voitures d'attirails, qu'il est moins pressant de faire suivre. C'est en employant ces moyens, qu'on a allégé, & qu'on allégera, quand on le voudra, l'artillerie dans ces marches ordinaires, sur-tout quand elle aura une colonne particuliere, ou que rien ne la précédera. Je sais bien que dans des chemins difficiles, & lorsqu'elle suivra les équipages du quartier général, & sur-tout les voitures mal attelées des vivandiers de l'armée, on doit peu compter sur la légéreté de sa marche. Qu'une seule voiture de vivandier vienne à rompre, ou à s'embourber, les secours de toute espece lui manquant alors, toute la file est arrêtée, & l'artillerie n'arrive point; mais ce n'est pas au poids de ses fardeaux qu'on doit imputer ce retard; c'est à la seule disposition de la marche: il y a plus encore, comme elle a avec elle tous les moyens de réparer solidement les chemins qu'elle rompt, ou qu'elle trouve rompus, & qu'elle employe ces moyens; les voitures qui la suivront, arriveront plus certainement, que celles qui en auront la tête. S. A. S. Mgr le Prince de Condé, en a usé ainsi la Campagne de 1762: ce Prince peut dire, ainsi que les officiers généraux, & ceux de l'état-major de son armée, que jamais l'artillerie n'a retardé son arrivée, ni causé le moindre embarras dans les marches ordinaires, ni manqué de se porter avec toute la célérité possible par-tout où elle pouvoit être utile.)

(XII. p. 106. La manoeuvre à bras ne peut avoir lieu que pour la piece de quatre, encore faut-il que le terrein & la proximité de l'ennemi puissent la permettre. Les partisans & les auteurs du nouveau système l'ont abandonnée eux-mêmes, pour les pieces de 8 & de 12, dans les grandes représentations qu'ils ont données pour montrer les avantages du nouveau système. D'après quelques essais particuliers, ils n'ont plus montré que les pieces de quatre manoeuvrées à bras d'hommes.)

(*Suppl. au Dict. Encyclop.* Tom. II. p. 614. On a essayé, ajoutent les partisans de l'ancien système, de faire marcher, ou plutôt courir avec nos bataillons, des pieces nouvelles de 12 & de 8; mais quoiqu'allégées autant qu'il est possible, & même au-delà; quelques belles & unies que fussent les plaines où l'on a fait ces expériences, quelque beau tems qu'on ait choisi pour le tenter, les canonniers attelés à ces pieces, étoient hors d'haleine en arrivant sur leur terrein & auroient été incapables d'exécuter leurs pieces. Que seroit-il donc arrivé dans des terreins inégaux, ou dans des terres labourées & détrempées par les pluies? On s'est réduit à ne faire trainer à bras d'hommes, sur les ailes des bataillons, que des petites pieces de 4: mais quelque légères qu'elles soient, pourront-elles suivre dans toute sorte de terrein les mouvemens de l'infanterie sans les retarder & faire perdre, par ce retard tout l'avantage qui pourroit résulter de leur célérité? Pourront-elles, s'il est possible de les tirer ainsi en courant, produire quelqu'effet utile, avec des coups nécessairement aussi incertains? Et quel avantage pourroit-on se promettre de ces pieces, dans la nécessité de tirer toujours devant elles, sans pouvoir prendre une position favorable & ajuster à l'objet? Quel inconvénient ne résultera-t-il pas de leur recul? qu'arrivera-t-il si quelqu'obstacle arrête ou retarde leur marche, soit en avant, soit en retraite? Le corps auquel elles appartiennent s'arrêtera-t-il pour les attendre? Quelle influence ce retard d'un corps de troupes ne peut-il pas avoir sur le sort d'une affaire engagée. S'il ne s'arrête pas, elles gêneront la marche de ceux qui suivent, n'arriveront pas à tems & ne serviront à rien. Mais en supposant qu'aucun des accidens que nous venons de rapporter, n'aura lieu, les voitures de munitions nécessaires à ces pieces, pourront-elles les suivre par-tout? "Il n'y a (III. p. 56.) qu'à se rappeller ce qui est arrivé à Metz, dans les derniers simulacres de bataille. Ne fut-on pas obligé de prendre de grands détours pour des pieces de régiment? Un année auparavant n'a-t-on pas eu le déplaisir de voir tomber une de ces petites pieces dans un fossé d'où elle ne fut retirée qu'avec peine. Comparons ces manoeuvres de paix avec celles qu'il faudroit faire pour suivre tous les mouvemens des régimens dans une bataille réelle, & l'on se défera de la fausse idée que, par tout où les chevaux peuvent passer, on y fera passer une petite piece du nouveau système: mais quand ces petites pieces de régiment passeroient, fera-t-on suivre les voitures de munition, pour le moins aussi pesantes qu'autrefois? Or, que font les pieces légeres sans munitions elles embarrassent. Il y a plus de fanfaronnade encore à promettre qu'où les chevaux ne pourront avoir accès, les canonniers enleveront les pieces avec une facilité singuliere. Si le terrein est rempli de broussailles, fangeux, labouré nouvellement & humide, les plus vigoureux canonniers suffiront à peine à trainer quelques pas les pieces de régiment & seront même souvent dans l'impossibilité de le faire. Ceci n'est pas dit au hasard; & si la promesse des novateurs est au moins imprudente à l'égard des petites pieces de 4, comment nommera-t-on, relativement aux pieces de 12 & de 8?" "Il me reste à dire un mot (*Essai gén. de tactique*) du système que nous avons adopté depuis la paix de ne manoeuvrer nos pieces une fois entrées en action ou prêtes à y entrer, qu'à bras d'hommes. Ce système, qui est une suite de l'allégement de notre *artillerie* a certainement de grands avantages. — Il ne faut pas pourtant s'imaginer que cette maniere de manoeuvrer l'*artillerie* puisse s'employer par tout. 1° Toutes les épreuves qui se sont faites à cet égard, dans nos écoles, se sont passées sur des surfaces planes, solides, & sur lesquelles le canon, mené à bras, rouloit sans effort. Or, la guerre offrira souvent des terreins difficiles, escarpés, détrempés par les pluies, où la manoeuvre deviendra trop lente & trop pénible pour des canonniers, qui, après avoir mis les pieces en batterie, ont ensuite besoin de force & d'adresse pour les exécuter. 2° J'admets la manoeuvre à bras pour tous les mouvemens de proche en proche. Il y en a une infinité d'autres où il s'agira de se mouvoir rapidement, ou de parcourir des distances considérables, comme pour porter de l'*artillerie* en renfort, d'une colonne ou d'un point à un autre, pour saisir à toutes jambes un plateau avantageux, pour retirer l'*artillerie* d'un point où elle est en prise, &c. Là il faut nécessairement se servir de chevaux. N'embrassons donc point de méthode exclusive sur cet objet.")

La légereté de la manoeuvre des nouv. pieces de bataille n'est pas tant une suite de leur allégement & de celui de leurs Affuts, que de la façon dont ils y sont montés, & de la facilité du roulage qu'ils en obtiennent. Il est aisé de s'en convaincre en comparant les poids des pieces montées sur leurs Affuts complets qui sont contenus dans la Section précédente; & en refléchissant aux avantages que l'on a procuré au charroi des nouveaux attirails, qui seront expliqués dans la Section suivante.

Mais qu'elle que soit la cause de la légereté de manoeuvre des nouvelles pieces, il est certain qu'elle doit généralement être d'un fort grand avantage, soit que l'on veuille les trainer à bras d'hommes ou bien par des chevaux. Car quelque système que l'on adopte pour l'usage de l'artillerie dans les batailles, il ne sera pas moins nécessaire & avantageux de transporter les pieces avec célérité, ou pour le dépostement des batteries, ou pour faire accompagner ou précéder les mouvemens des troupes par le canon.

Une autre raison pourquoi le déplacement des nouv. pieces est plus prompt que celui des anciennes est, que la Selette de leurs Avant-trains étant moins élevée au-dessus du terrein il est par conséquent plus facile & moins long d'y placer la crosse d'Affut, ce qui retarde considérablement cette manoeuvre quand on veut faire usage des chevaux, dont les novateurs prétendent cependant se passer à l'aide de la manoeuvre à bras.

Manoeuvre à Bras.

L'usage de cette manoeuvre peut généralement être adaptée aux pieces de 4 attachées aux régimens, non seulement à cause de la légereté de ces pieces, mais aussi parceque l'on peut employer & mêler les soldats d'infanterie pour les traîner, aux canonniers chargés de leur service, ceux-là étant dan[s] une espece d'obligation à l'égard de ces pieces.

Avec les pieces du parc ou de réserve la manoeuvre à bras sera tou[jours] fort difficile, premierement à cause de leur pesanteur, & en second lie[u] parcequ'on ne trouvera pas autant de bonne volonté de la part des soldats d[e] la ligne pour traîner ces pieces auxquelles ils ne tiennent en aucune façon d'ailleurs ils ne sont pas exercés à cette manoeuvre, ce qui la retarderoi[t] Mais employer des canonniers pour cet effet, gens de l'espece la plus précieuse comme dit M. *de St. Auban*, ce seroit d'autant plus les prodiguer, qu'un[e] piece peut commodément être servie avec 8 hommes & moins, au lieu qu'[il] en faut mener 12 & 15 en bataille pour traîner les pieces de 8 & de 12.

Manoeuvre avec la Prolonge.

Quant à la manoeuvre de la prolonge on observera que ne pouvan[t] servir que pendant la retraite, & n'étant utile que dans une retraite précipi[tée] encore, il est à craindre que les troupes & l'artillerie destinées à se soute[nir] mutuellement ne pourront faire leur retraite de concert, puisque l'applica[tion] de la prolonge demande plus de tems qu'il ne faut pour joindre l'Affut [à] l'Avant-train, tems précieux pris sur les derniers mômens qui précédent la re[traite], où l'effet du canon est le plus decisif, parceque l'ennemi est fort proch[e] alors; car prétendre tirer pendant la marche paroît avoir été une pure illu[sion]; le Mémoire sur la manoeuvre d'une piece de 12 marque d'ailleurs qu[e] l'on fait maintenant *halte* pour tirer, changement très-nécessaire à cause de[s] ondulations du terrein, qui l'est toujours assez pour annuller l'effet des coup[s] & qui, s'il est coupé par des ravins, doit nécessairement rendre cette manoeuvr[e] fort difficile, pour ne pas dire impraticable avec les pieces de 12 & de 8.

Depuis que la 3e Section de la premiere partie de ces mémoires a ét[é] imprimée, on a trouvé le détail suivant sur la Manoeuvre d'une piece nouv[elle] de 12, dans le *II Tome du Suppl. au Dict. Encyc. p.* 622.

SERVICE

d'une piece de bataille du calibre de 12 par huit homme[s] du Corps Royal, & sept de l'infanterie.

Positions des canonniers & servans à droite de la piece.

Premier canonnier désigné par un triangle I.

No. 1. En marchant en avant il tient des deux mains le levier de l[a] nette, *a* de la droite de la piece (Fig. 1. Planch. XXVII.): il tient le même l[e]vier seulement de la main droite, en marchant en retraite (Fig. 2.): pendan[t]
l'actio[n]

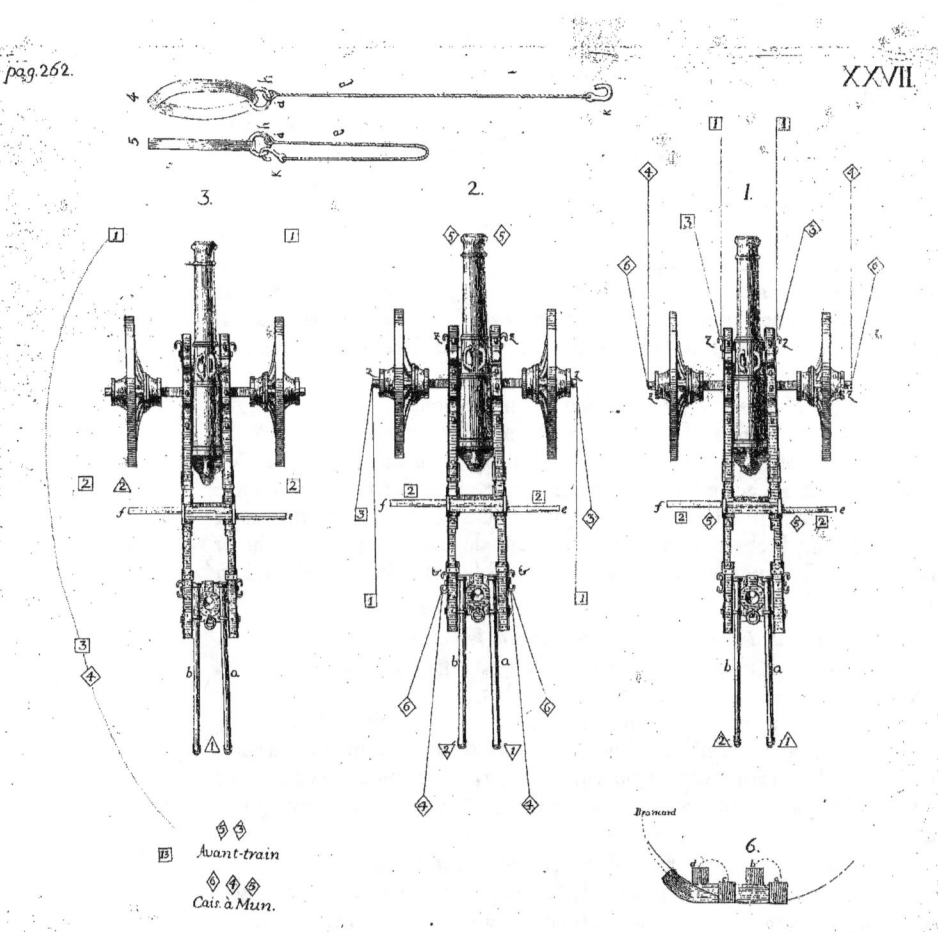

l'action, c'est-à-dire lorsque la piece tire, il est placé entre les deux leviers de lunette (*a*, *b*, Fig. 3.): il a attention que le second canonnier & tous les servans soient à leurs postes: il fait alors le seul commandement *chargez*: pendant qu'on charge la piece, il la dirige avec les leviers de lunette, qu'on appelle aussi *de pointage;* avant qu'on mette le feu, il se retire à droite ou à gauche, selon le côté d'où vient le vent, pour observer son coup, sans être incommodé par la fumée.

Premier canonnier servant désigné par un quarré 1.

No. 2. Il porte une bricole longue (*c*, Fig. 4.), pendante à sa gauche: il est chargé de l'écouvillon qu'il tient de la main gauche en marchant, & qu'il appuie à son épaule: il accroche son trait (*d*, Fig. 4.) au crochet *z* de la tête de l'affut en marchant (Fig. 1.), & il l'attache au crochet *z* du bout de l'essieu en marchant en retraite (Fig. 2.). La piece étant en action, il est placé en avant hors de l'alignement des roues; il tient horizontalement l'écouvillon des deux mains; au commandement *chargez*, il se porte à la bouche de la piece par un grand pas du pied gauche; & posant le pied droit à même hauteur, les talons éloignés de 18 pouces, il se trouve placé parallelement à la piece qu'il écouvillonne: il aide ensuite à enfoncer la cartouche dans le canon, puis il se remet à sa premiere position en avant & hors de l'alignement de la roue.

Second canonnier servant désigné par un quarré 2.

No. 3. Il est chargé du sac aux lances à feu qu'il porte à gauche, & du boute-feu ou porte-lance qu'il porte de la main droite: en marchant en avant, il se porte au levier *e*, qui est en-travers de l'affut, faisant face à l'ennemi: il aide à soulever & à pousser l'affut; il agit en sens contraire, en marchant en retraite; pendant l'action il est placé à hauteur de la culasse; il accroche & décroche le seau, & il met le feu lorsque le second servant de la gauche lui en a donné le signal.

Servant d'infanterie désigné par un lozange 3.

No. 4. Il porte une bricole raccourcie (*g*, Fig. 5.) à sa gauche: en marchant en avant il accroche son trait au crochet (*z*, Fig. 1.) de la tête de l'affut, à la droite du premier servant; en marchant en retraite, il l'accroche au crochet *z* du bout de l'essieu (Fig. 2.), à la droite du même servant. Pendant l'action il se retire auprès de l'avant-train, où il aide à remplir les sacs des pourvoyeurs: il remplaceroit, au besoin, un des hommes qui pourroit manquer.

Servant d'infanterie désigné par un lozange 4.

No. 5. Il porte une longue bricole (*c*, Fig. 4.) à sa gauche; en marchant en avant, il accroche son trait au crochet *z* du bout de l'essieu (Fig. 1.):

en

en marchant en retraite, il l'accroche au crochet & de la croſſe (Fig. 2.): pendant l'action, il ſe tient au caiſſon des munitions.

Servant d'infanterie déſigné par un lozange 5.

No. 6. Lorſqu'on ſépare l'affut de l'avant-train, il aide au cinquieme ſervant de gauche à enlever le coffret de deſſus l'affut & à le placer ſur l'avant-train; en marchant en avant, il ſe porte au levier *e* en-travers de l'affut (Fig. 1.), à la gauche du ſecond ſervant canonnier, qu'il aide à ſoulever & à pouſſer la piece: pendant l'action il eſt au caiſſon des munitions.

Servant d'infanterie déſigné par une lozange 6.

No. 7. Il porte une bricole raccourcie (*g*, Fig. 5.): en marchant en avant il accroche ſon trait au crochet *z* du bout de l'eſſieu (Fig. 1.): en marchant en retraite, il l'accroche au crochet & de la croſſe (Fig. 2.): il eſt au caiſſon des munitions pendant l'action.

Troiſieme canonnier ſervant, déſigné par un quarré 13.

No. 8. Ce ſervant, toujours du Corps royal de l'*artillerie*, ſera attaché à la garde de l'avant-train & du coffret: il ſe portera, au beſoin, au ſecours de la piece, & aidera les deux canonniers placés aux leviers de lunette *a*, *b*. Il eſt chargé d'emmener & de ramener l'avant-train.

POSITION *des canonniers & ſervans, à gauche de la piece.*

Second canonnier déſigné par un triangle 2.

No. 9. En marchant en avant, il tient des deux mains le levier de lunette *b* de la gauche de la piece (Fig. 1.): il tient le même levier ſeulement de la main gauche, en marchant en retraite (Fig. 2.): pendant l'action, c'eſt-à-dire, lorſque la piece tire, il eſt placé à hauteur de la culaſſe (Fig. 3.): au commandement *chargez*, il bouche la lumiere de la main gauche, & de la main droite il donne l'élévation à la piece par le moyen de la vis de pointage.

Canonnier ſervant déſigné par un quarré I.

No. 10. Il porte une longue bricole (*c*, Fig. 4.) pendante à ſa droite: en marchant en avant, il accroche ſon trait (*d*, Fig. 4.) au crochet de la tête de l'affut (*z*, Fig. 1.), & il l'accroche au crochet du bout de l'eſſieu (*z*, Fig. 2.), lorſqu'on marche en retraite. La piece étant en action, il eſt placé hors de l'alignement de la roue gauche, en avant. Au commandement *chargez*, il ſe porte à la bouche de la piece pour y aider le premier ſervant de la droite à écouvillonner: il reçoit la cartouche du troiſieme ſervant, il la place dans le canon & l'y enfonce avec le premier ſervant de la droite. Après quoi il reprend ſa poſition en avant à côté de la roue.

Deuxieme

D'ARTILLERIE.

Deuxieme canonnier servant de la gauche, désigné par un quarré 2.

No. 11. Il porte le sac à étoupilles à sa ceinture, & le dégorgeoir de la main droite: en marchant en avant, il se porte au levier f de la crosse de l'affut (Fig. 1.), il aide à le soutenir & à le pousser, en avant & en retraite (Fig. 2.): pendant l'action il se porte à la culasse de la piece, à gauche du second canonnier qui vient de la pointer, il la dégorge de la main droite, place l'étoupille de la main gauche, & fait signe au second servant de droite de mettre le feu, lorsqu'il est retiré à son poste (Fig. 3.).

Troisieme canonnier servant de gauche désigné par un quarré 3.

No. 12. Il porte une bricole raccourcie (g, Fig. 5.), pendante à sa droite. En marchant en avant, il accroche son trait au crochet z de la tête de l'affut (Fig. 1.): en marchant en retraite, il l'accroche au crochet z de l'extrêmité de l'essieu (Fig. 2.). Il est pourvoyeur de la piece, chargé d'un sac de cuir où est la cartouche, qu'il donne au premier servant. Le sac étant vide, il va le remplir au coffret ou au caisson.

Servant d'infanterie de gauche désignée par un lozange 4.

No. 13. Il porte une bricole (c, Fig. 4.) pendante à sa droite; en marchant en avant, il accroche son trait au crochet z de l'extrêmité de l'essieu (Fig. 1.): en marchant en retraite, il l'accroche au crochet $\mathscr{E}$ de la crosse (Fig. 2.): il est avec le troisieme canonnier servant, pourvoyeur de la piece, & porte, comme lui, un sac de cuir: il donne la cartouche au premier servant, pendant que son camarade va remplir son sac.

Servant d'infanterie de gauche désigné par un lozange 5.

No. 14. Il aide au cinquieme servant de la droite à séparer l'affut de son avant-train: en marchant en avant, il est au levier f de l'affut, à la droite du second canonnier servant, qu'il aide à soutenir & à pousser l'affut. En marchant en retraite, il pousse la piece d'une main à la volée; & de l'autre aux anses: pendant l'action il est au coffret ou au caisson.

Servant d'infanterie désigné par un lozange 6.

No. 15. Il porte une bricole g raccourcie (Fig. 5.), pendante à sa droite: son poste est au caisson. Pour marcher en avant, il accroche au crochet z de l'extrêmité de l'essieu (Fig. 1.), & en marchant en retraite, il l'accroche au crochet $\mathscr{E}$ de la crosse (Fig. 2.).

No. 16. Les bricoles (c, Fig. 4 & 5.) seront d'un bon cuir de roussi: elles doivent avoir, y compris l'anneau de fer h, deux pieds six pouces de longueur, & le trait fait d'un bon chanvre ayant six lignes de diametre, aura sept pieds six pouces de longueur, y compris la maille d, ensorte que la bricole & le trait pris ensemble auront dix pieds de long. On raccourcit le trait, en passant le crochet de fer k dans l'anneau h.

No. 17. Les facs à porter les cartouches, les étoupilles & les lances à feu, doivent être de cuir liffé, l'ufage ayant appris que ceux de cuir garnis de poil étoient fujets à s'enflammer.

On peut fe figurer avec quelle rapidité ces petites pieces font fervies; tous les canonniers & fervans qui y font attachés, font en mouvement à la fois; on les charge à cartouche, c'eft-à-dire qu'on y met la poudre & le boulet en un feul tems; au lieu d'une traînée de poudre fur la lumiere, on y introduit une étoupille qui eft un rofeau rempli d'une compofitiou très-vive, lequel entre dans la gargouffe, percée à cet effet avec le dégorgeoir: au lieu d'une méche allumée pour mettre le feu, on fe fert d'une lance à feu, qui crache de fort loin fur l'extrêmité fupérieure de l'étoupille, laquelle porte une cravate ou plufieurs brins d'une méche déliée, bien imprégnée de la compofition dont le rofeau de l'étoupille eft rempli, enforte que la piece eft chargée & le coup eft parti en un clin-d'oeil. On peut donc tirer très-vîte avec ces petites pieces: mais il vaut peut-être mieux ralentir un peu la vivacité du feu, & fe donner le tems de pointer & de bien ajufter.

MANOEUVRES avec les chevaux pour les pieces de trois calibres.

No. 18. Pour faire de longs trajets en retraite, ou pour couvrir une colonne qui auroit à craindre l'ennemi fur fon flanc, ou enfin pour franchir des foffés, rideaux, &c. avec les pieces de trois calibres, on fépare l'avant-train de l'affut, dont la croffe pofe alors à terre; on attache un bout d'une demi-prolonge aux armons de l'avant-train, laquelle paffe fur l'avant-train, embraffe, d'un tour, la cheville ouvriere, repaffe fur le couvercle du coffret de munitions & eft attachée de l'autre bout à l'anneau d'embrelage: on laiffe environ quatre toifes de longueur au cordage entre l'affut & l'avant-train auquel les chevaux font attelés; lorfqu'ils marchent, la piece tirée par le cordage fuit aifément, au moyen de la coupe de la partie inférieure de la croffe qui eft faite en traîneau; les canonniers & fervans portant leurs armemens accompagnent la piece dans leurs poftes refpectifs, à droite & à gauche.

Lorfqu'on veut tirer, le maître canonnier crie *halte*, & dirige la piece, en faifant le commandement *chargez*. Le coup parti, s'il ne veut pas en tirer un fecond, il fait le commandement *marche*.

S'il faut defcendre ou monter un rideau, paffer un foffé, on allonge, s'il le faut, le cordage; les chevaux paffent avec l'avant-train, & les canonniers & fervans joignent leurs efforts à ceux des chevaux, & la piece paffe. Il faut qu'ils aient une grande attention à ne pas s'engager dans leurs bricoles, & à foutenir la piece dans les pas difficiles, où elle pourroit verfer. Ceci eft une manoeuvre pénible & dangereufe: mais il y a des cas où on l'a exécutée, ou l'équivalent, avec des pieces de 24 & de 16. On peut donc, à plus forte raifon, raison, en venir à bout avec des pieces très-légeres. Les apologistes de la nouvelle *artillerie* concluent de l'exposé que nous venons de faire, que leurs pieces de canon peuvent marcher ainsi, aussi vîte que l'infanterie la plus leste: nous en douterons jusqu'à-ce-que l'expérience de quelques campagnes nous en ait convaincus.

Les pieces des calibres de 8 & de 4 se manoeuvrent comme la piece de 12, à l'exception qu'on n'emploie que treize hommes pour la piece de 8, & que celle de 4 peut être exécutée avec huit hommes seulement.)

SECTION QUATRIEME.
Des Caissons.

(XI. p. 19. Si les voitures de l'ancienne artillerie retardoient les marches, celles de la nouvelle les retarderont bien moins, puisqu'elles sont légéres & roulantes dans la proportion des pieces.) *Grib.*

(Id. p. 29. Les nouvelles voitures à munitions pésent autant, & peut-être plus que les anciennes. Si les parties en bois ont été un peu allégées, les essieux de fer, la tole qui les couvre, & les autres ferrures rétablissent au moins l'égalité, & elles portent le même poids en munitions; poids égal à celui des anciennes pieces de 4.)

(XIII. p. 52. Un caisson, pour piece de 12, par exemple, ne peut contenir, suivant le projet de l'artillerie nouvelle, que 60 coups, savoir, 40 à boulets, & 20 en petites balles. De notre côté, le chariot à boulets en porte au moins 100, & l'autre voiture, 1200 livres de poudre. Ainsi trois voitures, dont une de poudre, fourniront plus de coups à boulet, dans une batterie de six piéces de 12, que cinq caissons qui, assurément, courront plus de risque de la part du feu de l'ennemi, & en feront courir d'avantage aux soldats, en cas d'accident, quand il faudra tirer à cartouche. Le nombre de voitures sera plus grand encore pour eux, que pour nous, vu la maniere différente de les composer. Vous me dispensez, M. de pousser plus loin le calcul, de l'appliquer aux autres pieces qui en sont également susceptibles, proportion gardée.)

On voit par ces citations que M. *de Gribeauval* assure que les nouveaux caissons sont assez légers & plus roulants que les anciens, pendant que le parti adverse soutient le contraire; donnant d'assez bonnes raisons contre l'allégement des caissons, mais aucunes contre la légéreté de leur marche.

Les nouveaux caissons ont des essieux de fer & des boîtes de fonte; on verra dans la Section suivante quel avantage les uns & les autres procurent à la facilité du transport : Mais cet avantage est commun aux Affuts & aux caissons, & le poids des caissons chargés n'excede point celui des pieces auxquelles ils sont attachés *; ces voitures pourront donc se suivre sans que l'une arrête l'autre par la pesanteur de sa marche.

(VI. p. 28. *Rec.* Que les caissons fixés dans chaque espece à des usages particuliers, mettront dans la nécessité d'avoir au parc bien des voitures, dont nous n'avions pas besoin.)

(VII. p. 179. Mais si ces caissons, *fixés dans chaque espece*, ont des usages particuliers, ils ne mettront pas dans la nécessité d'avoir au parc des voitures dont on n'avait pas besoin ; à moins qu'on n'ait multiplié les effets que doivent porter ces caissons : alors la multiplication des voitures ne viendra point *de ce qu'on a fixé, dans chaque espece, des caissons à des usages particuliers*; elle viendra de la multiplication des choses à porter, lesquelles, en effet, doivent être en plus grand nombre. Car ayant plus de caissons, il faut avoir plus de boulets & plus de poudre. Mais il est inconcevable qu'on puisse blâmer d'avoir fixé des especes particulieres de caisson à chaque espece d'usage, critiquer la forme, la structure de ces caissons, rélativement à l'usage auquel on les a fixés ; proposez-en une meilleure si vous pouvez.)

L'usage que l'on a fait des caissons pendant la derniere guerre sert à confirmer leur préférence sur les voitures du parc ; au reste ces dernieres ne garantissant point suffisamment les munitions contre l'humidité & les accidens du feu, ne peuvent servir qu'au transport des boulets & de la poudre en barils, portés séparément, auxquels on a pour de bonnes raisons substitué les coups faits. **

La distribution intérieure des caissons ne les rend à la verité propres qu'au transport d'une seule espece de munitions, mais cet arrangement est nécessaire pour maintenir l'ordre. Il seroit donc peut-être plus avantageux, & particulierement pour les réserves si les caissons pouvoient servir indifféremment à toutes sortes de munitions. On y parviendroit au moins à l'égard des caissons pour les cartouches à canons & à fusils, en faisant les cases des cartouches respectifs dans autant de petits coffres qu'il y a de séparations principales, que l'on placeroit les uns à côté des autres dans la longueur du caisson. Quand aux caissons à Obus leur arrangement intérieur demande des caissons à part, & cet arrangement est très-propre à y conserver les obus & à les en retirer promptement.

SECTION

---

* D'après une supposition extrême le poids des nouv. caissons vides est égal à celui des anciens, savoir de 1800 liv. : y ajoutant le poids des munitions rélatives au calibre des pieces, le total ne surpassera donc point ce qui a été rapporté dans la Section précédente pour le poids des pieces montées sur leurs Affuts complets ; puisque la charge des caissons de 12 ne va qu'à 1200 liv. tout au plus, & les autres à proportion.

** Voyez la seconde Section du troisieme Chapitre.

SECTION CINQUIEME.
Changemens rélatifs à la facilité du charroi.

Essieux de fer & Boîtes de fonte.

(XIII. p. 9. M. le Duc, aujourd'hui Brigadier des Armées du Roi, & l'un de nos Directeurs, proposa les essieux de fer pour les affuts, aussi bien que pour les autres voitures, avec la réduction de nos différentes especes de roues à trois seulement.)

(Id. p. 36. Si les essieux de fer & les boëtes de cuivre facilitent la marche dans les plaines, ils augmentent le travail des chevaux dans les descentes, & en montant, pour peu que le mouvement ne soit pas continuel, comme il arrive presque toujours; le frottement nuit quelquefois, quelquefois il est utile. Mais voici une preuve que ce dispendieux moyen n'allége pas autant le tirage, qu'ils le prétendent. La manoeuvre des nouvelles pieces de 4 demande autant d'hommes que celle des pieces à la Suédoise, & ne les fatigue pas moins, puisque nous avons vu, (& beaucoup d'autres avec nous) des détachemens doubles de canonniers choisis ne pouvoir suffire, en beau terrein, à la peine de traîner ces pieces pendant le tems d'un exercice avec l'infanterie. Concluez, M. par analogie, qu'il en sera de même rélativement aux nouvelles pieces de 8 & de 12, ainsi qu'aux autres voitures, quand même elles auroient aussi des boëtes de cuivre; ce que les partisans des nouveautés n'osent plus proposer, à cause de l'excessive dépense.)

(Id. p. 67. Il supprime (M. *de Valiere* en 1772) les essieux de fer, particulierement pour les affuts, parcequ'ils coûtent beaucoup plus que ceux de bois, sur-tout avec les boëtes de cuivre, sans lesquelles cependant ils détruisent promptement les moyeux; parcequ'ils exigent des rechanges nombreux, tant à cause de leur construction propre, qu'à cause de l'extrême difficulté de les réparer dans les camps; au lieu que ceux de bois peuvent être remplacés par un arbre trouvé sur la route, ou par l'essieu de la premiere voiture, soit en blanc, soit tout fait, & même sans équignons, dans un moment pressé; parcequ'avec eux, il est presque impossible d'employer le faux essieu, & qu'avec ceux de bois, cette importante ressource ne sauroit manquer; parcequ'indépendamment des remarques faites précédemment touchant leurs avantages & leurs désavantages dans les marches, ils incommodent considérablement par l'augmentation du recul des pieces, quand il faut tirer du canon.)

(III. p. 32. On vous soutient que la confiance donnée aux essieux de fer, par exemple, n'est pas suffisamment établie par la double épreuve à laquelle ils sont soumis, puisqu'après cette double épreuve, il s'en est déjà cassé, non-seulement dans de mauvais chemins, mais dans des chemins doux & unis, mais sur des prairies.)

(XII. p. 32 - 34. Il est difficile de s'assurer de leur bonté ; les épreuves mêmes qu'on leur fait souffrir, ne peuvent que leur nuire, & tous les jours on a des exemples d'essieux cassés au moindre choc, après avoir résisté à l'effort de l'épreuve, ou plutôt pour y avoir été exposés. Ils cassent d'ailleurs à la gelée, si l'on ne prend des précautions, auxquelles il est difficile d'assujettir les Charretiers & autres gens qu'on en pourroit charger ; leur prix est très-considérable, & leur poids qui ne l'est pas moins, augmentera de beaucoup le nombre des voitures, ou fera une forte sur-charge sur chacune d'elles, si on les y repartit, pour parer aux accidens de guerre, & autres de toutes especes ; & les remplacemens en seront aussi difficiles & aussi dispendieux, qu'ils étoient faciles & peu chers pour les essieux de bois dont on s'est servi jusqu'à l'époque des épreuves de Strasbourg. Les fusées des essieux de fer tournées & polies, tournant dans les boîtes de cuivre également unies & polies, en diminuant le frottement, faciliteront le tirage, on en convient, mais seulement en terrein plat, & même en montant, tant que les chevaux tireront à plein collier ; mais qu'il ne soit pas question de les laisser reprendre, car alors cette diminution de frottement deviendra très-nuisible, & ce sera particulierement dans les descentes que l'on s'en appercevra, sur-tout pour les pieces au-dessus du calibre de quatre. Ne courront-elles pas risque d'être emportées à chaque instant par leur propre poids, & d'éprouver & de causer mille accidens, si on ne veille continuellement à les prendre en rerraite avec des hommes ou avec des chevaux, au moindre talus & en mille occasions, où le seul limonnier retenoit nos pieces les plus pesantes, avec les affuts à essieux de bois & à moyeux sans boîtes de cuivre ? De pareilles manoeuvres à répéter indispensablement sur chaque voiture, contribueront-elles beaucoup à faciliter les marches & à accélérer les opérations ? On y suppléera, dira-t-on, en enrayant. L'expédient leve, il est vrai, toute difficulté ; mais est-il proposable à ceux qui entendent un peu le charronnage ? Les persuadera-t-on facilement qu'une roue souvent enrayée ne souffre pas, & que quelque solides & bien assemblées qu'en soient toutes les parties, elle ne soit pas très-promptement détruite par les secousses violentes & répétées d'une pareille manoeuvre, & par le frottement excessif qu'elle y éprouve ? Mais de tous les inconvéniens qui résultent des essieux de fer & des boîtes de cuivre, le plus funeste, le plus dangereux, & le plus meurtrier pour les canonniers & servans, est le prodigieux recul qui en résulte en partie, dans l'exécution des pieces à la guerre ; recul qui, comme on l'a vu ci-dessus, est à-peu-près dans le rapport d'un à quatre. L'usage des boîtes de cuivre n'est rien moins que nouveau pour l'artillerie : une preuve qu'il y a été pratiqué, au moins quelque

que tems, c'est qu'on retrouve encore dans quelques-uns de nos arsenaux des anciennes boîtes, qui paroissent à la vérité abandonnées depuis long-tems, l'expérience ayant fait reconnoître à nos anciens combien la pratique en étoit dangereuse. Il en est à-peu-près de même de toutes les nouveautés résultantes des épreuves de Strasbourg, qui ne sont que d'anciennes inventions renouvellées & reproduites sous un jour plus favorable. Par exemple, les avant-trains à timons & à hautes roues, & le double encastrement des tourillons vers le milieu du flasque, se trouvent dans un Livre assez peu connu, d'un certain M. *Camus*, Gentilhomme Lorrain, imprimé à Paris, en 1722, lequel se vend chez Jombert.)

Solidité. Le premier reproche & en même tems le plus grave, contre les nouveaux essieux en fer, est celui auquel on s'attendroit le moins puisqu'il porte sur la solidité. On allégue qu'il s'en est cassé malgré l'épreuve qu'ils subissent. Elle consiste à coucher l'essieu par les bouts des fusées sur des blocs de bois, de maniere que le corps porte à faux; dans cet état on lâche une masse de plomb d'un certain poids suspendue au dessus du corps. Si cette épreuve ne peut suffisamment constater la bonté des essieux, elle est doublement mauvaise, parcequ'elle altere la cohérence des parties dont la matiere est composée, & tend visiblement à fausser les essieux pour peu que la trempe du fer soit douce; il est probable, comme le fait entendre M. *de St. Auban*, que la fragilité des essieux qui ont manqué pendant le service est une suite de l'épreuve. J'aimerois mieux assimiler l'épreuve à ce service, qui est de porter & de résister à la pression d'un poids considérable pendant le roulage & cahotement de la marche. Il seroit facile d'appliquer les essieux à un porte corps de canon, avec lequel on leur feroit porter un fardeau de la moitié plus pesant que celui auquel on les destine, & cela par un certain bout de chemin d'une route difficile: Cette épreuve seroit je crois suffisante, & en même tems plus modérée.

L'usage des essieux de fer est encore récent, & leur utilité assez grande, pour pouvoir espérer que la fabrique s'en perfectionnera. On en a fait en unissant quatre barres ou lingots & en les cordelant pour ainsi dire après les avoir fait rougir au feu. Cette méthode paroit avantageuse pour corriger les vices cachés du fer, qui ne peuvent plus tant contribuer à faire rompre un essieu, parcequ'il faudroit que les quatre lingots se trouvassent être d'une trempe aigre dans un même endroit avant que l'essieu put casser net, car d'ailleurs les barres saines retiendront suffisamment celle qui est en piece, laquelle y est entrelacée & ne sauroit s'en dégager avant que les autres viennent aussi à manquer.

Prix. Le plus grand prix des essieux de fer ne sauroit être un objet, vu la grande facilité qu'ils procurent au charroi comme l'on va voir; d'ailleurs il est probable que ce prix baissera à mesure que la fabrique s'en perfectionne, & qu'il pourra même être porté au pair de celui des essieux en bois avec ce que coûtent les ferrures qu'ils exigent.

Diminuent le frottement. Les différens passages que nous avons cités à l'occasion du recul sont la meilleure preuve que l'on puisse alléguer de la facilité que les essieux de fer & boîtes de fonte procurent au roulage, car on a fait voir que la vitesse initiale du recul ne diffère guere entre les pieces anciennes & nouvelles; ainsi la différence réelle que l'on observe entre le recul de ces pieces ne peut être due qu'à la diminution du frottement de l'essieu dans le moyeu, & des roues sur le terrein; or cette derniere qui ne provient que de l'allégement des nouvelles pieces & de leurs affuts, ne peut guere entrer en considération puisque la différence des poids entre-eux & les attirails anciens n'est pas fort grande; d'ailleurs le frottement des roues sur le terrein est peu considérable en lui-même.

Voici cependant de quoi apprécier de plus près la part que les essieux de fer & boîtes de fontes ont à la diminution du frottement, indépendamment de l'allégement des voitures & de leurs charges. Premierement comme le fer est une matiére incomparablement plus forte que le bois, on pourra donc faire les fusées des essieux beaucoup plus minces: Or on fait * combien la quantité du frottement dépend du rapport qu'il y a entre le diamétre de la roue & celui de l'axe sur lequel elle tourne; c'est-à-dire que si ce rapport est double de ce qu'il étoit avec les essieux de bois, que le frottement en diminuera de la moitié; or les essieux de fer n'ont en effet que le demi diamétre de ceux de bois. En second lieu la quantité du frottement dépend encore de la texture des matieres entre lesquelles il a lieu, de sorte qu'il est moindre, moins leurs parties engrainant profondément entre elles. L'expérience fixe le frottement du bois contre le bois à $\frac{1}{3}$ de la pression du poids, & celle du cuivre contre le fer à $\frac{1}{8}$ de la même pression. De sorte donc que le frottement avec les essieux de fer est effectivement à ce qu'il étoit avec ceux de bois, comme 3 à 8, supposé que la pression provienne d'un poids égal dans l'un & l'autre cas; mais comme l'allégement des pieces occasionne quelque différence à cet égard, on trouvera que les nouveaux affuts auront trois à quatre fois moins de frottement que les anciens, ce qui est conforme à la différence de leurs reculs, puisque celui des nouveaux est presque quadruple de celui des anciens. Ce rapport sert donc à comparer l'avantage & le défaut principal des essieux de fer pour les affuts; l'un & l'autre sont, je l'avoue, de nature à se balancer, mais ce défaut n'a lieu qu'avec les affuts. Le second cas rapporté par M. *de St. Auban*, où la diminution du frottement peut être incommode pour toute sorte

de

---

* Cours de Physique Expérimentale par le Docteur *J. T. Desaguliers*, Traduction françoise, à Paris 1751. voyez Regle IV. p. 198. & la 3 Note sur la IV Leçon p. 268.

de voitures, est, qu'en montant & descendant les hauteurs les chevaux auront à lutter contre le poids de la voiture: Les expédiens auxquels M. *de St. Auban* suppose que l'on auroit recours, sont, je l'avoue, incommodes ou nuisibles. Quand la marche est interrompue ne seroi-t-il pas plus simple d'arrêter les roues par des coins ou par des leviers couchés dessous les roues? Et dans les descentes fort roides ne vaudroit-il pas mieux de faire usage du moyen usité dans les pays montagneux, d'appliquer une piece de fer (Pl. XXVII. fig. 20.) dessous les roues? Quand la roue a une fois engrainé dans cette espece d'auget, elle l'entraîne avec soi en avant, & est obligée de glisser le long de la pente, parceque cet auget tient aux brancards ou flasques du haquet par le moyen d'une chaîne; on peut aussi le fixer aux roues en passant une chaînette de *a* en *b*, & de *c* en *d* par dessus les jantes, afin de l'empêcher de retomber, si le cahotement étoit bien fort. Cette maniere d'enrayer est moins nuisible aux rais.

En dernier lieu on reproche aux essieux de fer de ne pouvoir leur appliquer le faux essieu & les autres réparations qui conviennent aux essieux de bois, quand ils viennent à casser. On donne encore la gelée comme une raison de leur plus grande fragilité. Quant au premier point j'avoue qu'il seroit peut-être plus avantageux de construire le corps d'essieu en bois & d'y encastrer & visser des fusées en fer, dont on pourroit toujours être muni pour remplacer celles qui viendroient à manquer; au reste les autres secours, tels que des troncs d'arbre &c. doivent autant bien convenir aux essieux de fer tels qu'ils sont actuellement qu'ils ne faisoient à ceux de bois; puisque dans l'un & l'autre cas il ne s'agit que de bien assujettir au corps, par de forts liens la piece qui sert à remplacer la fusée rompue; or c'est à quoi on peut facilement parvenir en doublant les liens, ou en les continuant plusieurs tours de suite. Par rapport à la fragilité du fer pendant la gelée, c'est-à-dire le rétrecissement des parties qui le composent, il est probable que ce phénomene ne sauroit être appliqué aux essieux, parceque les fusées & les parties contigues du corps sont suffisamment échauffées par la rotation des roues &c.

Il suit de ces considérations que les défauts reprochés aux essieux de fer, sont pour la plupart de nature à pouvoir y porter remède; & qu'il convient de passer sur ces légères imperfections eu égard aux grands avantages qu'ils offrent pour la facilité du charroi, qui doit engager à les adopter à toutes sortes de voitures, à moins qu'on n'en veuille excepter les Affuts à cause des suites nuisibles du recul, inséparables de la facilité du roulage.

Roues d'Avant-trains relevées.

(XIII. p. 9. Il fut encore question alors (en 1749) de mettre à nos chariots des roues de devant plus hautes, & d'augmenter pareillement le rayon de celles des avant-trains à canon, mais sans perdre ni pour les uns, ni pour les

les autres, le grand avantage de tourner court: c'eſt en quoi gît la difficulté. Le Marquis *de la Fréſiliere* l'avoit déja tenté long-tems auparavant dans ſon département d'Alſace, ſans y réuſſir.)

(XII. p. 39. Les roues des avant-trains des affuts à timons, ne peuvent paſſer ſous l'affut; ce qui met dans l'impoſſibilité de tourner un peu court, comme on y eſt très-ſouvent forcé; les affuts à limonniere ont l'avantage de tourner auſſi court que l'on veut. Extrait traduit de l'Anglois, Doctrine du mouvement d'*Emerſon*, 1769, page 104: " Pour prendre le deſſus "d'un obſtacle, les grandes roues ont l'avantage; car, plus la roue eſt grande, "plus l'angle que forme le plan incliné à l'horiſon eſt diminué; mais voici le "déſavantage des grandes roues, 1° elles ſont plus ſujettes à verſer; en ſe-"cond lieu, dans les chemins étroits elles n'ont pas la même facilité à tourner "que les petites. Une voiture à quatre roues a plus d'avantage qu'à deux, "mais elle tourne plus difficilement, c'eſt pourquoi on eſt obligé d'avoir des "petites roues de devant; les grandes roues qui ſont venues à la mode depuis "peu, ont quelques avantages, mais elles ont auſſi leurs déſavantages.")

Verſement. Ce que l'auteur Anglois dit du plus de facilité à verſer des grandes roues ne ſauroit être appliqué aux roues de l'avant-train des voitures, tant qu'elles reſtent inférieures en hauteur à celles de devant. Mais on a déjà obſervé à l'occaſion des portées que les nouv. affuts élévent leurs pieces à moins de hauteur au-deſſus du ſol que ne font les anciennes; d'où les partiſans du nouv. ſyſtême attribuent à leurs affuts l'avantage de ne point verſer auſſi facilement que les anciens; voici comment les deux partis s'expliquent à ce ſujet:

(IV. p. 40. L'on n'auroit pas attribué à la piece ce qui appartient à l'affut, ſauf à diſcuter enſuite, s'il vaut mieux avoir des affuts moins verſans, plus légers de deux cent douze livres à la manoeuvre, & pointer dans les petites portées, d'un quart ou d'un demi-degré plus haut; ou s'il vaut mieux faire des affuts plus lourds, plus verſans, pour éviter ce quart ou ce demi-degré d'élévation dans des portées de deux cent trente toiſes.)

(Id. p. 42. Les pieces nouvelles ſont, dit-on, moins verſantes; cet avantage qui eſt médiocre (car les anciennes verſent rarement, & moins que les nouvelles, dans les tournans) ne dépend en rien du plus ou du moins de péſanteur des nouvelles, mais de leur enfoncement dans les flaſques qui les approchent de terre. Qu'on les éléve ſur des affuts à la hauteur des anciennes, leur légéreté même les fera verſer plus ſouvent; la peſanteur des anciennes, au contraire, rend bien la chûte plus rude, quand la piece vient à verſer, mais auſſi la préſerve de cet accident, & l'on ne conteſtera pas à la piece ancienne, que c'eſt de ſa peſanteur même qu'elle tire l'avantage très-important de reculer infiniment moins que les nouvelles, de tourmenter moins ſon affut,

& de

& de tirer plus juste. Sacrifiera-t-on ces avantages réels, pour éviter un prétendu versement qui n'a presque jamais lieu?)

Ainsi l'on convient de cet avantage, mais on le croit peu nécessaire; en revange on reproche aux nouv. affuts d'être plus versant dans les tournans; ce qui doit probablement s'entendre de la position des roues d'avant-trains contre les flasques au dessous desquels ils ne peuvent plus passer à cause de leur hauteur & contre lesquels ils s'appuyent en tournant court. On peut donc interprêter le passage précédent de l'auteur Anglois dans ce sens. Mais il n'y a qu'à revoir la réponse énergique que l'auteur de l'artill. nouv. fait à ce prétendu versement qui se trouve à la 59ᵉ page de nos mémoires, pour se convaincre que l'artillerie ne se trouvera gueres engagée dans des tournans aussi étroits, pour que l'appuyement des roues d'avant-trains contre les flasques puisse occasionner le versement de l'affut. Au reste il est aisé de se convaincre que les nouv. affuts sont moins versants que les anciens, non seulement parceque le poids des premiers est moins élevé, mais principalement parcequ'au moyen de l'ancastrement de route il porte sur quatre roues au lieu qu'il ne portoit anciennement que sur deux. Les nouveaux affuts pourront donc être considérés à l'égard des anciens comme des voitures à quatre roues, puisque les derniers portoient le poids en arriere des grandes roues, lesquelles venant à pancher entraînoient aisément l'avant-train dans la chute de la piece, qui ne dépendoit nullement de la position de cet avant-train. Mais personne n'ignore l'avantage des voitures à quatre roues sur celles qui n'en ont que deux par rapport à la facilité du versement.

Avantage des grandes roues. On voit aussi p. 59. que le principal avantage des grandes roues sur les petites, est de ne pas tomber aussi profondément dans les ornieres, & d'en pouvoir être retirées & soulevées avec moins d'effort par dessus les obstacles qui se trouvent dans le chemin. Un autre de leurs avantages c'est de diminuer le frottement; la raison en est la même que celle que nous avons fait remarquer aux essieux de fer, savoir que le relévement des roues augmente le rapport de leur diamétre à celui de la fusée d'essieu; or il est clair qu'il revient au même d'augmenter l'un ou de diminuer l'autre pour cet effet. En ajoutant cette diminution du frottement à celle qui provient des essieux & boîtes, il sera aisé de juger avec qu'elle facilité les nouvelles voitures doivent rouler & combien peu d'effort est nécessaire pour entretenir le mouvement, c'est-à-dire pour vaincre les frottemens qui sont l'unique résistance que les chevaux ont à surmonter sur un terrain uni & horisontal. Mais l'effort qu'ils sont obligés d'employer devient beaucoup plus considérable quand il faut monter les hauteurs, ou bien enlever le poids par-dessus les inégalités du terrain; c'est la raison qui empêche de reduire les attelages à un aussi petit nombre de chevaux qu'on le pourroit d'ailleurs: Il est donc de la plus grande importance de leur faciliter cette tâche, & c'est à quoi on parvient en relevant les roues, vu les raisons rapportées dans le passage de l'auteur Anglois *Emerson* cité ci-dessus.* Il est vrai que ce changement, ainsi que plusieurs autres, a été proposé, comme le remarque M. *de St. Auban*, par M. *Camus*,** gentilhomme Lorrain; il est assez étonnant que l'on n'aye pas adopté la proposition du même auteur, de faire les clouds de bande des roues à tête perdue.

Encaftrement de route.

(XIII. p. 36. L'encaftrement de route n'est qu'un petit moyen de corriger les inconvéniens occasionnés par des affuts trop courts, par des avant-trains que les roues trop hautes, la faffoire & le timon rendent incommodes, & par le nouvel emplacement des tourillons. Il ne peut servir que dans le cas où le tirage est le plus facile, c'est-à-dire, loin de l'ennemi, & il faut y renoncer à portée de lui, quand les inconvéniens qu'il doit diminuer, font dans toute leur force; en un mot, c'est un reméde qui suppose un mal, dont il ne guérit pas dans le tems où il seroit nécessaire, & dont nous n'avions pas besoin. Vous pouvez de plus vous repréfenter fort aifément l'embarras que les canonniers les mieux instruits auroient à transporter les pieces d'un encaftrement à l'autre, dans des occasions délicates, & les accidens qui peuvent en résulter.)

(III. p. 49. Il faut être bien dénué de bonne chofes, pour s'extafier sur le mérite de l'encaftrement de route; invention calquée sur l'étranger, qui peut tenir à la forme des nouveaux affuts, mais à quoi il est toujours aifé de suppléer de plus d'une maniere utile au service, & souvent nécessaire, dont nous n'avions pas besoin autrefois, & qui ne servira de rien dans les occasions où le charroi est le plus vif, le plus embarrassant, le plus difficile, c'est-à-dire, à portée de l'ennemi.

(XI. p. 51. L'encaftrement de route pour les pieces de 8 & de 12, n'est qu'un petit moyen de corriger les inconvéniens occasionnés par des affuts trop courts, par des avant-trains que les roues trop hautes, la faffoire & le timon rendent incommodes, & par le nouvel emplacement des tourillons. Il ne peut servir que dans le cas où le tirage est le plus facile, & il faut y renoncer à portée de l'ennemi.) *Valiere.*

(Id.

---

* Voyez encore le Cours de Physique Expérimentale *de Defaguliers*, Traduction françoise, à Paris 1751. Les Notes sur la III Leçon No. 11. La Scholie & les Corollaires suivans p. 181.

** Le Doct. *Defaguliers* a fait plus de cas du traité de M. *Camus*, & spécialement de ce que cet auteur a écrit sur le charroi, que n'a fait M. *de St. Auban* son compatriote. Voyez *Leçon IV. Coroll. XIV. p. 212. & fuivans du C. d. P. E.*

(Id. p. 57. Ce petit moyen fait porter ces pieces, quoique légéres, sur leurs quatre roues, au lieu que les pesantes ne portent que sur deux. Les avant-trains ont été décidés, par sept Directeurs de Parc, être plus roulans & moins sujets à s'embourber que les anciens. On ignore quelles sont les incommodités de la sassoire & du timon. Ici, il y a erreur de Copiste, on a mis facile pour difficile. Quant à renoncer à l'encastrement de route à portée de l'ennemi, ceci est un excès de précaution, puisqu'en moins d'une minute on change les pieces d'encastrement.) *Gribeauval.*

(Id. p. 62. Il n'est pas question, dans la réponse (de M. *de Valiere*), d'une marche peu éloignée de l'armée ennemie, mais d'un mouvement prompt dans une action vive; c'est là où les inconvéniens dont on parle reprennent toute leur force, & où l'encastrement de route est inutile. Une minute pour changer la piece de 12 d'un encastrement à l'autre, peut suffire dans un exercice: en sera-t-il de même dans les occasions pressantes, sous le feu de l'ennemi? La sassoire fait relever la crosse de l'affut quand le timon baisse, ce qui est cause que la volée de la piece, lorsqu'elle est libre, l'emporte sur la culasse; d'où il résulte beaucoup d'inconvéniens, quand il faut courir ou trotter pour se porter rapidement d'un lieu à un autre. Elle incommode encore beaucoup, quand il faut mettre la piece sur un avant-train tiraillé à droite & à gauche par deux chevaux effrayés.)

L'auteur du No. III. paroit tenir au préjugé de ceux qui haïssent les innovations quand elles sont imitées des étrangers; il faut avouer que c'est une plaisante façon de décrier un changement en disant *cela est calqué sur l'étranger*. Mais examinons premierement s'il est vrai que l'encastrement de route tient à la forme des nouveaux affuts. D'abord le nouvel emplacement des tourillons n'y entre pour rien, car il tend à enfoncer les pieces entre les flasques, ce qui prévient le versement de l'affut. Le raccourcissement des flasques & le relévement des roues d'avant-train élévent la crosse, mais les hautes selettes des anc. avant-trains ne le faisoient-ils par davantage? La sassoire ne réléve le timon que dans les descentes; car en montant & en marchant en plaine le poids de l'affut & des pieces trainés par la cheville ouvriere tire constamment cette derniere en arriere, de sorte que l'avant-train panche sensiblement vers la piece & que la sassoire se dérobe au bas des flasques*: pendant les descentes c'est tout le contraire, mais alors il est indifférent si la volée l'emporte sur la culasse par le soulévement de la crosse, puisqu'il n'en peut résulter nulle suite fâcheuse. On voit donc qu'aucune des causes alléguées ne rendent l'encastrement de route plus nécessaire aux affuts nouv. qu'aux anc. Voyons maintenant s'il peut être utile aux uns comme aux autres. On a déjà fait voir que les affuts anc. & nouv. sont au moins de pair par rapport à la facilité du

* Artill. de *J. Muller* p. 118.

verfement, ainfi les moyens qui y remédient leur conviennent également : Les autres avantages, favoir de conferver les effieux & de faciliter le roulage ne doivent pas moins convenir à toute efpece d'affuts dont les effieux font moins vigoureux que ceux de fer, & dont la charge excéde celle des nouvelles, ce qui tend par conféquent à augmenter la difficulté de leur tranfport & à mettre la réfiftance des effieux & des roues d'affut à une plus forte épreuve. L'utilité de l'encaftrement de route n'eft pas précifément conteftée par les partifans des anciens attirails, mais ils ne veulent point recevoir cette invention, puifqu'on n'en fauroit faire ufage pour tous les cas du charroi ; pendant que les partifans du nouveau fyftême veulent l'employer par tout, & jufqu'au moment de fervir les pieces. C'eft un de ces cas peu rares dans les difcuffions fur l'artillerie où un parti demande trop & où l'autre accorde trop peu. C'eft affurement mettre trop de confiance au fang-froid des canonniers & leur faire perdre une minute bien précieufe que d'attendre à faire cette manoeuvre au moment de l'action quand même ce tems fuffiroit pour l'exécuter: Mais c'eft d'autre part en dire trop que réduire toute l'utilité de cet encaftrement à l'ufage qu'on en fait en bataille, pendant qu'il eft avéré que les marches des armées ufent beaucoup plus le charroi que les trajets peu confidérables qui peuvent avoir lieu fur le champ de bataille, avec quelque vivacité qu'on les faffe ; fur-tout depuis que les batailles rangées font devenues moins fréquentes & que la plus grande partie d'une campagne fe confume en marches & changemens de pofte.

De l'Attelage à Timon & à Limoniere.

(XI. p. 41 - 46. Il y a deux efpeces de voitures ; celles à deux roues & celles à quatre : les premieres font à limonnier, elles ont l'avantage fur toute autre d'être légeres, fimples, très-faciles à conftruire, & très-peu fujettes aux réparations ; mais elles ne peuvent être d'ufage pour l'Artillerie de bataille, parcequ'elles ont le défaut de verfer aifément en pays montueux, de ruiner les chevaux & les chemins, de ne pouvoir trotter qu'en très-beau chemin, & feulement pour très-peu de tems, parceque le limonnier ballotté & maîtrifé par fon limon fur lequel font attelés les autres chevaux, ne peut être ferme fur fes jambes. Si la doffiere eft courte, il porte, outre fa charge, une partie du tirage des autres chevaux qui l'écrafent ; & qu'elle foit courte ou longue, cela arrive toutes les fois que la voiture a à franchir la moindre éminence ; car les premiers chevaux defcendent, ou au moins tirent horifontalement quand la voiture & le limonnier montent encore. Si la doffiere eft longue, le limon, pour peu que le terrein foit inégal, choque le cheval par le bas des épaules, il croife fes jambes à chaque inftant, il ne peut marcher,

cher, & loin de tirer, il a bien de la peine à se soutenir. Cela devient tout-à-fait sensible, quand on veut faire trotter un pareil attelage, en coupant obliquement les sillons de la campagne. S'il faut passer un mauvais pas, c'est bien pis encore; ce pauvre animal ainsi ballotté, doit-il descendre avec sa charge? Il ne sait & ne peut choisir où placer le pied, n'ayant point d'espace dans son limon pour s'ébattre; il faut que les autres chevaux arrachent tout à la fois & le limonnier & la voiture. Ce cheval, le principal dans l'attelage, est d'abord ruiné, il ne travaille plus, se fait tirer, & bientôt l'attelage entier est hors de service. On prétend que l'attelage de file a l'avantage d'avoir de bonne heure le premier cheval hors du trou; qu'étant alors à pied ferme, il doit en tirer les autres: mais on ne fait pas attention qu'en faisant l'attelage à deux chevaux de front, aussi long que celui qui est en file, comme font les Allemands, on aura dans le même tems deux chevaux, au lieu d'un, hors du trou. Cette façon d'atteler en file, a encore d'autres grands défauts; savoir, que le Charretier ne peut s'appercevoir si le limonnier & les deux chevaux du centre, tirent peu ou beaucoup. Aucun de ses trois chevaux ne peut presque retarder son mouvement sans se faire tirer par les autres, parcequ'ils n'ont point de jeu dans leurs harnois. Cette voiture portant son poids sur deux roues, approfondit prodigieusement les ornieres; ce qui rend le tirage pénible. Si les ornieres sont un peu larges, on ne peut plus cartayer ou partager la voie, parceque les chevaux, craignant l'orniere, font retomber les roues dans cette voie qu'on voudroit éviter. Ainsi les charriots trouvent deux voies dans les chemins où la charrette n'en trouve qu'une. Un autre inconvénient fort ordinaire, est que la surcharge que l'on est obligé de donner aux voitures par le fourrage, n'est presque jamais bien placée ou arrêtée sur les charrettes: en avant, elle écrase le limonnier; en arriere, elle fait verser la charrette par le derriere; sur le milieu, le fourrage s'engage dans les roues. Les voitures à 4 roues & à timon, sont plus pesantes que celles à deux: elles sont plus cheres, plus longues à construire, & plus sujettes à réparations. Mais M. *de Manson* a beaucoup diminué de tous ses défauts par sa nouvelle construction, dont la bonté a été vérifiée par l'expérience de deux campagnes. Ces voitures ont de grands avantages sur celles à deux roues, en ce qu'elles ménagent beaucoup plus les chevaux & les chemins; elles sont beaucoup moins versantes: on peut aisément cartayer ou couper la voie, quand l'orniere est trop profonde; l'attelage est infiniment plus commode pour les chevaux: chacun d'eux, selon que les traits & les atteloirs sont longs, a de la liberté; il peut éviter les trous, & choisir le chemin: s'il faut franchir un mauvais pas, il peut hésiter sans arrêter les autres, comme dans l'attelage de file; & s'il faut trotter, tous les quatre le font avec facilité, au lieu que, dans l'autre façon d'atteler, il n'y a que le premier de libre. Le second est déja gêné dans ses

traits

traits par le tirage du premier.; le troifieme l'eſt encore plus par le tirage des deux qui le précédent; & enfin, le limonnier eſt abſolument maîtriſé par ſon limon, ſur lequel les trois autres ſont attelés : c'eſt ce qui fait que la voiture à deux roues ne ſauroit trotter. Il eſt cependant de néceſſité abſolue de trotter avec le canon & les voitures de munition; car il en eſt d'une file d'artillerie, comme des colonnes d'infanterie & de cavalerie; quoique la tête marche doucement, la queue trotte pendant la moitié, ou au moins le tiers de la marche. Si, dans un jour de bataille, l'ennemi marque par ſon développement ou ſes mouvemens qu'il veut faire effort contre la droite partie de la réſerve du centre, elle doit s'y porter le plus légérement poſſible pour arriver à tems; ſi la gauche eſt libre, elle doit remplacer avec la même vivacité ce qui eſt ſorti du centre : s'agit-il de pourſuivre l'ennemi ? Il faut ſe porter fort vîte à l'attaque des poſtes qui ſoutiennent ſa retraite : ſi, au contraire, il faut ſoutenir une retraite, on ne ſauroit déblayer trop tôt le chemin des troupes, ni arriver trop vîte dans les poſtes choiſis pour favoriſer la retraite. Dans toutes ces occaſions, il faut ſavoir trotter & même galopper : ce n'eſt que pour ces inſtans précieux qu'eſt faite toute la dépenſe de l'artillerie; il faut donc avant tout ſe mettre en état d'en profiter; & comme l'attelage à timon peut ſeul procurer cet avantage, il paroît qu'on doit s'y fixer, en tâchant de diminuer, autant qu'il eſt poſſible, les inconvéniens qu'il entraîne. Le principal eſt que les timons ſont ſujets à caſſer; c'eſt le défaut de bon Charretier qui occaſionne ces petits malheurs. Les Officiers du détail, ayant principalement leur affaire en vue, & voulant ſe débarraſſer des fréquentes réparations que cela entraîne, ont imaginé du ſubſtituer une limonniere à la place du timon. Cela entraîne un attelage qui a tous les inconvéniens des attelages de la charrette, excepté que le limonnier eſt un peu moins écraſé par la charge. Nous ne répéterons point ici tous les défauts de cette façon d'atteler : ſi on ſe les rappelle, & qu'on veuille les examiner ſans prévention, je crois qu'on penſera qu'il convient de s'en tenir aux timons. On donne une raiſon en faveur des attelages de file : c'eſt que la levée des chevaux d'artillerie, ſe faiſant preſque en entier dans la Franche-Comté, & à la frontiere de Suiſſe, les Charretiers qu'on tire de ce Pays, ne ſavent mener que des chevaux ainſi attelés. L'on pourroit répondre auſſi à cela que tous les charriots des Vivres de l'armée trouvent des Charretiers, quoiqu'ils ſoient attelés à timons; que l'artillerie en peut trouver en Lorraine, Champagne, Picardie, Artois & Flandres, & autres pays où l'on ſe ſert de voitures à quatre roues : d'ailleurs, comme il eſt néceſſaire d'avoir un Charretier pour chaque couple de chevaux, on n'a pas beſoin qu'ils ſoient auſſi inſtruits que ceux des Vivres, qui n'en ont qu'un pour quatre.) *Grib.*

(XI. pag. 51. L'auteur exagere beaucoup les déſavantages des voitures à deux roues; il leur en prête même qui ſont inconnus, quoiqu'il convienne
qu'elles

qu'elles ont quelques avantages. A l'égard des charriots, & sur-tout des affûts, les limonnieres, nonobstant les raisons que l'auteur du Mémoire s'efforce de faire valoir au contraire, sont préférables aux timons, parceque l'attelage à timons occasionne des embarras fréquens, à cause de la longueur des traits; parceque les chevaux attelés au timon, n'ayant pas le pied ferme quand les ornieres sont profondes, & les chemins étroits, ne peuvent employer toutes leurs forces, ni avec égalité, se fatiguent beaucoup, & s'abattent souvent; parceque dans les chemins creux, quand les ornieres sont alternativement hautes & basses, dans les tournans, dans tous les autres cas difficiles, où se trouve ordinairement l'artillerie, les coups du timon sont plus violens que le balottement d'un brancard; parceque les timons cassent plus souvent, sans comparaison, que les limonnieres; parceque dans les descentes, les deux chevaux qui retiennent, souffrent plus que le limonnier, n'employant pas leurs forces communément inégales, suivant la vraie direction; parceque les voitures à limonnieres étant plus faciles à conduire que les voitures à timons, le premier soldat peut au besoin servir de Charretier; avantage inappréciable sous le feu de l'ennemi, qui fait presque toujours perdre le courage & la tête aux Charretiers ordinaires. Nous nous portons, où il est besoin, avec nos pieces & nos charriots à limonniere, aussi facilement & aussi promptement que les étrangers, dans les occasions dont parle l'auteur. Combien de fois n'a-t-on pas vu nos canonniers obligés de monter sur les chevaux, sur les voitures, sur les canons, ne pouvant les suivre à la course? On sait que l'adoption des timons n'a eu lieu à Strasbourg, que contre l'opinion de M. *de Mouy*, plus expérimenté que personne sur cette partie, & de M. *le Duc*, l'un des commissaires aux épreuves.) *Rép. de M. de Valiere au précédent.*

(XII. p. 37-41. Je ne vois pas d'autre raison qui ait pu déterminer la préférence donnée aux timons sur les limonnieres, que l'espérance de raccourcir les files dans les marches de l'artillerie; mais on peut se procurer cet avantage en employant les mêmes moyens dont on a usé pendant la derniere guerre, sans proscrire les limonnieres, dont l'utilité a été de tout tems si bien reconnue, pour le service de l'artillerie, que M. le Maréchal *de Saxe* la fit excepter de la loi générale, dans une ordonnance qu'il avoit sollicitée, portant que toutes les voitures de l'armée seroient attelées à timons. — Je ne crois pas hors de propos de déduire ici les principaux avantages des limonnieres sur les timons, non pour les faire connoître aux Officiers d'artillerie, à qui ils sont aussi familiers qu'à moi, mais pour montrer qu'en voulant changer l'ancien usage, on s'est écarté des principes solides de notre service. Il est impossible que des chevaux attelés à timon, ne soient toujours dans les ornieres & les mauvais pas, sur-tout quand les voitures ne peuvent passer que par des chemins creux & étroits; au lieu qu'au moyen des limonnieres, étant attelés de file, ils ont le meilleur terrein, & peuvent tirer à plein collier, & de toutes leurs forces. Les deux chevaux d'un timon ne font, & ne peuvent jamais être bien appareillés: le plus fort ruine dans peu le plus foible, & finit par être lui-même ruiné, tandis qu'à limonniere, & placés fuivant leur taille, ils employent féparément toutes leurs forces, fans que l'un puiffe nuire à l'autre; & il n'y a de choix que pour le limonnier: s'il y a un cheval de tué à un attelage à limonniere, on ferre la file, & on marche; mais fi cet accident arrive à un attelage à timon, on eft fort embarraffé du cheval refté feul: on peut, il eft vrai, le mettre en arbalete; mais alors il ne fait qu'une bien foible reffource. Les roues des avant-trains des affuts à timons, ne peuvent paffer fous l'affut; ce qui met dans l'impoffibilité de tourner un peu court, comme on y eft très-fouvent forcé; les affuts à limonniere ont l'avantage de tourner auffi court que l'on veut. Lorfqu'il eft queftion de traverfer des comblemens de tranchée, & de mener du canon en batterie à un fiege, & même en campagne, le Charretier, en tenant fon limonnier par le bridon, eft épaulé des coups de fufils, par fon propre cheval, au lieu qu'en menant à timon, il eft infiniment plus expofé, étant obligé d'être monté fur un de ces chevaux. Les Officiers d'artillerie, qui ont de l'expérience de guerre, connoiffent toute l'importance de contenir & d'affurer les Charretiers. S'agit-il de conduire de l'artillerie avec vîteffe & au trot, à travers des terres labourées, & des terreins pierreux, comme fouvent il s'en trouve, les timons n'y réfiftent pas; ils caffent, & il eft peu d'Officiers d'artillerie que l'expérience n'ait convaincu de ce fait. Indépendamment de tous ces avantages qu'on ne peut contefter aux limonnieres, & de beaucoup d'autres qu'on croit inutile de détailler ici, elles en ont un très-précieux, & qui ne doit pas laiffer héfiter un moment fur l'exclufion à donner aux timons; c'eft la facilité avec laquelle s'opere l'attelage des voitures, tandis que celles à timons demandent infiniment plus de tems. Cette différence, qui eft de plus de moitié en fus, tant pour harnacher que pour atteler, ne peut-elle pas être de la plus grande importance en quantité d'occafions? L'ufage conftant des voitures à limonnieres, tant à Paris que dans la plupart des provinces, pour le tranfport des pierres, des moëllons, bois de charpente, &c. d'un poids énorme, en démontre l'utilité, tant par la facilité de faire retenir dans les defcentes par le cheval de brancard, que par tous les autres avantages inconteftablement reconnus des limonnieres fur les timons. Une expérience faite à Paris, par ordre du Roi, le 12 Sept. 1740, en préfence de Mrs *de Breteuil* & *de Maurepas*, Miniftres, le Comte depuis Marechal *de Belle-Ifle*, & *du Brocard*, qui ont tous figné le Procès-verbal rapporté au premier vol. des Mémoires *de Saint-Remy*, édit. de 1745, prouve que la préférence en général doit être accordée aux limonnieres fur les timons, même pour les pieces à la Suédoife, dont il étoit queftion alors d'admettre l'ufage en France.)

(XIII.

(XIII. p. 6-8. Ce célébre Général (le Maréchal *de Saxe*) auroit fort souhaité que toutes les voitures de son armée eussent des timons au lieu de limonnieres. On se contentoit alors, pour faire valoir les timons, de dire que par leur moyen la file de l'artillerie toujours trop longue, seroit considérablement raccourcie, & on s'autorisoit de l'exemple des nations voisines, & de celui de la compagnie des vivres. A cela, les officiers qui tenoient pour les limonnieres, répondoient que l'attelage à timons n'abrégeroit pas autant à beaucoup près la file de l'artillerie sur le terrein, que le calcul sur le papier peut le faire croire, parceque la longueur des timons & des traits, cause des embarras fréquens qui occasionnent de grands intervalles entre les voitures. (L'usage de l'artillerie a toujours été de mettre les chevaux de l'avant deux à deux avec les limonnieres, lorsqu'il y en a plus de quatre, & d'en prendre à ce dessein un nombre impair pour les grosses pieces & les autres pesans fardeaux.) Ils ajoutoient que cette maniere d'atteler appesantit la marche d'une longue suite de voitures, quand les ornieres sont profondes, & les chemins étroits, parceque les chevaux n'ayant pas le pied ferme, ne peuvent employer toute leur force, ni avec égalité, se fatiguent beaucoup & s'abattent souvent; que la voiture à limonniere étant plus facile à conduire que la voiture à timon, le premier soldat peut au besoin servir de Charretier, avantage inappréciable sous le feu de l'ennemi, qui fait presque toujours perdre le courage & la tête aux charretiers ordinaires; que l'exemple des équipages de la compagnie des vivres ne conclut rien pour nous, vu qu'ils ne se trouvent presque jamais dans les mêmes circonstances que l'artillerie, & que leur file, sans être moins longue que la nôtre, proportion gardée, est encore plus lente dans les mauvais chemins; que l'exemple des étrangers ne prouve pas davantage, puisqu'ils ne menent l'artillerie ni plus promptement, ni plus en ordre que nous; tout au contraire. Nonobstant ces réponses, il fut ordonné qu'à l'équipage destiné pour l'armée d'Allemagne en 1740, où M. *du Brocard* devoit commander l'artillerie, toutes les voitures à quatre roues, excepté les affuts, seroient à timon. M. *Dupas* commandant l'artillerie au département d'Alsace, exécuta l'ordre; mais craignant quelque contre-tems ou un contre-ordre précipité, il eut soin de conserver ou de faire préparer aussi une limonniere pour chaque chariot. Bien lui en prit, car au moment du départ les chevaux arriverent avec des harnois à limonniere. Ainsi M. *du Brocard* fut obligé de ne pas suivre son goût pour les timons. Il n'y eut durant cette guerre aucun changement remarquable sur l'attelage, & le service se fit avec succès, malgré les difficultés du pays, & les autres circonstances. A la paix, l'autorité du Maréchal de Saxe, & les conseils de M. *Duverney* porterent la Cour à ordonner de nouveau que dorenavant les voitures d'artillerie, sans exceptions, auroient des timons. En conséquence, M. *de Mouy*, malgré son propre sentiment, crut devoir ne parler que du timon dans ses Mémoires rédigés en 1749, & il y donna, comme un problême assez difficile à résoudre, de l'adapter aux affuts d'une maniere avantageuse.)

(Id. p. 10-12. Nous avons fait la campagne de 1757 en Westphalie, & dans l'Electorat d'Hanovre, avec des voitures à munitions, & des pieces de régimens à timon; mais les affuts du Parc avoient des avant-trains à limonnieres. Ceux-ci ne retarderent point nos marches; & bien-loin que les autres les ayent allégées, il arriva que les Entrepreneurs des chevaux se plaignirent que leurs équipages en avoient souffert. Un Chef d'ouvriers (le Sr. *du Lion*,) Allemand de nation, qui avoit fait la guerre en Boheme, en Baviere, en Alsace, en Flandres, connu d'ailleurs par sa probité, par son zèle, par les peines infiniment utiles qu'il se donnoit dans toutes les marches, ne craignit point de proposer, en commençant la campagne suivante, de reprendre les limonnieres. M. *de Mouy*, pour lors Brigadier des armées du Roi, & Directeur du parc, y consentit d'autant plus volontiers, qu'il avoit eu le chagrin de voir les chevaux d'Artois dépérir, malgré ses soins, en traînant des chariots à la mode de cette province, & les Entrepreneurs le remercierent d'un changement qui leur avoit conservé beaucoup de chevaux. Comment des hommes estimables, qui veulent également le bien, peuvent-ils penser d'une maniere toute différente sur le même objet? Dans une autre armée, on prit tout le contre-pied de cette méthode: les chevaux s'en trouverent-ils mieux? On n'en dit rien; mais il fallut convenir qu'il cassoit plusieurs timons neufs à chaque marche, au lieu que les limonnieres ne cassent presque jamais. D'un côté, on soutient que cette fragilité des timons est un léger inconvénient, parceque chaque espece de voiture a son timon de rechange; que le remplacement est prompt; & qu'au pis aller, si le rechange a manqué, le premier petit arbre en tient lieu; avantage que n'ont pas les limonnieres. L'autre partie replique qu'un si grand nombre de timons de rechange est un véritable embarras; que le remplacement de plusieurs dans une même marche, demande toujours du tems, & par conséquent la retarde, sur-tout en présence de l'ennemi; que dans ce dernier cas, & dans beaucoup d'autres, les petits arbres propres à y suppléer, ne se trouvent pas toujours sous la main, ni l'ouvrier pour les préparer; que ces inconvéniens sont plus importans encore pour les affuts, que pour les autres voitures; qu'à l'égard des limonnieres, il faut un très-petit nombre de rechanges; qu'il est aussi facile de les mettre en place que les timons, quand elles sont à tétard; que le premier arbre, de grosseur convenable, peut suffire aussi pour suppléer à un bras de limonniere qui casseroit, ce qui est rare, &c.).

(X. p. 38-40. L'attelage se faisoit autrefois à limonniere dans l'artillerie, & les chevaux marchoient de file. Le nouveau système a remplacé les

limon-

limonnieres par des timons, & conséquemment l'attelage, au lieu d'être de file, est devenu de front. Une foule de raisons avoit engagé depuis long-tems les Rouliers, dans presque toutes les provinces, à adopter ce changement. La principale & la plus sensible, est une répartition beaucoup moins inégale de l'effort du tirage, qui dans l'attelage à limonniere porte en grande partie sur un seul cheval, qui, le plus important de tous, à cette maniere d'atteler, est bien-tôt absolument ruiné par les ballottemens continuels qu'il éprouve dans sa limonniere, par l'action même des autres chevaux qui l'écrasent sous sa dossiere, au moins à la fin de chaque montée, & qui l'entraînent malgré lui dans les trous avec sa charge, & enfin par le poids de cette charge, qu'il est obligé de soutenir seul dans les descentes. Ces raisons décisives pour le bon sens des rouliers, l'étoient d'autant plus pour l'artillerie, qu'elle est bien plus dans le cas de rouler dans de mauvais chemins, & sur-tout pour l'ancienne artillerie, où les fardeaux étoient plus pesans, & où les plus pesans de tous, qui sont les canons, étoient portés sur les deux seules roues de l'affut, l'avant-train ne contribuant en rien à soulager l'affut, comme je l'ai dit; trop heureux lui-même de ne pas rester enseveli dans la boue, comme cela lui arrivoit souvent. Mais à ces raisons décisives pour toute espece de charroi, & qui l'a été depuis long-tems pour celui des vivres à l'armée, il s'en joint de particulieres au charroi de l'artillerie. 1° Celle de raccourir tout d'un coup de moitié la file des chevaux, & par-là de diminuer très-considérablement l'embarras & le tems des marches, ce qui est toujours précieux & souvent décisif pour le moment d'arriver. 2° Celle de donner aux Charretiers plus de facilité de maintenir leurs chevaux; autre objet très-important dans les marches, & sur-tout sous le feu. 3° Celle de pouvoir trotter, & galoper même, ce qui est absolument impossible avec les limonnieres, & ce qui est cependant nécessaire aujourd'hui que les troupes manoeuvrent en courant. A cette foule de raisons, les défenseurs de l'ancienne artillerie objectent, 1° que les chevaux attelés au timon n'ont pas le pied ferme, quand les ornieres sont profondes. On leur demande si le limonnier balotté dans son limon, & portant en outre une partie de la charge, la portant souvent même presque toute entiere, n'a pas le pied encore moins ferme. 2° Que ces chevaux ne pouvant dans ce cas employer toutes leurs forces, ni les employer avec égalité; se fatiguent beaucoup. On leur demande si le limonnier, qui dans ce même cas est obligé de résister seul, fatigue moins. 3° Que les timons cassent plus souvent que les limonnieres. On en convient, sur-tout si au lieu de recruter dans les provinces où l'on mène à timon de tout tems, au moins depuis très-long-tems, & qui peuvent très-facilement fournir plus de Charretiers à l'artillerie qu'il ne lui en faut, on prend les premiers venus, qui peuvent être en effet inexperts à cette maniere de conduire. On demande ensuite s'il y a comparaison entre la dépenfe d'un timon & d'une limonniere, entre l'embarras de porter des timons & des limonnieres de rechange, ni dans celui de les remplacer fur le champ, quand le rechange manque. Ces objections, comme on voit, font toutes déjà réfolues par les rouliers; elles le font d'une maniere encore plus pofitive par la compagnie des vivres de l'armée, qui n'ont jamais fongé à quitter leurs timons pour revenir aux limonnieres; elles le font fur-tout par la confidération infiniment importante qu'il faut pouvoir trotter & même galoper avec l'artillerie, & que cela eft abfolument impoffible avec les limonnieres.)

M. *Bezout* remarque dans le *Nouveau Cours de Mathématique* (T. IV. §. 796 & 800.) que les conditions les plus favorables au charroi peuvent être obtenues de différentes façons, & que le problême du charroi n'eft point auffi facile à refoudre qu'il le paroît d'abord; ainfi il feroit fuperflu & trop long de faire un parallele de tous les avantages & défavantages de l'attelage à Timon & à Limonniere; d'ailleurs les articles précédens contiennent déjà tout ce qui peut être dit fur ce objet. On y voit que le principal avantage avec les timons eft de pouvoir marcher beaucoup plus vîte qu'avec les limonnieres; mais que les derniers font en revanche moins coûteux & plus durables. Ceci eft une de ces queftions que la routine & le fimple *bon fens des rouliers* décide en effet plus vîte & avec plus de jufteffe que les raifonnemens qu'on peut alléguer pour ou contre: On trouve qu'ils ont généralement préféré le timon & l'attelage de front pour toutes les voitures qui font deftinées à faire diligence, & qui pour cet effet doivent marcher au trot des chevaux; au lieu que dans plufieurs provinces de la France & de l'Allemagne, & generalement dans les pays montagneux on fait encore ufage des limonnieres & de l'attelage de file pour voiturer des fardeaux dont le tranfport exige moins de célérité, & pour lequel il fuffit de faire traîner les chevaux au pas, parceque la charge eft ordinairement trop forte ou trop volumineufe, & le trajet trop confidérable, pour marcher autrement. La lenteur de la marche donne alors au charretier le tems de ménager le tir du limonnier & des chevaux de la file fuivant les inégalités de la route où il fe trouve engagé; ce qui ne lui eft guere poffible quand il doit aller grand train, le point principal étant alors que les chevaux employent indiftinctément tout leur effort à la fois.

Il eft donc très certain que l'artillerie de campagne qui eft obligée de fuivre la manoeuvre des troupes & à être mêlée dans leurs marches, doit être attelée 1° de maniere à pouvoir faire la diligence néceffaire pour feconder les premieres, & 2° de forte à ne point allonger & embarraffer les dernieres; or on a vu que l'attelage à timon procure ces deux avantages. L'artillerie de fiege au contraire marche ordinairement feule, accompagnée d'une efcorte qui doit régler fa marche fur celle du convoi; d'ailleurs un tel train ne fauroit aller qu'aux pas des chevaux, à caufe de la pefanteur des machines; c'eft alors

qu'il

D'ARTILLERIE.

qu'il convient de se servir de l'attelage qui est jugé être le plus avantageux par les charretiers du pays, sans s'embarrasser s'il alonge la file ou s'il est propre à faire marcher le convoi au trot des chevaux.

SECTION SIXIEME.
Des Obusiers.

(III. p. 53. Nous savions, avant que le nouveau syſtême fut proposé, que les obusiers peuvent remplacer avantageusement les mortiers de 8 pouces; notre Directeur général, M. *de Valiere*, l'a fait voir, comme nous l'avons déjà dit, aux sieges de Berg-op-Zoom & de Maſtricht.)

(XI. p. 54. Comme les bombes de 10 pouces n'équivalent pas à celles de 12, de même la bombette de six pouces n'aura pas dans les affaires de campagne l'effet d'une bombe de 8 pouces; d'où il suit que l'obusier de 8 pouces, dont le poids sur son affut n'excede pas celui d'une piece de 4 ordinaire, est préférable à celui de 6.) *Valiere*.

(Id. p. 59. On a conservé les obusiers de 8 pouces pour les sieges, & l'on en a fait de 6 pouces pour la campagne, par les raisons dites au résultat: elles ne sont point ici combattues.) *Grib*.

(Id. p. 146. Une simple réflexion sur l'objet principal qu'un Général d'armée se propose, en faisant ajouter six ou huit obusiers à la suite de son Parc d'artillerie, fait voir combien ceux de 8 pouces sont préférables à ceux de 6. A quoi cette arme est-elle destinée? A tirer contre des redoutes, à enfiler des retranchemens, à détruire des maisons, à brûler des villages, à tirer contre des postes qui obligent à une sorte de siege. Or, quiconque a vu dans les tranchées, ou sur les remparts d'une place assiégée, la différence des effets d'une bombe de 8, & d'une bombette de 6, ne balancera pas sur le choix, d'autant plus que notre obusier de 8 pouces, ne pese pas plus qu'une piece de 8 du nouveau modèle.)

(X. p. 32. Le nouveau syſtême a supprimé les obusiers de 8 pouces des équipages de campagne, & adopté ceux de 6, comme beaucoup plus faciles à manoeuvrer, & comme capables d'ailleurs de remplir également bien l'objet particulier de cette arme en campagne, qui consiste à inquiéter l'ennemi derriere des abris où le canon ne peut le chercher; ou à brûler des maisons dont il se couvre. La seule objection des défenseurs de l'ancienne artillerie contre ce changement, est que l'obusier de 8 pouces, ne pesant pas plus sur son affut qu'une piece de 4, ce n'étoit pas la peine de perdre l'avantage du calibre de 8 sur celui de 6, pour se procurer un allégement si peu nécessaire. Mais

Mais il n'eſt point d'Artilleur qui ne ſente que cette objection ne peut faire d'impreſſion ſur des gens inſtruits. Car l'effort d'un obuſier ſur ſon affut ne peut jamais être comparé à celui d'une piece de canon, en prenant pour régle le poids, ou la quantité de matiere. Si l'on mettoit un obuſier de 8, ſur un affut de canon de 4, il ne tireroit pas trois coups ſans avoir briſé cet affut. Le genre de tir de cette arme, qui oblige à l'élever, & qui, par cette raiſon, eſt bien plus fatiguant que celui du canon, oblige à lui donner des affuts beaucoup plus forts, & par conſéquent beaucoup plus lourds que ne l'indique ſa quantité de métal. A quelque point qu'on allége l'affut de l'obuſier de 8, cette arme ne peut ſe dépoſter à bras; il a donc fallu l'abandonner, ou ſe réſoudre à ſe jetter pour cette arme ſeule dans l'embarras dont on s'étoit délivré pour tout le canon de campagne, celui de conſerver des attelages dans la ligne au moment de l'action. On a encore eu égard dans ce changement à la différence du poids des obus de 6 à celles de 8, qui va à prés du double, & aux facilités très-importantes que la manoeuvre & le tranſport reçoivent à cet égard. Les partiſans du vieux ſyſtême ne tiennent pas compte de ces avantages.)

Il paroît que l'on eſt d'accord ſur l'uſage de l'obuſier dans les affaires de campagne: Cependant l'effet avantageux de cette arme avoit fait naitre l'idée à pluſieurs perſonnes, que l'on feroit bien de la ſubſtituer aux petites pieces de canon dans les batailles, ou qu'il falloit au moins mener un certain nombre d'obuſiers en ligne. Les obuſiers Ruſſes nommés *Schoubalows*, du nom de l'inventeur, ont pu contribuer à accréditer ce ſentiment; mais quiconque a bien obſervé l'incertitude du tir de l'obuſier en général, ne croira gueres au merveilleux effet que l'on attribue aux *Schoubalows*, & ne ſera point tenté d'employer l'obuſier en place du canon dans les batailles. La raiſon en eſt fort ſimple: L'obuſier étant infiniment plus court que le canon doit néceſſairement avoir beaucoup moins de portée à élévation égale; on ſera donc obligé d'augmenter conſidérablement cette élévation, & le coup deviendra trop fichant & trop incertain; c'eſt le même cas que nous avons diſcuté à l'égard des pieces de batailles, & ce que nous y avons dit ſur l'inſuffiſance du ricochet des boulets, reçoit encore plus de force à l'égard des bonds de l'obus, qui ſont infiniment plus élevés, parceque leur angle d'incidence eſt plus ouvert. Mais la cartouche à grappe de raiſin de l'obuſier dira-t-on? Elle portera à raiſon de ſa bombette, avec cette différence cependant, que l'élévation convient beaucoup moins à ce tir, comme on verra à l'article des cartouches; d'où il arrivera que les obuſiers ne porteront la cartouche qu'à 80 toiſes avec quelque avantage, au lieu que les pieces de 4

iront

iront fort bien à 150. Or ces 150 toises ou 450 pas ne pourront être parcourues par l'ennemi que dans 4 minutes, pendant lesquelles la piece de 4 tirera 16 coups bien ajustés; l'obusier n'ayant que la moitié du tems ne pourra tirer que 8 coups, & il n'ira même qu'à la moitié si l'on fait attention que le service est plus lent, & le pointement beaucoup plus difficile avec cette arme.

Il est donc bien démontré que l'obusier ne doit servir en campagne que pour inquiéter l'ennemi derriere les retranchemens & hauteurs, où le canon ne peut découvrir, & que pour brûler les maisons dont il se couvre; objets dont on pourroit aussi venir à bout avec le canon à l'aide du ricochet & du tir à boulet rouge, si l'exécution n'en demandoit trop de tems & trop d'apprêts; voilà ce qui fait préférer l'obusier, & l'obusier du calibre le plus portatif, parceque ces objets n'exigent pas précisément ni les éclats ni la grosseur des bombes, qui crévent d'ailleurs rarement sur le point où on les tire de l'obusier; ce qui est très différent dans un siege. C'est donc avec raison que l'on a confiné l'obusier de 8 pouces dans les équipages de siege, & que l'on ne fait usage que de ceux de 6 po. pour les affaires de campagne, où on ne les fera point servir à d'autre usage que celui que nous venons de rapporter, à moins que ce ne soit manque de canons, ceux-ci devant toujours être préférés, parceque leur tir est plus étendu, plus juste, plus vif & moins dispendieux que celui de l'obusier.

Oo   CHA-

CHAPITRE SECOND.
Des changemens faits dans l'Artillerie destinée à l'Attaque & à la Défense des places.

SECTION PREMIERE.
Des Pieces de Siege & de Défense.

(XI. p. 35. On nous a dit qu'il avoit été proposé de supprimer les petites chambres pratiquées dans le fond des pieces de 24 & de 16; cela seroit avantageux, non-seulement pour servir ces pieces avec plus d'aisance & de précision dans les ricochets; mais aussi pour augmenter l'inflammation de la poudre, & par conséquent les effets dans les bréches. J'ai plusieurs fois parlé de ce changement; on m'a répondu que les petites chambres augmentoient l'inflammation de la poudre, c'est une erreur; qu'elles augmentoient la résistance des lumieres, cela est vrai; & il restera à vérifier si les lumieres de cuivre qu'on propose de mettre à vis, résisteront autant que les autres, ou seulement si on pourra les remplacer avec autant d'aisance en batterie, pour ne pas occasionner une perte de tems trop considérable. J'ai vu à Brest, en 1745, remettre de ces lumieres, même aux pieces de fer, avec baucoup de précision; mais je ne sai si elles ont réussi dans l'usage. J'en avois proposé en ce tems-là l'épreuve pour l'artillerie de terre. Comme la longueur des pieces de 24 n'a été déterminée que relativement à la conservation des embrasures, & que depuis ce tems on employe moins de poudre que la plupart des officiers n'en employoient alors, puisqu'on outre-passe plus la charge de 9 liv. peut-être pourroit-on diminuer la longueur de cette piece d'un calibre, lui laissant ses épaisseurs, elle deviendroit beaucoup plus solide, quoiqu'un peu diminuée de poids par ce raccourcissement. Cela paroît mériter d'être mis en discussion.) *Gribeauval.*

(Id. p. 47. La petite chambre de deux pouces & demi de profondeur, sur un pouce de diamétre, pratiquée au fond des pieces de 24, & celle des pieces de 16, proportionnée à leurs dimensions, empêchent que le canal de la lumiere ne soit exposé à tout le choc de la charge entiere; & par conséquent qu'il ne soit aussi promptement évasé qu'avant cette construction prescrite par l'Ordonnance de 1732. L'auteur du Mémoire en convient. Elles ont un second avantage: c'est que l'évasement de la lumiere, déja retardé, ne se faisant plus irréguliérement comme autrefois, il est plus facile de la tarauder,

der, & d'y mettre un grain à froid. Quand il seroit vrai qu'au lieu d'augmenter l'inflammation de la poudre, elles la retardent, ainsi que l'auteur du Mémoire l'avance, la force du coup seroit bien moins diminuée par-là, que par la perte du fluide élastique qu'occasionne l'évasement de la lumiere. Le prompt évasement de la lumiere empêche bien plus *l'aisance & la facilité* des ricochets, que ces petites chambres, supposé encore quelles ayent cet inconvénient. La suppression des petites chambres étoit donc contraire au bien du service, & il a paru nécessaire de revenir sur cet objet à l'Ordonnance de 1732. Au lieu de la méthode rappellée ici d'ouvrir une piece neuve pour y mettre un grain, il est bien plus naturel de prendre des précautions pour que la masse de rosette soit conservée pure dans la coulée, & d'attendre que le mal soit fait pour apporter le remède : c'est ce qui a été ordonné depuis deux ans.) *Valiere.*

(Id. p. 55. Cette chambre contient 3 onces de poudre qui, dans l'épreuve de réception des poudres, portent un globe pesant 60 l. à 100 toises. Ainsi elle déplace la charge & le boulet, avant que cette charge soit enflammée dans la piece. Cette régularité d'évasement n'existe pas : pour s'en convaincre, il suffit de regarder les vieilles pieces renvoyées aux Fonderies; les lumieres sont presque toutes étoilées. Nous n'avons dit nulle part qu'on se serviroit de lumieres trop évasées; au contraire, nous avons donné le moyen de remplacer les grains, même en batterie, dès que les lumieres s'évaseroient trop sensiblement. Nous avons remédié aux évasemens des lumieres; M. *de Valiere* ne remédie pas aux irrégularités de l'emplacement de la poudre dans le ricochet, & encore moins aux accidens du feu, dont on s'est toujours plaint, parce qu'on ne peut pas écouviller dans ces chambres. Donc la suppression des chambres étoit nécessaire. La réponse de M. *de Valiere* porte sur une proposition, & non sur l'arrêté qui a eu lieu après discussion, le 15 Février 1769.) *Gribeauval.*

Id. p. 60. On ne doit point remplir de poudre ces petites chambres; d'ailleurs l'inflammation de la charge étant instantanée, ou du moins se faisant dans un tems sensiblement indivisible, la réponse de l'auteur tombe d'elle-même. Il n'est pas question de *régularité*, mais de moins d'irrégularité dans l'évasement des lumieres. Jamais il n'y a eu d'accident de la part des petites chambres, ni aux écoles d'exercice, ni dans les sieges. On ne sait pas si c'est l'auteur qui a remédié aux évasemens des lumieres; mais on sait que les ricochets ont été très-bien tirés pendant les dernieres guerres. Il n'y avoit point de remède à chercher là-dessus.)

(XIII. p. 54. 1° Tous les sieges des dernieres guerres prouvent que ces chambres ne s'opposent point à l'usage des gargousses de papier, puisque nous nous en sommes servi dans les batteries avec le plus grand succès.

2°. Avec nos écouvillons, dont la tête est garnie de soie de cochon, longue & forte, ces chambres sont auffi aifément écouvillonnées que le reste de la piece, & l'on ne peut citer aucun accident qui leur soit particulier, soit dans les sieges, soit aux exercices d'école. 3° De quelque maniere que la poudre soit portée au fond de la piece, avec la lanterne, ou dans une gargouffe de papier, le coup de refouloir en fait entrer dans ces chambres. Il est donc auffi facile de tirer avec des étoupilles, que fi elles n'étoient pas pratiquées au fond des pieces. 4° Enfin, elles ne peuvent mettre de l'incertitude dans l'emplacement des charges à ricochet, qu'autant que le commandant de la batterie négligeroit fon fervice; ce qu'on ne doit pas fuppofer.)

(X. p. 7-9. Les motifs annoncés pour la suppression de ces chambres ont été: 1° La difficulté de régler la charge du ricochet, qui fait dans l'attaque des places une des principales fonctions de ces pieces. 2° La diminution d'impulfion du boulet, qui eft évidemment déjà loin de la charge, lorsqu'elle s'enflamme; puifque ces chambres contiennent trois onces de poudre, qui, dans l'épreuve de la réception des poudres, fuffifent pour transporter à 100 toifes un globe pefant 60 livres. 3° L'inconvénient de garder le feu; inconvénient terrible, & dont rien ne peut garantir, puifqu'on ne peut écouvillonner ces petites chambres. Les défenfeurs de l'ancienne artillerie ne repliquent rien à ces difficultés, dont la derniere fur-tout eft de la plus grande importance; & faifoit, depuis l'établiffement de ces chambres, l'objet des plaintes continuelles dans l'artillerie. Mais à ces trois difficultés ils oppofent deux avantages, par lefquels ils tâchent de les balancer. Ils difent que les petites chambres accélérent l'inflammation de la poudre, & qu'elles ménagent les lumieres. Le premier de ces avantages prétendus n'a point lieu évidemment, puifque le feu parcourant, dans les pieces à petites chambres, un chemin incomparablement plus long que celui qu'il parcourt dans les mêmes pieces, qui n'ont point de ces chambres, doit arriver plus tard à la charge. L'autre avantage du ménagement des lumieres feroit inconteftable, fi l'on avoit laiffé aux nouvelles pieces des lumieres pareilles à celles des anciennes; car il eft évident qu'à égalité de métal, la lumiere la plus épaiffe a plus de réfiftance. Mais comme, par les grains viffés à froid, on a procuré aux lumieres des nouvelles pieces infiniment plus de réfiftance que les lumieres des anciennes n'en recevoient de l'épaiffeur du métal, il s'enfuit que c'eft fans aucun avantage, & abfolument en pure perte, que les petites chambres des pieces de 16 & de 24 jettent dans l'inconvénient, 1° de ne pouvoir régler le fervice du ricochet, 2° de diminuer l'impulfion du boulet, 3° de garder le feu.)

Revoyez encore ce que l'auteur du No. VII. dit à ce sujet à la 75 & 76 page de nos Mémoires. Il fuit de ces confidérations réunies que ce que l'on allégue en faveur des petites chambres: 1° Savoir qu'elles accélérent

l'inl'inflammation ou plutôt l'explosion de la poudre est faux; parceque le fluide qu'elle contient agit dès sa naissance; & parce qu'il s'y développe une quantité suffisante de fluide pour déplacer le boulet & le reste de la charge (témoin l'éprouvette), avant que ce reste ait pu laisser échapper le fluide qu'il renferme; d'où il suit par les principes que nous avons développés à l'occasion des pieces de bataille p. 214. de ces Mémoires, que l'explosion totale de la charge est en effet retardée par les petites chambres.

2°. Que l'avantage qu'on leur attribue de conserver les lumieres est fondé sur deux raisons: La premiere qu'il y a moins de poudre avoisinée à la lumiere, car il n'y a que celle qui s'enflamme à son entrée qui puisse lui nuire, puisque ce n'est point l'effort expansif du fluide, mais la force échaufatoire de la flamme & la proprieté corrosive de l'alcali fixe qui naît au détonnement de la poudre, lesquels sont cause de l'évasement des lumieres; c'est-à-dire qu'il dépend du plus ou du moins de densité de la flamme à cet endroit: Mais on a déjà remarqué que le reste de la poudre ne se convertit en feu que fort avant dans l'ame, & qu'il s'y dilate trop librement pour que la flamme puisse joindre la lumiere avec un degré de densité assez fort pour lui nuire. Ceci est donc une suite de l'effet impulsif de la poudre que renferme la petite chambre, & probablement aussi la principale raison du moindre évasement des lumieres des anciennes pieces de 24 & de 16; quoique la raison suivante puisse aussi y avoir quelque part.

La seconde raison pourquoi elles ménagent les lumieres, est que l'épaisseur du métal en devient plus forte à cet endroit; & voici comment il me paroit qu'elle y contribue. Dès que le métal à l'ouverture intérieure de la lumiere est entamé; l'évasement se fait en cone, dont la base est à l'endroit du plus grand effort, c'est-à-dire à cette même ouverture intérieure de la lumiere, & le sommet à l'entrée; la hauteur de ce cone varie suivant l'épaisseur du métal. D'où il suit qu'aux pieces pourvues de pet. chamb. le cone d'évasement aura moins de base parceque l'effort y est beaucoup moindre, & qu'il aura plus de hauteur parceque l'épaisseur du métal y est plus forte qu'aux pieces ordinaires. Or il est facile de concevoir que le feu est plus resserré, & que son action est par conséquent plus violente contre les parois du cone obtus, & en même-tems plus prompte à gagner son sommet, ou l'entrée de la lumiere.

La premiere raison que l'on vient de donner peut justifier M. *le Blond* contre un reproche d'autant plus sensible qu'il lui a été fait par le Comte *de Saluce*, Membre de l'Academie des Sciences de Turin, & Auteur de l'excellent *Traité sur la Poudre à Canon*, qui a été publié dans les Mémoires de la même Academie.

Voici le paſſage de l'Artillerie Raiſonnée de M. *le Blond* qui y a donné lieu, p. 91 : "Leur objet (celui des pet. chamb.) eſt de diminuer l'effort de l'in-"flammation de la poudre ſur la lumiere, & par conſéquent de la conſerver "ou faire durer plus long-tems : elles rendent d'ailleurs ſon canal plus long & "plus ſolide par la grande épaiſſeur du métal autour des petites chambres. "Ces chambres ſervent encore à enflammer la charge des Pieces plus prompte-"ment que lorſqu'elles n'en ont point. Elles y portent le feu par une eſpece "de canal de toute l'étendue de leur capacité; au lieu qu'il ne ſe communique "aux autres Pieces que par celui de la lumiere qui eſt beaucoup plus étroit, & "qui n'aboutit qu'à quelques lignes du fond de l'ame des Pieces."

Le Comte *de Saluce* s'explique à la ſuite de ſon traité ſur la poudre, à-peu-près en ces termes ſur le paſſage précédent. "Ce qui eſt en effet abſurde. "Car puiſque l'effet contre la lumiere n'eſt uniquement dû qu'à la dilation uni-"forme du fluide élaſtique, il ſuit que la preſſion eſt également forte contre "tous les points. L'auteur auroit mieux expliqué ce point s'il avoit dit, comme "dans la ſuite, que la plus grande épaiſſeur des pieces en cet endroit, contribue "en quelque façon à modifier l'effet de la poudre."

La cauſe à laquelle le Comte *de Saluce* aquieſce ici peut être expliquée par la ſeconde raiſon que j'ai donnée de l'évaſement des lumieres; mais j'ai peine à me figurer que cet auteur ne ſouſcrive à la premiere, puiſqu'elle eſt en tout conforme & même déduite des principes lumineux que cet auteur & M. *Antoni* ont fixés & adoptés ſur l'effet de la poudre dans les armes à feu.

Mais M. *le Blond* en propoſant d'écouvillonner les petites chambres avec un écouvillon à petit boudin s'eſt mérité une ſortie aſſez vive de la part de l'auteur de l'artill. nouv. quand il dit:

(VII. p. 32. not. M. *le Blond* n'ayant, ſans doute, jamais vu écouvillonner que les canons en mignature de ſon Ecole de Verſailles, n'a pas imaginé que les canonniers qui écouvillonnent à tour de bras, puiſſent déranger l'économie de ſon petit boudin.

Ce que l'auteur du No. XIII. aſſure eſt auſſi peu fondé, ſavoir que les chambres feront écouvillonnées par les ſoies des écouvillons; Car ces écouvillons ne valent généralement rien, pas même pour écouvillonner les pieces ordinaires; 1° parceque les ſoies tombent bientôt, 2° parceque ces écouvillons ne bouchent pas aſſez l'entrée à l'air, ce qui eſt néceſſaire, puiſqu'on ne parvient à éteindre le feu qu'en chaſſant l'air qui eſt contenu dans l'ame par la lumiere & en privant le feu de cet aliment néceſſaire.

Le 4ᵉ & 5ᵉ paſſage, tous deux en faveur des petites chambres, ſont en contradiction manifeſte; l'un veut qu'on n'y mette point de poudre, & l'autre ſoutient au contraire que les coups de refouloir y en feront entrer; je ne
m'ar-

m'arrêterai nullement au premier fentiment, parcequ'il s'oppofe abfolument à l'ufage de la lanterne & des fufées d'amorce, pendant que l'on peut être obligé de recourir à la lanterne, & qu'il eft affez connu combien les fufées d'amorce contribuent à la confervation des lumieres. Quant au fecond fentiment il eft probable que les coups de refouloir feront crever le papier de la gargouffe & entrer de la poudre dans la chambre, mais il n'eft pas moins certain que la quantité & l'emplacement de cette poudre fera très-variée d'un coup à l'autre, & abfolument dûe au hafard; d'où n'ait l'incertitude des coups, & principalement de ceux qui font tirés à ricochet: cependant leur charge a d'autant plus befoin d'une explofion uniforme qu'elle eft moins confidérable que celle des coups tirés à toute volée ou à brêche, qui par leur plus grand effort impriment plus de vîteffe aux boulets & les font partir fous un angle moins élevé, c'eft-à-dire avec des circonftances plus favorables pour la jufteffe du coup, que les boulets tirés à ricochet, lefquels en demandent cependant le plus.

D'où l'on peut conclure avec l'auteur du No. X. que puifque les grains viffés à froid procurent infiniment plus de réfiftance aux lumieres des nouvelles pieces que celles des anciennes n'en recevoient des petites chambres, il s'enfuit que c'eft fans aucun avantage, & abfolument en pure perte qu'elles jettent dans l'inconvénient, 1° de ne pouvoir régler le fervice du ricochet, 2° de diminuer l'impulfion du boulet, 3° de garder le feu.

SECTION SECONDE.
Des Affuts pour les Places.

(VI. p. 240. C'eft particulierement d'après ce principe que M. *de Gribeauval* a donné auffi un affut de fa façon, qui remplit encore mieux cet objet, mais qui a, je crois, l'inconvénient de fe déranger beaucoup, fi on le laiffe effuyer long-tems les injures de l'air.)

(VII. p. 150. C'eft le feul reproche que M. *du Puget* fait d'ailleurs à cet affut, mais c'eft celui qu'il peut faire à tous les affuts, quand *on leur laiffe effuyer long-tems les injures de l'air;* auffi ne les leur laiffe-t-on effuyer que lorfque le fervice l'exige. Et l'affut de place étant conftruit des parties généralement plus fortes que les affuts ordinaires, on ne peut déviner fur quoi porte le reproche que l'auteur lui fait de préférence aux autres affuts.)

(I. p. 106-109. La feconde qualité effentielle à tous les inftrumens d'artillerie, eft la *fimplicité*. — Pour appliquer ceci à la défenfe des places, qui fait mon principal objet; fi, pour tirer fans embrafures, & pour tirer
de

de nuit, on s'avifoit de fubftituer de grands échauffaudages à nos platte-formes, dont on peut quelquefois même fe paffer, ou de conftruire, au lieu de nos affuts, des machines plus compofées & préfentant plus de parties foibles à l'ennemi, quel embarras ne réfulteroit-il pas dans les déplacemens? Quelle facilité ne donneroit-on pas à l'affiégeant de les mettre hors de fervice, particuliérement par fes ricochets? La troifieme qualité, *l'uniformité*, n'eft pas moins effentielle: non-feulement l'uniformité eft néceffaire dans tous les attirails de l'artillerie, elle feroit très-avantageufe dans leurs moindres parties même, s'il étoit poffible d'y réduire tous nos arfenaux. Si on fe permettoit autant de machines différentes qu'il y a de cas particuliers où l'on en pourroit tirer quelque avantage, quels frais! quelles difficultés! quelles longueurs dans cette multitude de conftructions! quelles difficultés dans les tranfports! quelle confufion dans le fervice! Le principe de l'uniformité eft la barriere qu'on oppofe à ces défordres. C'eft donc avec jufte raifon qu'on n'a jamais permis d'introduire des pieces particulieres ni des affuts particuliers pour la défenfe des places. L'uniformité avec les pieces de campagne eft également utile dans la profpérité & dans le malheur: dans la profpérité on peut tirer de fes places de quoi faire des fieges, fans diminuer l'artillerie de l'armée: dans les cas imprévus, tels que des defcentes, on en peut tirer des places à portée, fans être obligé d'en faire venir à grands frais d'arfenaux éloignés, au rifque de ne les avoir qu'après coup: après une bataille malheureufe où l'on auroit perdu une grande partie de fon artillerie, on peut réparer cette perte en tirant du canon des places les moins expofées. La feule objection qu'on puiffe faire, c'eft que cela donne au Général la facilité de dégarnir les places & de les abandonner fans défenfe à l'ennemi. Je réponds que fi un Général eft affez imprudent pour dégarnir ainfi des places expofées, il ne les dégarnira pas moins, quelles que foient les pieces, & quels que foient les affuts, parcequ'il aimera mieux les avoir tels qu'ils font que d'en manquer; & s'ils font d'un mauvais fervice pour la guerre de campagne, la faute en fera jettée fur le corps de l'artillerie. Et fi dans un cas les ordres de la Cour peuvent interdire au général de tirer aucune artillerie des places, ce qui feroit fouvent très-fâcheux, ils peuvent auffi, dans le cas d'uniformité, lui prefcrire de quelles places il en peut tirer.)

(II. p. 103. Mais il faut n'avoir jamais connu l'affut imaginé pour le fervice du canon dans la défenfe des places, ni le cadre qui en régloit le recul & qui affuroit la direction du tir la nuit comme le jour, ou vouloir fe faire illufion, pour dire que l'un préfente plus de parties faibles au ricochet; & pour appeller l'autre *un grand échaffaudage,* tandis que tout cet échaffaudage fe réduit à quatre pieces de bois affemblées par une croix de St. André, qu'on peut en un moment démonter & tranfporter fans autre fecours que celui des canonniers attachés au service de la piece. Comment peut-on nier que ce cadre ne soit la plus simple, comme la plus avantageuse de toutes les platte-formes? Quant à la complication que l'auteur reproche ici à l'affut lui-même rélativement à l'affut ordinaire, il faut rappeller le principe d'après lequel on doit juger les machines. Si l'on voulait proscrire la chévre, sous prétexte qu'elle est plus compliquée & coûteuse que le levier, on raisonnerait mal. Lorsqu'on veut comparer l'une à l'autre deux machines, qui ont toutes deux le même objet à remplir, il faut toujours examiner si la moins simple compense avantageusement dans ses effets la différence de dépense & de simplicité. Or la différence réelle entre l'affut de place & l'affut de campagne consiste en une simple roue de plus qui se trouve à l'arriere du premier, & qui, entre autres proprietés, a celle de faciliter singuliérement la manoeuvre la plus longue dans le service du canon, celle de le remettre en batterie: & si à cette proprieté, on joint la foule de celles dont nous avons parlé au commencement, lorsqu'il a été question généralement des avantages de cet affut, on ne regrettera sûrement pas la différence de dépense & de construction.)

(Id. p. 109-111. Pour être *uniforme*, selon lui, il faut se servir de la même machine pour différens usages. Mais ignore-t-il ce que c'est que l'*uniformité* qu'on demande dans les attirails de l'artillerie? A-t-il pu s'imaginer que cela signifiait qu'il fallait se servir de la même machine dans tous les cas, & pour tous les usages? On entend par uniformité dans les constructions, le maintien exact des mêmes proportions dans les machines de même espece. Mais jamais l'uniformité en fait d'artillerie n'a exigé qu'on se servît de la même machine pour différens usages, lorsqu'on vient à en imaginer une qui, dans telle circonstance, non point passagere, (car on pourrait balancer sur les frais) mais dans un objet aussi considérable, aussi étendu que l'est la défense des places, a mille raisons de préférence sur celle qui était précédemment en usage. Or, c'est le cas de l'affut de place: on ne peut nier la foule d'avantages qui lui sont propres, & qui suivent de sa construction, d'ailleurs très-simple, peu frayeuse & aussi solide au moins que celle de l'affut ordinaire. L'auteur prétend qu'avoir des affuts particuliers pour la défense des places, c'est pécher contre l'uniformité, que *c'est se permettre autant de machines différentes qu'il y a de ces cas particuliers*. Quoi! la défense des places à la guerre est un cas particulier; c'est-à-dire, un cas qui arrive si peu, que ce n'est pas la peine d'y penser. Dites donc aussi par la même raison qu'on doit raser toutes les fortifications, ruiner toutes les contremines qui ne sont préparées à grands frais que pour *ce cas particulier*. Un Général malheureux qui aura perdu son artillerie, fera, dites-vous, sortir des places, celle qui est destinée à leur défense, pour s'en servir à la suite de son armée, & jettera sur le corps de l'artillerie le mauvais service qu'il en tirera en la traînant sur ces affuts de places:

places: *car*, ajoutez-vous, *il aimera mieux s'en servir tels qu'ils sont, que d'en manquer*. Quand on connaît cet affut, on ne peut pas plus supposer qu'un Général malheureux songe jamais à en faire usage pour traîner de l'artillerie en campagne, & que par-là il reçoive la facilité dangereuse de dégarnir les places exposées à l'ennemi, qu'on ne pourrait craindre qu'il dégarnît une flotte de son canon pour le traîner à la suite de son armée, monté sur ses affuts marins.)

(III. p. 21-23. Oui, notre cher camarade, oui: malgré votre prétendue notoriété publique, l'illustre M. *de Valiere*, au siege d'Aire, un des théâtres de sa gloire, imagina de tirer *quelques pieces de canon* sans embrasures, & par-dessus le parapet; son génie militaire lui fournit le moyen de nuire aux ennemis de la France, & son esprit de ressource lui fit employer à ce moyen des affuts que d'autres auroient laissés au rebut. Au lieu d'en croire les mémoires fautifs de votre vieux lieutenant-colonel, à qui vous faites dire tant d'absurdités, que n'avez-vous consulté M. *de Gribeauval?* Il vous auroit appris ce que je viens de vous dire, & il n'auroit pas fait difficulté d'ajouter, qu'en présentant à M. *de Valiere* le modele de son affut de place pendant l'hiver de 1749, il lui dit en substance ces paroles: *Mon général, je propose cet affut pour me conformer à vos vues, & rendre d'une exécution plus facile le moyen dont vous vous êtes heureusement servi au célèbre siege d'Aire.* Si vous avez eu connoissance de ces faits assez connus des anciens officiers du Corps Royal, il faut que vous ayez cherché à faire illusion à nous autres jeunes gens & au public, en confondant, sous l'expression commune *de moyens*, ce que M. *de Valiere* a inventé & pratiqué, avec ce que d'autres ont fait faire, d'après l'idée de la chose; c'est-à-dire, du haut affut de place que vous connoissez, dont il est vrai que M. *de Valiere* n'a pas fait usage. Quel fruit retirerez-vous de cette pitoyable équivoque? De la honte; car personne ne vous en saura gré. Passe pour l'éloge, quoiqu'un peu ampoulé, du nouvel affut de place; nous convenons sans peine qu'il l'emporte, à bien des égards, sur celui de feu M. *de Valiere*: l'inventeur a son mérite, & celui qui perfectionne aussi. Mais vous avez beau vous battre les flancs, notre cher camarade, vous ne pouvez nous prouver que l'affut en question n'a pas les défauts qui lui sont reprochés dans l'appendice, & que M. *de Valiere* n'eut pu manquer d'appercevoir dès les premieres épreuves qu'il en eut faites dans le service. En effet, quoi que vous puissiez dire, outre qu'il est trop compliqué, il donne beaucoup de prise au ricochet; il expose les pieces à être aisément frappées au corps dans toute leur longeur: inconvénient irrémédiable, & qui détruiroit promptement l'artillerie d'une place, si l'on s'opiniâtroit à le substituer généralement & absolument aux autres affuts. Enfin il n'est pas aussi mobile, aussi *vagabond*, aussi *prêt à détaler* au besoin, que vous le prétendez. Pour vous en convaincre, venez une fois, venez dix fois de fuite à nos batteries d'exercice; n'interrogez perfonne, trop de caufes ferment les bouches; ouvrez feulement les yeux, & voyez, fans partialité, les peines, les mouvemens, l'impatience des canonniers attachés à la piece qu'ils nomment de place. Feu M. *de Valiere*, qui embraffoit du même coup-d'œil, & l'avantage de tirer dans certains cas par-deffus le parapet, & le mal qui réfulteroit de l'ufage général ou trop étendu d'un moyen de défenfe qui doit avoir fes bornes, a cru devoir s'expliquer nettement contre le projet qu'il favoit avoir été préfenté au miniftre de fubftituer *généralement* pour les groffes pieces dans l'approvifionnement des places, le haut affut à chaffis, aux affuts ordinaires; il a prévu & combattu l'abus d'un moyen utile, mais il ne s'eft point contredit.)

(XII. p. 110. L'affut imaginé pour la défenfe des places ne donnera jamais dans la pratique ce que l'on en promet: il préfente une trop grande furface aux ricochets, & il eft trop matériel & trop pefant, pour pouvoir être manœuvré & changer de place facilement. On peut (& l'épreuve en a été faite avec beaucoup de fuccès) fe fervir de toute efpece d'affut pour tirer au-deffus des parapets, en faifant à ces affuts quelques additions qui n'en augmentent le poids que de très-peu, & qui faciliteront fa manœuvre lorfqu'il fera queftion de les déplacer & changer de pofition.)

(XIII. p. 58. Il peut fervir dans certains cas: perfonne n'en difconvient; mais on en a fait trop d'éloge; on en veut rendre l'ufage trop général: il n'eft pas auffi mobile qu'on le prétend, ni auffi facile à mettre à l'abri des ricochets: il eft très-peu propre pour tirer en plongeant; il ne remplit qu'à demi l'idée de feu M. *de Valiere*, qui étoit d'avoir un affut, au moyen duquel l'affiegé put tirer au befoin par-deffus le parapet, & qu'un changement aifé put remettre en état de tirer dans une embrafure; il priveroit promptement l'affiegé des pieces pour lefquelles il eft fait, puifqu'il les expofe trop à être frappées au corps. Tous les avantages que lui attribuent fes partifans, peuvent être fort aifément fuppléés, fans furcharger nos arfenaux d'attirails embarraffans, qui n'ont qu'un objet. En voilà bien affez touchant une machine dont les défauts fe voyent journellement à nos écoles.)

(X. p. 9-12. Cet affut propofé par M. *de Gribeauval* en 1749, avoit été adopté fur le rapport de feu M. *de Valiere*. Mais cette adoption n'ayant point eu de fuites en France, c'eft dans la défenfe de Schweidnitz, où il fut d'un très-bon ufage, que fes avantages ont été bien conftatés. Les principaux font: 1° D'être d'une conftruction plus facile, puifqu'il y entre beaucoup moins de ferrures, & qu'il n'exige que des longueurs de bois environ moitié moindres. 2° De n'employer qu'environ moitié moins de monde pour le fervice de la piece. 3° D'être plus fort dans toutes fes parties, & fur-tout dans les rouages, qui font la partie la plus foible des affuts. 4° D'élever la
piece

piece à 18 pouces au deſſous de la crête du parapet, & par là de couvrir les canonniers qui n'expoſent que le haut de leurs bras, & ſeulement dans le moment où ils écouvillonnent & chargent la piece. 5° De ménager les parapets que les embraſures ordinaires détruiſent. 6° De donner une beaucoup plus grande facilité de mouvoir ſon artillerie, puiſqu'au moyen d'une embraſure de 18 pouces, qui ſe fait en un moment, on eſt en batterie; ce qui demande environ 24 heures avec les affûts ordinaires. 7° De conſerver les directions du tir pendant la nuit comme pendant le jour. 8° D'exiger moins d'eſpace ſur la largeur du rempart; de laiſſer par conſéquent plus de liberté pour les autres manoeuvres, & de pouvoir par-là être employé ſur des remparts étroits, où les affûts ordinaires ne pourroient l'être qu'avec des échafaudages. Les partiſans de l'ancienne artillerie n'ayant formé contre cet affût aucune difficulté poſitive, ni dans leurs ouvrages imprimés, ni dans les mémoires manuſcrits qu'ils ont répandus, & s'étant contenté de déclamations générales ſur ſon volume, ſur ſon élévation, ſans s'embarraſſer de fixer les inconvéniens qu'ils prétendoient ſe ſuivre de ce volume & de cette élévation, on devroit regarder cet objet comme abſolument hors de conteſtation, ſi depuis deux ans environ que l'ancien ſyſtême a été remis en vigueur, on n'avoit imaginé de ſubſtituer à l'affût dont nous venons d'expoſer les principales propriétés, une invention ſinguliere par laquelle on a prétendu obtenir les mêmes avantages pour le ſervice, & les obtenir avec plus d'économie. Cette invention conſiſte à élever la tête & la queue d'un affût ordinaire ſur des échantignoles; celles de la tête portent l'eſſieu des roues de l'affût; celles de la queue ſur l'eſſieu d'une roue en brouette qu'on y adapte. Il eſt bien vrai que par là on éleve la piece au-deſſus du parapet, & qu'on ſe procure les avantages qui dépendent de cette élévation. Mais c'eſt tout. Car 1° cet affût, loin d'occuper ſur la longueur moins de place que les affûts ordinaires, en occupe beaucoup plus. 2° Son rouage étant le même que celui des affûts ordinaires, le céde en force à celui de l'affût de place. 3° Les échantignoles, quelque fortement aſſemblées qu'elles ſoient par les étriers, ne peuvent tarder de ſe déſunir, parceque l'effort du recul de la piece y tend directement. 4° Enfin il eſt abſolument faux que cet affût coûte moins que l'affût de place. Car l'affût de place coûte beaucoup moins que l'affût ordinaire, qui ſe trouve encore ici renchéri par les échantignoles & leur appliquage. Ce ſeroit une grande illuſion que d'imaginer que l'économie ſe trouve en ce que ces affûts, conſtruits pour les places, ſerviront en même-tems pour les ſieges & pour la campagne. Car une piece ne pouvant ſervir ſur deux affûts à la fois, l'économie ne peut ſe trouver que dans l'affût ſur lequel la piece ſera employée, ou qu'on deſtine à ſon ſervice. Or ſi l'on convient, comme il le faut bien, qu'à quelques pieces près, deſtinées pour la campagne & les ſieges, & qu'on doit pour cela monter en affûts ordinaires,

naires, tout le canon de 16 doit être réservé pour la défense des places, il ne s'agit plus d'affuts à double-emploi, qui ne peuvent avoir lieu que pour des cas particuliers, mais d'affuts convenables au service ordinaire. Or comme on ne peut disconvenir que l'affut de place coûte beaucoup moins que l'affut ordinaire, il faut convenir que ce ne sera pas en montant ce dernier affut sur ces échantignoles frayeuses, qu'on le rendra plus économique que l'affut de place; à qui d'ailleurs il sera toujours démontré qu'il le céde, comme je viens de le dire, pour la solidité, & pour la commodité du service.)

L'on voit que les défenseurs de l'ancien système ne disconviennent point des avantages du nouvel Affut de Place qui viennent d'être exposés dans l'extrait du No. X. on y trouve de même que dans celui du No. VII. les réponses aux reproches suivans: 1° *De s'altérer à tirer*; 2° *Manque de Simplicité*; 3° *Manque d'Uniformité*; & 4° *Manque de Solidité*; je crois que le lecteur qui est à present familiarisé avec la construction & avec la figure de ces affuts, trouvera les réponses suffisantes. Voici quelques autres défauts auxquels on ne trouve point de replique.

5° *D'exposer les pieces à être frappées au corps*: à cela on demande si les anc. affuts en exposant les pieces à tous les coups d'embrasure, étoient supérieurs à cet égard?

6° *D'offrir plus de surface au ricochet*: Il est sûr que les nouv. affuts sont plus hauts, mais les anc. sont plus longs, & l'inspection de leur figure porte à croire qu'ils ne sont pas inférieurs en surface aux premiers. Au reste il n'y a qu'à conformer la hauteur des traverses à celle de l'affut, qui est entierement à couvert aux coups directs, & dont le rouage qui est plus bas est aussi moins exposé aux ricochets.

7° *D'être peu propre à plonger les coups*: C'est suivant la pente du fond de l'embrasure, que rien n'empêche d'augmenter si le besoin l'exige, sans qu'il soit besoin pour cela d'augmenter la profondeur intérieure de l'embrasure. Au reste la plongée des coups n'exigera pas plus de pente que celle que les parapets ont ordinairement, si ce n'est pour la défense du fossé par les flancs.

8° *De ne pouvoir être déplacés assez promptement*: Il est vrai que le simple déplacement des affuts ordinaires est moins long, à cause du tems qu'il faut pour monter & démonter le nouv. affut de dessus son cadre; mais la construction des embrasures qui sont nécessaires aux anciens affuts en demande beaucoup plus, de sorte que l'on peut plus promptement mettre une piece en batterie & en état de tirer quand elle sera montée sur l'affut de place de nouvelle construction, que si l'on faisoit usage des anciens affuts.

Les essais que M. *de Valiere* a fait dans la défense d'Aire & de Landau, & que M. *de Gribeauval* vient de perfectionner par la construction du nouv.

affut de place, tant pour parvenir à tirer de nuit, que pour pouvoir se passer des embrasures, prouvent assez son utilité, & la nécessité de le substituer aux anciens affuts de place, dont la construction étoit directement opposée au premier principe de la défense; qui est de se défendre à nombre inférieur, par conséquent de conserver son monde, & d'affoiblir celui de l'ennemi. C'étoit donc par une économie assez mal entendue qu'on donnoit peu de hauteur aux roues des anciens affuts de place & qu'on faisoit leurs flasques fort courts, quoique l'on avoit encore une autre raison pour cette derniere coutume, c'est que le terre-plein des remparts manquoit souvent de la largeur nécessaire pour le recul des pieces. Mais le peu de hauteur des roues obligeoit à faire la genouillere de l'embrasure fort basse, ce qui exposoit beaucoup les canonniers; & le raccourcissement des flasques augmentoit considérablement la difficulté de la manoeuvre pour le pointement latéral, sans diminuer à l'étendue du recul; qu'il étoit beaucoup plus facile de borner en donnant un peu plus de pente à la plate-forme. C'est donc pour de bonnes raisons que l'on a abandonné les anciens affuts de place que l'on trouve dans la nouv. Edit. de *St. Remi* 1745, pag. 217, 221, 228 & 229; & à plus forte raison les affuts bâtards ou marins qui péchoient encore plus par les endroits susdits; on a seulement réservé les derniers pour servir à la défense des villes maritimes, après avoir été placés dessus un chassis semblable à celui des nouv. affuts de place. Une nouvelle preuve de l'excellence des derniers, c'est qu'à la reforme que subit le nouv. systême en 1772, on a essayé de se procurer les avantages qui leur sont propres, en élevant les affuts ordinaires sur des échantignoles & en les plaçant sur le cadre de l'affut de place. En cela on a voulu suivre le principe d'uniformité que prescrit M. *de Valiere* pere; mais je remarquerois, 1°. que puisque le seul avantage de cette uniformité consiste dans la facilité qu'un général obtient pour dégarnir une place, & d'en tirer l'artillerie pour la faire servir en campagne dans un cas de besoin; il est au moins probable que cette envie lui passera, d'abord à l'égard des gros calibres qui font la meilleure partie du canon de place, & sur-tout s'il est composé de pieces de fer, que l'on employe cependant beaucoup pour la défense, mais que l'on ne sera guere tenté, je crois, de faire servir en campagne, pas même pour un siege. 2°. Que puisqu'on prétend faire usage du cadre, qui est, à la vérité, une machine nécessaire & infiniment plus sûre que ne sont toute la craie & les piquets possibles pour conserver pendant la nuit la direction des flasques qu'on aura déterminé pendant le jour, il s'ensuit que l'on ne remédie point au 8e reproche, savoir à la lenteur du déplacement des pieces, puisqu'elle naît de ce même cadre; ni au 6e puisque les échantignoles augmentent & la hauteur & la surface de l'affut au pair du nouvel affut de place; qualités que l'on allégue pour la raison du plus de prise qu'il offre aux ricochets; ni au 7e puis-

puisqu'on ne sauroit plus élever la piece, sans exposer davantage son affut & ceux qui servent, ce qui seroit cependant nécessaire pour augmenter la plongée du tir. L'expédient d'élever les affuts ordinaires à la hauteur des nouveaux affuts de place ne remédie donc pas aux inconvéniens que l'on s'est plu d'attribuer aux derniers, mais il jette au contraire dans ceux que l'auteur du No. X. allégue dans l'endroit rapporté ci-dessus.

On observera encore que la difficulté du déplacement des nouv. affuts n'a proprement lieu qu'avec les pieces de 16 & de 12 à cause de leur pesanteur; mais l'on garde ces calibres pour la défense du corps de la place où elles ont un emplacement fixe qui ne peut être troublé que par l'effet des ricochets, de sorte que les batteries des flancs qui y sont beaucoup moins exposés, n'ont plus que les bombes à craindre. Les pieces de 8 en revanche pourront encore détaler assez promptement, quoique montés sur le nouv. affut de place qui rend ces pieces fort propres pour servir à la défense du chemin couvert, où les embrasures ordinaires sont absolument impraticables. Mais c'est principalement à la piece de 4 que l'on réserve le rôle de ces pieces vagabondes, qui sont si utiles pendant le cours d'un siege, & sur-tout pour la défense des ouvrages avancés; pour cet effet on a laissé l'affut ordinaire à ce calibre, qui est plus mobile que l'affut de place, & avec lequel il suffira de tirer à barbette, puisque l'on change d'emplacement dès que l'ennemi y dirige ses feux.

Puisque le ricochet reste maintenant le principal moyen pour démonter le canon d'une place, il me semble qu'il est convenable de multiplier & de réhausser les traverses au point que les pieces n'en ayent plus rien à craindre. Il est vrai que la multiplication des traverses fera perdre le terrain pour l'emplacement d'un couple de pieces, mais on conservera & maintiendra d'autant mieux les autres pour le tems où elles doivent servir avec le plus d'effet, ce qui est de la plus grande importance. Il suit de ces considérations réunies, que l'on peut hardiment mettre les nouveaux affuts de place au nombre des moyens les plus efficaces qui ont été mis en usage pour perfectionner la défense des places.

Nous allons donner une invention qui a été proposée en Hollande pour élever les petits calibres par-dessus le parapet du chemin couvert, car l'auteur convient lui-même de l'insuffisance de sa machine pour les gros calibres. Comme elle est ambulante & par conséquent propre pour détaler à tous momens, je crois qu'il seroit avantageux d'avoir toujours un certain nombre de pieces de 4 montées de cette maniere, & de faire usage de l'affut de place de M. *de Gribeauval* pour les calibres supérieurs, dont l'emplacement est plus fixe, & le poids trop considérable pour être montés à la maniere de l'auteur Hollandois, dont le lecteur jugera par l'extrait suivant.

EX-

EXTRAIT
de la Description d'une Machine au moyen de laquelle on peut tirer le Canon par-dessus le parapet du chemin couvert; inventée & publiée par Cornelius Redlichkeit, à la Haye en 1775.

L'auteur s'attache premierement à prouver la nécessité d'employer le canon dans le chemin couvert, & la difficulté d'y parvenir par le moyen d'embrasures: Comme ce sont des vérités assez généralement reconnues, nous ne le suivrons point dans le raisonnement qu'il employe pour cet effet.

Le principal, dit l'auteur, est d'élever le canon à la hauteur du parapet, afin de pouvoir tirer par-dessus sans exposer les troupes qui sont postées derriere les palissades & parapets pour la défense du chemin couvert. Il faut considérer que le but de ces pieces étant d'arrêter les progrès de la sappe ennemie, il ne sera pas nécessaire d'employer les gros calibres pour cet effet: Quoique la machine en question puisse aussi leur être adaptée on n'en promet cependant pas les mêmes avantages, si on vouloit la faire servir aux pieces de 24 & pour les calibres supérieurs; parceque leur pesanteur rallentiroit trop la manoeuvre.* Soit donc que l'on eut fait choix des calibres de 3, 4, 6, ou 8.

Premierement il faut monter le canon sur une espece d'affut bâtard ou marin, à la voye duquel on donnera un pied de plus que la largeur ordinaire (Planche XXVI). En second lieu on construira une espéce de chassis ambulant de la maniere qui suit: Le chassis sera monté au devant sur un essieu & deux grandes roues; la queue du chassis posera sur le terre-plein du rempart. Il entre dans la composition du chassis deux semelles de bois de chêne A de 5 à 6 pouces de largeur & de 14 à 18 po. de hauteur; on y pratiquera un embrévement H à 4 po. du bas sur leur face intérieure, ayant 2 po. de profondeur & 4 à 5 po. de largeur; dans cet embrévement on loge un plancher G composé de madriers de chêne de 4 à 5 po. d'épaisseur, & aussi larges qu'on pourra les avoir. Cet assemblage offre un plan incliné auquel on peut procurer la solidité nécessaire. Contre le haut de la face extérieure des semelles on fixera des madriers de chêne B de $3\frac{1}{2}$ po. d'épaisseur, & de 12 à 14 po. de largeur ou hauteur, ils doivent joindre contre les semelles sur une largeur de 4 à 5 po., le reste de leur hauteur surmonte les semelles en guise de tringles. La surface des semelles doit être creusée en portion de cercle à $\frac{1}{2}$ po., de profondeur

---

* On croit que la plus grande difficulté viendra de la part du treuil K; parcequ'il sera difficile de concilier son diametre avec le poids qui lui est nécessaire pour emporter l'équilibre sur le poids de la piece & celui de l'affut, de sorte qu'il puisse passer librement dessous le dernier.

D'ARTILLERIE.

fondeur au milieu. En troisieme lieu on fera un Treuil C de bois de chêne ayant 8 à 9 po. de diamétre, les tourillons des bouts auront 3 à 4 po. de diamétre; la longueur du treuil se régle sur la largeur intérieure de la voie d'affut, c'est-à-dire d'après l'écartement des semelles; celle des tourillons D est égale à l'épaisseur des tringles & à celle des semelles prises ensemble, parceque ces tourillons doivent être encastrés dans les madriers B, avec la moitié ou avec leur diamétre entier, de maniere qu'ils y tournent librement: Il faudra aussi les y arrêter par les susbandes E. A 2 po. de chaque bout du treuil on fixera une espece de poulie, ou bien on y ménagera une rainure de largeur convenable pour contenir un cordage de $1\frac{1}{2}$ po. de diamétre. On perce une lunette F à travers des planches de la queue du chassis, afin de le pouvoir monter sur un avant-train, pour le voiturer commodément à tel endroit de chemin couvert que l'on voudra.

Ce quadre étant achevé on y place la piece montée sur l'affut dont il a été fait mention: Les roulettes de cet affut n'ont pas le même diamétre, de sorte que l'on en donne davantage à celles de derriere, tant pour relever l'affut à la position horisontale que pour donner la chasse nécessaire aux roulettes de derriere sur celles de devant, pour pouvoir monter la pente avec facilité. Les roulettes doivent être arrondies suivant la rainure des semelles, afin d'y rouler avec plus d'aisance & afin d'y être mieux contenues. Quatriemement on doit avoir un cylindre ou treuil de métal ou de fer K, qui l'emporte de 200 à 250 liv. sur le poids de la piece & de l'affut bâtard pris ensemble: La longueur de ce treuil entre ses tourillons est aussi conforme à l'écartement des semelles, entre lesquelles il doit rouler librement; ses tourillons L auront 2 à $2\frac{1}{4}$ po. de diamétre, sur $1\frac{1}{2}$ po. de longueur, ils doivent être creusés en poulie, afin d'y fixer d'autant plus sûrement les cordes: Ces cordes auront $1\frac{1}{2}$ po. de diamétre; on en appliquera une en L à chaque tourillon du treuil K & on la fera convenir à la poulie ou rainure correspondante du treuil en bois C, en la passant en dessous & revenant en dessus pour fixer le bout des cordes à l'axe de devant en L. La longueur des cordes doit être telle que l'affut puisse être placé à un bout du chassis pendant que le treuil K sera à l'autre. Pour faire rouler plus aisément ce treuil, on pourra fixer sur le plancher G des tringles de bois I, de 3 à 4 po. de largeur & de $1\frac{1}{2}$ à 2 po. d'épaisseur, par-dessus lesquels le treuil passera sans rencontrer les obstacles, comme poussiere &c. qui pourroient augmenter le frottement.

Le treuil de métal servant de contrepoids à la piece, donnera, à cause de son surpoids, la facilité de faire monter l'affut avec un léger effort, pendant qu'elle descendra avec la même facilité après chaque coup par la seule force du recul, & procurera aux canonniers l'avantage de la charger en toute sûreté. On a appliqué un étrier M à la semelle du chassis pour l'usage du pointeur.

SECTION

SECTION TROISIEME.
Des Mortiers.

(L'p. 104-106. Il fut auſſi queſtion de réduire le calibre des mortiers de 12 pouces à celui de 10 pouces ſeulement, ſur la raiſon que l'on auroit plus de facilité dans le tranſport des bombes, plus de commodité pour la manoeuvre des mortiers ainſi réduits; que d'ailleurs il en réſulteroit une économie dans l'emploi des matieres, & que les bombes produiront autant d'effet. On inféroit auſſi de cette propoſition qu'il ſeroit inutile déſormais d'avoir des mortiers de 8 pouces; mais après l'examen qui fut fait à ces différens égards, on reconnut que l'économie prétendue ſur la réduction du poids de la bombe & du mortier étoit contraire à l'effet utile que l'on devoit attendre du ſervice du mortier & de la bombe; qu'il falloit aux mortiers une ſolidité telle qu'ils puſſent réſiſter aux efforts d'une quantité de poudre capable de chaſſer avantageuſement les bombes; que la charge de poudre propoſée par l'auteur étoit inſuffiſante à l'effet, puiſqu'une plus forte charge employée pour les bombes de 10 & de 12 pouces augmentoit leurs portées; que d'ailleurs il falloit à la bombe un poids capable d'enfoncer les voûtes des magaſins à poudre par ſa chûte, & d'enfoncer aſſez profondément dans les terres pour faire l'effet d'une fougaſſe enlevée d'une quantité de terre proportionnée à la profondeur dont elle y auroit pénétré, dégrader les parapets, démonter encore les batteries, briſer les affuts, &c.; que toutes ces circonſtances utiles & néceſſaires, & qui ſont le véritable objet du ſervice de la bombe, ſe rencontroient bien dans les bombes de 12 pouces à raiſon de l'excès de ſon poids ſur celui de la bombe de 10 pouces, à cauſe de la charge de poudre introduite dans la chambre du mortier pour la chaſſer, & encore à cauſe de la quantité de poudre introduite dans la bombe pour déterminer les éclats; qu'ainſi ce n'étoit pas le cas de préſenter l'économie des matieres & de la poudre & l'allégement des tranſports; qu'à l'égard des mortiers de 8 pouces, l'objet particulier qui en exigeoit l'uſage ne permettoit pas de leur donner un plus fort calibre. Leur deſtination principale étant à un ſiege de tirer dans les chemins couverts, dans les ouvrages extérieurs, ſur les bréches, &c. un calibre moindre de 8 pouces ſeroit inſuffiſant pour produire tous ces effets: mais à cette dimenſion, outre qu'il ſuffira pour remplir à ces égards tout ce que l'on peut deſirer, il n'aura pas les inconvéniens & les dangers qui ſeroient inévitables dans les mortiers d'un calibre ſupérieur, parceque de la diſtance où il convient d'employer ces mortiers, qui eſt preſque toujours de la derniere parallele, les éclats de bombes plus fortes reviendroient en plus grand nombre dans les tranchées & préjudicieraient

davan-

davantage à ceux qui les auroient tirées; d'ailleurs le service en étoit très-facile, puisqu'il ne falloit que quatre hommes pour les porter à bras dans les tranchées, ainsi que leurs affuts de bois ferré; cette dimension rendoit ces mortiers du calibre de 8, d'autant plus commodes qu'il étoit très-facile de renouveller les affuts dans le besoin, & même d'en construire sur les lieux où on les emploie; ces raisons déterminerent à s'en tenir persévéremment à l'usage des mortiers de 12 & de 8 pouces.)

(II. p. 100. Lorsqu'on supprima les mortiers de huit pouces, on était convaincu, & sans doute avec raison, que ces mortiers seraient avantageusement remplacés par les obusiers qui sont incomparablement plus mobiles, plus propres à nettoyer les chemins couverts & les ouvrages extérieurs, qui ont l'avantage de la facilité de la manoeuvre & celui d'exposer à beaucoup moins d'accidens encor ceux qui en font le service, & ceux qui s'en trouvent à portée. Quant aux mortiers de douze pouces on crut, avec non moins de fondement, que les mêmes raisons qui feraient préférer la bombe de douze pouces à celle de dix, feraient aussi préférer celle de quatorze à cette premiere, & celles qu'on appelle *Cominges* à toutes les autres; qu'il y avait un terme à reconnaître dans cette progression, & que ce terme était marqué par une proportion entre la facilité de la manoeuvre, qui décide de la justesse & de la fréquence des coups, & une certaine grosseur dans le calibre, lequel décidant du poids, décide aussi de l'effet de chaque coup particulier. On savait que le calibre de dix pouces était beaucoup plus maniable que celui de douze; qu'on jetterait deux cent bombes du premier, avant qu'on en ait jetté cent cinquante du second; que plus le mortier est léger, plus facilement on le pointe & on le transporte; que la bombe à ce calibre fait toujours assez de désordre, quand elle arrive; que l'essentiel est de la faire arriver. Aussi s'était-on singuliérement attaché à perfectionner la manoeuvre; c'est d'après cette perfection qu'on était parvenu à jetter les bombes, avec une précision telle que presque toutes arrivaient, tandis qu'auparavant, à peine pouvoit-on compter sur le tiers de celles que l'on tirait.)

(XIII. p. 55-58. Les mortiers de 12 pouces, dont les dimensions sont fixées dans l'Ordonnance de 1732, subissoient l'épreuve sans la plus légére marque de défectuosité; leur durée fournissoit à de très-longs sieges; témoins ceux de Philipsbourg, de Fribourg, & tant d'autres que nous avons faits en Flandres. Par conséquent, l'alliage étoit bon, les dimensions bien proportionnées pour les usages auxquels ils étoient destinés, & la méthode de les couler convenable. En 1748, le Sr. *Maritz*, malgré des représentations réitérées, obtint du Ministre l'ordre de les couler pleins, & de les forer comme les pieces de canon; mais cette méthode ne leur convient pas: en voici la raison. Le métal étant trop long-tems en fusion dans une masse, dont le dia-

mètre est de 18 pouces, la plus grande partie de l'étain se réunit au centre de cette masse, & il ne reste plus, pour les côtés épais d'environ trois pouces, qu'un métal spongieux & sans liaison. De tels mortiers, dont malheureusement il existoit un assez grand nombre, ne pouvoient soutenir l'épreuve qu'on leur fit subir à Strasbourg en 1766. Plusieurs furent entièrement hors de service, après une vingtaine de coups à pleine charge. Au lieu (comme j'ai eu l'honneur de vous l'indiquer dans ma seconde Lettre) d'en rejetter la faute sur la vraie cause, on attaqua l'Ordonnance de 1732; on s'en prit tantôt aux dimensions, tantôt à l'alliage; on tâtonna sur les épaisseurs; on prodigua le cuivre neuf; on proposa même une sorte de noyau, mais trop foible pour parer aux inconvéniens du forage de ces armes, qu'on croyoit mal-à-propos nécessaire pour leur donner de la précision. Avec tous ces correctifs insuffisans d'une méthode à rejetter, les mortiers ne résistoient gueres plus. Il y avoit toujours beaucoup de tiraillemens ou vuides occasionnés par la séparation de l'étain, & que les fondeurs nomment sifflets; les chambres s'enfonçoient, les masses de lumiere sortoient. Comme les fondeurs refusoient de couler des mortiers à leurs frais, suivant une méthode si fautive, on inséra, dans une Instruction datée du 31 Octobre 1769, *qu'ils seroient fondus aux frais, & pour le compte de Sa Majesté; qu'on en payeroit la façon au prix réglé,* (500 liv. pour les gros,) *s'ils étoient sans les défauts susdits; & qu'on en payeroit les frais, en les recevant cependant, s'ils n'avoient qu'une partie de ces défauts.* Réduire le Roi à recevoir des mortiers vicieux! Belle ressource, en vérité, & bien propre à faire valoir les grandes vues des Novateurs. Ils conclurent avec la même justesse, *que notre alliage n'étoit pas propre à faire des mortiers qui puissent soutenir, avec une durée suffisante, l'effet de 12 livres de poudre, pour porter à 1200 toises une bombe de 12 pouces, pesant 150 livres, & qu'il falloit se résoudre à n'avoir que des mortiers de 10 pouces 7 lignes.* Falloit-il un grand effort de tête, pour imaginer que ce mortier, ayant à-peu-près les mêmes épaisseurs, & un plus petit diamètre que le mortier de 12 pouces, dureroit davantage? Non assurément; car, moins la masse à enlever par le forage est considérable, relativement à l'épaisseur de l'arme, moins, (quoique dans un rapport difficile à connoître,) l'inconvénient de couler plein & de forer, a de force. Mais un peu moins d'ardeur pour le changement leur auroit laissé voir qu'une bombe, qui pese près d'un tiers moins, & qui contient beaucoup moins de poudre que celle de 12, ne remplira jamais, aussi bien qu'elle, les projets dont l'exécution demande de grosses bombes. Pour faire illusion sur ce point intéressant, ils dirent que l'effet des deux bombes comparées, seroit le même, si, chargées à 5 livres de poudre, elles fournissoient le même nombre d'éclats. On fit l'expérience dans des trous en terre, garnis de madriers par les côtés, & couverts de lambourdes. Après
l'ex-

D'ARTILLERIE.

l'explosion, qui enleva les lambourdes à différentes distances, on compta les éclats gros ou petits, voisins ou éloignés des trous, avec l'exactitude que vous pouvez imaginer; & le nombre s'étant trouvé égal de part & d'autre, on déclara que les mortiers de 10 pouces 7 lignes, auroient la préférence sur ceux de 12 pouces. Plusieurs officiers, parmi lesquels il y en avoit du Comité, s'expliquerent assez franchement contre cette expérience, qui, effectivement, n'est ni juste, ni concluante. Avec un peu d'adresse, une bombe de 8 pouces éclateroit en autant de morceaux, qu'une de 12; & de plus, l'usage des grosses bombes n'est pas borné à semer plus ou moins loin des morceaux de fer plus ou moins gros. On le savoit bien sans doute; mais on vouloit changer à quelque prix que ce fût. La plus légère apparence sert de démonstration pour la multitude, & l'on alla son train, sans écouter les représentations du petit nombre. Enfin, rien de plus mal fondé que l'impossibilité de couler avec notre alliage des mortiers de 12 pouces, capables de la résistance & de la portée dont il s'agit: elle n'existoit que dans une vaine prévention. En reprenant la méthode prescrite par l'Ordonnance de 1732, tout bon fondeur exécutera ce que les novateurs croyoient, ou feignoient de croire impossible. Vous en aurez incessamment la preuve, ou, pour mieux dire, elle existe depuis un an dans la fonderie de Douai.)

(X. p. 12-14. Les épreuves de Strasbourg prouvent que les mortiers poires à grande-chambre de l'Ordonnance de 1732, cassoient presque toutes leurs bombes, & ne pouvoient soutenir vingt coups sans être totalement hors de service. Elles prouvent de même que les mortiers cylindriques, aussi à grande-chambre de la même Ordonnance, n'en pouvoient soutenir soixante, sans être dans le même état, & que d'ailleurs ils ne fournissoient pas à beaucoup près aux portées de 1200 toises nécessaires pour les bombardemens. Elles prouvent encore qu'en renforçant ces derniers mortiers au-delà même de la proportion de la plus grande étendue de chambre qu'il falloit leur donner pour qu'ils fournissent des portées de 1200 toises, l'alliage actuel s'est montré incapable de soutenir l'effort de la charge de poudre nécessaire pour porter à 1200 toises une bombe de 150 livres, telles que sont les bombes de 12 pouces. D'où il s'est suivi qu'il étoit indispensable, ou de trouver un alliage plus résistant, ce à quoi on n'a pu parvenir, ou de se réduire à des bombes d'un poids & d'un calibre inférieur, ce qu'on a fait en adoptant les bombes de 10 pouces. Ces épreuves étant avouées aujourd'hui formellement par les partisans de l'ancienne artillerie, il semble que l'impuissance des anciens mortiers pour les longues portées devroit être encore un fait hors de toute contestation: cependant il ne l'est pas. Ces Messieurs, à la vérité, font grace des mortiers-poires. Mais ils prétendent que les mortiers cylindriques de 12 pouces, qu'ils ont fait couler dernierement à Douai sur les proportions de l'Ordonnance de 1732, foutiendront très-bien le fervice. Mais c'eſt fur leur parole qu'il faut les en croire. Car ils ne préſentent fur cet article ni procès-verbaux, ni journaux d'épreuves bien conſtatés, bien fignés jour par jour par des hommes dont le témoignage en impoſe à ceux mêmes qui ont intérêt à le nier. Ils n'oppoſent même aucun raiſonnement. Ils ſe repoſent fur la haute idée qu'ils penſent, fans doute, que chacun doit avoir des principes qui ont ſervi de baſe à cette fameuſe Ordonnance de 1732; principes que perſonne d'entr'eux ne s'eſt encore chargé de nous faire connoître, & qui probablement reſteront dans le ſecret juſqu'à la fin des ſiécles. Cette bonne opinion que, fans aucune preuve, ils exigent qu'on ait de leurs nouveaux mortiers cylindriques de 12 pouces, eſt dans ce moment d'autant plus difficile à établir, que s'étant fort relâchés fur la ſévérité des Réglemens que le nouveu ſyſtême avoit établi pour les fonderies, il eſt probable que la fonte de ces nouveaux mortiers n'eſt pas ſupérieure à celle des mortiers éprouvés à Straſbourg. Quelques perſonnes qui ont fait la derniere guerre de Flandres, ſi féconde en ſieges, & qui n'ont pas été à portée d'y ſuivre les opérations de l'artillerie, auront peut-être peine à concevoir qu'avec des mortiers auſſi inſuffiſans que les épreuves de Straſbourg annoncent que l'étoient les anciens mortiers, on ait pu fournir à tant de ſieges, où l'on a jetté une ſi grande quantité de bombes. Ces perſonnes ignorent quelle horrible conſommation de mortiers l'on a fait dans ces ſieges, & combien peu de groſſes bombes on y a jettées, quoiqu'on ſe reſtreignit à ne les tirer qu'à des diſtances très-raprochées, auxquelles il falloit bien ſe borner, puiſqu'aucun de ces mortiers ne pouvoit ſoutenir de charge à chambre pleine.)

Revoyez encore les paſſages relatifs aux mortiers qui ſeront cités dans la 4ᵉ Section du Chapitre III, où il eſt parlé des fontes.

On voit que le différent ſur les Mortiers ſe reduit principalement à deux queſtions, ſavoir: 1° Si la durée des mortiers permet de faire uſage du calibre de 12 po.? 2° Si les bombes de 10 po. peuvent remplacer celles de 12 po. eu égard à l'effet qu'elles doivent produire? Il eſt certain que ſi la premiere queſtion étoit bien reſolue, que la ſeconde ſeroit de trop; puiſqu'il faudroit ſe contenter de l'effet des bombes de 10 po. grand ou petit. Nous aurons encore occaſion de revenir ſur ce ſujet à l'article des fontes. Pour reſoudre la ſeconde queſtion il ſ'agit de comparer la force de commotion & la force de percuſſion des bombes comme nous avons fait à l'égard des boulets: Mais pour cet effet il faudroit connoître leurs viteſſes reſpectives au moment de chûte; or cette viteſſe étant compoſée de celle qui reſte aux bombes de l'impulſion de la poudre & de celle qu'elles acquierent en tombant en vertu de leur peſanteur; on ne ſauroit avoir la reſultante de ces deux viteſſes qu'à l'aide d'expériences & d'obſervations aſſez difficiles, ou par un calcul fort compliqué, qui suppose toujours quelque expérience pour base. Nous nous contenterons donc de rappeller les expressions générales que fournit la mécanique. En nommant V, v les vitesses respectives des bombes de 12 po. & de 10 po. au moment de chûte; C, c, les diamétres; D, d, les densités de leurs volumes; & T, t, les profondeurs de percussion; on aura, $T : t = V^2CD : v^2cd$, c'est-à-dire que les profondeurs auxquelles elles s'entéreront sont entre-elles comme les quarrés des vitesses multipliés par les densités & diamétres respectifs. On a fait entrer la densité dans cette expression, ce qui n'est pas nécessaire pour comparer la percussion des boulets d'une même matiere; mais puisque l'épaisseur des nouvelles bombes n'est pas proportionnée à leur diamétre, il suit que la densité du volume total est différente, & que la masse ou le poids le devient aussi, puisque la masse est un produit du volume & de la densité. C'est apparemment une des raisons pourquoi les bombes de 10 po. se sont enfoncées à la même profondeur que celles de 12 po. comme le rapporte l'auteur de l'Artill. nouv. p. 111. de ces Mémoires; peut-être que les premieres avoient aussi plus de vitesse au moment de chûte; car d'ailleurs les bombes de 12 po. auroient, comme on vient de voir, la préférence à l'égard de la percussion. Dans la formule précédente le rapport des volumes rélatifs à la simple profondeur de la percussion, est exprimé par les diamétres. En substituant au produit de la densité & du volume, la masse ou bien le poids, qui sont équivalens à ce produit, & en multipliant l'un ou l'autre par la vitesse simple, au lieu de multiplier par le quarré, on aura le rapport des forces de commotion F, f qui ne sont autres que les quantités de mouvement que l'auteur de l'Artill. nouv. considére par rapport à l'écrasement des édifices; on aura donc $F : f = VP : vp$; d'où il suit que les bombes de 12 po. ont aussi un avantage réel sur celles de 10 po. pour écraser les voûtes, en considération de quoi on a proposé d'augmenter l'élévation du jet des dernieres afin d'accroître la vitesse de la chûte par sa hauteur.

L'auteur du No. X. dit (pag. 9.) que quinze bombes mal tirées valent la façon d'un mortier; dans cette supposition il seroit de la derniere importance de s'assurer de la force de percussion & de commotion des nouvelles bombes; parceque si celles de 10 po. ne seroient point suffisantes à ces égards, il vaudroit mieux employer celle de 12 po. malgré le peu de durée que l'on a reconnu à leurs mortiers. Nous croyons cependant que les premieres seront suffisantes pour enfoncer des voûtes, ce qui est le principal, quoique nous convenons avec l'auteur du No. XIII. que l'épreuve qu'il rapporte est insuffisante pour décider ce point.

L'abolition des mortiers de 8 pouces pour les obusiers de ce calibre est aussi blamée, mais l'auteur de l'Artill. nouv. p. 111. de ces Mémoir. dit qu'on les a laissé tels qu'ils étoient, ce qui affirme le contraire. Il est sûr qu'ils sont

sont préférables aux obusiers dans les cas de défense où on pourra manquer de largeur, au lieu que les obusiers le seront généralement pour l'attaque, parcequ'ils sont plus commodes à servir & plus aisé à changer de place.

Il ne paroît pas que la figure des chambres ait été un point de contestation, quoique le premier Mémoire que M. *Marsson* a écrit sur ce sujet paroisse avoir été composé vers le tems des épreuves de Strasbourg.* M. *Marsson* a publié ce Mémoire à la suite d'un Traité intitulé *les Trois Coups d'Essais Géométriques*. Cet auteur a depuis composé un autre Mémoire sur la meilleure forme des chambres à mortiers, qui n'est pas parvenu à ma connoissance, mais que je suppose contenir les mêmes principes que cet auteur établit dans son premier Mémoire: Ce sujet avoit été proposé par l'Academie de Copenhague, ce problème ayant occasionné beaucoup d'épreuves en Dannemarc dans les années 1771 & 1772, dont les résultats ne s'accordent pas entierement avec le premier Mémoire de M. *Marsson*. Quoiqu'il en soit, comme ce Mémoire est le premier Ecrit, où le problème des chambres soit traité d'une maniere systématique je le rapporterai dans son entier, afin de le retirer d'un livre où les gens du métier ne s'aviseront gueres de le chercher. Je donnerai ensuite quelques Observations sur ce Mémoire, que la lecture du Traité de M. *Antoni*, & un exemple que je rapporterai en dernier lieu, m'ont fait faire.

MÉMOIRE
Sur la meilleure forme que l'on peut donner à la chambre d'un Mortier, pour que la portée des Bombes soit la plus grande dont la charge est capable, sans nuire aucunement à la durée de ces Bouches à feu.

Ce que l'on nomme dans l'Artillerie *Chambre de Mortier*, est un espace vide que l'on pratique dans le milieu de son fond, pour y placer la charge de poudre qui doit, par la force de sa dilatation, choquer la Bombe, & lui imprimer une quantité de mouvement, qui la transporte à la distance qu'on se propose.

Puisque la force de la poudre enflammée est l'unique cause du choc, & que dans la nature les effets sont toujours proportionnels à leurs causes, plus une charge sera considérable, plus aussi son effet contre la bombe devra l'être, & il le sera nécessairement, si la quantité de poudre fait toujours son effort de la même maniere, c'est-à-dire, si toutes les circonstances, où la charge de poudre se trouve, sont précisément les mêmes dans l'instant que l'effort est produit, car si quelqu'une de ces circonstances varie, il est naturel que l'effet produit en reçoive quelque modification.

* en 1766.

Toutes

D'ARTILLERIE.

Toutes les épreuves que l'on a faites en différens Pays de l'Europe, concourent à prouver que les effets des charges placées dans des chambres différentes en sont modifiés ; elles ont de plus fait connoître, qu'une même quantité de poudre servant de charge à des Mortiers dont les chambres ont différentes formes, produit sur la bombe des effets fort différens, quoique tout soit d'ailleurs parfaitement égal.

Il semble donc que l'expérience nous conduit à croire, que la poudre ne suit point la loi générale de la nature, qui veut que les effets soient toujours proportionnels à leur cause. Mais il faut bien se donner garde d'embrasser cette opinion, non parce qu'elle ruineroit la certitude physique, mais parce qu'elle est évidemment fausse dans le cas dont il s'agit, puisqu'on a pris pour effet du tout, celui de l'une de ses parties, & que d'ailleurs on n'a point vu toutes les causes particulières qui font varier les effets.

Ce que l'expérience nous montre à cet égard se trouve confirmé par la théorie mathématique, laquelle nous fait connoître, que toutes ces variétés d'effet doivent nécessairement avoir lieu. Car la poudre tient du soufre, du salpêtre, & du charbon dont elle est composée, une cause de variété dans ses effets, parceque ces ingrédiens n'ont pas toujours le même degré de perfection. Il lui en vient aussi de sa fabrication, parce qu'on la peut plus ou moins bien ouvrer. Ses effets varient encore par l'état où l'air se trouve lorsqu'on l'enflamme, car il peut se trouver plus ou moins pesant, plus ou moins humide, & plus ou moins élastique. Ces différentes causes sont inévitables, tout ce qu'on doit faire à leur égard, c'est de les observer, pour tâcher de parvenir par un grand nombre d'observations de les pouvoir soumettre au calcul.

Ce ne sont pas là toutes les causes des variétés d'effet de la poudre sur les bombes, il en est encore une qui en produit beaucoup plus, c'est la forme de la chambre dans laquelle on enferme la charge*, par la raison que la poudre lors de son inflammation se dilate en tout sens, & par-là répand sa force de toute part contre tout ce qui l'environne, de manière qu'elle s'étend sur la surface totale de la chambre qui borne & retient l'effort qu'elle en reçoit. Et comme une force est toujours moindre dans ses parties à mesure que son effort est plus partagé, celui qui est produit sur une partie de la surface de la chambre sera donc d'autant plus grand, que la surface totale de la chambre sera moindre à l'égard de sa capacité, parceque dans ce cas l'effort sera moins partagé ; & comme la variété de surface pour une même capacité

est

---

* Cela est prouvé par toutes les épreuves qui ont été faites, comme on le verra dans la suite de ce Mémoire, lorsque nous parlerons des différentes formes de chambres dont on a fait usage.

est très-considérable, comme cela est connu de tous les Géomètres, il s'ensuit que la forme de la chambre produit nécessairement de grandes variétés dans l'effort contre ses parois ; mais comme la partie la plus essentielle de la surface totale de la chambre, est celle de son cercle d'entrée, par lequel la charge choque la Bombe, ce mobile recevra nécessairement un plus grand effort de la poudre enflammée, suivant que sa surface totale de la chambre sera moindre à l'égard de sa capacité.

Ces raisons étant de la plus grande évidence, nous conduisent tout naturellement à conclure, que la poudre produira son plus grand choc possible contre la Bombe, lorsque la surface totale de la chambre sera un *minimum* à l'égard de sa capacité, & que la surface du cercle d'entrée sera son *maximum*, en supposant que d'ailleurs rien n'arrête ou retarde l'effort de la poudre contre le mobile, dans l'instant de l'inflammation.

On voit clairement par ce que nous venons d'établir ; que la détermination de la forme qui convient le mieux aux chambres des Mortiers, pour donner aux Bombes les plus longues portées, n'est point du tout arbitraire, & qu'on peut en cela, comme en toute autre chose, faire le choix du meilleur ; ce qu'il y a de singulier, c'est qu'on ne l'ait pas encore fait, mais comment le faire présentement que nous en connoissons la nécessité, & quels sont les caractères distinctifs qui peuvent guider dans ce choix ?

Ces caractères viennent d'être énoncés de manière à ne pouvoir point être ignorés ou méconnus, que la chambre du Mortier ait la moindre surface possible à l'égard de sa capacité, est sans contredit, le premier moyen par lequel la charge peut produire son plus grand effet contre la Bombe.

Mais pour que la force de la charge produise contre le mobile, le plus grand choc qu'il lui est possible, il faut encore qu'elle ait toute la liberté nécessaire pour agir pleinement sur lui. Il faut donc que la forme de la chambre n'ait rien qui retienne ou retarde l'action de la poudre enflammée ; ainsi toute forme rentrante du côté de l'ouverture, doit par cette raison être exclue, & tout retressissement conique doit avoir le même sort, parce que ces formes empêchent le fluide élastique de choquer la Bombe, dans toute l'étendue de sa surface, relative à la capacité de la chambre.

Que l'on se garde bien de croire qu'en faisant tout le contraire on feroit mieux, les extrêmes se touchent & sont également mauvais, quoique ce ne soit pas de la même manière. Il ne faut donc point donner aux chambres des Mortiers les formes de Cone tronqué renversé, de Paraboloïde, d'Hyperboloïde, &c. dont l'ouverture va en augmentant depuis le fond jusqu'à l'entrée. On a d'ailleurs deux bonnes raisons pour rejetter ces formes-là ; la première qui est en même-temps la plus forte, consiste en ce qu'elles n'ont pas la propriété d'avoir la moindre surface possible relativement à leur capacité ;

la

la seconde, en ce que si on coupe ces formes par tranches parallèles à l'entrée, les rapports entre les solidités de ces tranches & leurs surfaces environnantes varieront continuellement, (*comme il est aisé à tout Géomètre de s'en convaincre,*) ce qui seroit cause que les parties de la surface de la chambre, souffriroient successivement des efforts croissans ou décroissans en allant de son fond à son entrée qui la détruiroit très-promptement.

Ainsi nous rejettons, pour de bonnes raisons, toutes les formes qui n'ont pas une égale grosseur dans toutes leurs longueurs, par conséquent, il ne nous reste plus pour faire notre choix, que le genre des Prismes avec la forme unique de la sphere.

Or parmi les Prismes qui ont des bases & des hauteurs égales, le Cylindre est certainement celui qui a la moindre superficie possible à l'égard de sa capacité, ainsi, il est dans ce genre de corps l'unique qui puisse être mis en concurrence avec la sphere. Mais il y a encore un choix à faire parmi les Cylindres, parce que le rapport de leur longueur à leur diamêtre, fait varier le rapport de leur surface à leur solidité. Il y a donc un Cylindre qui est le meilleur possible, lequel est certainement celui qui a la moindre superficie à l'égard de sa solidité, & comme il est démontré que le Cylindre qui possède cette propriété, a sa longueur égale à son diamètre, donc le meilleur Cylindre pour servir de chambre aux Mortiers est celui qui est équilatere.*

Le choix se trouve donc de nouveau limité entre le Cylindre équilatéré & la sphere. Or on sait que le dernier de ces deux solides, possède la propriété d'avoir la forme unique parmi toutes les formes qui peuvent exister, qui a le moins de surface relativement à sa solidité, ainsi il est de tous les corps celui qui doit avoir la préférence.

Ce que l'on doit d'abord observer, c'est que la forme entière de la sphere ne peut point être employée à servir de chambre aux Mortiers, parce qu'elle n'a point d'ouverture par où elle puisse recevoir la charge; mais comme un de ses segmens offre par son cercle de section cette ouverture, qui doit en même-temps servir d'entrée & de sortie à la charge, il faut choisir celui de tous les segmens qui est par sa nature le plus propre à remplir notre objet.

Tous les grands segmens de sphere ne peuvent point servir de chambre aux Mortiers, par la raison que la partie excédente de la demi sphere, étant nécessairement rentrante du côté de l'ouverture, retiendroit au préjudice du Mortier, une partie de l'effort de la charge, ce qui contribueroit à la destruction de cette bouche à feu, en empêchant que le choc de la charge fasse sur la Bombe tout l'effet qu'elle est capable, ce qui seroit cause que le mobile recevant une impulsion moins forte, en iroit nécessairement moins loin.

La

* On nomme ainsi tout Cylindre qui a sa longueur égale au diamètre de sa base.

La forme de la demi sphere n'ayant aucune de ces parties rentrantes du côté du cercle de section, n'a point le défaut que nous venons de trouver aux grands segmens. Et comme ce corps posséde éminemment la qualité d'avoir la moindre superficie relativement à sa solidité, sa forme a donc les deux qualités essentielles pour être la meilleure forme possible que l'on peut donner à la chambre d'un Mortier, par conséquent on doit la préférer à toutes les autres formes.

Il se trouve cependant un inconvénient dans l'usage de la demi sphere, c'est qu'elle ne peut servir que pour les moyennes & les petites portées, car pour celles qui exigent une charge plus forte que de trois livres & demi de poudre, il n'est pas possible de s'en servir, parce qu'il lui faudroit un trop grand diamétre, le plus considérable qu'on puisse lui donner étant d'environ sept pouces, ne lui procure cependant de capacité, que pour contenir environ $3\frac{1}{2}$ de livre pesant de poudre, charge assez considérable pour les portées des siéges de terre, mais qui se trouve souvent insuffisante pour l'attaque & la défense des Places maritimes.

Il nous faut donc avoir recours au Cylindre équilatére, comme étant le meilleur possible de son espèce après la demi sphere, parce qu'il a l'avantage d'avoir une capacité triple de celle de la demi sphere de même diamètre, lequel contiendra une charge trois fois plus considérable, ce qui approche de notre but, & on l'atteindra en faisant une chambre composée de ce Cylindre & d'une demi sphere de même diamétre pour son fond, car alors sa capacité sera d'environ $12\frac{1}{2}$ livres de poudre, charge suffisante pour donner aux Bombes des portées plus longues que 2000 toises.

Me voilà parvenu au but que je m'étois proposé, car il est clair par l'enchaînement des vérités qui nous ont dirigé dans cette recherche, qu'il n'est pas possible de trouver de forme plus convenable pour servir de chambre aux Mortiers, que les deux que nous venons d'assigner. Il convient maintenant de faire connoître les défauts essentiels de celles qui leur ont été données jusqu'à présent, afin que l'on puisse juger par comparaison, des avantages que l'on doit retirer de nos nouvelles formes.

La premiere forme de chambre de Mortier dont on s'est servi a été la Cylindrique, mais ce n'a pas été en vertu d'un choix, c'est uniquement parce qu'elle s'est présentée d'elle-même; on l'auroit sans doute perfectionnée dès son commencement, si l'on avoit fait attention que le rapport entre sa longueur & son diamétre relativement à sa capacité, doit nécessairement influer sur la force du choc que la bombe reçoit de la charge. Car l'inflammation se faisant successivement & de proche en proche, en commençant au fond de la chambre; il est constant, que plus elle aura de longueur à parcourir, plus aussi le temps successif de l'inflammation sera long & lent, parce

qu'il

qu'il y aura moins de grains de poudre avoisinés les uns aux autres, que si elle avoit la moindre longueur possible à l'égard de son diamétre & de sa capacité; or la lenteur de l'inflammation diminue nécessairement la force du choc de la poudre enflammée, parce qu'elle ne peut être considérable qu'à proportion de la vitesse de dilatation qui constitue son essence. On auroit donc été conduit à chercher les meilleures dimensions possibles qu'il convient de lui donner, tout comme nous l'avons fait, & l'on se seroit fixé par les mêmes raisons que nous, au Cylindre qui a sa profondeur égale à son diamétre; mais comme on n'a point donné aux chambres Cylindriques ce degré de perfection, il est par-là évident qu'on n'a point poussé les réfléxions aussi loin & aussi utilement que je l'ai fait.

Des Géomètres s'étant apperçus que la forme de la chambre devoit beaucoup contribuer à la force du choc de la charge contre la Bombe, réfléchirent sur la forme qui pourroit être la plus convenable, leur science les conduisit tout naturellement à la forme sphérique, par la raison, dirent-ils, que dans cette forme, la poudre étant plus ramassée autour de la lumière, le feu se porte plus facilement vers toutes les parties de la poudre pour l'enflammer à la ronde presque dans un instant. Cette raison étoit bonne, mais l'exécution n'y répondit pas, on gâta ce que cette idée présentoit de bien utile, en ne combinant pas, comme nous l'avons fait, de quel segment de sphere il convenoit de se servir, on fit usage de l'un des grands segmens dont la partie rentrante de sa superficie qui environne l'entrée, retenoit une quantité considérable de l'effort de la charge, en privoit la Bombe, & le faisant rebondir sur son fond, y formoit un enfoncement ou creux; ces efforts superflus à la chambre, & nécessaires à la Bombe qui s'en trouvoit privoit privée, tourmentoient très-violemment le Mortier, son affut & la platteforme sur lesquels il pose, au point que la durée du Mortier devenoit très-courte, & que la direction qu'on lui donne pour atteindre le but, en étoit totalement dérangée: Il est cependant vrai, que malgré ces deux inconvéniens, ses bonnes qualités produisoient une partie de leurs effets, car elles poussoient les Bombes presque le double plus loin que les chambres cylindriques; après cela, que ne doit-on pas attendre de notre chambre composée d'une demi sphere & d'un Cylindre équilatére, qui possède toutes les bonnes qualités de la chambre sphérique, sans avoir aucun de ses défauts.

L'expérience ayant forcé de renoncer à la chambre sphérique, on s'imagina de la corriger par une légere modification, qui fut de changer la courbure rentrante qui environne l'entrée, & de-là nâquit la chambre Poire dont le fond est à peu-près une demi sphere, mais dont la partie du côté de l'ouverture est aussi une courbe rentrante, plus douce que celle de la demi sphere. Les épreuves réitérées que l'on a faites de cette chambre ont fait connoître

qu'elle

qu'elle a les mêmes qualités & les mêmes défauts que la chambre sphérique, à peu de chose près, ensorte qu'elle pousse les Bombes très-loin, mais que par contre sa durée est très-courte, ce qui vient certainement de la partie rétrécie & rentrante de sa surface du côté de son ouverture, qui embrassant une certaine quantité du fluide élastique de la poudre enflammée, en retient & reçoit tout l'effort au grand préjudice de la Bombe à laquelle il est destiné, & de la bouche à feu qu'il détruit en très-peu de temps.

La quatrieme chambre que l'on a imaginé, puis mise à l'épreuve, est celle qui a la forme de Cone tronqué, dont la grande base servoit d'entrée, & la petite base de fond, mais elle n'a point fait fortune, à cause de ses défauts naturels qui sont, 1° d'avoir beaucoup de surface à l'égard de sa capacité, 2° de donner à la charge une inflammation successive trop lente, 3° que les efforts de la poudre enflammée sont différens dans les différentes parties de sa surface.

Puisque nos deux formes de chambre sont les meilleures possibles, leurs charges produiront nécessairement leur plus grand effet; on pourra donc par leur moyen jetter les Bombes aussi loin qu'à l'ordinaire avec moins de poudre, ce qui contribuera beaucoup à la conservation du Mortier, car il est de nécessité absolue, que la quantité de poudre d'épargne ne faisant point son effort sur la Bombe, le fasse nécessairement contre les parois de la chambre, ce qui ne peut contribuer qu'à détruire cette bouche à feu. Ainsi cette épargne est une double économie, dont la derniere est la plus importante, à cause des circonstances dans lesquelles elle a lieu.

Une autre circonstance qui occasionne le déperissement des Mortiers, tout aussi promptement que l'effort de la poudre contre les parois de la chambre, est le choc de la Bombe contre la partie de son logement sur laquelle elle pose, & souvent contre différens endroits de la longueur de l'ame. La cause de ces chocs vient de ce que la charge ne prend pas la Bombe dans la direction de son axe, parce que le Mortier étant incliné, la Bombe pose nécessairement sur la partie inférieure de son logement, ce qui fait que la partie supérieure de ce mobile, laisse un intervalle entre lui & le Mortier double du vent, ce qui abaisse son axe au-dessous de celui de la chambre, précisément de la distance du vent, ainsi, la charge enflammée dans la chambre ne choque pas la bombe suivant la direction de son axe, mais un peu obliquement. Or on sait que tout choc oblique à une sphere, lui donne une direction oblique à son axe, ainsi ce choc pousse nécessairement la Bombe contre la partie inférieure de l'ame du Mortier. Pour éviter cet inconvénient, il faut baisser l'axe de la chambre, précisément de la longueur du vent que l'on donne à la Bombe, par ce moyen le mobile sera choqué directement selon son axe. Et comme nos deux chambres embrasseront par leur cercle d'entrée, la plus grande partie possible de la bombe rélativement à la charge, celle-ci par la force de sa dilatation, enlevera plus directement le mobile, ce qui rendra presqu'insensible l'effet de la différence de poids entre l'hémisphère supérieur de la Bombe & son inférieur.

Dans la pratique du Bombardement, on forme les charges pour un même Mortier de différentes quantités de poudre, afin de jetter les Bombes aux différentes distances dont on a besoin; la variété de ces charges a pour but l'épargne de la poudre, car on sait bien que l'on peut jetter les Bombes à telle distance que l'on veut, avec une même charge, en donnant au Mortier les degrés d'élévation qu'il convient. Mais en se servant de nos deux chambres, l'économie de la poudre sera très-peu de chose en comparaison de la conservation du Mortier, qui est de très-grande conséquence dans les siéges. Il paroît donc très-convenable, tant pour le bien du service que pour l'économie, de tirer les Bombes à chambre pleine; par ce moyen toutes les parties de sa surface recevront continuellement la même quantité d'effort à très-peu de chose près, elle sera donc également comprimée en tout sens, ce qui est absolument nécessaire pour la conservation de sa forme, & par-là même de sa durée. Si l'on adopte cette méthode, il sera nécessaire de former des tables pour assigner les degrés d'élévation qu'il faut donner au Mortier, pour jetter les Bombes aux distances que l'on se propose; ces tables pour une charge constante sont très-faciles à faire, elles sont une suite naturelle de quelques propositions de Géométrie, généralement connues, ainsi il est inutile que nous entrions dans les détails sur la manière de les construire.

Conclusion.

J'ai, par des raisons physiques & géométriques, que personne ne peut revoquer en doute, déterminé les deux formes qui conviennent le mieux aux chambres des Mortiers, pour que leurs charges produisent les plus longues portées possibles, sans nuire à la durée de cette bouche à feu, mais qui tendent au contraire à sa conservation. Nous avons de plus fait connoître les deux autres inconvéniens qui la détruisent, avec les moyens de les éviter. Si j'ai erré dans cette recherche, je désire que les personnes éclairées me fassent voir en quoi, par de bonnes raisons, étant prêt à me rendre à tout ce qui porte le caractère de la vérité.

OBSERVATIONS
Sur le Mémoire de M. MARSSON touchant la Figure des différentes Chambres à Mortier.

Le principe fondamental qui sert à établir le système de l'auteur consiste en deux points: 1° *Que la Surface totale des chambres soit un* minimum
à l'égard

à l'égard de leur capacité, afin que l'effort expansif du fluide élastique de la poudre puisse opérer avec plus de force contre chaque point de cette surface; par la raison qu'une force est d'autant plus grande qu'elle est moins partagée. 2° Que la *Surface du cercle d'entrée soit un* maximum *à l'égard de la capacité de la chambre*, afin que la plus grande partie de l'effort se tourne contre la bombe, & la moindre contre les parois de la chambre; d'où naîtroit l'augmentation de la portée & de la durée des Mortiers.

Nous croyons qu'il est échappé à l'auteur de faire quelques remarques, à l'égard desquelles le premier point du principe précédent devient très indifférent, & le second absolument contraire aux vérités que nous essayerons d'établir par les réflexions suivantes.

§. 1. Pour adopter le principe de M. *Marsson* il faudroit pouvoir se représenter le fluide élastique qui naît de l'explosion de la charge comme étant totalement développé dans l'instant que le projectile passe du repos au mouvement: Mais on a déjà fait sentir à l'occasion des pieces de bataille que cette naissance instantanée du fluide n'a pas lieu dans l'explosion de la poudre, & c'est de quoi M. *Marsson* convient dans la suite de son Mémoire. Puisque l'existence complette du fluide n'arrive que long-tems après le déplacement du projectile, & après que le fluide s'est répandu au-dedans & au-dehors de la chambre; on ne peut donc considérer son effet contre la bombe que relativement à la surface de l'espace qu'il occupe pour lors, & au degré de dilatement qu'il y acquiert. Il naît de ces considérations une réflexion très importante & fort naturelle qui paroît être échappée à l'auteur, de même qu'à plusieurs autres qui admettent l'explosion successive de la poudre; c'est qu'ils ne la considèrent point comme active avant qu'elle soit devenue totale. La même chose est arrivé à l'occasion des petites chambres des pieces de siege, & ce que nous avons dit à leur sujet suffit pour convaincre que le fluide acquiert bientôt, & fort avant l'explosion totale de la charge, la force qui est nécessaire pour déplacer le projectile, & que l'explosion du reste de la charge ne croit plus dès ce moment que dans une progression qui est d'autant plus retardée que l'espace augmente où le feu se répand. Une conséquence fort naturelle encore, est, que ce reste de poudre qui se consume après la déplacement du projectile est d'autant plus grand relativement à la totalité de la charge, moins l'est à son égard la portion qui produit cet effet; or cette portion dépend en grande partie de la rapidité de l'explosion initiale, & celle-ci à son tour de la proximité des grains & de la quantité de ceux qui sont avoisinés au point par où l'inflammation commence: La maniere & la vitesse avec laquelle le fluide est refléchi par les parois du fond de la chambre contribuent aussi à augmenter ou à diminuer l'effet de l'explosion initiale, par conséquent à faire varier la quantité de poudre qui est nécessaire

pour

D'ARTILLERIE.

pour imprimer le mouvement au projectile ainsi que l'on verra dans la suite, (§. 16.).

Pour appliquer ces Principes au Tir du Mortier en général, il faut considérer :

§. 2. Que si la figure des chambres & l'entrée de la lumiere, ou plutôt, si le point de l'inflammation initiale est favorable pour accélérer l'explosion initiale & pour réflechir avantageusement le fluide qui agit contre les parois du fond de la chambre; qu'alors une moindre quantité de grains réduits en fluide suffit pour soulever la bombe, & pour la chasser avec la poudre non consumée en avant dans l'ame du Mortier, parceque, comme dit M. Marsson, *la force du choc de la poudre enflammée ne peut être considérable qu'à proportion de la vitesse de dilation qui constitue son essence.*

§. 3. Que cette poudre non consumée, quoiqu'enflammée peut-être, se disperse dans l'ame du Mortier dès qu'elle commence à y entrer, c'est-à-dire, dès que la bombe commence à être mue: Or l'ame du Mortier est un espace infiniment plus large & plus grand que l'est celui qu'elle occupe & parcourt dans la chambre; d'où il suit que le feu perd infiniment de la force qui lui est nécessaire pour augmenter l'élasticité du fluide, & pour accelérer le développement de celui qui est encore contenu dans les grains non consumés, & qui sont pour lors trop peu avoisinés, ainsi qu'il a été remarqué à l'occasion des pieces de bataille. Mais il faut observer que cette raison obtient ici beaucoup plus de force par la différence du rapport qu'il y a entre le diamétre de l'ame & celui de la chambre de ces différentes bouches à feu.

§. 4. Que le peu de longueur de l'ame des Mortiers ne favorise pas, comme dans les canons, l'explosion de la charge après le déplacement du projectile. C'est par cette raison que l'on a cru avantageux de donner plus que la longueur ordinaire à l'ame des Mortiers; mais les chocs de la bombe contre les parois du fond de l'ame, suites du mouvement de rotation qu'elle y acquiert, & qu'elle ne peut suivre à cause de la saillie de ses anses, s'y opposent. Dailleurs cet expédient ne sauroit être du même avantage avec les Mortiers qu'avec les canons, puisqu'il suit du §. précédent que ce n'est proprement que la longueur de la chambre du mortier qui peut être comparée à l'ame des canons eu égard à l'espace dans lequel le fluide se développe.

§. 5. Que le poids de la bombe devient un empêchement considérable au dilatement du fluide, non seulement à cause de sa direction plus verticale dans le mortier que ne l'est celle du boulet dans le canon, mais aussi parceque le poids du dernier est beaucoup moindre que celui de la bombe à l'égard de la charge; d'où il arrive que le départ des bombes s'ensuit plus tard que celui des boulets, ce qui augmente la vitesse de l'explosion totale de la charge, ainsi qu'il a été observé aux pieces de bataille. Mais sous prétexte

Ss

d'augd'augmenter la résistance que la bombe oppose à l'action du fluide il ne faut point employer des moyens qui retiennent la bombe dans l'ame, & qui lui communiquent un mouvement répulsif, tels qu'étoient les coins de bois avec lesquels on la serroit dans son logement, parceque ces coins arrêtent trop subitement l'élan de la bombe & le dilatement du fluide, & en font retourner l'action contre le mortier, ce qui ne peut se faire sans déranger la justesse de son tir, ni sans nuire à sa durée.

§. 6. Nous proposerons préférablement le reméde qu'il convient de porter au Second inconvenient (§. 3.) qui se rencontre dans le tir des Mortiers, parceque nous croyons fermement qu'il est cause que les fortes charges dont on fait usage pour porter les bombes à de grandes distances ne répondent pas assez à cette attente. Nous croyons donc que ce seroit un moyen d'obtenir l'explosion d'une partie plus considérable de la charge dans la capacité des chambres, *d'augmenter leur profondeur & de diminuer leur ouverture ou diamétre;* on verra incessamment de quelle maniere cette construction de chambres contribue à produire l'effet susdit, que nous croyons nécessaire, & qui ne sauroit être obtenu par des chambres fort larges & peu profondes, parceque le fluide contenu dans la poudre qui est poussée dans l'ame du Mortier, y naît trop lentement, & s'en échappe trop tôt pour pouvoir contribuer avantageusement à l'impulsion de la bombe.

§. 7. Pour ne point abuser de la proposition précédente, il faut considérer que la durée de l'explosion dans la chambre ne doit point excéder le séjour de la bombe dans le Mortier, c'est-à-dire le moment où le grand cercle de la bombe est arrivé à la hauteur de la bouche: Or comme la bombe & la poudre sont chassées avec une vitesse égale, l'une vers la bouche & l'autre dans l'ame du Mortier, il s'ensuit que l'espace qu'ils doivent parcourir pour cet effet, devroit être égal, afin qu'ils y puissent arriver en même tems, & afin que toute la poudre put se dilater dans le prolongement de la chambre pendant le tems que la bombe metroit à gagner l'orifice du Mortier.

§. 8. Mais pour cet effet il faudroit pouvoir donner aux chambres une longueur suffisante pour contenir la charge, & pour l'y laisser parcourir un espace égal à celui que la bombe traverse avant d'arriver à la hauteur de la bouche; cet espace devroit alors nécessairement être rempli par un bouchon capable de transmettre le mouvement dans toute sa force, ainsi que nous le ferons bientôt sentir: Mais comme on ne peut se procurer un tel espace entre la charge & la bombe, sans allonger & sans appesantir beaucoup trop les Mortiers, il s'ensuit qu'il faut renoncer à l'espoir de contenir l'explosion totale de la poudre dans la capacité de la chambre.

§. 9. Il faut donc s'attacher à diminuer la quantité de grains qui se dilatent dans l'ame premierement, & c'est à quoi on parviendra en donnant

nant aux chambres un calibre du Mortier pour longueur (qui est l'espace que la bombe parcourt dans l'ame des Mortiers ordinaires) & en y conformant leur ouverture relativement à la capacité que l'on veut leur donner. Il est clair que dans ce cas les tranches de poudre qui seront successivement élevées & dispersées dans l'ame du mortier seront moins riches en grains, & qu'elles seront en plus grand nombre & par conséquent plus lentes à se répandre dans l'ame; que si la même charge étoit renfermée dans une chambre plus large & moins profonde, d'où elle sortiroit avant que la bombe eut gagné l'orifice du Mortier.

§. 10. Si l'on ne veut pas tirer à chambre pleine il faudra remplir exactement le vide qui y reste par des bouchons de bois; car il est évident que l'explosion se feroit dailleurs avec le même désavantage que si une plus grande partie de la poudre se consumoit dans l'ame, puisque le souffle des premiers grains disperseroit bien vite le reste de la poudre dans le vide de la chambre; au lieu qu'à l'aide des bouchons les petites charges gagneront à proportion sur les grandes, parceque la poudre des premieres a plus d'espace à parcourir avant d'arriver dans l'ame.

§. 11. L'élargissement & l'allongement des chambres que nous proposons est directement opposé aux régles que M. *Marsson* donne à leur égard, & d'aprés lesquelles elles donneroient moins d'effort contre la bombe, & plus contre le Mortier: Je me flatte d'avoir prouvé le contraire du premier point, à l'aide de l'explosion successive de la poudre & des effets qui en résultent; quant au second, il est très naturel que l'action du feu doive être plus violente contre les parois des chambres, puisqu'elle y est plus long-tems renfermée; mais il suit aussi des propres principes de l'auteur, qu'elle est moins forte contre chaque point en particulier, puisque leur nombre est plus grand; c'est-à-dire, parceque nos chambres n'ont pas, comme le veut M. *Marsson*, la moindre surface totale & la plus grande surface d'entrée à l'égard de leur capacité; qualités qui seroient bonnes dans les *bouches à vent*; mais qui sont en effet beaucoup moins utiles dans les *bouches à feu* que celles dont nous avons demontré la nécessité vu l'action initiale de la poudre.

Pour peu que l'on se donne la peine de réfléchir sur l'évidence des principes que nous venons de poser en avant, il sera fort facile de démêler les défauts & les avantages de la différente figure des chambres qui ont été en vogue.

§. 12. Premierement nous ne croyons pas que la moindre surface des chambres *sphériques* ait beaucoup de part aux grandes distances auxquelles elles poussent leurs bombes; car dans cette supofition les chambres *poires* qui sont inférieures à cet égard aux sphériques devroient aussi l'être en portée; mais c'est ce que l'expérience ne confirme point. La véritable raison pourquoi toute chambre à figure rentrante du côté de son entrée imprime une forte impulsion aux bombes, est, qu'il s'y fait une consommation plus complette de la poudre, dont une partie est retenue par les parois rentrans de la chambre, ce qui l'oblige de s'y dilater; quoique cette portion de la charge fasse rebondir une partie de son effort contre le fond de la chambre, elle ne contribue pas moins à augmenter l'impulsion de la bombe, 1° par la réaction de cet effort, & 2° par la plus grande élasticité qu'elle procure au fluide en l'échauffant davantage. Mais une telle réaction sur la bombe suppose une action, qui, dans le cas présent, ne peut être dirigée que contre le Mortier, & qui doit nécessairement le tourmenter sur son affut & plateforme, déranger la justesse de la direction, principalement de l'élévation du pointement, & contribuer à la prompte destruction du Mortier par l'échauffement qu'elle y augmente. Ainsi nous sommes d'accord avec l'auteur sur les principales causes de la proscription qu'il fait généralement des chambres qui ont une figure rentrante du côté de leur entrée.

§. 13. Quoique nous convenions aussi que les chambres que l'auteur nomme à *cône renversé*, soient désavantageuses, c'est avec quelque restriction cependant, & on sent bien que ce ne sera pas par les mêmes raisons que l'auteur en donne. 1° *D'avoir trop de surface à l'égard de leur capacité*, que nous ne considérons gueres. 2° *De communiquer à la charge une inflammation successive trop lente*; ce qui est vrai, mais suivant notre avis d'une manière différente que le suppose l'auteur; qui croit en conséquence de la troisième raison que chaque tranche de poudre se développe successivement dans l'endroit même de son emplacement dans la chambre, & que le fluide ne croissant alors qu'à raison de la progression de ces tranches; tardera trop à naître: Tandis qu'il suit de nos principes que la cause en est dûe à ce que les plus grandes tranches ou portions de la charge étant élevées & répandues les premieres dans l'ame, il arrive que la plus grande partie du fluide se dilate trop fort, de même qu'il naît trop lentement, & que ces chambres ne sont point propres pour porter les bombes fort loin. 3° *Que les effets de la poudre enflammée sont différens dans les différentes parties de sa surface*; Ce défaut est incontestable, mais l'espece de chambre à laquelle l'auteur le reproche, l'a de commun avec toutes les autres figures possibles de chambres, vu l'explosion successive de la poudre. Ce défaut mérite cependant moins de considération à l'égard des chambres dont l'ouverture va en augmentant depuis le fond jusqu'à l'entrée, parceque, comme nous venons de remarquer, il s'y consume déja une moindre portion de la charge, ce qui l'échauffe moins. Aussi voit-on que les Mortiers à chambre coniques ont le plus de durée: Ils portent d'ailleurs le plus juste, ainsi que l'a trouvé M. *Belidor*, & M. *Borgard* Général Anglois (Artill. de *J. Muller* p. 71.); & favorisent le tir avec un feu. Ces raisons devroient, ce me semble, faire préférer ces chambres pour le service de terre, où il ne

s'agit

s'agit pas tant de jetter les bombes à de fort grandes distances, que de les faire arriver avec précision, & de conserver les Mortiers. C'est en conséquence de ces raisons que je proposerai la chambre parabolique dans le 23 paragraphe.

§. 14. Quant aux chambres en demi sphere que l'auteur propose pour l'usage de terre, bien qu'elles ayent le même défaut que nous venons de remarquer aux chambres coniques, savoir de laisser consumer trop de poudre dans l'ame premierement, nous croyons cependant qu'elles pourront être de quelque utilité pour le service de terre par les mêmes raisons que nous avons alléguées en faveur des chambres coniques.

§. 15. Il ne nous reste donc, de même qu'à l'auteur, que les chambres cylindres pour porter les bombes à des distances aussi grandes que le bombardement des villes maritimes peut l'exiger. Mais on a dû voir dans le cours de ce Mémoire que nous différons à l'égard de la hauteur & du diametre. L'auteur soutient que le cylindre équilateral est le meilleur pour cet effet, parcequ'il a le moins de surface, & le plus grand cercle d'entrée possible à l'égard de sa capacité: Nous proposons au contraire de lui donner un calibre du Mortier pour hauteur, & d'y conformer le diametre suivant la capacité que la chambre doit avoir.

§. 16. Il reste à parler de la figure qu'il convient de donner au fond de la chambre cylindrique. L'auteur donne à la sienne la forme d'une demi sphere; mais il ne fixe en aucun endroit dans quel point de la demi sphere il compte porter le feu à la charge, ce qui est cependant un article de la derniere importance. Pour que la demi sphere procure le principal avantage qui est propre à sa figure, savoir d'accélérer l'explosion, il convient de diriger l'entée de la lumiere au grand cercle par où elle joint le cylindre équilateral; mais alors il naîtra bien vite au-dessus du fond une quantité de fluide capable de déplacer la bombe, avant que toute la poudre qui est contenue dans le fond se soit dilatée; ainsi cette derniere n'agira que sur ce fond vers lequel elle est chassée, & d'où son fluide sera réfléchi trop tard & trop foiblement du côté de la bombe: D'ailleurs si l'emplacement du point d'inflammation n'est pas porté au centre de la demi sphere; cette réflexion du fluide se fera suivant des directions croisées qui feront plutôt retourner l'effort contre les parois latéraux de la chambre, que du côté de la bombe. Ces effets réunis sont cause de la violence avec laquelle les Mortiers, & généralement toute arme à feu, tourmente son affut & la platteforme où elle pose si l'on porte le feu à la charge beaucoup en avant du fond de la chambre, & c'est pourquoi la partie qui est en arriere de ce point contribue fort peu à pousser le projectile; sans quoi il n'y auroit pas de moyen plus propre pour accélérer l'explosion de la charge que de porter le feu à son centre de figure, ou au point le plus approchant.

Si l'entrée de la lumiere est portée au fond de la chambre, c'est-à-dire au point de surface de la demi sphere qui répond à l'axe du Mortier, alors l'explosion initiale sera plus lente & la bombe sera déplacée plus tard; le fluide qui se développe des premiers grains ne manquera pas d'agir en attendant, il comprimera donc le reste de la poudre de maniere que la flamme ne trouve plus les interstices nécessaires pour s'insinuer entre les grains; ce qui est un autre effet non moins désavantageux à la rapidité de l'explosion totale.

§. 17. Voici donc qu'elle est mon idée sur la figure du fond de la chambre, & par rapport à l'endroit par où il convient d'y porter le feu. Premierement il faut que la portion du fluide capable de soulever la bombe naisse aussi promptement qu'il est possible, afin qu'une moindre portion n'aye pas le tems de comprimer le reste de la charge, & de rendre par là son explosion moins prompte. En second lieu il faut que la réflexion du fluide qui agit contre les parois du fond des chambres se fasse suivant la direction de l'axe du mortier, qui est celle du vol de la bombe, & assez tôt pour la pouvoir joindre. Si on fait attention à la nature des fluides à ressort, & à l'expérience journaliere que nous offrent les différentes modifications des effets de l'air, on ne pourra pas je crois revoquer en doute l'existence de la réflexion du fluide que je considére dans les armes à feu, & il ne sera pas moins hors de doute que la direction de cette réflexion dépend de la nature des surfaces & de la maniere avec laquelle le fluide les choque.

§. 18. La figure sphérique est celle de toutes qui est la plus propre à la prompte inflammation de la poudre, si le point inflammatoire est porté à son centre. Il faut donc que la portion capable de déplacer la bombe soit disposée & enflammée à la ronde, c'est-à-dire qu'elle doit former une sphere. Quand au second point, considérons que de toutes les lignes courbes que nous connoissons il n'y a que la Parabole qui aye la proprieté de réflechir les rayons dans une direction parallele à son axe, si ces rayons émanent de son centre ou foyer. Le Paraboloïde est donc la figure qu'il faut donner au fond de la chambre, & son foyer est le point par où il convient d'y porter le feu, pour que tous les rayons impulsifs du fluide, élastique qui en partent, soyent réflechis de la maniere la plus favorable à l'impulsion de la bombe. Il s'agit donc de réunir ces deux solides de maniere qu'ils ayent un centre commun.

§. 19. Soit (Fig. 1.) *ABCD* une chambre cylindrique dont l'axe *EF* est égal au calibre du Mortier, & le diametre *CD* relatif à la capacité de la chambre; il faudra alors ajouter à l'axe du cylindre *EF*, le rayon *FG* de la sphere de poudre *HIGK* capable de déplacer la bombe, & il y faut porter le feu

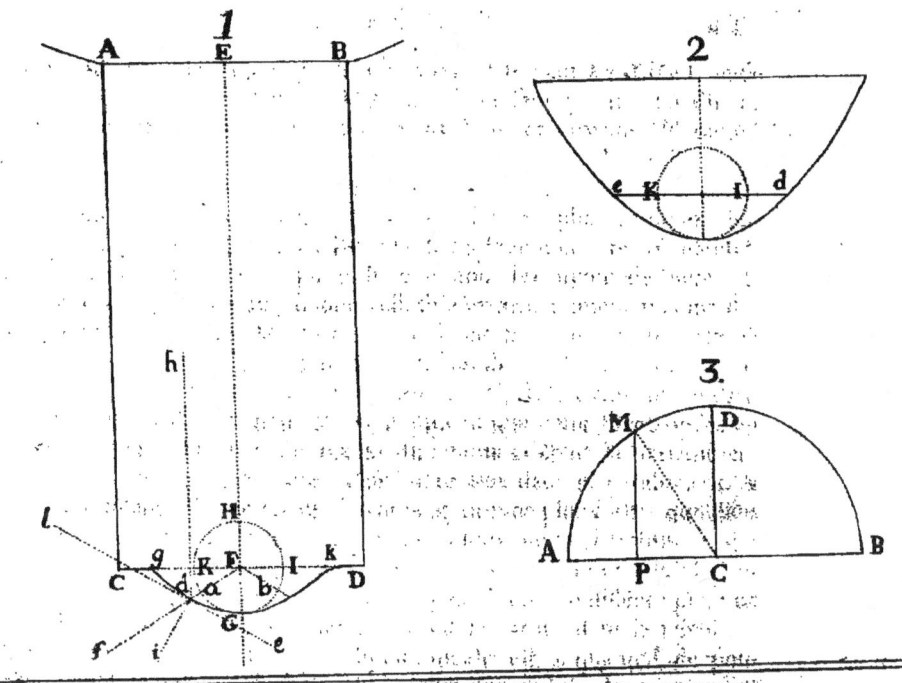

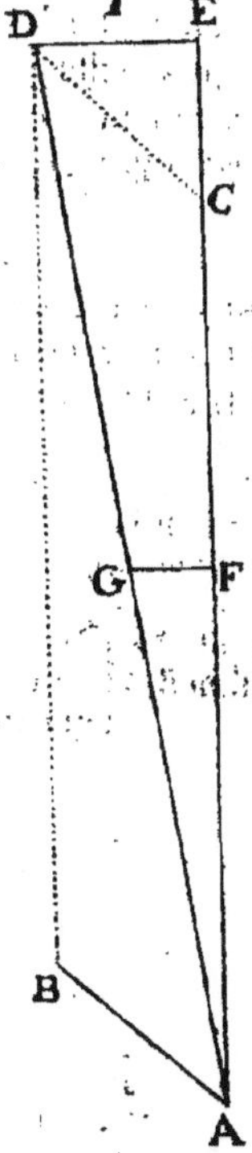

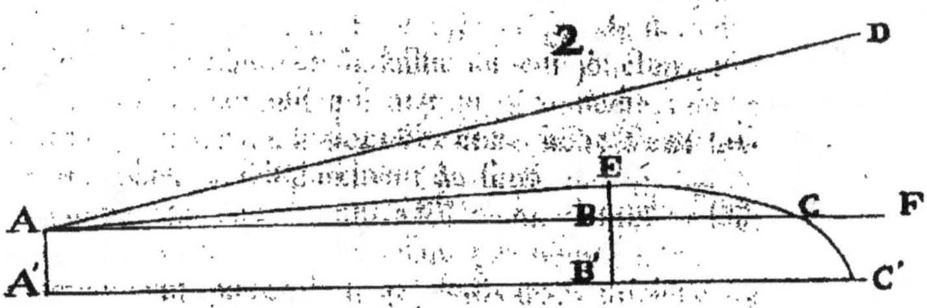

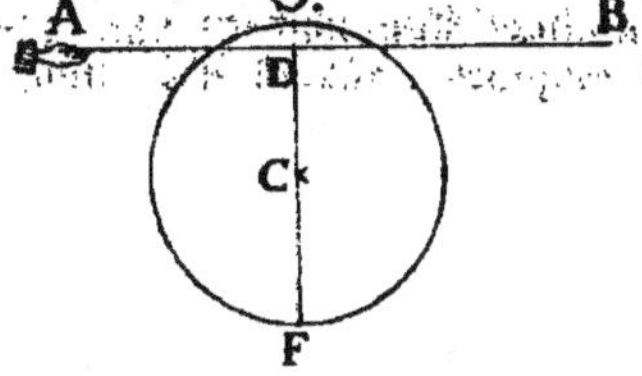

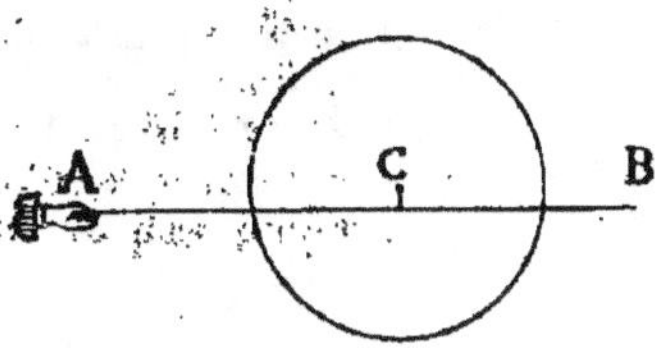

feu par son centre F: Mais pour que la réflexion de la portion KIG se fasse dans une direction parallele à l'axe du Mortier, il ne faut point arrondir ce fond en demi sphere, parceque tous les rayons de force, comme Fa ou Fb seroient alors réflechis dans le centre commun, d'où ils se réuniroient premierement pour suivre la direction de la diagonale Ft vers le point E après une perte de tems & de force d'autant plus considérable, plus les rayons approchent des directions FK & FI; au lieu que si on forme ce fond en paraboloïde ayant son centre ou foyer au point F, alors tous les rayons de force qui choqueront le fond de ce creux, seront réfléchis immédiatement suivant des directions parallèles à l'axe du Mortier; ils perdront donc moins en force, & arriveront plutôt au secours de l'impulsion de la bombe. Dailleurs puisque la réflexion d'un rayon de force quelconque, comme Fa se fait suivant aF dans la sphere & suivant dh dans la paraboloïde il s'ensuit que cette force opére en sens contraire contre le Mortier suivant les directions af & de la perpendiculaire di sur la tangente le au point d: c'est-à-dire que dans la paraboloïde la direction de la résultante de ces rayons de force agira avec plus d'effet que dans la sphere contre le fond que contre les parois latéraux de la chambre, ce qui augmenteroit le recul, & diminueroit les mouvemens latéraux du mortier si l'explosion initial n'étoit trop foible à ces égards; ce qu'il faut considérer pour ne point reprocher à nos chambres le défaut qui est remarqué dans le 16e §.

§. 20. On ne connoit point jusqu'ici qu'elle est la quantité de poudre nécessaire au soulevement de la bombe [*], mais quoiqu'elle doive augmenter avec l'angle d'élévation du Mortier, il est à croire qu'elle sera peu considérable, & que son volume étant disposé en sphere ne donnera point le paramétre de du paraboloïde égal au diamétre CD du fond cylindrique de la chambre: C'est pourquoi il faudra un peu diminuer la saillie de leur jonction, afin de ne pas offrir trop de prise à l'alcali corrosif qui naît au détonnement de la charge, & aux autres accidens qui pourroient émousser cette saillie d'une manière moins reguliere & plus nuisible au défigurement du fond.

§. 21. On nous accusera peut-être de contradiction en proposant une espece de secondes chambres pour les Mortiers, pendant que nous avons combattu l'usage des petites chambres aux pieces de siege; mais nous prions ceux qui seroient de cet avis, de considérer, que nous ne donnons presque aucune profondeur à ces chambres, & que l'inflammation se communique deja par la sur-

---

[*] Le sujet vaut cependant bien la peine d'être examiné, & l'expérience seroit des plus aisées, puisqu'il ne sagit que d'éprouver différentes charges peu considérables, jusqu'à-ce-qu'on trouve celle qui ne fasse d'autre effet, que de faire rouler la bombe au pied du mortier; bien entendu qu'il faudroit remplir le vide de la chambre par un bouchon de bois: Les Mortiers coniques seroient le plus propre pour cet objet.

surface sphérique *KHI* au moment que la bombe est soulevée, au lieu que dans les canons une beaucoup moindre portion de poudre est suffisante pour déplacer le boulet; ainsi il le sera déjà de même que la principale partie de la charge, avant que l'explosion soit parvenue à la tranche où la petite chambre joint la grande. Dailleurs le peu de profondeur du paraboloïde ou fond de la chambre & celle de l'ame du Mortier garantissent de l'inconvénient de garder le feu, inconvénient terrible, & d'autant plus inévitable avec les canons que leur service est plus vif que celui des Mortiers.

§. 22. Quant à la derniere objection que l'on pourra faire, elle concernera peut-être la difficulté de porter l'inflammation précisément au centre ou foyer: Mais ce ne sera pas de la part de ceux qui connoissent le service de l'artillerie, & l'usage des *fusées d'amorce*, que l'on peut faire de telle longueur que l'on veut, & qui sont un des moyens les plus utiles que l'on puisse employer pour la conservation des lumieres; dont l'évasement est ordinairement la premiere cause du dépérissement des bouches à feu. Aussi croyons-nous qu'il convient de leur donner d'abord à leur fabrique des masses de lumiere de cuivre, & de ne pas attendre sur-tout avec les Mortiers, qu'elles s'égrainent dans le corps du métal; ce qui arrive après un fort petit nombre de coups aux Mortiers; après lequel on seroit fort embarrassé d'y remettre un grain vissé à froid, qui d'après les épreuves de Strasbourg (p. 142. de ces Mémoires) sont dailleurs moins bons pour l'usage des Mortiers que les masses de lumiere placées dans le moule; au lieu que d'après ces mêmes épreuves les grains vissés à froid sont préférables pour les canons.

§. 23. Nous avons donné au 13e & 4e paragraphe les raisons pour lesquelles les chambres demi sphériques (que l'auteur propose) & les chambres coniques devroient être préférées pour le service de terre; c'est donc en conséquence des mêmes raisons que nous proposons une chambre parabolique, qui tient une espece de milieu entre la conique & demi sphérique, mais qui a l'avantage par-dessus elles de réfléchir tous les rayons impulsifs qui choquent ses parois dans des directions paralléles à l'axe du mortier, ce qui est la direction la plus favorable que l'on puisse donner au fluide, quoiqu'elle ne soit point celle qui contribue le plus au mouvement de la bombe, vu la sphéricité de sa surface choquée comme on verra par l'extrait qui suit. Il n'y a donc qu'à continuer (Fig. 2.) la courbe parabolique dont le paramètre de est double du diamétre KI de la sphere capable de déplacer la bombe, jusqu'a-ce que le paraboloïde obtienne la capacité nécessaire à la charge dont on veut faire usage, & qui est beaucoup moindre pour le service de terre, que pour les Mortiers destinés au bombardement des villes maritimes.

L'auteur Anglois, *J. Müller*, que nous avons déjà cité dans plusieurs endroits de ces Mémoires déduit une autre conséquence en faveur des chambres

bres étroites, de l'effet du fluide sur la figure hémisphérique des bombes. Nous allons rapporter ce que cet auteur dit à ce sujet.

Artill. de J. Müller, p. 34. & suivantes.

"*Theoréme*. La force de la poudre contre une surface sphérique (Fig. 3.) "qui naît de la révolution de l'arc MD du plan générateur MDCP autour de "son axe DC, est à la force absolue comme le Solide de révolution est au cylin- "dre qui auroit même base & même hauteur avec lui.

"La force contre la demi sphere est à la force absolue comme la demi "sphere est au cylindre circonscrit.

"*Démonstration*. Les fluides agissent suivant leur nature, perpendi- "culairement sur chaque point d'une surface ; c'est pourquoi la force absolue "sur M suivant CM est à celle qui suit la direction PM, comme CM est à CP. "Puisque ceci peut être appliqué à tous les points de l'arc, il suit que la force "contre l'arc MD est à la force absolue, comme le plan PMDC est au rectan- "gle compris entre CP & CD ; & c'est pourquoi la force contre la surface qui "naît de la révolution de l'arc MD, est à la force absolue, comme sont entre- "eux les solides naissans de la révolution du plan MDCP & du Rectangle com- "pris entre PC & CD sur l'axe CD. Quand la ligne MP approche si fort du "point A que le plan générateur devient égal au quart de cercle ADC, alors "il est clair que le cas peut être appliqué à la demi sphere. Un boulet n'est "donc poussé que par les $\frac{2}{3}$ de la force absolue.

"I. *Exemple*. Si CP est $= \frac{1}{4} AC$ on aura le cylindre ayant PC pour "le rayon de la base, & CD pour hauteur, au solide produit par la révolution "du plan générateur CPMD ; comme 900 à 785. Par conséquent la force "absolue est à celle qui opère contre la surface de l'arc MD, comme 900 à "785. Puisque la demi sphere n'est que les $\frac{2}{3}$ du cylindre circonscrit, on aura "(en conservant la force absolue égale à 900,) la force contre la demi sphe- "re ; à celle qui opère contre la surface de révolution de l'arc MD, comme "600 à 785.

"2. *Exemple*. Si CP est $= \frac{1}{2} AC$, la force absolue sera à celle de "la surface de l'arc MD, comme 600 à 841. Et la force contre la sphere "à celle contre la surface comme 600 à 841.

"*Corollaire*. D'où il suit que les chambres des Mortiers qui n'ont "que $\frac{1}{3}$ du calibre pour ouverture, sont préférables à celles qui en auroient $\frac{1}{2}$: "Quoique ce rétrécissement ait ses limites, ceci répond néanmoins aux expé- "riences de *Hawksbé*, qui trouva que les portées étoit d'autant plus grandes "plus l'ouverture de la chambre étoit étroite.

Id. p. 71. "Nous avons démontré dans le V.e *Théorême* que l'effet „de la poudre enflammée diminue dans le même rapport que la furface „choquée augmente, ce qui eft auffi prouvé par l'expérience."

On fe rappellera l'éprouvette ou Mortier pour l'épreuve des poudres qui nous a déjà fourni une obfervation relative à la portée des bouches à feu, & qui étant fixé fur un madrier de bois, porta fon boulet pefant 59 liv. à 115 toifes; la charge étant de 3 onces de poudre, capacité entiere de la chambre: cette derniere étoit entierement cylindrique & avoit 2 po. 5 lig. de profondeur, & 1 po. 9 lig. de largeur. Une autre Mortier plus ancien & dont on avoit fait ufage précédemment avant que l'évafement de fa lumiere eut obligé de le remplacer par celui que nous venons de fpécifier, n'avoit porté fon boulet qu'à 89 toifes, toutes chofes égales d'ailleurs, à l'exception des dimenfions de la chambre, quoique fa capacité étoit pareillement de 3 onces. Cette chambre avoit auffi 2 po. 5 lig. de profondeur, mais 2 po. de largeur: elle étoit auffi cylindrique, mais le fond étoit formé en demi fphere, la lumiere dirigée au centre, ainfi de 10 lig. au deffus du fond. Il eft évident par nos principes que les 26 toifes de différence proviennent de l'allongement & du rétréciffement de la chambre; & de ce que l'inflammation a commencé à fon fond, & non à un point fenfiblement élevé au deffus comme dans l'autre chambre à fond demi fphérique; il eft encore à croire que puifque la profondeur de 2 po. 5 lig. qui a donné 115 toifes de portée eft encore fort éloignée de 7 po. 3 lig. largeur du calibre, qu'on obtiendra toujours de plus grandes portées, à mefure que la profondeur de la chambre approchera du calibre du Mortier: Les épreuves que l'on a fait en Dannemarc fur la figure des chambres à Mortier conftatent ce fait; & prouvent encore que les portées ont diminué à mefure qu'on a paffé les limites de la profondeur que nous avons déterminé être la plus avantageufe pour les chambres à Mortier.

CHAPITRE TROISIEME.
Changemens communs à l'Artillerie de Campagne & à celle de Siege & de Place.

SECTION PREMIERE.
De la nouvelle maniere de pointer le canon ou de la Hausse.

(VI. p. 45-49. *RECUEIL.*

27. *De notre tems après avoir banni le gros & ridicule guidon placé au plus grand renflement du bourlet (imagination enfantée ou renouvellée vers la fin du siecle passé) on ne se rappelloit pas seulement l'idée de hausse ou d'équerre du canonnier (du moins en France) & l'on se contentoit, hors des limites du but-en-blanc primitif, d'observer les coups; & quand on avoit trouvé l'angle de projection convenable, on l'assûroit par quelque marque au coin de mire, que l'on fixoit. Je ne dis pas que cette méthode soit préférable à toute autre; mais en la suivant, l'Artillerie Françoise a eu de grands succès durant les dernieres guerres, tant aux sieges qu'aux batailles.*

28. *Supposé que la nouvelle hausse mobile soit assez solide pour résister aux accidens ordinaires & aux secousses inévitables, que le soldat même attentif lui donnera dans la vivacité d'une action, assez bien faite pour que le canonnier puisse la lever & la baisser aisément,*

(VII. p. 207.

Il n'y a personne qui ne sente combien cette maniere est adroite, & ce qu'une telle induction doit avoir de force sur les bons esprits. Cependant, lorsque l'on commença à substituer dans les combats les sabres aux bâtons, les partisans des bâtons pouvaient dire à ceux des sabres: nous ignorons si l'usage des sabres sera préférable à celui des bâtons, mais en combattant avec des bâtons nos Héros ont eu de grands succès dans tous les combats. Autant en pouvaient dire les partisans du gland à ceux qui proposerent de manger du pain. Si on eut écouté les bons raisonneurs, qui, à chaque nouveauté, ont fait de ces argumens, nous mangerions encore du gland & nous nous battrions à coups de bâton.

Cependant, malgré le peu de cas que l'Auteur annonce que l'on doit faire du pointement du canon par la hausse, comparaison faite avec la maniere de pointer établie par l'Ordonnance de 1732, il veut bien (No. 28.) songer aux moyens de la rendre plus utile

ment, quand il faudra changer le degré d'élévation, assez stable en même tems pour garder les positions jugées convenables, &c. il est question d'établir les moyens de la rendre beaucoup plus utile au service, que la méthode à laquelle on la substitue : en voici une partie.

29. Il faudra par de bonnes expériences constater les portées horisontales correspondantes à ces divisions, en dresser des tables, faire apprendre ces tables aux Officiers & aux Canonniers, accoutumer ensuite les uns & les autres à juger par le simple coup d'œil, à quelle distance peut être l'ennemi, afin de prendre la division convenable.

30. Les divisions de la hausse mobile correspondantes aux amplitudes horisontales ne conviendront pas aux amplitudes de même longueur, mais inclinées au-dessus du sol de la batterie ou au dessous, dans quelques circonstances. Ce sera donc une nécessité d'avoir des tables pour les amplitudes obliques relativement aux divisions de la hausse mobile ; de les faire apprendre comme les premieres, & de nous former à estimer non seulement les distances, mais encore leur inclinaison sur le plan de la batterie.

utile au service. Mais il ne nous en donne *qu'une partie* ; se réservant sans doute les autres pour en faire la matiere de nouvelles instructions qu'il nous donnera en tems & lieu.

p. 210-212.

Mais, à quelque point qu'on puisse parvenir à former le coup d'œil des Officiers & des canonniers, ainsi que l'Auteur a soin de le recommander, il n'a pas sûrement prétendu que ces Officiers & ces canonniers en vinssent à déterminer par le coup d'œil, seulement, l'étendue précise d'une ligne droite, sur-tout vue de bout en bout, non plus que de l'élévation ou l'infériorité exacte d'un plan sur un autre, & tout cela à des distances pareilles à celles où l'on tire le canon & malgré toutes les illusions d'optique produites par la hauteur ou l'abaissement du soleil sur l'horison, par les vapeurs, par mille circonstances locales, illusions dont les instrumens même ne garantissent pas. Le canonnier, l'Officier le plus exercé, pourra-t-il compter assez sur ses yeux pour ne pas se tromper sur son estime dans ces occasions ; je ne dis pas d'une toise ou

deux, mais de dix, mais de cinquante, & de cent, même sur les longues distances, où les longues pieces, sur-tout, doivent tirer pour jouir de cette supériorité de portée si vantée par l'Auteur ? non sans doute : personne n'osera le garantir. Mais s'il regne à l'œil tant d'incertitude dans l'estimation des distances, à quoi serviront donc ces merveilleuses Tables calculées avec tant de précision pour toutes les distances, pour toutes les élévations ? que servira *d'avoir employé tant de dépenses, d'expériences & de peines, pour construire & constater ces Tables*, comme nous a dit l'Auteur, c'est-à-dire, pour y placer les degrés sous lesquels il convient de tirer la piece, relativement aux différentes distances & aux élévations où cette piece se trouvera de l'objet, si

on

on ne peut parvenir à connaître, que d'une maniere si imparfaite, ces distances & ces élévations? Il est vrai qu'il est bien embarrassant de conduire en batterie un quart de cercle, une chaîne, des toises, des jallons, &c. Il est vrai qu'il est bien absurde de proposer de faire une opération de Trigonométrie qui demande plusieurs heures à chaque coup de canon qu'on voudra tirer, ou du moins à chaque fois que la piece ou l'ennemi changeront de position; mais cet embarras est inévitable & cette absurdité nécessaire, si l'on veut se servir de ces Tables. Car la base de leur usage, est la connoissance précise de la distance & de l'élévation de la batterie; & jamais l'oeil seul ne peut donner cette connaissance que d'une maniere très-imparfaite.

31. *D'après les expériences faites à Strasbourg avec tout l'art & tout le soin possible, on doit attendre de très-grands effets des cartouches à balles de fer battu & à de très-grandes distances; d'ailleurs elles coûtent d'achat sept fois plus que le boulet de même calibre, & le double en chariots pour en porter le même nombre en campagne. Il est donc du bien de l'Etat de chercher tous les moyens praticables pour qu'elles soient tirées plus utilement encore que les boulets; aussi croit-on que la hausse mobile a été spécialement imaginée en leur faveur, par conséquent nouvelles tables à construire: car les élévations de la hausse rélative aux coups à boulet, ne sont pas celles qu'exigent les coups à petites balles.*

p. 208. Que l'Auteur nous permette de l'interrompre un moment pour lui demander combien coûtent les cartouches à balles de plomb renfermées dans de *petits sacs de toile légere*, ses cartouches favorites? Car c'est à leur prix qu'il faut comparer celui des nouvelles cartouches & non à celui des boulets. Qu'il nous dise aussi s'il faut moins de chariots pour porter de ces dernieres en même nombre.

32. *Que de dépenses, que d'expériences, que de peines pour construire & constater ces tables! Et quand on les auroit, les Officiers & les Canonniers seroient bien loin encore de pouvoir s'en servir utilement, même dans les champs d'épreuves; convenons-en, ce qui se pratique actuellement à nos écoles, n'est pas seulement l'ombre de ce qu'il faudroit faire, si l'invention est bonne.*

p. 209. Sans revenir avec lui sur tous les raisonnemens que nous avons faits en traitant de la maniere de se servir de la hausse, & auxquels nous prenons la liberté de le renvoyer, nous le prions, si, par l'habitude qu'il a contractée de décider sans raison, le raisonnement & la discussion lui déplaisent, nous le prions de s'adresser au premier canonnier qu'il rencontrera sur son chemin, & de lui demander si, quand il pointe son canon avec la hausse, il s'inquiete, ni de la grandeur des divisions de cette hausse, ni de la distance précise où il est de l'objet, ni de la différence de niveau qui se trouve entre le plan de batterie & celui où est placé cet objet; si la même hausse,

hausse, qui lui sert dans le tir à boulet pour déterminer par un coup d'épreuve l'élévation à donner à la piece, ne lui sert pas de même dans le tir à cartouches pour fixer l'élévation convenable à ce tir.

33. *Dire qu'il n'est pas besoin de toutes ces préparations difficiles dans de simples exercices, & presque impraticables dans les actions de guerre; qu'il suffira d'observer les coups selon les circonstances, & de s'en tenir au degré trouvé, tant que la position de l'ennemi n'aura pas changé considérablement, &c. ce seroit assurer que les hausses ne sont pas d'un usage plus utile que nos marques sur le coin de mire; dans ce cas pourquoi substituer une frêle machine à une machine solide & simple ?*

p. 212. A cela, nous lui répondrons nous-mêmes : 1° Que les marques, faites sur le coin de mire, sont fort sujettes à s'effacer par les différentes impressions que la piece, en tirant, fait sur le coin de mire; qu'il n'en est pas ainsi des degrés de la hausse qui restent toujours les mêmes. 2° Qu'en supposant que ces marques subsistent, il reste toujours la différence très-importante que le coin de mire, en marquant de quelle quantité il faut abaisser la culasse, ne donne aucun moyen pour conserver toujours la vue de l'objet que l'élévation de la volée dérobe alors à l'oeil; tandis que la hausse, s'élevant de la même quantité que la volée; guide toujours l'oeil vers l'objet, loin de le faire perdre de vue. 3° Que la hausse, forte comme elle est, relativement à sa petitesse, encastrée comme elle est dans l'épaisseur de la culasse, n'est point une *frêle machine*, qu'elle l'est même moins que le coin de mire, qui, d'ailleurs, n'est pas plus simple qu'elle.

34. *Dire que la hausse mobile assurera un peu mieux le degré d'élévation que le coin de mire arrêté, quand le recul changera beaucoup la position de l'affut relativement à une premiere donnée, c'est rechercher un avantage bien foible & presque imaginaire, tant l'occasion en sera rare & de petite conséquence, si même elle se présente.*

p. 213. Nous lui répondrons : que ce n'est pas seulement *lorsque le recul changera beaucoup la position de l'Affut relativement à une premiere position donnée*, mais dans *tous les cas* où la piece se trouvera au-delà du but en blanc; que la hausse assûrera mieux que le coin de mire arrêté le degré d'élévation à donner à la piece, c'est-à-dire, dans tous les cas où l'on a besoin de pointer à la guerre, par conséquent à chaque coup : car lorsqu'on est précisément à la distance du but en blanc, il ne faut ni hausse ni estimation, & lorsqu'on est en deçà, il n'est pas besoin de hausse.

35. *Remarquons, en passant, que les hausses, fussent-elles bonnes, ne pourroient, sans devenir excessives, avoir lieu dans plusieurs occasions, où les coups*

p. 214. L'Auteur aurait bien dû nous dire à quelle distance porteraient les nouvelles pieces de 12 & de 4, en les tirant à 6 degrés; cela aurait pu servir

coups à boulet causeroient encore de terribles ravages dans les troupes ennemies prises en flanc, resserrées dans un défilé, &c. S'il étoit question, par exemple, de tirer sous l'angle de 6 degrés contre des troupes sensiblement au niveau du sol de la batterie, il faudroit aux pieces de 12 du nouveau modele une hausse d'environ 7 pouces, & de 5 environ aux pieces de 4, c'est-à-dire d'un onzieme à-peu-près de la longueur de chaque piece.)

servir à apprécier l'importance qu'il y a à mettre ces pieces en état de tirer sous cette élévation. Mais, puisqu'il ne nous en a rien dit, nous voulons l'apprendre au lecteur. Eh bien, la piece de 12, à cette élévation, portera à environ 950 toises, & celle de 4, à environ 850. Or, renonçant, comme nous faisons, à tirer au-delà de 500 toises, lorsqu'il s'agit de pointer ou d'assurer la direction, nous n'aurons plus besoin de hausse lorsqu'on voudra tirer plus loin, & nous ferons comme on faisoit avant que nous eussions des hausses; nous pointerons, comme il est prescrit par l'Ordonnance de 1732, comme le desire notre Maître, c'est-à-dire à l'aveugle. Cependant, il nous restera encore nos *ridicules* boutons de mire, qui, tout ridicules qu'ils sont, ne laisseront pas encore de nous guider un peu vers l'objet alors caché par la volée, & vers lequel nos Adversaires, par le manque de ce ridicule bouton, se guideront encore moins facilement que nous. Nous ajouterons encore, que si nous avions bien envie de nous guider par la hausse, quand on nous ordonnera de tirer à cette portée, dont nous professons hautement faire très-peu de cas, nous ne serions pas effrayés de leur voir sept pouces de haut; mais comme elles ne pourraient servir, selon toute apparence, qu'une fois ou deux par Campagne, ce n'est pas la peine de nous en embarrasser, & nous nous en tenons à celles que nous avons, lesquelles étant élevées au plus haut, fournissent aux portées les plus longues où l'on puisse tirer avec espérance de succès.)

(III. p. 51. Le tems nous manque, notre cher camarade, pour disserter aussi sérieusement qu'il conviendroit, sur la grande utilité de la hausse. Je me borne à vous dire ici que la difficulté de juger des distances la rend bien incertaine, & que, fut-elle bonne pour des canonnades réciproques en postes fixes, le mouvement prompt de deux armées qui s'approchent, ou seulement celui de l'une des deux, en empêcheroit l'usage, attendu que les distances changent à chaque minute, &c. Au reste, il ne faut point de petites machines dans ces conjonctures. Le coup-d'oeil d'un officier ferme & instruit, & l'adresse d'un canonnier courageux, valent mieux que ces ingénieuses bagatelles. Mais où donc avez-vous vu employer un quart de cercle embarrassant, pour tirer du canon dans une bataille?)

(Id. p. 67. Croyez-vous, par exemple, que si la hausse avoit les grands avantages que vous lui prêtez gratuitement, elle ne pourroit pas être aussi adaptée

adaptée à nos pieces longues? Leurs hauſſes ſeroient même moins élevées dans ces mêmes circonſtances, & par conſéquent ſeroient moins incommodes.)

(XI. p. 38. On a ſupprimé ſur les pieces les viſieres & les boutons de mire, ſous le prétexte que quand les rouages n'étoient pas de niveau, ces points fixes indiquoient une fauſſe direction. Il faudroit une bien grande inégalité dans l'élévation des roues, pour produire en ce ſens un changement conſidérable; alors cette inégalité du terrein ſera ſenſible; & ſi c'eſt une platte-forme qui a gauchi, il faut pour bien d'autres raiſons la relever: ſi c'eſt en plaine, quatre coups de pelle rectifieront le terrein. On dit que cette méthode eſt plus géométrique. Il y a apparence que la géométrie eſt ici mal employée, car au défaut de viſiere & de bouton, le Canonnier doit, dit-on, prendre d'un coup-d'œil les parties les plus élevées de la culaſſe & de la tulipe: cela eſt aiſé à dire; mais il n'eſt point aiſé de déterminer d'un coup-d'œil avec préciſion les deux points ſaillans ſur deux grands cercles diſtans de 8 à 10 pieds l'un de l'autre, de les conſerver juſqu'à ce qu'on les ait raſſemblé ſur l'objet. Le Canonnier devroit faire d'un coup-d'œil ce qu'un Ouvrier auroit peine à bien faire dans ſon attelier avec le niveau & la régle.) *Grib.*

(Id. p. 49. On n'a ſupprimé les viſieres & les boutons de mire, *ni par un vrai prétexte*, ni par abus de *Géométrie*, mais parce qu'une longue expérience en a conſtaté le danger, ou tout au moins l'inutilité. En ſuivant les mouvemens rapides des Troupes ſur un terrein en pente, les Canonniers auront-ils le tems de mettre les roues de niveau pour tirer quelques coups? La viſiere mobile, à l'effet d'être élevée ou baiſſée, quand il faut augmenter l'élévation de la piece, ou la diminuer, eſt encore plus ſujette à erreur, que la ſimple entaille faite autrefois ſur la platte-bande de culaſſe. Au ſurplus, ſi ces viſieres & ces boutons pouvoient ſervir, rien n'empêcheroit de les appliquer aux pieces longues comme aux courtes; mais ils ſont pour le moins inutiles.) *Val.*

(Id. p. 57. On n'a pas beſoin de mettre de niveau les roues de la nouvelle Artillerie: on viſe vîte & juſte avec ces pieces; on tire de même. C'eſt tout le contraire avec les anciennes. L'entaille ſur la platte-bande de culaſſe ne fait pas appercevoir l'objet, quand il eſt au-delà du but en blanc, le bourlet le cache; alors on tire au haſard, ſuivant l'ancien uſage.) *Grib.*

(Id. p. 61. La réponſe a été faite ſur la propoſition même de l'Auteur, qui a dit dans ſon Mémoire, qu'au beſoin les Canonniers applaniroient facilement le terrein pour mettre les roues de niveau; on ſait bien que cela n'eſt pas poſſible dans une action vive, & en ſuivant le mouvement des Troupes.)

(XII.

(XII. p. 29-31. Les hausses ou visieres mobiles à coulisses & à charnieres, pour donner plus de justesse à la direction, & élévation d'un demi-degré au dessus de l'horison, pour procurer plus d'étendue à leurs portées, sont, je l'avoue, plus ingénieusement présentées & exécutées, que les mêmes inventions anciennement proposées, mais justement abandonnées pour les inconvéniens qui en résultoient dans la pratique. Le demi-degré d'élévation donne effectivement plus de portée que n'en peut avoir une piece tirée de but en blanc, mais en même tems beaucoup plus d'incertitude, de variation & d'erreur dans le tir. Des expériences comparatives ont déterminé nos Anciens à préférer le but en blanc. Tous les terreins ne sont pas propres à leur exécution, & d'ailleurs, l'usage de la hausse ne peut être assuré que d'après des tables calculées sur toutes les distances, & sur tous les plans possibles. La difficulté, je le sais, ne consiste pas dans la construction de ces tables; mais dira-t-on qu'il soit facile, & même praticable, d'en instruire parfaitement le Canonnier, & de lui en rendre l'application familiere dans tous les cas imaginables, & au premier coup-d'oeil? Je pourrois montrer avec la plus grande évidence, *que cet instrument qui a été annoncé comme une heureuse invention & des plus utiles, pour procurer plus de justesse de tir à des distances fort étendues tant à boulet qu'à cartouche*, ne fait, au contraire, que jetter dans l'erreur celui qui pointe. Les défauts & les inconvéniens qui sont inséparables de son usage de pratique à la guerre, ont été exposés par M. le Marquis *de Valiere*, Directeur Général de l'Artillerie, dans un Mémoire qu'il a lu à l'Académie Royale des Sciences de Paris, dont il est Membre. Mémoire, qui, sur tous les avantages qui doivent être attribués aux anciennes pieces de canon longues & solides, a eu le suffrage & l'approbation de cette Compagnie. La Lecture de cet écrit détrompera ceux qui n'ayant en vue que le bien du service du Roi & la vérité, accordoient quelque confiance aux magnifiques promesses des Novateurs. Nos Anciens avoient la bonhommie de penser, & d'enseigner qu'il falloit autant qu'on le pouvoit tout simplifier dans l'art comme dans l'instrument; mais étant bien plus rafinés qu'eux, nous n'aurions aucun mérite d'employer les moyens simples dont ils se servoient. Des platines semblables en grand à celles du fusil de soldat, & beaucoup plus fortes, adaptées à la lumiere des pieces, au moyen d'un cercle de fer, qui embrasse toute la culasse, & dont on a multiplié à très-grands frais l'approvisionnement, avoient été anciennement produites, mais justement abandonnées, comme elles l'ont été en dernier lieu, par ceux-mêmes qui en avoient voulu renouveller l'usage.)

(XIII. p. 9. Quelques années après (1749), M. *de Gribeauval* fit, par ordre du Ministere, un voyage en Prusse, pour y prendre connoissance de l'Artillerie d'un Prince également habile dans toutes les parties de l'Art Militaire.

taire. Le fruit de ces obſervations fut l'épreuve d'une petite piece de Régiment, dont il apporta le deſſein avec celui de l'affut, & d'une maniere de hauſſe, qui étoit une lame de fer à charniere, placée ſur la culaſſe de la piece, & percée de cinq ou ſix trous les uns au-deſſus des autres, au travers deſquels le Canonnier devoit faire paſſer ſon rayon de mire, ſuivant l'élévation qu'il vouloit donner à l'ame de la piece. Ce petit canon fut jugé d'un moins bon uſage que la piece à la Suédoiſe, & le projet n'eut point de ſuite.)

(Id. p. 47. Sur la hauſſe mobile: Vous obſervez vous-même, M. que ces ſortes de machines, quelque bien qu'elles ſoient conſtruites, ne ſont bonnes, tout au plus, que pour tirer au blanc. Effectivement le Canonnier, qui y mettra ſa confiance, ſera preſque toujours trompé dans une Bataille, par l'incertitude des diſtances, par le mouvement des Troupes de l'une des deux Armées, ou des deux réciproquement; par le peu de préciſion qui ſe trouvera dans les diviſions de la branche mobile, relativement aux différences ſucceſſives des portées, &c. Sans m'arrêter plus long-tems aux autres défauts qui peuvent être reprochés à la hauſſe nouvelle, en voici un, dont l'examen achevera de renverſer entiérement tout ce qu'on a pu imaginer à deſſein de la rendre recommandable, ou en faveur de toute hauſſe ancienne ou moderne. Pour peu que la ſituation des tourillons de la piece ſoit inclinée à l'horiſon, peur peu qu'une des roues ſoit plus élevée que l'autre, comme cela arrive ſouvent; & en particulier, lorſque les Bataillons, & les pieces qui les accompagnent, longent un terrein en pente plus ou moins forte, le rayon de mire, paſſant par le ſommet de la hauſſe & par le guidon, coupe obliquement le plan vertical où ſe trouve l'axe de la piece: ainſi le boulet, qui part ſuivant ce plan, ne va pas où le Canonnier viſe. Donc la hauſſe eſt, dans ces rencontres très-ordinaires, une nouvelle ſource de variation pour les coups, & d'erreur pour le Canonnier; au lieu qu'accoutumé à partager toujours la piéce par le plan vertical, où eſt l'objet à battre, il ne tombe point dans cette faute. Dira-t'on qu'en pareil cas le Soldat ne ſe ſervira point de la hauſſe? On ſe tromperoit: la routine l'emportera. D'ailleurs, s'il faut renoncer auſſi ſouvent à l'uſage d'une invention tant célébrée par les Partiſans de l'Artillerie nouvelle, à quel propos la tirer de l'oubli où l'expérience, aidée d'une ſaine géométrie, l'avoit condamnée depuis très-long-tems.)

(V. p. 22-24. Il faut conſidérer: 1° que la hauſſe mobile, tant pour la piece longue que pour la courte, eſt un mauvais inſtrument: 2° qu'elle ne peut ſervir, preſque jamais, qu'à tirer lorſqu'on ne devroit pas tirer: 3° que ſon opération eſt toujours tâtonneuſe & ſouvent impoſſible: 4° qu'elle ne ſervira preſque jamais qu'à jetter dans l'erreur. J'ai dit, 1° que la hauſſe étoit un mauvais inſtrument, parce qu'à la guerre, ſes mouvemens ſeront ſouvent embarraſſés par la rouille, la pouſſiere & la boue qui s'y introduiront; & parce que

que fa fragilité la rendra fujette à fe fauffer & à fe brifer, étant maniée par des mains groffieres, avec la précipitation qu'excitent l'ardeur du combat & la vue du danger. J'ai dit, 2° qu'elle ne peut fervir prefque jamais qu'à faire tirer lorfqu'on ne devroit pas tirer, parce que l'effet de la hauffe eft de donner de l'élévation à des pieces qui en ont peut-être déjà beaucoup par leur conftruction. Or, les boulets tirés de cette maniere n'agiffant que fur le point où ils tombent en plongeant, & faifant peu ou point de ricochets, ne pourront rencontrer l'ennemi que par le plus grand hafard; & quand ils le rencontreront, ne blefferont guere qu'un homme. Il vaudroit donc mieux généralement parlant, conferver les munitions pour le moment où elles feront plus utiles. J'ai dit, 3° que fon opération eft toujours tâtonneufe & fouvent impoffible. En effet, pour en ufer utilement, il faudroit pouvoir obferver la chute du premier boulet, afin de donner en conféquence plus ou moins de degrés de hauffe, felon que le boulet feroit tombé trop près ou trop loin. Mais vis-à-vis de l'ennemi, fait-on de combien le boulet eft tombé trop près ou trop loin? D'ailleurs, les portées ne font-elles pas fujettes à varier? & pour atteindre une ligne de trois hommes de profondeur, par la fimple chute du boulet, il faut la plus grande précifion. Que de tâtonnemens pour vaincre ces difficultés! & peut-on fe flatter de les vaincre? Mais fi on ne peut pas obferver la chute des boulets, comme il arrivera très-fréquemment, fi l'ennemi eft en mouvement; fi on y eft foi-même: n'eft-il pas évident que les moyens de régler ces tâtonnemens deviennent impraticables, & que par conféquent l'ufage de la hauffe devient impoffible? J'ai ajouté, 4° qu'elle ne fervira prefque jamais qu'à jetter dans l'erreur. En effet, un champ de bataille n'eft point un terrein de niveau; une des roues de l'affut fe trouvera prefque toujours plus baffe que l'autre. Or, il eft évident qu'en ce cas la hauffe fixée à la piece, déclinera vers la roue la plus baffe, & que par conféquent le rayon de mire, pris par le moyen de la hauffe, fe prolongera obliquement de l'autre côté de la piece, & coupera le plan vertical qui paffera par fon axe: donc la piece ne fera point dirigée vers le point où aboutit le rayon de mire: donc toutes les fois que les roues ne feront pas de niveau, la hauffe ne fervira qu'à égarer le pointeur. Quel inftrument de jufteffe!)

(X. p. 56-60. Un objet de difcuffion encore bien confidérable entre l'ancienne & la nouvelle Artillerie, c'eft le pointage introduit par le nouveau fyftême. On avoit avant l'Ordonnance de 1732 des vifieres & des boutons fur les canons, comme on en a fur les fufils pour guider l'oeil vers l'objet; & par-là le pointage étoit affuré jufqu'à la diftance au moins où l'éloignement au-delà du but en blanc, obligeoit d'élever la piece, qui ne permettroit plus alors de voir l'objet caché par la volée. L'Ordonnance de 1732 avoit fupprimé ces vifieres & ces boutons, & ne les avoit remplacés par aucun autre guide;

guide; de forte qu'il n'étoit plus resté au Canonnier de moyen pour pointer, que de faisir deux points correspondans du grand cercle de la culasse & de celui de la volée, & de les alligner sur l'objet; opération assurément difficile à exécuter avec des instrumens & toutes les commodités qu'on trouve dans un attelier, mais qui le devient d'autant plus à l'oeil, qu'il lui faut faisir sur le champ ces deux points que rien ne lui désigne, & où rien ne le ramene quand il les a perdus. Le nouveau système a rétabli les boutons, & au lieu de visieres fixes, il en a imaginé de mobiles, que l'on éleve sur la culasse à mesure que l'éloignement de l'objet au-delà du but en blanc oblige d'élever la piece, & qui par-là placent toujours l'oeil au-dessus de la volée, & assurent le pointage à toutes les distances où la justesse de l'oeil peut s'étendre. Cette visiere mobile s'appelle la *hausse*. Les partisans de l'ancienne Artillerie sont universellement déchaînés contre cette maniere de pointer. M. *du Puget* leur principal oracle, a rédigé toutes leurs objections dans un Traité formé de 81 Réflexions dont il a grossi son *Essai*. Toutes ces objections portent sur l'embarras extrême de construire certaines Tables qu'il croit indispensables pour pointer, non seulement par la hausse, mais par toute autre méthode; Tables qu'il se propose de faire apprendre par coeur aux Officiers & aux Canonniers, lorsqu'il aura pu fournir *aux dépenses & aux peines* considérables qu'elles exigent pour leur construction, mais dont l'usage malheureusement exigera encore que l'on fasse, même en bataille, une opération de Trigonométrie, qu'il faudra recommencer à chaque coup de canon, ou au moins à chaque fois que l'ennemi ou la piece changeront de place. M. *du Puget* imaginant, on ne sait sur quel fondement, que ces savantes Tables *doivent être bien plus compliquées*, exigeront *beaucoup plus de colonnes* pour le pointage par la hausse, que pour celui par le coin de mire qu'il adopte, conclut à proscrire la *hausse* qu'il appelle éloquemment *l'étendard de la nouvelle Artillerie*, & qu'il reconnoît d'ailleurs pour une invention assez ingénieuse, dont il n'a pas trouvé d'exemple, dit-il, en relisant *ses anciens Auteurs*. On a expliqué à M. *du Puget*, le plus clairement & le plus honnêtement qu'on a pu, que rien au monde n'est moins exécutable que de proposer de pointer du canon en bataille au moyen d'opérations trigonométriques & de Tables de calculs à colonnes; sur-tout si les Canonniers même, comme il le demande, sont obligés d'apprendre ces Tables; on lui a expliqué que le pointement par la hausse n'exige ni Tables, ni calculs, ni opérations de trigonométrie, qu'il n'exige pas même qu'un Canonnier sache lire ni écrire, mais seulement qu'il sache voir devant lui. M. *du Puget*, dans ses écrits postérieurs, paroît être revenu des idées trop savantes qu'il s'étoit formées de la hausse. Sans doute que quelque Canonnier l'aura instruit de ses propriétés, & de la simplicité de son usage. Aujourd'hui toutes les objections des adversaires de la hausse se réduisent à la nécessité où

l'on

l'on est, du moins à ce qu'ils imaginent, de mettre les deux roues de la piece absolument de niveau avant de tirer; ce qui pourroit en effet devenir une opération embarrassante s'il falloit qu'elle s'exécutât géométriquent, & sur-tout en bataille, comme le pointage trigonométrique de M. *du Puget*. Mais cette difficulté suppose évidemment encore une connoissance aussi resserrée des propriétés de la hausse, que l'étoit celle de M. *du Puget*, lorsqu'il objectoit l'embarras de ses savantes Tables. En effet les roues de la piece ont beau être sur un terrain inégal, la hausse n'en aura pas moins la faculté de se lever & de s'abaisser à volonté pour s'aligner sur le bouton de la volée & sur l'objet. Car cette propriété qui constitue la hausse, n'a aucun rapport à la maniere dont la piece est établie sur le terrain. Fut-elle entierement renversée sur le côté, la hausse ne s'en alignera pas moins avec le bouton, & le pointage n'en sera pas moins sûr pour être moins commode. Telle est l'unique difficulté que les défenseurs de l'ancien système font aujourd'hui contre la hausse. Tel est le prétendu inconvénient sur lequel ils se fondent pour demander qu'on revienne à l'ancien pointement, qui n'est point un pointement, puisque rien ne dirige l'oeil vers l'objet, sur-tout au-delà du but en blanc, qui est la distance où l'on tire le plus ordinairement, & où la volée couvre nécessairement l'objet. C'est cependant en conséquence de tous ces beaux raisonnemens, que depuis deux ans on a supprimé les hausses, & qu'on les a remplacées par des coins de mire, auxquels on a fait des entailles pour tâcher de leur donner quelques proprietés de la hausse. Mais on n'a pas songé que ces entailles seroient bientôt détruites par l'usage & par le fouet de la piece, sur-tout lorsque par le retour à l'ancienne position des tourillons, ainsi que je l'ai expliqué dans la section précédente, ce fouet seroit devenu aussi considérable qu'il étoit autrefois.)

Comme les raisons qui firent autrefois supprimer les boutons & les visieres, sont les mêmes que celles que l'on allégue contre la justesse du pointement avec la hausse, nous les examinerons conjointément; ainsi nous commencerons par le 4e défaut reproché ci-dessus (voyez No. V.) après quoi nous reprendrons séparément les trois autres reproches, qui joints à celui que nous allons discuter, renferment tous les inconvéniens que l'on prétend être attachés à l'usage de cet Instrument.

La Hausse servira à jetter dans l'erreur si le terrein est inégal.

Puisque les tourillons des pieces posent horisontalement sur l'Affut, il suit que le plan vertical primitif, c'est-à-dire celui qui coupant le sommet du bourlet & de la culasse passe par l'axe des pieces & les sépare en deux moitiés égales suivant la longueur, que ce plan, dis-je, reste toujours perpendiculaire à la base d'affut, quelque obliquité que cette derniere reçoive sur le terrein.

Si la base d'affut, qui n'est autre que sa voie, étoit représentée (Pl. XXVIII. fig. 5.) par AB sur un terrein horisontal, & par l'oblique AC sur un terrein incliné; alors les perpendiculaires IF & DE erigées sur le milieu des bases respectives représenteront la position des plans verticaux primitifs des pieces sur les différens terreins. Considérant maintenant que dans les triangles rectangles AGI & DGH, l'angle $AIG = HDG$, $IGA = HGD$, ainsi $IAG = DHG = FHE$; c'est-à-dire que l'inclinaison du plan vertical primitif des pieces, à l'égard de la verticale à l'horisontale, est égale à l'angle que l'inclinaison du sol fait avec l'horisontale.

Soit encore (fig. 6.) DC la direction oblique du plan vertical primitif, DB le rayon du bourlet, & DC le rayon de la culasse. Les points B & C restans toujours ceux sur lesquels le pointeur ajuste son rayon de mire, il est clair que ce rayon ne sera point dirigé parallélement à un plan vertical GF passant par le bouton du bourlet, puisque le point C tombe à côté de ce plan; c'est donc de la quantité dont il s'en éloigne que dépend la divergence qui naît à l'intersection du plan vertical GF, & du rayon de mire passant par les points B & C; or cette quantité n'est autre que la perpendiculaire EC abaissée du point C sur le plan vertical GF; dont il est facile de trouver la valeur dans le triangle rectangle EBC, où l'on connoît le Sinus total BC, différence des rayons du bourlet & de la culasse, de même que l'angle EBC égal à l'angle d'inclinaison de la base d'affut avec l'horisontale. Ainsi l'on pourra savoir quelle est l'influence de cette obliquité de la base d'affut dans le pointement, si l'on cherche (fig. 7.) la quanté EC dont le point de mire à la culasse s'éloigne du plan vertical BE qui passe par le bouton du bourlet, & si l'on continue ce plan de même que le rayon de mire CB jusqu'à l'objet en G & en A; car on aura alors $EB : BG = EC : AG$. On voit donc que cette divergence croît 1° avec l'angle de l'inclinaison du sol; 2° avec l'élévation du point de mire de la culasse; & 3° avec l'éloignement de l'objet, observant que la derniere amène toujours la seconde cause; c'est-à-dire que l'élévation de la hausse augmentant avec l'étendue des portées, la divergence en devient d'autant plus grande. Ces considérations sont très propres à grossir l'idée qu'on se forme de l'erreur dans laquelle l'usage de la hausse peut jetter le pointeur. Mais en calculant quelques exemples on reviendra bientôt de cette crainte.

Car en supposant que l'affut de 12, dont la voie est de 4 Pi. 8 po. penchat de 1 Pi. sur un terrein incliné; on trouvera que l'angle d'inclinaison est égal à 12° 5', & que le rayon de mire rez le métal s'écarte de 4 Pi. d'un objet distant de 200 Toises, qui est la portée du but en blanc des pieces. Si on dirige le rayon de mire à une distance de 666 Toises moyennant la hausse, où il la faudra élever à 3 po. à-peu-près; alors la divergence sera de 46 Pi. ou presque de 8 Toises. Ces erreurs sont assurément beaucoup moindres que celles

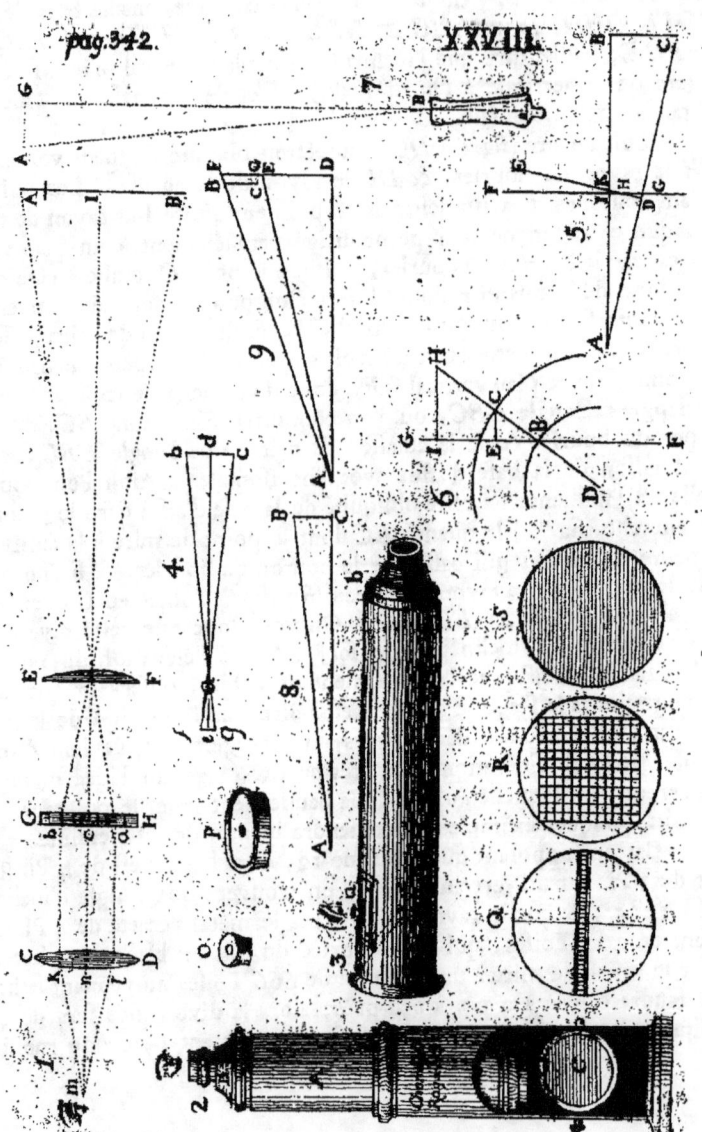

celles que le pointeur le plus expert commet journellement faute de la vision distincte, & elles sont incomparablement moindres que celles qu'il est nécessité de commettre sans le secours des points milieux: Dailleurs nous avons déjà observé que le tir peut impunément varier de quelques toises dans les affaires de campagne, à cause de la largeur des objets.

On pourra encore dire que la Hausse ne donne point la même élévation aux pieces, si sa position est tantôt verticale tantôt plus ou moins inclinée; la différence sera en effet suivant celle des lignes (fig. 6.) *BH* & *BI*, qui équivaut 1 lig. 2 pt. quand la hausse est élevée à 3 po.; il est encore aisé d'évaluer l'erreur légere qui en peut résulter dans les portées d'une aussi grande étendue; & d'en conclure que puisque l'élévation de la hausse est infiniment moindre, plus les portées se rapprochent de celle du but en blanc primitif, que cette derniere façon d'envisager les erreurs de la Hausse, ne mérite pas plus de considération que les premieres; ce qui prouve que la *géométrie est fort mal employée* pour combattre l'utilité du rétablissement des points milieux & de l'introduction de la Hausse.

Que la Hausse est un mauvais instrument.

Si la Hausse est bien faite, joignant avec précision dans son encastrement, si elle est maniée par des pointeurs exercés & instruits à son usage; elle n'est ni frêle ni sujette à s'embarrasser par la poussiere. Pourquoi lui prêter des défauts sans vouloir tenir compte de ses avantages? & quand elle seroit entierement détruite, le pis-aller ne seroit-il pas d'opérer à l'aveugle comme on le faisoit autrefois?

Que la Hausse ne sert presque qu'à tirer lorsqu'on ne devroit pas tirer.

M. *de Valiere* adopte ici la IV. Maxime de M. *du Puget* de ne tirer contre des bataillons en face qu'à la portée du but en blanc primitif, qui est vers 200 Toises; on ne sauroit nier que le feu n'y soit infiniment plus rasant & plus sûr qu'à une distance double par exemple; mais il n'est pas moins douteux que dans le premier cas la canonnade aura trop peu de durée pour rompre l'ennemi, au lieu qu'en commençant le tir à boulet à 400 Toises, & le tir à cartouches à 200, on peut être sûr d'arrêter une attaque si la batterie est assez forte, bien servie & soutenue jusqu'à l'extrêmité. Mais sans nous arrêter plus long-tems sur un sujet qui appartient à l'usage de l'Artillerie, nous observerons: 1° Que les défenseurs de l'anc. syst. ne condamnent point les canonnades à de plus grandes distances, comme contre des colonnes ou troupes en masse: 2° Qu'elles auront donc lieu dans la plupart des affaires, parceque l'ennemi fait toujours ses dispositions hors de la portée du but en blanc: 3° Qu'il est donc de la plus grande importance de pourvoir à la sureté des coups qui font tirés à de plus grandes diftances, & 4° qu'il n'eft enfin rien de plus néceffaire pour cet effet que de voir l'objet, & de favoir à-peu-près de combien on éléve la piece & quelle fera alors fa portée; avantages que le pointement avec Hauffe réunit tous, & exclufivement fur l'ancienne maniere de pointer le canon.

Son opération eft toujours tâtonneufe & fouvent impoffible.

L'explication que M. *de Valiere* donne à ce reproche marque qu'il doit à-peu-près être pris dans le même fens que les propofitions que M. *du Puget* fait dans le No. 29, 30 & 31, que nous avons rapporté; les réponfes que l'auteur de l'Art. Nouv. y a fait & que nous avons pareillement rapportées défavouent le befoin de ces tables; en effet en ne bornant l'ufage de la hauffe qu'à ce qu'en dit le même auteur p. 122. de nos Mémoires; il refte décidé que l'avantage de la hauffe eft déjà fort grand, & que l'opération quoique tâtonneufe, ne laiffe pas d'épargner plufieurs coups d'épreuve, que les mouvemens de l'ennemi empêchent ordinairement de faire en grand nombre; & qu'avec la hauffe il eft fûr de revenir au pointement contre les objets fixes, tels que des batteries, &c. Ainfi à moins de reftreindre les canonnades à la feule portée du but en blanc, ce qu'on ne fauroit; il faut donc convenir que le pointement avec la hauffe eft tâtonneux, mais que fuivant l'ancienne méthode il étoit abfolument abandonné au hafard: il eft vrai que le hafard mène fouvent plutôt au but que les tâtonnemens, mais les gens d'efprit ne fe fient gueres au hafard.

Nous avons donc fait voir que les deux premiers défauts que l'on reproche à la hauffe, font, fans conféquence, & que les deux derniers font tellement faux qu'ils retournent à fon avantage.

Nous tâcherons encore de démontrer que fi on s'avifoit de rendre fon utilité plus grande, ainfi que le voudroit M. *du Puget, fi la machine eft bonne,* ajoute-t-il, que ce ne feroit point une chofe auffi difficile qu'il le remarque dans le No. 29, 30 & 31, ni auffi impraticable que le fait entendre fon critique dans les réponfes que l'on a trouvé ci-deffus à côté du texte qu'il concerne. Nous examinerons féparément chaque propofition que M. *du Puget* fait à ce fujet.

No. 29. *Il faudra*, &c. Sans doute qu'il faudra conftater ces portées par de bonnes expériences; mais il n'eft pas befoin d'en charger la mémoire de perfonne; il n'y a qu'à marquer la portée à côté des divifions de la hauffe en chiffres; ce n'eft pas un grand degré de fcience que de favoir compter jufqu'à cinq à fix cent, dont huit à dix diftances feulement feront exprimées en nombres ronds.

D'ARTILLERIE.

Accoutumer ensuite &c. Oui il faudra les accoutumer à juger ces distances, cela va sans dire, quelque *incertitude qui puisse regner dans cette estime*, car sans elle le canonnier tireroit aussi bien son coup d'épreuve à 500 qu'à 100 Toises, sans elle il le corrigeroit sans pouvoir juger de combien. Puisque l'estime des distances est nécessaire à tout genre de pointement, il faut donc y exercer les officiers & les canonniers; il seroit encore très avantageux si les premiers pouvoient obtenir un moyen plus sûr pour parvenir à cette estime que par la vue simple, & qui fut moins longue que les opérations trigonométriques qui ont été mises en jeu par pure plaisanterie. C'est ce que nous expliquerons à la fin de cette Section.

No. 30. *Les divisions* &c. C'est une opinion généralement établie, & que ceux qui ont proposé des tables pour les amplitudes & élévations des pieces ont suivi; savoir que le pointement contre des objets situés au-dessus ou au-dessous du niveau de la batterie exige des élévations différentes. Si par *l'élévation* on entend l'angle que l'axe de la piece fait avec l'horisontale, alors la nécessité de ces différentes tables est incontestable; l'usage de l'équerre qui n'indique que cet angle peut être la cause que le mot d'élévation a toujours été pris dans ce sens. Mais si on l'applique à l'élévation du tir proprement, c'est-à-dire à la quantité dont il faut élever l'axe des pieces au-dessus d'une ligne droite menée entre le point de départ du mobile & l'objet qu'il doit frapper, afin de regagner la quantité dont la pesanteur le fait décliner du prolongement de l'axe, & qui est proprement l'angle que la hausse indique; alors, dis-je, il est infiniment moins nécessaire d'avoir égard à cette différence d'élévation contre des objets situés au-dessus ou au-dessous du niveau de la batterie; & on conviendra que l'on peut absolument négliger ce point dans la pratique si l'on se donne la peine d'examiner la différence qui en résulte.

Soit (fig. 8.) BAC l'angle d'élévation de l'axe d'une nouvelle piece de 12 avec le niveau d'une plaine parfaitement horisontale, égal à 1° 30'; elle portera alors son boulet à peu-près à 400 Toises égal à AC. La verticale $BC = 62$ Pieds indiquera donc la quantité dont la pesanteur l'aura fait décliner de sa direction, de même que la racine quarrée de ce nombre exprimera le rapport de la durée du mouvement dans le vide.

Supposons (fig. 9.) un objet en E éloigné suivant AE de la même distance de 400 Toises; supposons-le encore élevé au-dessus du sol de la batterie au point que le canonnier est obligé d'élever l'axe de sa piece de 13° 30' au-dessus de l'horisontale AD pour la diriger sur le point E; par conséquent de l'élever encore de 1° 30' afin de faire porter sa piece à la distance AE qu'il aura jugé être de 400 Toises, de sorte que l'élévation de la piece sera en tout de 15° au-dessus de l'horisontale, ce qui est la plus grande élévation que l'on puisse donner aux pieces sur leurs affuts, à moins d'enterrer la crosse. Si l'on l'on cherche maintenant à l'aide de la trigonométrie les angles & les lignes de cette figure, on trouvera 1° que l'objet E est élevé de $93\frac{1}{3}$ de Toises ou de 560 Pieds, hauteur qui est assurément très considérable; 2° que la verticale FE est de 66 Pieds pendant que le boulet ne sera effectivement tombé que de BC égal à 62 Pieds en BC; après avoir parcouru l'espace AB égal à AE suivant l'hypothese: mais comme le point B est en deça du point F, le boulet tombera encore de quelques lignes avant de parcourir l'espace BF égal à 16 Pieds; car les hauteurs des chutes étant comme les quarrés des espaces ou vitesses, on aura $AB^2 : AF^2 = BC : EG$; ce qui marque que le boulet passera de 4 Pieds à-peu-près au-dessus de l'objet; je dis à-peu-près, le rapport précédent n'ayant proprement lieu que dans le vide; mais il est suffisant dans ce cas, où la différence entiere de la chute en BC & en FG n'est que de 2 lig.

Il suit en même tems que comme 15° est la plus grande hauteur à laquelle on puisse élever les pieces vu la construction de leurs affuts, que 560 Pieds est la plus grande hauteur à laquelle on puisse atteindre des objets éloignés de 400 Toises; distances & hauteurs qui sont à la vérité assez grandes pour faire voir que la situation des objets à l'égard du niveau de la batterie n'influe pas assez fort dans le pointement, pour qu'on ne puisse pas se servir de la même élévation (dans le sens que nous y attachons) contre des objets élevés ou abaissés à l'égard du sol de la batterie; puisque la différence de 4 Pieds que nous avons trouvée par une supposition-extrême, est beaucoup moindre que celle qui résultera de la varieté des effets de la poudre, des erreurs du pointement & de l'incertitude des distances; dont une seule cause est suffisante pour faire manquer l'objet de 4 Pieds en dessus ou en dessous; après quoi on ne doit plus compter sur l'effet du feu rasant ni sur le ricochet.

Il est certain que ces considérations promettent fort peu d'effet d'une canonnade à boulet contre des objets trop élevés ou trop abaissés à l'égard de la batterie; mais elles nous montrent de combien plus il est nécessaire de se servir dans ces cas de moyens propres à assurer l'élévation des pieces d'une maniere plus prompte & beaucoup moins incertaine qu'on ne le pouvoit en suivant l'ancienne méthode; & c'est ce que fait la hausse comme l'on vient de voir d'une maniere assez précise pour la pratique, puisque les erreurs que l'on reproche à cet Instrument sont moins variables que les accessoires physiques qui accompagnent le tir & le pointement des pieces.

No. 31. *D'après* &c. Il est certain que la cartouche portant moins loin que le boulet, doit nécessairement exiger des élévations différentes: Mais on verra dans la Section suivante que l'élévation pour ce tir devroit être limitée entre $\frac{1}{2}$ & $1\frac{1}{2}$ degré; ainsi il n'y aura tout au plus qu'une à deux divisions de la hausse à marquer pour la cartouche, puisque le rayon de mire rez

le

le métal donne déjà 1° d'élévation; ces distances pourront donc être marquées de l'autre côté de l'échelle, & elles embrouilleront d'autant moins le pointeur, vu que le bon emploi des cartouches exige de ne les tirer que sous un degré d'élévation.

Nous avons donc fait voir que la construction & que l'usage de ces tables est beaucoup plus simple qu'on ne l'a cru; il reste encore à indiquer le moyen qui puisse en rendre l'utilité plus certaine, par la connoissance des distances.

EXTRAIT

De la Description d'un Polymétroscope dioptrique, ou d'un Instrument d'optique à l'aide duquel on peut mésurer des angles visuels & apprécier l'éloignement, & la largeur, ou hauteur des objets, quand un de ces points est connu; publié à Augsbourg en 1764 par G. F. Brander, Méchanicien de l'Electeur de Baviere.

Cet Instrument consiste dans un petit Tube (Pl. XXVIII. fig. 1.) $CDEF$ renfermant deux lentilles convexes CD & EF dont les foyers ib & nb sont égaux, & disposés de maniere qu'ils répondent au milieu de l'éloignement des lentilles: c'est dans ce point ou foyer commun que l'on place un Micromètre GH tracé avec beaucoup de délicatesse sur un verre plan, dessus lequel l'image d'un objet éloigne AB est portée moyennant l'objectif EF. Cette image se représente aussi dans le foyer de l'oculaire CD, ainsi elle doit être vue distinctement quand l'oeil répond à l'autre foyer en m. Car puisque les rayons al & bk sont parallèles, & que ab est égal à kl; il suit qu'on a l'angle $kml = bia = AiB$; c'est pourquoi l'objet doit se montrer ni plus ni moins grand, qu'il apparoit à la vue simple.

Le Micromètre GH est un verre plan des deux côtés, sur l'un desquels sont tracées avec un diamant deux lignes parallèles, divisées en intervalles, dont chacun aura exactement $\frac{1}{40}^e$ de pouce: Le tracé doit être fort delié, c'est la partie de cet instrument qui est la plus difficile à exécuter. Si l'on met la distance du foyer de l'objectif égale à un pouce, un tel intervalle de $\frac{1}{40}^e$ de pouce sera corde d'un arc de 1° 26′, $\frac{2}{40}^{es}$ corde de 2° 52′, & $\frac{3}{40}^{es}$ la corde de 4° 18′ &c. Mais si la distance du foyer étoit de 2 po. alors un intervalle de $\frac{1}{40}^e$ de pouce ne seroit corde que d'un arc de 43′, & s'il étoit de 3 pouces, $\frac{1}{40}^e$ ne mesureroit qu'un arc de $28\frac{3}{4}$′ &c. Car les angles & leurs cordes restent ici dans le même rapport, d'autant plus qu'ils sont fort petits; ainsi l'angle visuel sous lequel l'objet apparoit à l'oeil peut aussi-tôt être observé & indiqué, qu'elle que soit la distance.

Il faut cependant observer que ce graphométre rectiligne ne doit point être continué au-delà de 4 à 5 degrés de chaque côté du diamétre, à cause des erreurs qui résulteroient dans la mesure des angles, vu que les parties grandissent toujours vers le bord, principalement si le foyer des lentilles est petit; c'est pourquoi il vaudra mieux tracer l'échelle d'après la Table suivante, en portant les cordes de demi en demi degré de chaque côté du diamétre, & en prenant la distance du foyer pour le rayon. De cette maniere on pourra encore mesurer des angles de 18 a 20 degrés. Voici la Table en question.

Angles.		Cordes en 1000. 0 parties du rayon.	Angles.		Cordes en 1000. 0 parties du rayon.
deg.	mi.		deg.	mi.	
0.	30.	8. 7.	5.	30.	95. 3.
1.	0.	17. 4.	6.	0.	103. 9.
1.	30.	26. 1.	6.	30.	112. 5.
2.	0.	34. 8.	7.	0.	120. 9.
2.	30.	43. 5.	7.	30.	129. 4.
3.	0.	52. 2.	8.	0.	137. 8.
3.	30.	60. 9.	8.	30.	146. 2.
4.	0.	69. 5.	9.	0.	154. 5.
4.	30.	78. 1.	9.	30.	162. 7.
5.	0.	86. 7.	10.	0.	170. 9.

La grandeur apparente des objets pourra donc facilement être estimée & comparée par ce moyen; puisque l'image en se représentant sur le micrométre y indique sa grandeur comparative par le nombre d'intervalles qu'elle remplit: Ainsi l'on pourra conclure qu'un objet dont l'image occupe deux intervalles est deux fois plus grand qu'un autre qui n'en occupe qu'un, l'un & l'autre étant vus d'un même endroit; de même que l'on sera sûr d'être de la moitié plus près d'un objet si son image occupe des intervalles doubles de ceux qu'il remplissoit à une premiere observation. C'est ainsi que l'on trouve la hauteur ou largeur des objets, quand leur éloignement est connu, & par contre l'éloignement si la hauteur ou la largeur l'étoit. Dans le premier cas on aura la distance du foyer de l'objectif, à la longueur ou hauteur de l'image sur le Micrométre; comme la distance connue de l'objet, à sa hauteur ou largeur; (fig. 4.) $ae : fg = ad : bc$, & dans le second cas $fg : ae = bc : da$.

L'auteur construit deux différentes espéces de ces Tubes; dans la premiere qui est verticale, les objets entrent dans le tube A (fig. 2.) à l'aide du Miroir C que l'on peut incliner au moyen de la vis d suivant la situation des objets. La seconde espéce (fig. 3.) ne différe de la premiere qu'en ce qu'elle qu'elle est horifontale, & qu'elle peut être dirigée droit à l'objet lequel apparoit à l'oeil en *a* au moyen d'un miroir incliné: Dans l'une & l'autre efpéce le cylindre *D* ou *b* peut être allongé ou raccourci fuivant la vue de l'obfervateur. La raifon pourquoi on applique des miroirs plans dans ces tubes eft non feulement pour redreffer les objets qui d'ailleurs feroient vus renverfés, mais auffi pour pouvoir d'autant mieux fixer à la vue le nombre des intervalles ou de cordes que l'objet occupe fur le micrométre, ce qui feroit d'ailleurs fort difficile vu le mouvement de la main.

Les autres pieces que l'on voit repréfentées fur la Planche font:

Un petit couvercle *O* contenant un verre noirci pour l'obfervation des corps lumineux, qui eft antipofé à l'oculaire *D* (fig. 2.).

Un couvercle *P* percé d'une petite ouverture, pour être antipofé à l'objectif lorfqu'on veut obferver des corps lumineux.

Le Micrométre *Q*; la diftance du foyer de l'objectif d'après lefquelles les divifions du Micrométre ont été réglées doit être marquée fur le Tube.

Le Treillis *R* tracé fur un verre plan, dont chaque carreau mefure 2 degrés; ce treillis peut fervir à lever des plans, fi on le fubftitue à la place du Micrométre.

S. Verre plan dépoli; étant pareillement fubftitué au Micrométre il offre une chambre obfcure pour l'obfervation des corps lumineux.

SECTION SECONDE.
Des changemens relatifs à la charge.
Gargouffes.

(XIII. p. 50-52. Eft-il néceffaire pour le bien du fervice, que le nombre de cartouches étant déterminé, le refte de l'approvifionnement de chaque piece de Bataille foit complété en gargouffes, ou vaut-il mieux le compofer partie en coups faits, partie en boulets roulans & en poudre nette? C'eft le dernier article que j'ai à examiner avec vous fur l'Artillerie de Campagne. Prefque tous les Officiers qui formoient le Comité de Strafbourg, ont décidé fouverainement qu'il ne faut que des gargouffes à boulet. Les motifs de leur décifion font l'exemple des Etrangers, & la facilité du fervice. Ils ne voyent d'ailleurs aucun inconvénient dans le parti qu'ils prennent, ils ne font pas la moindre attention à la dépenfe, ils tournent en ridicule toutes les raifons qui leur font oppofées. D'autres Officiers qui n'ont ni moins de lumieres naturelles & acquifes, ni moins d'expérience à la guerre, ni moins de bonnes intenfions, ne vont pas fi vite; en garde contre tout excès, ils prennent un jufte milieu. Le voici. Les pieces de Régimens ne peuvent avoir à leur fuite que des coups faits. Quant aux pieces du Parc, & particuliérement celles de gros calibre, il fuffit qu'elles en ayent trente ou quarante, foit pour le début, foit pour l'inftant qui exige un feu plus vif. En porter davantage, c'eft caufer à l'Etat une dépenfe fuperflue. Dans les conjonctures ordinaires, le fervice fera toujours affez facile & affez prompt, en chargeant avec des facs de papier. Ce n'eft pas la dépenfe feule qui les affecte. Ils ont des preuves multipliées, que les gargouffes, fur-tout celles de 8 & de 12, fe gonflent tellement par le poids de la poudre, qu'elles ne peuvent plus entrer dans la piece, d'où il réfulte bien des embarras pour le fervice. Ils favent de plus que la poudre en petit volume dépérit promptement dans les caiffons, de maniere que les coups, à la fin d'une Campagne, n'ont pas la même force qu'au commencement, & que ce défaut augmente de plus en plus, fi les gargouffes durent plus d'une Campagne, à quoi nous fommes ordinairement forcés par la diftribution tardive des Quartiers d'hiver, & par la difficulté d'y avoir des emplacemens favorables pour les manoeuvrer. L'exemple des Etrangers, fut-il univerfel, n'emportera jamais la balance contre les inconvéniens très-réels de l'approvifionnement total en gargouffes. Il paroît donc raifonnable d'en refferrer l'ufage entre de juftes bornes, afin de fe procurer les moyens de remédier, autant qu'il fe peut, à ces inconvéniens : nous ne propofons que cela.)

(VI. p. 50. 41. Plus la diftance eft confidérable, plus il faut fe donner de tems pour juger & régler fes coups. On pourroit donc, ou plutôt on devroit n'avoir pas en cartouches d'étoffe tous les coups à boulet, fur-tout dans les gros calibres: avec des facs de papier fans colle & des boulets roulans on tirera affez vîte, & fouvent plus vîte qu'il ne faut, contre un ennemi arrêté ou en mouvement au-delà de 300, ou de 250 toifes. C'eft la juftefse des coups, & non la feule fréquence qui en impofe aux bataillons & aux efcadrons ennemis.

42. S'il arrive qu'en employant les facs de papier pour économifer les finances de l'Etat, & encore mieux pour modérer l'ardeur trop impétueufe du foldat canonnier, l'on perde quelquefois une tonne de poudre, de quelle confidération eft cette perte comparée à la confommation inutile d'un grand nombre de cartouches ?

43. Il paroit même dangereux d'habituer le foldat à ne tirer dans les actions de guerre qu'avec des coups tout-faits. On peut en manquer, & alors ce foldat dérouté perdra la tête & peut-être le courage. Ainfi en feroit-il de notre Infanterie ordinaire, fi manquant de cartouches & de papier pour en faire, on lui donnoit de la poudre nette & des balles; le fufil feroit entre les

mains

mains du fantaffin une arme inutile, ou même dangereuſe, pour lui & pour ſes carmarades. Tant il importe de ne pas trop abandonner les anciens uſages, quand ils peuvent encore avoir lieu.)

(VII. p. 216-218. Il veut (l'auteur du No. VI.) qu'on renonce quelquefois à ſe ſervir, même à la guerre, des gargouſſes toutes faites, ainſi que de cartouches à fuſil; & qu'on ſubſtitue aux premieres, des *boulets roulans & des ſacs de papier ſans colle* qu'on viendrait remplir dans des tonneaux de poudre qu'on amenerait ſur le champ de bataille; & aux ſecondes, des balles & *de la poudre nette*, c'eſt-à-dire de la poudre qu'on délivrerait à chaque ſoldat, ſuivant le beſoin, dans ſon chapeau, ou dans des poires à poudre faites exprès. Pour faire cette ſinguliere propoſition, il a pluſieurs objets, qui, comme on va voir, méritent tous une ſérieuſe attention. Le premier, relatif au ſervice du canon, eſt de modérer la vîteſſe de ce ſervice. Car, dit-il: (No. 41.) *avec ces ſacs de papier ſans colle & des boulets roulans, on tirera aſſez vîte & ſouvent plus vîte qu'il ne faut contre un ennemi arrêté, ou en mouvement au delà de 300 ou de 250 toiſes.* Si l'ennemi eſt *arrêté* par un bon retranchement au delà de 250 toiſes, il n'y aura pas, en effet, beaucoup à ſe preſſer; cependant, il vaudrait mieux ne pas perdre de temps. Car le temps eſt toujours précieux à la guerre. Mais s'il eſt en *mouvement* à cette même diſtance, ce ne ſera ſûrement pas le cas de s'amuſer. Car 250 toiſes font 500 grands pas. Or, une troupe au grand pas, fait 80 pas par minute. Auſſi, en ſix minutes, environ, l'ennemi ſera aux batteries; & l'Auteur croit qu'on peut s'amuſer alors à plier des cornets de papier! Son ſecond objet eſt *d'économiſer les finances de l'Etat.* Il ſent cependant bien que ſes cornets économiques pourraient quelquefois ne pas remplir leur objet à cet égard. "Mais "s'il arrive, dit-il, (No. 42.) qu'en employant les ſacs de papier pour écono-"miſer les finances de l'Etat, & encore mieux pour modérer l'ardeur du ca-"nonnier, l'on perd quelquefois une tonne de poudre, de quelle conſidération "eſt cette perte comparée à la conſommation inutile d'un grand nombre de "cartouches?" Pour lui repliquer, on pourroit lui demander (toujours en parlant *économiquement*) ce qu'eſt la perte des cartouches dont il parle, ſi on la compare à la conſommation de poudre occaſionnée néceſſairement par le gaſpillage qui réſulte de cette maniere de ſervir les charges ſur le champ de bataille, dans l'inſtant d'une action, au milieu du déſordre attaché à cet inſtant; lorſque chacun puiſe au tonneau; que dans la précipitation où l'on eſt, on verſe à côté au lieu de verſer dedans; lorſqu'on abandonne un tonneau dès qu'il eſt un peu à fond pour en prendre un nouveau où l'on puiſe plus facilement. Nous lui faiſons même grace des cornets de poudre, entiers, & des boulets qu'on laiſſait ſur le champ de bataille avant l'uſage des gargouſſes, quand il s'agiſſait de marcher en avant; & ſur-tout lorſqu'il fallait ſe retirer.

A pré-

A préfent, toute économie à part, fi l'on fonge aux accidens fans nombre que caufent néceffairement de pareilles quantités de poudre éparfes fur un champ de bataille tout en feu, on croira que l'Auteur n'avait pas la tête bien préfente lorfqu'il a fait la propofition de renoncer aux gargouffes pour prendre ces cornets de papier qui, de tous les avantages qu'il leur fuppofe, n'ont que celui de rallentir beaucoup le fervice du canon; avantage dont il eft aifé d'apprécier l'importance, fur-tout lorfque l'ennemi eft à 250 toifes, marchant à nous, & qu'on n'a que fix minutes pour fe préparer. On lui répétera la même chofe pour les cartouches d'Infanterie. Et quant à ce qu'il dit pour appuyer ces fingulieres idées: *tant il importe de ne pas trop abandonner les anciens ufages quand ils peuvent encore avoir lieu*, nous le prierons, encore une fois, de ne pas abufer de fes connoiffances hiftoriques pour nous ramener aux *anciens ufages*, fur-tout en fait d'Artillerie; ou du moins s'il veut le faire, qu'il nous prouve, non par de pures affertions qui ne démontrent rien, mais par de bons raifonnemens, que ces *anciens ufages* valent mieux que les nôtres.)

L'abus d'une chofe ne fauroit jamais prouver contre fon utilité, ainfi M. *du Puget* ne prouve certainement rien, quand il dit que l'ufage des gargouffes ou coups faits donne trop de facilité aux canonniers de fuivre le goût qu'ils ont de faire grand feu fans s'embarraffer s'il eft bien dirigé; cette impatience doit toujours être modérée par le commandant de la batterie; fi elle ne l'eft pas la longueur de l'opération avec la lanterne occafionnera que les canonniers la feront mal, que l'emplacement de la charge fe fera irrégulierement & qu'ils donneront encore moins de temps au pointement; fans compter la foule d'inconvéniens qu'amene cette opération, ainfi que le détaille le texte du No. VII.

Mais l'auteur du No. XIII. dit que les gargouffes fe gonflent par le poids de la poudre au point de ne pouvoir plus entrer dans les pieces. Ce reproché paroît fondé; mais on a déjà pourvu dans plufieurs pays à cet inconvénient, en logeant & furmontant chaque gargouffe d'une boîte de fer-blanc, de maniere que le boulet eft placé fur le fond du caiffon pendant le tranfport. Par ce moyen les gargouffes confervent leur calibre fans qu'il foit befoin de les étoupper, parceque chaque coup eft placé dans une cellule à part. Les cloifons qui forment ces cellules dans la longueur de chaque cafe, font à couliffe. L'auteur du No. XIII. dit encore que la poudre fe conferve moins bien dans les gargouffes vu qu'elle n'y eft qu'en petite quantité; la caufe de ce dépériffement provennant de l'humidité qui gagne les gargouffes par la fuperficie, il eft naturel qu'elle les pénetre plus vite qu'un tonneau entier; c'eft pourquoi il faut enduire les boîtes tant extérieurement qu'intérieurement d'un bon vernis capable de préferver les gargouffes contre l'humidité que le fer-blanc attire d'ailleurs.

Bou-

D'ARTILLERIE.

Boulets.
Diminution du Vent.

(XI. p. 4. Lors des guerres de 1733 & 1741, on donnoit deux lignes de vent au boulet; retranchons-en $\frac{1}{2}$ ligne, accordant au fournisseur $\frac{1}{2}$ ligne d'erreur en dessus, & $\frac{1}{2}$ ligne en dessous du diamétre fixé; dans le cas le plus désavantageux, il restera encore une ligne de vent plus que suffisante pour l'épaisseur de la croix qui attache le boulet au culot: gagnant donc une $\frac{1}{2}$ ligne sur le vent, on gagnera beaucoup sur la portée (si cela n'est déjà fait par les améliorations faites dans les forges depuis la fin de la guerre de 1741;) cette augmentation jointe à celle procurée par les longues fusées d'amorce, rendra nos portées, selon toute apparence, au moins aussi fortes que celles qu'on avoit aux guerres de 1733 & 1741, & dont on étoit alors si content.) *Grib.*

(Id. p. 14. L'Ordonnance de 1732 fixe le vent des boulets de 12 à 1 ligne 9 points $\frac{1}{4}$; celui des boulets de 8, à 1 ligne 3 points $\frac{1}{4}$; celui des boulets de 4, à 1 ligne 3 points $\frac{1}{4}$, & non pas à 2 lignes pour ces différens boulets, comme l'allégation de l'Auteur tendroit à le faire croire.) *Val.*

(XII. p. 25-29. Comment a-t-on pu se persuader que ce n'étoit qu'au hasard, & sans raisons fondées, que nos anciens avoient fixé le diamétre du boulet à deux lignes de vent au-dessous de celui de la piece; fixation confirmée pour les gros calibres, par l'Ordonnance de 1732? A-t-on pu imaginer qu'ils ne savoient pas aussi-bien que nous, que les portées du canon seroient plus justes & plus longues, s'il étoit possible que les boulets entrassent dans l'ame de la piece avec autant de justesse, qu'un piston dans son corps de pompe? Ils étoient bien loin de l'ignorer; & s'ils ont laissé subsister, s'ils ont même prescrit ces deux lignes de vent, ç'a été comme *un inconvénient réel qu'il falloit conserver, pour en éviter de plus grands*, tels que l'impossibilité de se servir de boulets trop justes pour incendier, les métaux se dilatant par la chaleur: (c'est un axiome de Chymie, ignoré de peu de personnes,) dès que les boulets fixés à une ligne de vent, auront acquis le degré de chaleur nécessaire pour mettre le feu, il ne sera plus possible de les introduire dans les pieces. Mais, dira-t-on, il n'est pas ici question de pieces de Siege; mais, répondrai-je, n'arrive-t-il pas souvent en campagne d'employer ce moyen pour détruire des Magasins, des Châteaux, &c. inattaquables de toute autre façon? La rouille, en un an ou dix-huit mois, augmentera le volume de ces boulets, au point de les empêcher d'entrer dans les pieces, il faudra donc les conserver dans des lieux exempts d'humidité, & peut-être les mettre à l'entretien, comme les armes; du moins si l'on continue à les laisser dans des parcs exposés aux injures de l'air, ne pourra-t-on s'en servir avec quelque sûreté, sans les repasser au feu pour en détacher la rouille, & les réduire à leur juste diamétre: inconvéniens également embarrassans & dispendieux. Mais ce ne font pas là les feules difficultés que préfentent les boulets à une ligne de vent, puifque cet objet fe réduit prefqu'à rien au moyen de la croix de fer-blanc qui arrête le boulet au fabot deftiné à y attacher la gargouffe. Le fer-blanc eft mince, il eft vrai; mais embraffant le boulet, fon épaiffeur eft doublée, ce qui emporte déjà la meilleure partie de la ligne de vent: que fera-ce, fi ce fer-blanc fe trouve un peu plus épais qu'à l'ordinaire? Il s'en trouve fouvent dans la même tonne des feuilles du double plus épaiffes que les autres; eft-on bien affuré qu'elles feront rejettées par les hommes employés à la conftruction de ces cartouches? Si elles paffent avec les autres, comme il y a beaucoup d'apparence, combien de boulets fe refuferont aux pieces? Les pieces mêmes fe refuferont aux boulets, quand ils ne feroient revêtus que du fer-blanc le plus mince, par l'embarras que caufe dans l'ame de la piece la craffe que la poudre y dépofe, après un certain nombre de coups. Quelques fimples & quelque naturels que foient ces inconvéniens, ils avoient échappé, lorfque dans une expérience faite à Strafbourg, les nouveaux boulets de douze, rougis, fe refuferent aux pieces de ce calibre; on fe tira de cet embarras, en y fubftituant des boulets de huit. Mais comment dans la fuite parer à un inconvénient auffi effentiel? Croit-on y avoir pourvu, en recommandant dans les détails de ces épreuves, de fe fervir de boulets d'un calibre inférieur lorfqu'il fera queftion de tirer à boulets rouges? Cette maxime eft d'autant plus abfurde, qu'elle ne peut avoir lieu que lorfqu'on tirera au hafard, comme dans la vafte étendue d'une Ville; mais pourra-t-on la mettre en pratique, lorfqu'il faudra brûler des Magafins, des Arfenaux, ou autres édifices particuliers? Ne s'agit-il pas alors de tirer avec juftefle; & le plus ignorant de tous nos Canonniers, ne fait-il pas combien le tir d'une piece devient variable & incertain, quand le boulet eft auffi inférieur au calibre de la piece, que le boulet de huit l'eft à la piece de douze, & plus encore celui de quatre, à la piece de huit? Mais ce qui doit paroître bien fingulier, c'eft qu'un pareil expédient foit propofé par les mêmes perfonnes, qui, pour affurer plus de précifion & plus de juftefle au tir du canon, réduifent à une ligne le vent du boulet. Tout étant à craindre dans des précifions fi recherchées, peut-on s'affurer bien pofitivement que les Fondeurs n'auront pas donné quelques points de moins aux calibres de leurs pieces? Aura-t-on une certitude bien pofitive que les boulets fortis des forges, feront tous dans la juftefle du calibre fixé? On ne manquera pas d'oppofer à cette derniere queftion les cylindres à calibres. Eh! Meffieurs, vos cylindres font excellens pour les premieres centaines de boulets qui y pafferont; mais, voyez-les après que quelques milliers y auront roulé; leur diametre fera devenu bien différent de ce qu'il étoit au fortir des mains du Fondeur. Enfin, comme de cette extrême juftefle il peut réfulter, & qu'il réfultera en effet une infinité d'inconvéniens, & que tout

con-

concourra à les multiplier, & à les rendre plus dangereux, laiſſons plutôt ſub-
ſiſter l'ancien, il étoit unique & certainement beaucoup moins grave à tous
égards. Cette réduction des boulets à une ligne de vent, qui eſt annoncée
dans les écrits des Auteurs de la nouvelle Artillerie, comme une heureuſe découverte, n'a certainement pas le mérite de la nouveauté ; pour s'en convaincre,
il n'y a qu'à lire ce qui a été écrit ſur l'Artillerie. On verra que M. *de Preiſſak*
a dit à Louis XIII, dans les *Diſcours Militaires*, qu'il a dédié à ce Monarque, il
y a 147 ans, page 136 & ſuivantes, que *le vent du boulet de la couleuvrine bâ-
tarde, peſant ſept livres & un quart, eſt d'une ligne ainſi que celui des boulets des
calibres inférieurs.* Je laiſſe à conjecturer aux Officiers d'Artillerie de ce tems-
ci, ſi ce n'eſt pas par les inconvéniens inévitables dans la praque à la guerre, &
que je viens d'expoſer, qui ont obligé de donner plus de vent aux boulets.)

(IV. p. 45. *Not.* Le vent du boulet de quatre, ſuivant l'Ordonnance
de 1732, n'étoit pas de deux lignes, comme on a oſé l'imprimer, ni même
d'une ligne & demi ; & on l'avoit réduit à une ligne dès 1747.)

Si les boulets n'ont exactement que les diamétres preſcrits qui leurs
laiſſent 1 ligne de vent, il eſt certain qu'ils pourront entrer dans l'ame ; mais
pour peu que ce vent vienne à être diminué, ſoit par l'augmentation du diamétre du boulet & de la croix de fer-blanc cauſée par la rouille, ſoit par le
rétréciſſement du calibre de l'ame occaſionné par le limon que la poudre y dé-
poſe ; alors des dimenſions auſſi préciſes deviendront une ſource d'embarras,
ainſi que le détaille M. *de St. Auban.* Ces inconvéniens ſont inévitables dans la
pratique c'eſt pourquoi il vaut mieux laiſſer aſſez de vent aux boulets pour
qu'on ſoit ſûr de les éviter : nous en excepterons cependant ceux que M. *de St.
Auban* cité à l'égard du tir à boulet rouge dont on peut ſe paſſer dans les affaires de campagne à l'aide des Obuſiers : quand aux pieces de ſiege leurs boulets ayant $1\frac{1}{4}$ lig. de vent, cet inconvénient ſera moins à craindre.

SECTION TROISIEME.
Des Cartouches.

(VI. p. 36. *Maxime V. Les boulets font généralement plus de mal
aux Ennemis que les coups tirés à mitrailles.* Ils atteignent de beaucoup
plus loin : ils bleſſent autant par les éclats des armes & par les membres em-
portés que par eux-mêmes : ils épouvantent par le bruit : ils préſentent aux
nouveaux ſoldats des ſpectacles effrayans : s'ils manquent la premiere ligne,
ils vont juſqu'à la ſeconde & au-delà : ils briſent les affuts & renverſent de
puiſſans obſtacles. Au contraire les coups à mitrailles, qui n'ont qu'une portée médiocre même ſous un angle de projection très-marqué, ne briſent rien:

de legers obstacles en arrêtent l'effet : une grande partie de petits mobiles tombent à terre, une plus grande passe au-dessus des troupes, & ceux qui frappent n'épouvantent les autres soldats, ni par leur bruit, ni par d'effrayantes blessures. J'en ai déjà parlé dans le Livre précédent & j'y suis revenu, parce que je voudrois diminuer l'impression du préjugé, qui n'est que trop répandu sur cette maniere de tirer le canon. En un mot, je soutiens indépendamment des raisons qui précédent, qu'au delà de 80 ou 100 toises, les boulets feront perdre plus de monde à une troupe serrée & la romperont plus vîte que les cartouches à mitrailles de quelque espéce qu'elles soient. De plus près les cartouches pourront avoir l'avantage contre des troupes à découvert.

Id. p. 37. Maxime VI. Les Grappes de raisins & les boëtes de fer-blanc remplies de petits mobiles, ne sont pas d'un aussi bon usage pour tirer de près sur l'Ennemi que les balles ordinaires renfermées dans des sacs d'une toile légére. On ne peut disconvenir que les grappes de raisins avec des boulets d'une demi livre pour les grosses pieces, & d'un quarteron pour les petites, ne soient très-bonnes, & que quelques uns de leurs mobiles n'aillent beaucoup plus loin que les balles de 18 à la livre. Je ne les crois cependant pas aussi utiles pour tirer de près. Voici sur quoi je fonde mon raisonnement. De près elles n'écartent pas autant que les balles rassemblées dans un sac de foible résistance, parce que le goudron les enveloppe de toile forte, les retours d'une ficelle bien faite, qui les unissent, empêchent que les mobiles ne se séparent facilement au sortir de la piece : elles ont communément un mouvement de rotation selon leur axe qui force une grande partie des mobiles à s'échapper par des directions souvent opposées à la principale du coup, au lieu que nos balles s'écartent en forme de cône sans jamais prendre une route contraire à l'impulsion de la charge : le nombre de leurs mobiles est petit en comparaison de celui des balles, car il n'y a que 36 boulets dans une grappe de raisin pour les pieces de 16, où l'on peut mettre 228 balles, en prenant moitié moins de place dans l'ame : elles ne sont bonnes que pour une espece de canon chacune, pendant que les balles servent également à toutes & même à l'infanterie en cas de besoin : Enfin si l'effort de chacun de leur mobile est plus violent que celui des balles & tue plus sûrement, elles blessent moins de monde à la portée moyenne ; or, il est plus avantageux dans une bataille de blesser trente hommes que d'en tuer quatre, & l'on aura au moins cette proportion en tirant de la distance, où les cartouches l'emportent sur les boulets. Supposé que ce parallele ne soit pas entiérement décisif, pour l'usage des balles, il prouve toujours qu'il ne faut pas manquer d'en avoir aux divisions de canon, quoiqu'elles soient munies de grosses cartouches en grappe de raisin : quant aux boëtes de fer-blanc, elles ne sont propres qu'à diminuer la force, l'écartement & la direction des mitrailles qu'elles contiennent, parce qu'elles tournoient

comme

D'ARTILLERIE.

comme les grappes de raifin & qu'elles s'ouvrent rarement de la maniere la plus avantageufe à l'effet du coup.)

(VII. p. 113.) *Obferv. fur la Ve Max.* Voilà encore un de ces principes de l'Auteur fait pour étonner; d'utant que loin d'y mettre quelque adouciffement dans fon commentaire en faveur de l'opinion établie, comme il a fait dans celui de fa Maxime précédente, il s'attache, au contraire ici, à ne point ménager cette opinion. *J'en ai déja parlé*, dit-il, dans ce commentaire, & *j'y fuis revenu parce que je voudrais diminuer l'impreffion du préjugé qui ne s'eft que trop répandu fur cette maniere d'eftimer le canon.* Tout ce qu'on peut dire en fa faveur, c'eft qu'il prétend ici parler uniquement des anciennes cartouches à canon, & non des nouvelles qu'il ne connoiffait pas lorfqu'il a travaillé à l'Ouvrage pour notre inftruction. Cependant comme il s'exprime d'une maniere très-générale, & qu'il dit en propres termes "je foutiens indé-"pendamment de ces raifons qui précèdent, qu'au delà de 80, ou 100 toifes, "les boulets feront plus perdre de monde à une troupe ferrée & la rompront "plus vîte que les cartouches à mitrailles *de quelque efpèce qu'ils foient;"* on pourrait croire qu'imprimant à ce moment-ci, il a eu nos nouvelles cartouches en vue, foit en ajoutant ces derniers mots, foit en ne fubftituant pas un correctif en faveur de ces cartouches, dont un Officier d'Artillerie, tel qu'il s'annonce, ne peut pas ignorer l'établiffement; & malheureufement il confirme cette idée *dans le Recueil de quelques petits Ouvrages* qu'il donne pour fupplément à fon *Effai fur l'Artillerie,* nous y viendrons: en attendant, nous nous contenterons de le renvoyer, pour le moment, au détail que d'après les Journaux d'épreuve de Strafbourg nous avons donné fur les nouvelles cartouches. Puifque ces cartouches portent à 400 toifes fept à huit balles par coup; dix.à onze à 350 toifes, vingt-cinq à 300 toifes; trente-cinq à 250 toifes; & quarante à 200 toifes, il faut bien convenir qu'elles font bien plus de mal que les boulets; fur-tout fi on établit pour *Maxime*, comme le fait l'Auteur, que les coups de canon à boulets *font peu affurés à 400 toifes, qu'à 200 ils ne font que commencer à devenir certains, & qu'ils ne font bien meurtriers qu'à 100 toifes.* Mais, dit notre Adverfaire, dans le commentaire de cette 5e Maxime, les boulets *atteignent de beaucoup plus loin*, oui; mais, en fuppofant même qu'ils emportent toute la file, ils ne tueront que trois hommes, & puifqu'à la diftance même où vos coups à boulets *font peu affurés*, nos cartouches tuent fept à huit hommes, elles valent deux fois & demi mieux que vos boulets, en fuppofant même qu'il foient *affurés;* d'autant que le pointage de la cartouche demande beaucoup moins de juftefle que celui du boulet. *Mais les boulets épouvantent par le bruit; ils préfentent aux nouveaux foldats des fpectacles effrayants*, nous dites-vous. Les nouvelles cartouches ont auffi leur *bruit* qui vaut bien celui des boulets. Au refte il ne s'agit pas ici plus de *bruit* que de *spectacle*, le bruit qui fait impression, ce sont les cris des blessés; le spectacle effrayant, c'est celui des hommes qui tombent. Mais *si les boulets manquent la premiere ligne ils vont jusqu'à la seconde & au delà*, ajoutez-vous encore. Ainsi font les nouvelles cartouches jusqu'à la distance de 400 toises, & toujours en soutenant la supériorité de leur effet sur le boulet. Mais *les boulets brisent les affuts & renversent de puissants obstacles, ce que ne font pas les cartouches*. Il ne s'agit pas de renverser des murailles, ni d'ouvrir des retranchemens, quand on tire à cartouches, les obstacles à renverser alors sont des hommes, & il ne s'agit que de briser des os.

Id. p. 115. *Observ. sur la VI Max.* Je ne sais pas positivement ce que l'Auteur entend par *boëtes de fer-blanc remplies de petits mobiles*. Nous avions avant l'institution des nouvelles cartouches, de boëtes de fer-blanc remplies de balles de fusil sans nombre. Nous avons parlé des épreuves qu'on a faites pour examiner leur effet, ainsi que celui des Grappes de Raisin avant de proposer les nouvelles cartouches: il est à présumer que les petits mobiles de l'Auteur sont tout simplement des balles de fusil ordinaires, c'est-à-dire celles que dans la même phrase il nomme d'une maniere plus précise, *balles ordinaires* & qu'il croit d'un plus grand effet lorsqu'elles *sont renfermées dans un sac de toile légere*; quoiqu'on ait abandonné ces sac dans l'ancienne Artillerie pour prendre les boëtes de fer-blanc. Sa raison est qu'étant si *légerement* enveloppées, les balles se désunissent tout en sortant de la piece, & que prenant plus d'écart elles font un effet plus grand. Mais l'Auteur se trompe étrangement; qu'il me pardonne de le lui dire. Car si les balles en rompant plus facilement leurs enveloppes, prennent plus d'écart, la base de la gerbe qu'elles formeront, ne frappera plus la troupe ennemie que par un segment qui sera d'autant moins fourni, que la base de cette gerbe sera plus grande. Il faut que la cartouche écarte; mais il ne faut pas que les *mobiles* pour me servir des termes de l'Auteur, *se reposent facilement, & sur-tout au sortir de la piece* comme il le demande; à moins qu'il ne suppose l'ennemi à quatre toises de la bouche du canon; & il serait alors un peu tard pour commencer à employer cette cartouche merveilleuse. Car ce qu'on doit chercher dans la cartouche, c'est de pouvoir l'employer de loin afin que l'ennemi ait à cheminer plus longtemps sous ce feu destructeur, & qu'il soit déja fort en désordre lorsqu'il arrive à portée d'employer son feu d'Infanterie, qui, dès qu'il commence, dérange nécessairement beaucoup le service de l'Artillerie. Nous ne ramenerons pas notre Lecteur à ce que nous avons rapporté d'après les Journaux d'épreuve de Strasbourg, sur le peu d'effet de ces cartouches à balles de plomb, dont les unes se mettent en pelotes qui n'ont point de portée, & les autres s'écrasent dès qu'elles touchent terre. Nous ne reviendrons pas non plus sur ce que nous avons rapporté des Grappes de Raisin éprouvées dans le même temps

temps, lesquelles avaient au moins beaucoup plus de portée que les balles de plomb, que l'Auteur leur préfere ici, & qui en outre offraient la ressource du ricochet, pour la proportion des balles, du moins qui ne s'en allaient pas en éclats. Si notre Adversaire ignorait ces faits lorsqu'il composa son Ouvrage; au moins ne les ignore-t-il plus aujourd'hui qu'il l'imprime. Il aurait bien dû par conséquent y faire quelquel corrections à ce sujet.)

M. *du Puget* en fait en effet quelques unes, c'est pourquoi nous nous dispenserons de rapporter ce qui a été dit entre lui & M. *de Pillon* au sujet des cartouches; voici les doutes qui restent cependant à M. *du Puget* malgré la foi qu'il attache aux épreuves de Strasbourg.

(VI. p. 51-55. *du Recueil*. 44. Sans rien retrancher du cas que l'on doit faire des nouvelles cartouches à balles de fer battu, on ne craint pas de dire qu'il y auroit de l'illusion à se persuader que dans toutes les occasions, & à toutes les distances marquées sur le tableau des épreuves de Strasbourg, chaque coup portera autant de balles contre une troupe que chaque coup des épreuves en a porté contre le grand but seulement.

45. Le tableau montre que l'étendue horisontale des coups a été constamment entre quatorze & dix-huit toises de longueur sur une hauteur de huit pieds. Il suit de-là que le cône de projection ayant une des dimensions de sa base aussi considérable, tendoit à faire passer beaucoup de balles au-dessus du but, & plus encore au-dessous, & que le grand nombre de celles qui ont percé ou contusionné les planches de sapin d'un pouce d'épaisseur l'ont fait par ricochet, & plusieurs peut-être au second bond. Le terrein choisi pour les épreuves étant sec, uni, sensiblement horisontal a dû contribuer beaucoup à l'effet qui a tant frappé.

46. Quelle conséquence à tirer de-là? que dans des circonstances à-peu-près semblables à celles des épreuves de Strasbourg, pour les distances bien reconnues, pour le temps à donner aux manoeuvres, pour le terrein, pour les cartouches nouvellement faites &c. les coups seront analogues à ceux dont on a donné le tableau: mais s'il se trouve un fond entre l'Ennemi & la batterie; si l'Ennemi occupe une hauteur, ou que la batterie soit plongeante; si l'espace qui sépare les combattans est mou & marécageux, rempli de broussailles, de vignes, de houblonieres, de fortes moissons, ou labouré à sillons profonds; si l'Ennemi sur la défensive reléve devant soi un peu de terre; s'il est derriere des abbatis, des haies, des palissades, la plus grande partie des balles sera interceptée, & l'effet réel du coup moindre que ne l'eut été celui d'un boulet. Or la plupart des champs de bataille ont une ou plusieurs des irrégularités dont on vient de donner une foible esquisse.

47. Pour bien juger de la portée, & des effets de ces cartouches à balles de fer battu, ne seroit-il pas à propos de mettre le but sur un côteau,

&

& la batterie fur un autre? Les expériences feroient moins brillantes, mais elles donneroient un réfultat à-peu-près certain pour les bons coups dans tous les cas. Les terreins plus favorables ne feroient qu'augmenter l'effet promis, & loin d'avoir à craindre des mécomptes en moins, dans fes calculs, on feroit affuré au-contraire d'accumuler fes avantages.

48. L'incertitude de l'eftimation jointe aux irrégularités du terrein fera toujours qu'à de grandes diftances, les coups à petits boulets feront moins de mal aux Ennemis que les boulets de calibre.

49. A des diftances moyennes une balle d'une demi-livre ne tuera qu'un homme, une de cinq onces le tuera de même.

50. De près les balles de deux onces & demi, ou de deux onces ne feront gueres plus de mal que celles d'une once & demi.

51. D'un autre côté les cartouches à balles de fer battu, pour les trois calibres de campagne, n'en contenant que le même nombre chacune, feront à-peu-près le même effet, quant au nombre des Ennemis mis hors de combat.

52. Enfin les pieces de gros calibre plus difficiles à manoeuvrer, à avancer, à retirer, tant par elles-mêmes que pour le poids de leurs munitions, & le nombre des voitures néceffaires pour les porter, doivent occuper les flancs de l'armée, ou fur le front des emplacemens d'où elles puiffent prendre l'Ennemi d'écharpe fans gêner les mouvemens des troupes.

53. Il eft à croire que la Cour aura égard à ces principes inconteftables dans l'approvifionnement des armées; qu'elle donnera au moins par piece le même nombre de boulets qu'autrefois, & qu'en prenant plus de cartouches à balles de fer battu par piece qu'on ne portoit des anciennes, elle en donnera moins pour les pieces de 12, que pour les pieces de 8, & pour celles-ci moins que pour les pieces de 4.

54. Quant à l'emploi de ces cartouches à balles de fer battu, je fouhaite que les Commandans de batteries ne s'en fervent que de près, ou dans des circonftances auffi favorables que celles des épreuves de Strafbourg. Ce fouhait eft dicté par un zele fincere pour l'avantage de la patrie, & pour la gloire du Corps Royal.)

On trouve des réponfes à ces doutes dans le No. VII. p. 218 &c. que nous fupprimerons, parceque le critique y fuppofe toujours que M. *du Puget* ait parlé comparativement de l'effet des nouvelles cartouches à celui des anciennes; pendant que nous croyons qu'il a feulement voulu faire naître des doutes fur l'effet qu'on leur attribue relativement aux diftances ou où prétend les employer; tels que la fuppreffion des ricochets fur un terrein mou & ondulé, de même que l'inexactitude du pointement, qui doivent être décontés de l'effet obfervé aux épreuves de Strafbourg. Mais tout ce que l'on peut dire

fur

D'ARTILLERIE.

fur un tel fujet ne peut être que très vague, tant qu'on n'examine point de plus près l'effet des coups.

(XI. p. 53. A l'égard des cartouches à balles, on penfe 1° que les balles de fer coulé qui coûtent moitié moins que celles de fer battu, rendront le même fervice effentiel: 2° qu'il ne faut pas régler, d'après les épreuves de Strafbourg, les diftances auxquelles ces cartouches doivent être tirées, fur tous les terreins indifféremment, non-feulement parce que l'effet ne répondroit pas aux promeffes, mais encore, parce qu'en commençant à les tirer contre l'ennemi éloigné encore de 300 toifes, on s'expoferoit à en manquer au moment où elles feroient plus utiles.) *Val.*

(IV. p. 43. Pour apprécier les nouvelles cartouches à leur jufte valeur, il faudroit balancer leurs effets non exagérés, avec la dépenfe qu'elles occafionnent; car on n'a jamais ignoré, qu'en prodiguant l'argent, on pouvoit perfectionner les cartouches; mais les novateurs ont oublié ici, comme dans le refte de leur fyftême, qu'on eft plus fouvent réduit à faire la paix par épuifement de finance, que par épuifement de force.)

Il faut avouer que cette objection fent bien plus le Tréforier Général que l'Officier d'Artillerie: A ce compte il vaudroit mieux s'expofer de perdre des batailles, des provinces &c. que de faire une dépenfe bien entendue pour l'entretien du militaire. Mais un tel fyftême n'a jamais fait fortune en France, & on s'y perfuadera difficilement que les frais des nouv. cartouches puiffent épuifer les finances, ni même balancer l'avantage de l'effet décifif qu'on en peut attendre pour le gain des batailles.

(XII. p. 152-157. Ce qui s'eft paffé à Douai, fous les yeux de Mgr le Comte *d'Artois*, montre que les doutes que l'on a eus fur la réalité des effets des expériences de Strafbourg, ne font pas fans fondement. Les Partifans de la nouvelle Artillerie n'ont ceffé de promettre & d'affirmer aux Généraux & au Miniftre, *qu'à quatre cents toifes de l'ennemi on ne devoit plus tirer à boulet; qu'à cette diftance, les cartouches devenoient meurtrieres & deftructives, que ce fait étoit pofitivement prouvé par les expériences faites à Strasbourg*: & c'étoit fur ce point effentiel qu'ils faifoient confifter les avantages les plus précieux de leur nouveau fyftême d'Artillerie, & de la préférence qui devoit lui être donnée. Ils difent *page 67*, de leur nouvelle Artillerie, *qu'ils font tombés d'accord de préférer la cartouche au boulet à quatre cents toifes pour la piece de douze, à trois cents cinquante pour la piece de huit, & à trois cents pour la piece de quatre*; & *page 69, que de tous les changemens faits dans l'Artillerie, c'est peut-être celui-là dont l'avantage eft le plus généralement reconnu; que les deux efpeces de cartouches, avant le nouveau fyftême, ne portoient, l'une qu'à foixante toifes & l'autre à cent toifes; & que les anciennes pieces de l'Ordonnance de 1732, n'ont pas même l'inutile avantage d'avoir des portées plus étendues.*

On a vu à Douai (Mgr le Comte *d'Artois* présent) des effets bien différens; on a rassemblé plusieurs planches qui jointes ensemble, formoient un parement qui devoit servir de but; on a placé quatre pieces de douze, de huit & de quatre à trois cents toises de ce but (voilà d'abord une diminution de cent toises sur les promesses); à cette distance les balles s'éparpilloient & n'arrivoient pas à moitié chemin. Quelque forte élévation que l'ont eut ordonné de donner aux pieces au-dessus de l'horison, on a rapproché les pieces de cent toises; on leur a donné encore plus d'élévation; & à cette distance de deux cents toises du but, s'il est arrivé quelques balles, ce n'a été que par chute ou par ricochet & aucune de plein fouët; & on a vu qu'ayant encore rapproché de cinquante toises, c'est-à-dire, à cent cinquante du but, les pieces mêmes étant pointées par leurs plus zélés partisans, on n'en avoit pas obtenu des effets plus considérables; les balles ne sont arrivées aux planches, que par chute parabolique ou par ricochet, & non de plein fouët & horisontalement; trop de gens, & le Prince lui-même ont été témoins de ce fait, pour qu'il puisse être déguisé, quelque adresse que l'on emploie. Cette épreuve confirme la maxime de nos prédécesseurs & de nos contemporains, qui est de ne quitter le tir à boulet qu'à environ cent toises de distance de l'ennemi. On s'est bien donné de garde d'en user sous les yeux de Mgr le Comte *d'Artois*, comme l'on en doit user lorsqu'on veut sincérement & de bonne foi montrer la vérité sur des objets qui sont en concurrence. On s'est bien donné de garde, dis-je, de faire tirer au même but & avec les mêmes procédés, les pieces anciennes à cartouches; on auroit vu trop clairement & sur tous les points, leur supériorité sur les courtes & légeres. Nos prédécesseurs & nous avons toujours jugé & par expérience que le canon tiré à boulet, & dont en Campagne le plus fort calibre doit être de douze, ne commençoit à tirer avec justesse & quelque précision, que vers quatre cents toises, & que ce n'étoit qu'à environ cent toises de distance de l'ennemi que l'on devoit faire usage des cartouches, & cela avec des pieces d'un tiers plus longues que celles du nouveau systême, & à même configuration de chambre. Ne seroit-ce pas abuser de la crédulité des hommes, que de vouloir leur persuader qu'un canon d'un tiers plus long qu'un autre de même calibre ne portera pas son boulet beaucoup plus loin, qu'un autre d'un tiers plus court ne portera quarante-une balles de fer qui font sa charge? Un fusil ne porte-t-il pas sa balle infiniment plus loin, qu'il ne porte la même quantité & le même poids de plomb divisé en grains, puisque ce n'est (& l'expérience journaliere des Chasseurs le prouve) qu'à vingt-cinq ou trente toises que la charge de plomb en grains fait effet, & que d'après même les Auteurs du nouveau systême d'Artillerie, *la balle du fusil de Soldat, commence à devenir meurtiere à deux cents toises, & qu'ils donnent pour régle & pour maxime de quitter la cartouche à cette distance & de laisser faire l'Infanterie?*

Il

Il y a tout lieu d'espérer pour la gloire & le succès des armes du Roi, que les Généraux de ses Armées n'auront pas la docilité de souscrire & de se conformer à ces maximes. Il y a lieu de croire, dis-je, que l'on se gardera bien de faire jamais usage des cartouches à quatre cents toises; il est à croire aussi que l'on continuera à tirer à boulet jusqu'à environ cent toises de l'ennemi, & que l'on continuera à tirer à cartouche jusqu'à ce que les troupes en soient aux mains & à l'arme blanche. Je vais répéter ici les maximes, les régles & les préceptes qui nous sont donnés comme certains & invariables, par les Auteurs des nouveaux systêmes d'Artillerie, d'après lesquels cependant je m'aviserai d'oser démontrer que, si on les suivoit aussi exactement que ces Auteurs le prescrivent, l'Artillerie nouvelle à la suite des Armées, seroit totalement inutile & sans effet. C'est dans leurs propres écrits que je prendrai cette démonstration. Ecoutonsles. L'Auteur de la nouvelle Artillerie dit, *page 5, ligne 12*, de son premier Mémoire imprimé, & qu'il a présenté à Mrs les Maréchaux de France; *que si l'on examine en Bataille les effets de la piece de douze, l'on verra que la meilleure partie de ce que l'on tire au-delà de quatre cents toises, est sans effet par défaut de justesse; & que ce n'est qu'à trois cents toises que l'on commence à canonner la colonne ennemie avec profit; qu'il arrive presque toujours que l'on consomme la plus grande partie des munitions en pure perte.* Dans le livre intitulé, *Artillerie nouvelle*, livre composé sous les yeux de l'Auteur du nouveau systême, & auquel il donne une approbation si complette, qu'il l'annonce à Mrs les Maréchaux de France, *page 18, ligne 13* du deuxieme Mémoire qu'il leur a présenté, comme *contenant les vrais principes de l'Artillerie*; il y est dit, *qu'on doit cesser de tirer à boulet à quatre cents toises, pour tirer à cartouches, & qu'à deux cents toises on doit cesser de tirer à cartouches pour laisser faire alors l'Infanterie.* Or, si à quatre cents toises on cesse de tirer à boulet, on quitte donc le tir à boulet (d'après l'Auteur lui-même) avant qu'il produise aucun effet utile; & si on cesse de tirer à cartouches avant qu'elles aient produit aucun effet, ainsi que l'ont prouvé les expériences de Douai, & comme le prouveront toutes celles que l'on fera; donc cessant de tirer à boulet à quatre cens toises (par conséquent avant qu'il produise des effets utiles) & cessant aussi de tirer à cartouches à deux cents toises, avant qu'elles aient produit aucun effet; il est facile de conclure que d'après les maximes des Auteurs des nouveaux systêmes, la nouvelle Artillerie à la suite des Armées est totalement inutile, & qu'il n'est besoin que du fusil, qui effectivement porte à-peu-près aussi loin que les pieces courtes & légéres dont il est question. Ceci paroîtra sans doute une absurdité grossiere aux Auteurs des nouveautés; mais qu'ils en fassent l'essai en tirant avec un fusil, dont le canon ait quarante-quatre pouces tel que l'ont eu tous les fusils des troupes jusqu'en 1766, & tel que les vrais Tacticiens préférent à ceux de quarante-deux pouces. Qu'ils tirent, dis-je, ce fufil avec fa vraie charge, telle qu'elle a toujours été fixée à la guerre, c'est-à-dire, à la charge de poudre égale à la 36e partie d'une livre; que l'on tire ce fufil horifontalement ainfi, que les nouvelles pieces, ou a des degrés égaux au-deffus de l'horifon, donnés tant aux pieces qu'aux fufils; après que l'on aura vu la premiere chute des boulets & des balles, l'abfurdité qu'ils croiront trouver à ce que j'avance, difparoîtra pour faire place à la réalité.)

Sans compter un grand nombre d'autres paffages où il eft fait mention des nouvelles cartouches, il eft encore queftion de leur effet relativement au choix d'ordre en tactique entre M. *de Menil-Durant* & M. *du Coudrai:* Voici les paffages qui s'y rapportent.

(XVII. p. 53-57.

Le nouveau fyftême d'Artillerie a beaucoup perfectionné parmi nous le tir à cartouche, ainfi que je l'ai détaillé dans l'Artillerie nouvelle. Il fuffit de dire ici que cette perfection eft au point que les nouvelles cartouches vont à quatre cents toifes; tandis que les anciennes portoient à peine a quatre-vingt. C'eft finguliérement contre l'effet de ces cartouches que M. de Menil-Durand met tous fes foins à raffurer fa Colonne, en lui prouvant qu'elles font au moins une fois plus redoutables pour l'Ordre mince que pour elle. Il employe pour cela des raifonnemens & des calculs qui au premier coup-d'oeil paraiffent fort féduifans.

(XX, p. 88-101.

J'ai préfenté en très-peu de mots l'effet des cartouches, premierement par rapport au front; & à cet égard en effet mon calcul eft très-féduifant. Il ne le feroit pas moins, par rapport à la profondeur, fi on avoit voulu déterminer le diamétre de la gerbe, & la plongée des balles. N'ayant point ces données, que je n'avois garde d'établir moi-même, je ne pouvois à cet égard faire un calcul auffi pofitif. J'en ai fait la remarque (feptieme Mém. p. 26.): & pour cela l'Auteur ne nous détermine pas aujourd'hui ces deux points néceffaires; fur lefquels feulement il lui échappe quelques mots, non pas très-précis, mais affez pofitifs pour que nous puiffions, même à confidé-

rer l'effet des cartouches par rapport à la profondeur, préfenter un calcul plus féduifant que celui que j'avois préfenté d'abord.

Mais en les fuivant avec attention, on voit qu'ils péchent par un principe mal établi. On voit 1° que M. de Menil-Durand, n'ayant point d'abord égard à la profondeur, & limitant, pour lors avec raifon, l'effet de la cartouche fur le front de fa Colonne à l'étendue de ce front, c'eft-à-dire, à fon premier rang, qui n'eft que de feize hom-

Sans doute; il faut bien qu'ils péchent. Mais voyons ce principe mal établi. Ayant befoin d'une mefure de ce développement, je l'ai prife dans le feul des Mémoires de l'artillerie où je la viffe articulée, & que fur ce point je ne voyois pas contredit. J'ai donc d'après lui compté, non pas fur 18 toifes, mais fur 16. L'auteur

D'ARTILLERIE.

hommes, ou d'environ cinq toises, supposé d'un autre côté que la cartouche frappe le bataillon sur une étendue de dix-huit toises, laquelle excède de près du double le plus grand développement des cartouches.

teur semble n'en vouloir que 10 : je ne sais lequel des deux a raison ; mais prenons 10. En ce cas la surface du cercle sera environ 80 toises ; & le coup le mieux portant sur le front de la colonne, qui n'en a que 5 tout au plus, lui donnera la seizieme partie

de ces balles. Portant de même sur quelque partie de la ligne mince, il frappera à peu de chose près 10 toises quarrées, par conséquent donnera presque le double de ce qu'il donneroit à la colonne. L'Auteur ne nous dit pas si ce plus grand développement, qu'il semble fixer à 10 toises, est le même pour tous les calibres. Peut-être pour les grosses pieces se contenteroit-il de le réduire à 12 ; du moins il trouve cette supposition *plus conforme à la réalité*. Dans ce cas le cercle sera 113 toises, desquelles le front de la colonne recevra presque la vingt-deuxieme partie ; le bataillon frappé dans une surface de 11, en recevra à-peu-près la dixieme.

2° *Quand ensuite il considere l'action de cette cartouche sur la profondeur de sa Colonne, comme pouvant être le sens dans lequel elle en doit souffrir davantage, il tombe dans une autre erreur non moins considérable. A la vérité, il ne donne plus alors que douze toises de diametre à la gerbe formée par la cartouche qu'il suppose frapper le bataillon, ce qui est plus conforme à la réalité. Il ne détaille pas assez son calcul pour qu'on puisse indiquer par où il péche ; mais il est évident qu'il est fautif.*

Car d'après cette supposition fondamentale de douze toises pour le diametre de la gerbe, au moment où elle frappe le bataillon, il est clair que le premier rang de ce bataillon n'ayant au plus que cinq pieds & demi de haut, & la plongée des balles sur les deux derniers rangs ne pouvant être de six pouces, quelque grande qu'on le suppose, le segment percusseur de cette gerbe ne sera que d'une toise de haut, multipliée par

Cette derniere phrase est remarquable ; & va être appuyée par un raisonnement qui ne l'est pas moins. Quant à ce calcul qui n'est pas assez détaillé, on vient de voir pourquoi il n'est pas plus précis ; & à qui en est la faute. En tout dans cette discussion, je donne volontiers gain de cause à celui des deux partis qui a le plus détaillé ses calculs.

J'avoue que je ne m'attendois pas à cet argument. L'Auteur, qui ne veut jamais déterminer précisément la plongée, au moins nous dit ici qu'elle ne peut pas être de 6 pouces, sur l'épaisseur du bataillon. Soit. Comptons-la de 3 à 4, environ 3 pieds sur la profondeur de la colonne. Cela posé, le segment percusseur pour le bataillon sera 12 toises, & même un peu moins, la hauteur des hommes n'é-

par douze toises de long; ce qui fera la moitié, & non pas le double des vingt-quatre toises quarrées, sur lesquelles, par l'effet de la plongée, M. de Menil-Durand reconnaît lui-même que sa Colonne sera frappée.

n'étant pas tout-à-fait 5 pieds 8 à 9 pouces. Mais est-ce dans la même supposition, & *par l'effet de cette même plongée,* que j'ai reconnu le segment de 24 toises pour la colonne? Et quand j'aurois fait cette bévue, comment l'Auteur, si occupé de relever *mes erreurs,* & de *vérifier mes calculs,* auroit-il pu admettre celui-ci, pour en conclure que la colonne perdra le double de ce que perdroit le bataillon? Tandis qu'il est évident que 3 pieds ajoutés à la hauteur du premier rang, donnent au plus 8 pieds & demi; qui multipliés par 5 toises, ne font guere que 7 toises quarrées. De sorte que le segment percusseur, non seulement n'est pas double pour la colonne, mais n'est pas même les deux tiers de ce qu'il seroit pour le bataillon. Et quand au lieu de supposer 3 pieds de plongée, ce qui est déjà trop (§. 4.), nous en compterions ici 5 ou 6, ce qui la donneroit plus forte qu'elle ne peut être, *quelque grande qu'on la suppose,* le segment de la colonne égaleroit-il encore celui du bataillon? L'Auteur n'a pas voulu appercevoir que le segment de 24 toises m'étoit donné par la supposition de 18 pieds de plongée, sur la longueur de la colonne évaluée à 12 toises; supposition selon laquelle les balles arriveroient sous l'angle de 14 à 15 degrés. Mais pourquoi me suis-je arrêté à raisonner sur une pareille supposition? C'étoit encore une fois parce qu'on n'avoit ni déterminé cette plongée, ni au moins remarqué, comme vient de faire l'Auteur, un terme * auquel elle ne peut jamais aller. J'ai donc voulu la supposer plus grande qu'on ne put jamais la proposer; & présentant un coup auquel la profondeur donnât plus de prise qu'elle n'en donnera jamais à aucun tiré effectivement contre la colonne. L'Auteur ne veut pourtant pas que je regarde comme un *des plus fâcheux qu'elle puisse essuyer, celui où la cartouche, en arrivant sur ce front, auroit 12 toises de diamétre.* Et en effet ce n'est pas cette étendue qui le rend fâcheux, mais sa grande plongée. Pour en imaginer un auquel la profondeur donnât encore plus de prise, il faudroit supposer la plongée encore plus grande. Mais il n'y a pas moyen d'imaginer que la cartouche, tirée sous un angle très-élevé, n'ait pas à la fin de sa chûte un très-grand développement: & je ne conçois point du tout ce que va nous dire encore l'Auteur.

Je

* (Il avoit bien dit que *trois degrés est le tir le plus ordinaire dans les batailles,* qu'il ne parloit pas des *épreuves sous dix ou sous quinze degrés, comme ne pouvant servir à rien.* (Artill. nouv. p. 105, 107.) Mais dans tout cela il n'articuloit rien par rapport aux cartouches en particulier. Aujourd'hui, quand il dit (p. 37.) que la piece de 4 porte *la cartouche à 300 toises, & le boulet à 500, sous trois degrés,* j'entends, quoi qu'il puisse y avoir quelqu'équivoque dans cette phrase, que les trois degrés se rapportent à la cartouche comme au boulet.)

D'ARTILLERIE.

Mais une considération importante, qui sur cet objet a encore échappé à M. de Menil-Durand, c'est que l'instant où sa Colonne souffrira le plus du tir à cartouches, ne sera pas celui où les cartouches auront acquis leur plus grand développement, ainsi qu'il semble le présenter dans ses calculs. Il existe à cet égard, entre sa Colonne & le bataillon, une très-grande différence ; c'est que le bataillon ayant peu de profondeur, la cartouche n'opérant guères que sur le front, a besoin de prendre, sinon toute son étendue, au moins une considérable, pour faire beaucoup de mal : mais alors les balles qui la composent ont beaucoup perdu de leur force. La Colonne, au contraire, ayant une profondeur dix fois plus grande, elle recevra par plongée à-peu-près la totalité des cartouches, qui, dirigées vers le milieu de son front, auront pour diamètre, en y arrivant, à-peu-près moitié de l'étendue de ce front, & même moins. On voit par-là combien M. de Menil-Durand se trompe en annonçant, comme un coup des plus fâcheux, que sa Colonne puisse essuyer, celui où la cartouche, en arrivant sur le front, auroit douze toises de diamétre. Ce front n'en ayant que six, & la cartouche continuant toujours à prendre de l'écart & à devenir moins fournie, il n'est pas étonnant qu'il conclue que dans ce coup malheureux sa Colonne ne reçoit que la cinquieme partie des balles, tout au plus.

Je vois bien que l'Auteur nous embrouille ici de cette profondeur 10 fois plus grande, & nous fait perdre de vue la projection, qui dans ce cas est très-petite, & qui est pourtant la seule chose à considérer. Mais, je ne vois pas comment une si petite plongée peut donner la totalité des balles. La cartouche, à 3 ou 400 toises, tirée sous 3 degrés, plonge de trois pieds sur la longueur de la colonne : l'Auteur, s'il n'a voulu le dire précisément, au moins nous l'a fait entendre. Mais, dans le cas où elle n'a pris encore de développement que la moitié du front de la colonne, & même moins, au plus deux toises & demi, ce qui n'est pas le quart de son développement total, elle n'est pas au quart de la grande portée ; & pour tirer à si petite distance, on n'a pas pris l'angle de 3 degrés qui la feroit passer bien au-dessus de l'objet ; on a tiré presque horisontalement ; la plongée est donc nulle. Mais quand on voudroit prétendre, & quand nous accorderions, qu'elle fut ici de 8 à 9 pouces, ce qui donneroit au segment percusseur 6 pieds de hauteur, comment ce segment contiendroit-il la totalité de la gerbe de 15 pieds de diamètre ? Il faut toujours en revenir à ce point. A petite portée & plongée, le segment qui frappe la colonne est de très-peu de chose plus élevé que celui qui frappe le bataillon : & cette petite différence à l'avantage de celui-ci, est beaucoup plus que compensée, par le désavantage de donner infiniment plus de prise aux coups, à cause de la grande étendue de son front. Il y a encore par rapport à la plongée des balles une observation que nous avons jusqu'à présent nég-

négligée, & négligerons dans la suite, mais qui mérite ici quelqu'attention. Nous considérons toujours cette plongée de la cartouche, comme nous pourrions considérer celle d'un boulet, comme si toutes les balles cheminoient parallélement & plongeoient également. Mais tandis que le centre de la gerbe plonge sur la longueur de la colonne de 3 pieds, 2, ou 1, selon l'angle sous lequel elle arrive; cette gerbe s'ouvre du centre à la circonférence, pour parvenir à son plus grand développement. Et il est visible que toute sa partie supérieure s'éleve par ce mouvement conique, qui contrarie la plongée, & dans le cas où elle n'est pas bien forte pour toute cette partie l'anéantit entierement? C'est ce que l'on peut appercevoir aisément par un petit détail auquel je ne crois pas nécessaire de m'arrêter.

P. 77. *La nécessité de ménager la dépense des buts, n'a pas permis dans ces épreuves (de Strasb. rapportée pag. 129.) d'avoir les produits de portées plus prochaines; mais on peut aisément se les figurer. On en conclura qu'en prenant quarante comme produit moyen pour les pieces de 12 & de 8, & vingt-un pour celui de 4, je n'exagérerai pas, sur-tout en observant: 1° Que je ne tiens compte du tir à cartouches, pour les deux premiers calibres, que 100 toises en-deçà de la distance où il a réellement lieu pour l'un, & 50 toises en-deçà de celle où il commence pour l'autre. 2° Que je mets ici à la place de la Colonne, un but qui n'a que 18 toises de long, sur 8 pieds de haut, sans aucune profondeur; tandis que la Colonne, indépendamment de 5 toises quarrées que porte son front, a encore une profondeur de 6 toises sur 10; ce qui pour la surface, c'est-à-dire, pour la prise qu'elle présente aux coups, la mettrait avec notre but dans la proportion de 65 à 24, s'il ne fallait considérer que les 60 toises de sa profondeur sont en projection, & que cette projection, eu égard à l'espèce de plongée,*

Lorsqu'il estime la quantité de balles que nous donnera chaque coup, d'après les épreuves de Stralbourg, il prétend nous faire très-bonne mesure. La projection les reduit à 2 ou 3 toises dans le cas de la plus grande portée & plongée. Les 60 toises avoient bien affaire ici. Il ne falloit qu'ajouter à 5 pieds 3 à 4 pouces, hauteur du premier rang, 2 pieds 8 à 9 pouces supposés pour la projection de la profondeur; on auroit eu 8 pieds, somme égale à la hauteur des planches. Par conséquent la prise donnée par les deux objets se seroit trouvée proportionnelle à l'étendue de leurs fronts. Mais cette façon de l'envisager ne nous auroit pas éblouis de la proportion de 65 à 24. Encore, pour articuler la moitié, a-t-il fallu présenter en même-tems les deux tiers; quoique quadrant mal avec ce que nous venons de voir de la plus grande plongée qu'on puisse supposer. Mais puisque cette projection, même à grande portée, & sous l'angle de 3 degrés, n'est qu'équivalente à la moitié du plan vertical; la prise donnée par la colonne est en tout 7 toises &

*gée, sous laquelle tomberont générale-
ment les cartouches, n'équivaudra qu'-
aux deux tiers, & même à la moitié
du plan vertical qui correspondrait à
cette projection.*

& demie (ou 9 toises si on veut compter 6 toises pour le plan vertical de
son front). Il ne s'agit donc ni de
parler de 65, ni de vouloir faire entendre que la colonne donne plus de
prise qu'une surface de 24 toises.

C'est le cas aussi de se rappeller qu'il est bien étonnant que l'Auteur, obligé
de réduire ainsi la profondeur à sa projection, persiste à dire & répéter
que, quant à la hauteur, la colonne est 6 fois plus facile à ajuster que le bataillon.

*p. 57. Il résulte de tout ceci que, soit
à boulet, soit à cartouches, les effets de
l'Artillerie sur la Colonne & sur l'Ordre profond en général, n'ont pas été
bien saisis par M. de Menil-Durand, &
que cet Ordre dans tous les cas, à cet
égard, aura plus, & beaucoup plus à
souffrir que l'Ordre mince; ce qui en
effet, tout calcul, toute citation à part,
paraît si vraisemblable, que la prétention contraire étonne, même dans la
bouche d'un Apôtre aussi annoncé de
l'Ordre profond que l'est M. de Menil-
Durand.)*

Il résulte au contraire, 1° que dans
aucun cas un coup à cartouche ne sera beaucoup plus meurtrier pour la
colonne; puisque la profondeur ne
peut donner beaucoup de prise, si ce
n'est dans le cas d'une plongée excessive, & qui n'a jamais lieu: 2° que
dans tous les cas où la cartouche est
au moins à moitié de sa grande portée; si cette profondeur donne prise
à certain point; cela est bien compensé; parceque, comme elle a pris plus
de la moitié de son plus grand développement, il porte nécessairement
en dehors du front de la colonne, une

partie de la gerbe, qui ne seroit pas perdue de même pour un bataillon dé-
ployé: 3° que si, dans les petites portées, il est possible que le diamètre de
la gerbe porte sur le front de la colonne aussi pleinement qu'il pourroit faire
sur le bataillon, il ne s'agit que de ce front aussi, la plongée étant nulle ou
à-peu-près, & par conséquent la profondeur ne donnant presqu'aucune prise:
4° enfin, mais il résulte d'ailleurs de la différence d'étendue, de vitesse, de
projection, &c. &c., que le bataillon recevra beaucoup plus de coups que la
colonne, & beaucoup plus assurés. Donc en totalité l'ordre actuel souffrira
plus, *& beaucoup plus*, que l'ordre François proposé. C'est ce que nous ache-
verons de démontrer d'une manière encore plus palpable. Mais en attendant veut-on comparer, avec plus de détail & de précision, la différence des
coups pour les deux ordres, dans le cas où la profondeur donne prise sensiblement? Supposons la cartouche tirée aux deux tiers de la grande portée, par
conséquent sous un angle qui lui donne à-peu-près les deux tiers de sa plongée de 9 degrés; &, au moment où elle frappe, ayant pris au moins les deux
tiers de son plus grand développement. En un mot supposons le diamètre

de la gerbe 8 toifes; la plongée des balles 2 pieds, fur la longueur de la colonne, fans compter ce qu'il y en a fur l'épaiffeur des trois premiers rangs; parce que nous ne la confidérerons pas pour le bataillon. Mais par cette raifon, & pour éviter les fractions, nous fuppoferons de part & d'autre la hauteur d'homme à 6 pieds. Dans cette hypothefe la furface de la gerbe arrivant fur le front fera, à peu de chofe près, 50 toifes quarrées. Et le rapport du fegment percuffeur de chaque coup, à cette furface totale, indiquera l'effet de ce coup, & le rapport du nombre de fes balles au nombre total des balles de la cartouche. Suppofons à préfent tirés ainfi contre le bataillon 12 coups fucceffifs; defquels le premier tiré trop bas ne frappera que d'un fegment ayant 2 pieds de hauteur; le fecond, tiré 2 pieds plus haut, frappera fur une hauteur de 4 pieds; le troifieme fera plus élevé encore de 2 pieds; ainfi de fuite. Suppofons le même nombre de coups tirés de même contre la colonne (& bien dirigés fur le centre de fon front). Cela pofé, voyons les effets de part & d'autre, exprimant le fegment de chaque coup en toifes quarrées & fractions décimales.

Bataillon déployé.	Colonnes.	Bataillon déployé.	Colonnes.
1ʳ coup - 0, 52.	- 0, 52.	7ᵉ coup - 6, 70.	- 6, 66.
2ᵉ - 1, 77.	- 1, 77.	8ᵉ - - 7, 80.	- 6, 66.
3ᵉ - - 3, 38.	- 3, 38.	9ᵉ - - 7, 39.	- 6, 66.
4ᵉ - - 4, 77.	- 5, 29.	10ᵉ - - 7, 62.	- 6, 66.
5ᵉ - - 5, 62.	- 6, 12.	11ᵉ - - 7, 78.	- 6, 66.
6ᵉ - - 6, 24.	- 6, 66.	12ᵉ - - 7, 98.	- 6, 66.
		Total 66, 77.	Total 63, 70.

On voit que les trois premiers coups font les mêmes pour les deux ordres. Pour la colonne, le quatrieme a de plus par la plongée le fegment du premier. De même le cinquieme a de plus le fegment du fecond, moins celui du premier; fur quoi feulement il faut déduire ce qui fe perd à fa bafe, plus étendue que le front de la colonne. Pour tous les coups fuivans, le fegment pour la colonne eft conftamment 5 toifes multipliées par 8 pieds. Mais revenons à notre Auteur. Voulant calculer pofitivement ce que perdra la colonne, il part des épreuves de Strasbourg, par lefquelles *il eft conftaté* que fur un but de 18 toifes de longueur, 8 pieds de hauteur, la piece de 12, à 300 toifes, donne 25 balles; à 240, 35; à 200 toifes, 40: celle de 8, à 300 toifes, 25 balles; à 250 toifes, 40: enfin celle de 4, à 300 toifes, avec la groffe cartouche, 8 à 9 balles; &, avec la petite, à 250 toifes, 16 à 18; à 200, 21. Et comme, à moindres diftances, toutes donneroient beaucoup plus, il conclut qu'il faut prendre pour l'effet moyen des pieces, de 12 & de 8, 40 balles, pour celui des pieces de 4, 21. Sur quoi premierement je dirai avec *Maizeroi*, que "je ne me mêle point de contredire ces obfervations, puif-
"qu'elles

"qu'elles font rapportées comme conftantes par l'Auteur." Mais puifque les colonnes étant à 200 toifes, & même plus loin, le rideau, déja à demi-portée de moufqueterie, *dérange prodigieufement* l'effet du canon; ce n'eft pas en deça de 200 toifes que les cartouches nous feront le plus de mal, ni par conféquent à ce point qu'il faut prendre leur effet moyen. Nous avons vu d'ailleurs qu'il s'en faut beaucoup qu'on puiffe juger cet effet fur les colonnes, d'après celui qu'on a pu voir fur un but, dont la furface étoit plus que triple de celle du front de la colonne, joint à la projection de la profondeur. Nous avons vu encore l'Auteur compter que les cartouches, exigeant moins de juftelfe que les boulets, toucheront beaucoup plus fouvent, quoique tirées plus vîte, & pointées avec moins de foin. Mais au moins faut-il convenir que celles qui, grace à leur étendue, frapperont l'objet, quoique tirées dans une direction fuivant laquelle un boulet n'auroit pas touché, le plus fouvent ne toucheront que d'un très-petit fegment, & ne feront qu'une très petite partie de leur effet. Il ne faut donc pas d'un côté compter le nombre des cartouches portantes bien ou mal; & de l'autre compter l'effet comme fi toutes portoient très bien.)

DISSERTATION SUR LE TIR A CARTOUCHE,

Ou Effai d'une Théorie fur l'effet de ce tir, tirée (1) *des Ecrits fur le nouveau Syftème d'Artillerie, & établie fur des principes de la Théorie Baliftique répandus dans la plus part des auteurs qui ont écrit fur l'Artillerie depuis plus de vingt ans.*

Depuis plus d'un fiecle le tir à cartouche a été reconnu comme le moyen le plus efficace pour multiplier l'effet deftructeur des armes à feu contre les troupes (2), pour ne pas dire que fon origine remonte à des temps beaucoup plus reculés; car la catapulte des anciens lançoit de gros cailloux ainfi qu'on fait maintenant à l'aide de nos Pierriers, or ces tirs ne font qu'une modification de celui à cartouche adaptés à l'efpéce & à la deftination de l'arme. Cependant l'effet de la plupart des inventions de ce genre exécutés pour l'ufage du canon n'a été que fort refferré, puifque M. *du Puget* nous apprend que *la portée moyenne des grappes de raifin à petits boulets n'eft que de cent toifes, & celle des balles roulantes de foixante**; ce qui ne peut provenir, ainfi qu'on

---

(1) Je demande grace au grand nombre de mes lecteurs pour la quantité d'italique, de citations & de répétitions en ce genre, ainfi que des tournures guindées qu'elles prêtent à cette Differtation. Tout écrivain qui n'ambitionne qu'au mérite de rédacteur doit fidélement indiquer les fources où il a puifé, & fe mettre à couvert de l'inculpation de plagiat - - d'idées &c. - - - & je dois me mettre à couvert à bien des égards.

(2) Mém. de *Montecuculi*, à Paris 1712. p. 66. Mém. de *St. Remy* T. I. p. 183 - 186. *Le Blond* Art raifon. p. 127. *Antonj* Artiglieria pratica &c. Libro II. p. 325. §. 195.

* VI. p. 39. Max. VII.

qu'on verra par la suite, que du trop grand disperfement des mobiles; car nous croyons avec l'auteur de l'Artill. nouv. & avec M. *Robins* & malgré M. *du Puget, qu'il faut*, pour me servir de l'expreſſion du premier, *que la cartouche écarte, mais qu'il ne faut pas que les mobiles ſe répandent facilement & au ſortir de la piece, à moins qu'on ne ſuppoſe l'ennemi à quatre toiſes de la bouche du canon* (3); parceque, (dit M. *Robins*) *plus les balles reſteront ſerrées, plus leurs coups ſeront ſûrs, leur mouvement égal, & plus elles cauſeront de ravage parmi les troupes* (4). *Ce qu'on doit chercher dans la cartouche, c'eſt de pouvoir l'employer de loin, afin que l'ennemi ait à cheminer plus long-temps ſous ce feu deſtructeur, & qu'il ſoit déja fort en déſordre lorſqu'il arrive à portée d'employer ſon feu d'infanterie, qui, dès qu'il commence, dérange néceſſairement beaucoup le ſervice de l'Artillerie* (5). L'écartement (6) eſt donc cauſe *qu'une grande partie des petits mobiles tombent à terre, & qu'une plus grande partie paſſe au-deſſus des troupes* (7), & que ces dernieres *ne ſe raprochent du terrein qu'à* 100 *toiſes & plus loin encore derriere les objets que l'on ſe propoſe d'atteindre* (8). Quant aux nouvelles cartouches leur ſupériorité conſtate du reſultat des épreuves de Strasbourg rapporté pag. 129. de nos Mémoires, & par l'aveu même des antagoniſtes du nouv. Syſt.; on lit entre autre dans un article de la *Gazette univerſelle de Litterature de Deux-Pont:* "Nous convenons avec tout le monde "que les cartouches à balles de fer battu pour le canon ſont préférables aux "anciennes à beaucoup d'égards:" C'eſt donc à tort que M. *du Puget* s'eſt preſſé d'inſerer des Maximes dans ſon Eſſai qui tendent à perſuader le contraire; & ce qu'il dit p. 37. dans le commentaire de la VIe *Maxime* contre le moindre écartement des nouv. cartouches, eſt en effet (ainſi que l'a fait ſentir ſon critique dans le paſſage rapporté plus haut) le plus grand aveu de leur ſupériorité. Mais quelque *propre que ſoit la monture des nouvelles cartouches pour les porter en avant & pour diminuer leur divergence* (9), on n'eſt pas moins ſurpris de la grande diſtance où les inventeurs des cartouches nouvelles prétendent les tirer, *diſtance où*, de leur aveu même, *le tir à boulet n'a aucune juſteſſe* (10). Leurs adverſaires en faiſant la même remarque rapportent, que tous les témoins des épreuves de Strasbourg conviennent, 1° *Que les balles qui frappoient le but n'y arrivoient pas toutes de plein fouet, & que pluſieurs n'y parvenoient qu'au ſecond ou au troiſieme bond.* 2° *Qu'un grand nombre ne faiſoient que des contuſions aux planches.* 3° *Que l'étendue horiſontale de chaque coup étoit de* 16 *à* 14 *toiſes.* 4° *Que deux ou trois trous ou contuſions ſe trouvoient ſouvent raſſemblées dans l'eſpace qu'un ſeul homme occuperoit* (11).

Puiſque le tir à cartouche eſt maintenant devenu le ſeul efficace contre
les

(3) VII. p. 116.   (4) *Robins* traduit par *Dupuis* p. 467.   (5) VII. p. 116.
(6) Voyez le ſens du No. 45. du Recueil de M. *du Puget.*   (7) VI. p. 36. Max. V.
(8) XX. p. 160.   (9) Diſcuſſion nouvelle ſur l'art, par M. *du Coudray* pag. 18.
(10) XII. p. 109.   (11) XII. p. 20.

les troupes, & particulierement contre celles qui offrent beaucoup de front & peu de profondeur, ce qui est devenu & restera probablement pendant long-temps encore l'ordre habituel; on conviendra que l'effet de ce genre de tir mérite d'être apprécié par quelques recherches particulieres, auxquelles nous procéderons comme il suit.

ART. I. *Des causes qui influent dans la formation de la vitesse initiale des cartouches.*

1° Le poids des nouvelles cartouches étant de plus de la moitié plus fort que celui des boulets à canon (12); il s'ensuit par les principes qui ont été developpés à l'occasion des Canons (13) & des Mortiers (14) que l'explosion de la charge devient plus parfaite.

2° La longueur & la figure cylindrique des cartouches retarde l'échappement du fluide élastique par le vent; car il est évident que pour diminuer la perte du fluide élastique qui s'échappe par le vent & par la lumiere, qu'il revient au même, ou de retrécir l'ouverture par où il sort, ou d'abréger la durée de l'échappement en allongeant le canal par lequel il a lieu. Ainsi font plusieurs bouchons & les boulets à double tête dont on enveloppe la barre qui les assemble par de vieux cordages parfilés; or il est assez connu que M. M. de la Marine n'employent ces moyens à l'épreuve de réception de leurs pieces de fer, que pour leur faire essuyer un effort d'autant plus considérable, moins le fluide trouve de facilité à se répandre au dehors.

3° La cartouche est retenue par la résistance totale que lui oppose l'air qu'elle chasse & comprime devant soi dans l'ame, moyennant le couvercle plat qu'elle lui oppose; au lieu que le boulet n'en essuye que la moitié, car *la résistance qu'éprouve la sphére n'est que moitié de celle qu'éprouveroit son grand cercle* (15). Quoiqu'en vertu du même principe le sabot de bois auquel on assujettit le boulet, & le culot de fer battu des cartouches, offrent également de prise au fluide élastique de la charge dans ces deux différens genres de tir; il est cependant plus que probable que le culot de fer est effectivement *une monture plus propre à porter la cartouche en avant* (16) que n'est le sabot de bois, dont les anciennes cartouches étoient pareillement pourvues, en ce que le fer est une matiere beaucoup plus capable de transmettre le mouvement dans toute sa force.

Ces trois causes réunies prouvent donc que la vitesse initiale des cartouches doit être de beaucoup supérieure à celle des boulets quand même leur charge seroit égale. *Car tout obstacle quelconque qui prête résistance au déplacement du projectile, soit qu'elle provienne de l'adhésion du bouchon, ou de l'inertie, ou du poids, ou de la figure du projectile; retarde son départ, augmente la durée de l'explosion de la charge dans un moindre espace, & accroit par conséquent la densité du feu dont dépend la rapidité de l'explosion totale & l'existence instantanée*

(12) p. 135. de ces Mémoires. (13) p. 215. idem. (14) p. 321. idem.
(15) *Bezout* Cours de Mathém. T. IV. p. 57. (16) Discuss. nouv. sur l'Art. p. 18.

tanée d'une plus grande portion de fluide enflammé, toutes causes du plus ou moins d'élasticité ou force de ce fluide (17). Une légère considération sur le différent degré de force que la poudre produit dans le tir du canon & dans celui du Mortier, sera très propre pour établir la force de ce raisonnement. D'après des calculs faits sur une Tab. rapportée par M. *Bezout*, la charge de $8\frac{1}{2}$ Liv. de poudre donne au boulet de 24, parti sous un angle de 30^d, une vitesse initiale de 1295 pieds par seconde (18); & la bombe pesant 142 Liv. chassée sous un angle de 30^d par une charge de 3 Liv. $\frac{1}{4}$, en obtient une vitesse initiale de 336 pieds par seconde (19): Dans le premier cas le rapport de la force à l'effet est comme $\frac{17}{48}$ à 1295; & dans le second comme $\frac{15}{768}$ à 366. En faisant attention que le boulet jouit infiniment plus de l'effet expansif du fluide, parceque l'explosion est beaucoup plus long-temps renfermée dans l'ame du canon que dans celle du Mortier à cause de la différente longueur de ces bouches à feu, il s'ensuit que la vitesse initiale du boulet devroit parvenir à un degré plus fort que celle de la bombe relativement au rapport qui existe entre le poids de ces projectiles & celui de leurs charges. Mais l'expérience prouve entièrement le contraire; car $\frac{15}{768}:366$ & $\frac{17}{48}:1295$, sont comme 13859 à 3656, ou à peu près comme $3\frac{4}{5}$ à 1. D'où il suit évidemment que le peu de longueur de l'ame du Mortier, défavorable à l'action du fluide, est néanmoins compensée par quelque cause occulte, qui le rend capable d'un effort presque quadruple de celui qui a lieu dans le tir à boulet du canon : Or la cause d'un développement & d'un degré d'élasticité aussi parfait, ne peut provenir que de la résistance que le poids de la bombe oppose au dilatement du fluide & du retard qui en naît à son déplacement. Cette considération prouve donc irrévocablement la solidité du raisonnement que nous avons appliqué ci-dessus aux nouv. cartouches, en parlant de leur vitesse initiale.

Si l'on se figure une cartouche chassée par la poudre, il est clair que les mobiles qu'elle renferme seront mûs avec une vitesse égale, tandis qu'ils feront partie d'un même tout (20); c'est-à-dire que si la cartouche rassemble les balles jusqu'au moment où elles débouchent de l'ame, qu'alors elles doivent toutes partir avec la même vitesse qui anime le culot de la cartouche dans l'instant que celle-ci éclate devant la bouche. Mais le même effet ne pourroit pas avoir lieu : 1° Si *les balles sont renfermées dans des sacs de foible résistance, ou dans telle autre enveloppe qui en les unissant fasse que les mobiles se séparent facilement au sortir de la piece* (21); c'est-à-dire que si l'enveloppe éclate à la première impulsion de la charge, que le fluide s'insinuera d'abord en vertu

de

---

(17) Je suis persuadé que ce raisonnement sera parfaitement senti par ceux de mes lecteurs qui seront duement familiarisés avec l'excellent Traité de M. *Antoni* (*Esame della polvere*); c'est pourquoi je me dispenserai d'indiquer tous les endroits qui s'y rapportent. (18) & (19) *Bezout* T. IV. p. 456 & 460.

(20) Nouv. Princ. d'Art. de *Robins* traduits en Allemand par *Euler* p. 691.

(21) VI. p. 37. Max. VI.

de fa propriété dilative dans les interftices des balles, & que l'effort irrégulier qu'il y produira fera caufe alors d'un effet que l'on voit arriver avec plufieurs boules difpofées en file, dont les plus avancées fe détachent à mefure que les dernieres reçoivent une légére impulfion; de même donc une partie des balles de la cartouche fe détachera du gros des autres; & il eft clair qu'elles partiront fucceffivement avec des vîteffes très différentes & fort inférieures à celles que les dernieres balles reçoivent par l'explofion parfaite de la charge. Il peut encore fe faire que les balles en fe choquant irrégulierement, foit entre elles foit contre les parois de l'ame, recevront des directions fort contraires à celles du coup, ce qui eft un autre effet que nous réfervons pour le fujet du 3ᵉ Article. Nous nous contenterons de remarquer ici, que le grand avantage du culot de fer & du couvercle de tôle, eft, de procurer une vîteffe uniforme & auffi confidérable aux balles, que la charge eft en état de l'imprimer au culot, vu la portion du fluide qui le pouffe; & c'eft ce qu'il faut fous-entendre, quand M. *du Coudray* dit que les nouv. cartouches ont une monture évidemment plus propre à les porter en avant. Cette connoiffance eft d'ailleurs des plus triviales; les rouelles de carton que les Artificiers placent entre la chaffe & la garniture des artifices n'ont d'autre but que d'élever leurs feux à plus de hauteur, ainfi que d'empêcher que la chaffe ne difperfe trop la vetille.

2° Si les balles font fabriquées d'une fubftance flexible & peu élaftique qui fe comprime aifément par l'action de la poudre; car alors une partie de la force impulfive eft confumée en pure perte pour la compreffion des balles: Or la colonne d'air comprimée dans l'ame offre un apui contre lequel cette compreffion doit avoir lieu. La premiere raifon fait voir que les facs à balles ne fauroient recevoir de vîteffe grande ni uniforme, & la feconde que les balles de plomb abforbent une partie de la force impulfive par leur compreffibilité.

Les différentes confidérations que nous venons de faire font connoître combien d'agens concourent à former & à modifier la vîteffe initiale des cartouches. Il eft cependant, comme on fait, de la derniere conféquence de connoître cette vîteffe initiale, parceque fans elle on ne fauroit déterminer théorétiquement l'angle d'élévation apartenant à chaque diftance différente; finon que par une multitude d'expériences, qui laifferoient toujours de l'incertitude à cet égard. La voie directe que quelques favans ont fait fervir pour déterminer la vîteffe initiale des projectiles, en affignant une certaine force au fluide élaftique de la poudre, fe trouve ici encore plus en défaut que pour le tir à canon, précifément à caufe de cette force indéterminée & très variable, ainfi que l'a fait voir l'exemple des bombes & des boulets. Les Pendules dont M. *Robins* & le Chev. *d'Arcy* ont fait ufage ne peuvent fervir à caufe de la multiplicité des balles. La même raifon fubfifte à l'égard des moyens qu'offre la méthode inverfe, qui confifte à remonter des effets aux caufes, ou de chercher

la

la vîtesse initiale par la connoissance de la portée du projectile dans quelque point de sa trajectoire, car la pluralité des balles & leur dispersement irrégulier empêche de distinguer quelque chose par cette voie. Il reste cependant encore un autre moyen pour déterminer la vîtesse initiale par la voie inverse; il consiste à tirer les balles dans un but de résistance homogène & placé à peu de distance de la bouche du canon: L'enfoncement moyen des balles à cartouche comparé à celui d'une autre balle (ou de la même espéce de balles tiré d'un Mousqueton, fusil &c. de calibre convenable) dont la vîtesse initiale seroit connue par l'expérience du Pendule & vérifiée par celle de la portée, donnera la vîtesse initiale des balles à cartouche. Les procédés & formules nécessaires pour cet effet se trouvent dans un trop grand nombre d'auteurs, pour que j'aie besoin de les répéter ici; On fera cependant bien de consulter un écrit de M. *Lambert* (22) pour ne point tomber dans une erreur à l'égard de l'opération du Pendule, que ce savant reproche à M. *Robins* & au Chev. *d'Arcy*: car on vient de voir que cette opération est fondamentale dans la recherche que nous proposons.

ART. II. *Des causes qui modifient la quantité de la résistance de l'air contre les balles pendant le tir.*

L'air résiste d'autant plus fort aux balles, 1° moins elles ont de diamétre, parceque cette résistance croît suivant les quarrés des diamétres (23). 2° Moins elles ont de pesanteur spécifique, parcequ'elles auront moins de force, ou une moindre quantité de mouvement (24). 3° Plus est grande leur vîtesse initiale, parceque la résistance de l'air croît au moins en raison doublée des vîtesses (25). 4° Plus leur figure obtient de surface choquante, ou un corps de figure irréguliere ne choque pas toujours l'air dans un même sens, d'où on peut conclure, que généralement parlant le projectile éprouvera d'autant plus de résistance de la part de l'air plus sa figure s'écarte de la figure sphé-

(22) Remarques sur les Effets de la Poudre à Canon, par *J. H. Lambert*, à Dresde 1766. (23) & (24) *Antonj* Esame della Polvere §. 188.
(25) M. *Robins* a élevé plusieurs doutes à l'égard de cette Théorie de *Newton*, croyant que la résistance devoit croître dans un rapport plus grand, quand la vîtesse passe 1000 pieds par seconde; le célébre M. *Euler*, son commentateur, semble acquiescer à ce sentiment, & M. *Antoni* paroît aussi l'avoir adopté dans ses ouvrages: Cependant M. *Lambert* a prouvé que les expériences de M. *Robins* & du Chevalier *d'Arcy* n'infirment rien contre cette Théorie de *Newton*, parcequ'il s'étoit commis quelques erreurs dans l'opération du Pendule. Comme ce point est de la plus grande conséquence pour déterminer les principaux points de la trajectoire des cartouches, il seroit à souhaiter que l'on connut par quelque expérience bien faire qu'elle est la résistance initiale & décroissante de l'air contre des balles animées d'une vîtesse initiale, telle qu'on a lieu de supposer celle des nouv. cartouches. Pour cet effet il faudroit tirer les cartouches à différentes distances contre des buts de résistance homogène; les vîtesses diminuées que l'on déduiroit des différens enfoncemens, seroient connoître le rapport de la résistance de l'air au degré de vîtesse du projectile.

sphérique, qui de toutes les figures possibles a le moins de surface relativement à son volume. Un autre inconvénient qui naît de l'irrégularité de figure des projectiles est, que si la résistance de l'air est oblique à celle du tir, que sa trajectoire le devient pareillement, ce qui raccourcit la portée. Or si les balles de plomb absorbent une partie de la force impulsive & perdent leur direction par la figure irréguliere qu'ils contractent dans l'ame, il s'ensuit déjà que leur portée doit être moindre que celle des balles de fer; mais ces dernieres ayant moins de pesanteur spécifique, il se fait ici une compensation que les expériences de Strasbourg (26) décident en faveur des balles de fer; de sorte que ces dernieres sont préférables pour être tirées à de grandes distances. L'Article suivant fera cependant voir, que le plus ou moins de vîtesse initiale n'est qu'un léger inconvénient attaché à la transfiguration des balles de plomb, mais qu'il en naît quelques autres défauts, bien plus nuisibles à l'effet du tir à cartouche.

Art. III. *Des causes qui occasionnent l'écartement des Cartouches.*

Plus est grande la force qui pousse la cartouche en avant dans l'ame, plus elle y trouve de résistance de la part de l'air qu'elle y comprime; de maniere que la cartouche se trouve entre deux forces très inégales, mais qui ne laissent pas moins de la comprimer: Il arrive de là que les balles du fond sont fortement poussées sur celles qui les précédent, & que ces premieres pénétrent en avant dans les interstices des dernieres, parceque le vent de la cartouche permet toujours un certain élargissement de la boîte qui est en même-temps cause qu'elle créve. Dès lors la cartouche ne conserve sa figure cylindrique que jusqu'à l'instant où elle peut éclater en liberté devant la bouche. Si l'enveloppe entoure encore les balles dans l'ame elle se déplie au moment qu'elle sort, & dans cet instant les dernieres balles s'insinuent d'autant plus fort dans les interstices des premieres que les unes sont encore resserrées dans l'ame & obligées de suivre sa direction, pendant que les autres peuvent s'écarter en liberté au-dehors. C'est de ce moment que commence l'écart des balles: L'on pourra alors comparer chacune des balles de derriere à un coin poussé dans les interstices de celles de devant & qui s'efforce à les séparer. L'effet du coin est en général d'autant plus grand plus il est aigu, & moins il a de flexibilité, de même que les parties qu'il doit séparer. Si l'on applique ces principes à l'effet qui a lieu dans des cartouches remplies de balles en plomb & en fer, on trouvera 1° que les balles de fer qui conservent la figure sphérique ne présentent que des coins fort obtus, au lieu que celles de plomb forment des coins beaucoup plus aigus à cause de la configuration oblongue qu'ils contractent dans les interstices des balles pendant la compression de la cartouche dans l'ame. 2° Que les balles de fer ne perdent presque point de la force écartante, mais que celles de plomb en absorbent une partie par leur flexibilité. On sait d'ail-

(26) VII; & p. 129. de nos Mém.

leurs que l'effet du coin dépend de connoissances physiques fort difficiles à acquerir; telles sont la flexibilité & le frottement des matieres: Ce sont les raisons qui empêchent de déterminer l'écartement des balles par d'autres voies que par celles de l'expérience. Les causes que nous venons d'alléguer pour l'écartement des balles démontrent encore que la force qui le produit n'agit pas également fort sur toutes les balles, car plus elles seront voisines du pourtour & du couvercle de la boite, plus sera grand le nombre & l'effet des coins, d'où il s'ensuit que l'écart devient plus considérable si les balles sont petites & en grand nombre; cela est d'ailleurs une conséquence des deux espéces différentes de cartouches que l'on a adopté, savoir celles de 41 balles pour les grandes distances, & celles de 112 balles pour les petites: Car si l'on ne s'étoit apperçu aux expériences de Strasbourg que le plus grand nombre de petites balles ne donnoit en même temps plus d'écartement aux courtes distances, leur effet ne sauroit y être préférable à celui de la grosse cartouche, parceque cet effet dépend évidemment de la quantité des objets que la cartouche embrasse dans son développement.

Lors de la sortie des balles hors de l'ame on peut donc les considérer comme sollicitées par deux forces différentes; (Planche XXIX. fig. 1.) l'une AC suivant la direction de l'ame, & l'autre moindre AB perpendiculaire aux faces des coins que les balles offrent; de sorte que la balle suivra la diagonale AD du parallélogramme $ABCD$ des forces. On voit que l'écartement des cartouches dépend; 1° du rapport qu'il y a entre la force qui pousse les balles droit en avant & celle qui tend à les écarter latéralement; 2° de la direction de ces forces entre elles, d'où suit la divergence de la diagonale. Or une balle qui part suivant AD étant à considérer comme ayant été tirée d'après cette direction même, puisque *la direction d'un corps en mouvement ne peut être changée que par quelque cause externe* (27), *il doit arriver que si un boulet s'écarte à droite ou à gauche du but où l'on vise, que cette déclinaison doit augmenter dans la même raison que l'éloignement du but* (28). Il est donc évident que la gerbe d'une cartouche à balles s'écarte d'autant plus qu'elle s'éloigne du point de départ (29), ou, ce qui revient au même, que l'écartement augmente à raison de la divergence de la direction initiale des balles avec celle de l'ame, de sorte que l'on a toujours cette proportion, $AF : AE = FG : ED$. Ainsi le diamétre des cercles d'écartement augmente à raison des distances, & les surfaces de ces cercles suivent les quarrés des distances.

Mais avant que d'adopter entierement le principe que nous venons d'établir, il convient de parler d'un autre mouvement & d'une autre résistance qui pourroient bien à la vérité avoir beaucoup de part à l'écart des cartouches, & qui pourroit même quelquefois faire exception à la loi précédente. Voyons d'abord ce que M. *du Puget* a dit sur ce sujet, en parlant des balles de fer des

---

(27) *Euler* p. 691.   (28) *Euler* p. 698. & *Robins* p. 285.   (29) XX. p. 160.

grappes de raisin: *elles ont communément un mouvement de rotation selon leur axe qui force une grande partie des mobiles à s'échapper par des directions souvent opposées à la principale du coup, au lieu que nos balles* (celles de plomb) *s'écartent en forme de cone sans jamais prendre une route contraire à celle de la charge* (30). Cet auteur n'est pas le seul qui se soit trompé sur les suites du mouvement de rotation. Ecoutons M. *Robins* qui a traité & examiné le même sujet fort au long. "Outre la gravité & la résistance de l'air qui agissent sur un projectile, "il est encore une force qui le presse obliquement, & suivant une direction "qui peut toujours varier. Cette puissance par son action doit le faire sortir "du plan vertical, dans lequel il avoit commencé à se mouvoir; & le poussant "tantôt du côté droit, tantôt du côté gauche, il doit causer de grandes inéga- "lités entre plusieurs amplitudes d'un même boulet, quoique la piece, la char- "ge & l'inclinaison soient toujours les mêmes (31). — On m'accordera sans "peine qu'une bombe ou un boulet ne sauroient sortir de la piece d'où ils sont "tirés sans éprouver un frottement contre ses parois intérieures, & acquerir par- "là un mouvement de rotation aussi bien qu'un mouvement progressif. Ce "mouvement de rotation d'un côté se fait à peu près dans la même direction "que le mouvement progressif, & de l'autre dans une direction opposée. La "résistance que l'air oppose au devant du boulet, doit par conséquent augmen- "ter sa pression sur une partie de sa surface, & la diminuer sur l'autre. Par "ce moyen son action deviendra oblique & produira les effets dont nous avons "fait mention." La même opinion se trouve encore exposée comme il suit: "Si l'on demande comment la résistance de l'air se peut jamais trouver obli- "que par rapport à la direction du boulet, je réponds encore que cela peut "bien être quelquefois occasionné par les inégalités de la surface du projectile*; "mais que la cause ordinaire de cette variation dans la direction du boulet est "sans doute son mouvement de rotation autour de son axe. Car par ce mou- "vement de rotation combiné avec le mouvement progressif, chaque partie de "la surface du boulet frappera l'air dans une direction fort différente de ce "qu'elle seroit sans ce premier mouvement; & l'obliquité de l'action de l'air "provenant de ce mouvement sera d'autant plus considérable, qu'il sera plus "rapide par rapport au mouvement progressif (32). — Si l'on pouvoit dé- "terminer la position de l'axe autour duquel se fait le mouvement, & si cet "axe demeuroit fixe & invariable dans tout le mouvement du boulet, on con- "noîtroit la direction de l'écartement, ou l'aberration du boulet seroit connue, "& la ligne courbe que cette force oblique feroit décrire s'étendroit régulière- "ment du même côté. Depuis la bouche du canon jusqu'au point où tombe- "roit le projectile, par exemple, si l'axe de rotation étoit perpendiculaire à "l'horizon, la courbe se feroit ou à droite ou à gauche; & si cet axe étoit hori- "zontal

(30) VI. p. 37. Max. VI.   (31) *Robins* traduit par *Dupuis* p. 357.
* On verra que c'est la seule & véritable cause qui mérite considération.

„zontal & perpendiculaire à la direction du boulet, la courbe se feroit ou en
„montant ou en descendant; mais comme on ne connoit point la premiere
„position de cet axe, & que dans le cours du mouvement, elle peut conti-
„nuellement changer, la courbe ne se fait point constamment dans la même
„direction; mais le boulet peut s'écarter dans son mouvement, tantôt d'un
„côté, tantôt d'un autre; la tendance de la déclinaison doit changer aussi sou-
„vent que la charge, par différens accidens inévitables, la position de l'axe de
„rotation par rapport au mouvement progressif (33)." Il regne quelque chose
d'indéterminé dans ces passages, qui laisse douter le lecteur, si M. *Robins*
considère la dérivation du boulet comme une suite absolue de tout mouvement
de rotation, ou s'il ne l'attribue qu'à l'irrégularité de figure du boulet combiné avec le mouvement de rotation. Le savant commentateur du traité de
Robins, M. *Euler*, a démontré la fausseté du premier sentiment; nous rapporterons le précis (34) ou plutôt le résultat des considérations qu'il a fait sur ce
sujet, dans les 5 points qui suivent.

1° Que des boulets parfaitement ronds & dont le centre de gravité
coincide avec le centre de figure, peuvent à la fois suivre le mouvement progressif & le mouvement de rotation, sans que l'un anéantisse ou altére l'autre,
parceque leur nature est entierement différente: de maniere qu'un boulet tel
que nous venons de le supposer continuera à se mouvoir & à graviter dans un
même plan vertical sans s'en écarter ni à droite ni à gauche; mais que s'il arrive que ce plan dans sa prolongation ne réponde point au but où l'on vise,
qu'alors la dérivation du boulet à l'égard du but se fera à raison des distances.

2° Que des boulets parfaitement ronds, mais dont le centre de gravité
tombe à côté du centre de figure, peuvent à la vérité contracter un mouvement de rotation contre les parois de la piece; mais que ce mouvement s'ané-
antira soit dans l'ame soit dans l'air toutes les fois que (son axe étant transver-
sale à la direction du tir) le centre de gravité est situé en dehors de la direction
de la force progressive, parceque le centre de gravité prenant alternativement le devant, il en naît un autre mouvement de rotation rétrogratif qui détruit bien-tôt le mouvement de rotation produit par le frottement contre les
parois de la piece: de maniere que la résistance de l'air qui passe toujours par
le centre de figure, ne peut opérer ni fort long-temps ni fort obliquement sur
le boulet, parceque le mouvement de rotation ne sauroit avoir beaucoup de
durée, & parceque le centre de gravité ne sauroit être considérablement éloigné du centre de figure dans un boulet de matiere sensiblement homogéne.

3° Que des boulets de sphéricité imparfaite, dont les centre de gravité
& de figure ne coincident par conséquent point ensemble, seront non seulement saisis par la force progressive suivant des directions obliques à celle de
l'ame,

(32) & (33) *Robins* p. 287. & 358.
(34) Voyez plus au long dans les nouv. princ. d'Artillerie de *Robins* traduits en
Allemand & commentés par L. *Euler*. Berlin 1745. p. 690.

l'ame, d'où il fuit qu'ils choqueront fes parois & partiront fuivant des directions obliques à celle du tir; mais qu'ils éprouveront outre cela une réfiftance oblique de la part de l'air, qui faififfant le boulet foit par en haut, foit par en bas, foit latéralement, le fera dériver du côté oppofé au fens dans lequel ce boulet irrégulier fe préfente à fon action: De forte que le mouvement de rotation que de tels boulets peuvent obtenir fera la moindre raifon de leur divergence, cela fu't du No. 2.

4° Que la dérivation d'un boulet irrégulier fera moins forte s'il eft doué d'un mouvement de rotation dont l'axe eft paralléle à la direction de la force progreffive: car l'obliquité de la réfiftance changeant alors de fite à chaque moment, rétablit d'un côté (pour ainfi dire dans un même inftant) ce qu'elle a pu faire diverger de l'autre; au lieu que cette réfiftance opére toujours dans un même fens au défaut de ce mouvement de rotation: d'où il fuit que le mouvement divergeant reçoit un nouvel accroiffement à chaque inftant, quoique dans une progreffion décroiffante, vu la vîteffe retardée du boulet. Ainfi des boulets tels qu'ils font fuppofés au No. 2., n'éprouvent à plus forte raifon aucune réfiftance oblique, fi leur axe de rotation eft paralléle à celle de l'ame, ce qui a lieu dans les canons rayés.

5° Que comme le mouvement de rotation ne peut être engendré que par l'action combinée du mouvement progreffif, & du frottement du boulet contre les parois inférieures de l'ame, que le dernier ne fauroit être affez fort pour vaincre un autre frottement qui a lieu contre le bouchon, & qui s'oppofe évidemment au premier; de forte que le boulet au lieu de rouler ne fera que gliffer le long de l'ame.

Pour appliquer ces principes nous remarquerons, 1° que ce qui vient d'être dit de la réfiftance du bouchon peut être comparé à celle du couvercle de la cartouche, dans le cas où cette derniere ne fe *défunit pas auffi facilement que le font les facs à balles* (35): car dans le dernier cas le frottement ne fe fera pas feulement contre les parois de l'ame ou de l'enveloppe, mais encore contre les furfaces des balles entre elles, d'où les axes de rotation doivent recevoir des directions tout à fait irrégulieres. 2° Que les chocs des balles défunies doit principalement avoir lieu contre les parois inférieures de l'ame, non feulement à caufe de la gravité des balles, mais encore parceque l'action progreffive commence à la lumiere, & contribue à les chaffer vers le bas; ainfi il pourra arriver qu'une partie des balles s'éleve d'abord au-deffus de la direction du coup, mais que la réfiftance de l'air en devenant plus forte les fera bientôt redefcendre; cas analogue à ce qui eft arrivé à *Robins* dans l'exemple qu'il rapporte p. 384 & 385. 3° Que le mouvement de rotation eft en général la moindre caufe de cette dérivation des boulets, qu'a obfervé M. *Robins* avec des balles de plomb; mais que l'irrégularité de figure des balles & la réfiftance oblique qu'ils éprouvent de la part de l'air en eft la principale: Or comme les balles

(35) VII. p. 115.

balles de plomb perdent beaucoup de leur figure il s'enfuit déjà que leur écartement doit être plus confidérable que celui des balles de fer.

Quoiqu'il en foit la méthode dont cet auteur s'eft fervi pour obferver la dérivation des boulets nous paroit très propre pour cet effet; elle eft la même qui a été employée aux épreuves de Strasboug pour obferver l'effet & l'écartement des cartouches; il feroit feulement à fouhaiter que l'on y eut multiplié & rapproché les buts ainfi que le fit *Robins*. "Il eft facile en plaçant plufieurs écrans "de papier fort mince, parallélement les uns aux autres, & à certaines diftan-"ces, de vérifier nos conjectures de plufieures manieres. En effet, en tirant "des balles à travers ces écrans on pourra fuivre le mouvement de la balle, & "connoître fi elle conferve toujours un même plan vertical, ou fi elle s'en "écarte" — (36). La premier de ces écrans fut placé à 50 pieds de la piece, le fecond à 100 pieds & le troifieme à 200 pieds. En attendant de nouvelles expériences concernant l'écartement irrégulier des balles à cartouche, nous nous en tiendrons au principe qui dit, *que la gerbe d'une cartouche à balles s'écarte d'autant plus qu'elle s'éloigne du point de départ* (37). Ainfi *les furfaces de la gerbe arrivant fur le front feront dans le rapport du quarré des diamétres; & le rapport du fegment percuffeur de chaque coup à cette furface totale, indiquera l'effet de ce coup & le rapport du nombre de fes balles au nombre total des balles de la cartouche* (38): idée fort fimple, mais fort heureufe, & que nous allons *auffi* mettre à profit dans la fuite pour déterminer l'effet des cartouches, à l'aide de la connoiffance de leur diamétre d'écartement.

ART. IV. *De la Portée & de l'effet des cartouches rélativement à l'écartement qui peut fe déduire des faits articulés dans les écrits fur l'Art.*

Après tout ce que nous avons rapporté dans les trois Articles précédents, il fera aifé de fe convaincre que le nombre des balles portantes eft un objet abfolument dépendant de leur écartement & non de leur portée, & que l'élévation du tir qui d'ailleurs peut fuppléer dans quelques cas au défaut de portée, fe trouve infuffifante ici, puifqu'elle allonge bien à la vérité l'étendue du tir, mais parcequ'elle ne contribue nullement à contenir fes effets dans les limites néceffaires. Les réflexions que nous avons faites dans le I Art. porteront à croire, que quoique la viteffe initiale des petites balles foit incomparablement plus altérée par la réfiftance de l'air que celle des boulets à canon; que la portée des premieres doive néanmoins devenir fort grande encore, car fans confidérer que la charge des cartouches eft plus forte que celle des boulets à canon, nous avons vu qu'elle eft en outre mis à même de développer plus de force dans le tir à cartouche, foit par un dégagement plus prompt & plus complet du fluide, foit par la plus grande élafticité qu'il y obtient. *A ne confidérer que la portée des balles à cartouche, comme on pourroit confidérer*

celle

---

(36) Voyez le refte du procedé, *Robins* p. 377. &c.
(37) XX. p. 160. (38) XX. p. 98.

celle d'un boulet, comme fi toutes les balles cheminoient parallélement & plongoient également (39), il ne paroît donc y avoir aucun doute que les nouvelles cartouches ne fourniffent les portées annoncées par leurs inventeurs. *Mais tandis que le centre de la gerbe plonge (rafe) fuivant l'angle fous lequel elle arrive; cette gerbe s'ouvre du centre à la circonférence pour parvenir à son plus grand développement, & il eft vifible que toute fa partie fupérieure s'élève par ce mouvement conique, qui contrarie la plongée & l'anéantit* (40): *Ainfi par exemple des balles tirées à 200 toifes du but en blanc qui ne toucheront pas le premier rang, pafferont en s'élévant au-deffus, & tomberont tout au plus à 300 toifes, & fouvent beaucoup plus loin* (41). Quant à la partie inférieure du développement il eft clair *que l'étendue des coups ayant été entre 14 & 18 toifes, que le cone de projection ayant une des dimenfions de fa bafe auffi confidérable, tendoit à faire paffer beaucoup de balles au-deffus* (ainfi qu'on vient de voir) *& plus encore au deffous, & que le grand nombre de celles qui ont percé ou contufionné les planches l'ont fait par ricochet & plufieurs peut-être au fecond bond* (42). Quoique nous ne croyons pas précifément, avec M. *du Puget*, que le grand nombre des balles portantes foit dû au ricochet, il eft cependant clair par cette maniere d'envifager l'effet du tir à cartouche qu'il fera toujours prudent de décompter *les balles qui ricochent à quelque diftance du but ou front* (43) de crainte *que ces balles lancées à pleine charge (charge plus forte que celle du boulet* (44) *ne s'enterrent ou ne foient interceptés par la nature d'un terrein tel que* M. *du Puget le fuppofe dans le* No. 46. rapporté p. 359 de nos Mem. *afin d'avoir un réfultat pour les bons coups dans tous les cas; affuré au refte d'accumuler fes avantages dans les terreins favorables* (45).

1° *De l'écartement des Cartouches à balles de plomb.*

L'auteur de l'Art. nouv. dit p. 160. *que les cartouches à balles de plomb n'ont commencé à faire effet que lorsqu'on les a tirées à 200 toifes, & qu'alors elles n'ont fourni au but (de 18 toifes de long fur 8 pieds de hauteur) que 14 balles fur 218 qu'elles contenoient.* Or 14 n'étant que la 15ᵉ partie de 218, il eft clair que la furface du cercle d'écartement doit avoir été quinze fois plus grande; il s'agit donc de déterminer le diamétre du cercle, ce qui eft fort aifé fi l'on admet que la furface du fegment percuffeur ait été répandue fur toute l'étendue du but. Nous remarquerons d'abord que l'on pourra regarder les 14 balles comme étant arrivées de plein fouet & comme indiquant effectivement le rapport du fegm. percuff. au cercle d'écart. 1° Que parceque leur écartement ayant été confidérable, nombre des balles du fegm. infér. doivent avoir été fichés en terre à peu de diftance de la piece & fous un angle fort ouvert; 2° parceque le nombre des 14 balles portantes eft articulé par une partie adverfe des cart. en queftion; 3° parceque le même auteur dit *qu'on*

n'avoit

(39) XX. p. 94.   (40) XX. p. 94.   (41) XX. p. 160.   (42) VI. Réc. p. 52.
(43) XX. p. 161.   (44) XX. p. 160.   (45) VI. Rec. p. 53.

n'avoit à espérer dans aucun cas des ricochets des balles de plomb (46). Revenons au but de 18 toises de long sur 8 pieds de haut, ce qui donne 864 pieds quarrés pour surface du segm. percuss., lesquels étant multipliés par 15 donnent 12960 Pi. quar. pour celle du cercle d'écart. dont il faut trouver le diamétre. Nommant la surface S, le rayon r & le rapport du diamét. à la circonférence $1 : c = 1, : 3,14$; on aura alors $S = cr^2$, & $r = \sqrt{\frac{S}{c}}$: Ce qui donne $2r = 128^P, 4$ *pour diamétre de la gerbe*, & fait connoître *qu'il n'a point porté sur le but aussi pleinement qu'il le pouvoit* (47), mais *qu'une partie du développement a porté en dehors, ou bien que la cartouche n'a touché que d'un petit segment* (48). Si l'on vouloit trouver tout d'un coup la plus grande largeur d'écartem. possible pour qu'une certaine portion des balles $= a$ put tomber dans un segment milieu de hauteur b, alors cette largeur devroit être égale au diamétre $2r$, & l'on auroit (en conservant à c la valeur ci-dessus) $2abr = cr^2$ & $\frac{2ab}{c} = r$. Ainsi dans notre exemple $\frac{2.15.8}{3,14} = 76^P, 4 = r$ donneroit $152^P, 8$ pour le diamétre d'un segment milieu de 8 pieds de haut, portant à plein sur un but de largeur suffisante & contenant la 15e partie de la surf. de son cercle. On peut objecter que la largeur de l'écartement pourroit avoir été moindre que celle du but; mais si on la suppose être de 10 toises, par exemple, on obtient déjà un diamétre de 94 Pi.; de manière que sa partie excédente à la larg. de l'écartem. devroit alors nécessairement avoir porté sur le vide que cette supposition laisse vers les bouts des buts. Il résulte de ces considérations que le moindre diamétre d'écartem. que l'on puisse attribuer aux cartouches à balles de plomb est de 128 ou 120 Pi. à 200 toises de distance, moyennant quoi leur effet aux distances inférieures sera tel qu'on le trouve détaillé dans le 3e rang du Tableau C; laquelle constate ce qui a déja été annoncé théorétiquement sur l'écartement de ces balles. A quoi nous ajouterons encore d'après M. *du Coudray:* "Que puisque les Cartouches à balles de plomb se "pelotonnent, se mettent en gâteaux, & qu'étant d'ailleurs privées de l'avan-"tage de bondir (à cause de la non élasticité du plomb) qu'ils doivent nécessai-"rement être d'une portée & d'une exécution beaucoup moindre que les grap-"pes, & sur-tout que les nouvelles cartouches (49)."

2° *De l'Ecartement des nouvelles Cartouches Françoises dont on trouve la construction pag. 132. de ces Mémoires.*

Si le nombre des balles portantes aux différentes distances sur le but des épreuves de Strasbourg, se trouve articulé dans plusieurs endroits (50) des écrits sur l'Art. nouv., nous avouons à notre grand regret qu'il n'en est point de même à l'égard de la surface que le dispersement des balles embrasse sur le but. Nous avouerons encore que les conclusions qui nous ont aidé à déter-

---

(46) VII. p. 55.   (47) XX. p. 97.   (48) XX. p. 100.
(49) Discussion Nouvelle p. 16.   (50) Voyez le Tableau D.

déterminer cette surface d'une maniere fort vraisemblable pour les cartouches à balles de plomb, ne peuvent point servir aussi utilement ici, parcequ'on doit toujours supposer qu'une partie des balles arrivées sur le but sont dues au ricochet, de maniere que leur nombre relatif au contenu de la cartouche n'indique point le rapport du segment percusseur à son cercle d'écartement. Il est bien vrai que M. du Puget rapporte dans le No. 45. du Rec. que l'étendue horizontale des coups a constamment été entre 14 & 18 toises de longueur sur une hauteur de 8 pieds. L'auteur du No. XIII. dit aussi que cette étendue étoit de 14 à 16 toises. Il semble que M. de Menil-Durand ait consulté un de ces auteurs quand il fixe la largeur de l'écartement à 16 toises; M. du Coudray nous apprend à cette occasion *que cette étendue excède de près du double le plus grand développement des cartouches*, & que quand M. de Menil Durand ne donne plus que 12 toises de diam. à la gerbe formée par la cartouche qu'il suppose frapper, *que cette supposition est plus conforme à la réalité*: D'où M. de Menil-Durand concluant avec raison que son critique n'en vouloit que 10 toises, fait plusieurs suppositions en faveur de cette prétention, accordant tantôt 3 toif. d'écartem. à 75 toif. comme au quart de la grande portée, tantôt 8 toif. à 200 toif. comme aux deux tiers de la distance fondamentale de 300 toises. On peut revoir tout ce qui a été dit sur ce sujet entre ces Mrs dans le texte rapporté depuis la 364 jusqu'à la 371 page de ces Mémoires. Nous croyons cependant de démêler à travers la méthode de M. du Coudray, qui est de présenter les faits relatifs à la nouv. art. dans leur plus beau jour, que les 10 toises qu'il laisse entrevoir comme la mesure de l'écartement, pourroient bien devoir s'entendre pour la plus courte distance de 200 toises où l'on a éprouvé les cartouches; de maniere que le diam. d'écartem. croîtroit régulierement de 10 pieds pour chaque centaine de pas: Ce qui nous confirme dans ce soupçon, ou plutôt ce qui l'a fait naître, c'est que la plus grande largeur horisontale des coups de 18 toises annoncée par M. du Puget devant nécessairement se rapporter à 400 toif. comme à la plus grande distance d'épreuve, il pourroit bien se faire qu'une légère portion de l'écartement ait débordé la largeur du but, de façon que l'écartement à cette distance de 400 toif. aye effectivement été de 20 toises, (que donne la conclusion de 10 Pi. pour 100 pas) quoique le but n'en occupe que 18.

Quant à la différence d'écartement que nous avons annoncé devoir subsister entre l'effet de la grosse & de la petite cartouche, il est à remarquer que puisque la moindre largeur d'écart. se trouve articulée de 14 toif. ou 84 Pi., & que la moindre distance où on a éprouvé les cartouches est de 200 toises (51), qu'il est visible que l'écartement y a tout au moins été de 84 Pi.; & que cet écartement ne peut s'entendre que de la petite cartouche puisqu'on n'a point tiré de grosses cartouches à 200 toises, comme on peut le voir par un coup d'oeil jetté sur le tableau B de la Table II. On peut donc conclure que l'écartement des petites cartouches a tout au moins été de 84 Pi. à 1200 Pi. de distance;

(51) XIII. p. 20 & 21.

ſtance; ce qui indique un développement progreſſif de 14 Pi. pour chaque 200 Pi. de diſtance. Nous obſerverons encore, comme une ſuite de ce qui a été dit dans le 2^d article, que les balles de cette eſpéce de cartouches porteront moins loin que celles de la groſſe; mais il eſt aiſé de ſe convaincre par un calcul ſemblable à celui que nous entreprendrons dans la ſuite que cette diminution de portée ne ſauroit aller juſqu'au point où l'effet des cartouches eſt déja peu conſidérable vu le grand diſperſement des balles. Il doit encore y avoir de la différence entre la portée des cartouches de différens calibres; ſur quoi il eſt bon d'obſerver que comme le tableau D. de la Table II. montre que les viteſſes init. des boulets ſont à peu près égales pour les pieces de campagne des trois calibres tirées ſous un même angle, qu'il eſt probable que les viteſſes initiales des cartouches ſeront auſſi égales; & que les diamétres des balles proportionnés ſuivant ceux des boulets à canon décideront alors de leur portée, vu que cette derniere ne peut être altérée que par la réſiſtance de l'air, qui ſuit le rapport du quarré des diamétres: Le tableau B. fait voir que les effets ont été égaux, ſavoir le 12 à 400 toiſ., le 8 à 350 & le 4 à 300; d'où l'on peut conclure que ces trois calib. différent progreſſivement de 50 toiſ. en portée entre-eux.

Nous finirons cet article en obſervant, que ſi nos conjectures ſur l'écartement des cartouches ſont auſſi juſtes qu'elles ſont amenées naturellement, qu'il paroît; Que la charge ordinaire à $\frac{1}{4}$ du boulet eſt plus que ſuffiſante pour imprimer la viteſſe néceſſaire pour porter l'axe de la gerbe qui n'eſt autre que la trajectoire des cartouches à 200 toiſes; diſtance où ſuivant nos conjectures cette gerbe a déja acquis un développement de 60 Pi. de diamétre pour la grande cartouche; d'où il s'enſuit que ſon ſegment percuſſeur ne contient plus que $\frac{1}{9}$e de la ſurface du cercle ou baſe de la gerbe. Quant aux autres eſpèces de cartouches on peut leur appliquer *que ſi leurs balles en rompant plus facilement leurs enveloppes, prenent plus d'écart, que la baſe de la gerbe qu'elles formeront, ne frappera plus la troupe ennemie que par un ſegment qui ſera d'autant moins fourni, que la baſe de cette gerbe ſera plus grande* (52): il ſuit donc que les fortes charges ſont également ſuperflues pour la petite cartouche; elles ſont même nuiſibles ſuivant M. *Robins*, quand il dit (53): "Tout bien peſé & exa-
"miné je crois que ſi on tire contre des troupes, des boulets ou des balles en
"grappes de raiſin, la charge ne doit être que de $\frac{1}{7}$ du poids du boulet, &
"même lorſqu'on eſt fort proche de l'ennemi elle n'en doit être que $\frac{1}{10}$. De
"pareilles charges produiront de plus grands effets que ſi elles étoient plus for-
"tes. Car ſi la quantité de poudre qu'on employe eſt conſidérable les balles ſe
"diſperſeront au ſortir de la piece, au lieu qu'avec une petite charge elles de-
"meureront plus ſerrées, leurs coups ſeront plus ſûrs, & le ravage qu'elles
"feront parmi les troupes ſera beaucoup plus terrible, en ce qu'elles ne frappe-
"ront qu'en un ſeul endroit, & rompront par ce moyen & les rangs & les
"lignes." Le plus grand diſperſement des balles que *Robins* attribue aux for-

(52) VII. p. 116.   (53) *Robins* p. 532.

tes charges, est effectivement une suite des causes que nous avons alléguées Art. III, car plus est grande l'impulsion de la cartouche, plus doit croître la résistance de l'appui formé par la colonne d'air condensée dans l'ame, ainsi que l'effet des coins écartans qui en est la suite. Ces considérations sur l'inutilité des fortes charges sont importantes pour la durée des pieces, lesquelles doivent beaucoup souffrir d'un échauffement & effort expansif aussi grand que doit l'être celui qui a lieu dans le tir à cartouche, ainsi que nous l'avons fait sentir dans l'Art. I. Cette diminution de charge a cependant des limites qu'il faut fixer en déterminant la véritable courbe de projection des cartouches, car si l'on étoit obligé de trop augmenter l'angle de projection afin de faire arriver les balles, ainsi qu'on fait pour le ricochet, alors *les balles n'arriveront que par chute parabolique ou par ricochet* (54); ce fait est confirmé par ce qui est arrivé aux épreuves de Douai, quoiqu'une partie des balles devoit arriver par ricochet ainsi que nous l'avons remarqué dans le IVe Art. Mais il ne s'ensuit pas moins de cette considération qu'en général il devient assez inutile d'augmenter l'élévation du tir, & qu'elle pourra même devenir nuisible à l'effet des coups si l'on considère qu'il en est du feu rasant pour le tir à cartouche de même que pour celui à boulet, c'est-à-dire qu'il est aussi difficile de faire que le grand segment du cercle de la gerbe devienne en même temps le segment percusseur, qu'il l'est de frapper un rang de troupes par un boulet à canon tiré sous un angle trop élevé. Il est vrai même, à ce défaut, *que les cartouches grace à leur étendue, frapperont l'objet, quoique tirées dans une direction suivant laquelle un boulet n'auroit pas touché, le plus souvent ne toucheront que d'un très-petit segment, mais elles ne feront alors qu'une très-petite partie de leur effet;* d'où M. *du Coudray* a pris occasion de dire que l'on peut hausser ou abaisser la culasse d'un quart de pouce sans diminuer sensiblement le produit du coup (55); mais la réflexion de M. *de Menil-Durand* ne prouve pas moins qu'on ne retirera plus de ces balles éparses & arrivant en petit nombre, l'avantage que doit produire le tir à cartouche, dont l'effet devroit toujours être décisif vu les frais qu'on y met, & la proximité de l'ennemi où on l'employe.

Que ceux à qui la mémoire de M. *du Puget* est aussi chére que son livre a justement mérité le suffrage du public, nous pardonnent d'avoir aidé à relever quelques idées erronées qu'il s'étoit formé sur le tir à cartouche; qu'ils nous pardonnent en faveur de notre docilité à suivre ses autres idées; car quoique nous n'adoptons pas justement la proposition de cet auteur de mettre le but sur un côteau & la batterie sur un autre (proposé No. VI. Rec. §. 47.) à cause de la difficulté de l'exécution, nous ne sommes pas moins parvenus (en suivant le chemin que lui & M. *de Menil-Durand* nous ont montré) à indiquer une méthode moyennant laquelle on peut décompter sur le nombre des balles portantes celles qui sont dûes à l'effet du ricochet; nous avons même fait voir (Tab. C) par une supposition très-vraisemblable que l'effet des balles à cartouche arrivant de plein-fouet

(54) XII. p. 153. (55) VII.

fouet reste encore assez considérable à 200 toises; distance qui eu égard à l'écartement de la cartouche est à la vérité devenue moitié moindre que celle où on veut commencer à employer les nouv. cartouches, mais qui est encore double de la distance où M. *du Puget* rapporte que l'on pouvoit faire usage des anciennes, quoique l'on puisse étendre ces limites pour les unes comme pour les autres si la nature du terrein permet de compter au ricochet.

Pour dire un mot encore de la plongée des balles, objet qui a tant été débattu par rapport à l'effet des cartouches contre l'ordre mince & profond; il suffit de remarquer que la plongée n'étant autre chose que l'effet de la pesanteur, qu'il s'ensuit déjà de cette définition que son effet doit être plus sensible sur le déclin de la trajectoire ou dans la partie déscendante de la courbe que dans l'ascendante, puisque ce mouvement est accéléré. Le Tableau quoique calculé sur une vitesse initiale supposée, est néanmoins suffisant pour faire voir à quel degré de plongée on doit ordinairement compter.

ART. V. *Calcul sur la Portée des* 41 *balles de la grosse cartouche du Calibre de* 4.

Dans le 1^r Art. nous avons allégué quelles sont les raisons qui empêchent de déterminer la véritable vîtesse initiale des cartouches, laquelle seroit indispensablement nécessaire pour le calcul que nous entreprendrons; au défaut d'expériences à cet égard nous aurons recours à la voie directe en faisant une supposition qui ne sauroit s'éloigner beaucoup de la vérité. Pour cet effet nous avons recherché qu'elle doit être la force de la poudre capable de donner la portée que les épreuves de Douai rapportent pour le tir du boulet de la piece de 4, chargée à 1$\frac{1}{2}$ Liv. de poudre & pointée sous un angle de 15^d. C'est à cette occasion que nous avons composé le Tableau D, qui peut servir pour donner une idée des différens degrés de force qu'une même charge obtient, à mesure que l'effet de la pesanteur du boulet devenant actif, s'oppose au dilatement du fluide. C'est donc en supposant à peu près égale la résistance de la cartouche pesant 7$\frac{1}{2}$ Liv. & tirées sous 58' à celle du boulet de 4 projetté sous 15^d d'élévation, que nous avons attribué à l'effort impulsif de 1$\frac{1}{4}$ Liv. de poudre, une force égale au poids de 1600 colonnes atmosphériques répondantes au calibre de la piece, en faisant abstraction de la perte du fluide élastique par le vent, par la lumiere & par l'explosion successive; car plusieurs Physiciens, entre autre le Compte *de Saluce* a fait voir que la force absolue de la poudre doit être de beaucoup supérieure à notre supposition.

A ce préambule nous joindrons encore en peu de mots l'application de la formule suivante de M. *Bezout* qui sert à déterminer les points de la trajectoire d'un projectile lancé dans un milieu résistant.

$$y = x\left(\tang. I + \frac{k^2}{4pb}\right) + \frac{k^4}{8p^2b}\left(1 - e^{-\frac{2px}{k^2}}\right)$$

Soit (Pl. XXIX. fig. 2.) *AD* la direction de l'ame d'une piece, sa bouche convenant

TABLE I.

TABLEAU
du Calcul fait sur la Portée d'une Cartouche Françoise à 41 balles du calibre de 4, sous 58′ d'élévation.

Pour déterminer la vitesse initiale on a fait usage de la Formule donnée par M. Bezout. Cours de Math. Tom. IV. N°. 418.

$$v^2 = \frac{2pP}{m}\left(qa\ \log.\frac{l}{a} + a - l\right)$$

v^2 = au quarré de la vitesse en question; p = à la vitesse qu'un corps libre acquiert en vertu de sa pesanteur au bout d'une seconde; P au poids d'une colonne d'air ayant pour base le cercle du calibre, & pour hauteur celle de l'atmosphére; m = au poids de la cartouche; q = à la force de la poudre; a = à la longueur de l'ame.

La piece légere de 4 ayant la longueur de l'ame égale à 4 Pi. 3 po. 2 lig. $8\frac{7}{12}$ pt. donne $l = 4,268$. Le poids des cartouches m est de $7\frac{1}{4}$ liv. La valeur de $p = 30,2$ par expérience. La charge égale à $1\frac{1}{4}$ liv. La poudre dont on a fait usage ayant probablement eu la même pesanteur spécifique rapportée par M. Bezout, qui est de 64 liv. par pied cube; donc $1\frac{1}{4}$ liv. $= \frac{1}{32}$ de pied cube. Pour connoître a & P il faut savoir la surface du cercle du calibre; or son diamétre étant de 0,2591 on trouvera cette surface $= 0,052719$. Puisque la charge de $1\frac{1}{4}$ liv. est égale à $\frac{1}{32}$ de pied cube, on aura ce solide réduit en décimales $= 0,0273$; & en le divisant par la surface de la base du cylindre que la charge occuperoit dans l'ame $= 0,052719$, on aura la longueur a du cylindre $= 0,5178$. Pour trouver P il faudroit multiplier la surface du calibre par la hauteur de l'atmosphére: Cette hauteur se compare communément avec celle d'une colonne d'eau de 32 pieds de hauteur, dont la pression est reconnue être égale à celle de l'atmosphére; ainsi multipliant la surface du calibre par 32, on aura le solide de la colonne, & l'on trouvera son poids en multipliant par la pesanteur spécifique de l'eau = 70 liv. par pied cube; ce qui donne $P = 118$ liv. Il ne reste qu'à donner la valeur de q force de la poudre, que nous supposerons égale à l'effort que produiroit la pression de 1600 atmosphéres, conformément à celle qui a été déduite par nos recherches sur le tir à boulet du calibre de quatre sous 15^d.

* Dans ces calculs les fractions sont décimales ayant le pied pour unité; & les Logarithmes de ces fractions sont exprimés suivant la méthode de *Gardiner*.

En procédant à la formation des autres membres de notre équation comme il suit:

Log. diam. = 0,2591	1̄.4134674	Log. l = 4,268		0.6302244
Log. du rap. du D. à la C. = 3,14	0.4969296	Log. a = 0,5178		1̄.7141910
Log. de la Circonfé.	1̄.9103970	Log. $\frac{l}{a}$ = $\frac{4,268}{0,5178}$		0.9160334
Log. $\frac{1}{4}$ Diam. = 0,0648	2.8115710	or ce logarit. ordi. devant être hyperb. il faut le multiplier par		2.3025851
Log. Surf. du C. = 0,052219	2.7219720	ce qui donne en négligeant les décimales su-		
Log. du Solide de la charge = 0,0273	2.4361630	perflues 2,1092 pour log. hyp. de $\frac{l}{a}$		
Log. a = 0,5178	1̄.7141910	Log. $\frac{l}{a}$ = 2,1092		0.3241178
Log. Surf. du Calib.	2.7219720	Log. qa		2.9183210
Log. 32.	1.5051500			
Log. 70.	1.8450980	Log. (qa Log. $\frac{l}{a}$) = 1747,5	3.2424288
Log. P = 118.	2.0722200	a = 0,5178	1747,5
Log. p = 30,2.	1.4800059	l = 4,2680	
Log. 2.	0.3010300		$-3,7502$
Log. $2pP$	3.8532569	$l - a$ = $-3,7502$	
Log. m = 7,5.	0.8750613	(qa Log. $\frac{l}{a} + a - l$)	1743,7498
Log. $\frac{2pP}{m}$	2.9781956	Log. 1743,74	3.2414728
Log. a	1̄.7141910	Log. $\frac{2pP}{m}$	2.9781956
Log. q = 1600	3.2041200		
Log. qa	2.9183110	Log. $\frac{2pP}{m}(qa L \frac{l}{a} + a - l) = v^2$	6.2196684
		divisant ce Log. par 2	
		on obtient	3.1098342
		pour Log. de v; ce qui donne v = 1287 Pieds.	

Ainsi en supposant la force de la poudre qui sert à communiquer le mouvement au projectile égale à 1600; on a la vitesse initiale de la cartouche pesant 7 liv. $\frac{1}{2}$ & chassée par $1\frac{1}{4}$ liv. de poudre égale à 1287 pieds par seconde. Si l'on admet maintenant que chaque balle renfermée dans la cartouche est animée par la même vitesse, & que les balles du milieu formant l'axe de la gerbe de projection, parcent suivant la direction de l'ame tangente à la courbe de projection, on pourra déterminer les différentes hauteurs de la trajectoire par la formule suivante, hauteurs qui indiqueront à la fois la parture, la plongée & la portée de la courbe de projection des cartouches.

Voici la formule en question; elle suffit pour les élévations entre o & 5ᵈ. voyez *Bezout* T. IV. No. 530.

$$y = x \left(\tan g. I + \frac{k^2}{4pb}\right) + \frac{k^4}{8p^2b}\left(1 - e^{\frac{2px}{k^2}}\right)$$

Cette formule ayant déjà été expliquée, nous passerons à la formation des membres de l'équation qui sont censés être connus.

h est égal à la hauteur d'où un corps pesant doit tomber pour acquérir la vitesse initiale de 1287 pieds que nous venons de trouver: mais on a (*Bezout* T. III. No. 176.) $h = \frac{v^2}{2p}$; c'est à dire qu'il faut diviser le quarré de la vitesse initiale par la vitesse double qu'un corps pesant a engendré au bout de la première seconde pour avoir h: ainsi l'on a Log. $\frac{v^2}{p} = h = 27456$; 4.4386307

Log. v^2		6.2196676
Log. $2p = 60,4$		1.7810369

$\frac{p}{k^2}$ est une expression substituée à $\frac{nDS}{M}$. Cette dernière exprime la résistance de l'air contre le projectile; relativement à la force élastique de l'air, & au volume, & à la pesanteur spécifique & figure du projectile. n est un nombre à fixer par l'expérience qui exprime la force de la résistance naissant du condensement du fluide de l'air occasionné par la rapidité du mouvement de la balle: Quoique nous soupçonnons que la théorie de *Newton* assigne une valeur trop petite à ce nombre vu la grande vitesse des balles à cartouche, nous n'en ferons pas moins usage; ainsi nous mettrons $n = \frac{1}{4}$ conformement à la résistance proportionelle au quarré de la vitesse. D exprime la pesanteur spécifique de l'air & D' celle de la balle;* or les balles étant de fer battu l'on a $D : D' :: 1 : 7043$. S exprime l'effet de la résistance absolue contre la surface choquée relativement à la nature de la surface du projectile: or la sphère considérée comme solide de révolution n'éprouve que moitié de la résistance qu'éprouveroit son grand cercle; nommant le rayon des balles r (qui est de 0,4108 dans notre exemple) & $\frac{1}{1}$: t indique le rapport du rayon à la circonférence, on aura la surface du grand cercle $= tr^2$ & $S = \frac{1}{2}tr^2$. M est égal au Volume $\frac{4}{3}tr^3$ multiplié par la pesanteur spécifique D' de la balle; ce qui donne $M = \frac{4}{3}tr^3 D'$. En substituant ces valeurs on a $\frac{nDS}{M} = \frac{p}{k^2} = \frac{1}{16} \times \frac{D}{D'r} = \frac{3}{8} \times \frac{D}{D'} \times \frac{1}{2r}$; D'où l'on obtient $k^2 : p ::$ $\left(\frac{3}{8} \times \frac{D}{D'} \times \frac{1}{2r}\right)$; or nous avons $\frac{D}{D'} = \frac{1}{7043}$; & $\frac{1}{2r} = \frac{1}{0,8217}$ & $p = 30,2$ ce qui donne $k^2 = 30,2 : \left(\frac{3}{8} \times \frac{1}{7043} \times \frac{1}{0,8217}\right) = 46598,6$.

* Si les balles étoient de fer fondu ou de plomb il faudroit substituer la pesanteur spécifique de ces matières; celle du fer fondu est de 6047 & celle du plomb de 10053 en supposant toujours la pesanteur spécifique de l'air égale à l'unité.

procédant maintenant à la formation des membres comme il suit; formation des grandeurs où il n'entre point d'x.

Log. $h = 27456$	- - -	4.4386307
Log. 4		0.6020600
Log. $p = 30,2$		1.4800070
		6.5206977
Log. $k^2 = 46598$		4.6683673
Log. $\frac{k^2}{4pb} = 0,014049$	- - -	$\overline{2}$.1476696
Log. k^2		4.6683673
Log. $2p = 60,4$		1.4800070
Log. $\frac{k^2}{2p}$		3.1883603
Log. 2		0.3010300
Log. $\frac{k^2}{2p}$		2.8873303
Log. $\frac{k^4}{8p^2b} = 10,839$		1.0349999

tang. $I =$ à la tangente de l'angle de projection (Pl. XXIX. fig. 2.) DAF lequel est de 58', or

tang. $58' = \frac{168731}{10000000}$	- - -	$\overline{2}$.2268731
$\frac{k^2}{4pb}$		0,0140450
tang. $I + \frac{k^2}{4pb}$		0,0309221
Log. p		1.4800070
Log. 2		0.3010300
Log. $2p$		1.7810370
Log. k^2		4.6683673
Log. $\frac{2p}{k^2} = 0,0012962$	- - -	$\overline{3}$.1126697

grandeurs qui varient suivant la distance que l'on attribue à x.

tang. $I + \frac{k^2}{4pb}$		0,0309221
mettant $x =$		1000
x (tang. $I + \frac{k^2}{4pb}$) =	- - -	30,9221
$\frac{2p}{k^2}$		0,0012962
x		1000
		1,2962

Maintenant comme e signifie que $\frac{2px}{k^2}$ est le logarithme hyperbolique de 1, il faut multiplier sa valeur 1,2962 par 0,4342945 pour avoir le log. des tabl. s; ainsi l'on obtient 0,56293 25 3090 comme log. ordinaire de l'expression $e^{\frac{2px}{k^2}}$ qui répond à

3,6554 & donne $\left(1 - e^{\frac{2px}{k^2}}\right) = -2,6554$

Log. $\left(1 - e^{\frac{2px}{k^2}}\right) = 2,6554 \cdot 0,4241299$

Log. $\frac{k^4}{8p^2b} = 10,839$ 1.0349999

$\frac{k^4}{8p^2b}\left(1 - e^{\frac{2px}{k^2}}\right)$ . . . 1.4591298

qui répond à $-28,782$

x (tang. $I + \frac{k^2}{4pb}$) = $+30,9221$

$y =$ . . . . $+2,1401$

Ce qui fait voir que la balle après avoir parcouru un espace de 500 pas, valeur que nous avons attribué à x, se trouve encore de 2,1401 au-dessus de la ligne AF. C'est en changeant successivement la valeur de x que l'on a déterminé les hauteurs contenues dans le Tableau A; on y voit que $x = 1200$, donne $y = -3,4$ or cet abaissement répond de fort près à la hauteur verticale AA' de la bouche en A au dessus de l'horisontale du sol $A'C$ qui est de 2,83333 dans notre exemple. Ainsi les balles qui partent avec la vitesse initiale de 1287 pieds par seconde, & suivant la direction de l'ame, ont parcouru 1200 pieds dans le moment qu'ils touchent terre. Par un tâtonnement semblable à celui qu'il a fallu entreprendre avant de trouver la valeur de x qui donne y égal à la hauteur de la bouche, on a aussi obtenu y égal à $-0,251$; laquelle répond de fort près à $y = 0$.

TABLE II.

A. TABLEAU des valeurs de x, y, $AA' + y$; des diamètres du cercle d'écartement, des surfaces, & cordes du segment percusseur, & des surfaces des segmens milieu; les buts ayant 8 pieds de hauteur: Le tout en supposant la force active de la poudre $q = 1600$; & le diam. de l'écartement à 100 pas de distance égal à 10 pieds; & $AA' = 2,8333$.

	200,	400,	600,	800,	1000,	1100,	1200,
$x =$	2,9771	5,0057	5,801	5,008	2,14	—0,251	—3,4
$y =$							
$AA' + y$	5,8104	7,8390	8,6343	7,8413	4,9733	2,5823	—0,5667
Diamètre du cercle d'écartement	10,	20,	30,	40,	50,	55,	60,
Surface du segment percusseur exprimé en balles	32.	18.	12.	10,	8,	7,	6.
Cordes supérieures & inférieures du segment percusseur { sup.	8,988	19,996	29,972	39,598	49,00		59,988
{ inf.		12,320	24,532	36,796	49,62		57,360
Surface du segment milieu exprimé en balles	36.	20.	14.	10.	8.	7.	6.

B. TABLEAU de l'effet des nouv. Cartouches Françoises tel qu'il se trouve rapporté dans les écrits sur l'artil. nouv. Le but ayant eu 18 toises de largeur sur 8 pieds de haut. vid. VII. p. 55. la largeur de l'écartement entre 14 & 18 toises. vid. XIII. p. 20. la largeur de l'écartem. articulée entre 14 & 18 toises.

Distances.	Calib. de 12. gr. C. pet.C.	8. gr. C. pet.C.	4. gr. C. pet.C.	12. gr. C. pet.C.	8. gr. C. pet.C.	4. gr. C. pet.C.
100 toises	8.			8		
150 -	11	9		11	9	
200 -	25 11	25 9		18	12	9
250 -	35	35 18.		20	25	12
300 -	40	40 21		30	35	38

Il est dit dans une Note de l'*Essai général de Tactique* de M. *Guibert* T. I. p. 384. "On construit des cartouches à balles de fer battu pour les obusiers, dont il ne faudra faire usage qu'à 150 ou 200 toises de l'ennemi." Mais il faudra probablement aussi rabattre la moitié de cette distance.

C. TABLEAU du rapport de la surface du segment milieu à celle du cercle d'écartement, conséquemment aux diamètres d'écartement que nous avons adoptés par nos conjectures sur les épreuves de Strasbourg. Le but ayant 8 pieds de haut.

Espèce des cartouches		à 200,	400,	600,	800,	1000,	1200,	1400,	1600,	1800,	2000,	2200,	2400,
gr. Cart.	Diamètre d'écartem.	10,	20,	30,	40,	50,	60,	70,	80,	90,	100,	110,	120,
	Rap. de la surface du segm. perc.												
pet. Cart	Diamètre d'écartem.	14,	28,	42,	56,	70,	84,	98,	112,	126,	140,	154,	168,
	Rap. de la surface du segm. perc.												
Cart. à balles de plomb.	Diamètre d'écartem.	20,	40,	60,	80,	100,	120,	140,	160,	180,	200,	220,	240,
	Rap. d: la surface du segm. perc.												

Rr. Les Fractions indiquent en même temps la surface en pied quarrés, le nominateur celle du segment milieu percusseur, & le dénominateur celle du cercle d'écartement.

D. TABLEAU de la valeur des principales grandeurs contenues dans la formule No. I. &c.; calculées sur la connoissance des x ou Portées des boulets, observées aux épreuves faites en France avec les Pieces de Canon des calibres suivans.

Calibre, Poids des charges & Diamétre des boulets.			Angle d'élévation du tir $= I$.	Portée moyenne $= x$. en Pieds	Vitesse initiale trouvée pour v.	Hauteur de chute h qui donne la vitesse	Force de la Poudre q trouvée par la form. Tab. I.
Cal.	P. d. C.	D. d. B.					
24.	8¼ L.	0,458	10^d moy.	5520,	1262,	26358,	853.
			30^d	11544,	1295,	27782,	898.
12 leg.	4 L.	0,366	0^d	570,	1152,	21876,	795.
			6.	5700,	1328,	29208,	1060.
			45.	10800,	1508,	37657,	1365.
4 leg.	1½ L.	0,252	48^d	1182,	1138,	21450,	728.
			15.	7920,	1702,	48081,	1624.

Rem. 1. Le tir de la piece de 24 sous 5 & 10^d a été calculé par M. *Bezout*, voyez T. IV. No. 839.; la portée de 30^d rapportée dans la Table de comparaison ad p. 460, a servi pour établir un calcul semblable.

2. Le tir horisontal à 0^d d'élévation pour la piece de 12 légere se trouve pareillement *Bezout* T. IV. No. 544 & 545. La portée de 950 toif. sous 6^d articulée Art. nouv. p. 264; & celle sous 45^d annoncée être d'à peu près 1800 toif. voyez *Bezout* T. IV. p. 142, ont servi pour calculer les grandeurs relatives à ces élévations.

3. Les portées nécessaires pour le calcul de la piece de 4 sont moyennes, de celles qui ont été observées aux épreuves de Douai. Voyez (No. IV.)

4. On a considéré la valeur de x comme prise sur la ligne $A'C'$, quoiqu'ils ont probablement été mesuré sur $A'C$, ainsi on a mis $y = 0$: Mais pour le tir horisontal de la piece de 12 on a eu égard à la valeur $AA' = 3,75$; ainsi on a pris $y = -3,75$.

RECHERCHES pour le tir à canon auxquelles la formule suivante de M. Bezout (T. IV. p. 174.) *peut donner lieu.*

I.
$$\pm y = x \left(\tan I + \frac{h^2}{4pb \cos^2 I} \right) + \frac{h^4}{8p^2 b \cos^2 I} \left(1 - e^{\frac{2pb}{h^2}} \right)$$

Connaissant dans cette formule la vitesse initiale $v = \sqrt{2ph}$ ou la hauteur de chute $h = \frac{v^2}{2p}$; l'angle de projection I; & la résistance de l'air contenue dans la valeur de h^2: alors si l'on attribue une certaine valeur ou distance à x, on obtient directement celle de y ou de la position du projectile à l'égard de l'horisontale; & au contraire celle de x en fixant d'avance la valeur de y & en essayant différentes valeurs pour x, jusqu'à-ce qu'on en trouve une qui satisfasse à l'équation.

II.
$$h = \frac{2 h^2 px + h^4 \left(1 - e^{\frac{2px}{h^2}} \right)}{8p^2 \cos^2 I \left(\pm y - x \tan I \right)}$$

Si l'on connaît l'angle du tir I; la distance ou portée de maniere que x & y soyent déterminés; & que la résistance de l'air soit connue par la formation de h^2; alors la valeur de h ou de la hauteur de chute donne la vitesse initiale v; puisque $v = \sqrt{2ph}$. Remarquons que si tang. I est zero ou alors $= x$ tang. $I = 0$; & qui si on a de plus $y = 0$, qu'alors la parenthése entiere se réduit à zero.

III.
$$\tan I = \frac{2 h^2 px + h^4 \left(1 - e^{\frac{2px}{h^2}} \right)}{8 p^2 b \left(\pm y - x \right)}$$

Si l'on connaît la vitesse initiale d'un boulet & la résistance de l'air relative à cette vitesse; alors cette formule peut servir à déterminer l'angle d'élévation qu'il faut donner au canon pour en obtenir une portée x; y étant ou positif ou négatif ou zero suivant l'exigence du cas. Dans ces trois formules on a negligé la valeur de a & dans la derniere même le $\cos^2$, ainsi qu'on peut généralement le faire pour le tir à canon qui n'exige point d'élévations au-dessus de 15^d (voyez *Bezout* T. IV. p. 168, 171, 184.)

IV. On pourroit encore à l'aide de la formule N. I. & d'un calcul fort penible, déterminer la résistance de l'air relativement à la vitesse du projectile; cette vitesse ainsi que les autres grandeurs étant connues; car en éprouvant différentes valeurs pour h^2 jusqu'à-ce qu'elle satisfasse à l'équation on trouvera le rapport de la résistance $u : 2h :: 1 : n$, où n est le nombre à fixer par l'expérience, puisque $\frac{uDS}{M} = \frac{p}{n}$; & $n = \frac{pM}{DSu}$. *Rem.* Le tableau du calcul sur la portée d'une cartouche de 4 suffit pour l'intelligence de ces formules; ceux qui en voudront connoître le fond n'ont qu'à consulter le T. IV. de l'excellent de Mathém. Cours de M. *Bezout* d'où elles sont tirées. Il suffit d'avoir montré par cet essai comment on pourroit & devroit faire servir la théorie pour établir une bonne pratique.

venant au point A de la ligne AF paralléle à l'horifontale $A'C'$; $AECC'$ la courbe de projection, & DAF l'angle de projection $= I$: fi l'on nomme y une hauteur verticale quelconque de cette courbe (comme EB) au-deffus de la ligne AC, & x l'éloignement de cette verticale du point de départ A, fur AF paralléle à l'horifontale; alors les valeurs de y feront à confidérer comme les ordonnées, & celles de x comme les abfciffes de la courbe de projection. Dans le moment que le boulet joint la ligne AF en C on aura $y = 0$. Mais fi l'on vouloit favoir le haut ou le bas du boulet par rapport à tel autre point de la ligne AF, il n'y a qu'à fubftituer à la valeur de x l'éloignement de ce point de A, & l'équation donnera la valeur de y par un réfultat pofitif fi le boulet fe trouve être au-deffus de la ligne AF, & au contraire par un réfultat négatif s'il étoit au-deffous: D'où l'on voit que l'équation ne peut être réfolue directement fi l'on fixe la valeur de y par zero ou par quelque autre grandeur, foit pofitive, foit négative; mais qu'il faut fucceffivement fubftituer différentes valeurs à x jufqu'à-ce-qu'on en trouve une qui fatisfaffe à l'équation: L'eftimation de la portée peut fervir à abregér ces tâtonnemens. Il fuit du précédent que pour avoir la portée AC il faut faire $y = 0$; & que pour obtenir celle de ACC', y doit être égal à la hauteur négative de AA' élévation verticale de la bouche au-deffous du fol.

Les autres formules qui font contenues dans la II Table peuvent fervir à trouver l'angle de projection, la vîteffe initiale, la réfiftance de l'air, dans le cas où une feule de ces grandeurs eft inconnue; nous ne les avons rapportées que pour préfenter d'un coup-d'oeil à combien de différentes recherches la formule de M. *Bezout* peut donner lieu, quoiqu'il faut convenir que plufieurs font fort pénibles; c'eft dans la même vue que l'on a joint un Tableau du calcul dans la premiere Table: Quant aux tableaux de la II Table il ne refte plus rien à dire fur ce fujet, le cours de cette Differtation a affez fait voir quels font les principes fur lefquels ils ont été dreffés.

SECTION QUATRIEME.
Changemens relatifs aux fontes.
Nouvel emplacement des Tourillons & Embafes.

(XI. p. 37. On a placé l'axe des tourillons dans les pieces de batterie à un demi-calibre au-deffous de l'axe de la piece, pour pouvoir élever d'autant la genouilliere, & couvrir d'environ 3 pouces de plus l'affut & les rouages: c'eft un avantage confidérable en batterie; mais cela eft abfolument inutile dans les pieces de bataille; & comme il eft aifé de démontrer (ce qui feroit ici trop long,) que cette pofition des tourillons eft très-contraire à la durée de la piece, qu'elle contribue beaucoup au ployement de la volée, & à la deftruction des affuts, nous propofons de placer l'axe des tourillons de toutes les pieces de bataille

bataille à 2 ou 3 lignes feulement au-deffous de l'axe de ces pieces: nous donnons ces deux lignes pour les erreurs qui peuvent fe rencontrer dans la conftruction de la piece; car fi, par mal-façon, l'axe des tourillons venoit à fe rencontrer dans la conftruction de la piece, tant foit peu au-deffus de celui de la piece, la culaffe léveroit à chaque coup. Comme le métal, derriere les tourillons, eft néceffairement moins bien uni & condenfé que dans le refte de la piece, où les affaiffemens du métal fe font librement, je crois que nous ferions bien d'imiter nos voifins qui fuppléent à la mauvaife qualité du métal en cette partie par la quantité, en donnant une large embafe à leurs tourillons.) *Grib.*

(Id. p. 48. La pofition des tourillons d'un demi-calibre au-deffous de l'axe de la piece, eft très-antérieure à l'Ordonnance de 1732: elle n'a point été imaginée *pour pouvoir élever d'autant la genouilliere, & couvrir d'environ trois pouces l'affut & le rouage*, mais pour faire répondre les tourillons au maffif des pieces; ce qui corrige, autant qu'il eft poffible, les défauts que leur faillie occafionne dans cette partie, en empêchant que le métal n'y ait les affaiffemens libres, & n'y foit auffi condenfé qu'ailleurs. Si elle fatigue un peu les affuts, elle repare ce petit inconvénient par la diminution du recul; mais elle ne les détruit point. Quand elle n'auroit que l'avantage de diminuer le recul, elle feroit très-utile pour toutes les pieces. La pofition des tourillons que l'Auteur propofe ici, eft plus ancienne encore que celle qui a été confirmée par l'Ordonnance de 1732; elle remonte probablement aux premiers temps de l'Artillerie. Nos anciens Auteurs, & quelques vieilles pieces qui exiftent en France & en Allemagne, en font foi. Nos prédéceffeurs l'avoient abandonnée à caufe des défauts que l'autre corrige. On ne convient pas qu'elle contribue à la confervation des pieces. Le peu de durée des nouvelles, en comparaifon de celle dont l'ufage a fait voir que nos anciennes font capables, & leur dépériffement à la volée, a prouvé le contraire aux yeux de plufieurs Officiers, dans le temps des épreuves de Strasbourg. *Les deux lignes données pour les erreurs qui pourroient fe rencontrer dans la conftruction, & la crainte qu'un peu de mal-façon n'occafionnât le foulévement de la culaffe à chaque coup*, eft une nouvelle preuve que cette méthode eft dangereufe. Bien loin que l'embafe imitée de nos voifins fupplée à la mauvaife qualité du métal dans cette partie, elle l'augmente, au contraire, en s'oppofant de plus en plus au libre affaiffement du métal. Plufieurs pieces conftruites de cette maniere, ont fait eau à l'épreuve, précifément fous l'embafe.) *Valiere.*

(Id. p. 56. Je tiens cette raifon de feu M. *de Valiere* pere, & je crois que c'eft le feul avantage réel que procure celle des tourillons; & celui cité enfuite eft mal imaginé, puifque l'évafement de deux à trois pouces, fait au moule pour l'embafe, ouvre un paffage beaucoup plus libre pour les mouvemens du métal, & que le tourillon & fon embafe font un enfemble qui répond

pond mieux encore au maſſif de la piece, & conſolide cette partie foible. On convient que l'ancienne poſition fatigue plus l'affut, & M. *de Valiere* ne peut diſconvenir que ce mouvement ne fatigue auſſi la piece, & tend à la faire ſaigner du nez. Quant au recul, on a un moyen ſans inconvénient, c'eſt de donner un pouce de plus de talus à la platte-forme. J'ignore l'hiſtoire ancienne des embaſes; mais j'en connois l'utilité. On veut encore parler ici de deux pieces de 12, dont la fonte a été manquée : nous renvoyons aux réponſes déja faites à ce ſujet. On convient qu'il ſeroit dangereux de mal placer les tourillons, ſoit anciens, ſoit modernes; c'eſt pourquoi l'on a preſcrit au Fondeur des limites qu'il n'avoit pas ci-devant. Pluſieurs pieces ont fait eau ſous l'embaſe, cela ne me ſurprend pas depuis qu'on a changé le Réglement des Fonderies; mais avant ce dernier changement, on en a coulé environ un millier auxquelles cela n'eſt pas arrivé, quoique les anciennes fuſſent ſujettes à ce malheur.) *Grib.*

(*Id.* p. 60. Feu M. *de Valiere* n'a-t-il dit que cette raiſon à l'Auteur? Il ne s'en tenoit pas là ordinairement avec d'autres perſonnes qu'il vouloit bien prendre la peine d'inſtruire. On ne convient pas que la poſition preſcrite par l'Ordonnance de 1732 fatigue les pieces plus que la nouvelle. Il s'agit ici des pieces de Campagne; & l'Auteur des Repliques parle de donner un pouce de plus au talus des platte-formes pour diminuer le recul, comme ſi on ſe ſervoit de platte-formes dans les batailles. On a fait précédemment des obſervations qui paroiſſent ſatisfaiſantes ſur les Repliques de l'Auteur au ſujet de la durée des pieces. Il y a beaucoup moins de riſque à manquer de préciſion, en ſuivant pour l'emplacement des tourillons l'Ordonnance de 1732, qu'en ſuivant la méthode propoſée dans les derniers temps. Les pieces qui ont fait eau ſous l'embaſe, ont été coulées avant l'époque de 1771, & non après, comme l'Auteur l'inſinue; au ſurplus il ne prouve point que les embaſes n'empêchent pas le libre affaiſſement du métal en fuſion, & de très-bons Fondeurs lui ont fait connoître qu'elles s'y oppoſent.)

(XIII. p. 45-47. La méthode de placer les tourillons d'un demi-calibre, au-deſſous de l'axe de la piece, eſt très-antérieure à l'Ordonnance de 1732. Ce n'eſt point par ignorance que les Novateurs ont inſinué qu'elle a été imaginée *pour pouvoir élever d'autant la genouillere, & couvrir par-là, d'environ trois pouces, l'affut & le rouage.* Feu M. *de Valiere* connoiſſoit ſans doute ce petit avantage, & pluſieurs autres que cette méthode peut avoir; mais il l'a confirmée par un motif bien plus digne de lui, & de ſes profondes connoiſſances : c'étoit de faire répondre les tourillons au maſſif des pieces, pour les rendre plus ſolides, & corriger, autant qu'il eſt poſſible, les défauts que leur ſaillie occaſionne dans cette partie, en empêchant que le métal n'y ait des affaiſſemens libres durant la coulée, & par conſéquent n'y ſoit auſſi condenſé qu'ailleurs. On a eu, diſent les Amateurs des changemens, le même

motif

motif pour rejetter cette position, & pour placer les tourillons des pieces nouvelles comme on a fait, & y ajouter des embases. Soit ; mais il est plus que vraisemblable, par le témoignage de plusieurs personnes très-habiles dans l'art de la Fonderie, qu'on a pris le change. Les tourillons des nouvelles pieces de Bataille, qui répondent au vide du canon, & les embases, espece de seconds tourillons plus volumineux que les premiers, opposent plus d'obstacle au libre affaissement du métal; ils rendent par conséquent l'altération plus considérable dans cette partie, & les pieces plus défectueuses: en effet, plusieurs ont fait eau à l'épreuve, précisément sous l'embase. Un aussi grand inconvénient suffit pour faire désapprouver le déplacement des tourillons, quand il en résulteroit les propriétés dont on s'applaudit; mais elles sont plus idéales que réelles. Les embases, particuliérement, sont inutiles si l'affut est bien fait : s'il est mal fait, non-seulement elles ne remédient à rien, mais elles peuvent nuire. C'est pour cela que nos Prédécesseurs les avoient abandonnées.)

(X. p. 53 - 55. Il est un article relatif aux fontes sur lequel les adversaires du nouveau système se défendent. C'est l'ancienne position des tourillons à laquelle ils sont aussi revenus. L'Ordonnance de 1732 avoit placé dans toutes les pieces, l'axe des tourillons à un demi-calibre au dessous de l'axe de la piece. On ne pouvoit pas trop deviner ce qui avoit pu engager à choisir cette position des tourillons qui conduit évidemment à fatiguer considérablement la piece, en faisant fouetter la volée qui ploye à la longue. — Quelques personnes ont imaginé que l'objet qu'on pouvoit avoir eu en abaissant aussi considérablement l'axe des tourillons au-dessous de celui de la piece, étoit sans doute d'élever la piece & conséquemment la genouillière, & de couvrir l'affut d'autant. Il est vrai que l'avantage de couvrir l'affut de trois pouces de plus, n'étant pas à beaucoup près en proportion avec l'inconvénient d'accélérer le ployement de la volée & la destruction de la piece, il en resultera toujours que le changement que le nouveau système a fait en rapprochant l'axe des tourillons de celui de la piece, autant qu'il est possible, est une correction très-fondée. Mais les partisans du vieux système prétendent aujourd'hui qu'on s'y est mal pris pour justifier l'Ordonnance de 1732 à ce sujet.) Voyez encore l'Artic. des fontes.

L'avantage du nouvel emplacement des tourillons par rapport au tir & à la durée de la piece & de l'affut est incontestable; car si l'on fait attention que tout abaissement (Planche XXIX. fig. 3.) DC du centre C des tourillons au-dessous de l'axe AB des pieces, peut-être considérée comme le diamétre d'un tour dont les tourillons de la piece forment l'essieu, parceque l'impulsion du recul suivant la direction de l'axe BA peut être comparée à une force de traction appliquée en D, laquelle tend à faire tourner la piece autour de son tourillon moyennant le levier angulaire CDA formé par le bras $DC =$ au diamétre du tour ou abaissement du centre, & par le bras $CF =$ au diamétre de l'essieu ou tourillon; le point d'appui étant en C: Or comme l'effet d'une

force

force appliquée au tour est dans le rapport de son diamètre à celui de son essieu; il s'ensuit que l'effort du recul aura d'autant plus d'avantage pour faire tourner la piece autour de ses tourillons, plus leur centre sera abaissé au-dessous de l'axe de l'ame. Mais comme l'entretoise de couche en A arrête le mouvement de la culasse & l'empêche de tourner; il n'en suit pas moins que la culasse est violemment chassée sur la semelle, & renvoyée du côté opposé par la réaction de cette force. Il est encore évident qui si par mal-façon le centre G (fig. 4) des tourillons étoit placé au-dessus de l'axe comme en D, qu'alors le mouvement de rotation se feroit en sens contraire & que la culasse seroit immédiatement soulevée par l'effort du recul: C'est pour parer à cet inconvénient que dans les nouvelles pieces de bataille on a placé ce centre à $\frac{1}{12}$ de diamétre du boulet au-dessous de l'axe. Il y a cependant lieu de croire que si le soulévement direct de la culasse auroit lieu par un défaut de construction qu'il seroit détruit par la résistance que le fluide qui s'échappe par la lumiere trouve contre l'air naturel, effet dont nous avons déjà fait mention p. 256. de ces Mémoires. L'emplacement du centre des tourillons sur l'axe des pieces s'offre si naturellement, que nous croyons volontiers que les premiers artilleurs en ont fait usage: mais nous avouons que les raisons qui déterminerent leurs successeurs à porter ce centre plus bas & d'un demi calibre au-dessous de l'axe, nous paroissent plus difficiles à saisir; car tout ce qu'on trouve d'allegué en faveur de cet usage, est: 1° D'élever l'axe de la piece parallélement de 3 pouc. de plus au-dessus de l'horisontale, ce qui est un bien foible avantage eu égard à la moindre profondeur des embrasures qui en résulte: Il n'est guere plus important pour l'étendue des portées, car passé 200 toises de distance où les coups commencent à devenir incertains, selon M. *du Puget*, les trois pouces de différence en sus pour la déclinaison verticale du boulet seront consumés en moins de 20 pieds de distance; on peut s'en convaincre par analogie en consultant le Tableau A de la Section précédente. 2° De donner plus de commodité pour passer le levier dessous la culasse pour la manoeuvre; mais si on ne peut tout d'un coup appliquer le levier dessous la culasse, on le passe au-dessous du bouton, & la manoeuvre ne s'en fait pas moins bien. 3° De faire répondre le tourillon au massif de la piece, &c. On verra ci-après par le texte du No. X. que cet avantage est faux de quelque maniere qu'on envisage le cas.

Il en est à-peu-près de même à l'égard des Embases: Je ne sais si leurs premiers inventeurs penserent aux inconvéniens ou aux avantages qui en pourroient résulter dans la fonte des pieces, mais je doute que ces motifs les ayent déterminé en leur faveur; l'avantage de faire joindre la piece avec précision dans l'affut, & de prévenir la désunion des flasques causée par le fouet de la piece si elle peut se jetter de préférence sur l'un d'eux, étoit assez essentiel pour

adopter

adopter l'ufage des Embafes; aufli convient-il de leur donner une faillie raifonnable fur les tourillons, afin qu'elles joignent avec plus de furface contre les flafques & en foient mieux contenus.

De la méthode de couler les pieces maffives.

(XI. p. 53. Les Mortiers de 12 pouces, dont les dimenfions font fixées par l'Ordonnance de 1732, fubfiftoient l'épreuve fans défectuofité; leur durée fournilloit à de très-longs fieges, témoin ceux de Philipsbourg, de Fribourg, de Tournay, d'Ypres, de Namur, de Berg-op-Zoom, de Maftricht, &c. Ainfi l'alliage étoit bon, les dimenfions bien proportionnées pour les ufages auxquels on les deftinoit, & la méthode de les couler convenable. On leur a attribué les défauts occafionnés par la méthode de les couler pleins, & de les forer; méthode qui ne convient point à de pareilles bouches à feu, attendu que le métal étant trop long-temps en fufion dans une maffe dont le diamétre eft de 18 pouces, l'étain fe réunit vers le centre, d'où il arrive que les côtés épais d'environ 3 pouces, n'ont plus de folidité, le métal y étant fans liaifon. Au lieu de conclure par les épreuves de Strasbourg, qu'il en falloit revenir à l'ancienne méthode de couler à noyau, on l'a attaquée; on s'en eft pris à l'alliage, on a fubftitué aux mortiers de douze pouces des mortiers de 10 pouces 7 lignes. - - - Mais des bombes de 10 pouces quelques lignes, du poids de 100 liv. ne rempliront jamais tous les objets utiles qu'on fe propofe, en tirant de groffes bombes, aufli-bien que celles de 12 pouces, qui pefent au moins 140 liv. Elles ne feront pas tant d'effet contre les magafins à poudre, contre les fouterreins, les éclufes, &c. contenant moins de poudre; & leurs enfoncemens dans la terre étant moindres, elle ne détruiront ni aufli efficacement, ni aufli promptement les batteries, les parapets & les autres établiffemens des ennemis.) *Val.*

Not. Revoyez auffi le texte du No. VII. rapporté p. 141. de nos Mémoires, de même que l'extrait du No. X. que nous donnons & qui concerne la fonte des Mortiers.

(XIV. p. 129-142. Il eft bon de dire en paffant, que les opinions font un peu partagées fur la préférence que l'on donne aux pieces coulées maffives. Depuis que l'on fait ufage de l'Artillerie, toutes les pieces ont été coulées à noyau, ce qui demandoit de la part des Fondeurs beaucoup d'attention. S'ils fe négligeoient fur la préparation de leurs fontes, & que les pieces ne fouffriffent pas les fortes épreuves qu'exigeoient les anciennes Ordonnances, & qu'il y eut la moindre altération, ils étoient obligés de les refondre à leurs frais. Les excellentes pieces coulées à noyau, qui nous font reftées de tout temps & d'un très-bon alliage, font des preuves des attentions que l'on avoit anciennement pour les fontes. Plufieurs anciens Officiers d'Artillerie,

lerie, & entr'autres M. de Saint-Périer, dont la mémoire sera toujours chere à ceux qui l'ont bien connu, aux connoissances & à l'expérience duquel on pouvoit déférer, ont été contraires au préjugé favorable que l'on a eu sur les pieces coulées massives, & ont toujours été persuadés, que sur-tout celles de gros calibres devoient être inférieures à celles coulées à noyau. On en étoit resté à ce terme, lorsqu'en 1739, le Sieur *Maritz*, Fondeur à Geneve, se fit annoncer à la Cour de France, pour être l'inventeur d'une machine avec laquelle il avoit trouvé le merveilleux secret de forer massives les pieces de canon & mortiers de tous calibres; il persuada & fit prôner tous les avantages qui devoient s'ensuivre de sa prétendue découverte; il eut l'adresse d'intéresser des protecteurs crédules, & assez puissants pour le faire écouter favorablement du Ministre qui lui fournit les fonds & les matieres nécessaires pour faire usage de son secret; il établit sa machine à forer à Lyon; il y travailla très-secretement & très-mystérieusement, & présenta des pieces de tout calibre prêtes à éprouver; il transporta ensuite la même machine à Strasbourg, & il y travailla avec le même mystere & le même secret. Il présenta des pieces à l'épreuve. On parlera dans la suite des épreuves faites à Lyon & à Strasbourg. On persuada au Ministre combien il étoit intéressant de retenir en France un aussi heureux génie, & empêcher qu'il ne portât chez les Puissances étrangeres, une découverte aussi utile & un talent aussi supérieur; ces considérations déterminerent la Cour à acheter très-chérement son secret, & à lui prodiguer d'autres récompenses; il fut considéré & regardé avec la plus grande admiration. Cet enthousiasme ne fut pas suivi du suffrage de tous les Officiers d'Artillerie François. Les opinions sur la préférence à donner aux pieces coulées massives sur celles coulées à noyau furent partagées. Plusieurs Officiers supérieurs & particuliers, ont été contraires, ainsi que nombre de leurs successeurs, dont plusieurs existent encore, au préjugé favorable accordé aux pieces coulées massives, ayant toujours été persuadés que pour la durée du service, elles devoient être inférieures à celles coulées à noyau; ils ont demandé qu'il leur fut permis d'en faire des expériences comparatives; non-seulement cette permission ne leur a pas été accordée, mais on leur a imposé silence, ainsi qu'à leurs successeurs sur la même demande de leur part. Il paroît certain que la matiere fluide & pesante, entrant dans le moule avec précipitation, porte au centre ce qu'elle a de plus pur, de plus fin & de plus condensé, & que le pourtour est ce qui est le moins chargé par la masselotte, le moins affinissé, le plus poreux, & où l'air chassé très-violemment par la chaleur du centre, a le plus de liberté de s'insinuer & de former de petits globules & chambres imperceptibles dans les circonférences les plus éloignées du centre commun, qui ne peuvent qu'être plus affoiblies par l'étain qui s'y porte plus librement & en plus grande partie, parce qu'étant plus léger, très-fin & très-coulant, il cherche à s'introduire où le métal est le plus poreux, & conséquemment aux parties les plus éloignées du centre commun. Aussi le métal de la superficie des pieces coulées massives est-il plus beau & plus brillant que celui des pieces coulées à noyau. Dans ces dernieres, la matiere fluide étant renfermée entre deux circonférences & n'ayant pas la liberté de s'étendre à la ronde, y est plus mêlée avec l'étain, plus également affaissée par la masselotte & conséquemment moins poreuse. Si l'étain est plus abondant aux parties les plus éloignées du centre, qui forment les épaisseurs des pieces coulées massives, qu'à celles coulées à noyau; par les raisons que nous venons d'expliquer, les pieces coulées massives doivent moins résister, attendu que l'étain étant plus susceptible de chaleur & de fusion, les pores du cuivre dont l'avenue étoit bouchée & interdite aux efforts de la flamme, s'agrandiront de plus en plus & donneront un accès plus libre aux ressorts violents de la poudre enflammée, d'où doit s'ensuivre moins de résistance aux pieces, comme étoient celles dont on s'est servi au siege de Philipsbourg en 1734; à la fonte desquelles on avoit employé beaucoup trop d'étain & autres vieux métaux: ces pieces non-seulement se courboient par la volée après fort peu de service; mais lorsqu'elles tiroient la nuit, on voyoit très-distinctement des rayons de flamme à travers le métal & plus particuliérement à la volée. M. le Maréchal *de Berwik* eut fait faire le procès au Fondeur, si pour sa justification il n'eut montré les ordres qui lui avoient été donnés, & qui fixoient l'espéce & les doses des différens métaux qu'il devoit employer à ses fontes. Si ce que l'on vient de dire a autant de réalité que d'apparence, le couteau enleve donc à une piece de 24, un cylindre massif de cinq pouces, cinq lignes, sept points de diamétre de la matiere la plus pure, la moins poreuse, la plus condensée, la plus nerveuse, du grain le plus fin & par conséquent la plus pesante; aussi a-t-on vu à Strasbourg en 1743, à l'épreuve de vingt-deux pieces de 24, coulées massives par le Sieur *Marits*, des fentes & des gersures à la superficie extérieure de plusieurs de ces pieces; ce qui n'arrivoit pas aux pieces coulées à noyau, lorsque à la même charge elles étoient présentées à l'épreuve. On fit scier deux de ces pieces, dont les fentes paroissoient les plus profondes, & on ne jugea pas quelles le fussent assez pour rebuter & ne pas admettre de bon service celles qui en auroient de moindre. L'année d'après parut une Ordonnance du 11 Mars 1744, bien plus favorable aux Fondeurs, puisqu'elle fixe les épreuves à cinq coups & à la charge de poudre égale aux deux tiers du poids du boulet pour les deux premiers, & à la moitié du même poids pour les trois autres; au lieu que les anciennes Ordonnances qui avoient été suivies jusqu'à cette époque, fixoient les épreuves à trois coups, le premier à la pesanteur de poudre égale à celle du boulet, & les deux autres aux deux tiers. L'Ordonnance du 7 Octobre 1732, qui fixe les longueurs, les dimensions &

le

D'ARTILLERIE.

le poids que doivent avoir les pieces des différens calibres, détermine aussi l'épreuve de leur réception à trois coups, le premier à la pesanteur de poudre égale au poids du boulet, & les deux autres aux deux tiers. Tant qu'on s'est servi en France des pieces coulées à noyau, on n'a pas cru que la charge de poudre fixée par les anciennes Ordonnances *étonnât & altérât ces pieces au premier coup d'épreuve, ni qu'elle pût diminuer le service que l'on en devoit attendre*, raison que le Fondeur a eu intérêt de mettre en valeur, & auxquelles le Ministre a bien voulu acquiescer en lui procurant une Ordonnance aussi favorable que l'est pour lui celle du 11 Mars 1744, dont on vient de parler. On devroit présumer que l'on ne s'est décidé en faveur du systême du Sieur *Maritz*, qu'après avoir préalablement fait des épreuves de comparaison souvent réitérées, sur des pieces de tout calibre, fondues tant massives qu'à noyau, présentées contradictoirement par différens fondeurs, & poussées à bout les unes & les autres jusqu'à destruction. Lorsqu'il est question de faire des changemens aussi considérables, on ne peut y procéder avec trop de précaution, d'attention & de scrupule. Malgré toutes les recherches qu'on a pu faire, on n'a pu se procurer d'autres lumieres, & il ne paroît pas qu'on ait exécuté d'autres épreuves que celles qui furent ordonnées le 21 Décembre 1740, par M. *d'Angervilliers*, alors Ministre de la Guerre, dont l'ordre est conçu en ces termes: "Pour connoître plus particuliérement le mérite de deux "pieces de 24 coulées massives, on les fera tirer vingt-cinq ou vingt-six jours "un certain nombre de coups, comme devant une place assiégée, depuis trente "jusqu'à soixante-dix, un jour plus & l'autre moins entre ces deux nombres, "observant de varier les charges; savoir, moitié des coups à la moitié du bou-"let & le surplus au tiers, la poudre mise en gargousses." En conséquence de cet ordre, l'épreuve fut exécutée à Lyon. On tira les deux pieces de 24 pendant 26 jours, ainsi que l'ordre le portoit à raison de quarante, cinquante ou soixante-dix coups par jour, de façon que chaque piece avoit tiré plus de quinze cents coups. L'une des deux eut au neuvieme jour sa lumiere évasée de vingt-six lignes: on en remit une nouvelle, & elle soutint ensuite la continuation de l'épreuve sans évasement. On observera que ces pieces ne tirant pas la nuit, elles se réfroidissoient, & le métal conservoit la solidité & la consistance qu'une plus grande chaleur lui eût fait perdre, si on les avoit tirées de suite jour & nuit. On fit dresser un procès-verbal de cette épreuve, & on reçut ces deux pieces comme de très-bon service, & comme supérieures à celles coulées à noyau, sans pousser plus loin l'épreuve à leur égard; on éprouva ensuite les 25 & 26 du même mois, & on reçut à Lyon huit pieces de 24, quatre de 16 & vingt de 4, toutes coulées massives; on tira également celles de tout calibre quatre coups, les deux premiers aux deux tiers du poids du boulet, & les deux autres à la moitié de ce poids, réduction de charge d'un tiers

Ddd 3

tiers pour les premiers coups, & de moitié pour les deux derniers; cette diminution de charge fut demandée par le Fondeur, elle lui fut accordée. Il paroît que c'est sur les épreuves qu'on vient de rapporter, que l'on s'est décidé en France, sur l'acceptation & la préférence donnée aux pieces coulées massives sur celles coulées à noyau. Mais comme on ne peut statuer sur un objet, quand il est en concurrence, que d'après de justes comparaisons, les autorités n'ayant de force qu'autant qu'elles sont conformes à l'expérience, qui seule a le droit de prononcer; il falloit, pour ne laisser aucun doute & pour asseoir un jugement plus solide, faire passer par les mêmes épreuves deux pieces de 24 coulées à noyau par un autre Fondeur, pousser à bout jusqu'à destruction les unes & les autres, en les tirant avec égalité de charge de poudre, sans repos & avec beaucoup de vitesse, faire subir de pareilles épreuves à deux pieces de 16 coulées massives & deux coulées à noyau, & en user de même pour les autres calibres de 12, 8 & 4. En suivant ce procédé, il est à croire que l'on eut découvert ce que le Fondeur a eu tant d'intérêt de cacher, & ce qui étoit important d'approfondir dans les premiers temps. Mais bien loin d'avoir la moindre défiance du Sieur *Maritz*, on regarda alors son prétendu secret comme une découverte des plus utiles & des plus avantageuses au service du Roi; il fut préconisé & richement récompensé. Les épreuves comparatives, dont on vient de parler, exigeant une grande dépense, ne sont pas à la portée de ceux qui voudroient par là se convaincre de la réalité de leur opinion; mais on peut conjecturer de ce qui doit se passer en grand, par ce qui se passe en petit. On a fait couler un cylindre massif de trois pouces & demi de diamétre & d'un pied & demi de longueur de l'alliage ordinaire des pieces de canon; on l'a ensuite fait scier par feuilles très-minces seulement, jusqu'aux deux tiers de la longueur du cylindre; on a recourbé ces feuilles successivement, jusqu'à ce qu'elles se soient séparées de la partie du cylindre qui restoit sans être sciée: par ce moyen, chaque feuille montroit par sa fracture, le plus ou moins de finesse du grain de son métal; toutes ses fractures étoient apparentes par les cassures restées au cylindre après la séparation des feuilles; on a numéroté toutes les feuilles depuis celles qui étoient le plus près du centre jusqu'aux plus éloignées; on a fait couper au ciseau, & dans le même procédé des morceaux de la partie restée entiere du cylindre; on les a numérotées de même, & après s'être bien convaincu, tant à l'oeil qu'avec le secours de la loupe, que le métal le plus rapproché du centre étoit le plus condensé, le moins poreux, le plus pesant à la balance & du grain le plus fin. Pour avoir plus de certitude sur la réalité de ce fait, qui, cependant pouvoit être à la portée de tout le monde, on a présenté à deux habiles Chymistes les feuilles, dont on avoit mêlé tous les numéros, ainsi que les morceaux coupés au ciseau avec le restant du cylindre, à l'une des extrémités duquel

pa-

paroissoient toutes les fractures des feuilles qui en avoient été séparées. Ces deux Chymistes consultés chacun en particulier, ont donné à la première inspection une décision conforme à l'opinion de celui qui les interrogeoit; mais comme le silence lui avoit été imposé antérieurement sur cet objet, il a gardé par devers lui son opinion sans la manifester. On a recherché avec tout le soin possible, tout ce qui a pu se publier sur ces pieces coulées massives, & l'on n'a rien trouvé qui fasse voir sérieusement l'analyse des avantages de ces pieces sur celles coulées à noyau, si ce n'est l'abrégé d'un Mémoire qui a paru dans le Journal de Verdun en 1753. L'Auteur favorisant le systéme du Sieur *Marits*, & desirant mettre en valeur les pieces coulées massives, en leur donnant la préférence sur celles coulées à noyau, s'énonce en ces termes: "Aux "pieces coulées à noyau, la matiere ne peut qu'être spongieuse, chargée de "chambres, peu durable, défectueuse; au lieu que coulées massives, elles sont "plus légeres, d'un meilleur service, beaucoup plus sûres; parce que, quel-"que précaution que l'on prenne, on n'assujetit jamais bien le noyau, qui "peut être dérangé ou courbé: qu'il paroît par tous les inconvéniens des noy-"aux, qui doivent être totalement supprimés, pour ne pas manquer la direc-"tion; qu'à cet avantage on en joint un autre, qui est celui de donner un "douzieme de moins de pesanteur, qu'à celles dont on se sert ordinairement, "quoique des mêmes dimensions." C'est ainsi que, sans entrer dans aucun détail, ce Fondeur blâme, condamne & proscrit publiquement & sans retour ce qui a été pratiqué jusqu'à lui, qu'il donne en Maître de l'Art, l'exclusion à tout ce qui pourroit s'opposer à l'adoption de son systême; on craignit dès-lors que les suites ne démontrassent que l'on avoit trop de facilité à l'en croire sur sa parole. Les accidens & les défauts qu'il prétend être inséparables des noyaux, arriveroient sans doute, si les Fondeurs étoient aussi mal-habiles & aussi peu experts qu'il les suppose, & s'ils étoient de même aussi négligens sur les préparations de leurs fontes. La légéreté que ce Fondeur donne comme avantageuse aux pieces de fer coulées massives, de même qu'à celles de fonte, est précisément ce qui occasionne leur plus prompte destruction, d'autant plus dangereuse & plus meurtriere pour ceux qui les exécutent, que les premieres crevent toujours avec éclat, & c'est malheureusement ce que n'éprouvent que trop Mrs de la Marine, que l'on pourroit consulter sur ce fait. Ce même Fondeur dit que ses pieces coulées massives, ont l'avantage, quoique des mêmes dimensions, de peser un douzieme de moins que celles coulées à noyau; il conclut par-là, sans s'en appercevoir, contre son propre systême & en faveur de notre opinion; car à dimensions égales de part & d'autre, d'où peut provenir cette légéreté, si ce n'est que la matiere la plus poreuse & la plus légere est renvoyée aux circonférences les plus éloignées du centre, & que la plus liée, la plus pesante, la moins poreuse, la plus nerveuse,

est

eſt enlevée par le couteau pour former l'ame des pieces ? effet qui doit être produit ſur le fer d'une maniere bien plus caractériſée que ſur l'alliage du cuivre avec l'étain ; auſſi Mrs de la Marine ont-ils les plus grandes inquiétudes, lorſqu'ils s'embarquent ſur des vaiſſeaux armés des pieces coulées par le Sieur *Marits*. Les expériences qui ont été faites en dernier lieu à Straſbourg ſur les mortiers, ont montré à ceux qui étoient les plus favorables au ſyſtéme de couler maſſif, qu'il ſeroit néceſſaire pour le bien du ſervice, de revenir à couler à noyau. Si l'on fait des expériences ſur le canon, & qu'elles ſoient comparatives, le canon aura auſſi ſon tour. On eſt d'autant plus fondé à le penſer que dans des épreuves faites auſſi à Straſbourg, rapportées par M. *de Gribeauval* dans des Mémoires qu'il a produits à Mrs les Maréchaux de France, il dit : *que des deux pieces de 12 que l'on vouloit pouſſer à bout, il eſt ſorti de la premiere une vis, & que de la ſeconde, qui n'a pu tirer que 442 coups, il en eſt ſorti cinq vis de quatre à cinq lignes de longueur qui en cachoient les défauts.* La même fraude a été reconnue aux mortiers ; la grande capacité & le peu de longueur de l'ame de cette bouche à feu, donnent beaucoup plus de facilité pour exécuter cette friponnerie qui a reſtée impunie, mais qui montre clairement que l'épreuve qu'a obtenue le Sieur *Marits*, fixée par l'Ordonnance du 11 Mars 1744, eſt inſuffiſante & ne peut faire connoître quel eſt le ſervice que l'on peut attendre de ſes pieces. Le Sieur *Gord*, Commiſſaire Général des Fontes, dont la ſcience & l'habileté ſont reconnues, non-ſeulement par les fontes qu'il a faites de pieces d'Artillerie en tout genre, mais encore par l'exécution de pluſieurs monumens publics, tels que les Figures équeſtres ou pédeſtres du Roi, pour la Ville de Paris, Rennes, Reims, &c. & par la demande que le Roi de Dannemarc a faite de cet Artiſte, pour l'employer dans ſes Etats. Ce Fondeur, dis-je, a pluſieurs fois avoué à quelqu'un ſous l'autorité de qui il étoit, & qui l'interrogeoit ſur les pieces coulées maſſives ; "Que les Fondeurs dévoient être très-contens de ce nouveau ſyſtême, mais "que quant à la durée il n'en répondroit pas, & que lorſqu'elles avoient ſouf- "fert les épreuves, dont on a diminué la force par l'Ordonnance du 11 Mars "1744, tout étoit dit pour eux, & que c'étoit enſuite l'affaire de Mrs de l'Ar- "tillerie." Les Fondeurs en général, ont un intérêt perſonnel à prononcer déciſivement contre les pieces coulées à noyau, & à mettre en valeur le ſyſtême des pieces coulées maſſives, puiſqu'avec très-peu d'attention ils ſont aſſurés de réuſſir à leurs fontes, & leur fortune s'accroît plus rapidement. Il y auroit cependant de la témérité & de l'imprudence de ſe déclarer ſans un plus ſérieux examen, contre les pieces coulées maſſives ; mais quelque déférence que l'on ait pour la déciſion de leurs protecteurs, il eſt permis d'en avoir une opinion différente, d'oſer penſer par ſoi-même & de ne pas recevoir avec une ſoumiſſion aveugle, ce qui nous vient des Auteurs, même les plus célébres, quelque

dange-

dangereux qu'il soit de combattre les préjugés dont l'amour-propre peut prendre la défense. Il seroit bien à souhaiter que quelqu'habile Chymiste voulut se donner la peine de traiter un peu à fond un sujet aussi important; un ouvrage de cette espéce ne pourroit qu'être fort utile.) *St. Auban.*

EN REFLECHISSANT à la maniere dont les choses doivent vraisemblablement se passer pendant la coulée des pieces le lecteur conviendra qu'il est beaucoup plus facile d'expliquer l'opinion de M. *de Valiere* que celle de M. *de St. Auban* par rapport à la désunion des métaux & aux suites nuisibles qui en résultent pour la durée des pieces; d'ailleurs le sentiment du premier est non-seulement conforme à celui du grand nombre, mais il est aussi fondé sur le résultat des épreuves de Strasbourg, lesquelles sont de beaucoup postérieures à l'écrit de M. *de St. Auban* dont l'extrait ci-dessus est tiré.

Voici les considérations qui me paroissent convenir à ce sujet. Premierement l'on doit supposer les métaux duement mélangés dans l'instant de la coulée; cet instant est si court & la différence de la pesanteur de l'étain & du cuivre est si peu sensible que l'on ne peut gueres admettre que le dernier comme le plus pesant puisse se précipiter au devant de l'étain pour se rassembler au fond du moule, ou plutôt pour y former un noyau; & l'expérience a en effet prouvé le contraire absolu. On ne peut non plus dire que le pourtour étant la partie la moins chargée ou affaisée par le poids de la masselotte doive devenir la plus poreuse; car le poids de la matiere fluide exerçant son effort perpendiculairement sur chaque point des parois du moule, il s'ensuit que le pourtour & les cercles contigus sont au contraire les plus pressés & affaisés par le poids de la masselotte, dont le volume diminue à mesure que la croûte que le refroidissement forme au pourtour gagne de l'épaisseur, car il n'y a que la matiere réduite en fluide qui peut servir de masselotte à l'égard de la couche qu'elle surmonte, or il est clair que la croûte est prise sur la quantité du fluide.

En second lieu quant au réfroidissement il est certain 1° que nonobstant tous les soins des fondeurs pour chasser l'air & l'humidité du moule, & pour lui procurer un échauffement capable de prévenir le refroidissement trop subit, lequel auroit lieu d'ailleurs contre les parois du moule, que c'est néanmoins par-là que le refroidissement commence. 2° Que l'étain comme le plus facile à fondre reste aussi le plus long-temps en fusion; or puisque la pression du fluide s'exerce contre les parois du moule, il est clair, que dans le même instant que les molécules de cuivre en fusion viennent se consolider vers le pourtour, que la portion d'étain qu'ils contiennent & qui reste en fusion après eux, doit en être chassée & être ramenée du pourtour vers le centre ou noyau, où la pression de la masselotte est moins forte & où la chaleur est d'ailleurs plus grande.

En troisieme lieu il est question de ce que devient l'air qui est contenu dans le moule dans le moment de la coulée: M. *de St. Auban* n'est pas le seul qui lui attribue les porosités & soufflures du métal; parceque, dit-il, cet air ne pouvant s'échapper malgré l'issue qu'on lui ménage, à cause de la précipitation avec laquelle la matiere entre dans le moule, y est retenu & chassé vers le pourtour de la piece par la chaleur du centre, où il forme alors des cavités que l'étain en fusion vient remplir par la suite. Mais puisque le moule commence à se remplir par le fond, il est plus probable que l'air se retire dans la partie supérieure du moule: d'ailleurs il faut considérer qu'il est déjà raréfié à un grand degré par le feu que l'on entretient dans le moule avant la coulée.

Il me paroît donc bien plus naturel d'imputer le grand nombre des chambres & porosités de la fonte au dilatement que la chaleur occasionne dans les métaux en fusion, lesquels venant ensuite à rétrecir leurs pores par le refroidissement, laissent ces cavités, qui se trouvent en effet en plus grand nombre dans le cuivre que dans l'étain, à cause de la plus grande ténacité du premier qui le rend susceptible d'un dilatement plus considérable. Or la pression plus forte que la matiere fluide & pesante exerce contre le pourtour doit nécessairement contribuer à identifier la liaison des molécules de cuivre, & à en chasser l'air que l'on soupçonne de s'y refugier.

Si l'on combine ce qui vient d'être rapporté de la plus grande fusibilité de l'étain, & des suites du dilatement des métaux, on aura un double moyen d'expliquer pourquoi les porosités & chambres de la fonte naissent préférablement dans l'intérieur de la fonte, & pourquoi la croûte qui se forme contre le moule ou noyau est la plus dure & la plus capable de faire résistance aux effets de la poudre. Car l'étain se trouvant non-seulement plus abondamment là où l'effort de la poudre & l'échauffement quelle occasionne est le plus fort, doit se fondre & laisser ces cavités nuisibles & qui deviennent plus considérables dans les chambres à Mortier que dans les Canons, parceque l'échauffement parvient à un plus haut degré dans les premiers; mais la compression de la matiere fluide étant aussi moins forte dans le centre, il doit nécessairement s'y former un métal moins dense & plus spongieux après le rétrecissement de ses molécules dilatées, que vers le pourtour ou les molécules de cuivre sont plus abondantes, mieux comprimées, & plus approchantes des propriétés du cuivre battu; & où les particules d'étain qu'elles pourroient encore contenir sont d'ailleurs moins directement exposées à être reduites en fusion par l'effet échauffatoire de la flamme.

Il faut cependant convenir que l'espéce de trempe que le contact du moule procure au pourtour & dont il est parlé dans la Réponse suivante a aussi beaucoup de part à la dureté de cette partie de la fonte.

Cette Réponse a été faite par l'auteur de l'artillerie nouvelle; elle contient l'exposé de toutes les Objections qui ont été faites aux nouveaux principes que l'on suit pour la fonte; je laisse à juger au lecteur s'il trouve ces réponses auſſi ſatisfaiſantes que je les ai trouvées, & c'eſt pourquoi je n'ai rien voulu ajouter à cet extrait, dont pluſieurs points ont d'ailleurs été diſcutés antérieurement.

(X. REPONSE

Aux Observations faites sur le Livre intitulé: Artillerie Nouvelle, *pour les articles relatifs à l'exécution des Fontes.*

L'Auteur de ces *Observations* n'y ayant ſuivi d'autre ordre que de les faire porter ſucceſſivement ſur tous les paſſages de l'*Artillerie Nouvelle* où il eſt queſtion de Fontes, cette méthode l'a conduit à beaucoup de redites, & ſouvent à de l'obſcurité. Pour éviter l'un & l'autre, je réſumerai pour chaque objet ſéparément les diſcuſſions qu'il a répandues dans toute l'étendue de ſes *Observations*; j'en ferai autant d'articles à part, ſur leſquels j'établirai mes réponſes.

I. *Si l'alliage actuel eſt inférieur à l'ancien.*

Le Critique prétend que l'alliage ancien eſt fort ſupérieur à l'alliage actuel, en ce que celui-ci étant plus chargé d'étain, cet étain ſurabondant, qui procure inconteſtablement plus de dureté au métal lorſqu'il eſt froid, doit, ſelon lui, le rendre beaucoup plus mou, lorſque la continuité des coups lui fait prendre un degré d'échauffement conſidérable. Cette prétention eſt ſingulièrement l'objet des articles 4, 8, 15 & 16.

Je remarquerai d'abord que dans aucun de ces articles le Critique n'appuie ſon ſentiment ſur l'expérience. Cependant en pareille matiere cet appui paroît indiſpenſable. Il faudroit même des expériences très-poſitives pour démentir l'obſervation conſtante qu'ont fait les Officiers qui ont ſuivi cet objet, ſur-tout pendant les épreuves de Strasbourg, qu'à meſure qu'on a augmenté la doſe de l'étain dans l'alliage, les pieces ont duré davantage, & ſe ſont mieux maintenues dans le cours de leur durée. Il eſt aſſurément hors de doute que cette augmentation de l'étain a des bornes; mais il eſt plus qu'apparent, que loin de les avoir outre-paſſées, on eſt encore en deçà. Le Critique ne fondant ſur aucune expérience l'opinion qu'il veut établir ſur l'alliage actuel, ſembleroit au moins devoit l'étayer de quelque raiſonnement. Cependant il n'en préſente aucun. Mais en attendant les raiſonnemens, & ſur-tout les expériences néceſſaires à l'appui de ſes aſſertions, je lui obſerverai que ſi ces expériences montrent que la ſupériorité de dureté qu'il ſuppoſe à l'ancien alliage,

doit

doit être achetée par la tolérance des chambres dans l'ame *de trois lignes de profondeur*, comme il l'annonce à l'article IV de ses *Observations*, cette supériorité de dureté sera regardée, par tous les Artilleurs instruits, comme payée beaucoup trop cher. Car l'inconvénient du feu, auquel exposent évidemment des chambres de trois lignes, sur-tout si elles sont étroites, est si terrible, si décourageant pour les Canonniers, qu'il ne peut jamais entrer en balance avec la moindre durée des pieces, fut-elle démontrée.

II. *Si le coulage à Noyau, anciennement pratiqué pour les Mortiers, est supérieur à celui qui est actuellement en usage.*

Autrefois on donnoit au Noyau les dimensions de l'ame; & lorsqu'on l'avoit cassé, on introduisoit dans le Mortier un allésoir, dont la fonction étoit moins de mettre l'ame à son juste diamétre, ou d'assurer sa concentricité avec la chambre, que d'enlever les galles, les rugosités qui pouvoient exister à la surface intérieure du Mortier. A present le Noyau laisse plus de métal à enlever; le Critique prétend que cela va jusqu'à un pouce & demi. Mais cette opération se faisant par le moyen du tour, assure parfaitement la concentricité de l'ame avec la chambre.

Le Critique demande que l'on en revienne à l'ancienne méthode, & ses raisons sont, 1° Qu'en ôtant au Mortier la portion de métal à laquelle le contact du Noyau a procuré, par une espèce de trempe, une dureté bien supérieure à celle des parties intérieures, on le dépouille d'une enveloppe précieuse qui le mettoit dans le cas de soutenir beaucoup mieux l'effort de l'inflammation & le choc de la bombe. 2° Que par cette ancienne méthode, les masses de lumiere pouvant être maintenues dans le moule par les deux bouts, elles sont moins sujettes à se déranger, de même qu'elles sont moins exposées à se fondre, puisque le Noyau étant plus gros, & la quantité de métal moins considérable, elles ont à essuyer une chaleur moins forte & moins longue. Tel est sur cet objet le résultat des articles 5, 7, 8, 18, 19, 22, 26 & 27, des *Remarques & Observations*.

La réponse à ces objections, c'est que le point essentiel dans toute arme, c'est la justesse; d'où il suit que quand il seroit prouvé par l'expérience, dont l'appui manque toujours aux assertions du Critique, que la conservation de la croûte de l'ame des Mortiers prolonge leur durée, on devroit cependant y renoncer; s'il étoit prouvé d'une autre part que la conservation de cette croûte exposât à avoir des ames & des chambres qui ne fussent pas concentriques: or, c'est ce qui paroît bien probable. Car en admettant que le Fondeur puisse placer son Noyau avec assez de justesse pour que l'axe de l'ame & de la chambre répondissent parfaitement à celui du Mortier, il est difficile d'admettre que ce Noyau ne se dérange pas dans la coulée. Le Critique convient lui-même

qu'à

qu'à cause de cet inconvénient, il étoit indispensable de renoncer à couler les Canons à Noyau, & de sacrifier à la justesse de cette arme le prolongement de durée, qui, selon ses propres principes, devoit aussi résulter de la croûte du Noyau. Mais si cet inconvénient existe pour les Canons, il est, en proportion des longueurs, plus grand pour les Mortiers, où l'on ne met point de chapelet pour retenir le bout du Noyau. La nature du service du Mortier entraîne déjà assez d'incertitudes pour qu'on ne sacrifie pas, pour cette arme sur-tout, un peu moins de durée à une plus grande justesse, en supposant que l'expérience démontrât que cela ne peut se concilier. Quinze Bombes mal tirées à la guerre valent la façon d'un Mortier, & au-delà.

Le Critique paroît persuadé que l'alésoir auquel il propose de présenter le Mortier, lorsqu'on en a retiré le Noyau, sera capable de corriger les défauts de rectitude qui pourroient exister dans l'ame & dans la chambre, en lui enlevant environ une ligne de matière, ce qui lui en laisse encore deux ou trois de cette enveloppe qui doit le rendre si supérieur en durée aux Mortiers actuels; car il prétend que cette enveloppe va au moins jusqu'à quatre lignes d'épaisseur (Art. 18.). J'observerai d'abord que c'est porter bien haut l'épaisseur de cette croûte que de lui supposer même deux lignes. Mais ce qui sera bien difficile à croire, pour ceux au moins qui connoissent l'opération du tour, c'est que l'alésoir, quelque fortement maintenu qu'il soit, ainsi que le Mortier, puisse redresser l'ame si elle est gauche. Il paroît indubitable que l'instrument devant agir inégalement, & sur une petite épaisseur, se jettera toujours du côté qui lui laissera le moins de résistance, & que l'ame sera au-delà de son vrai diamètre, avant qu'on ait pu en ramener le centre. Et il faut remarquer que cette présomption aura d'autant plus de force, que l'on reconnoîtra plus de dureté à la croûte, à la portion de métal sur laquelle l'alésoir doit agir.

III. *Si dans les épreuves de Strasbourg on a eu tort de conclure par les Mortiers de 12 pouces qu'on y a éprouvés, que notre alliage étoit incapable de fournir des Mortiers de ce calibre pour les grandes portées.*

Cette question tient, comme on voit, à celle qui vient d'être discutée. Mais comme le Critique joint aux raisonnemens que je viens d'exposer, & auxquels je crois avoir suffisamment répondu, des allégations de faits qui pourroient former impression sur quelques personnes, il faut y satisfaire, pour ne rien laisser sans réponse, s'il est possible.

Il prétend (Art. 5.) contre l'assertion de l'Auteur de l'*Artillerie Nouvelle*, que les Mortiers de 12 pouces ont très-bien résisté dans tous les Sièges de l'avant-dernière Guerre, qui a été si féconde en Sièges, & qui, par-là, semble décisive pour l'opinion qu'on doit avoir des anciens Mortiers. A cette prétention,

tention, on ne peut opposer qu'une négation formelle, soutenue du témoignage de tout ce qui reste d'Officiers d'Artillerie, chargés alors particuliérement du service des Parcs & des batteries pendant toute cette guerre. Ils conviennent tous que les Mortiers ont manqué à Tournai, à Fribourg, à Namur, à Mastricht, par-tout enfin où l'on en a employé (a), quoiqu'on se réduisit cependant à les tirer à des portées fort rapprochées, & conséquemment avec des charges plus modérées, & sous des angles moins élevés. C'est même sur la dénonciation de ces Officiers, qui, jusqu'à l'époque du nouveau système, étoit toujours demeurée sans effet, que l'on a ordonné des épreuves sur cet objet, qui étoit d'une trop grande importance pour qu'on demeurât sur lui dans l'indifférence, où depuis trente ans l'on étoit resté sur tant d'objets d'Artillerie, qui exigeoient évidemment des changemens, & pour lesquels les Officiers éclairés en sollicitoient sans fruit. Les expériences ont été faites sur des Mortiers précédemment fondus. Les Mortiers-poires, ainsi que l'a dit l'Auteur de l'*Artillerie Nouvelle* que le Critique releve, n'ont pu soutenir vingt coups sans être entierement délabrés; & les Mortiers-cylindriques soixante, sans être dans le même état.

Une observation importante, & à laquelle cet Auteur n'a pas cru devoir s'arrêter, lorsqu'il écrivoit, c'est que ces épreuves se sont faites à chambre pleine. Cette explication est si inutile pour les personnes instruites, qu'elle leur semblera ridicule. Car lorsqu'on éprouve une arme, on doit évidemment l'éprouver à sa charge; cela va sans dire. A quoi bon avoir de grandes chambres pour ne pas les remplir? Et d'ailleurs, comment obtenir les longues portées nécessaires aux bombardemens, si l'on n'emploie pas la charge requise pour fournir ces portées? Faute cependant de cette explication, qui paroît si superflue, l'Auteur de l'*Artillerie Nouvelle* a aujourd'hui à se reprocher l'embarras où il a mis un grand nombre de personnes qui ne savoient comment concilier la créance qu'elles sentoient bien devoir au témoignage respectable des Officiers d'Artillerie qui ont signé les épreuves de Strasbourg, avec celle qu'elles sembloient aussi ne pouvoir refuser d'une autre part, aux attestations des Officiers de tous les Corps & de tous les Ordres, qui ont fait la guerre de Flandre, & qui ayant vu jetter tant de bombes de 12 pouces, n'ont pas été à portée de tenir compte de l'horrible consommation de Mortiers qui s'est faite, ni de la distance où on les employoit, ni de la charge qu'on y mettoit.

Le

(a) Ce qui est arrivé à Tournai, à Fribourg, à Namur, à Mastricht dans la derniere guerre, a eu lieu à Mahon dans celle-ci; & comme c'est le seul siege de cette guerre où les Mortiers aient été dans le cas de fournir un service soutenu, il suit que, sans exception, les Mortiers de 12 pouces de l'Ordonnance de 1732 ont manqué par-tout où ils ont été employés depuis cette Ordonnance.

Le Critique, pour donner une idée du mérite des Mortiers de 12 pouces, quant à la durée, en les coulant selon l'ancienne méthode, assure qu'ils soutiendront 200 coups. Il prétend par-là les exalter au-dessus, ou au moins les mettre au pair avec les nouveaux Mortiers de 10 pouces. Mais il ignore, sans doute, que ces Mortiers, dans les épreuves de Strasbourg, ont tiré 400 coups, & qu'il est dit même dans le Résultat des épreuves, qu'après ce nombre de coups, loin d'être hors de service, l'un de ces deux Mortiers n'avoit point encore sa chambre déformée, & que son ame l'étoit très-peu. D'après cela, l'on voit que les Mortiers de 12 pouces, de l'aveu même de l'Observateur, ont probablement encore bien du chemin à faire, avant de rivaliser, pour la durée, avec les Mortiers de 10 pouces.

IV. *Si l'opération du Tour à laquelle on a soumis l'extérieur de toutes les bouches à feu, est une opération désavantageuse.*

Les mêmes argumens qu'on vient de voir que le Critique fait en faveur de la conservation de cette croûte, de cette portion de métal à laquelle le contact du Noyau dans les Mortiers a donné une dureté plus grande, il les répète dans les articles 17 & 18, pour la conservation d'une croûte semblable, que le contact du moule forme sur l'enveloppe extérieure de toutes les bouches à feu. Avant l'établissement du nouveau système d'Artillerie, on en tournoit déja l'extérieur, & conséquemment on les privoit de cette croûte. On a cru devoir maintenir cet usage, parce qu'on a vu qu'il assuroit rigoureusement la juste position & l'égalité parfaite des tourillons, la coulée eut-elle péché à cet égard, & qu'il donnoit en outre un moyen de bien reconnoître la qualité de la fonte. Car le tour découvre le métal spongieux, & les chambres intérieures que l'ouvrier cache avec tant de facilité, quand on lui permet, comme on faisoit autrefois, d'employer sur les pieces la tranche & le marteau. Le Critique, loin de contester le premier avantage, ne le discute pas même. Ignorant absolument les conséquences de la parité exacte des tourillons dans toutes les pieces de même calibre pour le ménagement des affuts, pour la facilité du montage des pieces, & sur-tout pour celle des rechanges; il va jusqu'à blâmer dans l'Article 11 de ses *Observations*, la rigueur exigée par le nouveau système sur cette partie importante des bouches à feu. Il croit que l'essentiel se borne à ce que les tourillons soient égaux & également placés pour chaque piece en particulier. Nous ne nous mettrons pas plus que lui en frais de discussion; mais tous les Artilleurs instruits y suppléeront aisément, en se rappellant la foule des inconvéniens qui naissent de la nécessité de préparer les encastremens dans chaque affut pour une certaine piece.

Mais l'objet sur lequel le Critique insiste plus particuliérement, c'est qu'en tournant les pieces, il est plus aisé, à ce qu'il prétend, de cacher les défauts

défauts de la fonte par le marteau, que si on les laissoit habillées de leur croûte, comme il le propose (Article 18) en exceptant cependant la plattebande de culasse, l'extrémité de la tulipe, & la tranche de la bouche, dont il se sert pour déterminer les dimensions principales de la piece. Il assure (Article 17) *que devant passer plusieurs outils les uns après les autres, il est très-facile de marteler chaque fois les endroits qui en auroient besoin*. La discussion de cette question me paroit assez inutile, ou plutôt, sa solution se présente d'elle-même : Car, qu'importe le plus ou moins de facilité de cacher le coup de marteau, si on laisse la croûte ? Cette croûte ne recouvre-t-elle pas elle-même toutes les chambres, les porosités que la fonte peut avoir, à moins que ces défectuosités ne soient très-considérables ? Ce n'est que lorsque le tour a mis ces défauts au grand jour, que le Fondeur peut être tenté d'employer le marteau pour les recouvrir. C'est alors seulement qu'il importe de reconnoître cette manoeuvre. Mais on a fait bien mieux par les nouveaux Réglemens ; on est parvenu à l'empêcher. On a banni la tranche & le marteau de l'Attelier où l'on tourne les pieces. Cet article est spécialement recommandé à la vigilance des Officiers qu'on a placés dans les Fonderies, & qui doivent singulierement avoir l'oeil sur cet Attelier. Comme le moindre coup de marteau sur ce métal sonore retentit au loin, la fraude ne pouvant être secrete, devient impossible.

Les autres argumens que le Critique produit encore contre l'usage de tourner les pieces, sont, (Article 18.) 1° Que quoiqu'il soit vrai que les pieces périssent par l'ame, c'est cependant hâter leur destruction que de substituer à l'enveloppe dure & ferme que la coulée leur donne, une autre enveloppe, qui l'étant moins, sera moins propre à soutenir les cercles intérieurs qui forment l'ame, ou qui l'avoisinent. 2° Que c'est augmenter les inconvéniens de l'étain, qui sont d'autant plus grands, selon lui, que l'on augmente la masse de métal ; ce qui devient cependant nécessaire pour fournir aux *six à sept lignes* que toujours, selon lui, le tour doit enlever. Il est une premiere réponse commune à ces deux objections ; c'est que si ces inconvéniens se suivoient nécessairement du tour, il vaudroit encore mieux y souscrire, que de renoncer à la facilité qu'il procure de reconnoître la qualité de la fonte, au moins jusqu'à ce qu'on ait trouvé une méthode équivalente, qui ait moins d'inconvéniens. Car de cette facilité de reconnoître la fonte à l'extérieur, dépend la proscription, ou au moins, la diminution des chambres intérieures, & des accidens de feu qu'elles occasionnent ; objet toujours de la plus grande importance aux yeux des Artilleurs, & nullement comparable à la durée des pieces, comme je l'ai déja dit.

Mais il est aisé de voir que les deux inconvéniens dont parle le Critique sont chimériques. 1° Celui d'affoiblir la piece. En effet, qu'on suppose

à la

D'ARTILLERIE.

à la piece une enveloppe de diamant, cette enveloppe contiendra sans doute les couches intérieures, si elles sont de nature à se désunir par éclat, comme est la fonte de fer. Mais si ces couches sont molles, & de nature à se refouler les unes sur les autres, comme est la fonte de cuivre, cette enveloppe de diamant n'empêchera sûrement pas ce refoulement des couches intérieures les unes sur les autres. Cela est si vrai, que les pieces de bataille, qui sont plus minces que toutes les autres, sont hors de service, par faute de direction, avant qu'il paroisse sur leur enveloppe aucun signe de dépérissement. 2° Le Critique suppose que le tour doit enlever *six à sept lignes*; c'est supposer que le Fondeur a besoin dans la coulée de *six à sept lignes* de variation sur les proportions diamétrales de sa piece; deux lignes de variation sur cet article semblent déja beaucoup. Mais quand on supposeroit que cette prodigieuse variation seroit indispensable, il ne s'ensuivroit point du tout que le tour, en conduisant à augmenter aussi considérablement la masse de métal, conduisît à avoir des pieces moins bonnes, comme le prétend le Critique: car il suivroit de-là, qu'alliage égal, les pieces doivent être d'autant plus foibles, doivent d'autant moins durer, qu'elles sont d'un calibre plus fort. J'ignore s'il y a à ce sujet des opinions *anciennement* établies. A quelques yeux cette *ancienneté* pourroit être un titre de proscription: mais au moins est-il vrai que toute opinion, quelque *ancienne* qu'elle soit, doit céder à l'expérience. Or nous en avons eu sur cela de positives à Strasbourg, lorsqu'on a voulu constater la solidité de la nouvelle Artillerie de bataille, en poussant à bout deux pieces de chaque calibre; les pieces du plus fort calibre ont duré le plus [*]. Dans cette épreuve, il faut toujours excepter, comme on l'a dit ailleurs, les pieces de 12 dont le métal a été brûlé à la fonte & reconnu pour tel par les Fondeurs mêmes, qui avoient cherché à en masquer les défauts par des vis que le service a découvert. Les deux pieces de 8 ayant eu, toutes deux, la supériorité sur les deux pieces de 4, d'environ un neuvieme pour la durée, il en résulte non-seulement que les inconvéniens que le Critique attribue à la dose actuel de l'étain, qu'il prétend être excessive, n'augmentent point dans la proportion qu'il dit; mais même qu'ils sont nuls, au moins pour les canons.

V: *Si la nouvelle position des tourillons améne de nouveaux désavantages dans cette partie de la piece, & s'il en est de même pour les embases qu'on leur a ajoutées.*

Les tourillons produisent nécessairement des inconvéniens dans la coulée. L'Auteur de l'*Artillerie nouvelle* en avoit spécifié deux; le défaut de liberté
pour

---

[*] On a vu pag. 245 & 246. de ces Mémoires qu'elles sont les raisons qui empêchent de ne point considérer ce point comme décidé par les épreuves de Strasbourg.

pour les affaiffemens du métal, qui empêche les parties fupérieures de refournir affez completement aux tourillons à mefure que le métal s'y condenfe par le refroidiffement; & le refroidiffement plus prompt, qui y laiffe le métal moins denfe & moins lié, en faifant refluer vers les parties voifines une partie de l'étain qui entre dans l'alliage.

Le Critique (Articles 12 & 13) admet le premier de ces inconvéniens, & prétend que c'eft tout le contraire pour le fecond, parce que, dit-il, la maffe de métal étant plus confidérable dans cette partie de la piece, loin de fe refroidir plutôt, fe refroidit plus lentement (a). Cette queftion eft affez indifférente ici, quant au fonds, puifqu'elle ne tient en aucune maniere au mérite des opérations nouvelles fur les anciennes; il importe cependant, au moins à l'Auteur de l'*Artillerie nouvelle*, qu'on prenne garde que l'obfervation de fon Critique ne roule que fur un jeu de mots. La maffe de métal n'eft plus confidérable dans cette *partie* de la piece, qu'en comprenant avec les tourillons, dont feulement il s'agit, la portion du corps de la piece qui leur correfpond, & dont il ne s'agit point, ou dont l'Auteur ne parle pas. D'ailleurs, que l'on comprenne ou non cette portion du corps de la piece, il fera toujours vrai de dire que le refroidiffement fe fait plus vîte pour les tourillons que pour toute autre partie de la piece, puifqu'ils préfentent plus de furface.

Venons maintenant à la queftion effentielle; favoir fi la pofition des tourillons, déterminée par le nouveau fyftême, amene dans cette partie de la piece des inconvéniens nouveaux. Le Critique le prétend en général; mais jamais

---

(a) Quelques perfonnes ont fait à l'Auteur de l'*Artillerie Nouvelle*, fur cet Article, une objection différente de celle du Critique. Cette objection eft que la plus grande promptitude du refroidiffement ne peut rendre raifon de la foibleffe du métal aux tourillons, puifque la croûte, qui eft l'endroit où le métal eft refroidi le plus fubitement, eft cependant celui où il eft le plus dur & le plus lié dans fes parties. L'Auteur de l'*Artillerie Nouvelle* peut répondre qu'il n'a parlé de la foibleffe des tourillons que comparativement aux autres parties folides de la piece, & que la difficulté qu'on lui fait, ne portant que fur la croûte qui eft l'enveloppe commune de toute la piece, elle n'attaque point la raifon qu'il rend de la foibleffe particuliere des tourillons. Il ajoutera, pour plus d'explication, que le métal refte plus dur & plus lié à la croûte, non-feulement à caufe de la trempe que le contact du moule lui procure, mais encore à caufe de la proportion dans laquelle cette trempe faifit les deux métaux alliés. Mais fi l'on excepte cette enveloppe, qui, encore une fois, n'étant point particuliere aux tourillons, n'y produit point un effet particulier, il eft inconteftable que, le métal fe refroidiffant plutôt aux tourillons qu'aux autres endroits, une portion de l'étain, qui, dans cette partie comme dans les autres, refte plus long-temps en fufion que le cuivre, doit refluer vers le corps de la piece, & laiffer des vuides, des interftices entre les molécules du cuivre où elles étoient interpofées; d'où il doit réfulter, indépendamment des autres raifons, que les tourillons doivent être d'un métal moins denfe, moins lié, & femblable à une éponge dont on a preffé le liquide qui y étoit contenu.

jamais prétention ne fut moins fondée. 1° En ne parlant que des tourillons, n'y aura-t-il pas évidemment plus d'égalité dans le refroidissement, n'y en aura-t-il pas plus dans le remplacement du métal, s'ils sont sur le milieu de la piece, comme dans le nouveau système, que s'ils sont placés plus d'un côté que de l'autre, comme dans l'ancien, qui les a abaissés vers le ventre? 2° En considérant la partie de la piece qui avoisine les tourillons, c'est-à-dire, la tranche cylindrique à laquelle ils correspondent, n'y aura-t-il pas de même pour cette tranche plus d'égalité dans le refroidissement & dans l'affaissement du métal, si les tourillons la partagent en deux portions symétriques, comme dans le nouveau système; que si, comme dans l'ancien, occupant une seule de ces deux portions, ils augmentent très-considérablement la surface & la solidité de cette portion?

Une objection positive du Critique contre la nouvelle position des tourillons, c'est, dit-il, (Art. 12) *que l'inconvénient, ou endroit foible, se trouve au beau milieu du vuide de l'ame, au lieu qu'en plaçant suivant 1732, l'axe des tourillons au niveau du dessous de la dite ame, les inconvéniens susdits se rencontrent vis-à-vis le massif de la piece.* La réponse à cette objection se tirera des principes mêmes du Critique. Car, puisque, selon lui, ainsi qu'on l'a vu un peu plus haut, le refroidissement n'est pas plus prompt dans la région de la piece à laquelle les tourillons correspondent, puisque, selon lui, *c'est tout le contraire*, il ne restera d'autre raison pour déterminer la foiblesse de la piece dans cette partie que la séparation de l'étain. Et c'est en effet ce qu'il annonce quelques lignes au-dessus du passage dont il s'agit actuellement. Or cette séparation de l'étain ne peut produire d'autres inconvéniens que ceux qui se suivroient du dérangement des proportions de l'alliage; soit en ce que le cuivre, dépourvu de la dose d'étain qui lui avoit été donnée, seroit moins capable de résister à l'effort soutenu du service, soit parce que l'étain qui sera séparé du cuivre, n'étant plus défendu par lui, recouvreroit la fusibilité, la mollesse qui lui sont propres.

Mais si, comme le prétend le Critique, la dose d'étain actuellement employée dans l'alliage, est trop forte, loin d'avoir à craindre que le cuivre soit affoibli par l'abandon de cet étain surabondant, on doit conclure au contraire, qu'il acquerrera plus de vigueur. Si les inconvéniens que produisent les tourillons par rapport à la réunion de l'étain, sont particuliers à l'étain, cette réunion se fera de toute nécessité vers l'axe de la piece, & elle se répartira également au tour de cet axe; du moins n'y aura-t-il pas de raison pour que cela se passe autrement, en cas que les tourillons lui correspondent, comme cela est en effet dans le nouveau système. Alors en forant l'ame, on enlevera tout ce métal défectueux.

Mais si les tourillons, comme dans l'ancien système, sont fort au-dessous de l'axe, immédiatement au-dessous de l'ame, l'étain dont ils produiront la réunion, ne sera plus enlevé en forant l'ame: une portion de ce métal formera l'ame, ou au moins les couches les plus voisines de l'ame, à l'endroit des tourillons: & ce vice sera d'autant plus dangereux que la piece fatigue plus à cet endroit, & qu'étant local, & les autres parties au-dessus & au-dessous étant plus fermes, feront office de bourlets, & nécessiteront, ou du moins augmenteront considérablement les coups de boulet dans cette partie, qui sera la moins en état de la supporter.

Une autre prétention de la part du Critique, & sur laquelle il ne nous éclaire en aucune maniere, c'est que la nouvelle position de tourillons ne diminue pas le fouet de la piece, comme l'a avancé l'Auteur de l'*Artillerie nouvelle*, en appuyant son sentiment de l'observation, que la piece fouette d'autant plus que son axe est plus élevé au-dessus de son point d'appui qui, au moment du tir, est la partie postérieure des tourillons, par laquelle la piece, pour obéir au recul, agit sur l'encastrement de son affut, en tendant en même temps à abaisser la culasse, qui, arrêtée par la semelle, renvoie ensuite la volée que ce mouvement tend à ployer. *Ce balancement*, dit le Critique (toujours Art. 12.) *ne peut jamais avoir lieu par la différente position des tourillons plus ou moins hauts, la piece prise horisontalement.* Comme il n'appuie cette assertion d'aucun raisonnement, & que la contradictoire ne peut se prouver régulierement que par une démonstration de méchanique qui exigeroit l'embarras d'une figure, nous le prierons de nous en dispenser, & de la demander au premier Ecolier en méchanique qui se trouvera à sa portée. Il n'en est point qui ne la lui fasse.

Mais une prétention encore bien plus singuliere, c'est que les embases qu'on a données aux tourillons, loin de renforcer la piece dans cette *partie*, ne font que l'affoiblir (Art. 24.). Pour bien rendre l'Auteur, je suis toujours obligé de m'expliquer avec cette amphibologie, qui laisse dans l'incertitude si l'affoiblissement porte sur les tourillons même, ou sur la partie de la piece qui leur correspond. Je vais encore repliquer dans ces deux suppositions. Il paroît d'abord évident que l'affoiblissement ne peut pas porter sur les tourillons. Car en accordant même au Critique que l'addition des embases augmentât très-sensiblement les inconvéniens qui sont causés par le défaut de liberté dans l'affaissement du métal, l'augmentation de foiblesse qui en proviendroit, seroit sans doute bien inférieure, pour les tourillons, au renforcement qui naît incontestablement pour eux de la quantité de matiere, que les embases leur ajoutent. Quant aux coups de la piece, il peut être consideré comme affoibli par les inconvéniens que nous venons d'accorder. Mais cet affoiblissement exista-t-il, fut-il démontré par l'expérience, qui seule peut le constater, sera-t-il jamais

mais assez considérable pour l'emporter sur l'avantage, aussi précieux qu'incontestable, que les embases procurent de renforcer le corps de la pièce, de diminuer l'action des tourillons sur lui, de contenir infiniment mieux la pièce dans son affut, sur-tout lorsqu'on tire sous des angles élevés, je parle même des angles qui sont d'usage à la guerre, & par-là de faciliter le pointage, & de fatiguer beaucoup moins les affuts?

Le Critique est si pénétré des inconvéniens que les embases produisent, qu'après tous les raisonnemens qu'on vient de voir, il ne balance pas à prédire (Art. 13) que c'est par-là que les pieces finiront désormais. Il ajoute même, tant par rapport embases que par rapport aux nouvelles anses, dont il va être question, que *toutes les pieces de bataille* (Art. 24) *se ressentent beaucoup de ces inconvéniens, qui se sont manifestés*, dit-il, *à quelques-unes dès l'épreuve même*. Il ne trouvera pas mauvais que sur un objet aussi important on lui demande des citations précises de ces *épreuves*, qui sont sans doute de simples épreuves de réception; car des épreuves d'un autre genre seroient connues. Comme dans ces épreuves les pieces ne tirent que quatre coups, il paroîtroit bien singulier qu'elles eussent montré à cet égard une foiblesse que rien n'a annoncé dans les épreuves de Strasbourg, où l'on a poussé à bout deux pieces de bataille de chaque calibre, où l'on a fait tirer à une de ces pieces 40 coups de suite, sur un affut dont la crosse étoit enterrée; genre d'épreuves inoui, dans lequel on avoit pour objet de constater la force des sous-bandes & des aisscieux, mais qui en produisant cet effet, de la maniere la plus decidée, auroit infailliblement décélé la foiblesse des nouveaux tourillons & de leurs embases, s'il est vrai *que les pieces doivent périr par là*, comme l'annonce le Critique. Or c'est ce qui n'a pas eu lieu. D'où il faut conclure que si cette foiblesse s'est *manifestée* à Douai, *dès l'épreuve* de réception, comme il l'assure, les fontes de Douai sont extrêmement inférieures à celles de Strasbourg, où l'on n'a vu rien de pareil; conclusion assurément fort différente de celle qu'il paroît vouloir établir. Quant à sa prédiction, on ne pourroit en redouter l'accomplissement que dans la supposition que des épreuves ou des raisonnemens autorisassent à y croire. Ce qui vient d'être dit paroit suffire pour tranquilliser les personnes les plus disposées à s'allarmer.

VI. *S'il seroit avantageux de revenir aux anciennes Anses, dont le nouveau système a changé la grandeur & la forme.*

Toute partie saillante produit nécessairement des inconvéniens dans la fonte des bouches à feu. Il est inutile de revenir pour les anses au détail de ces inconvéniens, puisqu'ils viennent d'être déduits pour les tourillons. Dans l'ancien système on avoit donné aux anses la forme d'un Dauphin. Quoique le nouveau ait généralement retranché dans les Fontes, & en général dans tous les attirails d'Artillerie, ce qui n'exiſtoit que pour l'ornement, il auroit peut-être laiſſé aux anſes cette forme de Dauphin, ſi l'on n'avoit eu à conſidérer que la petite dépenſe qui en réſulte. Mais cette forme laiſſant peu d'ouverture à l'anſe, ne lui en laiſſant pas même aſſez pour l'introduction libre & les mouvemens d'un levier proportionné au calibre de la piece, à moins de donner à cette anſe une étendue prodigieuſe, il a paru indiſpenſable de prendre une autre forme. Laiſſant abſolument de côté la grace & l'ornement, on a pris celle qu'on a jugée la plus ſimple & la plus commode pour le ſervice, celle qui à contour égal laiſſoit le plus d'eſpace, & conſéquemment employant moins de métal, diminuoit les inconvéniens que les parties ſaillantes entraînent dans la coulée; ce qui a conduit à faire les anſes preſque quarrées. On leur a donné d'ailleurs la grandeur néceſſaire pour que le levier eut toute facilité, non-ſeulement d'y entrer aiſément, mais encore de ſe détourner de côté, en deſſus & en deſſous, ainſi que l'exigent ſouvent les manoeuvres.

Le Critique demande qu'on en revienne aux anciennes anſes, parce qu'étant plus petites, elles entraînent des inconvéniens moindres, dans la coulée, dans le refroidiſſement, & dans l'affaiſſement du métal. On diſtinguera encore ces inconvéniens pour les anſes, ou pour la partie du corps de la piece qui répond aux anſes. Ceux qui pourroient ſe ſuivre pour les anſes ſont nuls, puiſqu'on leur a donné une ſolidité plus que ſuffiſante à l'effort que l'on eſt dans le cas d'exiger d'elles, & aſſurément égale, pour le moins, à celle qu'elles avoient auparavant; le Critique n'en diſconvient pas.

Quant aux inconvéniens qui regardent le corps de la piece, on fera la même réponſe qu'on a déjà faite pour les embaſes; on ajoutera même que l'augmentation de ces inconvéniens étant proportionnelle à l'augmentation de matière que l'excès de pourtour des nouvelles anſes exige, la différence ſera peu conſidérable, & nullement en balance avec les avantages de commodité qui réſultent de cette augmentation de pourtour; qu'enfin il eſt dans une infinité de choſes, des inconvéniens néceſſaires, entre leſquels ce qu'on peut faire de mieux, eſt de choiſir le moindre inconvénient.

Pour revenir, en un mot, ſur tous les objets traités dans cet article & dans le précédent, on répétera qu'il vaut mieux avoir des tourillons à embaſes qui contiennent mieux la piece dans ſes flaſques, qui contribuent par-là à ménager l'affut, & à mieux aſſurer le pointage; qu'il vaut mieux avoir des anſes infiniment plus commodes pour les manoeuvres journalieres, & ſacrifier à des avantages auſſi étendus & auſſi inconteſtables des différences de fonte qui, juſqu'à préſent, peuvent être regardées au moins comme problématiques, & qui, quand elles ſeroient prouvées par des expériences, qu'on peut regarder d'avance comme difficiles & diſpendieuſes, n'influeroient probablement encore en rien ſur la durée réelle des pieces, qui, ſi elle dépend des parties de l'ame

qui

qui correspondent aux anses & aux tourillons, dépend autant des parties intermédiaires, & bien plus, de celles qui sont vers la culasse & la volée, qui forment la partie de l'ame la plus considérable. C'est ainsi qu'ont pensé les Officiers qui ont présidé aux changemens que le nouveau système a fait dans les Fontes. Et ces Officiers étoient assurément ceux de tout le Corps, qui ayant le plus servi dans les Parcs, & le plus suivi les réceptions & l'examen des pieces, étoient le plus dans le cas d'apprécier les commodités de service auxquelles il falloit s'attacher de préférence, & de balancer les avantages & les inconvéniens entre lesquels il falloit choisir.)

SECTION CINQUIEME.
Réception des fers coulés.

Des Bombes.

(X. p. 51. Une autre espéce de fers coulés sur laquelle les Réformateurs du nouveau système ont eu une idée aussi peu heureuse que celle de leurs coquilles, ce sont les bombes. Elles avoient anciennement des anses: mais ces anses ayant nécessairement beaucoup de saillie, peu d'épaisseur, & étant de fer coulé comme la bombe, qui est une matiere fort cassante, il en rompoit beaucoup dans le transport & dans la manoeuvre. C'étoient autant de bombes perdues. Le nouveau système avoir remédié à cet inconvénient, en substituant à ces anses des oreilles plattes, à travers desquelles on passoit un anneau de fer battu qu'on laissoit libre. Rien n'étoit plus commode, ni moins fragile. On a supprimé les anneaux, & on est revenu aux anses. Les partisans de l'ancienne Artillerie, à qui on a demandé la raison du retour à ces antiquailles, sont assez embarrassés. Ceux d'entr'eux qui savent l'Histoire, prétendent que les premiers bombes tirées il y a deux cents ans par l'Ingénieur *Malthus*, étoient faites de cette sorte : ce qui est assurément une excellente preuve de la bonté des anses.)

Les avantages des nouvelles Bombes ont déja été discutés dans la premiere Partie de ces Mémoires p. 148.

Des Boulets. Instrumens de vérification.

(XII. p. 28. Tout étant à craindre dans des précisions si recherchées, peut-on s'assurer bien positivement que les Fondeurs n'auront pas donné quelques points de moins aux calibres de leurs pieces ? Aura-t-on une certitude bien positive que les boulets sortis des forges, seront tous dans la justesse du calibre fixé ? On ne manquera pas d'opposer à cette derniere question, les cylindres à calibrer. Eh! Messieurs, vos cylindres sont excellens pour les premieres centaines de boulets qui y passeront; mais, voyez-les après que quelques milliers y auront roulé, leur diamétre sera devenu bien différent de ce qu'il étoit au sortir des mains du Fondeur.) *St. Auban.*

(XII*. p. 100. C'était assurément bien le cas de dire un mot des nouveaux moyens employés pour s'assurer du calibre juste des pieces; mais M. de St. A. a jugé à propos de n'en point parler, & cela sans doute, parceque la comparaison qu'on en aurait pu faire avec les anciens, n'aurait pas été à l'avantage de ceux-ci.) *Le même auteur fait connoître ces moyens, en disant;* X. p. 51. (Le nouveau système avoit parfaitement remédié à cet inconvénient, en faisant succéder à la vérification de la lunette, celle d'un cylindre ouvert par les deux bouts, dans lequel on faisoit rouler le boulet. Ce cylindre calibroit par-là le boulet sur tous les sens; & comme il étoit d'une ligne au-dessous du calibre déterminé pour la piece, on étoit bien sûr que le boulet qui y passoit, passeroit de même dans la piece; & s'il s'y arrêtoit, on étoit quitte pour l'en faire sortir, en le repoussant par l'extrémité opposée à celle où il étoit entré. Lorsque, par la singularité d'événemens que chacun sait, l'ancien système d'Artillerie a repris faveur, il y a deux ans, on a supprimé ces cylindres; & on leur a substitué des coquilles hémisphériques, dans lesquelles on place les boulets, & on les retourne sur plusieurs sens. On prétend que par cette méthode on s'assure infiniment mieux que par les cylindres contre l'événement des boulets qui excedent seulement par un sens le calibre juste de la piece. Cependant il est assez évident que pourvu que le boulet porte bien sur le grand cercle de la coquille, il peut être irrégulier sur tous ses autres diamétres, plus petit ou plus gros, sans qu'on en voie rien. Car il n'est donné à personne, pas même à ce qu'il y a de plus clair-voyant parmi les partisans de l'ancienne Artillerie, de voir à travers une coquille de métal.) *&* XII*. p. 101: (*Que les cylindres ne sont excellens que pour les premieres centaines de boulets qui y passeront.* Que sur cet objet encore, M. de St. A. me permettre de lui apprendre la verité, ou du moins de l'apprendre à ses Lecteurs. Les Cylindres servent à passer cinq cent mille Boulets, avant d'être usés de deux points, qui est le terme indiqué pour les réformer. Quelquefois ils vont plus loin. Mais quand on y a fait passer quatre cents mille boulets; on les visite de temps en temps pour s'assurer qu'ils ne sont pas arrivés aux deux poins d'évasement.) *du Coudray.*

LES épreuves sont en général d'autant plus parfaites plus elles sont assimilées à l'usage que l'on doit faire des effets sur lesquels elles portent; or les

cylin-

XII*. *Discussion Nouvelle des changemens faits dans l'Artillerie depuis* 1765 *par M. du Coudray, Chef de Brigade au Corps de l'Artillerie; en Réponse à M. de St. Auban, Inspecteur-Général au même Corps.* à *Londres* 1776. *in* 8° 167 *pages.*

cylindres à calibrer font de véritables canons où les boulets roulent comme dans les pieces, mais dont on peut les retirer s'ils viennent à s'y arrêter ; il doit donc paroître bien simple que ces cylindres assûrent mieux leur sphéricité & leur précision que les anciennes Lunettes & que les Coquilles de nouvelle invention dont on vient de voir l'insuffisance à cet égard par les extraits précédens.

Voici encore quelques réponses faites par le même auteur aux inconvéniens que M. de St. Auban trouve à la diminution du vent, & que nous avons rapportés p. 355. Le lecteur est prié d'y rapporter ce qui suit, & qui est tiré d'un écrit qui ne m'est parvenu qu'après l'impression de la 2de Section de ce Chapitre.

Diminution du Vent.

(XII*. p. 95 - 100. 1° *Que la rouille en un an ou dix-huit mois augmentera le volume de ces boulets, au point de les empêcher d'entrer dans les pieces.* Cette premiere objection serait fondée sans contredit, si les boulets étaient exposés dans nos parcs, comme le sont quelques pieces de côtes, à essuyer toute l'activité des brouillards salins de la mer, & même à être souvent baignés par ses vagues. La rouille alors agissant rapidement & sur une épaisseur considérable, exfolie le fer, & ces feuilles soulevées forment un gonflement qui augmente considérablement son volume. Mais nos boulets n'étant dans le cas d'essuyer que des pluyes & des rosées d'eau-douce, M. de St. A. a dû remarquer que la rouille n'y agit que très-lentement, & que la faible croûte qu'elle forme, ou se détache d'elle-même journellement, & par-là diminue le calibre du boulet, au lieu de l'augmenter ; ou que si elle reste, elle n'adhère pas assez pour ne pas tomber en passant par les différentes mains qui contribueront à ensaboter le boulet. Il ne sera donc pas nécessaire, pour parer à ce premier inconvénient, *de conserver les boulets nouveaux dans des lieux exempts d'humidité, ni de les mettre à l'entretien comme les armes*, comme le propose M. de St. A. Venons à la seconde objection, qui porte sur l'embarras où il prétend que peut jetter la rencontre de quelques feuilles de fer-blanc trop épaisses, employées mal-à-propos à ensaboter les nouveaux boulets, & sur la crainte de se retrouver par-là dans le cas où l'on se trouvait quelquefois ci-devant, par les boulets trop gros ou irréguliers, que le peu de soin ou l'insuffisance des instrumens de calibrage exposaient à présenter inutilement aux pieces, & même à y introduire, sans pouvoir achever de les enfoncer. —— Mais les résultats de ces épreuves annoncent en propres termes "qu'on a présenté des cartouches "de tous les calibres dans des pieces d'un diamètre exact, (*par conséquent du "calibre le plus étroit possible*), & que l'on a trouvé que dans toutes ces pieces, "l'on pouvait mettre dans le vent du boulet *six épaisseurs de fer-blanc, non* "*comprises les deux de la croix qui fixait le sabot au boulet.*" Ces mêmes résultats leur auraient encore appris, que la multitude d'essais faits, lors de ces épreuves, avec des boulets d'une ligne de vent, montés sur des sabots, ne pouvait laisser non plus la moindre inquiétude à ceux qui n'étant point Artilleurs, auraient ignoré que l'écouvillonage qu'on fait nécessairement à chaque coup, & que le rafraichissement qu'on employe, même en bataille, quand le service devient vif & soutenu, ne permettent jamais à la crasse d'acquérir assez d'épaisseur pour occuper une ligne au logement du boulet. Enfin, M. de St. A., ne peut pas ignorer, que pour parer de la maniere la plus certaine aux mal-adresses ou aux erreurs en ce genre, il a été décidé qu'on aurait dans les Atteliers, où l'on fera des gargousses à boulets pour la guerre, des cylindres d'un diamétre un peu moindre que celui des pieces auxquelles ces boulets seront destinés; & qu'on ferait passer dans ces cylindres les gargousses à mesure qu'on les finira; ce qui obviera, non-seulement à ce que des gargousses trop larges, ou d'une étoffe trop lâche, ne prennent un diamétre excédent à celui de la piece, mais même à ce que le boulet, par l'ensabotement, n'excéde aussi ce diamétre.

Reste *l'impossibilité* que M. de St. A. prétend qu'il *y a de se servir* de ces nouveaux boulets *pour incendier*. Il annonce comme décidé, que pour remédier à cette *impossibilité* dans chaque calibre, on est convenu d'employer en campagne, pour cette opération, les boulets du calibre inférieur à celui de la piece; les boulets de 8 pour les pieces de 12, ceux de 4 pour les pieces de 8. D'après cela, il se recrie, "sur ce qu'un pareil expédient est proposé par les "personnes, qui pour assurer plus de précision & de justesse au tir du canon, "réduisent à une ligne le vent du boulet." En admettant cette supposition comme chose existante, on pourroit répondre à M. de St. A., que dans la nécessité indispensable de mettre dans le tir à boulet rouge, l'augmentation d'incertitude qui résulterait de l'emploi de boulets d'un calibre inférieur à celui de la piece, ou de tirer habituellement avec des boulets de deux lignes de vent, il n'y aurait pas à balancer; & cela par deux considérations décisives. La premiere que le tir à boulets rouges étant très-rare, il serait hors de raison de lui sacrifier un service habituel. La seconde, que les objets du tir à boulet rouge, étant des bâtimens, des magasins, & ordinairement en grande masse, quelqu'incertitude que la diversité de calibre ajoutât à ce tir déjà si incertain par la situation de la piece, il serait encore capable de remplir ce qu'on exige de lui. Je demanderai ensuite à M. de St. A., si lorsque nul instrument ne déterminait le *trop petit* des boulets, si lorsque le vent limité par les Ordonnances, était réellement illimité par le manque de moyen de le vérifier, ainsi que l'on ne peut disconvenir que cela a toujours été jusqu'à l'établissement du Nouveau Système; je demanderai, dis-je, à M. de S. A., quelle était la différence *réelle*
d'un

d'un boulet de 12 à un boulet de 8; & si nécessairement il ne se trouvait pas que celui-ci était quelquefois employé pour l'autre, non pas seulement pour le tir à boulet rouge, mais pour tirer sur les troupes, en un mot, pour les tirs qui exigent le plus de précision.

Enfin pour terminer cette objection du tir à boulet rouge d'une manière encore plus positive que ne le peut faire tout ce que je viens de dire, il faut que j'apprenne aux Lecteurs de M. de St. A., comment sur cet article, comme sur tant d'autres, il les égare encore de propos délibéré, en leur donnant comme une *décision* ce qui n'a été qu'une *proposition*. Les raisons que je viens de déduire, avaient en effet engagé, sur un premier apperçu, à préférer l'inconvénient accidentel d'employer pour le tir à boulet rouge, des boulets d'un calibre décidément inférieur à celui de la piece, plutôt que de se jetter dans l'inconvénient habituel des boulets à deux lignes de vent. Mais des expériences faites avec plus de soin, ont appris depuis, qu'un boulet de 12, ne grossissait que de neuf points, en le chauffant rouge cérise, ce qui lui procure une dilatation bien plus forte que celle qui résulte du rouge brun dont on se contente, & qu'il suffit de lui donner, lorsqu'il s'agit d'exécuter ce genre de tir.)

Je ne crois point devoir me rétracter sur ce que j'ai dit p. 355. qu'il vaut mieux laisser assez de vent aux boulets pour éviter les deux premiers inconvéniens discutés dans l'extrait précédent, à moins que la fixation du calibre des cylindres à calibrer, moindre d'une ligne que l'est celui des canons, n'aye amené la nécessité de laisser dorenavant $1\frac{1}{2}$ lig. de vent aux boulets, ce qui paroît probable pour qu'ils puissent passer par les cylindres.

Battage des nouveaux boulets & diminution du vent des anciens par le tour.

(XII. p. 122-124. Les Auteurs de la nouvelle Artillerie, ignorant sans doute tous les inconvéniens de pratique, conséquens & inséparables de la précision trop rapprochée du diamètre du boulet à celui de la piece, ont pratiqué & pratiquent journellement dans les forges pour la préparation des boulets, des procédés si dangereux par les conséquences funestes qui en peuvent résulter, qu'ils ont mérité l'attention de M. *de Buffon*, qui a voulu pour le bien de l'Etat s'en convaincre par ses propres expériences. Si M. *de Buffon* a été trompé sur le calibre des pieces nouvelles, qu'on lui avoit dit être plus étroit que celui des anciennes; il ne l'a pas été sur les boulets trop gros que l'on vouloit faire servir à des pieces dont le calibre étoit plus étroit que les boulets qu'on leur destinoit. Les pieces de douze, de huit & de quatre anciennes, surnommées *paralytiques* par les Auteurs du nouveau système, ayant été proscrites pour la guerre de Campagne; les boulets dont elles étoient approvisionnées étant d'un diamètre moindre que celui qu'ont jugé à propos de fixer les

Auteurs de la nouvelle Artillerie, eussent été au rebut & sans pouvoir servir d'après la fixation d'une ligne de vent déterminée par ces Novateurs ; & les forges ne pouvant fournir promptement la quantité de boulets nécessaires au très-grand nombre de pieces refondues au nouveau modele, on a voulu sans doute faire servir les boules de douze aux pieces de huit nouvelles, & les anciens boulets de huit aux pieces de quatre nouvelles, qui, se trouvant trop gros, ont été diminués en suivant les procédés qu'a blâmé M. *de Buffon*, & pour colorer actuellement cette dangereuse opération, qui est généralement reconnue mauvaise non-seulement par les Chymistes, mais par tous les Ouvriers en fer, pour la colorer, dis-je, ils ont trouvé & imaginé une ressource pour se mettre à l'abri du blâme, & ça été d'en rejetter la nécessité sur la négligence & l'inattention que l'on avoit anciennement pour la réception des boulets. Ce subterfuge n'est pas adroitement imaginé ; il est démenti par les faits, & ne peut prendre quelque faveur que chez ceux qui, étrangers au Corps de l'Artillerie, ignorent ce qui s'y pratiquoit avant l'arrivée des Novateurs en France.) *St. Auban.*

(XII°. p. 101-107. Un autre article encore, également relatif aux nouveaux boulets, & sur lequel il eut été non moins important que M. *de St. A.* eut bien voulu instruire exactement ses Lecteurs, ou plutôt ne pas leur dire positivement le contraire de ce qui est, c'est l'opération du *battage*. Il s'éleve aux pages 205, 206 & 209 contre cette opération, qui consiste à faire passer dans un four de réverbere incliné, les boulets sortants des coquilles où on les a fondus, afin de les chauffer peu à peu, & de les battre ensuite, entre une enclume concave & un marteau de même forme. Il prétend que ce procédé est très-vicieux, qu'il *exige une attention sérieuse de la part de l'administration*. C'est au moins un objet de discussion : & nous allons y venir ; mais de plus il assure que cette opération vicieuse a été établie en 1766 par le Nouveau Système, & qu'ayant mérité l'attention de M. *de Buffon*, il *en a reconnu par ses propres expériences les vices & les défauts.*

Que M. *de St. A.* me pardonne de lui dire & de lui prouver, que rien n'est plus contraire à la vérité des faits, que ces deux assertions. Premierement, ce n'est point en 1766, mais vers 1743 que le battage des boulets a été établi. Il n'est point dû par conséquent à l'Auteur du Nouveau Système ; il l'est à M. le Marquis *de Rostaing*, qui employé aux Forges de Hayange qui faisaient alors, comme à présent, la principale fourniture des fers coulés, y a apporté ce procédé de la Baviere, où il était en usage depuis long-temps. C'est une anecdote très-connue dans tout le Corps de l'Artillerie, & dont M. de *St. A.* a pu se procurer, ainsi que j'ai fait, les époques précises, lorsqu'en 1772 il a été faire l'inspection des Forges de Hayange. Il le devait, qu'il me permette de le dire, non-seulement en sa qualité d'Inspecteur, qui l'oblige à

savoir

D'ARTILLERIE.

savoir les choses mieux que nous autres subalternes; mais sur-tout en sa qualité de Critique.

Passons à ce qui concerne M. *de Buffon*, & à l'appui qu'il prétend tirer de ce célèbre Naturaliste pour prouver (page 204) le vice des nouveaux boulets. Observons d'abord que M. *de St. A.* pour faire usage de cette autorité, se plait à confondre deux opérations qui n'ont rien de commun: savoir, celle du *battage*, que je viens de décrire, dont l'objet est de rendre les boulets plus unis & plus denses, du moins à la surface; & celle du *tournage*, qui a eu lieu dans quelques arsenaux, pour rendre de service une multitude d'anciens boulets, qui dans chaque calibre, se sont trouvés trop gros, lorsque pour fixer un terme à la négligence de l'administration précédente, on entama une vérification indispensable, que les événemens postérieurs ont suspendue. M. *de Buffon* a censuré cette seconde opération, mais n'a censuré qu'elle; car c'est à elle seule qu'on peut appliquer ce qu'il dit à la page 59 de son introduction à l'histoire des minéraux, Tome 2. "C'est sans doute parce *qu'on igno-*
"*rait* jusqu'à quel point va cette altération du fer, ou plutôt parce qu'on *ne*
"*s'en doutait pas du tout*, que l'on *imagina* il y a quelques années dans notre
"Artillerie de chauffer les boulets, *dont il était question de diminuer le volume.*
"On m'a assuré que le calibre des canons nouvellement fondus, étant plus étroit
"que celui des anciens canons, il a fallu *diminuer* les boulets, & que pour y
"parvenir, on a fait rougir ces boulets *à blanc, afin de les ratisser ensuite plus*
"*aisément en les faisant tourner.* On m'a ajouté que souvent on est obligé de
"les faire *chauffer cinq, six*, & même *huit & neuf fois* pour les *réduire* autant
"qu'il est nécessaire. Or, il est évident par mes expériences, que cette prati-
"que est mauvaise; car un boulet *chauffé à blanc neuf fois*, doit perdre au moins
"le quart de son poids, & peut-être les trois quarts de sa solidité. Devenu
"cassant & friable, il ne peut servir pour faire brèche, puisqu'il se brise con-
"tre les murs: & devenu léger, il a aussi pour les pieces de campagne le grand
"désavantage de ne pouvoir aller aussi loin que les autres.".

Dans cette opération, dont on avait dénaturé le motif à M. *de Buffon*, en lui faisant accroire qu'elle avait été nécessitée par un rétrécissement arbitraire *du calibre des canons nouvellement fondus*, les boulets étant souvent obligés de repasser au feu, non pas *huit à neuf fois*, comme le dit M. *de Buffon*, mais quelquefois quatre & cinq; ils recevaient de la part du feu une altération considérable, & sans doute, trop considérable pour qu'on *l'ignorât*, pour qu'on *ne s'en doutât point du tout*, ainsi qu'il le prétend un peu durement, en dirigeant même par une note particuliere, l'application de ces expressions sur ceux qui avaient remplacé *M. le Marquis de Valiere dans la conduite des travaux de l'Artillerie.* Mais dans l'opération du *battage*, les boulets ne passant au feu que deux fois; tout au plus, ce qu'on n'accorde même aux Fournisseurs que pour les vingtieme de chaque fourniture, afin de leur faciliter l'exactitude des dimenſions; & les boulets n'étant jamais chauffés qu'en couleur de cériſe; il eſt évident, qu'en admettant même toute l'étendue d'altération que M. de Buffon prétend que le feu cauſe au fer, ce n'eſt pas aux boulets *battus* qu'on pourrait appliquer la prédiction qu'il fait ſur les boulets *tournés*: que *devenus caſſans & friables, ils ne pourront ſervir pour faire bréche, & qu'ils ſe briſeront contre les murs*.

Venons maintenant à l'eſſentiel des obſervations de M. de St. Auban contre les nouveaux boulets. Voyons ſi le Nouveau Syſtème a eu tort ou raiſon, de maintenir le *battage* dont il eſt à préſent prouvé qu'il n'eſt point l'Inſtituteur. Pour cela, il faut conſidérer les avantages & les inconvéniens de cette opération. Ses avantages ſur *l'ébarbement* à la tranche & au marteau, que M. de St. A. prétend préférables, ſont évidemment d'avoir des boulets beaucoup plus exacts, beaucoup plus denſes, au moins vers la ſurface - - -, & par-là plus bondiſſans, plus inattaquables à la rouille, beaucoup plus unis, & par-là beaucoup moins dans le cas de produire dans les pieces ces bavures, ces écorchemens, qui en rendant les battemens de boulets plus fréquens, hâtent la deſtruction de la piece. Ses inconvéniens, ou plutôt ſon unique inconvénient, c'eſt cette altération de poids & de denſité de matiere, pour laquelle M. de St. A. prétend ſe prévaloir de l'opinion de M. de Buffon, ſans d'ailleurs ſe mettre en frais de diſcuſſions, ni d'expériences particulieres. Voyons où cette altération peut aller: M. de Buffon aſſure qu'un *boulet chauffé à blanc neuf fois, doit perdre au moins le quart de ſon poids*. Mais comme on ne chauffe point *à blanc* pour le *battage*, mais ſeulement *couleur cériſe*, il eſt évident, qu'en regardent même l'aſſertion de M. de Buffon comme un principe, on n'en pourrait tirer que des inductions fort incertaines. Au défaut de M. de Buffon & de M. de St. A., voici quelque choſe de plus précis.

Ce ſont des expériences que j'ai faites le mois d'Octobre dernier aux Forges de Hayange, dans la vue de m'aſſurer plus complettement du peu de fondement des allarmes données à toute la France par M. de Buffon ſur les boulets tournés. Ces expériences faites ſur ſix boulets de 12 ont montré, 1° Que ces boulets chauffés une fois au même fourneau de réverbere & au même dégré de chaleur, qui ſervent pour le *battage*, donnaient des différences de poids trop peu marquées pour être appréciables avec des balances communes, faites pour peſer des onces & des demi onces, les ſeules que nous euſſions à notre portée. 2° Que ces boulets chauffés ſix fois de ſuite au même degré, en les laiſſant refroidir à chaque fois au point de les manier aiſément, & cela ſans les battre, n'ont perdu qu'un cinquantieme de leur poids, pour ceux qui ont le plus perdu. 3° Que chauffés après cela onze fois de ſuite,

suite, toujours au même degré, en les laissant refroidir à chaque fois, toujours sans les battre; la nouvelle perte qu'ils ont soufferte, étant ajoutée à la précédente, n'est pas montée à un vingt-cinquieme. 4°. Enfin qu'en faisant succéder le battage à chaque chaude, la perte se réduisait à environ moitié.

Ces expériences faites sur des boulets de fonte, doivent nécessairement offrir des résultats différens de celles de M. *Buffon*, puisque c'est sur des boulets de fer forgé qu'il a opéré. Mais ces différences, loin d'être en *moins*, pour les boulets de fonte, devraient être en *plus*. Car il est évident que la fonte étant moins compacte que le fer, & contenant d'ailleurs, si non certainement, du moins très-probablement une quantité considérable de parties d'une matiere particuliere, qui manque au fer forgé, & sur laquelle le feu a beaucoup de prise, elle doit beaucoup plus perdre, quand elle est exposée à son action. Mais quelque soit cette différence, quelque soit celle qui existe aussi entre la chaleur *couleur cérise*, à laquelle je me suis tenu pour ne pas sortir du degré affecté à l'opération dont je voulois examiner les effets, & la chaleur *couleur blanc*, par laquelle M. de *Buffon* dit, *qu'un boulet chauffé neuf fois*, doit perdre au moins le quart de son poids, il ne paraît pas que ces différences ajoutées même l'une à l'autre, puissent justifier des résultats aussi éloignés qu'un quart & un vingt-cinquieme; sur-tout si l'on observe que M. de *Buffon* ne parle que de neuf chaudes, & que nous avons donné dix-sept. Je ne puis offrir pour garant de ces expériences que mon témoignage & celui de mes coopérateurs, savoir, M. *de Balthazar*, Capitaine au Régiment de Diesbak, dont l'esprit & les connoissances que, particulierement en ce genre, il a prises pendant son séjour à Hayange, seront un suffrage imposant pour les personnes qui le connaissent; & M. *d'Angenoux*, Capitaine au Corps de l'Artillerie, à qui l'on est principalement redevable de la perfection qui regne maintenant dans les travaux des forges employées par l'Artillerie.) *du Coudray*.

Nous NE discuterons absolument point les conséquences du procédé qui a été employé pour tirer parti des boulets existans à la reduction du vent, lequel a occasionné tant d'écrits entre les partisans des différens systèmes d'artillerie depuis que l'opinion de M. *de Buffon* a donné du relief à cet objet de discussion; car l'opération des chaudes vives suivies de celles du tour qui a été mise en pratique pour faire passer les boulets des calibres supérieurs aux calibres inférieurs n'ayant eu lieu que pour le moment, elle ne sauroit être intéressante qu'autant que le nombre des boulets existans est considérable en pareil cas, c'est pourquoi on ne citera point les *Lettres* de M. *du Coudray* & de M. *Potot de Montbeillard* qui ont été publiées dans le *Journal de Physique de l'Abbé Rozier*; mais le battage introduit pour la fabrique des nouveaux boulets étant aussi précédé de chaudes, on s'est plû à confondre ces deux opérations,

en

en leur appliquant sans distinction ce que M. *de Buffon* a dit sur le desséchement du fer par l'action du feu, & principalement par l'effet des chaudes vives ou à blanc; pendant que le battage ne requiert que des chaudes douces où on ne le rougit qu'à couleur de cérise, ainsi que le rapporte M. *du Coudray*.

Au reste il paroît non douteux: 1° Qu'à diamétre égal les boulets battus doivent être plus pesants que ceux qui sortent avec le diamétre prescrit de la fonte; parceque le resserrement des parties métalliques occasionné par la percussion du marteau rétablit beaucoup plus la densité & par conséquent la pesanteur spécifique de la matiere, que ne les sauroient détruire le dilatement de ces parties métalliques occasionné par la chaleur & le desséchement des parties hétérogenes phlogistiques que l'action du feu consume; au moins est-on certain que ce compensement en sus a lieu à la surface où l'action du feu animée par celle de l'air est la plus forte; parceque le battage y doit nécessairement former une croûte d'une certaine épaisseur semblable au fer forgé; mais il est naturel que le dechet y soit aussi plus considérable: Cette certitude est d'ailleurs fondée sur l'expérience, qui donne la pesanteur spécifique du fer forgé à celle du fer fondu dans le rapport de 8,286 à 7,114.

2° Que les boulets devenans plus unis & plus élastiques à leur surface ils en sont d'autant plus propres pour le ricochet, moins en butte à la rouille, & beaucoup moins nuisibles à la destruction de l'ame des pieces.

Au reste nous invitons les amateurs du métier & spécialement les Officiers chargés de la construction des attirails de lire l'Ecrit entier designé sous le No. XV. Il n'est pas susceptible d'extrait, mais les expériences qui en font le sujet, ainsi que ce que l'auteur y dit sur l'effet des différentes chaudes, sur le nerf du fer, sur la trempe &c. mérite également l'attention des curieux & des gens de l'art.*

---

* On a supprimé la 6 Section de ce Chapitre, sur laquelle il ne reste aucune Objection à rapporter ou à discuter qui ne soit déjà comprise dans le cours de cette seconde Partie.

CHAPITRE QUATRIEME.
Changemens faits dans le personnel de l'Artillerie, ou dans le Corps destiné à son service.

(XI. p. 65-68. *MEMOIRE sur le Service des Pieces de 4, attachées aux Bataillons en temps de Guerre; présenté à MM. les Maréchaux de France, par M. le Marquis de Valiere.*

Il ne s'agit pas dans ce Mémoire d'examiner en lui-même l'établissement des pieces de canon attachées aux bataillons, ni de déterminer si chaque bataillon doit en avoir deux, ou une seulement à sa suite, pendant la Guerre; mais de balancer, pour le bien de l'Etat, & sans partialité, lequel des deux est le plus expédient, de faire servir cette Artillerie légére par les Soldats mêmes des Régimens d'Infanterie suivant les Réglemens de 1757, ou par les Soldats du Corps Royal de l'Artillerie. Le Réglement de 1757 n'a pas été fait au hasard; c'est le fruit d'un examen sérieux, & il a produit pendant la derniere Guerre tout le fruit que le Roi pouvoit s'en promettre. La disposition en est simple & facile à exécuter; elle remplit exactement l'objet de l'établissement, de la maniere la moins dispendieuse pour l'Etat; & aujourd'hui que l'expérience de plusieurs Campagnes en a confirmé la sagesse, il est plus aisé que jamais d'en assurer tous les avantages. Un Sergent d'Infanterie, choisi parmi les meilleurs du Régiment, suffiroit certainement pour commander la piece, ou les deux pieces placées à l'une des ailes du bataillon; à plus forte raison un Lieutenant auquel la Cour accorderoit de temps en temps quelques gratifications, s'en acquittera-t-il avec toute la distinction, & tout le succès à desirer, sous les ordres du Commandant de la Brigade, ou du Régiment. C'est ce qui a été pratiqué dans plusieurs Régimens, durant la derniere Guerre, à la satisfaction de MM. les Brigadiers, & de MM. les Colonels d'Infanterie; le meilleur Officier d'Artillerie ne fourniroit pas mieux à ce service, & l'Officier d'Infanterie y satisfera d'autant mieux, qu'il sera même flatté de la distinction qu'on lui reconnoît au-delà de celle nécessaire à son service particulier: cela s'est pratiqué ainsi avec succès à la derniere Guerre. Les Soldats d'Infanterie, qui furent choisis immédiatement après le Réglement de 1757, apprirent en très-peu de temps l'exercice des pieces à la Suédoise. Ils les tiroient dans les exercices avec la célérité convenable: devant l'ennemi, ils les exécuterent aussi-bien que l'auroient fait ceux dont ils avoient reçu les premieres inſtructions. Dorénavant les Soldats de chaque Bataillon, deſtinés au ſervice de leur Artillerie légére, pourront y être formés de même ſans difficulté. D'abord les Régimens en garniſon à Strasbourg, à Metz, à Douai, à Beſançon, ſeroient à portée d'y prendre toutes les inſtructions néceſſaires, & d'avoir des pieces pour s'exercer, ſoit en blanc devant leurs Quartiers, ſoit d'une maniere plus étendue, dans leurs Champs ordinaires d'exercice. A l'égard des autres grandes Places, on ne voit point d'inconvéniens à y en envoyer une quantité ſuffiſante de ces petites pieces, qui ſeroient confiées aux Régimens durant l'Eté. Les Gardes d'Artillerie ſeroient chargés par les Officiers du Corps Royal, en réſidence dans ces Villes, d'inſtruire aux manœuvres ordonnées les Soldats qui en auroient beſoin. D'un autre côté, rien n'empêche que les Régimens à portée de nos Ecoles, n'y envoyent des Sergens avec quelques Soldats pour y être formés à la manœuvre de leurs pieces, ou même les Officiers deſtinés à les commander. Par ces différens moyens le ſervice eſt aſſuré d'une façon très-avantageuſe, ſans qu'il en coûte au Roi aucune dépenſe extraordinaire pendant la paix. Au commencement d'une Guerre il ſuffiroit d'augmenter les Compagnies du nombre de Soldats qui en auroient été tirés pour le canon, afin qu'elles fuſſent toujours en état de faire leur ſervice ordinaire; parti plus utile que de former des Compagnies particulieres, deſtinées uniquement aux fonctions de Canonniers d'Infanterie. Préſentement, quel avantage y auroit-il à faire ſervir le canon de l'Infanterie par le Corps-Royal? Aucun, aſſurément, pour l'exécution de cette Artillerie, ſous quelque point de vue qu'elle ſoit enviſagée, ſoit à l'égard des Officiers, ſoit à l'égard des Soldats: cependant, quelle énorme dépenſe en temps de paix pour un projet qui ne peut offrir que de vaines apparences de ſuccès! Suppoſons ſeulement 150 Bataillons en Campagne, & deux pieces par Bataillon, il aura donc fallu entretenir en temps de paix, pour ce ſeul ſervice, au moins 2400 Soldats dans le Corps Royal, avec les Officiers & les Sergens. Cette dépenſe eſt aiſée à calculer; & ſi, par les circonſtances, l'Etat étoit obligé de faire de nouveaux Régimens, & d'employer plus de Bataillons, où cela iroit-il? Mais, dira quelqu'un, ces Canonniers & ces Officiers ſerviront pour les ſieges. L'Etat n'en a pas beſoin: premierement, combien de Campagnes ſans ſiege? Secondement, le Corps Royal, tel qu'il eſt, ſuffira ſans peine pour l'attaque ou pour la défenſe des Places, avec les Soldats auxiliaires qui ne coûtent rien en temps de paix. Sur huit hommes employés au ſervice d'une piece de 24, il ne faut que deux Canonniers; ainſi à proportion pour les autres pieces ou pour les mortiers. Telle a été en tant de ſieges mémorables la pratique de l'Artillerie, & aſſurément elle n'a reçu que des éloges dans cette partie de la guerre, comme dans toutes les autres. Tout bien conſidéré, il s'enſuit donc que le canon de l'In-

fanterie

fanterie doit être servi par elle-même; que le succès en sera aussi certain avec les Officiers & les Soldats des Bataillons, qu'avec ceux du Corps Royal; qu'il en coûtera infiniment moins au Royaume, & que les différens Corps y gagneront autant du côté de la gloire.)

(XII. p. 97-107. *Doit-on continuer à mettre en résidence les Capitaines en second, jusqu'à ce qu'ils parviennent à avoir une Troupe?*

M. le Duc *de Choiseul*, instruit par l'expérience de plusieurs années, que le long séjour que faisoient les Capitaines en second, dans les résidences étoit nuisible à leur instruction; ordonna par une Lettre du 11 Mai 1770, à tous les Commandans en Chef des Ecoles d'Artillerie, "d'examiner avec la plus "grande attention les anciens Lieutenans, afin de ne les laisser passer aux rési-"dences que suffisamment instruits, & en état d'entretenir par eux-mêmes les "connoissances nécessaires à un Officier d'Artillerie, qui peut arriver aux pre-"miers emplois du Corps." Lorsque le projet de l'Ordonnance de 1765, parut (on dit projet, parce qu'elle n'a jamais été imprimée ni promulguée) les Inspecteurs Généraux prirent la liberté de faire au Ministre des observations sur cet article du service, ils ont prévu dès-lors que sur la multitude des Officiers de ce grade répandus par tout le Royaume, dans les places qui, pour la plupart, ne présentent aucun objet de service ni d'instruction, le plus grand nombre ne pouvoit que perdre au lieu de gagner; & qu'il devenoit en quelque façon indifférent de leur faire attendre chez eux & dans le sein de leurs familles la Compagnie, ou dans des places de cette espéce, où ils ne pourroient être d'aucune utilité au Roi ni à eux-mêmes. En raisonnant ainsi, on les supposoit tous également & suffisamment instruits: l'examen qu'ordonnoit le Ministre, ne pouvoit pas parer à une inaction de sept, huit, & peut-être de neuf à dix années, dans des places absolument isolées & destituées souvent de la plus légere idée de ce qui peut avoir rapport à leur métier. Tous s'y rouillent & perdent en entier le fruit de leurs études antérieures & de l'expérience qu'ils ont acquises. Bien des sujets intelligens, instruits, appliqués & même animés de zéle & d'activité jusqu'à un certain point, deviennent très-médiocres, faute d'occasions, d'exemples & d'émulation, c'est ce que n'ont que trop vu les Inspecteurs Généraux de l'Artillerie depuis 1765 dans les Places qu'ils ont inspectées. L'âge où l'on parvient au grade de Capitaine en second, est cependant le moment de la vie le plus précieux & le plus propre à acquérir, & sur-tout à perfectionner les connoissances déjà acquises; le jugement alors est sûr & formé, ou doit l'être; c'est le tems du raisonnement & de l'application des principes. Quel dommage de n'en pas faire un emploi plus utile! Le moyen de remédier à ce mal seroit de retenir les Capitaines en second aux Drapeaux, en en fixant un à chacune des Compagnies des Regimens, leur faire suivre les instructions en tout genre, exploiter les Compagnies des Capitaines absents, &c. On sait bien qu'il faut des Officiers dans les places, mais on sait aussi que plus de moitié y est absolument inutile en temps de paix. Deux ou trois au plus peuvent suffire à chaque direction ou du moins à la plus grande partie, avec les Officiers supérieurs & les Capitaines en pied qui y sont déjà employés. Cet Officiers seroient envoyés par le Directeur dans les places où il y auroit quelque travail à faire, & on ne choisiroit que les sujets les plus instruits, & sur l'application desquels on feroit le plus grand fond, & cela sur les notes des Inspecteurs & des Commandans en Chef des Ecoles; ce qui produiroit un motif d'émulation de plus. L'expérience montre que ces Officiers rentrant à leurs Drapeaux, après des absences de huit à dix ans, sont étrangers à tous les objets qui devroient leur être familiers. La plus grande partie des Lieutenans n'aspirent qu'à aller dans ces résidences, où ils sont assurés de n'avoir aucun service à faire; l'oisiveté leur fait contracter des liaisons & même des mariages peu convenables, & auxquels ils n'auroient jamais pensé s'ils avoient suivi leurs Drapeaux & les instructions, & s'ils eussent toujours été sous les yeux de leur Chefs. Mais dira-t-on (ainsi qu'on l'a dit), ces Capitaines s'ennuyeront de voir toujours les mêmes choses dans les exercices des Ecoles. Cette raison ne paroît pas devoir mériter de réponse. Lorsque l'on a décidé que ces Officiers seroient employés dans des résidences, on a eu en vue de leur procurer la facilité de se former aux détails & au service des places. Mais quelles connoissances peuvent acquérir des Officiers sur ces objets dans des places, où il n'y a ni détail ni service? Des vues aussi saines & aussi justes, paroissent pouvoir être remplies avec plus de succès en prenant d'autres moyens. Les sept Régimens sont distribués dans les différentes parties du Royaume. Ne pourroit-on pas autoriser le Commandant en Chef de chacune des Ecoles, à fournir aux Directeurs tant des Arcénaux de construction dans les places, où sont en garnison les Régimens, qu'aux autres Directeurs d'Artillerie du département, les Officiers dont ils auroient besoin? De cette maniere chaque Régiment fourniroit les Officiers nécessaires aux Places du Département dans lequel il seroit; ces Officiers rentreroient à leurs Drapeaux, lorsque les Directeurs jugeroient leur présence n'être plus nécessaire dans les places, pour lesquelles ils les avoient demandés. Il faudroit en outre prendre dans les Régimens d'autres Officiers, & parmi les plus instruits, pour les envoyer aux Manufactures d'Armes, aux forges, lesquels après y avoir passé dix-huit mois, rentreroient à leurs Drapeaux, & seroient relevés par d'autres qui y passeroient le même temps. Tous les Lieutenans sont ou vont être sous peu de temps sans expérience & sans pratique de guerre, n'étant sortis des éleves que depuis la paix: jusqu'à présent les batteries, tant aux Sieges qu'en Campagne, ont été & seront toujours, sans doute, commanmandées chacune par un Capitaine en premier qui avoit fous lui un Capitaine en fecond, des Lieutenans, &c. Ce Capitaine hors de combat étoit fur le champ remplacé par le Capitaine en fecond, qui étoit toujours fenfé un Officier de fervice & d'expérience. Aujourd'hui cela ne pourra plus fe fuppofer; le Lieutenant qui remplacera le Capitaine aura, fi l'on veut, toute la théorie paffible; faura-t-il ufer de tous les avantages, & éviter les inconvéniens qui fe préfenteront? trouvera-t-il en lui-même toutes les reffources que peut & fait fe procurer un Officier qui eft guidé & éclairé par l'expérience des plufieurs Campagnes précédentes, & des différentes occafions où il fe fera trouvé comme fubalterne? La théorie eft certainement très-néceffaire & doit éclairer la pratique; mais il paroît que ce feroit donner dans un excès contraire, que de ne pas admettre l'expérience pour un appui indifpenfable à la théorie.

La création des vingt Garçons Majors, par chaque Régiment d'Artillerie, tirés du Corps des Sergens, & qui ne doivent point parvenir à d'autres grades, eft-elle utile au fervice du Roi?

Auffi-tôt que parut le projet de l'Ordonnance de 1765, avec ordre de l'exécuter provifoirement, quoiqu'elle ne fut que manufcrite, les Infpecteurs Généraux de l'Artillerie, les Officiers fupérieurs & autres de l'Artillerie jugerent que le fervice du Roi, au lieu de gagner à cette création, ne pourroit qu'y perdre beaucoup, puifqu'un Sergent faifoit autrefois & fera toujours à bien moindre frais, tout ce que l'on demande à chacun des Garçons Majors; le Sergent fera toujours plus docile, plus attentif que ce nouvel Officier, qui fe croyant élevé par fon mérite, aura des prétentions; fi ce n'eft pas au moment de fa promotion, ce fera au moins très-peu de temps après. A l'égard du Corps Royal, quel avantage peut-il attendre de ces fortes de gens? Les choifira-t-on vieux pour les récompenfer de leurs fervices de guerre? ce qui paroît être le plus jufte; ou on les choifira jeunes. Dans le premier cas, ils n'auront ni le temps, ni la force de vacquer aux fonctions pour lefquelles ils font deftinés: qu'en fera-t-on alors? Dans le fecond cas, le choix fera fouvent arbitraire, ou fondé fur des talens extérieurs & fuperficiels. On dégoûtera dès-lors tous les anciens Sergens, & bien loin d'établir l'émulation on la détruira. De plus, quand ces jeunes gens auront fervi de longues années, auront fupporté les fatigues de la guerre, il y aura de l'injuftice à ne pas les avancer, quoique tout avancement leur foit interdit par le projet d'Ordonnance de leur création; mais heureufement, pour le bien du fervice, cette Ordonnance n'eft qu'un projet, n'eft ni imprimée, ni promulguée, le Miniftre fe réfervant d'y faire les corrections que l'effai indiquera, on ne pourroit fe refufer aux follicitations puiffantes, qui forceront la main au Miniftre &

au Chef du Corps, qui par-là se remplira peu-à-peu d'Officiers sans naissance, sans éducation, sans talens, sans aucune connoissance des mathématiques, & le plus souvent sans principes de moeurs & de conduite. Plusieurs Inspecteurs d'Artillerie ont si bien senti tous les inconvéniens de cette innovation, qu'ils n'en ont proposé que très-peu lors de la formation provisoire en 1765, & conséquente du projet d'Ordonnance; le Ministre les approuva, & l'expérience a bien montré depuis qu'ils s'étoient conduits avec beaucoup de prudence; en effet, dans plusieurs Régimens le Corps des Sergens s'est trouvé énervé sans que celui des Officiers ait été fortifié. Bien loin de cela, d'excellens Sergens sont devenus de très-mauvais Officiers; quelques-uns même ont fait des bassesses, se sont vus dans le cas de déserter, ou de se faire chasser ou d'être punis rigoureusement. On ne sait qu'elle punition leur infliger à cause de leur grade d'Officier, on est également embarrassé de leur procurer des retraites soit à cause de vieillesse & d'infirmité, soit pour d'autres raisons; le mal augmente en remplaçant ceux dont on se défait, parce qu'on continue à prendre parmi les Sergens ce qu'il y a de meilleur; on ne dit pas en sujets parfaits, mais qui le seroient devenus, de façon que le Corps des Sergens s'anéantit de plus en plus; on voit beaucoup de Garçons Majors qui n'ont pas autant d'années d'âge qu'ils devroient en avoir de service; ce n'est plus parmi des hommes faits, d'une bravoure reconnue & éprouvée, rompus dans toutes les parties pratiques de notre métier, & de tant de manoeuvres différentes qui en dépendent, qu'on peut les choisir; les vingt Officiers de fortune épuisent cette espéce d'hommes. On est réduit à se contenter de sujets d'un peu de figure & d'une intelligence souvent équivoque. Enfin, ces Officiers de fortune ne gagnent rien eux-mêmes à leur changement d'état, ils soutiennent avec peine la décence qu'exigent le nom d'Officier, n'ayant aucune ressource de leur famille, ils n'ont pas de quoi vivre; dès les premiers mois de leur élévation, ils regrettent la qualité & l'aisance du Sergent. On n'a rien avancé qui ne se soit déjà malheureusement vérifié; on ne dit pas encore tous les inconvéniens de cette nouveauté; mais quoiqu'il en soit, en voilà bien assez pour détruire un établissement qui paroît être aussi dangereux qu'inutile, après avoir donné de quoi vivre aux Officiers de fortune qui existent; il paroît qu'il ne doit y avoir de fondation dans chaque Régiment qu'un Quartier-Maître & les deux Portes-Drapeaux. Le Ministre seroit assuré des vérités qui viennent d'être avancées, tant sur la nécessité de faire rentrer à leurs Drapeaux les Capitaines en second, & d'en joindre un à chacune des Compagnies, que sur la nécessité de supprimer les Garçons Majors, s'il vouloit bien demander l'avis des Inspecteurs, des Commandans en Chef des Ecoles, des Colonels, Lieutenans-Colonels, Majors & Capitaines du Corps Royal.

Pourra-

Pourra-t-on faire à la guerre le service par Compagnies, Divisions & Escouades, comme le suppose la constitution actuelle du Corps Royal?

Une seule réflexion prouvera qu'il est de toute impossibilité, de faire en Campagne le service par Compagnies. Dès qu'une Compagnie à marcher aura des Officiers, des Sergens, des Soldats malades (ce qui ne peut être autrement) il faudra alors emprunter sur une autre pour la complettor; celle-ci à son tour empruntera sur une troisieme pour remplacer ce qu'elle aura prêté, & ce qui lui manquera par les événemens ordinaires; ainsi de l'une à l'autre, de sorte que tout se réduira bien vîte à l'ordre des simples détachemens. Le tour des Compagnies à marcher, à établir, quoiqu'il paroisse des plus simples à exécuter, n'en entraîne pas moins beaucoup de difficultés. On pourroit sur cet objet consulter les Officiers qui sont chargés du détail des Regimens, ainsi que pour le tour à marcher des Officiers. Une batterie étant plus écrasée qu'une autre dans une Bataille ou Siege, la Compagnie qui l'aura servie se trouvera réduite à rien. Comment faire alors pour la complettor? Et par quelle espéce d'hommes le sera-t-elle? L'expérience vient de nous prouver qu'en Corse on n'a pu établir cette maniere de servir, & à bien plus forte elle ne pourra jamais l'être pour le service de l'Artillerie, qui exige la réalité des hommes par une subdivision fixée des grades; ce qui se passe journellement à nos Ecoles en est une preuve: tous les Officiers Majors ne pourront en disconvenir.

La création des cinq Chefs de Brigade dans chaque Régiment, a-t-elle procuré les avantages que l'on s'en étoit promis?

L'établissement des Chefs de Brigade, au lieu de produire un bien, a procuré un mal réel; il a ouvert la porte & donné une libre carriere à l'arbitraire. Il paroît que le même objet pouvoit être rempli, en donnant aux quatre ou cinq premiers Capitaines, des commissions de Lieutenant-Colonel & de Major suivant leur ancienneté; mais les laisser toujours attachés à leurs Compagnies, ce qui n'auroit pas été une surcharge aux Finances, & n'eut pas été un motif de mortification pour les Capitaines. Si on consulte les Chefs de Brigade même, ils répondront que leurs fonctions ne peuvent avoir à la guerre aucune utilité réelle.

La manoeuvre à bras d'hommes pour les pieces de 4, de 8 & de 12 nouvelles, peut-elle être exécutée exclusivement, & dans toute espéce de terrein, avec le succès qui est annoncé par le nouveau système?

Cette manoeuvre ne peut avoir lieu que pour la piece de quatre, encore faut-il que le terrein & la proximité de l'ennemi puissent la permettre. Les partisans & les auteurs du nouveau système l'ont abandonnée eux-mêmes, pour les pieces de 8 & de 12, dans les grandes repréfentations qu'ils ont données pour montrer les avantages du nouveau fyftème. D'après quelques eſſais particuliers, ils n'ont plus montré que les pieces de quatre manœuvrées à bras d'hommes.)

(XII*. p. 131-149. *OBIECTIONS de M. de Saint-Auban contre la nouvelle conſtitution de l'Artillerie, quant au perſonnel.*

1° *Service par Troupe formée au lieu du ſervice par détachement.*

L'objet qu'on a principalement enviſagé, en réglant que le ſervice ſe ferait par troupes entieres dans l'Artillerie, c'eſt ſinguliérement la facilité de rendre, dans tous les grades, bien plus reſponſables du ſuccès des opérations, ceux qui les commandent, & de les intéreſſer par-là plus fortement à l'inſtruction, à la diſcipline, au bien-être de leurs ſubordonnés. En effet s'il parait injuſte de rendre reſponſable du ſuccès d'une opération, un homme à qui les moyens qu'on lui a donnés pour l'exécuter, ſont non-ſeulement nouveaux & étrangers, mais ſouvent même ſuſpects; rien ne parait plus raiſonnable, plus exigible que cette reſponſabilité, quand ſes moyens ſont depuis long-temps ſous ſa main; quand il a pu connaitre les bonnes & les mauvaiſes qualités de chacun d'eux; quand il n'a tenu qu'à lui de les préparer à bien agir; quand habitués à dépendre de lui, à aboutir à lui, l'harmonie qui doit exiſter entre les membres & le Chef, ſe trouve toute établie. Si ce principe eſt inconteſtable, il l'eſt bien plus pour le ſervice de l'Artillerie que pour tout autre, puiſque ce ſervice embraſſant bien plus d'objets, étant bien plus compliqué, exige une inſtruction plus étendue & plus ſuivie, & une harmonie à la fois plus difficile & plus parfaite de la part de tous ceux qui y concourent. M. *de St. Auban* ne combat pas ce principe. Il n'en fait pas même mention. Il ſe contente d'objecter (page 105) que la néceſſité de completer les vuides que les malades, les abſens, les morts ſe trouveront former au moment de marcher, obligera de recourir à la compagnie, à la diviſion, à l'eſcouade voiſine pour emprunter ce qui manquera; *que celles-ci à leur tour emprunteront ce qu'elles auront prêté - - - & ainſi de ſuite de l'une à l'autre; de ſorte que tout ſe réduira bien-vite à l'ordre des ſimples détachemens.* Dans cette objection, M. *de St. A.* ne prend pas garde à la différence déciſive que ces *emprunts*, à quelque point qu'on ſuppoſe qu'ils ſoient portés, laiſſeront entre une troupe ainſi ormée, & celle qui le ſerait par détachemens. Il ne conſidére pas que le fonds de la premiere troupe étant compoſé d'hommes dont le Commandant pourra répondre, ce fonds, fut-il réduit à moitié, pourra entraîner par ſon mouvement & par ſon exemple cette autre moitié, dont ſans cela, il ſerait

im-

impossible que ce Commandant put répondre. "Mais, dit M. *de St. A.*, une "batterie étant plus écrasée qu'une autre dans une bataille ou dans un siege, la "compagnie qui l'aura servie se trouvera réduite à rien. Comment faire alors "pour la compléter? Et par quelle espéce d'hommes le sera-t-elle?" Cette compagnie sera dans le cas des compagnies nouvelles, des Régimens nouveaux, qu'on forme en prenant d'abord un fonds d'Officiers & de Soldats dans les Régimens où les Compagnies qui n'ont pas souffert, ou qui ont le moins souffert, en leur joignant ensuite la quantité de Recrues nécessaires pour les compléter; & en laissant enfin à l'homme qui doit commander cette troupe le soin d'en mettre ensemble toutes les parties. Ce que je dis d'une compagnie, je le dis d'une demi compagnie, je le dis d'une escouade. Si le service par Régiment ne paraît pas déraisonnable à M. *de St. A.*; s'il ne lui semble présenter aucun embarras, celui par escouade & par compagnie doit en présenter encore moins. Car il est plus aisé assurément, de reverser d'une escouade sur une autre escouade de la même compagnie, d'une compagnie sur une autre compagnie du même Régiment, que d'un Régiment sur un autre Régiment, fut-il de la même armée. Et en supposant égalité d'embarras, l'avantage de rendre responsables des opérations ceux qui les commandent, & de les intéresser personnellement, comme je l'ai dit, à l'instruction, à la discipline, au bien-être de leurs subordonnés, n'est il pas décisif?

2° *Dépostement ou Manoeuvre à bras du canon de bataille. Manoeuvre des pieces de bataillon par les Soldats de l'Artillerie.*

"La manoeuvre à bras d'hommes pour les pieces de 4, de 8 & de 12 "nouvelles, (c'est-à-dire le dépostement de ces piéces) peut-elle être exécutée "exclusivement, & dans toute espéce de terrein avec le succès qui est annoncé "par le Nouveau Systême?" Tels sont les termes dans lesquels M. *de St. A.* présente cette question à la page 106. D'après cela, on ne peut assurément le blâmer de répondre négativement. Car comment approuver des gens qui proposeraient *d'employer exclusivement* des hommes pour remuer des piéces qui pesent 12 à 1800 liv., comme sont les nouvelles pieces de 8 & de 12, & cela *dans toute sorte de terreins*, dans des marais, par exemple, & sur-tout lorsque la ligne faisant de grands mouvemens, son canon sera obligé de la suivre? S'il y a une proposition faite pour décrier le bon sens de ceux à qui on l'attribue, c'est celle-là sans doute. Mais jamais attribution ne fut plus gratuite. Les manoeuvres ou dépostemens du canon à bras n'ont été donnés nulle part pour devoir être pratiqués à la guerre *exclusivement & en tout terrein*. On a senti que les attelages formaient dans la ligne un très-grand embarras, sur-tout lorsque le feu étant violent, jette dans les chevaux un désordre que ces animaux répandent autour d'eux. On a songé à diminuer cet embarras autant qu'on a pu. Mais on a toujours reconnu & annoncé, que, quoique les pieces de réferve même, fuffent manœuvrables ou mobiles à bras, avec le nombre d'hommes attachés à leur fervice, cette manœuvre ne pourrait avoir lieu pour les grands mouvemens, ni dans les terreins exceffivement difficiles, tels que des marais très-gras, ou des fables très-labourés. Mais comme ces terreins font rares, & qu'il en eft de même des grands mouvemens, du moins pendant que l'action eft animée, il s'enfuit que les manœuvres ou dépoftemens à bras, devant être *généralement* pratiquables, il a fallu y dreffer les Canonniers dans les exercices. Celui de Compiegne en 1769, exécuté dans un terrein très-fableux, & ayant duré plus de trois heures à l'ardeur du foleil, a fait voir jufqu'à quel point on pouvait compter fur la poffibilité de ces nouvelles manœuvres. M. *de St. A.*, à la fuite de la réponfe qu'il fait à la queftion qu'on vient de voir, annonce pofitivement que *les Auteurs & les Partifans du Nouveau Syftême ont abandonné eux-mêmes ces manœuvres pour les pieces de* 12 *& de* 8 *dans les grandes repréfentations qu'ils ont donnés pour montrer les avantages du Nouveau Syftême.* Mais il en eft de cette affertion comme de tant d'autres affertions de fa part, qu'on a vu également contredites par les faits. Les Ecoles de Metz & de Strafbourg fpécialement fourniffent tous les jours la preuve du contraire de celle-ci. A la page 44 & 45, où il traite encore cette queftion avec étendue, & toujours dans les mêmes hypothefes, il dit *qu'on peut confulter les Etats-Majors des Régimens d'Artillerie fur la perte des hommes morts aux Hôpitaux par la fuite de ces manœuvres.* Mais il ne cite, ni les Etats-Majors ni les Hôpitaux. L'attribution du fervice du canon de Régiment aux Soldats de l'Artillerie, au lieu d'être à ceux de l'Infanterie, comme cela était dans la derniere guerre, eft encore l'objet de la cenfure de M. *de St. A.* mais comme cette cenfure ne peut s'établir, comme les précédentes, fur de pures affertions de faits hafardés, & qu'elle conduit néceffairement à fe jetter dans des raifonnemens que M. *de St. A.*, ainfi qu'on a vu, cherche à éviter tant qu'il peut; il prend le parti de renvoyer fon Lecteur à ce que M. *de Valiere* dit à ce fujet dans un Mémoire, *ad hoc*, inféré dans la *collection authentique*. Les raifons de M. *de Valiere* dans ce Mémoire, pour engager à confier aux Soldats d'Infanterie la manœuvre du canon de Régiment, fe réduifent à deux. La premiere, que cela s'eft fait dans la derniere guerre; la feconde, que par-là on eut évité d'augmenter le Corps de l'Artillerie de 2400 hommes. Je ne répondrai point à l'ufage de la derniere guerre. Car fi cet ufage faifait loi, il en faudrait conclure, non-feulement que l'on a mal fait auffi de changer la compofition & les manœuvres des troupes, de ce qu'elles étaient dans cette guerre; mais même en remontant de guerre en guerre, il en faudrait conclure que nous devrions revenir aux armes & aux ufages des Héros des premiers âges. Tenons-nous en donc aux 2400 hommes d'augmentation.

Sur

Sur cet article M. *de Valiere* oublie: 1° Que par la formation de 1765 qui a attribué le canon de l'Infanterie aux Soldats d'Artillerie, le Corps de l'Artillerie loin d'être augmenté, s'eft trouvé diminué de 560 hommes en temps de paix, & de 400 en temps de guerre; quoiqu'il ait été calculé & arrangé pour fervir trois grands équipages de fiege, & une fois plus de bouches à feu de campagne qu'on n'en avait dans la derniere guerre. 2° M. *de Valiere* oublie que les 2400 hommes, que fans aucun décompte, il fuppofe entretenus d'excédent dans l'Artillerie pour le fervice du canon d'Infanterie, le feraient dans l'Infanterie, & que toute la différence fe réduirait, la guerre venant, à employer, comme on l'a dit dans le temps, des Canonniers habillés de blanc, au lieu de Canonniers habillés de bleu. 3° M. *de Valiere* avoue bien qu'en faifant fervir le canon d'Infanterie par des Soldats d'Artillerie, on aura l'avantage d'avoir ces Canonniers fous fa main quand il s'agira d'affieger ou de défendre des places; confidération importante, qui eft en effet entrée dans l'objet de cette inftitution; mais par l'obfervation qu'il fait enfuite qu'il *y a des campagnes fans fieges*, il montre qu'il oublie que ce ferait s'y prendre un peu tard que d'attendre l'inveftiffement d'une place pour recruter les Canonniers, ainfi que pour raffembler les munitions qui doivent fervir à l'affieger ou à la défendre. 4° Enfin, M. *de Valiere* oublie que fi on peut dreffer en peu de mois un fantaffin à tirer du canon, on ne l'inftruit pas de même à conferver des munitions, à foigner les voitures, les équipages & tout ce qui a rapport au canon. Tous ces oublis de M. *de Valiere* font relevés dans la réponfe remife à ce fujet par M. *de Gribeauval* à M^{rs} les Maréchaux. J'aurais pu me difpenfer de m'y arrêter, fi cette réponfe n'avait pas été encore exclue de la *Collection* prétendue *authentique*, fans même qu'il en foit fait la moindre mention.

3° *Inftitution des Chefs de Brigade.*

L'inftitution des Chefs de Brigade eft fondée fur la nature particuliere du fervice de l'Artillerie, qui met les troupes qui le rempliffent dans le cas d'être beaucoup plus morcelées que les autres troupes, & qui à raifon de la multitude, de la diverfité & de l'importance des objets qu'il embraffe, exige une inftruction très-étendue. C'eft pour que les troupes de l'Artillerie puiffent fe plier plus facilement à ce morcellement qu'on les a divifées en Brigades de quatre Compagnies; c'eft pour commander ces divifions à la guerre, c'eft pour leur affurer une inftruction mieux fuivie, c'eft en même-temps pour donner aux Capitaines un motif d'émulation & faire une épreuve de ceux qui font propres aux emplois fupérieurs qu'on a inftitué les Chefs de Brigade. M. *de St. A.* demande "fi la création de ces Chefs de Brigade a procuré les avantages "qu'on s'en était promis." A cette queftion il répond lui-même en marge, "que cet établiffement au lieu de procurer un bien, a procuré un mal réel; "qu'il

„qu'il a ouvert la porte & donné une libre carriere à l'arbitraire ; qu'il paraît
„que le même objet pouvait être rempli en donnant aux quatre ou cinq pre-
„miers Capitaines des commiſſions de Lieutenant-Colonel & de Major ſuivant
„leur ancienneté, mais les laiſſer toujours attachés à leurs Compagnies ; ce qui
„n'eut pas été une ſurcharge aux finances, & n'eut pas été un motif de morti-
„fication pour les Capitaines. Si on conſulte les Chefs de Brigade eux-mêmes,
„ils répondront que leurs fonctions ne peuvent avoir une utilité réelle." Il
n'eſt point de lecteur un peu réfléchi qui ne voie que tout eſt aſſertion dans
cette réponſe de M. *de St. A.* & que loin de reſoudre la queſtion dont elle eſt
la ſuite, elle ne tend qu'à l'embrouiller. Car loin d'examiner *les avantages
qu'on s'était promis*, par l'inſtitution des Chefs de Brigade, elle n'en fait pas
même mention. Tâchons d'y ſuppléer en examinant la réalité de ces avantages.
Le plus important de tous, ſans contredit, c'eſt de faciliter, c'eſt d'aſſurer le
ſervice de guerre, c'eſt même à celui-là que tous les autres tendent. Or n'eſt-il
pas évident que ce ſerait compromettre ce ſervice que de ne pas donner un
Chef à quatre Compagnies qui ayant chacune huit bouches à feu à ſervir, auront indépendamment de 70 hommes dont elles ſont compoſées, environ moitié autant de ſoldats ſervans ou de charretiers, & au moins ſeize attellages à
mettre en action ou à contenir ; ſur-tout ſi l'on ſonge que cette multitude d'hommes & de chevaux dont ce Chef doit régler les mouvemens ſous le feu, eſt
diſperſée ſur une étendue de près de mille toiſes, ſi elle ſert du canon de Régiment ; ſi elle ſert du canon de Réſerve, elle ſera moins diſperſée, mais elle
ſera bien plus conſidérable en hommes & en chevaux. M. *de St. A.* croit que
*ce même objet pouvait être rempli en donnant des commiſſions de Major ou de
Lieutenant-Colonel aux quatre ou cinq premiers Capitaines, & en les laiſſant
attachés à leur Compagnie.* Mais ce Major, ou Lieutenant-Colonel, Capitaine,
quittera-t-il en bataille ſa compagnie où ſa préſence eſt néceſſaire, pour aller,
en vertu de ſa commiſſion de grade ſupérieur, remettre l'ordre aux compagnies
de droite ou de gauche, où l'ennemi ſe portera avec plus de force ou avec
plus de ſuccès ? qui veillera alors à cette compagnie abandonnée de ſon chef ?
un de ſes ſubalternes ? Mais tous les ſubalternes ont chacun leur emploi. Paſ-
ſons à l'inſtruction qui eſt l'autre motif principal de l'inſtitution des Chefs de
Brigade. Pour juſtifier cette inſtitution ſur cet article, il faudrait faire une
énumération raiſonnée de tous les objets qui entrent dans l'inſtruction d'une
troupe d'Artillerie. Cette énumération ſerait longue ; mais ſans y entrer entierement, il n'eſt point de Militaire un peu éclairé qui ne ſente que cette inſtruction portant, pour l'Officier, ſur des objets de Théorie & de Pratique
très-étendus & très-multipliés, embraſſant enſuite pour le Soldat, d'abord tout
ce qui tient au ſervice de l'Infanterie, & en outre les manoeuvres des arſenaux
aux leviers, aux cordages, à la chevre, au triqueballe, l'arrangement, la conſerva-

fervation des armes & des munitions, enfin la manoeuvre des trois espéces de bouches à feu; manoeuvre qui varie dans chacune de ces espéces, à raison de la diversité des calibres, de la maniere dont elles font montées, de l'espéce de service qu'elles doivent remplir, en campagne, dans les sieges, ou dans les places, il n'est point de Militaire, dis-je, qui ne sente que pour surveiller une instruction aussi étendue & aussi compliquée, quand elle regarde 184 Soldats en temps de paix & de 280 en temps de guerre, & 20 Officiers en tout temps, on n'a pas trop d'un Officier supérieur. L'objection de M. de St. A. qui reste encore à détruire sur cet article, c'est que la nomination des Chefs de Brigade n'ayant pu se faire en suivant toujours le tableau de l'ancienneté, *on a ouvert la porte, on a donné par-là une libre carriere à l'arbitraire*. Ce serait sans doute un très-grand inconvénient que cet *arbitraire*, s'il devait nécessairement présider à la nomination des Chefs de Brigade. L'intrigue pourrait en profiter souvent, comme faisait autrefois la vénalité pour usurper la place du mérite. Mais cet inconvénient qui, s'il existait, ne serait point particulier au grade de Chef de Brigade, mais appartiendrait à tous ceux qui dans le service de l'Artillerie comme dans les autres, ne font point le partage unique de l'ancienneté; cet inconvénient, dis-je, n'existe point ou plutôt n'existe plus depuis les nouveaux arrangemens pris à ce sujet, par l'Ordonnance de 1774. Car suivant cette Ordonnance, le choix des Chefs de Brigade ne dépend plus de la présentation de l'Inspecteur Général seulement, mais des suffrages annuels des huit Officiers supérieurs de chaque Régiment; lesquels sont obligés, par cette Ordonnance, de désigner à chaque Inspection les trois sujets qu'ils jugent les plus propres à remplir la premiere place de ce grade qui viendra à vacquer. M. *de St. A.* n'ignore surement pas ce changement consigné dans une Ordonnance publiée il y a dix-huit mois. Comment peut-il faire une objection qui suppose qu'il n'est pas encore venu à sa connaissance?

4° *Institution des Garçons-Majors ou Adjudans d'Artillerie.*

En établissant les Garçons-Majors ou Adjudans d'Artillerie, on a eu pour objet: 1° De donner un motif d'émulation à la classe des Sergens, qui jusques-là immuablement fixée dans ce grade, en était absolument dépourvue. 2° De débarrasser les Officiers subalternes des détails de tenue de discipline, dont la manutention journaliere les détournait nécessairement des études de Théorie & de Pratique par lesquelles seulement ils peuvent devenir de vrais Officiers d'Artillerie. 3° De mieux assurer cette manutention, en la confiant spécialement à des personnes dont elle faisait depuis long-temps la principale occupation, & qui devaient mieux en sentir l'importance. 4° Enfin de se donner en bataille au lieu d'un jeune homme sans expérience, un homme mûr accoutumé à opérer sous le feu, & à se faire obéir. A ces quatre raisons, dont, à son ordinaire,

naire, M. *de St. Auban* n'attaque, ne discute pas même une seule, il oppose les inconvéniens qui naîtront si ces Officiers sont mal choisis. Il les déduit fort au long. Mais ils se réduisent aux cinq suivans. Il objecte 1° que *le choix des Adjudans sera souvent arbitraire ou fondé sur des talens extérieurs ou superficiels.* Je viens de répondre à cet *arbitraire* au sujet des Chefs de Brigade. Le choix des Adjudans étant assujetti à des élections semblables, cette objection tombe d'autant plus complétement que les Sergens d'où on les tire, ne parviennent aussi à ce grade que par des élections, où il faut même que le suffrage de leurs égaux précéde celui de leurs Chefs. 2° M. *de St. A.* demande si on choisira les Adjudans *vieux ou jeunes. Dans le premier cas,* dit-il, *ils n'auront ni le temps ni la force de vaquer aux fonctions pour lesquelles ils sont destinés.* Mais auraient-ils eu *ce tems & cette force,* si on les eut laissé Sergens? Dans le second cas, M. *de St. A.* craint *les prétentions qu'ils pourront former, quand ils auront servi longues années, quand ils auront supporté les fatigues de la guerre.* Il appréhende *qu'on ne puisse se refuser aux sollicitations pressantes qui forceront la main au Ministre & au Chef du Corps.* Mais rien ne paraît plus mal fondé que ces craintes, car quand ces Officiers *auront servi longues années,* comme dit M. *de St. A.; quand ils auront supporté les fatigues de la guerre,* loin que les prétentions d'avancement qu'ils pourront former soient à redouter, elle devront être accueillies *par le Ministre & par les Chefs du Corps,* sans attendre qu'on leur force la main. Des services tels que ceux-là, ou des actions d'éclat doivent élever un Citoyen dans quelque état, dans quelque classe qu'il se trouve. Une loi qui établirait le contraire, étoufferait toute émulation & toute vertu. *Mais,* ajoute M. de St. A. *le Corps se remplira alors d'Officiers sans naissance, sans éducation, sans talens, sans aucune connaissance de Mathématique, & le plus souvent sans principes de conduite & de mœurs.* Si de *longs services* joints aux *fatigues de la guerre,* sont les titres par lesquels les Adjudans sortiront de leur classe pour passer dans les classes supérieures, ils seront bien loin de remplir ces classes-là; ce n'est pas dans un Corps comme celui de l'Artillerie que de pareils services laissent vieillir beaucoup de monde. Obligés d'ailleurs de passer par l'état de Sergent, il est difficile qu'ils n'aient pas rempli deux engagemens au moins, c'est-à-dire qu'ils n'aient seize ans de service révolus, avant d'être nommés Adjudans. D'après cela on ne peut guères supposer qu'ils sortent de cette classe avant d'avoir atteint vingt-quatre ans de service, c'est-à-dire au moins quarante d'âge: & alors ce serait pour avoir la préférence des emplois subalternes de l'Etat-Major, auxquels leurs fonctions habituelles les rendent assurément plus propres, que ne le sont nos jeunes Officiers. Des Commissions de Capitaine, d'Officier supérieur même, qui les laisseront toujours dans leurs fonctions, pourront-elles être enviées aux plus heureux d'entr'eux, à ceux qui joindront à de si longs services, des événemens de guerre d'éclat. Ces Officiers *feront*

ront sans naissance, ajoute M. *de St. A.* Ils seront les enfans de leurs services. Tels étaient les *Fabert*, les *Rosen*, & tant d'autres, en qui nos *Montmorencis*, nos *Bouillons* n'ont pas rougi de voir leurs freres d'armes, leurs compagnons & leurs rivaux de gloire. M. *de St. A.* sera-t-il plus difficile que les Montmorencis & les Bouillons ? Ils seront *sans éducation,* poursuit-il. Ils auront celle que donne la discipline militaire, qui, par un long usage, leur aura appris à être subordonnés, respectueux avec leurs Chefs ; honnêtes, circonspects sans bassesse, avec ceux dont ils seront devenus les égaux ; fermes sans dureté avec leurs subalternes. En faut-il davantage ? Ils seront *sans talens, sans aucune connaissance des Mathématiques,* ajoute toujours M. *de St. A.* Les emplois de l'Etat-Major qui leur sont destinés, n'exigent pas ces connaissances ; & si au lieu de ces emplois, des nécessités de service leur en donnaient d'autres, il est à croire qu'ils s'en acquitteraient au moins aussi bien que le faisaient nos anciens Officiers d'Artillerie, qui n'étaient pas non plus de profonds Mathématiciens, & qui à entendre M. *de St. A.*, forment cependant l'époque brillante de l'Artillerie Française. Les Adjudans appliqués aux mêmes fonctions auraient certainement sur ces anciens Officiers une supériorité incontestable pour tout ce qui tient à la pratique des manoeuvres de guerre & de paix, par l'avantage précieux de les avoir long-temps exécutés. Quant à l'imputation outrageante par laquelle M. *de St. A.* termine sa déclamation contre cette portion respectable du Corps de l'Artillerie, laquelle, selon lui, ne peut que *se remplir d'Officiers, le plus souvent sans principes de moeurs & de conduite,* je me contenterai de rappeler au Lecteur les accusations de *mauvaise foi, de supercherie* qu'au sujet des expériences de Strasbourg, & toujours sans la moindre preuve, M. *de St. A.* prodigue en vingt endroits de son ouvrage aux Officiers généraux, & aux Officiers de grade supérieur dans l'Artillerie, qui ont certifié les Résultats de ces épreuves. Il prétend, à l'appui de cette imputation, que quelques-uns de ces *Sergens devenus Officiers ont fait des bassesses, se sont vus dans le cas déserter, ou de se faire chasser, ou d'être punis rigoureusement.* Cette seconde imputation est aussi dépourvue de preuves que la premiere. Mais quand il en existerait, qu'en conclurait-on ? Que sur un grand nombre de choix bien faits, trop de précipitation à remplir des places qui offraient un mieux être, a pu faire quelque choix vicieux, qui prouveraient contre la maniere dont quelques Chefs ont rempli l'institution, & non contre l'institution. M. *de St. A.* sait mieux que personne qu'il n'est point de classe dans le militaire, qu'il n'en est point dans la société, qui n'offre quelquefois, même dans des grades élevés, des hommes coupables des *bassesses* les plus avilissantes, & les plus reconnues. Le Corps à qui appartiennent ces membres gangrenés, n'est pas toujours le maître de les retrancher. L'autorité séduite ou trompée, le force souvent à les conserver ; le Corps de l'Artillerie offre malheureusement de ces exemples ; mais ce n'est pas dans la classe *des Sergens devenus Officiers.*

5° *Capi-*

5° *Capitaines en sec. détachés dans les Places: instruction de cette portion des Officiers d'artill.*

Dans l'ancienne constitution, les Capitaines en second restaient attachés aux Compagnies jusqu'à ce que leur ancienneté les mit dans le cas de les commander. Leur instruction, ainsi que celle des Lieutenans, se bornait, quant à la Théorie, à apprendre, ordinairement par coeur, une fois par an, deux ou trois propositions de Mathématiques, dont un Professeur complaisant convenait de leur demander l'explication devant un Inspecteur qui en entendait à peine le langage ; & quant à la Pratique, à assister aux manoeuvres qu'exécutaient les Canonniers dans la belle saison. Dans la nouvelle constitution, on a consacré particulièrement le temps que les Officiers restent à l'Ecole des Eleves, à les instruire des parties élémentaires de Mathématiques nécessaires à l'étude de l'Artillerie ; celui qu'ils passent dans le grade de Lieutenant a été spécialement destiné à les instruire des manoeuvres. On a reservé pour le séjour qu'ils font dans le grade de Capitaine en second, la connaissance particuliere des opérations des fonderies, des forges, manufactures d'armes, des arsenaux de construction & d'approvisionnement, & en général des établissemens qui concourent au service de l'Artillerie, & dont la direction est confiée aux Officiers de ce Corps, parce qu'ils sont les plus intéressés à ce que tout s'y exécute de la maniere la plus avantageuse. Les Capitaines en second, pendant les six à sept ans qu'ils restent dans ce grade, parcourent ces établissemens de maniere au moins à faire espérer, que quand leur avancement les mettra dans le cas de les diriger, ils fourniront un nombre suffisant de sujets qui en seront capables, ou du moins qui n'y seront pas entièrement neufs, comme l'étaient autrefois nécessairement les Officiers supérieurs qu'on plaçait, & que par une suite de l'ancienne constitution, on est encore réduit à placer à la tête de ces différens établissemens, sans leur avoir offert l'occasion d'en prendre la premiere idée. L'exécution de ces dispositions dépendant nécessairement des Bureaux en plus grande partie, il est arrivé que la plupart des Capitaines en second, au lieu d'être répartis, & de circuler dans les établissemens les plus importans, ou qui offraient le plus de matiere à leur instruction, ont été fixés dans les places les plus voisines du séjour de leur famille, où loin d'acquérir de nouvelles connoissances, plusieurs ont non-seulement perdu ce qu'ils avaient acquis précédemment, mais même ont contracté pour le service, le dégoût qui résulte presque nécessairement d'un long éloignement des objets qui y appartiennent. M. *de St. A.* s'étend sur ces inconvéniens, depuis la page 67 jusqu'à la page 102 ; de maniere à faire croire que les abus qui naissent d'un arrangement aussi vieux, sont dûs à ceux qui ont proposé de détacher les Capitaines en second d'une maniere & dans les vues que je viens d'exposer. M. *de St. A.* ne peut cependant pas ignorer ces vues ; il peut encore moins ignorer que l'Ordonnance de 1774 & la répartition des Capitaines en second qui s'en est suivie, prouve que l'on a pris tous les moyens que laissoit l'administration actuelle pour obvier à la facilité pernicieuse des Bureaux d'alors, qu'on avait inutilement tenté de contenir ; & que pour cela l'on a déterminé l'espéce des établissemens qui recevraient des Capitaines en second, & le nombre qui y seroit employé. Cette seule considération aurait épargné à M. *de St. A.* cinq pages de raisonnemens, ou plutôt de déclamations, & m'auroit évité l'embarras nécessaire de ramener encore sur cet objet, ses Lecteurs à la vérité, par l'exposé que je viens de faire.)

Le sujet de ce Chapitre n'est point de ceux que nous discuterons ; plusieurs autres qui ne sont pas compris dans le Plan de ces Mémoires sont dans le même cas, tels que le choix des calibres & le nombre des pieces à mener en campagne, l'utilité des pieces de Régiment, l'emploi de l'Artillerie en bataille &c. parceque ces objets dont il est aussi parlé dans les écrits sur l'Artillerie, ne sont point du ressort de la Théorie : Il n'appartient qu'à une expérience consommée de décider sur ces matieres.

F I N.

www.ingramcontent.com/pod-product-compliance
Lightning Source LLC
Chambersburg PA
CBHW050603230426
43670CB00009B/1248